Gottfried Orth (Hrsg.)

Gottes und der Menschen Genossin

Marie Veit: Texte 1972–2000

Gottfried Orth (Hrsg.)

Gottes und der Menschen Genossin

Marie Veit: Texte 1972–2000

Edition ITP-Kompass, Bd. 35.2
Münster 2021

Bibliographische Information der Deutschen Bibliothek:
Die Deutsche Nationalbibliothek verzeichnet diese Publikation in der Deutschen Nationalbibliographie; detaillierte bibliographische Daten sind im Internet über http://dnb.dnb.de abrufbar.

Gottfried Orth

Gottes und der Menschen Genossin

Marie Veit: Texte 1972–2000

www.itpol.de

Satz und Layout: David Hellgermann

Umschlaggestaltung: David Hellgermann

Druck: BoD - Books on Demand, Norderstedt

ISBN: 978-3-9822052-7-4

Inhaltsverzeichnis

Vorwort

In seinem letzten Brief an John Irving schrieb Günter Grass 2015: »Die Welt ist wieder einmal aus den Fugen und mir, dem kriegsgebrannten Kind, kommen böse Erinnerungen.« Was würde er heute, Anfang 2021 schreiben – nach dem von einem abgewählten US-amerikanischen Präsidenten angefachten Sturm auf das Kapitol in Washington, ein halbes Jahr nachdem rechtsradikale Demonstranten die Treppen zum Reichstagsgebäude in Berlin hinaufgerannt waren …

Da ist es gut, Texte von Marie Veit lesen zu können, die aufgrund ihrer Lektüre der Bibel und marxistischer Gesellschaftsanalyse Demokratin und Sozialistin war. Marie Veits Texte, die in diesem Band gesammelt sind, sind geprägt von der Hoffnung auf die Verwirklichung des gleichen Rechtes aller Menschen auf Leben und Freiheit von Angst. Beide Rechte entsprechen nicht lediglich politischen oder gesellschaftlichen Forderungen, sondern ebenso biblischen und theologischen Grundoptionen. Diese gilt es, erneut zu entdecken, zu praktizieren und zu bedenken. Das wäre m. E. ein Lernen von und mit den hier zusammengestellten Texten, die Grundzüge der Theologie, der (Religions-)Pädagogik und der gesellschaftlichen und politischen Hoffnungen Marie Veits repräsentieren.

Damit sind bereits drei wesentliche Aspekte der theologischen Arbeiten Marie Veits angedeutet:

- der Zusammenhang von Theologie und Religionspädagogik: Marie Veit war durch und durch theologisch motivierte Didaktikerin;
- der Zusammenhang von theologischer, religionspädagogischer und politischer Praxis und Theorie: Marie Veit ging es um eine biblisch und theologisch begründete politische und gesellschaftliche Praxis von Christinnen und Christen;
- beide Zusammenhänge sind bestimmt von der »Option für die Massen«, einer theologisch und politisch begründeten Parteilichkeit für die Menschen,

denen Rechte vorenthalten werden, und von dem Impetus, dies anderen verständlich zu machen. Es ging ihr um Parteilichkeit und Verständigung.

Sie wäre nicht mit Herz und Seele Lehrerin gewesen, wenn sie dabei nicht immer auch Einzelschicksale im Blick behalten hätte. Karitative und politisch-gesellschaftliche Diakonie gehörten bei ihr untrennbar zusammen: Sie suchte zu leben, was sie glaubte. Dazu kam ein Gespür dafür, wie kapitalistische Wirtschaftsstrukturen den Menschen nicht äußerlich bleiben, sondern sie von innen heraus verändern, damit sie Zugriff bekommen auf die Seelen und den Charakter der Menschen. Psychologisch-politische Studien bei Erich Fromm halfen ihr, dies zu verstehen und dem zu widerstehen. Gelebte Seelsorge war so auch ein Kennzeichen der Praxis von Marie Veit, die sich insbesondere auch in ihren religionspädagogischen Texten und ihren Bibelauslegungen spiegelt. Dies und viel mehr ist in den folgenden Texten zu entdecken.

Im Unterschied zum ersten Band, der Werkbiographie Marie Veits, in dem ihre Texte thematisch einander zugeordnet wurden, sind sie hier entstehungsgeschichtlich, also chronologisch angeordnet. So zeigen sie deutlicher, als dies im ersten Band möglich war, zum einen zeitgeschichtliche, gesellschaftliche Herausforderungen, innerhalb derer sie ihre Texte verfasst hat, und thematische Zusammenhänge zwischen den unterschiedlichen theologischen Disziplinen.

Dass ein zweiter Band zu der Werkbiographie erscheinen konnte, verdanken wir denen, die dieses Projekt mit Druckkostenzuschüssen unterstützt haben: Frau Else Grell und Herr Dr. Wolfgang Grell sowie Herr Schuldekan und Pfarrer i.R. M. Pfeiffer, alle in Biberach an der Riß; der Evangelische Kirchenverband Köln und Region, das evangelische Schulreferat Köln, die Evangelische Kirche von Kurhessen-Waldeck, die Evangelische Kirche in Hessen und Nassau, die Christ*innen für den Sozialismus und die Solidarische Kirche im Rheinland. Ihnen allen auch in diesem zweiten Band ein herzliches Dankeschön!

Weiter danke ich für Hilfen bei der Textbeschaffung einmal mehr Frau Grell, weiter Frau A. Pithan vom Comenius-Institut in Münster und Herrn M. Bomba von der Augustana-Bibliothek der Theologischen Hochschule der Evangelisch-Lutherischen Kirche in Bayern. Ich danke Herrn Tomas Imholz für die sorgfältige digitale Erfassung der Texte und schließlich danke ich dem Institut für Theologie und Politik, insbesondere Herrn M. Ramminger, dafür, dass sie sich eingelassen haben auf dieses Publikationsprojekt, das große Verlage abgelehnt haben: die Erinnerung an die Theologin, Religionspädagogin und Sozialistin Marie Veit.

Rothenburg ob der Tauber, AD 2021
Gottfried Orth

Gebet und Engagement (1972)

Vorbemerkung:

Die Vokabel »Gebet« wird in manchem Leser den Verdacht erwecken, als sei mit ihr stillschweigend eine theistische Gottesanschauung (die Existenz eines »höchsten Wesens« etwa) vorausgesetzt – mithin eine »weltanschauliche Vorgabe« (Herbert Braun) verlangt, die der Leser nicht zu erbringen gewillt oder in der Lage ist. Ich möchte deshalb vorwegerklären, dass hier nicht im religionsgeschichtlich-theistischen, sondern im christlichen Sinn vom Gebet gehandelt werden soll. Das heißt, dass die Frage der theistischen oder nichttheistischen Weltanschauung des Betenden irrelevant ist, alles aber darauf ankommt, dass sein Dialogpartner Christus ist – und nicht Hitler (bekanntlich ein Theist!), nicht Mammon, nicht die eigene pure Vitalität (dies sind, so meine ich, die bei uns derzeit gebräuchlichsten Abgötter). Je nachdem, wer »mitzureden« hat, wer also im christlichen Sinn der »Gott« des Betenden ist, wird das Ergebnis (die im Gebet erfolgende Veränderung des Betenden und seiner Welt) ein anderes sein. Gegen Herbert Brauns Definition des Gebetes als »Meditation« habe ich nur das eine einzuwenden, dass sie den Anschein erwecken könnte, als sei der Mensch jemals »allein«, als gebe es ein in sich abgeschlossenes oder abschließbares Ich. Nein, er hat seinen Gott oder Abgott, vor dem er steht (vgl. Luthers Erklärung zum 1. Gebot im Großen Katechismus). Wer coram Hitler meditierte und dadurch etwa dazu gebracht wurde, einen ihm vertrauenden Freund zu denunzieren, auch wenn er selbst daran zerbrach, der erfuhr die entsetzliche Macht dieses Abgotts.

»Gebet« könnte also im Folgenden durchweg durch »meditatio coram Christo« ersetzt werden. Dass Christus im Übrigen nicht nur hier zu uns spricht, sondern ebenso durch andere Menschen (auch durch Nichtchristen!), war im Kommuniqué von Neu Delhi 1961 erneut zu lernen, wo es hieß; »Es ist bei uns noch zu wenig Verständnis für die Weisheit, Liebe und Macht, die Gott Menschen anderer Religionen und solchen ohne Religion gegeben hat. Wir müssen lernen, dass Christus durch uns zu ihnen und durch sie zu uns spricht.«

Gebet und Engagement gehören zusammen; das zeigt ein Blick in die Geschichte des Glaubens. Diejenigen, die am meisten vom Gebet gehalten, am intensivsten darüber nachgedacht und am inhaltsreichsten darüber geschrieben haben, haben gleichzeitig engagiert gelebt. Bekannte Beispiele dafür sind Luther, Bonhoeffer, Gandhi.

Gebet ist hier die Wurzel des Engagements, und zwar in dem Sinn, dass es das Engagement trägt und bestimmt (verändert, korrigiert). Alles wird darauf ankommen, diesen Zusammenhang genauer zu verstehen, um das Gemeinte wiederzugewinnen. Denn beide, Gebet wie Engagement, sind durch eine depravierte Praxis in Verruf gekommen – vielleicht gerade weil ihr Zusammenhang verlorenging. Das ist jedenfalls die These dieser Arbeit.

Der Vorwurf gegen das Gebet ist bekannt. Er lautet, Beten heiße, die Verantwortung für das Geschehen auf Gott abschieben. Skizziert wird etwa folgendes Bild: Der Mensch zieht sich zurück, überlässt die Lenkung der Weltgeschicke einem fiktiven großen Vater, der nicht nur eine Art Oberaufsicht führt, sondern sich auch für die kleinen Engpässe und Ausweglosigkeiten etwas einfallen lässt. Gebet hat somit Alibi-Funktion: »Gott wird's machen, dass die Sachen gehen, wie es heilsam ist«; Gott, nicht »ich«, nicht »wir«. Psychologisch gesehen handelt es sich um eine Regression (der erwachsene Mensch kehrt in infantile Verhaltensweisen zurück), politisch um Rückfall in vordemokratische Denkstrukturen (»der oder die 'oben' werden's schon machen«); beide werden andererseits durch die Übung des Gebets zementiert. Gebet ist also auf der ganzen Linie abzulehnen; es bedeutet das Gegenteil von Engagement.

Dass diese Vorwürfe nicht aus der Luft gegriffen sind, zeigt nicht nur die Tatsache, dass gerade die Frommen oft sehr wenig engagiert sind. Weltfremdheit, Misstrauen gegen Initiative, Ablehnung der Gegenwart kennzeichnen gerade die Kerngemeinde nicht selten. Leider aber zeigt dasselbe auch ein Blick in die noch heute im Gebrauch befindlichen Agendengebete. Ein Beispiel für viele: »Regiere unsere Obrigkeit, damit Ordnung und Recht im Lande herrschen«.[1] Wer und was ist gemeint? Der Bundestag vielleicht, der über gesetz-

1 Agende f. d. Ev. Kirche der Union, I, S. 186.

liche Regelungen zu beschließen hat (etwa über die Neufassung von § 218)? Jedermann weiß oder könnte doch wissen, wie solche Beschlüsse zustande kommen, welche Rolle die Meinungsbildung in der Öffentlichkeit dabei spielt (schon aus wahltaktischen Überlegungen heraus); wer diese Meinungsbildung beeinflusst (nämlich die Massenmedien), wer hinter den Meinungsmachern steht (nämlich mehr oder minder starke Lobbys, die ihre Interessen durchzusetzen suchen. Niemand übrigens kann das engagierter als die Kirchen, wenn Fragen zur Debatte stehen, die ihre Substanz berühren z. B. das Sexualstrafrecht. Hier überlassen sie gar nichts Gott, sondern suchen durch rechtzeitige amtliche und halbamtliche Äußerungen Tatsachen zu schaffen, an denen möglichst kein Bundestag mehr vorbei kann – wie jede andere Lobby auch). Wer also will, dass »Ordnung und Recht« verwirklicht werden (»herrschen« sagt die Agende, schon darin vordemokratisch!), der muss sich zunächst darüber klar werden, was er unter Ordnung und Recht konkret versteht, d. h. er muss eine politische Entscheidung fällen, und dann die politischen Wege suchen (Medien, Lobbys), auf denen er seiner Entscheidung Nachdruck verleihen kann. Was soll, was meint die Agende? Was »bittet« sie in einer derart unkonkreten Formulierung? Steht schon fest, was »Ordnung und Recht« wäre, oder ist es erst noch zu suchen? Soll »Gott« uns dieses Suchen abnehmen? Oder soll er durchsetzen, was durchzusetzen wir selbst nicht wagen, weil es riskant oder mühevoll wäre?

Gebete dieser Art, da haben die zitierten Kritiker recht, entmündigen den Beter. Mir scheint aber, man müsse deutlich machen, dass dies eben auch keine Gebete sind, sondern Missbrauch und Verhöhnung wirklichen Gebets. Sie sind wirklichkeitsfern (schon der Ausdruck »Obrigkeit« zeigt es); Beten aber hat es mit dem zu tun, was man »wirklich«, und das heißt konkret, braucht und will.

Merkwürdigerweise aber treffen sehr ähnliche Vorwürfe auch das Engagement, so dass nicht wenige schon die Vokabel nicht mehr hören mögen. Es scheint oft nicht minder wirklichkeitsfern, nämlich vordergründig, allzu optimistisch und naiv, so als brauche es eigentlich nur ein bißchen guten Willen, um »alles« anders werden zu lassen. Ist mit einer Hausbesetzung durch eine Gruppe Obdachloser wirklich schon etwas getan? Fasst man irgendein Übel, auch nur für die betroffenen Personen selbst, tatsächlich an der Wurzel, wenn man Heimzöglinge zum Entweichen ermutigt? Beides kann Sinn haben, aber nur dann, wenn es mit einer langfristigen, sehr genau durchdachten Arbeit an der Meinungsbildung der Öffentlichkeit und damit letzten Endes an der Gesetzgebung und an der Veränderung der politischen Machtverhältnisse verbunden ist; sonst bleiben alle Erfolge vereinzelt, wird man in wenigen Jahren von ihnen nur noch als von Kuriositäten sprechen. Der Auseinanderfall so vieler Gruppen, die sich für die Behebung von Missständen einsetzten, dürfte eben auf diese Vordergründigkeit, auf diesen Mangel an Augenmaß zurückzuführen sein, woraus sich auf die Dauer Misserfolg ergeben muss. Das Spiegelbild des blinden Optimismus, ein verzweifelt-blinder Aktionismus (Baader-Meinhof-Gruppe), leidet an der gleichen Wirklichkeitsentfremdung.

So scheint beiden, dem Gebet wie dem Engagement, im Laufe einer depravierenden Entwicklung das gleiche abhandengekommen zu sein: der Sinn für die Realität, für das Detail, für die genaue Analyse des Gegebenen, gerade um es zu verändern, – das »Sich-Einsenken in seine Welt« (Jaspers). Während das depravierte Gebet die Wirklichkeit flieht, rennt das blinde Engagement sinnlos gegen sie an.

Die Frage, wie es zu dieser Entwicklung kommen konnte, soll in dieser Arbeit beiseitegelassen werden. Mir liegt kraft längerer Studien die Vermutung nahe, dass es machtpolitische Interessen und in ihrem Gefolge Erziehungsmaximen waren, die den Menschen generationenlang nicht erlaubten, Realität und ihre Konsequenzen genau kennenzulernen.[2] Mir ist auch nicht mehr fraglich, dass gerade Kirche und religiöse Erziehung dazu missbraucht wurden, Denkfähigkeit und Initiative zu amputieren.[3] In dieser Arbeit aber soll es nicht um den Prozess des Beraubtwerdens gehen, sondern um das bessere Verständnis dessen, was uns geraubt wurde – und was, vielleicht, in neuer, heutiger Gestalt wiederzugewinnen ist.

---

2 Vgl. meinen Beitrag in "Blätter für deutsche und intern. Politik", Heft 11/1968.

3 Theol. Pract. Heft 3/1970, S. 259ff. und Festgabe f. Hans Stock, S. 371ff.

Was ist Gebet, wenn es nicht depraviert ist?

»Beten ist Wünschen, nur leidenschaftlicher«, schreibt Jean Paul. Zu Jesus passt das gut. Wenn er vom Gebet spricht, so hat er das Bittgebet im Auge,[4] das unnachgiebig etwas erreichen will (vgl. Luk. 11, 5ff. und 18ff.). Uns ist dieser Klang so sehr abhandengekommen, dass eine Obersekunda kürzlich über diese Gleichnisse in Empörung geriet: sie seien »unverschämt«, man könne sich nicht wundern, dass, wer so etwas lehrte, gekreuzigt worden sei! Dabei zieht sich dieser Klang durch das ganze Alte und Neue Testament: ob Abraham für Sodom bittet (Gen. 18, 22ff.) oder Mose für Israel (Ex. 32, 11ff.), Amos für das Volk (7, 1ff.), ob Jahwe es vermisst, dass einer gegen ihn in die Bresche springe (Hes. 13,5), ob Hiob sein Recht von Gott fordert, ob das kanaanäische Weib sich nicht abweisen lässt (Matth. 15, 21ff.): Immer ist ein unnachgiebiges Interesse des Bittenden an dem, worum er bittet, ein innerstes Beteiligtsein im Spiel, »leidenschaftliches Wünschen« als Wurzel des Gebets.

Mit dem Vaterunser steht es ebenso: seine Bitten, vor allem die ersten drei, sind voll intensiven Drängens auf das Kommen des Reiches Gottes, formuliert in einer Zeit und einer Umgebung, die von der Glut messianischer Erwartung erfüllt war. (Dass die dritte Bitte ins gerade Gegenteil, nämlich stoische Schicksalsergebung, verkehrt werden konnte, ist ein besonders deutliches Zeichen für die Depravation des Gebets).

Wollen wir Heutigen dies verstehen, so müssen wir sicherlich eine Stelle in unserem Erleben aufsuchen, wo wir leidenschaftliches Wünschen noch kennen. Die Liebe zum »Volk« wird für die meisten von uns eine solche Stelle nicht mehr sein, die Leidenschaft für das Kommen des Reiches Gottes für die meisten von uns noch nicht; was uns geblieben ist als Ort unserer Intensität, ist die Liebe zum einzelnen anderen Menschen (wirkliche, nicht caritativ-pflichtmäßige Liebe ist gemeint). Hier können selbst ganz kirchenferne Menschen den dringenden Wunsch äußern, für einen gefährdeten anderen Menschen zu beten, verzweifelte Trauer darüber, nicht beten zu können, ins Wort bringen. Hier leben wir wirklich. Fragen wir darum von dieser Stelle aus: Was bedeutet das Gebet für einen Menschen, den wir lieben?

4 Vgl. Bultmann, Jesus, IV, 5. D. Sölle, Atheistisch an Gott glauben, S. 109.

Die Grunderfahrung, die betende Christen in allen Jahrhunderten hiermit machten, scheint mir am besten beschrieben werden zu können als eine erstaunliche Gleichzeitigkeit von Ganz-Loslassen und Ganz-Festhalten. Das erste hierin, das Ganz-Loslassen, beschreibt z. B. Dietrich Bonhoeffer[5]. Es wurzelt in demselben Empfinden, das auch die erwähnte Gebetssehnsucht kirchenferner Menschen hervorbringt (die sich eben dadurch als Gebet erweist!): dem intensiven Empfinden des Liebenden nämlich, nicht genug zu sein für den anderen, nicht fähig, ihn wirklich zu schützen oder für die Hoffnungen, die er für ihn hegt, selbst einzustehen. Was das christliche Gebet hier bringen kann, formuliere ich so: das wirkliche Sein des anderen tritt klarer hervor, beginnt sich zu lösen von den Ängsten und Illusionen dessen, der ihn liebt; Wahrheit, »Realität«, echte Zukunftschancen trennen sich von Wunschvorstellungen. Der andere gehört nicht mir: das Kind nicht den Eltern, der Ehegatte nicht dem anderen, der Freund nicht dem Freund. Er wird frei. Aber dieses Freigeben hat nichts zu tun mit einem Im-Stich-lassen. Vielmehr bedeutet es gerade, dass in Wahrheit zum anderen gehalten wird, dass er besser verstanden wird, dass der Liebende fester zu ihm steht, als wenn er ihn umklammert gehalten hätte – was nichts anderes wäre als eine Form von Herrschaft. Erkannt wird, »dass er (Gott) Liebe ist, und dass Liebe keine Abhängigkeit duldet ... dass Liebe Herrschaft zerbricht, und zuerst die eigene.«[6] Das Abgeben von Herrschaft aber gibt auch uns selbst unsere Freiheit zurück – ohne uns einsam zu machen. Der leidenschaftliche Wunsch der Liebe, mit dem anderen glücklich zu sein, wird nicht beschwichtigt; im Gegenteil, er sieht die Möglichkeiten klarer, die er wirklich hat.

Die Ich-Integration, die der einzelne im Alleinsein coram Christo gewinnt, ist nicht zu entbehren. Fehlt sie, so fehlt das Zentrum, aus dem Realitätserkenntnis und Engagement entspringen könnte. Stattdessen kann eine Neigung entstehen, menschliche Bindungen zu totalisieren, einen geliebten Menschen absolut zu setzen, sich ganz und nur »auf ihn einzustellen« – nur um selbst Halt zu finden. Ein Verhältnis dieser Art muss zerstörerisch sein, weil kein Mensch für einen anderen »alles« sein kann; es bringt Isolierung, Selbstbe-

---

5 In »Gemeinsames Leben«, 7. Aufl., S. 19f. (in der ungebrochenen religiösen Sprache seiner frühen Schriften).

6 Fulbert Steffensky, Politisches Nachtgebet in Köln 2, S. 180f.

trug, sinnlose Aufopferung mit sich und endet in einer Enttäuschung, die oft nicht einmal zugegeben werden kann – wie wohl jeder Seelsorger heute aus reichlicher Erfahrung bestätigen kann. »Wer nicht allein sein kann, der hüte sich vor der Gemeinschaft«.[7]

Was wir an dieser Stelle lernen, und, wie ich meine, existentiell verstehen können, lässt sich auf das Gebet überhaupt übertragen: Es enthält als ersten Schritt eine Art Zurücktreten von allem, worin wir leben, ein Zurücktreten aber, das nicht Abwendung ist, sondern ein Distanznehmen, damit (im Bild gesprochen) das Licht Christi darauf fallen kann. Unsere Prinzipien, unser sicheres Bescheidwissen (Reste des frühkindlichen Allmachtwahns) werden in Frage gestellt; Realität, die anders ist, als wir dachten oder bisher bemerkten, fällt auf und meldet sich zu Wort. Zugleich aber gehen wir selbst in dem, was uns mit unserer Welt verbindet, nicht mehr ganz auf, wir sind als Fragende, Hoffende, Betende selbst etwas, ganz abgesehen von unseren Funktionen. In der Industriegesellschaft, die dahin tendiert, den Menschen in ein Bündel von Funktionen zu verwandeln (was man z. B. daran sieht, dass sie die nicht mehr oder noch nicht Funktionierenden blind beiseiteschiebt: Alte, Kranke, Sterbende, Kinder), in dieser Gesellschaft ist Beten deshalb in sich ein subversiver Akt – ein Akt der »unverschämten« Selbstbehauptung gegenüber dieser Welt. Fehlt er, so droht auch hier Totalisierung: Die Totalisierung von Ideen, Prinzipien, »Führern« und in ihrem Gefolge die Bereitschaft, einer großenteils demagogischen Presse zu glauben, das Sterben oder Seltenwerden jenes Humors, der andere Standpunkte gelten lassen kann, ohne den Ernst des eigenen zu verlieren. Er setzt die Sicherheit des eigenen Ichs voraus – die eben fehlt.

Der Verlust des Zusammenhanges von Gebet und Engagement, von dem in dieser Arbeit ausgegangen wurde, erweist sich also als Verlust einer menschlichen Dimension, die für privates wie politisches Leben mit Dringlichkeit wiedergewonnen werden muss. Wie kann das praktisch geschehen?

Mir scheint, es muss genau an der Stelle eingesetzt werden, an der der Verlust (oder die Beraubung, s.o) eingetreten ist: nämlich bei unserem gestörten Verhältnis zur Realität. Am Anfang steht das Bemühen um Information, um genaue Analyse solcher Zusammenhänge, von denen wir schon ahnen oder

7 Dietrich Bonhoeffer, a.a.O., S. 50f.

zu spüren bekommen, dass hier Gefahren liegen, die unser Menschsein bedrohen. (N. B.: In diesem Ansatz ist Christus, dem es um unser Menschsein geht, schon gegenwärtig. »Hitler« sähe nur Gefahren für seine Macht, nicht für das Menschsein der Menschen.) Dieses Bemühen sollte geschehen: 1. gemeinsam, und zwar zusammen mit solchen, die an den gleichen Zusammenhängen Unbehagen spüren, 2. engagiert, d. h. mit der Absicht, nach Erkennen der Ursachen zu handeln. Bloße Analyse ist eine Luxusbeschäftigung, die hier nicht gemeint ist.

Warum sollen Information und Analyse gemeinsam mit anderen erfolgen? Ich meine: weil die uns anerzogenen Vorurteile und Realitätsverkennungen dermaßen »verinnerlicht« sind, unbewusst mithin, dass wir sie nicht mehr auffinden, wenn wir als Vereinzelte uns um Information bemühen. Ich nenne zwei der gröbsten, aber weit verbreiteten. Das erste betrifft die private Sphäre der Familie und lautet: »Kinder müssen vor allem zur Ordnung erzogen werden«. Stimmt das – und zu welcher Ordnung denn? Zu der in unserer Gesellschaft bestehenden, in der ein glattes Funktionieren immer wichtiger erscheint als menschliches Wohlbefinden, Eigentätigkeit und Phantasie? In der z. B. der »reibungslose Ablauf« des Verkehrs wichtiger ist als Leben und Gesundheit (Gefährlichkeit von Schulwegen, Luftverpestung), die blankgeputzte Wohnung wichtiger als Ausgeruhtsein, Lebensfreude und selbstgewählte Tätigkeit der Frau? Ist unsere »Ordnung« nicht vielleicht mörderisch, lebensfeindlich in sich? Wo wäre anzusetzen, um sie aufzubrechen, um Raum für Menschlichkeit zu erzwingen? Und: geschähe das nicht am besten mit unseren Kindern zusammen, die so oft im Recht sind?

Das zweite Vorurteil betrifft die Sphäre der großen Politik und lautet: »Kriege hat es immer gegeben. Das liegt so in der menschlichen Natur.« Diese allgemeine, ganz unkonkrete »Erklärung« enthebt uns allzu leicht der Mühe, genau hinzusehen, wer denn in Wirklichkeit die einzelnen Kriege in Gang gebracht hat und zu welchem Zweck. Ist es ein Zufall, dass der Krieg in Biafra an eben dem Tage ausbrach, an dem die vier großen Ölgesellschaften, die im Nigerdelta schürften, ihre Abgaben an Ojukwu bezahlten, statt wie bisher an den Staatschef Gowon? Musste Gowon, der diese Lizenzabgaben dringend brauchte, daraufhin nicht zuschlagen? Weshalb aber unterstützten die Ölmilliardäre Ojukwu, weshalb begünstigten sie die Sezession? War der Grund nicht vielleicht der, dass das kleine Biafra, wäre es selbständig geworden, ganz anders in ihrer Hand gewesen wäre als das große Nigeria? Waren es also Gewinn-, und d. h. Konkurrenzgründe, war es ein auf der Konkurrenz von Privatfirmen aufgebautes Wirtschaftssystem, das die Katastrophe brachte, und gar nicht die so harmlos-allgemeine »menschliche Natur«?

Zu fast jeder derartigen Frage findet der, der ihr nachgehen will, eine fast unermessliche Literatur. Zieht man ab, was oberflächlich ist, so verbleibt teils aus Psychologie und Psychoanalyse, teils aus sämtlichen Gesellschaftswissenschaften eine solche Menge, dass man, um klarer zu sehen und eigene Vorurteile abzubauen, schon bei einem einzigen schmalen Gebiet als Einzelner bestimmt resignieren müsste. Schon aus Gründen der Arbeitsteilung also braucht man ganz einfach die Gruppe, und zwar eine solche, in der wenigstens einige von dem in Angriff genommenen Gebiet auch fachlich etwas verstehen. Wichtiger aber ist noch etwas anderes: Arbeitet man in einer Gruppe an der Aufklärung bedrückender Realität, so ergänzen und korrigieren sich die Mitglieder untereinander nicht nur in Bezug auf das Wissen. Sie erleben mit der Erweiterung ihres Gesichtskreises auch das Umdenken gemeinsam – und sie stoßen gemeinsam auf die Grenze, die wir alle in uns vorfinden: die Initiativehemmung, den Mangel an Selbstvertrauen und Mut, die uns wie schon unseren Erziehern eingeimpft wurden seit Generationen. Der Bekehrungs- oder besser Wiederbelebungsprozess, der hier einzusetzen hat, ist allein überhaupt nicht zu schaffen. Wird er gemeinsam begonnen und dann auch formuliert, so ist das nichts anderes als eine Art gemeinsamen Gebets, nämlich eben: »meditatio coram Christo«. Das Gebet des Einzelnen, der jetzt genauer weiß, woran er leidet, und dessen Wünschen zur Leidenschaft wieder befreit wird, zieht aus ihm seine Kraft. Gruppe, als engagierte, um Information, Selbstaufklärung und Veränderung bemühte, hindert das Alleinsein vor Christus nicht; sie trägt es. »Wer nicht in der Gemeinschaft steht, der hüte sich vor dem Alleinsein«[8]!

Die Skizze, die in diesen letzten Abschnitten gegeben wurde, entspringt nicht Gedankenkonstruktionen; sie ist Niederschlag vierjähriger Mitarbeit in der Gruppe des Politischen Nachtgebets in Köln. 1971 schrieb Fulbert Steffensky: »Entscheidend für das Gebet ist, dass die Inhalte unseres Lebens formuliert

8 Dietrich Bonhoeffer, a.aO.

werden, sie werden eingebracht durch die vorhergehenden Informationen und Analysen … Darum erlauben wir uns nicht zu beten …, ohne dass wir durch die vorhergehenden Elemente die Inhalte unseres eigenen Lebens kennengelernt haben.«[9] Der Lernprozess, den diese Arbeit bei allen Beteiligten ausgelöst hat, ist in keiner Hinsicht abgeschlossen; das spricht nicht gegen ihn. Zu viel ist aufzuholen, um heutiges Beten zu lernen.

9 In: Politisches Nachtgebet in Köln 2, Kreuz-Verlag, S. 232.

Die vermauerte Gnade (1972)

Die Kirchen reden von Gnade; es ist ihr zentrales Thema. Ihre Hörer aber sind der Ansicht, dass man dieses zentrale Thema allenfalls in der Sterbestunde brauche. Dann, wenn alle Entscheidungen gefällt, alle Tränen geweint, alle Freuden, die erreichbar waren, genossen sind. Für den Fall, dass dann tatsächlich noch etwas kommen sollte…

Deutlicher kann man das Fiasko der Kirchen wohl nicht beschreiben. Was sie zur Hauptsache erklären wollen, erscheint den Menschen so überflüssig wie kaum ein zweites Thema. All die Mühe, die Sonntag für Sonntag, jahraus, jahrein, darauf verwandt worden ist, Gnade anzubieten, scheint völlig vertan zu sein. Die Hörer dieses Angebots wissen nichts damit anzufangen.

Ich bat zwei Gymnasialklassen, die sechs wichtigsten Themen des Christentums zu notieren. Sie sollten sich vorstellen, ein buddhistischer Lehrer an einem Gymnasium in Tokio wolle seine Klassen über die Religion Europas informieren. Welche Punkte müsste er unbedingt behandeln? Was kam, war fast bei allen gleich: Die zehn Gebote wurden genannt, die Nächstenliebe, der Glaube an ein höchstes Wesen und an ein Leben nach dem Tode. Die Gnade kam nicht vor. Jesus übrigens auch nicht. Moral und Gott und Jenseits, das war die Essenz. Und die jungen Leute, die ich befragte, Mädchen dieses Mal, gehörten alle zur Kirche.

Es gibt noch andere Beweise. Bertold Brecht wurde christlich erzogen. Seine Erfahrungen bringt er in dem Gedicht vom »Kerl in Violett« zum Ausdruck: Gott scheint nichts anderes zu tun zu haben, als die Menschen von Kindertagen bis zum Tode zu belauern, ob sie auch nichts Verbotenes tun, und ihnen jegliches Vergnügen zu vermiesen. »Und hast du eine Freude, und singst du noch so leis, er hat eine kleine Orgel, drauf spielt er Trauerweis.«

Ein Gott aber, der dem Menschen selbst nichts gönnt – und dabei auch noch verlangt, dass er zum anderen, dem sogenannten Nächsten, immer nett sein soll – ein solcher Gott kann wohl nur Widerwillen wecken – oder Angst.

Psychoanalytiker berichten, dass die Frommen unter ihren Patienten sich vor den übrigen vor allem durch eines auszeichneten, nämlich durch ein besonders hohes Quantum an unbewusster Angst. Nicht selten ist diese die Ursache ihrer Erkrankung. Passt das zu einer Religion der Gnade?

Alexander Mitscherlich bezeichnete die Kultur, in der wir leben, als »Schuldkultur«: Schuldempfinden und die Überzeugung von einer grundlegenden Schlechtigkeit des Menschen prägen unser Denken. Diese Kultur aber wurde entscheidend durch die Kirchen mitbestimmt. Haben sie, haben wir, die Amtsträger der Kirchen, statt Gnadenbewusstsein Schuldbewusstsein verkauft?

Wir können fortfahren. Es ließe sich Zeugnis an Zeugnis reihen dafür, dass der Kern des Christentums unbekannt ist. Die Gnade wurde »vermauert«.

Sie wurde es so sehr, dass selbst der Theologe Mühe hat, sie wiederzuentdecken. Denn die Quelle des Glaubens, die Bibel, ist ja von der Vermauerung schon mitbetroffen: Irrtümer und Vorurteile von Jahrhunderten haben sich zwischen sie und uns geschoben. Bemüht man sich, sie zu durchbrechen und möglichst unverstellt zu Gesicht zu bekommen, was die Bibel meint, dann macht man als erstes eine wirklich verblüffende Entdeckung: Das Wort, das wir mit »Gnade« übersetzen, heißt ursprünglich so viel wie »Anmut«, »Grazie«, »Charme«. Vom »Charme« Gottes war die Rede, und dieser Ton klang mit in jedem Satz, in dem wir »Gnade« lesen!

Wo nur haben wir unsere Schuldkultur her? Wie konnte der Eindruck entstehen, als sehe dieser Gott zerknirschte Sünder gern, als habe er keine Ruhe, bis er jeden glücklichen, seines Lebens frohen Menschen in einen solchen zerknirschten Sünder verwandelt habe?

In der Bibel liegt, wenn es um Schuld geht, der Akzent ganz anders: auf der Befreiung vom Schuldgefühl. »Dir sind deine Sünden vergeben«, so hören wir Jesus sagen. Und es gehen dem keine Szenen voraus, in denen die Angeredeten erst einmal herabgesetzt oder hämisch entlarvt worden wären. Im Gegenteil: Die Menschen zu verklagen, das ist in der Bibel das Werk des Satans. »Satan« heißt eigentlich »Ankläger«, »Staatsanwalt«. Im Buche Hiob wettet er mit Gott, dass die Menschen nichts taugen, auch Hiob nicht, der durch und durch gut zu sein scheint. Satan ist sicher, dass das nur Schein, Berechnung ist, um den Vorteil göttlichen Wohlgefallens auf sich zu ziehen; Gott wettet, dass die Güte Hiobs echt sei. Gott wettet für den Menschen – und er behält am Schluss des Buches Recht. Satan ist Satan, weil er dem Menschen keine Chance gibt, weil er ihn schlecht macht, verachtet und hasst. Manchmal kommt man auf den entsetzlichen Gedanken, die abendländische Überzeugung von der hoffnungslosen Bosheit des Menschen sei nichts anderes als die Machtergreifung Satans – mitten in der Kirche.

In der Bibel herrscht Jubel, »weil der Verkläger unserer Brüder verworfen ist, der sie verklagte Tag und Nacht vor unserem Gott«. So steht es in der Offenbarung Johannes. Die Grundlinie der Christuslehre ist gerade die, dass Schuld beseitigt sei – durch den Charme, die zauberhafte Kraft der herzlichen Zuwendung Gottes, der selber sühnt, was wir nicht aufzuheben vermögen.

»Wer will uns beschuldigen? Gott ist hier, der gerecht macht«, schreibt der Apostel Paulus.

Das ist die fremde Religion, das vergessene Christentum, die vermauerte Gnade. Die Frage ist nur: Was ist eigentlich geschehen, dass sie vergessen werden konnte – zumal die Bibel überall Grundlage der Predigt ist? Wie konnte gerade das Kernstück verloren gehen, das Gottesbild entstellt, der Mensch diffamiert, die Gnade an den Rand gedrängt werden?

Ganz sicher ist, dass es sich hier nicht um ein gewöhnliches Vergessen handeln kann, etwa als Folge eines schlechten Gedächtnisses. Weit eher, so scheint mir, handelt es sich um ein Musterbeispiel für das, was psychoanalytisch »Verdrängung« genannt wird: ein unbewusstes Nicht-mehr-wissen-Wollen von an sich Bekanntem. Verdrängung aber ist ein Abwehrmechanismus. Bewusstseinsinhalte, die unerträglich sind, werden unter die Bewusstseinsschwelle verbannt. Was macht den Gott der Gnade unerträglich?

Die Antwort sollen wieder junge Menschen geben: Unerträglich ist er, weil es ihn nicht gibt. Damit ist nicht einfach ein Zweifel an der Existenz eines höchsten Wesens gemeint; es geht um mehr. »Die Welt sieht nicht nach einem Gott der Gnade aus.« »Wo kommt das denn mal vor, dass man Verständnis findet, wenn man etwas falsch macht?« »Die Kirche gibt einem davon nur die Idee, aber nicht die Sache selbst.«

Ich glaube, dass in diesen Schülerantworten der Schlüssel zum Elend des Christentums liegt. Was die Kirchen sagen, ist zu schön, um wahr zu sein; das Erlebnis ist das bloßer Worte, wovon nichts der Wirklichkeit entspricht, eines frommen Betruges also, und infolgedessen einer tiefen Frustration. Denn das, wovon die Kirchen reden, würde so nötig wie nichts anderes gebraucht – wenn es es gäbe.

Gibt es es denn nicht? Nun, wir brauchen uns nur umzusehen in unserer vom Christentum mitgeprägten Welt. Kann etwa ein Erwachsener in dieser unserer Welt es wagen, einen Fehler offen zuzugeben? Was würde aus dem Beamten, dem Angestellten, dem irgendwo im öffentlichen Leben Tätigen, wenn er es täte? Wer kann sich zu einem Irrtum, einem Formfehler bekennen, ohne dass er »sein Gesicht verlöre«, ohne dass eine Aktennotiz über sein Versagen oder zumindest ein schlechter Eindruck mit ihm liefe durch sein ferneres Leben? Wir machen aber immer wieder Fehler; und so sind wir gezwungen, mit Masken zu leben, Fehler zu bemänteln oder, allzu häufig, nach unten abzuwälzen. Wer anders handelt, der riskiert den beruflichen Selbstmord – oder er hat, in seiner speziellen Umgebung, außergewöhnliches Glück gehabt.

Die Kirchen unterscheiden sich in dieser Hinsicht nicht von der sie umgebenden Welt. Im Gegenteil: Wird die Ehe eines kirchlichen Mitarbeiters geschieden, so hat er eher größere Schwierigkeiten als sein Kollege in der »Welt«. Und dass der »oben« Recht hat, der »unten« dessen Fehler ausbaden muss, das ist in der Kirche nicht weniger üblich als anderswo.

Müsste aber der Gott der Gnade nicht abzulesen sein am Verhalten derer, die an ihn glauben?

Die frühe christliche Gemeinde hat es so gemeint. Im Neuen Testament steht der Appell: »Wenn jemand bei euch von einem Fehler übereilt würde, helft ihm freundlich darüber hinweg.« Hier ist die Lehre von der Gnade nicht bloße Lehre geblieben; sie hat einen Leib bekommen, sie hat Gestalt angenommen in einer Gruppe von Menschen, die sie verstanden haben. Inmitten einer Gesellschaft, die Gnade nicht kennt, ist die frühe Gemeinde eine Art von Gegengesellschaft, die den Charme ihres Gottes zu leben beginnt. Wie torsohaft auch immer dieser Versuch gewesen sein mag, er wurde gemacht.

Aber fragen wir weiter – nach uns. Wie steht es mit der Möglichkeit, zu wünschen, zu klagen, seinen Anspruch auf menschliches Leben anzumelden in unserer Welt? Wen interessiert es, dass wir eigentlich gern eine sinnvolle Arbeit hätten, mit dem Recht auf eigenen Arbeitsrhythmus und eigenem Arbeitsstil und mit einem Ziel, das wir bejahen und einsehen? Stattdessen müssen wir in der Mehrzahl der modernen Berufe rotieren wie Rädchen in einer riesigen, von anderen gesteuerten Maschinerie. Wirkt es nicht schon fast unverschämt, wenn jemand Ruhe haben will, um irgendeine Sache gut machen zu können, oder wenn jemand Zeit genug haben will, um mit seinen Freunden, seinen Kindern sprechen zu können, Zeit genug, um wirklich zu leben? Stattdessen hetzt uns der Terminkalender, schon die Kinder haben keine Zeit mehr.

Wen kann es eigentlich wundern, dass ein Teil der Jugend keine Lust hat, sich in diese Welt einplanen zu lassen?

Biblische Menschen würden leidenschaftlich klagen, sie würden aufbegehren gegen ein Dasein in unserer unmenschlichen Welt. Wie ein roter Faden zieht sich durch das Alte und das Neue Testament der »Widerspruch des Lebendigen«, wie Dorothee Sölle formuliert hat. In unseren Kirchen aber weht ein anderer Geist. Da zieht sich wie ein eher grauer Faden die Mahnung zur Bescheidung, zum Sicheinrichten, zur Zufriedenheit mit dem banalen kleinen »Glück« durch die Predigten und Lieder, Anleitung zu Verzicht und Resignation. Der Gott der Bibel müsste wohl enttäuscht sein: Er könnte uns gar nichts mehr geben, nicht einmal inkognito: denn wir wollen anscheinend nichts mehr.

Was ist geschehen? Die Lehre wird schließlich immer noch verkündet, die Bibel ist noch da. Aber es scheint, als ob die Information, die von Kanzel und Katheder erklingt, neutralisiert würde durch eine mitlaufende Gegeninformation aus der Gesellschaft, die die Predigt Lügen straft. Heißt es hier: »Du lebst in der Gnade«, so heißt es dort: »Das ist nicht wahr. Du hast dich zu bewähren, es geht um Sollerfüllung, um Leistung und Erfolg, sonst bleibst du auf der Strecke.« Nur wird dieser Dialog zwischen Bibel und Gesellschaft nicht offen ausgetragen. Er verläuft stillschweigend, fast immer unbemerkt. Prediger und Gemeinde sind selbst in die Leistungsgesellschaft integriert; die Gnadenlosigkeit der Konkurrenz um Aufstieg und Erfolg, die Pflicht zur Bewährung, zur Sicherung von Einfluss und Besitz ist so verinnerlicht, dass sie meist überhaupt nicht mehr bewusst wird. Jeder weiß, dass das Evangelium in Wahrheit nicht gilt, spricht aber nicht darüber, denkt kaum je darüber nach.

In der Psychoanalyse bezeichnet man eine solche Situation mit dem amerikanischen Ausdruck »double bind«, zu Deutsch »doppelte Bindung«. Zwei Botschaften gehen von derselben Stelle aus, die eine bewusst und betont, die andere unbewusst; und die Botschaften schließen sich aus. Der Empfänger beider Botschaften wird irritiert; ist er emotional abhängig von der Person, die die widersprüchlichen Sendungen von sich gibt, so kann er an Schizophrenie erkranken. Und zwar ist es so, dass die unbewusste Botschaft die wirksamere ist. Bewusste Freundlichkeit kann über unbewusste Feindseligkeit, verdrängten Haß auf die Dauer nicht hinwegtäuschen. Zur Heilung gibt es nur einen Weg: Das Verdrängte muss bewusst werden, der Haß zum Vorschein kommen, damit er bearbeitet werden kann.

Wenden wir dies auf die Situation der Kirche an, so heißt es: Soll die vermauerte Gnade befreit werden, so müssen wir, die Kirchenleute, das Ausmaß unserer Korruption begreifen.

Wir glauben das nicht wirklich, was wir sagen; das sieht man daran, dass wir unserer Welt nicht widersprechen, keine Gegengesellschaft bilden, vielmehr die menschenfeindliche Leistungsgesellschaft auch noch stützen. Zwei Beispiele, die das veranschaulichen: In unseren Städten nimmt die Zahl der Obdachlosen erschreckend zu. Ihre Unterbringung am Rande der Städte, in nassen Schlichtbauwohnungen, zwischen Bahngeleisen und Schrottplätzen und in unbeschreiblicher Enge ist nicht nur menschenunwürdig; sie gefährdet die dort aufwachsenden Kinder (und das sind viele, denn »obdachlos« und »kinderreich« sind fast Synonyme bei uns) in unzumutbarer Weise. In allen diesen Städten aber gibt es Kirchen. Wo ist ihr lautstarker, entschiedener Protest? Wo ist ihr Vorstelligwerden bei Behörden und Regierung, um diesen Mißstand wirksam abzuschaffen? Melden sich doch die Kirchen bei anderer Gelegenheit, z.B. bei den Kämpfen um das Sexualstrafrecht, so deutlich zu Wort. Sollte der Grund für das Schweigen im Falle der Obdachlosigkeit nicht darin liegen, dass wir, Amtskirchen und Christen, mit der Mehrheit in unserer Gesellschaft die Überzeugung teilen, ein Mensch habe eben das Schicksal, das er verdient? Sind die »Randgruppen« auch für uns diejenigen, die es eben nicht geschafft, die sich nicht bewährt haben? Spielt das Recht eines Menschen auf ein glückliches Leben, das die biblischen Menschen so ungeniert begehren, für uns keine Rolle?

Das zweite Beispiel ist noch deutlicher. Die Überzeugung, dass Kinder sich vor allem einzufügen haben, und zwar in die vorfindliche Ordnung, ist gerade unter Christen das Normale. Die Frage, ob diese Ordnung gut für sie ist, ob sie sich darin entfalten und zu ihrem Recht kommen können, spielt eine viel geringere Rolle. Kinder sind bei uns zur Unterwerfung einfach verpflichtet; wir führen dafür das vierte Gebot ins Feld: »Du sollst deinen Vater und deine

Mutter ehren, auf dass dir‹s wohlgehe und du lange lebest auf Erden.« Schüler interpretieren dieses Gebot so: »Natürlich kann es einem nur gut gehen, wenn man sich den Eltern anpasst; sie haben schließlich die Macht, das Geld, das Geschäft, was will man machen, wenn sie die Hand von einem abziehen?« Sehr plausibel: Wer Macht hat, hat auch Recht. Nur: Ist das christlich? Und: Ist das menschlich?

In der Bibel hat das vierte Gebot einen gänzlich anderen Sinn. Es gilt nicht für Kinder; es gilt für erwachsene Söhne und Töchter, die jetzt selbst an der Macht sind, Geld und Geschäft in ihren Händen halten. Sie sollen die alten Eltern nicht vergessen, nicht hungern lassen, sondern liebevoll versorgen. In Mk 7 legt es Jesus selbst so aus.

Der Appell geht an die, die in der starken Position sind; »charmant« – wie Gott – sollen sie zu den Schwächeren sein. Unsere Gesellschaft aber gibt den Starken recht, den wirklich oder angeblich Tüchtigen, sie missachtet die Schwachen, die Kinder, die noch nicht Selbständigen, und benutzt dieses Gebot zu ihrer Unterwerfung. Steht denn nicht in der Bibel: »Ihr Väter, reizet eure Kinder nicht zum Zorn, damit sie nicht bitter werden«?

Die mitlaufende Gegeninformation neutralisiert die Predigt von der Gnade nicht nur, sie verfälscht sogar ihre Texte, stellt ihren Sinn auf den Kopf, und so kommt es, dass Christen, brutal wie alle anderen, Verletzte und Gescheiterte noch mehr zerstören, als sie es schon sind. Kinder z.B., die die Einpassung nicht geschafft haben, die deshalb in Heimen für Schwererziehbare aufwachsen, können auf wenig Verständnis rechnen. Sie haben es in kirchlichen Heimen oft schlechter als in anderen, weil weniger Mittel für therapeutisch geschulte Erzieher aufgewendet werden.

Zugegeben: Es ist schwer für die Menschen, die sich selbst bewähren mussten, denen an Anpassung und Verzicht nichts geschenkt wurde, und für deren Wünsche sich niemand allzusehr interessierte – es ist schwer für uns, die wir solche Menschen sind, anderen das zu gönnen, was wir selbst nicht hatten. Aber es ist nur so lange schwer, wie wir die Maßstäbe dieser gnadenlosen Gesellschaft für uns noch gelten lassen und geradezu Angst haben vor einer anderen, freieren, menschlicheren Auffassung des Lebens. In der ererbten theologischen Fachsprache heißt das: Solange wir uns vom Gesetz regieren lassen anstatt von der Gnade.

Sollen wir befreit werden, so müssen wir zur Welt befreit werden, in einem doppelten Sinn. Gegen die Welt, wie sie uns heute prägt mit ihren gnadenlosen Zwängen, müssen wir Widerspruch anmelden; wir dürfen uns mit ihr, die Millionen von Menschen um ihr Leben betrügt, nicht abfinden. Für die Welt aber, wie sie sein könnte, wenn Menschen sie besser einrichteten, für die Möglichkeit menschlicheren Lebens, müssen wir eintreten.

Wir dürfen unsere Klagen und unsere Wünsche nicht länger hinunterschlucken, so tun, als hätten wir sie nicht; wir müssen viel sensibler dafür werden, was sein könnte, welche Chancen zerstört und vertan werden, freier zur Kritik und freier zum Genuss.

Die Texte der Bibel, die so viel Menschlichkeit atmen, könnten uns dabei helfen, allerdings unter einer Bedingung: Sie müssen selbst befreit werden. Wir sahen es beim vierten Gebot. Seltsam: Da hat die wissenschaftliche Theologie, vor allem im evangelischen Raum, seit gut zweihundert Jahren nichts so intensiv betrieben wie die Erforschung und Auslegung eben dieses Buches: jeder Begriff, jede Vokabel, jeder Sachzusammenhang wurde auf Herkunft und ursprüngliche Bedeutung genauestens untersucht; und dennoch wurde und wird es bis heute durch die Brille eines Vorurteils gelesen. Das falsche Selbstverständnis resignierter, gesetzlicher Christen verdirbt den klarsten Text, ohne dass es bemerkt wird.

Zur Selbstaufklärung der Christen genügen die biblischen Texte deshalb nicht, weil wir sie missverstehen. Wir müssen zugleich auf der anderen Seite beginnen, nämlich bei der Aufarbeitung der Verhältnisse in unserer Zeit. Genaue Kenntnisnahme ihrer Grundlagen würde uns z.B. zeigen, dass die Zahl der Obdachlosen steigt, weil die Mieten zu hoch sind, und dass dies seine entscheidende Ursache in der Höhe der Grundstückspreise hat, mithin in der Bodenspekulation. Ist die Analyse bis dahin vorgetrieben, dann zeigt sich auch, was zu tun wäre, und ein gemeinsamer Einsatz möglichst großer Gruppen könnte etwas erreichen. Oder, um an unser zweites Beispiel anzuknüpfen: Genaue Analyse der Situation der Kinder würde uns zeigen, was mit der Mehrzahl von ihnen psychologisch gemacht wird, ohne bewussten bösen Willen der Erzieher, aus Vorurteilen heraus. Und wir könnten Phantasie entwickeln zum Entwurf einer anderen Erziehung, könnten deren Ansätze, die es ja gibt, erkennen und stützen.

Die Befreiung der Christen vom Gesetz unserer Welt erfordert also Arbeit. Sie verlangt Aufarbeitung von politischen wie psychologischen Informationen – und wir haben doch ohnedies schon keine Zeit! Wie soll das Notwendige möglich werden?

Mir scheint, es geht nur auf eine Art: Die Aufarbeitung muss gemeinsam geschehen, in Gruppen, die sich eigens zu diesem Zweck zusammenfinden, und mit dem Ziel aktiven Eingreifens an einer Stelle. »Gemeinde« muss wieder Gegengesellschaft werden, wie sie es ursprünglich und in ihren lebendigsten Zeiten immer gewesen ist. Es gibt zwar schon solche Gruppen, nur noch viel zu wenige. Sie helfen mit, dass »Gnade« wieder einen Leib bekommt in dieser Welt, dass sie realisiert wird (in wie anfänglicher Form auch immer), dass Verkündigung wieder glaubhaft wird – weil sie den Menschen der ungebrochenen Herrschaft der Leistungsgesellschaft entzieht und ihn statt dessen vor den Gott stellt, der ihm sein Ich und seine Erde schenkt, damit er leben kann, als Mensch.

Hermeneutische Aufgaben des kirchengeschichtlichen Unterrichts (1974)

Das Thema dieser Arbeit erscheint in doppelter Hinsicht veraltet: 1. Gibt es denn, im Zeitalter der Lernzielorientierung, noch »kirchengeschichtlichen Unterricht«? Verrät dieser Ausdruck nicht eine beklagenswerte Rückständigkeit im didaktischen Ansatz, insofern fachwissenschaftliche Thematik, nicht aber Schülerorientierung bestimmend zu sein scheint? 2. Ist denn die Vorherrschaft der Hermeneutik noch immer nicht gebrochen, während doch – endlich! – empirische Methoden Einlass in den Bereich der Religionswissenschaften finden?

Beiden Einwänden gegenüber bekennt sich diese Arbeit zunächst zu der These, dass Didaktik des Religionsunterrichtes eine theologische Disziplin sei, die (wie alle theologischen Disziplinen) zwar von anderen Wissenschaften lernen, sich aber ihre Entscheidungen nicht von ihnen abnehmen lassen kann – auch nicht von der Curriculumtheorie. Theologisch aber gilt, dass von der christlichen Religion nur dann etwas verstanden werden kann, wenn in einem sie betreffenden Unterricht nicht nur argumentiert, sondern auch »erzählt« wird[1], wenn die in ihrer Geschichte gemachten Erfahrungen weitergegeben werden, um Anstoß zu neuer Erfahrung zu werden. Jedes »Verdünnen« des Christlichen zu einer zeitlosen Systematik, jedes Absehen von der Kontingenz der Offenbarung, von der Geschichtlichkeit der Verkündigung und des Glaubens, von der Situationsbedingtheit und also dem Antwortcharakter ihrer Manifestationen in Institutionen, Lehren und Handeln (rituellem, ethischem, politischem Handeln) – jedes solche Absehen von konkreter Realität verdirbt das

1 Im Sinne einer »»narrativen Theologie«», vgl. J.B. Metz und H. Weinrich in Concilium V/73

Verständnis des Christlichen selbst. Denn es ist seinem Wesen nach nicht »an sich«» zu haben, sondern nur im konkreten Vollzug, der aber eben nicht im luftleeren Raum stattfindet, sondern an einem durch vergangene Entscheidungen qualifizierten geschichtlichen Ort. Was Christen und Kirchen geglaubt, versucht – und was sie angerichtet haben in der Welt, darf deshalb nicht einfach der Vergessenheit anheimfallen; »gefährliche Erinnerung« muss statthaben[2], nicht nur die Kenntnis einer religiösen Theorie.

Aus diesem Grunde kann der Einbau kirchengeschichtlicher »Spots« in Unterrichtsmodelle, die von systematisch-ethischer Fragestellung geleitet sind, nicht genügen. Es muss vielmehr Einblick in den Prozesscharakter geschichtlichen Geschehens gewonnen werden, in die Irreversibilität geschichtlicher Entscheidungen und die Möglichkeit tragischen Irrtums, der erst an den Folgen erkennbar wird. Es muss, in alledem, deutlich werden, dass nicht alles jederzeit möglich ist.

Gerade darin aber scheint mir auch eine »Qualifikation zur Bewältigung von Lebenssituationen« zu liegen, wie die Curriculumtheorie sie fordert. Die eigentümliche Realitätsblindheit, mit der gerade in Deutschland Politik beurteilt zu werden pflegt, das Verkennen von Situationen, der Mangel an Bereitschaft (und dann auch Fähigkeit!), sich eingehender zu informieren, das Unverständnis für die Fülle von Aspekten, die eine Entscheidung beeinflussen, und für die Notwendigkeit von Kompromissen, stellen insgesamt sicher eine äußerst gefährliche Disposition des Sozialcharakters der Deutschen dar. Ihr entspricht die Verwechslung eines schalen Opportunismus mit sachlich begründeter Kompromissbereitschaft, bei der die Ziele, die zurückgestellt werden mussten, doch nicht leichthin vergessen, sondern weiterhin bedacht, wieder ins Spiel gebracht oder kompensiert werden. Soll, angesichts dieses Defizits, von »politischer Reife«, »Veränderungsbereitschaft« und »Emanzipation« nicht nur geredet, sondern dazu qualifiziert werden, so ist das Eindringen in Geschichte, so unmodern es klingen mag, unerlässliche Vorbedingung. Denn an abgeschlossenen, überschaubar gewordenen Abläufen, deren Hauptlinien sich aus der Distanz – und aus ihren unvorhergesehenen Spätwirkungen – deutlicher wahrnehmen lassen, kann der Blick für geschichtlich-politische Realität sich schulen wie an nichts anderem.

2 Metz, a.a.O., S. 334

Dies ist ein (höchst unzeitgemäßes) Plädoyer für die schulische Beschäftigung mit Geschichte; ist es auch eins für Kirchengeschichte? Doppelt und dreifach, möchte ich meinen! Denn erstens gilt, wie Ernst Schering 1963 formulierte: »Es gibt nur eine Geschichte, zu der Kirchen- und Weltgeschichte, Sozial-, Kunst- und Geistesgeschichte gehören«[3]. Zweitens ist, wie schon dargelegt, gerade das Christliche eminent geschichtlich, d.h. konkret, bewegend, Prozesse inaugurierend – oder es ist gar nicht da. Drittens aber, und das erscheint mir entscheidend, ist die oben gekennzeichnete gefährliche Realitätsblindheit der Deutschen, speziell im protestantischen Deutschland, eine Folgeerscheinung fehlgelaufener kirchlicher Sozialisation, missbrauchten Evangeliums, und das durch Jahrhunderte (wie noch zu zeigen sein wird). Beruht sie doch auf mangelndem Zutrauen zum eigenen Urteil, zur eigenen Initiative, auf der Bereitschaft, stattdessen lieber Autoritäten zu gehorchen und ihre Wertungen zu übernehmen – eine Spätwirkung des alten Obrigkeitsgehorsams. Diese Mentalität muss aufgearbeitet werden; das wird heute weit über den Bereich der Religionsdidaktik hinaus gesehen. Die Aufforderung: »Lasst euch nicht länger religiös manipulieren!« mit ihrem Aufruf zum Massenaustritt aus dem Religionsunterricht[4] hat hier ihr Körnchen Wahrheit, das zu übersehen gerade Christen und Theologen schlecht ansteht – zumal wenn sie die Frage des alten Freud noch im Ohr haben[5]: »Denken Sie an den betrübenden Kontrast zwischen der strahlenden Intelligenz eines gesunden Kindes und der Denkschwäche des durchschnittlichen Erwachsenen. Wäre es so ganz unmöglich, dass gerade die religiöse Erziehung ein grosses Teil Schuld an dieser relativen Verkummerung trägt?«

Nur ist es mit dem guten Willen, will sagen: mit der Erkenntnis [sic] der politischen Fehlprägung durch Generationen, nicht getan. Das Fatale ist ja (und auch diese Erkenntnis verdanken wir Freud), dass Normen und Werte vergangener Generationen unbewusst weitergeschleppt werden und neue Initiativen behindern. Denn die Über-Ich-Prägung erfolgt in früher Kindheit, und sie beruht mehr auf dem, was die Eltern (und dann die Lehrer) in ihrem Wesen sind, als auf dem, was sie bewusst den Kindern beizubringen suchen. So kann

3 »Kirchengeschichte im Unterricht«, Göttingen 1963, S. 114
4 Flugblattaktion gegen den RU, dokumentiert in: Ev. Erz. XII/1968, S. 484ff.
5 »Die Zukunft einer Illusion«, Ges.Werke, S. Fischer-Verl., Bd. XIV, S. 370

sich Obrigkeitsgehorsam viel länger halten als die »Obrigkeiten« selbst; und eben dies ist die Lebenssituation, die wir vorfinden: eine schlechte Disposition der meisten Erwachsenen für Freiheit, Selbstbestimmung und demokratische Kontrolle der Macht. Zur Bewältigung dieser geschichtlichen Hypothek aber gehört, neben vielen anderen Bemühungen, auch der Einblick in ihr Entstehen – und das heißt: in ein wichtiges Stück der Geschichte der Kirche.

Mit diesen Ausführungen hat diese Arbeit auch erziehungswissenschaftlich ihren Standort bezogen: sie bekennt sich, angesichts der Überschwemmung des pädagogisch-didaktischen Feldes durch die behavioristisch fundierte Lerntheorie, zum psychoanalytischen Denkansatz. Nicht nur das Verhalten und seine je erwünschte Veränderung dürfen Thema der Unterrichtsplanung sein, sondern das psychische Schicksal des Menschen, die Behinderungen seines Ich sind ins Auge zu fassen, die

Frage seiner möglichen Entwicklung zu Identität und Autonomie[6]. Denn ein »erwünschtes Verhalten« könnte, gerade in Deutschland, heteronom (der jeweiligen Autorität sich anpassend) geleistet werden – und ohne Schwierigkeiten schon morgen, anderen Autoritäten gegenüber, durch entgegengesetztes Verhalten ersetzt werden. Der Umschlag von Scheinemanzipation in Führerbegeisterung dürfte nicht schwerfallen.

Für die didaktische Konzeption des RU bedeutet das: Schülerorientierung – ja, Lernzielorientierung – nur dann, wenn der Schüler an der Setzung dieser Ziele entscheidend mitbeteiligt ist. Damit ist nicht unbedingt dem Verfahren einer Schülerbefragung das Wort geredet; dieses stellt, zumal bei älteren Schülern, eine von vielen Möglichkeiten dar, kann aber auch unergiebig und für beide Seiten höchst ermüdend sein. Vielmehr ist sehr einfach dies gemeint, dass Methode und Stoff des Unterrichts dem Schüler Freude machen muss. Vielleicht dient nichts anderes so sehr seiner Emanzipation, seiner »Qualifikation zur Bewältigung von Lebenssituationen«, wie wenn er in den lernbegierigsten Jahren seines Lebens eine geistige Kost erhält, die ihn nicht nur nährt, sondern ihm auch schmeckt. Hierzu ist allerdings notwendig, dass der Lehrer eine Ahnung davon hat, welche Art Unterricht den Wachstumsphasen des Ich ange-

6 vgl. z.B. Erikson, Wachstum und Krisen der gesunden Persönlichkeit (in: Identität und Lebenszyklus, Frankfurt 1966), und Riesman, Die einsame Masse, Hamburg 1958.

messen ist – und das heißt nicht nur, welche Problemstellung, welche Methode, sondern eben auch: welcher Stoff.[7]

Nun kann es wohl kaum einen Zweifel darüber geben, dass nichts dem Kind der Latenzphase, also dem Schüler der Primar- und der Orientierungsstufe, soviel Freude bereitet wie das Kennenlernen von »facts«. Neue Dinge zu sehen, auszuprobieren, von neuen Sachverhalten zu hören und dies alles in einen Zusammenhang zu bringen, ist wahre Leidenschaft in diesem Alter, die Kapazität in Bezug auf Erfassen, Behalten und Verarbeiten immer wieder erstaunlich. (Die große Zahl der durch Reizüberflutung geschädigten, konzentrationsgestörten Kinder spricht nicht dagegen: sie brauchen Heilung durch »Polarisation der Aufmerksamkeit« (Maria Montessori), die unter anderem auch durch Erzählen erreicht werden kann, sofern die Kinder dabei manuell und motorisch ausagieren dürfen, was sie empfinden). Ich halte daher hier ein nicht minder leidenschaftliches Plädoyer für das Konkrete als Unterrichtsgehalt in diesem Alter. Das aber heißt für das Fach Religion: Personen, Szenen, Situationen aus der Geschichte der Kirche sind wie geschaffen für den Unterricht der ersten sechs Schuljahre. Das Problem ist freilich, woraufhin sie ausgelegt werden sollen; das klang schon an und wird weiter unten ausgeführt werden.

Zuvor aber noch ein Blick auf den Schüler der höheren Klassen. Es ist gar keine Frage, dass der pubertierende Jugendliche auch heute, bei aller vordergründigen Apathie, bewegt ist von Fragen nach dem Sinn seines Lebens, nach sich selbst. Infolgedessen verschwindet zumeist die ursprüngliche Freude am Kennenlernen von Sachverhalten, die ihn in keiner Weise selbst betreffen. Andererseits ist ihm die unmittelbare Beschäftigung des Unterrichts mit seinen eigensten Problemen oft nicht erwünscht, entweder weil ihm der Lehrer (als zum »Establishment« gehörig oder schlicht als »zu alt«) dafür nicht kompetent erscheint, oder aber weil er nicht vorzeitig in eine Richtung gedrängt werden möchte – bzw. sich (vermeintlich für immer) längst festgelegt hat und in dem so gefundenen Halt nicht gestört werden möchte. Die Konfrontation mit geschichtlichen Situationen, die Entscheidungen notwendig machten (Bonhoeffers Attentatsbeteiligung, Luthers Haltung im Bauernkrieg, Martin Lu-

7 Zur Anpassung des Unterrichts an die Erikson'schen Phasen vgl. Veit, Die Wahrheitsfrage im bibl. Unterricht des 5. und 8. Schuljahrs, Theol. Pract. 3/1970; Scharfenberg, Religion zwischen Wahn und Wirklichkeit.

ther Kings gewaltlose Aktionen), mit Personen, für oder gegen die er Partei ergreifen kann, hilft ihm zur Selbstfindung und schützt ihn zugleich vor unmittelbarem Eingriff in sein Denken. Thematisch ausgewählte und eingeführte kirchengeschichtliche Zusammenhänge werden deshalb oft gern aufgegriffen. Das Verständnis dafür, dass Entscheidungssituationen eine Vorgeschichte, die getroffenen Entscheidungen Nachwirkungen haben, erwacht oft im Verlauf der Diskussion (»Man müsste wissen, wie es dazu kam, dass …«; »Was ist denn auf die Dauer dabei rausgekommen?«), so dass sich ein ursprüngliches Interesse an historischen Abläufen entwickeln kann, samt dem Empfinden für Scheitern, Tragik und Schuld, für verpasste und ergriffene Chancen, für das Kairos-Moment in der Geschichte.

Freilich geht es dabei, unvermeidlicherweise, nicht ohne Manipulation ab. Schon durch die Auswahl des Stoffes und der Medien trifft der Lehrer eine Vorentscheidung darüber, wie der zu besprechende Geschichtsablauf verstanden werden soll; in der Besprechung selbst ergreift er, mehr oder weniger bewusst, Partei. Damit stehen wir bei der eigentlichen Aufgabe dieser Arbeit, nämlich bei der Frage nach dem hermeneutischen Prinzip, das das Verstehen von Geschichte leiten soll. Es muss dem Lehrer nicht nur klar sein, sondern auch so früh wie möglich im Unterricht thematisiert und zur Diskussion gestellt werden, damit durchsichtig wird, wohin manipuliert wird.

Der oben gegebene Hinweis auf die Chance, dem Schüler Identifikationsmöglichkeiten mit geschichtlichen Personen zu erschließen, könnte missverstanden werden: so als solle Geschichte als bloße Kulisse für das Handeln einzelner Großer gesehen werden. Gegen diese »biographische Methode« im kirchengeschichtlichen Unterricht haben in den sechziger Jahren eine ganze Reihe von Autoren Stellung genommen[8]; auffällig aber ist, dass sie gleichwohl in der Schulpraxis immer wieder begegnet und auch in den neueren Auflagen der Religionsbücher nicht verschwunden ist. Bewährung oder Nichtbewährung des Einzelnen im Wirrwarr einer an sich sinnlosen Geschichte scheint ein Verstehensprinzip zu sein, das sich wie von selbst immer wieder durchsetzt. Hat hier das Prinzip der »existentialen Interpretation« aus der neutestamentlichen Exegese in die Kirchengeschichte hinübergewirkt? Oder hat sich

8 Vgl. allein die Hefte IV/68 und VI/68 des Ev. Erz. Mit der dort angegebenen Literatur.

die alte Tradition der Heiligenlegende im Kirchengeschichtsverständnis durchgehalten[9]? Sind »Lebensbilder«, vor allem für jüngere Schüler, schlicht das einzig Erzählbare in der Geschichte? Aber unter welchem Gesichtspunkt werden sie selbst erzählt?

Dem Didaktiker, der sich diese Fragen stellt, zugleich aber in den kirchlich-theologischen Auseinandersetzungen der Gegenwart zu Hause ist, fällt eine seltsame Übereinstimmung auf: Genau dieser Punkt, nämlich die Frage nach dem Stellenwert des Einzelnen in Gesellschaft und Geschichte, begegnet wieder und wieder im Kampf um die politische Theologie. Der Einzelne, nicht die »Verhältnisse« sollen sich ändern; der Einzelne, nicht die »Strukturen« können sich bekehren; vom Einzelnen, nicht von der »Gesellschaft« hängt ab, was geschieht – das sind stehende Wendungen der Gegner einer politischen Theologie. Doch kann man das Ghetto (es ist eins) dieser innerkirchlichen Streitigkeiten verlassen und sich mit den alltäglichen Urteilen der Zeitgenossen über politische Zusammenhänge auseinandersetzen: Man trifft auf dieselbe Argumentation. Konflikte werden personalisiert, ihre strukturellen Ursachen bleiben weithin undurchschaut, und, was wichtiger ist, sie gelten als undurchschaubar. Aus dem undurchdringlichen Dickicht von Geschichte und politischem Geschehen heute kommt dem Einzelnen zwar sein Schicksal (z.B. Diktatur und Krieg); aber er kann es nicht verhindern, es sei denn, es käme rechtzeitig der große Einzelne, der »starke Mann«, und brächte die Dinge ins Lot.

Wir stoßen also auf einen mächtigen gesamtgesellschaftlichen Trend, Geschichte und politisches Geschehen unbegriffen liegen zu lassen, soweit sich nicht Einzelne (wirklich oder scheinbar) haftbar machen lassen. Das Individuum, als Grundkategorie der bürgerlichen Gesellschaft, naiv als »irreduzible Gegebenheit«[10] gesehen, scheint einziger Ansatzpunkt eines Verstehens zu sein. Die politischen Gefahren liegen auf der Hand.

In Bezug auf die Kirchengeschichte aber muss hinzugefügt werden: Es ist auch theologisch falsch, von jener Grundkategorie des Einzelnen her zu denken. Das Christliche ist von Anfang an nicht als Sache Einzelner, sondern als

---

9 vgl. Schering, Gefahrenmomente des kirchengeschichtlichen Unterrichts, Ev. Erz. VI/68.
10 Th. W. Adorno, Minima moralia, Frankfurt 1973, S. 10.

Sache des »Volkes Gottes« dagewesen, als Sache einer Gruppe, der Gemeinde, die sich keineswegs als nachträglicher Zusammenschluss glaubender Individuen (auf Grund einer Art contrat social) verstand, sondern als »neues Israel«. So sehen wir das Interesse der ersten christlichen Generation leidenschaftlich darauf gerichtet, Regeln des Zusammenlebens, Ordnungen der Gemeinschaft zu finden, die in der Gemeinde als Gruppe ein anderes Klima zu schaffen vermögen, als es »draußen« herrscht: ein Klima, in dem der Schwache (auch der »Schwache im Glauben«!) Rücksicht, der Versagende Rückhalt findet, in dem Lernen durch Erfahrung zugestanden, auf Durchsetzung des Rechthabens verzichtet, ja der Besitz geteilt wird.[11]

Man könnte sagen: Gruppenethos und Ausstrahlung nach außen[12] sind viel zentralere Themen dieser ersten Generation als die private Frömmigkeit des Einzelnen. »Ihr« heißt die Anrede, »wir« das Bekenntnis; die Gemeinde ist der »Leib Christi« auf Erden, und auch die »Braut Christi« ist sie, und nicht die fromme Seele[13]. Dies ist kein zufälliger historischer Ansatz, sondern gehört, entgegen protestantisch-bürgerlichem Denken, zur Sache des Christlichen selbst. Zinzendorfs Wort: »Ich statuiere kein Christentum ohne Gemeinschaft« hat Gültigkeit, ebenso aber auch Luthers zu früh aufgegebene Hoffnung auf eine ecclesiola in ecclesia, die auf die Gesamtkirche ausstrahlen sollte.

Erste hermeneutische Aufgabe kirchengeschichtlichen Unterrichts muss es also sein, vom individualistischen Interpretationsansatz wegzukommen und stattdessen die Geschichte der Gemeinde zu erzählen[14]. An einigen Beispielen möchte ich verdeutlichen, was das bedeuten kann:

Da ist das früh auftauchende, im 2. Jhd. zur definitiven Entscheidung anstehende Problem der Institutionalisierung (ein Problem, vor das sich jede Gruppe, die längere Zeit hindurch bestehen und wirken will, gestellt sieht). Sollen »Amt« oder »Geist« die Führung haben? Funktionäre oder freie Charismati-

---

11 vgl. z.B. Rm. 14; Gal. 6,1; Phil. 1,9f.; 1. Kor. 6,1f. u. Mt. 5; Apg. 2

12 Mt. 5,14ff.; Phil. 2,15

13 Damit ist nichts gegen die von Luther geschilderte Einsamkeit des Glaubenden gesagt; sie wurzelt in der Gemeinde. Erst bei Kierkegaards “Einzelnem”“ fehlt dieser Bezug – unter der Vorherrschaft der “bürgerlichen Grundkategorie” (s.o.), aber auch wegen der Entartung von Kirche.

14 Guter Ansatz im “Arbeitsbuch: Religion”“ (Baldermann, Kittel, Kluge, Kremers), August-Bagel-Verlag Düsseldorf

ker? Darf man dem Geist verbieten, zu »wehen, wo er will«, indem man Lehr- und Handlungsentscheidungen in die Hand beamteter Verantwortlicher legt? Andererseits: Darf man es riskieren, auf institutionelle Organisation zu verzichten, auf die Gefahr hin, klare Abgrenzungen und erkennbares Profil als Gruppe zu verlieren? Wir wissen, die frühe Kirche hat sich für die Institution entschieden, und dies war die einzige Möglichkeit, die Identität des Glaubens (Kanon, Glaubensregel) und den Zusammenhalt der Kirche (monarchischer Episkopat) damals zu retten. Wir wissen aber auch, dass die darin liegenden Gefahren (Verzicht auf Glaubensfreiheit »abweichlerischer« Gruppen, auf die Entwicklung bruderschaftlicher Formen der Entscheidungsfindung und auf die authentische Qualität des einzelnen Christen) lebhaft empfunden worden sind, wie der montanistische Kampf und in ihm besonders die Argumentation Tertullians zeigt.

Dem gleichen Problem sieht sich die entstehende evangelische Kirche gegenüber: Wer soll Entscheidungen treffen, Grenzen setzen, wer (z.B.) die Bezahlung der Geistlichen regeln? Luthers frühe Vorstellungen von einer selbständig entscheidenden Gemeinde[15] sind von ihm unter dem Schock des Bauernaufstandes aufgegeben worden; verwirklicht wurden sie von den in die Illegalität abgedrängten Gemeinden der stillen Täufer und der Reformierten. Luthers Entscheidung, den Landesfürsten die Leitung zu übertragen – und damit das Massenkommunikationsmittel der Zeit, die Kanzel, der politischen Herrschaft auszuliefern, die es vierhundert Jahre lang behielt, war sicherlich die schlechteste aller denkbaren Lösungen – nicht nur von ihren weltpolitischen Spätwirkungen her gesehen (Entfremdung zwischen Christentum und Sozialismus im 19. Jhd., Obrigkeitsgehorsam der Deutschen vor allem im 20. Jhd.).

Institution als Notwendigkeit, Institution als tödliche Gefahr – dieses Problem, ein Grundproblem nicht nur der politischen Existenz allgemein, sondern gerade auch der Kirche (welche Strukturen lassen das Christliche am deutlichsten in Erscheinung treten, welche gefährden es im Kern?) lässt sich schon mit Kindern der Orientierungsstufe gut erarbeiten. Ihre Lösungsvorschläge reichen vom Führerprinzip (»einer muss zu sagen haben«) über das Rätemo-

15 Vgl. z.B. seine Schrift: "Dass eine christliche Gemeinde Recht und Macht habe, … Prediger ein- und abzusetzen" von 1523.

dell (»man muss welche wählen, und wenn sie's nicht gut machen, setzt man sie wieder ab«) bis zur Round-Table-Konzeption (»die müssen das zusammen überlegen«). Die Darstellung eines geschichtlich verwirklichten Modells, etwa die Organisation der ersten abendländischen Klöster nach der Regel Benedikts (der Abt entscheidet, aber nach Anhörung der Brüder, und zwar bei weniger wichtigen Entscheidungen nur der älteren, bei wichtigen dagegen aller Brüder, weil es dem Herrn oft gefalle, seinen Willen durch den jüngsten Bruder kundzutun) findet dann lebhaftes Interesse. Bei älteren Schülern wird ein Vergleich verschiedener Modelle möglich samt der Betrachtung ihrer geschichtlichen Auswirkung auf die Qualität des Christlichen.

Die Rolle des großen Einzelnen, den es ja auch gibt, braucht dabei nicht unterschlagen zu werden. Es wird aber deutlich hervortreten, welche Möglichkeiten ihm die vorgefundenen institutionellen Bedingungen boten und welche eben nicht. Ist es ein Zufall, dass das obrigkeitlich organisierte deutsche Luthertum einen Frömmigkeitstypus hervorbrachte, dessen Stärke im Leidenkönnen, Ergebung und Durchhalten liegt (man betrachte nur die Fülle lutherischer Kirchenlieder zum Thema »Vertrauen auf Gott«!), nicht aber im weltgestaltenden Handeln? Dass andererseits der synodal organisierte Calvinismus die Fähigkeit und Verpflichtung zu Weltgestaltung und gemeinsamem Handeln hervorrief?

Ein weiteres Beispiel dafür, was es bedeuten kann, Kirchengeschichte als Geschichte der Gemeinde zu betrachten, ist das Problem des Verhältnisses der Kirche zum privaten Besitz. Mit erstaunlicher Konstanz hält es sich durch, vom berühmten »Kommunismus« der Urgemeinde über die intensive Agitation von Kirchenvätern[16], über Entwürfe monastischer Armut, Ketzerbewegungen, Täufergemeinden und Bruderhöfe bis hin zu modernen christlichen Kommunen. Die Teilfrage, ob die Kirche als Institution Besitz haben dürfe, wurde immer wieder verneint (z.B. von Dietrich Bonhoeffer: »Um einen Anfang zu machen, muss sie (die Kirche) alles Eigentum den Notleidenden schenken«)[17], das Nein aber nur von kleinen Gruppen jeweils vollzogen. Es scheint für das Verständnis des Christlichen wichtiger, dieses Nicht-zur-Ruhe-Kom-

16 Vgl. Konrad Farner, Theologie des Kommunismus? Stimme-Verlag 1971

17 Widerstand und Ergebung, München 1970, S. 415

men der Armutsfrage mit seinen christologischen, eschatologischen und messianisch-politischen Begründungen zu studieren als nur den freiwilligen Besitzverzicht Einzelner (Franziskus, Elisabeth) kennenzulernen, die dann allzu leicht als edle, aber etwas seltsame Charaktere erscheinen, die eben die »Marotte hatten, sich selbst nichts gönnen zu wollen« (Schülerzitat). Der Zusammenhang des Glaubens mit der Armutsfrage tritt da deutlicher hervor, wo es sich um die Lebensgestaltung der Gemeinde handelt. Denn nur hier kann deutlich werden, dass es nicht um Armut als solche, sondern um den Verzicht auf Herrschaft geht, den sie ermöglicht und der Christus zum Ausdruck bringen soll. Die lutherisch versachlichte Form des Besitzverzichts, nämlich das Einsetzen des eigenen Vermögens für ein Werk (Bodelschwingh), ist in sich etwas anderes, da es hier ja nicht ursprünglich um die Lebensordnung der Gemeinde geht; und doch setzt sie Vergleichbares aus sich heraus, wie z.B. den gemeinsamen Verzicht der Betheler Mitarbeiter auf ein Drittel ihres Gehaltes bei einer Notsituation des Werkes.

Weitere Themen, die es ermöglichen, unsere erste hermeneutische Aufgabe in Angriff zu nehmen, nenne ich nur kurz: die Bündnisse der Kirche mit der politischen Macht (Konstantin, Luthertum, Lateinamerika) und der christliche Widerstand dagegen; die verschiedenen Methoden der Ausbreitung des Christentums und des Umgangs mit Gegnern samt christlichen Gegenstimmen (z.B. Alkuin zu Karls Sachsenbekehrung); Arten der Auseinandersetzung mit andersdenkenden Christen (von Römer 14 über die Inquisition, auch die in Genf, bis zur Ökumene) usw. Es zeigt sich, dass die Gemeinde bei ihrem Ringen um Realisation des Christlichen vor Aufgaben gestellt ist, die weit über die Probleme des Einzelnen hinausgehen, zugleich aber je nach ihrer Lösung den Rahmen abstecken, in dem der Einzelne Christ sein kann.

So erweist sich der resignierte Satz: »Der Einzelne kann doch nichts ändern«, der in der bürgerlichen Gesellschaft auf seltsame Weise dem anderen korrespondiert, wonach es immer auf den Einzelnen ankommt, als richtig und falsch zugleich: Der Einzelne findet Bedingungen vor, die stärker sind als er; gerade deshalb aber muss er den Blick über sein Einzeldasein hinaus auf die Institutionen und Gemeinschaftsordnungen richten lernen, um ihre Wirkungen zu erkennen und nicht einfach von ihnen abzuhängen. Der Anfang zur befreienden Veränderung ist damit gemacht…

Die Vokabel »Veränderung« hat Zukunft im Auge, sieht Geschichte (auch die der Kirche) nicht nur als vergangene, sondern befragt sie auf die Forderungen hin, die sie stellt, auf die Möglichkeiten, die sie erschließt. Nur diese Haltung kann dem Christlichen entsprechen. Der Trend zur Selbstrechtfertigung der bestehenden Gesellschaft, zur Besitzstandwahrung und der zynischen Überzeugtheit, was sich durchgesetzt habe, sei schon deshalb das Richtige, ist zutiefst unchristlich, weil die Leiden derer, die zu kurz oder unter die Räder kamen, ebenso unbeachtet bleiben wie die Frage, ob von den jeweils Unterlegenen nichts zu lernen sei. Walter Benjamins Forderung, die Geschichte »gegen den Strich zu bürsten«, sie vom Standpunkt der Besiegten, nicht der Sieger her zu deuten[18], entspricht dem Gott der Bibel, der mit der Rettung des unterdrückten Israel beginnt, das Recht der Witwen, Waisen und Fremdlinge vertritt, die »geringsten Brüder« zu den entscheidenden erklärt und selbst den Weg der Ohnmacht wählt.

Damit stehen wir bei der zweiten hermeneutischen Aufgabe gerade kirchengeschichtlichen Unterrichts: dem Prinzip des Lernens von den Unterlegenen. Das bedeutet als Erstes eine Änderung der stofflichen Selektion. Denn dass Geschichte vom Standpunkt der Sieger geschrieben wird, heißt ja schlicht, dass man von denen, die besiegt wurden, kaum etwas erfährt; das ist christlich unstatthaft. Vielmehr ist in dem Augenblick, in dem der »Sieg des Christentums« unter Konstantin und die Entstehung der Staatskirche Thema werden, auch Julian Apostata ins Blickfeld zu rücken samt seinen Gründen für die versuchte Wiederabschaffung des Christentums; und die Philosophin Hypathia, die der Staatskirche die Taufe verweigerte und dafür von Getauften in Stücke gerissen wurde, darf in einem Unterricht, der auch nur einen christlichen Märtyrer erwähnt hat, nicht fehlen. Natürlich ist kein sentimentales Mitempfinden gemeint, sondern der Blick dafür, was diese beiden »vergessenen« Figuren vertraten, nämlich die Freiheit des Denkens von dogmatischem Zwang, – und weiter der Blick dafür, wie lange es in der Geschichte dauern sollte, bis diese Freiheit wiedergewonnen wurde, immer noch gegen die Kirchen[19]. Das heißt nicht, dass Dogmen (auf geistigem Gebiet dasselbe wie Institutionen auf poli-

18 W. Benjamin, Illuminationen, Frankfurt 1969, S. 271f.

19 Die Methode der kirchengeschichtlichen Längsschnitte, die Udo Beenken in Ev. Erz. IV/1968, S. 141, vorschlägt, ist für das Erlernen dieses Blicks besonders günstig.

tischem) zur Zeit ihrer Entstehung nicht notwendig gewesen wären, um das Profil des Christlichen überhaupt zu erhalten; die Unterdrückung der heidnisch-hellenistischen Philosophie aber, möglich geworden durch das Bündnis der staatlichen mit der kirchlichen Institution, bedeutete schon damals eine Perversion des Christlichen.

Als weiteres Beispiel seien die Jesuitenstaaten in Paraguay genannt, das »Heilige Experiment«, in dem im 17. und 18. Jhd. Menschenrecht und Lebensmöglichkeit der Indios verteidigt und blühende Gemeinwesen christlich-kommunistischer Lebensordnung aufgebaut wurden, diesmal nicht von einer Randgruppe der Christenheit, sondern von einem der großen Orden der Weltkirche. Sie sind unterlegen, gescheitert an der ökonomisch-politischen Macht Portugals und dessen Goldinteresse; aber ist das ein Grund, das Experiment selbst, die Ursachen seines Scheiterns nach anderthalb Jahrhunderten, die Einkerkerung von mehr als achtzig Jesuiten in Portugal und die Hinrichtung Malagridas nicht zu überliefern? Tempora non mutantur, möchte man im Blick auf gegenwärtige Geschehnisse sagen.

Erst in den letzten Jahren ist, auf Druck von außen, das Interesse an den Unterdrückten und Gejagten des Reformationsjahrhunderts neu erwacht, den verschiedenen Gruppen der Täufer. Ist nichts von ihnen zu lernen? Die Versuche der Mennoniten z.B., herrschaftsfreie Gemeinschaften aufzubauen, ihre Erfahrungen und Schwierigkeiten damit, ihre Begründung für die Verweigerung des Kriegsdienstes, die interessanterweise in den folgenden Jahrhunderten in Preußen nicht durchgehalten werden konnte, dazu alle oben unter dem Stichwort »Armut« aufgeführten Gesichtspunkte – sollten sie wirklich nicht bedenkenswert sein, nur weil das Luthertum siegte?

Der Beispiele wären noch viele; ich breche hier ab. Dass die hermeneutische Frage aufgegeben bleibt, dürfte deutlich sein. Allzu leicht gerät sonst die Geschichte der Kirche in den Sog der allgemeinen Geschichtssicht der Gesellschaft, die (so unausgearbeitet sie auch sein mag) normalerweise der Selbstrechtfertigung eben dieser Gesellschaft und ihrer großen Institutionen dient. Das Christliche erweist seine Kraft nicht in der Zustimmung zu dieser Gesellschaft, sondern in dem Versuch, diese heutige Gesellschaft im Licht Christi zu sehen. Unversehens befinden wir uns dabei in der Kette derer, die im Lauf des »langen Marsches durch die Jahrhunderte« in je ihrer Zeit dasselbe getan haben. Von ihnen ist viel zu lernen, vor allem das, was wir an christlicher Orientierung verloren haben, z.B. die beiden in dieser Arbeit entwickelten Prinzipien der Entprivatisierung und des Lernens von den Unterdrückten. Eben deshalb muss, soll das Christliche unterscheidbar bleiben, von ihnen erzählt werden. (Dass es geht in der Schule, auch heute, habe ich bis 1973 selbst erfahren.)

Zugleich dient ein solcher Unterricht der Wiedergewinnung einer geschichtlich-politischen Identität der Schüler. Sie alle, auch die Nichtchristen, kommen aus dieser Geschichte her. (Eine Ausnahme bilden die vorerst noch wenigen Nichteuropäer. Aber gerade diese lassen sich gern »erzählen«.) Der politisch amorphen, großenteils gleichgültigen Jugend werden aus der Geschichte der Kirche Aspekte vermittelt, mit denen sie sich auseinandersetzen, an denen sie Realitätsblick erwerben und ihren Ort bestimmen kann. Dass alle »Positionen«, die Schüler dabei beziehen, vom Lehrer zu tolerieren sind, versteht sich von selbst und wird durch Thematisierung seines hermeneutischen Ansatzes zusätzlich gesichert.

Theologisch versteht sich dieser Ansatz als Fortentwicklung des Kirchengeschichtsverständnisses, das Ebeling zu verdanken ist[20]: sie sei »Geschichte der Auslegung der Heiligen Schrift«. Der neu gewonnenen Sicht der Bibel, ihrer Entprivatisierung und der Wiederentdeckung ihres Insistierens auf dem Blick nach »unten«, zu den je Leidenden, korrespondiert die hier skizzierte Sicht der Kirchengeschichte. Dass wir sie von »links« haben lernen müssen, vornehmlich von Ernst Bloch, spricht nicht gegen sie; wie formulierte der Weltkirchenrat 1961 in Neu-Delhi? »Es ist bei uns noch zu wenig Verständnis für die Weisheit, Liebe und Macht, die Gott Menschen anderer Religionen und solchen ohne Religion gegeben hat. Wir müssen lernen, dass Christus durch uns zu ihnen und durch sie zu uns spricht.« Lernen wir es also.

Der pädagogisch-didaktische Ansatz kirchengeschichtlichen Unterrichts kann hier nicht entfaltet werden; doch so viel sei noch gesagt: problemorientierter geht's nicht. Umso bedauerlicher, dass nur in ganz wenigen Unterrichtsmodellen die Geschichte der Kirche vorkommt, geschweige denn »erzählt« wird. Dabei sind gerade hier neben kognitiven auch affektierte Lernziele er-

---

20 Zur Entwicklung der politischen aus der existentialen Theologie vgl. Dorothee Sölle, Politische Theologie. Auseinandersetzung mit Rudolf Bultmann, Stuttgart 1971

reichbar: das Gewinnen innerer Bilder beim Hören, die Inanspruchnahme kreativer Phantasie, die Sensibilisierung für menschlich-geschichtliche Möglichkeiten und Schicksale ist kaum irgendwo so möglich. Die Zieldiskussion, die sich unvermeidlich ergibt, enthält Handlungsimpulse kräftigster Art, ohne dass doch der Lehrer direkt auf die Schüler einwirkte. Er kann sich zurücknehmen, ein Drittes tritt befreiend zwischen die Klasse und ihn und beansprucht alle Aufmerksamkeit für sich: die lebendig gelebte Geschichte der Christen. Sie darf nicht vergessen werden, wenn christliche Zukunft sein soll.

Die Gottesfrage in einer nachtheistischen Zeit (1976)

Ich stelle dieser Arbeit zwei Thesen voran, die im nachfolgenden Text zu erläutern sind:

1. Das Zeitalter des Theismus geht seinem Ende entgegen, und zwar nicht auf Grund militanter Bekämpfung (wie im Marxismus älterer Prägung), sondern auf Grund des Verlustes seiner materialen Basis im Weltverhältnis des Menschen.

2. Für den christlichen Glauben ist das kein Unglück, sondern die Chance, das unterscheidend Christliche in der Rede von Gott überhaupt erst wiederzugewinnen. Theismus und Atheismus sind vom Glauben gleich weit entfernt; nur aus Gründen historischer Kontingenz hat er sich bisher (mono)theistisch formuliert. Seine Neuformulierung muss ihren Ursprung nehmen beim Kreuz.

1.

Mit der ersten meiner Thesen sage ich natürlich nichts Neues; gleichwohl möchte ich die längst vorhandene Erkenntnis noch einmal umreißen. Dabei nehme ich zum Ansatz nicht die theologische Fachliteratur, in der ja vor allem seit Bonhoeffers Ablehnung der »Arbeitshypothese Gott«, Robinsons »Gott ist anders«, Dorothee Sölles »Stellvertretung« und der amerikanischen Gott-ist-tot-Theologie eine intensive Diskussion der Gottesfrage läuft. Ich nehme meinen Ansatz vielmehr »unten«, beim Nicht-Fachmann, beim Menschen unserer Zeit, für den es alles andere als selbstverständlich ist, dass es »einen Gott gebe«. Aus den mancherlei Sammlungen von Kinderäußerungen zum Thema[1]

1 Z.B. »Kinderbriefe an den lieben Gott«, Gütersloher Taschenbuch Nr. 73 (1975), Ute Blaich, Milchreis, Colt und Veilchenfänger. Hildegard Hetzer, Selbstständige Versuche kleiner Kinder, Gott zu begreifen (Ev. Erz. 4/71).

wähle ich eine aus, die in einfachster Form den geistigen Start unbefangen atheistisch aufwachsender Kinder zeigt, die Frage einer Schülerin der 6. Klasse: »Wie sind die Menschen eigentlich mal darauf gekommen, dass es einen Gott geben soll?«

Ja, wie sind sie darauf gekommen? Die Religionsgeschichte belehrt uns darüber, dass es Jahrtausende hindurch zum Gemeingut menschlichen Denkens gehörte, Gottheiten anzunehmen. Abgesehen von der allerfrühesten, in wenigen Resten primitiver Kulturen gerade noch zu studierenden Zeit, in der noch nicht Götter, sondern eine unpersönliche, gefährliche und übermächtige »Kraft« (Mana) angenommen wurde, die sich in außergewöhnlich schrecklichen oder glücklichen Ereignissen manifestierte, die in außergewöhnlichen Dingen, Orten, Menschen anwesend war und diese für gewöhnliche Sterbliche »tabu« machte – mit Ausnahme jener ganz frühen Zeit ist die Menschheit bisher immer »theistisch« gewesen. Poly-, Heno-, Monotheismus, manchmal als Denkform hochkultivierter Menschen auch Pantheismus sind verschiedene Ausdrucksformen der gemeinsamen Überzeugung gewesen, dass Gott über der Welt sei und ihre Geschicke bestimme. Die Bibel mit ihrem fraglos theistischen Denken steht insofern der übrigen Menschheitsgeschichte nicht gegenüber, sondern gehört in sie hinein.

Zu beachten ist dabei, wie selbstverständlich ein solches Weltbild Jahrtausenden gewesen ist. Es gehörte keine besondere Frömmigkeit, kein bewusster persönlicher Glaube dazu. Zwar gab es »Frevler«, die sich um die von Göttern gesetzten Grenzen nicht kümmerten, sondern taten und sagten, was ihnen beliebte. Aber sie gaben nicht das allgemeine oder auch nur ein verbreitetes Empfinden wieder, sondern bildeten die (mit Grauen betrachtete) Ausnahme. Allgemein und selbstverständlich war, dass die Götter zu ehren seien; die Religionen mit ihren Ordnungen bildeten das einigende Band im Denken und in den Werten jeder Gesellschaft.

Erst in der Industriegesellschaft wird es anders. Wenn in den USA nur ca. 50 Prozent der Bevölkerung überhaupt einer Religionsgemeinschaft angehören, – wenn in den west- und mitteleuropäischen Ländern zwar dieser Prozentsatz sehr viel höher ist, aber die Zahl derer, die im Ernst die Existenz Gottes annehmen, sich bei weitem nicht mit der Zahl der Kirchenangehörigen deckt, – wenn in großen Gruppierungen der westlichen Industriewelt und in ganzen Staaten der östlichen erklärtermaßen von atheistischen Denkvoraussetzungen ausgegangen wird, dann ist das in der Geschichte der Menschheit ein Novum. Die Sensibilität für dieses (erschreckend) Neue meldet sich zu Beginn des nachtheistischen Zeitalters auch eindringlich zu Wort: Jean Pauls »Rede des toten Christus ..., dass kein Gott sei«, Nietzsches »toller Mensch« mit seinem: »Gott ist tot!« machen es deutlich.

Die veränderte Situation zeigt sich z.B. daran, wie anders auf Naturkatastrophen reagiert wird als in theistischen Zeiten. Waren sie damals Strafgerichte Gottes, denen gegenüber Bußgottesdienste, Prozessionen, Gelübde (z.B. eine Kirche zu bauen oder Oberammergauer Spiele zu stiften) am Platze waren, so lautet heute die erste Frage: Was lässt sich (technisch und politisch) dagegen tun? Sturmflut in Hamburg: Wer hat da nicht aufgepasst? Hätte man nicht früher wissen können, dass die Deiche nicht hoch genug waren? Erdbeben in Persien: Helft alle mit, spendet Geld, Decken, Kleidung! Als die in Lengede eingeschlossenen Bergleute endlich mit Hilfe einer technischen Glanzleistung erreicht und dann befreit waren, brachte die BILD-Zeitung die Schlagzeile: »Gott hat mitgeholfen«(ursprünglich hatte es heißen sollen: Gott hat mitgebohrt); aber gab das die Empfindungen der Zeitgenossen wieder? Wer im Fernsehen verfolgt hat, mit welchen verächtlichen Blicken die Bischöfe betrachtet wurden, die sich im Ornat durch die Menge der wartenden Angehörigen der Eingeschlossenen zum Ort der Rettungsarbeiten begaben, der wird anderer Meinung sein, zumindest was die Mehrzahl der Zeitgenossen angeht. Das heißt noch nicht, dass diese ausdrücklich atheistisch denken, wohl aber, dass sie der technischen Meisterung der Katastrophe den Vorrang einräumen gegenüber allen etwaigen Gedanken an Gott.

Ursache dieser zentralen Veränderung ist die Erfahrung des Menschen der Industriezeit, dass er durch Wissenschaft und Technik prinzipiell stärker ist als die Natur. Während alle früheren Generationen den Menschen als ein abhängiges Wesen erfuhren, dem Lauf der Natur unterworfen und ausgeliefert, – während sie in ihrer Alltagsarbeit als Bauern, Fischer, Jäger, aber auch Handwerker erfuhren, dass der Mensch sich dem in der Natur Vorfindlichen anpassen muss, macht der Mensch des Industriezeitalters die umgekehrte Erfahrung: die Naturkräfte stehen ihm zur Verfügung, er enträtselt ihre Zusammenhänge, bedient sich ihrer, verändert seine Umwelt in rasantem Tempo, erfindet neue

Werkstoffe und Energiequellen, wo die unmittelbar gegebenen nicht ausreichen. Natürlich meistert er faktisch noch nicht alle Probleme, die die Natur ihm stellt, ja sein Handeln schafft neue hinzu, z.B. die Umweltbelastung; aber auch diese verwandeln sich sofort in Aufgaben, sie drehen das Rad nicht zurück. Wie die übliche Formulierung: »Das weiß man noch nicht« verrät, ist die prinzipielle Überlegenheit des Menschen unverlierbar verstanden.

Damit aber ist jenem selbstverständlichen Theismus der vorindustriellen Zeit die Grundlage entzogen, in dem sich das Abhängigkeitsempfinden des Menschen gegenüber der Natur Jahrtausende lang gespiegelt hatte. Ein latenter, meist ganz unkämpferischer, weithin selbstverständlicher Atheismus (nicht Anti-Theismus) ist an seine Stelle getreten. Er bildet das Aroma unserer Zeit, wie der Theismus das der Vergangenheit.

2.

Das Verhalten von Kirchen und Theologie im heraufkommenden Industriezeitalter ist hauptsächlich bestimmt durch Abwehr des Neuen und apologetische Versuche, den hergebrachten Theismus zu retten. Seit Karl Barth (»das höchste Wesen ... hat mit Gott nichts zu tun«[2]) ist zwar deutlicher geworden, dass Theismus und Glaube an Gott im biblischen Sinn nicht dasselbe sind; schließlich ist »Glaube« nie selbstverständlich gewesen, schließlich steht schon im Neuen Testament, dass der Teufel, von dem doch wohl »Glaube« nicht ausgesagt werden kann, Monotheist sei (Jak. 2, 19). Allzu leicht aber nehmen auch solche Unterscheidungen apologetischen Charakter an, als gälte es letzten Endes eben doch, eine Denkform (die gereinigte, abgesicherte, umformulierte theistische!) zu retten. Ich möchte deshalb auch in diesem zweiten Teil nicht »oben« ansetzen, bei der Fachtheologie, sondern »unten«, beim Empfinden des Menschen heute. Dabei ziehe ich wieder eine Schüleräußerung heran, diesmal aus einer 7. Klasse: »Wenn Gott wirklich da ist und alles kann, warum kann dann Hitler alles machen, was er will? Gott könnte ihn doch daran hindern!«

2 Grundriss der Dogmatik 1949, S. 24.

Natürlich bringt auch diese Frage dem Leser nichts Neues: er identifiziert sie rasch als die alte, in sehr vielen und viel subtileren Fassungen formulierte Frage der Theodizee. Diese ist älter als das Christentum, besonders eindringlich gestellt und zu beantworten gesucht von der stoischen Philosophie. Was die Bibel betrifft, so fällt (in diesem und anderen Zusammenhängen) eine Eigenart auf, von der ich meine, dass sie entscheidend sei: die Theodizeefrage begegnet hier kaum als theoretische, sondern vielmehr als Klage und Anklage Betroffener. »Mein Gott, mein Gott, warum hast du mich verlassen?«

Die theologische Qualität der Frage ist eine andere, je nachdem, ob ein Unbetroffener sie stellt, der lediglich am theologischen System interessiert ist (Hiobs Freunde!), oder ein Mit-Empfindender (Camus!) oder der Leidende selbst. Dieser ist der Kompetenteste.

Nun scheint mir hier eine Beobachtung sehr wichtig zu sein: auch der biblische Gott leidet. Die schmerzvoll-anklagende Frage: »Warum, warum?« stellen nicht nur Menschen an Gott, sondern auch Jahwe an Israel[3]. Es ist die leidvolle Frage der Liebe, die bittet, wirbt und ruft, die keinerlei Mittel besitzt, um den anderen zur Zuwendung zu zwingen. Natürlich kann dieser Jahwe, in ohnmächtigem Zorn, die sich ihm Entziehenden kaputtmachen; aber gerade damit käme er nicht zu seinem Ziel. »Glaube«, wir erinnern uns, heißt ja Vertrauen; wenn alles sich erzwingen ließe, dieses nicht. Vor dem ihm Wichtigsten wird der biblische Gott zum ohnmächtig Leidenden. In dieser Linie liegt dann auch das Kreuz.

Das aber ist ein Gottesverständnis, das zu dem des vorindustriellen Theismus im vollständigen Gegensatz steht. Ist Gott (oder die Götter) dort Ausdruck der Macht über den Menschen – so ist Gott hier »Freund«[4], der nicht verfügen kann, sondern anredet, bittet und ruft. Das Urbild des Verhältnisses zwischen Gott und Mensch ist, biblisch, nicht das der Herrschaft, sondern der vollständigsten Herrschaftsfreiheit: dieser Gott liefert sich selbst dem Menschen aus, so wie Liebe (solange sie Liebe bleibt) sich ausliefert und nicht beherrscht. »Heilig«, im Theismus ein Allmachtsprädikat, ist im biblischen Glauben das »Lamm«!

---

3 Vor allem bei Jesaja, z.B. im Weinberglied 5, 1ff., oder dem Klageruf 1, 2f.

4 Vgl. hierzu nicht nur Ex. 33,11, sondern auch den "gleichberechtigten" Umgang alt- u. neutestamentarischer Beter mit Gott.

Es ist sehr sonderbar, dass diese zentrale biblische Vision so fast gar nicht zur Wirkung gekommen ist. Bonhoeffers Erkenntnis: »Nur der ohnmächtige Gott kann helfen«[5] scheint vergessen, wird jedenfalls sehr viel weniger erörtert als seine Gedanken zur Religionslosigkeit der modernen Welt; die alten, z.B. in der deutschen Mystik oder bei Luther zu findenden Gedanken über das Leiden Gottes sind fast nirgendwo präsent (zumindest im deutsch-protestantischen Raum). Ja, jene Klagerufe des biblischen Jahwe selbst werden uminterpretiert: zu Drohungen eines Gottes, der herablassenderweise noch ein Weilchen Geduld hat, dann aber umso sicherer zuschlagen wird, wenn er nicht endlich Gehör findet. Nicht die Schmerzen der vergeblich werbenden Liebe –, nicht die Enttäuschung dessen, der bei vorbehaltloser eigener Zuwendung keine Erwiderung findet –, nicht die darin liegende radikale Anerkennung der Freiheit des anderen, des Menschen, nicht die Herrschaftsfreiheit des Verhältnisses Gottes zum Menschen ist das zentrale Thema des Christentums geworden, sondern das Gegenteil. Das Kreuz ist vergessen, die »Allmacht« des Theistengottes nicht.

Ich vermag nicht zu glauben, dass dieses »Vergessen« rein innertheologische Gründe hat. Nein, ein Glaube, der den Menschen in einem solchen Maße frei lässt, ein solcher Glaube musste, sobald das Christentum sich auszubreiten begann, politisch untragbar werden. Ob es ein Zufall ist, dass die frühesten Gemeinden Herrschaftsfreiheit auch im Verhältnis der Christen zueinander realisieren wollten[6], dass die Staatskirche aber dann ein Herrschaftssystem etablierte, wie es rigider nicht zu denken ist, mit Todesstrafe für Taufverweigerung, späterhin Inquisition, Ketzerverbrennung, Bann und Interdikt als Herrschaftsmitteln?, dass die protestantischen Landeskirchen, in denen der Fürst zugleich Bischof war, nur kleinkarierter, aber nicht weniger rigide Herrschaft inszenierten? Ob es aber andererseits ein Zufall ist, dass so viele »Ketzer«-Bewegungen, die sich gegen die Macht der Kirche auflehnten, zugleich wieder Herrschaftsfreiheit auch nach innen intendierten? und dass sie zugleich die ersten Träger von Caritas und brüderlichem Teilen wurden?

Gegenwärtig scheint ein Zeitpunkt gekommen, in dem das zentral christliche Thema des leidenden Gottes hier und da neu entdeckt wird, so etwa in

---

5 Widerst. u. Ergebung S. 242. (u. öfter).

6 Vgl. Matth. 23, 8ff., 2. Kor. 1,24.

Cardonnels Formulierung »Gott ist nicht der Jäger, er ist das Wild«[7]. Wo es gedacht wird, hat es sofort politische Konsequenzen: In jedem Menschen, der gefoltert, ausgebeutet, ermordet, unterdrückt, um seine Freiheit gebracht wird, leidet Gott. Quer durch die Welt, nicht nur in Chile, spalten sich die Kirchen an genau dieser Frage.

Halten wir inne und schauen zurück. Unversehens haben wir, angeleitet durch die Bibel, die Ebene der Theoriestreitigkeiten (»Gibt es einen Gott oder nicht?«) verlassen und sind auf eine ganz andere, die Ebene konkreter Entscheidungen, gelangt. Das aber bedeutet, Theoriefragen als solche für theologisch gleichgültig zu erklären sofern sie nicht mit Entscheidungsfragen, dem Wunsch nach konkreter Orientierung, zusammenhängen. Auch dies ist keine neue Idee. Klassisch formuliert findet sie sich in Luthers Großem Katechismus, und zwar in der Erklärung zum 1. Gebot: »Was heißt: einen Gott haben, oder was ist Gott? Antwort: … »Worauf du nun (sage ich) dein Herz hängest oder verlässest, das ist eigentlich dein Gott«. Hier wird nicht die theoretische (religionswissenschaftliche) Frage nach der Gottesvorstellung gestellt, sondern die biblisch-theologische danach, worauf ein Mensch (sei seine Gottesvorstellung beschaffen, wie sie wolle) in seinem Leben letzten Endes setzt. Einen »Gott« hat jeder, nämlich jemanden oder etwas, was ihm das Wichtigste und Verlässlichste zu sein scheint, woran er mithin seine konkreten Entscheidungen orientiert[8] – mögen seine Rationalisierungen dazu sein, wie sie wollen. Da zum Menschen eine offene Zukunft gehört, da immer etwas aussteht, auf dem Spiel steht, kommt er ohne einen »Gott« nicht aus. Ob dies beim Theisten wirklich die Gottheit ist, die zu seiner Weltanschauung gehört, steht dahin. Helder Camaras Wort: »Das Eigentum, das Eigentum, das ist der wahre Gott unserer lieben Christen, heiliger als Trinität und Inkarnation« zeigt an, dass Luthers Analyse nicht veraltet ist. Sollten vielleicht Prinzipien wie »Besitzstandswahrung« oder »Sicherheit« für uns heute mehr »Gott« sein als – Gott?

Was aber hieße es, an den leidenden Gott zu glauben? Und worauf wäre zu achten, wenn wir lernen wollten, diesen Gott zu lehren? Offenbar gilt es, das Kreuz von neuem zu buchstabieren. Das aber kann nicht bedeuten, in erster Li-

7 In: "Gott in Zukunft", Reihe Experiment Christentum 3, München (Pfeiffer) 1969.

8 Luther nennt "Mammon", Können, Beziehungen.

nie eine (noch so gute) Kreuzestheologie zu studieren oder zu entwerfen. Auch damit blieben wir ja auf der Ebene der Theorie, und es ist gerade das Elend der Christenheit, dass sie mit Theorien (Doktrinen) gefüttert worden ist, als wären sie es, von denen man leben kann. Nein, Gott, der biblische Gott, will umgestaltend in die Welt hinein, in die reale gemeinsame Existenz von Menschen, und das heißt nicht nur in ihre »Gesinnung«, sondern in die Strukturen ihrer Gemeinschaften. Es kommt also in erster Linie darauf an, eine Bewegung einzustudieren, das Aus-der-Hand-geben von Herrschaft, das immer angstfreier werdende Lernen von denen, die »unten« sind.

Für einen Lehrer bedeutet das: von seinen Schülern zu lernen. Er kann nicht vorweg wissen, wer und wie sie sind, noch weniger, was sie werden sollen. Sie gehören ihm nicht.[9] Was er, wenn er »Religion« lehren will, von ihnen lernen muss, das ist vor allem: worunter sie leiden.

Wie kommt es, dass die natürliche Lernfreude des Kindes, die jeder bei kleinen Kindern beobachten kann, während der Schulzeit meistens versiegt? Wie kommt die Apathie zustande, die Lehrer zur Verzweiflung bringen kann? Als eine Schülerin der 10. Klasse die Frage nach der Existenz Gottes stellte, meinte eine andere, gelangweilt, angeekelt fast: »Ach, warum reden wir denn davon? Im Westen glauben wir doch nun mal an Gott!« Wer, was bringt Fünfzehnjährige dazu, dass ihnen alles »scheißegal« ist, außer Selbstbetäubung verschiedenster Art?

Oder: Was weiß der Lehrer vom realen Leben seiner Schüler, und von welchen Kriterien her beurteilt er es? Aufschlussreich war die Entdeckung in einem religions-soziologischen Seminar: Materialien und Problemstellungen für den Religionsunterricht, wie sie in Büchern und Unterrichtsmodellen vorliegen, sind fast ausnahmslos »mittelschichtorientiert«. Der Hauptschüler, schon das Grundschulkind der Arbeiterfamilie kann sich darin nicht wiederfinden; seine Welt kommt nicht vor.

Oder: Was hat es zu bedeuten, wenn Pubertierende überzeugt sind, in einer Welt zu leben, in der man »keinen Fehler machen darf«? in der Liebe, Zuwendung, Interesse nur solange erreichbar sind, wie man sich »bewährt«? Ist das

9 Von hier aus müssen Fragen an Lernzielformulierungen gestellt werden: Können nicht auch sie »Herrschaft« darstellen?!

christlich? Man könnte auch fragen: Ist es denn überhaupt Liebe, Zuwendung, Interesse gewesen, was man kennengelernt hat? »Leistung« als einer unserer Götter bewirkt, dass man sich allein findet, sobald man versagt. »Manchmal hat man vielleicht einen Freund, der sich wirklich für einen interessiert. Aber auch nur solange, wie man gegen ihn keinen Fehler macht.«[10] Das Irrsinnigste in einer von Bewährungsangst beherrschten Welt ist dies, dass dabei natürlich viel weniger »geleistet« wird als da, wo es angstfreier zuginge. Der Mensch ist und kann, das blitzt in seiner Geschichte immer wieder auf, viel mehr als wir ihm zutrauen. »Wir müssen lernen, den wachsenden Geist des Kindes nicht zu gefährden, indem wir ihn zum Opfer unserer Ängste machen. Wenn wir nur lernen, leben zu lassen; der Wachstumsplan ist schon vorhanden«:[11] Auslegung des 5. Gebots für den heutigen Erzieher!

Fragt jemand, was das alles mit Gott zu tun habe? Dann ist zu antworten: Es hat mindestens mit dem zu tun, worum es diesem, dem christlichen Gott unterscheidend ging, nämlich mit dem Menschen. Wird er beherrscht, vernachlässigt, übersehen, dann kann man an Gott nicht glauben. Lernen wir um, beginnen wir zu begreifen, dass er im realen, oftmals stummen Leiden um uns herum (und in uns) anwesend ist, dann ist das eine Absage an die Götter unserer Zeit, und zwar eine solche, die nicht auf der Theorie-Ebene erfolgt (wo sie freilich gefahrloser wäre). Was tat Jesus anderes als dass er des (oftmals stummen) Leidens sich annahm, und wofür, wenn nicht dafür, wurde er gekreuzigt?

Die Theologie des Kreuzes, Mittelpunkt christlichen Gottesverstehens, hat in der Gegenwart einen Zug hinzugewonnen (besser: wiedergewonnen), der ihr lange verloren war. Ich formuliere ihn mit den Worten des Ottweiler Glaubensbekenntnisses: »… weil er so weit ging, musste er sterben«[12]. Das Leiden des Menschen Jesus ist aktives, »selbstverschuldetes« Leiden (vgl. Mark. 3,21 oder 8,32!), ein Leiden, das einen Menschen nicht schicksalhaft überkam, sondern in das er geriet, weil er handelte, eingriff. In der deutsch-lutherischen Tradition fehlt dieser Zug fast ganz. Betrachten wir die Lieder unseres Gesangbuches, die vom Gottvertrauen des Leidenden handeln, dann sind es ganz

10 Äußerung einer Schülerin der gymnasialen Mittelstufe.

11 Erik H. Erikson, Wachstum und Krisen der gesunden Persönlichkeit (in: Identität und Lebenszyklus, S.122).

12 Z.B. in »Fantasie für Gott«, hrsg. v. Gerhard Schnath, 2. Aufl. 1965 S. 159.

überwiegend Lieder vom oder für den »passiv« Leidenden, den, der hinnimmt, was kommt. Freilich bilden die Kampflieder der Reformation eine Ausnahme; sie stellen den aktiv Leidenden vor Augen, den, der sich einsetzte, der eine Sache durchsetzen wollte, und der dadurch in Leiden und Gefahren geriet. Vergessen ist auch diese Tradition. Der gute Christ hält Ruhe, bei uns jedenfalls, er widerspricht nicht der herrschenden Ordnung. Langsam lernen wir, dass das ein Irrglaube ist!

Orientierung am Kreuz, das heißt heute: handeln, und zwar gemeinsam handeln. Der Widerstand der Christen gegen eine unmenschliche Welt muss merkbar werden, »Licht der Welt«, das nicht unter dem Scheffel steht. Christliche Gruppen, die diesen Widerstand gemeinsam und unnachgiebig leben, sind entstanden und entstehen überall in der »christlichen« Welt. Die Frage, wodurch sie sich von anderen Engagierten, nicht-christlichen Sozialisten beispielsweise, unterscheiden, ist als theoretische Frage ohne jeden Sinn, denn das unterscheidend Christliche ist ja nicht Theorie. Es ist die Präsenz Gottes auf der Seite der Leidenden. Bevor sie sagbar wird, muss sie gelebt worden sein.

Kann »Moralitat« ein Lernziel sein? Überlegungen zum Religionsunterricht in der Marktgesellschaft (1977)

Dieser Aufsatz ist ein Gruß zum 65. Geburtstag meines Gießener Kollegen, Herrn Prof. Dr. Ewald Link, der am Institut für Katholische Religionswissenschaften das Fach Fundamentaltheologie vertritt.

1. Auswirkungen des »Marktes« auf die Charakterbildung
2. Psychologische Grundlagen und theologischer Rang der Moralität. Ihre Unvereinbarkeit mit der charakterlichen Marktorientierung.
3. Möglichkeiten der Erziehung zur Moralität heute.

1.

Seit Sigmund Freud ist deutlich geworden, auf welche Weise die Gesellschaft, in der ein Mensch aufwächst, seinen Charakter bereits in frühester Kindheit prägt. Die Eltern (oder entsprechende erste Bezugspersonen) bauen einen Teil der Psyche[1], der beim Neugeborenen noch nicht vorhanden ist, erst in ihm auf: das »Überich«, die psychische Instanz, in der die elterlichen Normen verinnerlicht sind, die dem »Es«, der im Kind vorhandenen Triebschicht, entgegenwirken. Zwischen beiden, in Auseinandersetzung mit Es und Überich, erstarkt das (von Geburt an keimhaft vorhandene) »Ich«. Diese für das ganze Leben des Individuums grundlegenden Prozesse kommen um das sechste Lebensjahr

1 Dass »Psyche« im wissenschaftlichen Sinn nicht identisch ist mit der »Seele« der älteren Sprache, wird weiter unten deutlicher werden. Sicher ist aber, dass »Psyche« mit »Seele« zusammenhängt, – unsere Psyche ist Teil unseres Schicksals.

zu einem vorläufigen Abschluss; die entscheidenden Strukturen des Charakters liegen dann fest. Im Bild gesprochen: Der Wagentyp, den dieser Mensch in seinem Leben fahren wird, ist da, samt seinen spezifischen Leistungsmöglichkeiten und Pannenanfälligkeiten; er bekommt keinen anderen mehr. Nicht festgelegt ist freilich, in welche Richtung er damit fahren wird: das steht, zu einem Teil, bei ihm selbst.

Das Überich also stammt, durch die Eltern vermittelt, aus der Gesellschaft. Ihre »Selbstverständlichkeiten«[2] gehen dem Kind, wie die Alltagssprache treffend sagt, ›in Fleisch und Blut über‹, werden ihm zur »zweiten Natur«. Zwar hat das Ich ab Vorpubertät und Pubertät die Möglichkeit, sich partiell vom Überich zu lösen und ein eigenes, den Wertvorstellungen der Gesellschaft u. U. auch widersprechendes Verhalten auszubilden[3]; gleichwohl wird immer merkbar bleiben, aus welcher Gesellschaft der Mensch herkommt, von welcher Art Überich sein Ich sich abstieß. So wird, wer zur fraglosen Unterordnung unter Autoritäten erzogen wurde, zwar trotzdem ein mündiger, auch zur Kritik nach »oben« fähiger Bürger werden können; immer aber wird das für ihn einen Entschluss bedeuten, eine Art bewusstes Gegenlenken gegen den Drall des Wagens, den er fährt. Die Selbstverständlichkeit, mit der Amerikaner auch Vorgesetzte anfragen und kritisieren, werden Deutsche der jetzt lebenden Generationen kaum erreichen.

Sozialpsychologische Forschungen (ich nenne David Riesman[4] und Herbert Marcuse[5]), haben in den letzten Jahrzehnten deutlich gemacht, dass die Überichprägung beim Kind nicht nur von den ethischen Wertvorstellungen in der Gesellschaft abhängig ist, der seine ersten Bezugspersonen angehören, sondern auch und vor allem von der ökonomischen Struktur dieser Gesellschaft, mit deren Wandlungen sich auch ein Teil der Wertvorstellungen wandelt. So entsteht nach Riesman bei wichtigen Einschnitten in der wirtschaftlichen Entwicklung jeweils ein neuer Sozialcharakter ganzer Bevölkerungen beim Übergang von der Agrar- zur Industriegesellschaft und innerhalb der letzteren von

2 So treffend F. Gogarten in »Weltanschauung und Glaube«, Furche 1937.
3 Dazu s.u.
4 »Die einsame Masse«, Rowohlt 1958.
5 »Das Verhalten der Psychoanalyse«, in Kultur und Gesellschaft 2, ed. Suhrkamp 1970.

der industriellen Aufbauphase (bei uns ca. 19. Jahrhundert und erste Hälfte des 20.) zur Überproduktions- und Konsumgesellschaft. Traditionslenkung, Innenlenkung (self-directedness) und Außenlenkung (other-directedness) sind Charakterprägungen (genauer: Überichprägungen), in denen nicht individuelles Kinderschicksal, sondern wirtschaftliche Gegebenheiten und Notwendigkeiten der jeweiligen Gesellschaft sich auswirken. Abgekürzt kann man daher formulieren: Die wirtschaftliche Struktur der Gesellschaft bestimmt nicht nur unser äußeres Ergehen, sie wandert auch in unsere Psyche ein. Innengelenkte Erzieher, für die Sparsamkeit und »Knappheitsbewusstsein«[6] noch Überichnormen sind, haben es schwer mit außengelenkten Schülern, für die Konsum, Mithalten mit den Altersgenossen inneres Gebot ist[7] – und von denen ganze Industriezweige leben. Da Freud den außengelenkten Menschen noch nicht kannte, sondern es nur mit Innengelenkten zu tun hatte, kann Marcuse vom (wirtschaftlich bedingten) »Veralten der Psychoanalyse« sprechen, deren wichtigste Prinzipien allerdings gleichwohl in Kraft bleiben[8].

Noch einen Schritt weiter in unsere gesellschaftlich-psychische Realität führt die Psychoanalyse Erich Fromms[9]. Nicht die Konsumgesellschaft allein, sondern ihre Organisation als marktwirtschaftliches System hinterlaßt nach ihm ihre Spuren in der Charakterprägung. Unter mehreren »nicht-produktiven«, für die psychische Gesundheit schädlichen Charakterorientierungen beschreibt Fromm die Marktorientierung wie folgt[10]: Sie »wurde erst in neuerer Zeit dominierend. Um sie zu verstehen, muss man sich die ökonomische Funktion vergegenwärtigen, die der ›Markt‹ für die moderne Gesellschaft hat. Sie ist nicht nur dieser Charakter-Orientierung analog, sondern sie ist die Basis und die entscheidende Voraussetzung für deren jetzige Entwicklung... Es ist belanglos, welchen Gebrauchswert beispielsweise ein Paar Schuhe hat; wenn das Angebot größer ist als die Nachfrage, wird ein Teil der Schuhe wirtschaftlich wertlos. Solange der Tauschwert für den Wert einer Ware ausschlaggebend ist, entscheidet der Markttag. Er ist der eigentliche ›Gerichtstag‹... Aber

6 Riesman, a.a.O. S. 35 u.ö.

7 Vgl. Riesmans Bild von der »seelischen« Radaranlage«, mit deren Hilfe Impulse der Altersgenossen aufgefangen werden, S. 69 u.ö.

8 Marcuse a.a.O. S. 106.

9 Vor allem: Psychoanalyse und Ethik, 2. Aufl. Diana 1954.

10 A.a.O. S. 82 ff.

für die Charakter- und Bewusstseinsbildung des städtischen Mittelstandes und (durch dessen gesellschaftlichen und kulturellen Einfluss) der gesamten Bevölkerung war und ist... die regulierende Funktion des Marktes von großem Einfluss. Die Konzeption des Marktwertes, für welche der Tauschwert einer Ware wichtiger ist als ihr Gebrauchswert, führte zu einer ähnlichen Wertkonzeption in Bezug auf Menschen und besonders auf die eigene Person. Dass man sich selbst als Ware und seinen Wert als Tauschwert begreift, diese Orientierung bezeichne ich als Markt-Orientierung.«

Fromm charakterisiert diese Orientierung vor allem hinsichtlich der »Verkäuflichkeit« der eigenen Persönlichkeit, etwa bei der Stellensuche. »Dürfte man sich nur auf das verlassen, was man weiß und kann, so stünde die eigene Bewertung im proportionalen Verhältnis zu den eigenen Fähigkeiten, d.h. zum eigenen Gebrauchswert. Da Erfolg aber weitgehend davon abhängt, wie man die eigene Persönlichkeit verkauft, erlebt man sich selbst als Ware«[11] Weiter zeigt Fromm, wie sich das gleiche auf dem Sektor persönlicher Beziehungen vollzieht: Man muss »in Mode sein«. »Da der moderne Mensch sich gleichzeitig als Ware und als Verkäufer dieser Ware empfindet, ist sein Selbstbewusstsein von Voraussetzungen abhängig, die sich seiner Kontrolle entziehen. Hat er Erfolg, dann ist er wertvoll, wenn nicht, ist er wertlos.« – »Misst man den eigenen Wert an den Wechselfällen des Marktes, so geht jegliches Empfinden für Würde und Stolz verloren.«[12]

Die Folgen dieser Charakter-Orientierung für die seelische Gesundheit sind schwer: der Mensch wird in seiner Identität verunsichert, »die Individualität, das Besondere und Einmalige, ist wertlos, ein unnützer Ballast.«[13] »Dominierend ist keine besondere Haltung, sondern das Vakuum, das sich am schnellsten mit der jeweils gewünschten Eigenschaft ausfüllen lässt.«[14] Die Unfähigkeit, einen anderen um seiner selbst willen zu lieben, – die Unfähigkeit, die Frage nach der Wahrheit durchzuhalten, »die ein Mensch findet und immer wieder prüft«[15], kennzeichnen die Markt-Orientierung, die eine tiefe, aber

11 A.a.O. S. 85.
12 S. 87
13 S. 89
14 S. 92
15 S. 91.

nicht verstandene Unzufriedenheit hinterlässt, weil sie nichts eigenes im Menschen zur Entwicklung kommen ließ.

Ich habe Fromm selbst so ausführlich zu Worte kommen lassen, weil seine Befunde (durch mitgeteilte Analyse-Ergebnisse auch für den Leser gestützt) sich mit beunruhigenden Erfahrungen decken und diese klären helfen, die jeder Lehrer heute machen kann. Der Verlust der Wahrheitsfrage schon bei jungen Menschen[16], die seltsame Sinnleere und Lethargie inmitten einer Welt, die nach zugreifenden Händen geradezu schreit, das Apathieproblem in seinem ganzen Umfang[17] dürfte wohl hier, im marktbedingten Identitätsverlust, seine wichtigste Ursache haben.[18]

Auf diesem Hintergrund stellt sich die Themafrage dieser Arbeit: Kann »Moralität« heute, für weitgehend außengelenkte und markt-orientierte Schülergenerationen, ein Lernziel sein? Und worin würde es eigentlich inhaltlich bestehen?

2.

Wenn im Folgenden von einem Kernstück menschlicher Identität, nämlich der Moralität der gesunden Persönlichkeit, die Rede sein soll, so scheint es mir notwendig, zwei mögliche Missverständnisse von vornherein auszuschließen. Erstens: Umgangssprachlich wird weitgehend, in der Literatur immer noch allzu oft Moral mit Sexualmoral gleichgesetzt; diese Gleichsetzung geschieht hier nicht. Es wird im Folgenden kein Klagelied auf den Verlust rigider Sexualnormen (die Unzählige psychisch geschädigt haben) angestimmt. Vielmehr ist eine, im Zeitalter der Pille erst ganz neu zu entwickelnde Sexualmoral Teil der zwischenmenschlichen Moral im ganzen, und um diese handelt es sich. Es geht also um Verlässlichkeit, Loyalität, darum, dass man auf das Wort des anderen und sein zugesagtes Verhalten bauen kann; es geht um die Möglichkeit des

16 Vgl. die in meinem Aufsatz »Die Wahrheitsfrage im biblischen Unterricht« mitgeteilte Erfahrung, Theol. Pract. 3/70, S. 261.

17 Leider von Erziehern manchmal mit der gesunden Faulheit früherer Schülergenerationen verwechselt!

18 Vgl. dazu auch Dieter Duhm, Warenstruktur und zerstörte Zwischenmenschlichkeit, Kübler 1975

Vertrauens um die (innere!) Unmöglichkeit, Vertrauen zu missbrauchen, um die Authentizität zwischenmenschlichen Verhaltens überhaupt. Damit geht es zugleich um politische »Tugenden«: Transparenz von Entscheidungsprozessen, Verzicht auf Machtmissbrauch, Frustrationstoleranz, die auch dem anderen sein Recht lässt. Es geht um Achtung vor der persönlichen Sphäre jedes anderen (auch des Kindes, auch des Abhängigen!), um verantwortlichen Umgang mit Geld (vor allem fremdem!), um die innere Unmöglichkeit zu foltern, zu quälen, zu schädigen[19]. Es geht um die innere Instanz im Menschen, an die ein anderer appellieren kann, gerade auch dann, wenn er ihm ausgeliefert ist.

Es geht mit alledem um etwas der Tendenz nach völlig Alltägliches. Vielleicht haben manche Verfechter der Situationsethik, besonders im protestantischen Raum, seit Dietrich Bonhoeffer den ethischen Grenzsituationen (Attentat!) zu viel Aufmerksamkeit geschenkt, wenn es darum ging, das Wesen von Moralität theoretisch zu fassen. (Übrigens wäre dies natürlich gerade nicht in Bonhoeffers Sinn, der Gott »mitten im Leben« haben wollte.) Sage ich aber: »Der Tendenz nach völlig alltäglich«, so meine ich damit nicht, dieses Alltägliche sei selbstverständlich da. Vielmehr kann der Alltag zerstört werden, das Alltagsleben einer ganzen Gesellschaft in zunehmendem Maße entmoralisiert, zynisch, mit dem höhnischen Triumph derer, die durch unfaire Mittel »gesiegt« haben – wie beim »Austricksen« einer konkurrierenden Firma auf dem »Markt«.

Das zweite mögliche Missverständnis, das es auszuschalten gilt, ist im obigen bereits mit angesprochen: Es handelt sich bei der Moralität der erwachsenen Persönlichkeit nicht um eine heteronome Moral, bei der von außen gesetzte Normen, seien es die irgendwelcher Autoritäten, seien es die des eigenen Überich, schlechthin Geltung hätten – wie beim kleinen, sein Überich erst entwickelnden Kind. Helmut Reisers Forderung einer Gewissensbewältigung als Aufgabe der Erziehung[20], seine hilfreiche, den Ergebnissen psychoanalytischer Identitätsforschung entsprechende Unterscheidung zwischen Überich-Gewis-

---

19 Vgl. aber die entsetzlichen Ergebnisse des Milgram-Experiments in den USA 1960, am Max-Planck-Institut in München 1970, bei denen 75 Prozent bzw. 84 Prozent der Versuchspersonen bereit waren, auf Befehl einer Autorität bis zum Tode zu foltern!

20 In: »Religionspädagogisches Werkbuch«, hrsg. v. Dieter Zillessen, Diesterweg 1972, S. 50.

sen und dem Ich-Gewissen des reifen Menschen, der »selber prüfen« kann[21], soll nicht übersehen, sondern gerade angewandt werden. Es geht um selbstverantwortetes Handeln, bei dem auf niemanden, auch nicht auf vorgefundene Autoritäten innen und außen, die eigene Prüfung der Realität und die ihr entsprechende Entscheidung abgeschoben werden kann.

Nun ist die Fähigkeit zu eigener Entscheidung nichts selbstverständlich Gegebenes. Mag auch (wie es vor allem existenzphilosophische Ansätze nahelegen) die menschliche Natur im Kern Freiheit sein[22], so ist diese ontologische Aussage doch keine Beschreibung des ontisch vorfindlichen Individuums. Seine Natur kann verkümmert, beschädigt, verstümmelt sein oder, in anderer Modellvorstellung: das Instrument, das seiner Freiheit zur Verfügung steht, sei es der physische, sei es der psychische Organismus, kann so verdorben sein, dass nicht mehr darauf zu spielen ist. Insofern entwerfen Sartre und Heidegger nicht menschliches Sein schlechthin, sondern das Sein des Menschen, der einigermaßen gesund heranwachsen konnte und die Phase der Pubertät durchschritten hat. Mit Hilfe psychoanalytischer Forschungsergebnisse, vor allem denjenigen Erik H. Eriksons[23], sei kurz vergegenwärtigt, was mit diesem »gesunden Heranwachsen« als einer der Voraussetzungen von Moralität gemeint ist.

Bevor das unabdingbar notwendige Überich[24] in der frühen Kindheit gebildet werden kann, muss eine starke emotionelle Bindung an eine Bezugsperson (meist die Mutter) erlebt worden sein. Furcht vor Liebesverlust (und damit Ge-

---

21 Vgl. Phil. 1,9 f., 1. Thess. 5,21; 1. Kor. 6, 12 u. 10, 21 – »die Bibel setzt normal entwickelte Menschen voraus«, formulierte ein Sekundaner hierzu.

22 »Freiheit« des intelligiblen Ich und die psychologisch erfassbaren Gegebenheiten des Es-Ich-Überich-Modells dürften zusammen in dem enthalten sein, was in der älteren Sprache »Seele« heißt. Das eingangs gebrauchte Bild könnte also weiter ausgeführt werden: die psychologisch erfassbare Charakterstruktur sei der Wagen, die »Freiheit« der Fahrer – sofern der Wagen noch bedienbar ist. – Wichtig ist vor allem die Frage, wie das Freud'sche Ich, dessen Entwicklungsstufen, Auflösungs- und Rekonstruktionsschritte vor allem aus der Schizophrenieforschung und -therapie bekannt sind (vgl. z.B. M. Sechehaye, Tagebuch einer Schizophrenen, ed. Suhrkamp 1974), mit der Freiheit des intelligiblen Ich (das schon laut Kant nur der Eigenerfahrung zugänglich ist), zusammenhängt.

23 Vor allem: »Wachstum und Krisen der gesunden Persönlichkeit«, jetzt in »Identität und Lebenszyklus«, Suhrkamp 1966; ferner: »Kindheit und Gesellschaft«, 2. Aufl. Klett 1965.

24 Jugendliche ohne Überich werden hoffnungslos kriminell und, da keine Instanz vorhanden ist, an die appelliert werden könnte, auch immer wieder rückfällig – sofern es nicht gelingt, ein Überich nachzuentwickeln. Vielfältige Forschungsergebnisse dazu in der Zschr. Psyche Jahrg. 1966-69 u.ö.

borgenheitsverlust) ist es ja, die zur Verinnerlichung der elterlichen Normen, also der Überich-Bildung, führt. Moralität wurzelt, psychologisch gesehen, in der Emotionalität – so sehr sie später der intellektuellen Klärung bedarf. Es muss also in der Säuglingsphase »Urvertrauen« aufgrund der Erfahrung warmer und verlässlicher Zuwendung erwacht sein; dies ist der erste lebensnotwendige Erwerb des jungen Ich.[25] Gelingt er, so können die weiteren Entwicklungsschritte (immer des »Ich«, es sind hier nicht einzelne Fähigkeiten gemeint) getan werden. »Autonomie«-Erfahrung (»Ich kann selbst etwas leisten«), in der Sauberkeitsphase; »Initiative«-Erfahrung in den unmittelbar dem Schulalter vorausgehenden Jahren (kräftiges Herumlaufen, erstes Sichverlieben, erste unvermeidbare »Schuld«-Erfahrungen in der Rivalität des Jungen zum Vater, des Mädchens zur Mutter), Erfahrung der »Leistungs- und Lernfähigkeit« in Bezug auf die Sachwelt, im Wettbewerb mit Gleichaltrigen (Schulkindheit). Die in der Pubertät erfolgende partielle Loslösung des Ich vom Überich[26], in der, psychologisch gesehen, jeder Fortschritt der Menschheit begründet liegt, stürzt den einzelnen Jugendlichen zunächst in oft gefährliche Identitätskrisen, macht ihn unsicher, missbrauchbar sowohl für »Führer« aller Art als auch für unverständige Erzieher, die sein neues Aufbegehren »brechen«, ihn unter die ungebrochene Herrschaft der in der Kindheit erworbenen Überich-Normen zurückzwingen wollen. Findet er stattdessen Partner, die ihn seinen Weg suchen lassen, ohne ihn im Stich zu lassen (Gespräche sucht, braucht der junge Mensch in dieser Phase mehr als je), so kann die psychologische Grundlage für eine reife, produktive Moralität vollendet werden: Die Fähigkeit, auf andere Menschen wie auf Sachgegebenheiten einzugehen, ohne sich selbst zu verlieren.[27]

Natürlich bedeutet das nicht, dass der junge Erwachsene »fertig« wäre. Psychologisch folgen, nach Erikson, noch drei weitere Stufen der Ich-Entwicklung bis hin zum sechsten oder siebten Lebensjahrzehnt. Für die Thematik dieser Arbeit ist vor allem eines entscheidend: dass nämlich die produktive, nichtheteronome Moralität offen bleibt für Lernprozesse. Im Gegensatz zu

25 Die Analogie zur theologischen Einsicht des Vorrangs der Gnade vor allem Tunkönnen ist faszinierend und harrt noch der sorgfältigen theoretischen Bearbeitung.

26 S.o.

27 Von Erikson wird berichtet, er habe es gelegentlich als schlimmsten Mangel der weißen Industrienationen bezeichnet, dass es in ihnen »so wenig Erwachsene« gebe!

einer überichbestimmten, infantil gebliebenen Moral, die ein für alle Mal zu wissen meint, was zu tun und zu lassen ist, – die deshalb beim Erwachsenen leicht zu Sterilität und daraus entspringender Bösartigkeit gegen freier Denkende führt, hält sich der wirklich moralische Mensch offen für neue Erfahrungen und Handlungsperspektiven. Dieser Lernfreigabe für sich selbst entspricht eine Lern-Erlaubnis für andere: die Einsicht, dass nicht von jedem in jeder Erfahrungsstufe dieselbe Handlungs- und Urteilsweise zu verlangen ist, dass Ansichtsänderungen oftmals nicht gegen, sondern für die Verlässlichkeit eines Menschen sprechen, gehört zur Moralität.[28]

Verlassen wir nunmehr die Psychoanalyse und fragen nach dem theologischen Plus. Analogien zwischen den skizzierten psychologischen Erkenntnissen und denen des genuinen Christentums drängen sich ja fortwährend auf[29] und verlangen nach intensiver Bearbeitung und Klärung, die hier natürlich auch nicht in Ansätzen geleistet werden kann. Aber mir scheint, es gibt über die Analogien hinaus ein theologisches Plus, gerade was das Wesen der Moralität betrifft. Am besten formuliert fand ich es bei dem amerikanischen katholischen Theologen Leslie Dewart. Er schreibt[30]: »Wir können Gott nicht ›sehen‹, noch kann er von Menschen ›gesehen werden‹, solange wir dies – wenn es überhaupt möglich ist – nicht ›verdienen‹, das heißt solange – wenn dies überhaupt möglich ist – Gott nicht dadurch ›sichtbar‹ gemacht wird, dass wir ihn in uns verwirklichen oder sozusagen ihn in uns schaffen, denn moralisch gesprochen wird Gott ins Dasein gerufen – oder von ihm ferngehalten – je nach der vom Menschen frei gewählten Existenz: ein Gedanke, der uns andeuten könnte, an welcher anderen Stelle als im Gesetz die Quelle unserer moralischen Verpflichtung zu suchen ist, und welcher Größenordnung unsere moralische Verantwortung angehört.«

Was bedeuten diese Sätze? Um sie vor einem verflachenden Missverständnis zu schützen, so als gehe Gott in der moralischen Erfahrung des Menschen auf, sei darauf hingewiesen, dass es unmittelbar vorher heißt[31]: »Das Missverhältnis zwischen dem Menschen und dem letzten Fundament der Transzen-

28 Vgl. hierzu Phil. 1,9-11 und Röm. 14!
29 Vgl. Anm. 25
30 In »Die Zukunft des Glaubens«, Benzinger 1968, S. 125
31 Ebd.

denz mag moralisch aufgehoben werden können, doch ontologisch muss es unüberwindlich bleiben, wenn Gott das ist, was, wie wir glauben, das durch die Erfahrung der Transzendenz geoffenbarte Offensein ausfüllt und die Kehrseite des kontingenten Charakters des gesamten Seins bildet.« Dann aber ergibt sich, wie ich meine, für unsere Frage nach dem Wesen der Moralität zweierlei: Einmal, dass jenes Offenbleiben für Erfahrungen, Menschen, Situationen, das wir als ein Kennzeichen reifer Moralität bezeichnet haben, nicht eine heroische Leistung des Menschen darstellt (der sich vielleicht viel lieber »zur Ruhe setzen«, nicht neuerlich nachdenken möchte, sich das aber nicht gestattet), sondern die Folge einer tiefen und grundlegenden, wenngleich selten theoretisch formulierten Erfahrung des »Offenen« ist[32], des nicht endenden »Rufes«[33] der Transzendenz. Und zweitens: dass diese Erfahrung nicht als solche bewahrt werden kann, sondern nur, indem sie sich inkarniert, will sagen: realisiert wird in dem Versuch des Menschen, den schaffenden und erlösenden Gott durch sein Handeln »ins Dasein zu rufen«[34]. (Dabei ist es nicht notwendig, dass der handelnde Mensch sich selbst theologisch interpretiert. Es mag sein, dass ein Mensch, der überzeugt ist, nicht an Gott zu glauben, hiervon mehr realisiert als viele Christen, – weil er »er selbst« ist und darum zu geben hat)[35]. Dietrich Bonhoeffers Sätze darüber, dass »man erst in der vollen Diesseitigkeit des Lebens glauben lernt«[36], sprechen verwandte Erfahrung aus, wobei der in diesem Zusammenhang gebrauchte Vergleich mit Gethsemane darauf hinweist, dass einem solchen Weg die Erfahrung des Kreuzes nicht fehlen wird.

Somit gehört Moralität zum Kern menschlichen Seins, und Freiheit als innerstes Wesen dieses menschlichen, »ruf-vernehmenden« Seins kann nur als Moralität gelebt werden – und nicht, wie es einem nur formalen Freiheitsbegriff[37] entspräche, ebenso gut auch ohne Moralität.

---

32 Vgl. hierzu die achte Duineser Elegie R. M. Rilkes!

33 Zum Bild des »Rufes« für die rel. Erfahrung vgl. Hans Jonas, Gnosis und spätantiker Geist I, 3. Aufl. 1964, S. 120 ff.

34 Vgl. dazu D. Sölle, Stellvertretung, Kreuz-Verl. 1963, Kap. III.

35 Vgl. hierzu Dewarts Unterscheidung zweier Arten von Atheismus, a.a.O. S. 54 ff.

36 »Widerstand und Ergebung«, Brief v. 21.7.44.

37 So in einem Teil der Sartre'schen Dichtung, z.B. der Roman-Trilogie »Wege der Freiheit«, während der Begriff der »sincerité« bzw. »authenticité« in seinen theoretischen Schriften eines inhaltlich-moralischen Sinnes nicht zu entkleiden ist.

Nun liegt aber die Unvereinbarkeit produktiver Moralität mit jener Charakter-Orientierung auf der Hand, die Erich Fromm als »Markt-Orientierung« bezeichnet. Hier der Mensch, der sich seines Wertes als Mensch bewusst ist, mit eigener Stimme spricht und sich als er selbst zu Menschen, Dingen und Situationen in Beziehung setzt, der Zukunft offenhält und aus allem Begegnenden lernt, – dort der für alles Verwendbare, der an Stelle des eigenen Ich-Gewissens ein Vakuum in sich trägt. Stimmt Fromms Beobachtung, dass die charakterliche Markt-Orientierung dominiert, so wird damit klar, dass »Moralität« in einer solchen Gesellschaft von vornherein »Widerstand« heißt, Widerstand gegen den herrschenden Trend. Daher ergibt sich die Frage: Ist ein so lebender Mensch als Realität anzusehen, oder jagt er Illusionen nach, die sein Leben schwer und dennoch fruchtlos machen? Muss er in der gegebenen Gesellschaft, die Selbst-Sein gerade nicht honoriert, nicht scheitern?

Zu dieser Frage sind noch einmal Darlegungen Erich Fromms wesentlich. Er unterscheidet den »Realisten« vom »Produktiven« und kennzeichnet ersteren so: »Er sieht alles, was an der Oberfläche zu erkennen ist, kann aber nicht zum Wesentlichen vordringen und kann sich nichts vorstellen, was noch nicht sichtbar ist... Realität ist für ihn lediglich die Summe des Materialen. Einem solchen Menschen fehlt es nicht an Einbildungskraft, aber seine Einbildungskraft ist berechnend, weil sie alle bekannten und existierenden Faktoren zusammenfasst und daraus die zukünftige Entwicklung folgert.«[38] Einen solchen Menschen bezeichnet Fromm als »krank«: »Die Krankheit des ›Realisten‹ lässt ihn als menschliches Wesen verarmen. Zwar wird er in seinen gesellschaftlichen Funktionen nicht beeinträchtigt; aber da seiner Auffassung der Wirklichkeit jede Tiefe und Perspektive fehlt, ist sie derart entstellend, dass er irren muss, wenn es sich um mehr handelt als um unmittelbar gegebene Tatsachen und Absichten.«[39] M. a. W.: gerade der Realist lässt den Hauptfaktor außer Betracht. Er fragt nicht danach, was bei seinen Handlungen aus ihm selbst, dem Handelnden, wird, aus seinem Charakter, seiner menschlichen Substanz. Der Produktive dagegen weiß oder fühlt, dass es Preise gibt, die er nicht zahlen darf, um zu Erfolgen zu kommen, »denn der wichtigste Gegenstand der Pro-

38 A.a.O. S. 104 f.
39 Ebd. S. 105 f.

duktivität ist der Mensch selbst«[40]. Produktive Liebe, so Fromm, greift auf eine andere Weise in die Zukunft vor als der »Realist« es kann: nicht berechnend, nicht beherrschend, sondern Freiheit realisierend für die anderen und für sich selbst – eine psychologische Erkenntnis, in der der »Ruf der Transzendenz« sich abspiegelt.

3.

Da ein Verständnis des Christlichen ohne Willen zur Moralität nicht möglich ist, die in der Marktgesellschaft vorherrschende Charakterorientierung aber der Moralität widerspricht, so ergibt sich: das Lernziel »Moralität« ist integraler Bestandteil eines Religionsunterrichts, der das kritische Potential des genuinen Christentums nicht unterschlägt. Es kann in der Schule der Marktgesellschaft nur dann realisiert werden, wenn um Lehrende und Lernende herum zugleich ein Stück Gegengesellschaft entsteht, in der die Entstehung der charakterlichen Markt-Orientierung bekämpft wird.

Auf welche Weise kann schulischer Unterricht so großen Zielen dienen? Ich nenne zwei einfache, dennoch im Schulalltag erfahrungsgemäß nur unter Schwierigkeiten realisierbare Prinzipien (die sich im Übrigen keineswegs auf den Religionsunterricht beschränken sollen, dazu s.u.):

A) Der Schüler muss seinen eigenen Wert als Mensch erleben.

B) Der Schüler muss an der Gestaltung seiner Welt (der Schule) beteiligt sein können.

Kommen diese Prinzipien zur Geltung, so bieten sich Stoffe und Inhalte genug, gerade auch im Religionsunterricht, die dem Lernziel »Moralität« dienlich sein können.

Es mag auf den ersten Blick verwundern, dass mit diesen beiden Prinzipien Atmosphärisches und Schulorganisatorisches (das weiter unten noch in großen Zügen skizziert werden soll) an erster Stelle genannt und damit Inhalten vorgeordnet wird. Sind es nicht die im Religionsunterricht vermittelten Lehren, die sein Hauptmerkmal darstellen?

40 Ebd. S. 106.

Hierauf ist zu antworten: allerdings sind sie das. Nur sind diese unvergleichlichen Lehren nicht dazu geeignet, als rein kognitive Lernziele vermittelt zu werden. Es sind keine mathematischen Formeln; es sind den Menschen in seinem Menschsein betreffende Erkenntnisse. Werden diese in einer Umgebung vermittelt, die ihnen atmosphärisch und strukturell widerspricht, ohne dass der Lehrer mit den Schülern zusammen dem entgegenwirkte, so werden eben diese Lehren unglaubwürdig und für die Charakterbildung gefährlich. Es entsteht eine typische »double-blind«-Situation[41]: die Schüler empfangen von einer und derselben Stelle zwei einander widersprechende Botschaften, die eine verbal und bewusst, die andere real und unbewusst. Und wie bei jeder double-blind-Situation ist die unbewusste Botschaft die stärkere. Verbal hört der Schüler von Gnade, von Barmherzigkeit und von einer Gerechtigkeit, die dem Menschen nicht gibt, was er verdient, sondern was er braucht. Real erfährt er sich als samt dem Lehrer eingespannt in eine gnadenlose Konkurrenz- und Auslesesituation. Verbal hört er von der unvergleichlichen Würde des Menschen (als höchstes Geschöpf »wenig niedriger als Gott«, ja »Bild Gottes«, als von Gott Geliebten, der ihn der Erlösung durch den Tod Christi für wert hält; als zur Auferstehung Bestimmten… usf.). Real erfährt er, dass er selbst als Mensch nur sehr geringen Wert hat. Seine Fragen, Wünsche, Interessen können in der Massenschule kaum zur Geltung kommen, seine Lernfähigkeit wird nicht entfaltet, seine Beschwerden interessieren herzlich wenig. Und er spürt sehr wohl: auch der Lehrer hat Angst, muss Normen entsprechen, kann oftmals nicht, wie er möchte. Wo also sollen denn alle die schönen Dinge gelten, von denen er hört, etwa nur in Gedanken, oder erst im »Himmel«?

Während eine double-blind-Situation beim Kleinkind zu schwerer Krankheit (bis hin zur Schizophrenie) führen kann, verstärkt sich beim Erwachsenen wie beim Heranwachsenden die Neigung zum Zynismus. Ja, man muss wohl sagen, dass »double-blind« in sich eine objektiv zynische Situation darstellt. Gerade diese aber ist der Entwicklung einer charakterlichen Selbstentwertung (wie sie in der »Markt-Orientierung« vorliegt) so förderlich wie nur möglich – und widerspricht damit der Erziehung zur Moralität.

---

41 Sehr gut dargestellt in: »Schizophrenie und Familie«, Suhrkamp Theorie 2, 1972.

Anders ausgedrückt: soll Moralität ein Lernziel sein, so muss der Lehrer selbst um Moralität bemüht sein. In einer Umgebung, die die fleischgewordene (besser: strukturgewordene) Immoralität darstellt, kann er das nur, indem er dieser Umgebung wirksam widersteht, d.h, sie ändert, z.B. durch Anwendung der beiden oben genannten Prinzipien. Was sie enthalten können, sei kurz skizziert:

Der Schüler muss seinen Wert als Mensch erleben:
- durch Selbst-handeln-dürfen (Organisation des Unterrichts in kleinen Gruppen, Aufnahme von Themen, die von Schülern benannt werden, u.a.)
- durch die Art, wie er behandelt wird (keine Ironie, sie wäre unfair, denn der Lehrer ist in der stärkeren Position; Achtung; Lern- und Hörbereitschaft auch des Lehrers)
- durch gerechtes Eintreten für ihn, auch gegen Autoritäten
- durch hilfreiche Anleitung beim Erlernen von Methoden, vor allem solchen gemeinsamen Lernens.

Der Schüler muss an der Gestaltung seiner Welt beteiligt sein können:
- durch Transparenz von Entscheidungsabläufen (in einer fairen und sachlichen Aussprache, z. B. in einer Verfügungsstunde, wird mehr an Moralität gelernt als in vielen, methodisch noch so guten Unterrichtsstunden darüber, sofern sie rein kognitiv bleiben)
- durch Raumgeben für nichtgelenkte gemeinsame Schüleraktivitäten
- durch Beachtung der von den Schülern kommenden Kritik, auch an der Schule im ganzen (Umsetzung in konkrete Vorschläge erfolgt von selbst, wenn Kritik erst einmal gehört wird).

Alle diese Forderungen sind nicht neu – wenn es der Theorie nach geht. Schulen aber, in denen nach ihnen vorgegangen wird, haben immer noch Seltenheitswert. Auch hier also: eine objektiv zynische Situation. Dem Globalziel der Schule in der Demokratie, nämlich der »Emanzipalion«, scheint es nicht besser zu ergehen als dem Lernziel »Moralität« im Religionsunterricht. Kein Wunder, denn beide haben etwas miteinander zu tun. Vielleicht muss zu allererst gelernt werden, und zwar von den Erwachsenen, dass der Markt um des

Menschen willen da ist, und nicht der Mensch um des Marktes willen – auch der Mensch nicht, der die Hauptschule besucht. Was es bedeuten würde, dies wirklich zu lernen, und welche Opfer noch zu bringen sein werden, bis dieses Lernziel erreicht ist, das wissen wir noch nicht. Bis dahin bleibt genuin christliche Moralität ein Teil des »Zeichens, dem widersprochen wird« (Lukas 2, 34).

Zur Situation des evangelischen Religionsunterrichtes (RU) in der Bundesrepublik Deutschland[1] (1978)

1. Einleitung: Ein Bild der Verwirrung, der Verunsicherung?

Die Situation des evangelischen RU in der BRD bietet auf den ersten Blick ein verwirrendes Bild. Alle paar Jahre kommen neue Richtlinien, jedes Jahr neue Lehrbücher, Unterrichtsmaterialien etc. heraus, und sie unterscheiden sich von ihren Vorgängern keineswegs nur durch Veränderungen oder Ergänzungen im Einzelnen, sondern sie stellen teilweise das Gesamtkonzept des RU, wie es zuvor gewesen ist, in Frage. Die Folge ist eine weitgehende Verunsicherung der Religionslehrerschaft. …

Was ist geschehen?

2. Die große Wende: Von der Bibelorientierung zur Problemorientierung.

Was wie eine »Verdünnung« biblischer und theologischer Substanz im RU aussehen könnte (und sich bei schlechter Praxis auch so auswirken kann, wovon noch zu reden sein wird), das ist in Wahrheit das Aufkommen einer neuen Gesamtkonzeption dieses Faches – einer Konzeption, die keineswegs von Gegnern biblisch-theologischer Tradition ausgeheckt worden ist, sondern die, in ihrer wirksam gewordenen Fassung, von einem Theologen entworfen worden

1 Der Text wird auszugsweise dokumentiert. Weggelassen habe ich die Passagen, die die religionspädagogische Konzeptionsentwicklung in der Bundesrepublik Deutschland seit dem Ende des 2. Weltkrieges ausführlich darlegen.

ist, noch dazu von einem Theologen, der zur damaligen Zeit, 1968, an einem landeskirchlichen Institut tätig war: Hans-Bernhard Kaufmann, damals am Religionspädagogischen Institut in Loccum. »Muss die Bibel im Mittelpunkt des RU stehen?«, so lautete der Titel seiner aus sechs Thesen bestehenden Arbeit, in der er die Themafrage verneinte. Und zwar waren es nicht opportunistische, auf Anpassung an irgendeinen Zeitgeschmack bedachte Überlegungen, die er vortrug, sondern er begründete seine Thesen theologisch. Es sei ein Selbstmissverständnis, so sagte er, wenn Religionsdidaktik meine, Inhalt und Stoff des RU müsste vor allem die Bibel sein. Vielmehr kann die Sache der Bibel oft sehr viel leichter erfasst werden, wenn Inhalte und Stoff des RU Probleme der eigenen Zeit sind, in deren Erörterung Bibel und theologische Tradition als »Problemlösungspotential« mit eingehen.

Damit war die große Wende da: von der »Bibelorientierung« zur »Problemorientierung« des RU. Natürlich war sie nicht mit einem Schlag gekommen, fielen Kaufmanns Thesen nicht wie ein Blitz aus heiterem Himmel. Vielmehr gab es Vorarbeiten und Diskussionen innerhalb der Dialektik des RU schon seit Jahren. Vor allem war der »bibelorientierte« RU in sich bereits in Bewegung gekommen, es gab innerhalb seiner bereits zwei große Richtungen:

2.1. Da war einmal die Konzeption der »Evangelischen Unterweisung, erdacht in der Zeit des Dritten Reiches innerhalb der Bekennenden Kirche, realisiert erst nach dem Kriege, vor allem im Gefolge der Schrift von Helmuth Kittel (1947): »Vom RU zur Evangelischen Unterweisung«. Kernstück dieser Konzeption war die Auffassung vom biblischen Unterricht als »Kirche in der Schule«. … Die Gesamtkonzeption ist von einer imponierenden Geschlossenheit; angesichts bibel- und kirchenfremder Ausrichtung der Umwelt, nicht nur der geistigen, sondern vor allem der Berufs-, Geschäfts- und Arbeitswelt, zieht sich die »Evangelische Unterweisung« in eine Art von »fester Burg« zurück und betrachtet die Bibel allein.

Nun war gerade diese Art von Bibelunterricht für Theologen schon längst nicht mehr ohne Probleme. Denn schließlich gibt es seit ca. 200 Jahren biblische Wissenschaft, und diese wird an den theologischen Fakultäten gelehrt. …

In der Didaktik des RU in der Bundesrepublik kam der Durchbruch Ende der 50iger Jahre, vor allem mit den Arbeiten von Stallmann und Stock. Es entwickelten sich Ansätze eines Bibelunterrichts, der die Information über wissenschaftliche Fragestellungen und Ergebnisse nicht aus-, sondern einschließt, d.h. der den Schüler als Menschen der heutigen Zeit ernstnimmt. Damit zugleich ändert sich aber die Gesamtkonzeption.

RU wird nun nicht länger als »Verkündigung« im unmittelbaren Sinn verstanden; er definiert sich selbst nicht mehr von der Kirche, sondern von der Schule her. Aufgabe der Schule muss es sein, allen Kindern, ob getauft oder nicht, Grundzüge der christlichen Religion zu übermitteln, weil ohne diese weder Geschichte noch Kultur noch Gesetzgebung Europas verstehbar sind. ... Als Inhalt und Stoff des RU gilt aber auch bei diesem, dem hermeneutischen Bibelunterricht, in erster Linie und überwiegend die Bibel.

2.2. Das ändert sich Ende der sechziger Jahre mit der Wende zum
2.2.1. problemorientierten RU. Dieser wird zu einem Fach, in dem Sinn und Ziel des menschlichen Lebens und Handelns mit heutigen Schülern befragt werden soll, und zwar ausgehend von Thematiken, an denen die Sinn- und Zielfrage sich aufdrängt. Das können gesamtgesellschaftliche Probleme sein wie Entwicklungshilfe, Strafvollzug, Situation der ausländischen Arbeiter, oder intimere wie Sinn und Wert der Familie, des Gehorsams, wie Liebe und Sexualität, Glück und Angst, das Sterben und der Tod. Zur Entfaltung des jeweiligen Problemfeldes tragen die Wissenschaften bei, die zuständig sind, Soziologie und Erdkunde, Politologie und Geschichte, Psychologie und Verhaltensforschung usw. Bei der Erfragung des Ziels, auf das hin die Problemlösung zu orientieren ist, spielen Bibel und Glaubenstradition herein: sie werden daraufhin abgehört, was sie beitragen können. ...

2.2.2. Wie der bibelorientierte RU bereits zwei, in vieler Hinsicht unterschiedliche, teils gegensätzliche Konzeptionen in sich enthält, so bildet sich innerhalb des problemorientierten RU ebenfalls eine zweite Linie heraus: der sogenannte »therapeutische« oder auch »sozialisationsbegleitende« RU. Im Mittelpunkt dieser Konzeption stehen die Probleme des Schülers, und zwar nicht nur die von ihm selbst empfundenen und vorgebrachten, sondern diejenigen, die aus Schädigungen hervorgehen, wie sie mit dem Aufwachsen in der heutigen Massen- und Konsumgesellschaft verbunden sind. Welcher Stoff auch immer bearbeitet wird: Ziel des Unterrichts ist es, dem Schüler bei der Bewältigung von Sozialisationsschäden zu helfen. Er selbst, seine Ich-Stärke, die Befreiung seiner Denk- und Empfindungsfähigkeit, seiner Kreativität und seiner Initiative, ist die Hauptsache im RU. Der Lehrer braucht, um ihn geben zu können, Einsicht in die Elemente der Identitäts- und Interaktionsforschung, wie sie von der Psychoanalyse einerseits, der Sozialpsychologie andererseits bereitgestellt werden. Hauptvertreter eines so ansetzenden RU sind Joachim Scharfenberg, Helmut Reiser und Dieter Stoodt.

Natürlich ist mit der Bezeichnung »therapeutischer RU« nicht gemeint, dass offensichtlich kranken Schülern durch ihn geholfen werden sollte; dazu hat kein Lehrer die Sachkompetenz. Es handelt sich vielmehr um typische Sozialisationsschäden, die mehr oder weniger alle betreffen oder bedrohen, und denen, »sozialisationsbegleitend«, entgegengewirkt werden soll. Der Frage, was denn eine solche Aufgabe speziell mit dem Religionsunterricht zu tun habe, sind zwei Antworten zu geben: Einmal entspricht es dem innersten Impuls des Christentums selbst, leidenden und geschädigten Menschen helfen zu wollen; es kann nicht genügen, eine noch so richtige »Lehre« noch so richtig weiterzugeben, wenn die Menschen, die sie aufnehmen sollen, durch Apathie, Aggressivität und Identitätsmangel gehindert sind, sie überhaupt zu erfassen. Christentum ist nun einmal nicht in erster Linie Lehre, sondern qualifizierte Mitmenschlichkeit, Helfen und Sich-helfen-lassen. Zum anderen entspricht die Zielsetzung des »therapeutischen RU« dem Globalziel der Schule im Ganzen, das meist als »Emanzipation« bezeichnet wird: Erziehung zum mündigen und kooperationsfähigen Bürger. …

3. Chancen, Lasten und Gefahren des problemorientierten RU

3.1. Die ganz große Chance, die sich mit dem problemorientierten RU für die Theologie als Fachwissenschaft eröffnet, ist die einer wirklichen Begegnung mit Human- und Gesellschaftswissenschaften. …

3.2.1. Andererseits bringt problemorientierter RU natürlich die Gefahr mit sich, dass die Probleme, die er aufgreift, mangels Sachkompetenz des Lehrers verflacht dargestellt, nicht wirklich erschlossen werden, und dass der Lehrer in einer Art von Universaldilettantismus meint, »als Theologe« die Antwort auf alle Fragen parat haben zu müssen. …

3.2.2. Darüber hinaus aber besteht, bei der theologischen Universalausbildung der meisten Religionslehrer, noch eine ganz andere Gefahr: die des Verlustes gerade jener Perspektiven, die in der überlieferten Theologie, in der geistigen Arbeit von zwei Jahrtausenden, besonders ausgearbeitet und sonst nirgends zu haben sind. Hier liegt das Recht derer, die befürchten, dass das »Proprium« des Glaubens bei problemorientiertem Unterricht zu kurz kommen könnte. Nur kommt es bei rein bibelorientiertem Unterricht natürlich auch zu kurz: weil der Schüler gar nicht erreicht wird, wenn seine heutige Situation (und die der heutigen Gesellschaft) gar nicht aufgeschlüsselt worden ist. Beschränkung auf die Bibel garantiert eben nicht, dass das, was die Väter in ihr gefunden haben, auch von uns heute gefunden wird; darin ist H.-B. Kaufmann zuzustimmen.

4. Problemorientierter Bibelunterricht

Als mögliche Lösung scheint sich eine Art von RU anzubieten, die man »problemorientierten Bibelunterricht« nennen könnte. Was ich damit andeuten möchte, ist folgendes:

4.1. Gerade in der Begegnung von Theologie und Humanwissenschaften, wie sie bei problemorientiertem Unterricht erfahren wird, vermag sich herauszustellen, in welchem Maße die Bibel selbst samt fruchtbaren Ansätzen theologischen Denkens in der Vergangenheit überfremdet worden ist. Eine verbürgerlichte Lebensauffassung, der »Sicherheit« über alles geht und die infolgedessen allem Aufbruch, aller Initiative (»Reformen« von oben, »Mitbestimmung« von unten) Misstrauisch gegenübersteht, hat ein Menschenbild entwickelt und in die Bibel, sie verfälschend, eingetragen, das mit dem Mut, der Kraft und dem Veränderungswillen ursprünglichen Glaubens wenig mehr zu tun hat. Ein Beispiel für viele: Die dritte Bitte des Vaterunsers, bei Jesus ein Bittruf voll eschatologischen Drängens, »Dein Wille geschehe wie im Himmel schon jetzt, so bitte endlich auch auf Erden!«, ein Ruf nach Verwandlung der Welt – sie wird zu einer eher stoisch anmutenden, fast schon apathischen Erklärung der Ergebung ins »Schicksal«. Nichts außer der eigenen Gesinnung soll noch verändert werden, und diese in Richtung Beschwichtigung, Nachgeben, Aufgeben. Welch Gegenbild zu den leidenschaftlich Bittenden der Bibel!

Gelingt es, durch Rückfrage von heutigen Problemen her, durch Konfrontation heutiger Fragen und Lösungsansätze mit den Texten der Bibel und mit übersehenen Strängen theologischer Tradition, die Überfremdung der Bibel und des Glaubens mehr und mehr zu entdecken und zu überwinden, gelingt also die Erneuerung der Theologie selbst hinsichtlich ihres Menschen- und Gottesbildes, dann kann Bibelunterricht das Interessanteste sein, was im RU überhaupt geschehen kann. Allerdings ist die Arbeit einer solchen Entideologisierung, die weit umfassender sein dürfte als das Bultmann'sche Programm der Entmythologisierung, noch kaum in Angriff genommen; der Lehrer bringt sie nicht als Rüstzeug aus seiner Studienzeit mit, er muss sie selbst noch weithin erst als Aufgabe erkennen und an ihr mitarbeiten. In einigen Kursen und Unterrichtseinheiten kann das, unter Mithilfe der unbefangen fragenden jungen Menschen, in der Schule selbst geschehen. Auf diese Weise bleibt der Lehrer auf dem Gebiet, das er »gelernt« hat, wo er etwas »kann«, und leistet seinen Beitrag zu dieser Neuerschließung.

4.2. Außerschulische, vor allem kirchliche Aktivitäten werden dafür unerlässlich sein. Ich meine damit die Einübung von Gruppen erwachsener Christen in die neue Fragebewegung: von heutigen Leiden, Ängsten und Problemen her Rückfrage an die Bibel. Dieses Fragen wird nur dann gelingen, wenn es dem Handeln dienen soll und deshalb von gutem Informationsstand und gutem, gemeinsamem Durchdenken dieses heutigen Leidens und seiner Ursachen herkommt. Das Klischee vom »sündigen« Menschen, der »nichts« tun kann, wird dabei unwirksam; man will ja gerade handeln! Und so entsteht die Chance, ganz neu zu entdecken, was »Sünde« heute ist (z.B. Nicht-handeln!), und wieviel der Sünder, wenn er den Aufbruch wagt, dennoch bewirken kann.

4.3. Zugleich wird nicht nur die Überfremdung der Bibel abgebaut; die Bibel wird gewissermaßen weitergeschrieben. Indem die handelnde und fragende Gemeinde ihre Erfahrungen macht (keineswegs nur solche innerseelischer oder zwischenmenschlicher Art) und indem sie diese weitergibt, setzt sie die Bibel fort.

Kleinere, ärmere Kirchen in Ländern mit älterer demokratischer Tradition (z.B. Holland) sind uns in solchen heutigen Erfahrungen gemeinsamen christlichen Handelns weit voraus. Von ihnen zu berichten, ihr Verständnis des Glaubens zu erläutern, kann wichtiger Teil des Unterrichts sein. Entscheidend ist zu erkennen, dass zwei Dinge nötig sind:

a) die Problem- und Schülerorientierung nie mehr zu verlieren,

b) die zentralen Erkenntnisse des Glaubens, zu denen wegen ihrer Überfremdung Millionen keinen Zugang mehr haben, gerade nicht aufzugeben, sondern ganz neu zu gewinnen.

Wer ist das »Subjekt« der Theologie?[1] (1978)

Vorbemerkung

Zur Feier des zehnjährigen Bestehens der KIWTO (Katholische Instituten Wetenschappelijke Theologie-opleiding) in den Niederlanden gab es Festvorträge offizieller Art, in denen, wie die sehr aktiven Basisgroepen und kritischen Gemeenten anmerkten, immer nur das »Objekt der Theologie« bedacht wurde. Es müsse aber, so meinten diese, vor allem die Frage gestellt werden: »Wer ist das Subjekt der Theologie? Wer ‚macht' sie eigentlich?« Und so erreichte mich im Herbst 1977 die Anfrage, ob ich in Tilburg, wo eine Theologische Fakultät besteht, in der zeitlichen Nähe der offiziellen Festlichkeiten einen Vortrag in anderem Rahmen, nämlich bei einem Studientag der Basisgroepen und kritischen Gemeenten, zu diesem Thema halten wolle.

Ich gebe zu, dass mich die Themenstellung überraschte, dass ich sie als ungewohnt, zugleich aber überaus reizvoll empfand. Ja, wer ist das Subjekt der Theologie? Der Heilige Geist, ganz sicher; aber wessen bedient er sich? Und, da es nun einmal nicht nur unterschiedliche, sondern gegensätzliche Theologien gibt (im 16. Jahrhundert die Theologie der Gnade gegenüber der der Verdienste; heute die Theologie der Befreiung gegenüber der der Ordnungen): Welcher Theologie »Subjekt« ist er? Wer trifft die Unterscheidung, wer beruft sich zu Recht auf die Bibel und welches ist die richtige Akzentsetzung bei ihrer Auslegung?

Für uns, die wir entscheidende theologische Lehrjahre beim Politischen Nachtgebet in Köln 1968 bis 1973 erlebt haben, ist diese Frage keineswegs nur akademisch. Denn was haben wir in unserer Arbeitsgruppe anderes getan als gelernt, gelernt, gelernt bei jedem neuen Thema – nicht nur politisch (das na-

---

1 Thesen zu einem am 11. Februar 1978 in Tilburg (Niederlande) gehaltenen Festvortrag:

türlich auch!), sondern gerade auch theologisch? In der Rückfrage an Bibel und Theologie, wie sie sich bei der Erarbeitung des Meditationsteils der Politischen Nachtgebete ergab, lasen wir beide, Bibel und Theologie, mit neuen Augen, und was sich ergab, waren Ansätze, Elemente einer neuen Theologie. Oder vielleicht muss es richtiger heißen: unterdrückte, bisher übersehene Seiten an Bibel und Theologie brachten sich mit einem Male mit Macht zur Geltung. »Neu« war diese Theologie, weil sie, weil wir (mit Staunen zuerst, mit Zögern) die Grundlage unseres bisherigen theologischen Denkens anzufragen begannen: die selbstverständliche Identifikation mit einem bürgerlichen Menschen- und Gesellschaftsbild, in das ein bürgerlich überfremdeter Jesus und ein bürgerliche Wertvorstellungen garantierender »Gott« so ganz verwoben gewesen war, dass der so befremdende biblische Jesus, der so andere biblische Gott darüber nicht mehr wahrgenommen wurde.

Wer aber hatte uns das gelehrt? War es nicht die gemeinsame Praxis von Christen beider Konfessionen, die sich um Aufklärung gesellschaftlich bedingter Leiden heutiger Menschen, um das Begreifen ihrer Ursachen bemühten, die ihre Erkenntnisse in Texte, Gebete, Lieder fassten und einer Gottesdienstgemeinde zur Besinnung und Diskussion vorstellten – war es nicht diese Praxis, in der wir miteinander und voneinander lernten?

Und so kam es, dass die Frage der holländischen Freunde, die eine der unseren ähnliche christliche Praxis versuchen, ein neues Licht auf lebendige eigene Erfahrungen warf und Anlaß wurde, diese zu formulieren. Dem Vortrag, den ich vor einem zahlreichen »inspirierenden Publikum« (so einer der Freunde dort) in Tilburg hielt, lagen die Thesen zugrunde, die ich hier vorlege – und mit denen ich zugleich Heinz Kloppenburg zu seinem Festtag herzlich grüße.

»Wer ist das Subjekt der Theologie?«

1. In der Bibel ist eindeutig, dass das Subjekt der Theologie die »Gemeinde« ist (oder das »Volk Gottes«). Sie ist der Leib Christi auf Erden, sie ist auch Salz der Erde und Licht der Welt.

Wir widersprechen der falschen Meinung, Subjekt der Theologie seien Inhaber eines Amtes (sei es ein kirchliches oder ein wissenschaftliches Lehramt),

Der Apostel Paulus schreibt an die Gemeinde: »Prüfet alles, was die Geistbegabten sagen, und nur das Gute behaltet.«

2. »Gemeinde« bedeutet: Christen in einem lebendigen Zusammenhang, der nur durch gemeinsame befreiende Praxis entstehen kann. Diese Praxis geht nach außen (in die »Welt«) und nach innen (neuer Lebensstil, neue Strukturen des Zusammenlebens innerhalb der Gemeinde). Dies ist von Anfang an so gewesen.

Wir widersprechen der falschen Meinung, fromme Individuen ohne gesellschaftliche Praxis könnten »Gemeinde« sein, nur weil sie am Sonntag gleichzeitig in der Kirche sitzen.

3. »Theologie« ist Reflexion der Erfahrungen, die die handelnde Gemeinde macht. Sie ist nicht vor der Gemeinde und ihrer Praxis da, sondern sie folgt ihr nach. (Vor der heutigen Gemeinde ist etwas anderes da: nämlich das Erzählen von der befreienden Praxis früherer Christengenerationen. Dazu siehe 5.) Theologien sind so verschieden wie die Erfahrungen der Gemeinden in ihren geschichtlichen Situationen.

Wir widersprechen der falschen Meinung, als gäbe es eine zeitlos richtige Theologie. Was in einer gesellschaftlichen Situation richtig und Ausdruck des Glaubens ist, kann in einer anderen falsch und Glaubensverleugnung sein. »Die Wahrheit ist konkret.«

4. Marxistische Kategorien helfen der heutigen Gemeinde, die Probleme der Zeit richtig zu analysieren. Zum Beispiel lernen wir bei Marx, dass die Übel der Welt nicht nur in der Gesinnung des einzelnen ihre Wurzel haben, sondern zuerst in der ökonomischen Organisation. Die Praxis der Christen muss sich deshalb auf die Veränderung der ökonomischen Strukturen richten: Wegen der Übermacht der Konzerne (»Klassenkampf von oben«) entsteht eine apokalyptische Situation für Millionen von Menschen.

Wir widersprechen der falschen Meinung, als könnten Christen bei Karl Marx nichts lernen, weil er sich nicht als Christ verstand. Christen haben immer von Nichtchristen zu lernen verstanden, denn sie leben in derselben Welt.

5. In ihrer Praxis lernt die Gemeinde, die Bibel und die kirchliche Tradition mit neuen Augen zu sehen. Sie entdeckt die Selektion, die von den kirchlichen Hierarchien und den im bürgerlichen Denken befangenen Wissenschaftlern in Bibel und Tradition vorgenommen wurde. Beschwichtigung des Fragens,

Vertröstung auf das Jenseits, Eindämmung der Initiative entsprangen einem falschen Menschenbild, das in Bibel und Kirche hineingetragen wurde, weil es den Interessen herrschender Schichten am besten entsprach. So wurde das Christentum »Opium des Volkes«. Seine befreiende Kraft wurde verleugnet. So ist z.B. »Vertrauen auf Gott« als Vertrauen aktiver Christen, nicht als passive Hinnahme der »Schicksale« der Welt zu verstehen.

Wir widersprechen der falschen Meinung, als seien Christentum und bürgerlich-konservatives Denken identisch. Sie trennen sich heute unaufhaltsam voneinander.

6. Soll das heißen, das nur Angehörige des »Volkes«, der »Basis«, des »Proletariats« zur Gemeinde gehören können? Meine Antwort lautet: Es kommt nicht darauf an, auf welcher Seite der Barrikade ein Mensch geboren und erzogen wurde, sondern auf welche er als Handelnder übergeht. Im Bürgertum ist heute viel von der Ratlosigkeit einer untergehenden Klasse zu bemerken; einige aber entdecken, dass diese Ratlosigkeit von der Besitz-Verteidigung, der Vergangenheits-Zuwendung herkommt. Sie werden »arm«, d.h. sie ergreifen die Partei der Unterdrückten. Manche Unterdrückte, die kein klares Bewusstsein der Ursachen ihrer Lage hatten, können es von diesen »Bürgern«, die den Standort gewechselt haben, lernen. In der handelnden Gemeinde entwerfen sie gemeinsam die neue Theologie.

Wir widersprechen der falschen Meinung, als sei Theologie ein »Bildungsgut«, das es zu verteidigen gälte. Theologie entsteht, wo das einzige verteidigt wird, was der Verteidigung wert ist: das Recht aller Menschen auf Leben und Freiheit von Angst.

7. Inhalte der neuen Theologie wollen wir uns gegenseitig erzählen. Ich möchte erzählen von: der Entdeckung der Kraft der Schwachen; der Entdeckung einer neuen Inkarnation des Teufels, nämlich in der »Institution«; der Entdeckung der Entfremdung in der Wissenschaft und des mühsamen Heimwegs zu wahrer (Gegen-) Wissenschaft.

Theologie der Befreiung – Befreiung der Theologie. Was können wir heute theologisch tun?[1] (1981)

Liebe Freunde,

ich möchte Ihnen gern als erstes sagen, dass ich die Formulierung des Themas, das Sie mir gestellt haben, sehr gut und verheißungsvoll finde. Sie fragen nicht, was es denn heute Neues gebe in der Universitätstheologie oder bei andern Autoritäten, um dieses dann interessiert oder mit Respekt zur Kenntnis zu nehmen; dies kann auch eine gute Sache sein, aber die wichtigere, die fundamentale Frage ist die, die Sie gestellt haben: »Was können wir heute theologisch tun?«

1. Die Gemeinde als Subjekt der Theologie

Dieses »Wir« ist das Wir der Gemeinde. Sie ist das eigentliche Subjekt der Theologie. Das zeigt uns ein Blick in die Entstehungsgeschichte christlicher Theologie. Es ging da nicht so zu, dass irgendein religiöses Genie sich hinsetzte und ein theologisches Lehrsystem entwarf. Sondern vor aller Theologie entstand das Volk Gottes auf Grund einer befreienden Erfahrung. Es begann mit der Rettung Israels am Roten Meer. Diese Erfahrung wurde erzählt; sie wurde gesungen; sie wurde gefeiert im Passahfest; sie bildete den Anfang des israelitischen Credos, sie wurde entfaltet in Strukturen des gemeinsamen Le-

1 Vortrag an der Europäischen Konferenz des Christlichen Studenten-Weltbundes in El Escorial/Spanien am 27. April 1981.

bens und in der Deutung weiterer geschichtlicher Erfahrungen Israels, zum Beispiel des Exils; und so entstand, was man die »Theologie des Alten Testaments« nennt.

So war es auch im Neuen Testament: Am Anfang stand die Erfahrung der befreienden Praxis des Jesus von Nazareth. Aus ihr erwuchs die Gruppe der Jünger, die erste Gemeinde; sie erzählte seine Praxis, seinen Tod und seinen Sieg, und im Bedenken der Erfahrungen mit ihm und in seiner Nachfolge entstand Theologie. Es entstanden verschiedene Theologien, übrigens schon im Neuen Testament, auf Grund des verschiedenen Akzents, den die Erfahrung der Befreiung bekam, je nach der konkreten Knechtschaft, aus der das Evangelium befreite. Die sogenannten »großen Theologen« des Neuen Testaments, Paulus und Johannes, stehen in der Gemeinde, nicht über ihr; sie wachsen aus je verschiedenen Gruppen der Gemeinden hervor, und sie formulieren für sie. Ihr Werk ist nicht ein »Opus«, als dessen Autor sie fungieren; in unserer marktorientierten Gesellschaft, in der aus allem, was Menschen hervorbringen, eine Ware wird, fällt uns das immer wieder schwer zu sehen; aber deutlich ist ja vor allem bei Paulus, dass seine Briefe Gelegenheitsschriften sind, für die Gemeinde und auf ihre Fragen hin, ihre Erfahrungen bedenkend und besprechend. In der ganzen Bibel gilt: erst die Gemeinde, ihr Leben, ihr Leiden, ihre Hoffnung; und dann, daraus erwachsen, Theologie.

So ist es geblieben in der 2000jährigen Geschichte des Christentums. Das wandernde Gottesvolk kam in neue Situationen, machte neue Erfahrungen, und sie bildeten den Anstoß für neue theologische Entfaltung der alten Befreiungsüberlieferung. Es handelt sich nicht um ein Stück Ideengeschichte, von einem Genie zum nächsten, wie wir es noch gelernt haben: heologiegeschichte als Geschichte großer Namen. Sondern es handelt sich um Verarbeitung und Reflex der realen Geschichte der Gemeinde.

Natürlich ist dies ein dialektischer Prozess, und das heißt: es geht ohne Kampf und Konflikt nicht ab. Was einmal Ausdruck der Befreiung war, kann sich verfestigen zu einem Lehrsystem, das neue Generationen nicht mehr befreit, sondern beherrscht und ihnen neue Erfahrungen versperren will. Denn neue Erfahrungen müssen ja interpretiert werden, und die erzählte Überlieferung tritt dabei selbst in ein neues Licht. Interpretation bedeutet aber immer auch Selektion, auch Akzentuierung. Schon in der Bibel deuten Propheten dieselben Fakten anders als Priester, Jesus anders als die Pharisäer, ja Paulus anders als Jakobus.

Oft widerspiegelt sich in diesen Kämpfen ganz unverhohlen der Machtkampf zwischen den Herrschenden auf der einen, den Sprechern der Unterdrückten auf der andern Seite (Amazja gegen Amos, die Pharisäer gegen Jesus); oft, aber nicht immer. Manchmal kommt die Gegensätzlichkeit der Deutung auch dadurch zustande, dass ein Teil der Gemeinde noch Angst hat vor der eigenen, größer werdenden Freiheit, Angst vor dem eigenen Mut. In diesem Fall reden die Herrschenden in den Beherrschten selbst, in ihrem durch sie geprägten Gewissen. Die psychologische Sprache nennt das »Identifikation mit dem Aggressor«. Der Zusammenstoß zwischen Petrus und Paulus in Antiochien ist ein Beispiel dafür. Ging Paulus, so dachten mit Petrus die Judenchristen, nicht zu weit im Abstreifen überlieferter jüdischer Gesetze? Riskierte er nicht zuviel im Bruch mit der Tradition?

Wir heute wissen, wer da Recht hatte, Amos oder Amazja, Paulus oder Petrus. Um die richtige Deutung der Erfahrung der eigenen Gegenwart aber muss gerungen werden. Wer soll die theologischen Entscheidungen fällen? Folgt man Paulus, dann soll das die Gemeinde tun. »Prüfet alles, was die Geistbegabten sagen, und das Gute behaltet«, ruft er den Thessalonichern zu. Und den Streit mit Petrus ficht er vor der Gemeinde aus. Auch der frühe Luther hatte diesen Mut: »Dass eine christliche Gemeinde Recht und Macht habe, alle Lehre zu beurteilen«, lautet der Titel einer seiner frühen Schriften. Das war einmal die evangelische Grundentscheidung dieser Frage.

Andere Konfessionen haben anders entschieden. Sie haben Bischöfe, Lehrämter. Aber diese, auch wenn sie in älteren geschichtlichen Epochen mit noch so viel Macht ausgestattet waren, haben es niemals vermocht, Erfahrungen der Basis (der Gemeinde) auf Dauer zum Schweigen zu bringen. Die Gemeinde bleibt Subjekt der Theologie.

Wir stehen in der evangelischen Tradition, die nicht nur bei Protestanten, sondern auch in der katholischen Kirche heute an Boden gewinnt. Wir sind uns bewusst, dass es an uns ist, Theologie zu treiben. Das aber heißt: Wir müssen fragen, was für uns heute die entscheidende christliche Erfahrung ist, die wir bedenken müssen.

2. Die Abwesenheit Gottes – eine christliche Erfahrung

Ist es die Erfahrung der Abwesenheit Gottes? In der befreienden Praxis, die wir als Gemeinde versuchen, stehen wir ja nicht allein. Neben uns, mit uns zusammen arbeiten andere Menschen, die den Glauben an Gott für ihre Praxis nicht brauchen. Sie brauchen ihn weder als Motivation: ihre Solidarität mit den Leidenden, ihr Wille zu Gerechtigkeit und Freiheit reichen aus; noch brauchen sie ihn als Trost: die Erfahrung der Solidarität ihrer Mitstreiter, das Wissen, für eine gute Sache einzutreten, reichen ihnen aus. Haben wir, sofern wir an Gott glauben, ihnen gegenüber etwas voraus? Hinken wir nicht eher hinter ihnen, unseren atheistischen Freunden, her, indem wir für ein Tun, das ihnen selbstverständlich ist, immer noch Gott benötigen?

Wir haben ja in der Tat so manches von unseren atheistischen Freunden gelernt. Zum Beispiel, dass man einen Text, auch den der Bibel, materialistisch interpretieren kann, und dass er dann sehr überraschend anderes sagt als bei idealistischer Lektüre. Wenn man die gesellschaftlichen Bedingungen, unter denen ein Text entstand, nicht länger übersieht, sondern zu seinem Verständnis heranzieht, was ergibt sich dann etwa für das biblische Reden von Gott? Ist es nicht Teil des Überbaus, Reflex einer gesellschaftlichen Basis, die als Sklavenhaltergesellschaft zu bezeichnen ist? Ja wirklich: Sieht Gott der Herr, wie er uns in der Bibel begegnet, einem solchen antiken Hausvater nicht sehr ähnlich? Er hat Sklaven, denen er die Verwaltung seines Geldes übergibt, die er schicken kann, seinen heimgekehrten verlorenen Sohn festlich einzukleiden und zu bewirten, denen er befehlen kann, wach zu bleiben, bis er nach Hause kommt, und sei es spät in der Nacht, um ihn dann zu bedienen.

Er kann ja persönlich sehr nett sein, dieser Herr, und es mit seinen Sklaven freundlich meinen. Das ändert aber nichts am Grundverhältnis: dass er Macht hat – und sie abhängig sind, mit gutem Grund ihn »fürchten«, auch wenn das nicht »Angst haben« bedeutet, sondern respektvolle, aufmerksame Ehrfurcht und Gehorsamsbereitschaft.

Wünschen wir uns nicht manchmal einen solchen Gott, der eindeutig angibt, was zu tun ist, uns das Wagnis eigener Entscheidungen abnimmt und die Qual, immer wieder umlernen zu müssen, ein Leben lang, oder der doch wenigstens machtvoll einschreitet gegen die, die in seinem Hause so entsetzlich viel Unheil anrichten, Hungersnöte, Blutbäder, Folterhöllen, nur um ihren Profit zu sichern? Warum greift er nicht durch? Ist er vielleicht – gar nicht da?

Dorothee Sölle schrieb einmal, sie wisse nicht, wie man nach Auschwitz noch den Gott loben solle, der »alles so herrlich regieret«, wie es in einem bekannten Kirchenlied heißt. Und: kann man ihn loben nach Vietnam, während Chile, Argentinien, El Salvador?

Jedenfalls: ob dieser Gott nun da ist oder nicht, unsere Erfahrung ist die seiner Abwesenheit. Ich meine: unsere Erfahrung als Gemeinde, die in befreiender Praxis tätig ist. Wir können nicht erzählen von allmächtigen Eingriffen in das Weltgeschehen; denn wir erleben sie nicht.

Was müssen wir, angesichts dieser Erfahrung, heute theologisch tun? Was wir praktisch tun müssen, ist leichter zu sagen, wenn auch oft nicht leicht durchzuhalten. Aber: wie müssen wir denken, von Gott?

3. Befreiung der Theologie durch die Ohnmacht der Liebe

Wir brauchen tatsächlich eine »Befreiung der Theologie«. Die Vorstellung vom allmächtigen Gott, jenem Reflex der Sklavenhaltergesellschaft, ist uns durch unsere Tradition so überkommen, dass wir vielleicht gar nicht mehr merken, dass sie – heidnisch ist. Oder sagen wir besser: dass es eine Gottesvorstellung ist, wie sie den theistisch denkenden Jahrtausenden der Menschheitsgeschichte gemeinsam ist.

Heute ist in den Gesellschaften, aus denen wir kommen, ein latent atheistisches Klima vorhanden. Wir alle wissen es aus täglicher Erfahrung. Dieser Atheismus ist, zumindest in den kapitalistischen Ländern, zumeist ganz unkämpferisch, er ist kein Anti-Theismus, man hat eigentlich nichts gegen Gott und die Religion; man kann nur zur Lösung seiner Alltagsprobleme nicht mehr viel mit Gott anfangen. Dieser Atheismus in der modernen Industriegesellschaft ist sozusagen selbstverständlich. Niemand käme auf den Gedanken, eine Sturmflut etwa wie die in Hamburg vor zwanzig Jahren als Strafgericht Gottes anzusehen; man fragt stattdessen, warum denn die Deiche nicht hoch genug oder fest genug waren, man sucht die Verantwortung beim Menschen. Im Mittelalter, in vorindustrieller Zeit, hätte man eine Kirche zu bauen gelobt oder Bußprozessionen veranstaltet – bei uns für den christlichen Gott, anderswo für andere Götter. Theismus war den vorindustriellen Gesellschaften, in denen der Mensch sich die Kräfte der Natur noch nicht im gleichen Maße untertan machen konnte wie in der industriellen Zeit, eben auch selbstverständlich. Er umfasste Fromme wie Nicht-Fromme, in Europa, in Asien und überall, wo Menschen lebten. In alten Gesellschaften waren Gott oder Götter den Menschen gegenüber mächtig. Verlor man den Glauben an sie, dann war es das »Schicksal«, das alles Geschehen bestimmte, und seine Macht war erst recht unentrinnbar.

In diesem religionsgeschichtlichen Sinn gehört die Bibel einfach hinein in eine Zeit, in der alle theistisch dachten. Wie gesagt, es war selbstverständlich, dass es Gott (oder Götter) gab. Soweit eine rasche religionsgeschichtliche Bestimmung.

Aber nun wollen wir, was etwas ganz anderes ist, theologisch zu reden versuchen. Hier fällt als erstes auf, dass (mag auch theistisches Denken selbstverständlich gewesen sein) der Glaube in der Bibel niemals selbstverständlich war. Die Menschen, um deren Glauben die Propheten werben, die, denen Jesus zuruft: »Glaubt doch!« sind keine Atheisten. Sie sind vom Dasein Gottes überzeugt. Aber sie glauben nicht. Auch der Teufel ist, wie es im Jakobusbrief heißt, vom Dasein Gottes überzeugt, er ist Monotheist. Aber er glaubt nicht. Was heißt das?

Lassen Sie uns buchstabieren. In unnachahmlicher Einfachheit macht Martin Luther im Großen Katechismus diesen Unterschied deutlich. In seiner berühmten Erklärung zum 1. Gebot fragt er dort: »Was heißt ›einen Gott haben‹, oder was ist Gott?« Die Antwort, die er darauf gibt, ist keine Definition Gottes an sich. Sie lautet: »Einen Gott haben, heißt etwas haben, worauf du dein Herz hängst und verlässt.« Worauf du letzten Endes setzt, vertraust, heißt das. Und Luther spricht von denen, die sich in ihrem Kopf den Gedanken machen »Ich glaube« (sie sind mithin Theisten), »wovon aber des Herzens Grund nichts erfähret« (sie glauben nicht). Ihr Herz vertraut auf etwas ganz anderes. Sie fühlen sich sicher, wenn sie Geld haben, oder Macht, oder Prestige; dieses ist also – ihr Gott, ihr Abgott. »Allein das Trauen und Glauben des Herzens macht beide, Gott und Abgott«, sagt Luther. Wenn er recht hat, dann heißt das für alle, Theisten wie Atheisten: Wir beten immer, es fragt sich nur, zu welchem Gott.

Wir strecken uns aus nach dem, worauf wir uns verlassen, wir orientieren uns daran, wir gehorchen dem, was »unser Gott« ist. Alle tun das. Aber zu merken, welchen Gott man wirklich hat, das ist das Problem. Soweit Luther.

Modern ausgedrückt, heißt das: Wir stehen hier vor der Unterscheidung von Weltanschauung und Glauben, von im Überbau eingelagerten Vorstellungen und Glauben, von Theorie und Existenz. Und wir stellen fest: Der mächtige Gott, der eingreift oder eingreifen kann, von außen und von oben, war in biblischen Zeiten fester Bestandteil der Weltanschauung. Nur Toren, nur Wahnsinnige konnten sein Dasein bezweifeln. Warum werben dann die Propheten so vergeblich darum, an ihn zu glauben? Hätte es nicht ein Leichtes sein müssen und außerdem sehr angenehm, sich wie ein Kind auf diesen großen Vater zu verlassen? Oder hat diese schöne Gleichung eben auch damals schon – nicht gestimmt? Sprechen dafür vielleicht die Klagepsalmen, in denen vom Schweigen Gottes, vom Verlassensein von Gott die Rede ist? Wären uns in ihnen die biblischen Menschen sehr nahe?

Vielleicht haben wir zu euphorisch, zu triumphalistisch die Bibel gelesen. In ihr wird sehr viel geklagt. Das Seltsamste aber, und allem theistischen Denkansatz diametral entgegengesetzt, ist dies: Der biblische Gott – klagt auch!

Ich denke an dieser Stelle noch nicht an den Mensch gewordenen Gott, nicht an den Menschen Jesus, der leidet, weint und klagt, auch schon vor der Passion. Ich denke zunächst an die Klagelieder Jahwes um sein Volk, das nicht auf ihn hören will. »Was habe ich nicht alles getan für dich, mein Volk?« heißt es da bei Jesaja; und bei Hosea: »Warum nur, warum willst du dich von mir wenden?« Dies ist nicht die Stimme der Allmacht. Dies ist die Stimme des werbenden Freundes, der verschmähten Liebe, des verlassenen, trauernden Geliebten. Eine Berliner Pastorin hat einen solchen Hosea-Text eines Tages einer Frauengruppe vorgelegt, ohne zu sagen, dass er aus der Bibel sei, und die Frauen gebeten, eine Überschrift dafür zu suchen. Die Vorschläge waren: der verlassene Freund, die Klage des Liebenden, oder auch einfach: Du.

Ist das der allmächtige Gott?

Nun, die theistische Gottesvorstellung vom mächtigen Herrscher ist bei den Propheten nicht einfach weg. Jederzeit könnte der Herr das treulose Volk vernichten, davon reden sie ja. Aber eines ist sicher: gerade mit diesem Erweis seiner richtenden Macht hätte er sein eigentliches Ziel nicht erreicht. Was dieser Gott will, ist Vertrauen. Das aber lässt sich nicht erzwingen, auch durch Allmacht nicht. Erzwungenes Vertrauen – das wäre ja keines. Und so ist die Drohung mit dem Gericht auch nichts anderes als der Ausdruck von Zorn und Schmerz verschmähter Liebe, letzter Versuch des Werbens, in Bitterkeit und Trauer.

Ist das der allmächtige Gott?

Was wir hier vor Augen sehen, ist nichts anderes als die spezifische Ohnmacht der Liebe. Sie kann nur werben, nur rufen, nur bitten, nur warnen; sie kann nicht und soll nicht – herrschen. In einem Gedicht von Fulbert Steffensky »An die droben« heißt es: »Ihr habt uns verschwiegen, dass er Liebe ist, und dass Liebe Herrschaft zerbricht, und zuerst die eigene.« Liebe und Herrschaft schließen sich aus.

4. Die Kraft der Schwachen

Vielleicht ist hier der Punkt, in dem der biblische Gott im äußersten Gegensatz steht zum Grundgesetz der heutigen Gesellschaften, in Ost und West und im durch Ost und West bestimmten Süden. Diese Gesellschaften sind auf Herrschaft geradezu gebaut. Vielleicht ist hier der Punkt, wo die Gemeinde dem Grundgesetz unserer heutigen Welt am deutlichsten widersprechen muss. Aber wir haben noch nicht genügend gesehen, was das heißt. Was bedeutet denn die »Ohnmacht der Liebe«? Sie ist ja nicht Kraftlosigkeit. Paulus schreibt im 1. Korintherbrief von der Schwachheit Gottes, die stärker ist als die Kraft der Menschen. Und Dietrich Bonhoeffer schreibt einen Satz aus dem Gefängnis, der theologisch noch kaum bedacht ist, geschweige denn angeeignet von der christlichen Gemeinde: »Nur der ohnmächtige Gott – kann helfen.« Wie lernen wir es, die Schwachheit Gottes, wenn sie denn als einziges uns wirklich helfen kann, theologisch zu denken?

Ich möchte hier auf eine Erfahrung zurückgreifen, der ich sehr viel verdanke. Sie wissen vielleicht, dass ich beim »Politischen Nachtgebet« mitgearbeitet habe, das fünf Jahre lang in der Antoniterkirche in Köln gehalten worden ist. Wenn eine informelle Gruppe, wie wir es waren, fünf Jahre zusammenbleibt und regelmäßig ihre Arbeit bringt, dann ist das eine ganz beachtliche

Zahl. Und es wird niemanden verwundern, dass es in dieser Zeit in der großen Gruppe Krisen gab. Eine dieser Krisen war so schwerer Art, dass es aussah, als ob wir aufhören müssten zu arbeiten, auf Grund von Überbelastung, auf Grund von gruppendynamischen Prozessen; es schienen auf einmal nicht mehr genug Leute da zu sein, die dieses alles weiterauf sich nehmen wollten. In dieser Lage sind wir gerettet worden durch ein paar Leute, die bis dahin ganz im Schatten der Gruppe gestanden hatten, zum Beispiel gehörte zu ihnen ein Sprachbehinderter, der kaum etwas hatte beitragen können, weil er so schwer stotterte. Er und einige andere »Schwache« in unserer Gruppe, die aber immer zum Arbeitskreis gekommen waren, einfach weil sie sich da wohl fühlten, weil die Atmosphäre von Freiheit, Streit und Menschlichkeit ihnen Heimat gab – die traten jetzt, als die »Stars« schon hinwerfen wollten, hervor und hielten die Arbeit am Leben. Sie boten ihre Mithilfe an, sie wollten auf jeden Fall, dass es weiterginge, und der Wärmestrom ihres Vertrauens, ihrer Erwartung, ihrer Liebe zu unserer Gemeinde war so groß, dass er andere ansteckte – die Krise wurde überwunden.

Ich habe damals etwas verstanden von der Kraft der Schwachen. Sie liegt nicht in dem, was sie leisten. Sie liegt in dem, was sie erwarten, erhoffen, unbedingt haben wollen. Sie liegt in dem Ruf, den sie darstellen. Das Vertrauen der Schwachen ist kostbar; es heilt, es befreit, es hat schöpferische Kraft.

Könnte es sein, dass alle menschlichen Gruppen und Gesellschaften, die auf Herrschaft gebaut sind, zugrunde gehen müssen, weil sie dem Willen des Schöpfers nicht entsprechen? Wir werden darauf zurückkommen müssen. Und könnte es sein, dass auch unsere linkschristlichen Gruppen und Gemeinden nur allzu oft dem Abgott des Leistungsprinzips dienen? Sicher, wir haben verstanden, dass wir aktiv sein müssen, dass wir gar nicht genug tun können beim heutigen Zustand der Welt. Aber wo das, was wir leisten, zur Hauptsache wird, da entsteht wieder Herrschaft, Herrschaft der Tüchtigen. Und damit ist die Krise vorprogrammiert. Der Wärmestrom erwartungsvoller Liebe versiegt, der allein eine Gruppe erhält.

Ich jedenfalls bin durch jene Erfahrung der »Kraft der Schwachen« nicht nur sehr beschämt und sehr beglückt worden, ich bin auch darin bestärkt worden, neu nach Gott zu fragen. Liegt die schöpferische Kraft Gottes, dem Menschen gegenüber, vielleicht gar nicht in dem, was er über uns verfügt, sondern in dem, was er von uns vertrauensvoll erbittet? Beharrlich, dringlich, wie ein Liebender? Und wo denn machen wir diese Erfahrung?

5. Der Wert des einzelnen

Vielleicht ist hier der Punkt, vom einzelnen zu reden. Wir kommen aus Tiefen, die wir selbst nicht kennen, auch nicht durch unser »Tun« erreichen können – die aber selbst hinter allem, was wir tun, stehen. Zerstörend, wenn das, was wir tun, Lüge enthält; stärkend, strömend, tröstend, wenn es der Wahrheit unserer Tiefe entspricht. Luther unterscheidet hier »Herz« und »Werk«; genauer noch spricht er von »des Herzens Grund«. Hier gilt kein Image, wie es in der Welt um uns herum gilt, wo es oft nur darauf ankommt, welchen Eindruck man macht, nicht aber, wer wir wirklich sind. Entziehen wir uns diesem Selbstbetrug, versuchen wir, wie wir es als Christen sollen, uns selbst und unser Wirken zu bedenken (in der Meditation, im Gebet), dann lernen wir: die Wahrheit setzt sich, von innen heraus, in uns selber durch; wir können nicht verfügen. Die sanfte, ganz sichere und unerbittliche Stimme der Wahrheit, unserer Wahrheit bringt sich unser Leben hindurch zur Geltung, will immer mehr Befreiung, immer mehr Mut – für uns.

Eines ist sicher: Es handelt sich bei dieser Erfahrung nicht um eine innerseelische Idylle, abgetrennt von der profanen Welt um uns herum, nicht um »Neuen Romantizismus«. Vielmehr erwächst ja unsere Begegnung mit der Wahrheit unserer selbst gerade aus unserem Leben, unserer Arbeit, unserer Militanz in der profanen Welt. Dieses bedenken wir, zurückkehrend zu uns selbst, zur Quelle alles Tuns, zur Quelle der Wirkungen, der gewollten und der nichtgewollten, die von uns ausgegangen sind. Dorothee Sölle würde hier von der »Hinreise« sprechen, in uns selbst hinein, die der Rückreise in die Welt, in der wir wirken, korrespondieren muss, damit wir uns und die Welt nicht betrügen. Der einzelne Mensch gewinnt damit, und das ist ja von Anfang an christlich gewesen, einen unvergleichlichen Wert. Er gewinnt einen Wert, der weit über das hinausgeht, was er leistet.

Es ist sehr schwer, in der Herrschaftstradition, aus der wir kommen, von diesen wichtigsten Zusammenhängen richtig reden zu lernen. Werden wir sie nicht sofort wieder mißverstehen im Sinne der Selbstaggression? Werden wir nicht sofort wieder denken, wir müßten uns eben ein »reines Herz« besorgen, unsere heimlichen bösen Motive aufspüren und bekämpfen, wir müßten eben »heiliger« sein als wir es sind? Die Kirchen, aus denen wir kommen, reden zwar von Gnade, lehren aber weitgehend mehr Selbstentlarvung und Selbstaggression. »Wir selbst« sind etwas, was zu bekämpfen, zu unterdrücken und zu beherrschen ist. Wir sollen uns nicht so wichtig nehmen: unseren Hunger nach Liebe, nach Wahrheit, nach nicht-entfremdeter Arbeit, unseren Hunger danach, Gerechtigkeit zu erleben (und nicht nur Macht), unseren Hunger nach einer brüderlich-schwesterlichen Gesellschaft, in der wir gebraucht werden, aber auch selbst wichtig sind. Frühzeitig genug wird dieser Hunger den Kindern schon ausgetrieben, so dass sie (dass wir!) lernen, ihn zu überspielen und zu vergessen. So kommt die tiefste Lüge in unser Leben.

Jesus aber preist die selig, die hungrig sind, die nach Gerechtigkeit schreien, die sich nicht abwimmeln lassen, wie der Blinde von Jericho. Oder wie, in moderner Form, eine 14jährige Schülerin, die sagte: »Wenn das stimmte mit Gott und der Gnade, dann müßte man doch viel öfter etwas davon merken. In Wirklichkeit ist es aber so, dass man keinen Fehler machen darf. Man muss immer fit sein, sonst ist man gleich out. Vielleicht hat man ja mal einen Freund, der sich wirklich für einen interessiert; mit dem kann man dann auch über seine Fehler reden; aber auch nur so lange wie man gegen den keinen Fehler macht. Die Kirche gibt einem von der Gnade nur die Idee, aber nicht die Sache selbst.«

Hat sie nicht Recht? Die verbale Botschaft heißt: Gnade. Die reale Wirkung der Welt, und damit die non-verbale Botschaft, heißt aber: Disziplinierung. Eine klassische Double-bind-Situation also, psychologisch gesprochen. Und wie immer ist die non-verbale Botschaft die stärkere; sie kommt an. Sie verpflichtet die Christen, deren tiefste Wahrheit der Schrei nach nicht-entfremdetem Leben ist, zur Harmonie mit der entfremdeten Gesellschaft. Gerade weil die verbale Botschaft (oder, wie die Schülerin sagte, die Idee der Gnade) bleibt, fest installiert im religiösen Überbau einer Gesellschaft, soweit die Kirchen in ihr Einfluss haben, ist so schwer zu erkennen, dass ja nur die Zustimmung zu dieser Idee von uns erwartet wird, aber beileibe nicht der Versuch, sie ernst zu nehmen. Denn das hieße, auch den Kampf um eine Änderung der Gesellschaft aufzunehmen, damit die Gnade einen Leib bekomme und in Strukturen übersetzt und antreffbar werde. Gerade das wird nicht erwartet. Auf diese Weise wird das Salz um seine Kraft gebracht: die Idee des Salzes salzt nicht.

Wenn ich die Erfahrung, dass Gesellschaft und Kirche unsere Kräfte, die der Erneuerung dienen könnten, in Selbstaggression umleiten, theologisch richtig interpretiere, so ändert sich auch das Verständnis von Sünde. Die Sünde des einzelnen liegt zuerst und zutiefst gerade nicht in dem, was wir tun, auch nicht in den Motiven unseres Tuns; sondern sie liegt in unserer Bereitschaft, uns das Wichtigste ausreden zu lassen, sie liegt darin, dass wir zu wenig erwarten. Ich möchte die theologische Kategorie der Erwartung einführen. Dem Gott, der unser Vertrauen erwartet, entspricht der Mensch, der die Erfüllung seines Lebens erwartet. Sünde besteht dann zuerst und zutiefst darin, dass wir nicht insistieren auf unserem Hunger nach Nicht-Entfremdung; dass wir resignieren und dann religiöse Surrogate nehmen, zum Beispiel die Idee, die nicht-inkarnierte Idee der Gnade.

Damit versäumen wir zugleich unsere tiefste Pflicht – die Pflicht, uns fähig zu machen zur Militanz und in der Erfahrung des Kampfes zu wachsen, uns selbst zu entwickeln, damit wir da sind in der Welt. Heute geht das nur so, dass wir uns die Entwicklungsmöglichkeiten zugleich erkämpfen müssen.

Der Psychoanalytiker Erikson sagt, die weißen Industriegesellschaften litten vor allem daran, dass es in ihnen so wenige Erwachsene gebe! Das steht im Einklang mit dem Neuen Testament, das uns anhält, zu wachsen und zum vollkommen erwachsenen Menschen in Christus zu werden. Damit ist nicht gesagt, seelisches Wachsen im Sinne der Psychologie sei dasselbe wie Wachstum im Glauben. Aber wer seelisches Wachsen verweigert, es sich ausreden lässt, der zerstört sich das Instrument, auf dem der Glaube musizieren könnte.

Meditation über Elia.
1. Kön. 19,1-18 (1982)

(Anm.: Vers 1 und 17 werden hier nicht erörtert; »Töten für Jahwe« im A.T. erfordert eine eigene Abhandlung. Es ist zudem nicht unser Problem).

Liebe Christen,

Elia, von dem dieses Kapitel handelt, ist einer der größten Kämpfer für die Sache Gottes in der Bibel. Im Alten wie im Neuen Testament gilt er als Vorbild des Glaubens.

Und zwar bewährt sich sein Glaube vor allem darin, dass er den Mut hat, dem Königshaus die Stirn zu bieten, Recht gegen Macht zu setzen.

Urbild ist jene Szene im Weinberg, in der er dem König entgegentritt, der Naboth durch Justizmord beseitigen ließ, um seinen Weinberg an sich zu bringen. Es wird mir unvergesslich sein, wie eine Klasse von etwa 15jährigen fassungslos bis empört reagierte auf eben diese Szene: so etwas tut man nicht, dem König widersprechen, Naboth war selber schuld, so unvorsichtig sollte man nicht sein; und Elia, was will er denn, er ganz allein, er kann doch nichts erreichen … .Unbeugsamkeit und Unerschrockenheit des Glaubens, kaum mehr verständlich in unserer auf »Sicherheit« bedachten Welt, kennzeichnen diesen Propheten.

Aber Elia ist ein Mensch, und ein Mensch kann an die Grenze seiner Kräfte kommen.

In unserer Geschichte ist er so weit. Hier scheint es ihm selbst so, als ob alles keinen Sinn mehr hätte, was er für Gottes Sache tut; er ist am Ende. Elia geht in die Wüste, um dort zu sterben:

»Es ist genug, so nimm nun, Herr, mein Leben; ich schaffe auch nicht mehr als meine Väter.«

Er legte sich unter den Wacholder, um zu schlafen und nie mehr aufzuwachen.

Lassen Sie uns gut zusehen, wie Gott mit seinem müde gewordenen Propheten umgeht. Er kritisiert ihn nicht. Er wirft ihm nicht Kleinglauben vor, er nennt ihn nicht einen Versager, er zeigt sich nicht enttäuscht von ihm. Er handelt gänzlich anders. Zu allererst lässt er den, der am Ende ist, ausschlafen; dann schickt er ihm einen Engel, der ihm zu essen und zu trinken gibt in seiner Wüste, und lässt ihn nochmals schlafen. Erst als die körperlichen Kräfte wiedergekehrt sind, sendet ihn der Engel auf einen neuen Weg.

Unserer Gesellschaft entspricht das nicht. Wer schlapp macht, das erfordert das zerstörerische Gesetz der Konkurrenz, der ist aus dem Rennen. Der junge, dynamische, durchsetzungsfähige Typ ist gefragt. Wer out ist, ist out.

Vielleicht ist dies einer der Punkte, an denen der Gott der Bibel dem Geist dieser unserer Gesellschaft am deutlichsten widerspricht. Er verlangt nicht Leistung, Leistung, Leistung, als müssten die, die ihm dienen, die ganze Last der Welt auf ihre Schultern nehmen. Nein, seine Diener sind nicht Instrumente, die nur solange taugen, wie sie funktionieren. Sie bleiben für ihn – Menschen, und Menschen können an das Ende ihrer Kräfte kommen. Verzagte nicht auch Jesus in Gethsemane? Und erzählt nicht Lukas auch von ihm, dass ein Engel kam, der ihn stärkte?

Danach erst kommt der Ruf auf einen neuen Weg, »einen weiten Weg«, wie der Engel sagt. Nichts ist am Ende, wie er dachte; neue Aufgaben tun sich auf. Allerdings: bevor der Prophet sie aufnimmt und sieht, geht er den ersten Teil des Weges in umgekehrter Richtung: tiefer und tiefer in die Wüste hinein, wo er ein Ziel für sich weiß, den Berg Gottes, den Horeb.

Hier hat alles angefangen für Israel, hier schloss Gott den Bund mit Mose; hierhin flüchtet sich jetzt der Prophet, gewissermaßen um den Anfang wiederzufinden. Denn, sind auch seine körperlichen Kräfte wiedergekehrt, so ist doch sein Problem nicht gelöst. Elia ist hartnäckig, die Freundlichkeit des Engels und das Gefühl neuer Vitalität täuschen ihn nicht darüber hinweg, dass die objektive Situation trostlos geblieben ist, ausweglos wie zuvor. Zweimal trägt er es, dort in der Höhle am Horeb, Gott vor:

»Ich habe mich mit ganzem Einsatz um deine Sache bemüht; Israel ist von Dir abgefallen, ich habe alles, was möglich war, getan; die mit auf meiner Seite standen, sind alle umgebracht worden; ich bin allein übriggeblieben, und sie stehen danach, mir auch das Leben zu nehmen.«

So wird ja, in der Bibel, gebetet. Da wird nichts beschönigt, nichts beschwichtigt, nichts verschwiegen an Leid und Verzweiflung; da wird »geschrien zu dem Herrn«, wie es so oft heißt, da macht der Mensch sich und seinem Gott nichts vor. Das Leben ist entsetzlich; für den, dem an Gerechtigkeit liegt, damals in Israel, heute bei uns. Der Zynismus der Machthaber hat ein Ausmaß erreicht, das Massen von Menschen entweder korrumpiert oder in die Verzweiflung treibt. Da gibt es nichts zu beschönigen.

Neigen wir nicht dazu, uns selbst (aus vermeintlicher Frömmigkeit) vorschnell beschwichtigende Antworten zu geben?

»Es wird so schlimm nicht werden« oder »Es kommt doch alles, wie es kommen soll« oder was der frommen Selbstbetrügereien mehr sind? Kam denn aber in Auschwitz das, »was kommen sollte?« Hätte nicht ganz etwas anderes kommen sollen, schon 1933, bei den ersten deutlichen Anzeichen von offiziellem Rechtsbruch: nämlich der geschlossene, ebenso deutliche und unbeugsame Widerstand der Christen?

Es ist, als neigten wir, im Wechsel, zur Selbstüberforderung und zur Selbstbeschwichtigung. Lassen Sie uns dicht bei Elia bleiben und von ihm lernen, welche Antwort der offen und mit Grund Verzweifelte erfuhr.

Gott zeigt sich ihm. Nicht zum Anschauen, aber zum Verstehen. Er lässt gewaltige Naturkräfte vorüberziehen, Sturm, Erdbeben und Feuer, und zeigt Elia, dass sie ihm zwar dienen (sie »gehen vor dem Herrn her«, heißt es, wie ein Vortrupp, eine Eskorte), aber sie stellen nicht das eigentliche Wesen Gottes dar. Im »stillen, sanften Sausen« bildet es sich ab.

Elia hätte sich »Power« gewünscht. Er ist ja der, der in einem anderen Kapitel »Feuer vom Himmel« fallen lässt, das Feinde verzehrt. So muss es doch zugehen, denkt er. Der Macht der Ungerechtigkeit muss Gott mit einem Donnerschlag begegnen, der ihr ein Ende setzt.

Kein Zweifel, dass so etwas in Erzählungen der Bibel geschieht. Der Untergang des Pharao im Roten Meer ist beispielhaft dafür. Kein Zweifel aber auch, dass das »eigentliche« Tun Gottes (sein »opus proprium«, wie

Luther sagt), ein anderes ist: das Werben um den Menschen, das stille unaufhörliche Sorgen für ihn, das Dasein für alle. Nur wo Menschen von diesem Werben, Rufen und Einladen gewonnen werden, sind sie wirklich gewonnen, von innen heraus. »Power« kann erschrecken, vielleicht zur Unterwerfung bringen, niemals aber dazu, dass ein Mensch im Vertrauen sich öffnet, umdenkt, neu wird. Nur da, wo dies geschieht, ist der Gott der Bibel an seinem Ziel.

Das ist der erste Teil der Antwort, die Elia auf seine Klage erfährt. Aber es ist noch nicht alles. Es folgt ein neuer Auftrag: zurück durch die Wüste soll der Prophet gehen, mitten in die Politik hinein, Könige salben und – einen Nachfolger für sich selbst! »Glaube nicht, dass Gottes Sache zu Ende ist, wenn du nicht mehr da bist«, heißt das.

»Gottes Werk geht weiter, du sollst selbst dafür sorgen, dass es auch nach dir weitergeht. Ein anderer wird die Stafette aufnehmen, die du niederlegst. Überfordere und überschätze dich nicht: du bist ein Mensch, du bist wichtig, dein Dienst jetzt unentbehrlich; nach dir werden andere da sein, zu ihrer Zeit wichtig und unentbehrlich.«

Dem Menschen gehört, um der Zukunft willen, die Gegenwart; die Zukunft ist Gottes Sache.

Zum Schluss aber, wie mit einem Lächeln, sagt ihm Gott: »Du bist, auch jetzt, gar nicht allein. 7000 sind außer dir da, die ihre Knie vor Baal nicht gebeugt haben. Du weißt gar nichts von ihnen, es sind stille und einfache Leute, du kennst sie nicht. Aber sie sind da, und zu seiner Zeit wird man es merken.«

Hier, liebe Christen, kommt gewiss auch uns ein Lächeln an. Ja, das erleben wir. Noch vor zwei Jahren musste der Interkirchliche Friedensrat in Holland sagen: »Unsere größte Schwierigkeit ist das Schweigen der westdeutschen Kirche.« Heute ist die christliche Friedensbewegung in Deutschland nicht mehr zu übersehen, in aller Welt bekannt. Und, was vielleicht noch wichtiger ist: die Friedensbewegung amerikanischer Kirchen.

Die katholische Bischofskonferenz der USA, die 50 Millionen Katholiken vertritt, warnt dringend vor Aufrüstung und Krieg; der Nationalrat der Kirchen Christi in den USA tut dasselbe; ja, selbst Billy Graham ist voll auf die Seite der Friedensbewegung übergegangen. Wer da nicht an Wunder glaubt, dem ist nicht mehr zu helfen!

Mir scheint, der Elia dieses Kapitels ist, bei allem Größenunterschied, dicht bei uns. Müdigkeit und Resignation sind auch unsere Gefahr. Lassen Sie uns mit ihm lernen: wir sind Menschen, unsere Kraft ist sehr endlich. Aber Gott, der Gott der Bibel, tritt für uns ein: für die Resignierten, aber gegen die Resignation.

Perspektiven eines emanzipatorischen Religionsunterrichts (1982)

... so lautete mein Thema. Und wie es manchmal so geht: erst während des Nachdenkens darüber wurde mir so richtig klar, wie wenig sich diese Bezeichnung noch mit dem deckt, was ich für einen guten Religionsunterricht halten möchte. »Emanzipatorisch«, das scheint mir

1. theologisch,
2. gesellschaftspolitisch,
3. pädagogisch,

teils zu wenig, teils zu unrealistisch zu sein, um als Zielperspektive des Religionsunterrichts in der Schule ausreichen zu können. Ich will das in Kürze erläutern:

1. theologisch

Emanzipation bedeutet: »aus der Hand gerissen werden«, nämlich Sklavenhaltern, die einen bis dahin bestimmten. Emanzipation entwindet die sich Emanzipierenden einer Macht, Autorität, Obrigkeit, Fremdbestimmung, gibt ihnen die Möglichkeit, die Realität mit eigenen Augen zu prüfen, mit dem eigenen Verstand zu beurteilen und gemäß dem eigenen Wollen und Erkennen zu bearbeiten, mitzubestimmen. Nun, das scheint eine rundum gute Sache zu sein, und entsprechend wurde in mehreren Bundesländern bei der Neufassung der Richtlinien als Globalziel nicht nur des Religionsunterrichts, sondern der schulischen Erziehung überhaupt, »Emanzipation« gewählt. Für den Religionsunterricht selbst aber scheint es doppelt geeignet, wenn man bedenkt, welchen Raum das Wort und die Sache »Freiheit«, »Befreiung« im Neuen Testament einnehmen. Ein paar Stichproben mögen genügen: »Zur Freiheit hat uns Christus befreit! So steht nun fest und laßt euch nicht wiederum in das knechtische Joch fangen!«, schreibt Paulus (Gal. 5,1), und: »Wo der Geist des Herrn ist, da ist Freiheit« (2. Kor. 3,17). Da haben wir das Wort. »Alles ist erlaubt, nur nicht alles ist hilfreich; alles ist erlaubt, nur nicht alles baut auf« (1. Kor. 10,23); da haben wir die Sache. Und wenn Jesus im Markusevangelium von dem heiligsten Gebot der jüdischen Religion, dem Sabbatgebot, sagt: »Der Sabbat ist um des Menschen willen gemacht und nicht der Mensch um des Sabbats willen; darum ist das Menschenkind Herr auch des Sabbats« (2,27 f.), so haben wir sie wieder, die Sprache und Sache der Freiheit. Und was das Alte Testament betrifft: beginnt nicht das Credo Israels mit dem Jubel über Emanzipation im strengsten Sinne des Wortes, mit der Befreiung aus dem »Sklavenhause« Ägypten? Hat nicht »Exodus«, worin Ernst Bloch den Ursinn jüdisch-christlichen Glaubens sah, genau diese Bedeutung?

Wer die Bibel kennt, der weiß, dass sich noch Beispiel an Beispiel reihen ließe. Aufbruch, Verlassen bisheriger Autoritäten (und Geborgenheit!), Bruch mit dem Vergangenen (»Lasst die Toten die Toten begraben, geh du aber hin und verkünde das Reich«, Lk. 9,60). Hingehen auf das Kommende zu, das ist urbildlich für dieses Buch in einem solchen Maße, dass man kaum mehr begreift, wie es in der Geschichte zur Grundlage eines Denkens in Ordnungen, der Warnung vor Neukommendem, der Anpassung und des Verzichtes auf selbständiges Denken werden konnte.

Allerdings: in der Bibel wird weniger proklamiert als vielmehr erzählt. Und da zeigt es sich denn, dass ein eigentümliches Widerstreben gegen Freiheit und Befreiung nicht nur gelegentlich, sondern sehr typisch die Aufbruchsbewegung begleitet. Der Wunsch des wandernden Israel, zu den »Fleischtöpfen Ägyptens« zurückzukehren (und die zu steinigen, die es in die Freiheit führen wollten, nämlich Mose und Aaron), mag hier als Beispiel stehen. »Die Furcht vor der Freiheit«, von Erich Fromm als Titel eines psychoanalytischen Werkes gewählt, ist realistisch geschilderte Befindlichkeit auch des Volkes Gottes in der Bibel. Ja, man kann sagen, dass Paulus einige seiner oben zitierten Sätze gerade deshalb formuliert hat, weil es diese Furcht auch in seinen Gemeinden gab. Sie gefährdete die Sache des Glaubens von allem Anfang an. Wie aber wird dieser Gefahr begegnet?

Dies zu beobachten, scheint mir für die Theologie heute (und damit für die Aufgabe des Religionsunterrichts) entscheidend wichtig zu sein. Ich bringe mein Beobachtungsergebnis auf eine kurze Formel: Zum »Befreitwerden« gehört das »Ernährtwerden«. Israel, das den langen Marsch durch die Wüste nicht durchhalten mag, das zurück will zu den zitierten Fleischtöpfen, wird deshalb nicht für unbrauchbar erklärt: es wird ernährt. Zwar nicht so reichlich wie in der Sklavenzeit, als es für Schwerarbeit gerüstet werden musste, aber so, dass es weiter kann (2. Mose 16), und nicht nur dieses eine Mal. Urbildlich für die Bibel ist auch dies! Ps. 23: Was tut Gott dem, der von »Feinden« bedrängt wird? Er bereitet ihm einen gedeckten Tisch und schenkt ihm voll ein. Elia, der resigniert, weil alle seine Mühe vergeblich scheint (»Es ist genug; so nimm nun, Herr, mein Leben, ich bin nicht besser als meine Vater«), wird nicht aus dem Dienst entlassen, sondern: ein Engel bringt Wasser und Brot, er stärkt sich und geht »durch Kraft dieser Speise seinen langen Weg weiter (1. Könige 19). Von Jesus, der in Gethsemane vor seinem Weg zurückschreckt, erzählt Lukas, dass ein Engel kommt und ihn stärkt.

Es ist gut, bei diesen Bildern zu verweilen. Sie sind so unheroisch, so menschlich, so wirklichkeitsnah. Hier dürfen Menschen Menschen sein: zur Freiheit bestimmt, zur Befreiung von Mächten, die sie ausbeuten, zur bloßen Arbeitskraft erniedrigen, ihr Gewissen beherrschen etc., – aber auf dem langen Weg ihrer Befreiung ermüdend, resignierend, bedürftig: sie werden für den weiteren Weg gerüstet und ernährt.

Meine Folgerung daraus für den Religionsunterricht:

In einer Zeit, in der Resignation, Apathie, Sicherheitsverlangen weithin an die Stelle des Aufbruchswillens getreten sind, – in der vor allem Hauptschüler, aber darüber hinaus Jugendliche überhaupt realistischerweise Angst vor der Zukunft, vor der Arbeitslosigkeit haben – ist die allererste Aufgabe der Schule und speziell in ihr des Religionsunterrichts: »ernähren«. Hoffnung machen, Kraft vermitteln, Lernfreude wecken und erleben lassen, ja freilich die emanzipatorischen Gehalte der Bibel und der Religion, die Früchte Jahrtausende langen Nachdenkens darüber »unters Volk bringen«, aber nicht als

Forderung, sondern als »Nahrung«. »Gute Nachrichten« gehören in die Klasse, Nachrichten von dem, was alles möglich ist; Analyse von Problemen, gewiss, Klärung von heutigen Aufgaben und den immanenten Widerständen gegen ihre Lösung, aber auch Modelle des Gelingens, nicht euphorisch, sondern genau.

Darüber hinaus: alles, was das Selbstwertgefühl junger Menschen stärkt. Z. B.: bewusste Einübung von Arbeitsmethoden, die selbständig machen; bewusste Einübung von Kooperation in Gruppen, die wenigstens zeitweise unabhängig machen vom Lehrer; Aufnahme der Probleme, die die Schüler bringen, auch wenn sie den Lehrer unruhig machen, weil er selbst keine endgültige Lösung weiß; Anerkennung, Zumutung von Verantwortung, Ermutigung in jeder Form. In den Methoden, die der Lehrer anwendet, vollzieht sich »Befreiung« und »Ernährung« zugleich, sofern diese Methoden »demokratisch« sind. Denn wer das Selbstwertgefühl des Schülers stärkt, der »ernährt« seine Seele! Das aber setzt zugleich nicht nur Gesinnung voraus, sondern deren Operationalisierung.

Freude, Erleben von Können, gehört also dazu. Man kann natürlich sagen, dies liege schon im Begriff der Emanzipation. Mag sein: aber es wird keineswegs immer gehört. »Emanzipiert, aber unterernährt«, menschlich nämlich, scheint durchaus keine unrealistische Verbindung zu sein.

Dazu ein Letztes und Zentrales. Wenn es stimmt, dass der Kern des Christentums im Empfang der Vergebung besteht (und ich bin der Meinung, dass hier das »Proprium« der Theologie zu suchen ist), dann bekommt »Befreiung« noch einen ganz anderen Sinn, als man ihn diesem Wort meist gibt: Befreiung vom eigenen Bösen, mit dem man sich nicht identifizieren kann und will, das man aber dennoch, will man es nicht einfach verdrängen, integrieren können muss – als vergebene Schuld, die dadurch eine ganz neue Bedeutung bekommt, nicht mehr belastend (obwohl Trauer hinterlassend), sondern als Quelle tieferer und reicherer Erfahrung des Menschlichen. Dies kann im Wort »Emanzipation« nicht mitgehört werden; denn es ist nichts, wozu der Mensch sich selbst befreit, auch nicht in Kooperation mit anderen, sondern was nur empfangen werden kann. Vergebung empfangen, ist Abhängigsein, ohne unfrei zu sein, weil nur die Liebe vergibt. (Die herablassende Nachsicht dagegen ist eher Herrschaft als Liebe.)

Über dieses Thema hat die Theologie lange Jahrhunderte hindurch nachgedacht, die Kirchen haben es – fast hätte ich gesagt »gespielt« (vgl. dazu Hugo Rahner, Der Spielende Mensch!) – vollzogen in Predigt und Sakrament, und doch sind die dabei gemachten Erfahrungen verschüttet, weithin, zugunsten eines »Christentums«, das nur noch Wohlverhalten ist. Einem solchen Christentum gegenüber gilt freilich: Emanzipation muß sein!, es gilt aber ebenso, und zwar zuvor: »Gebt ihnen zu essen.« Wie lesen wir von Jesus? (Mt. 9,36): »Und da er das Volk sah, jammerte ihn desselben; denn sie waren verschmachtet und zerstreut wie die Schafe, die keinen Hirten haben« – wenn das nicht heute gilt!

2. gesellschaftspolitisch

Dass Schule eine Veranstaltung der Gesellschaft ist, dürfte sich herumgesprochen haben. Es werden Steuermittel in sie investiert (wenn auch zu wenige), es werden Lehrer für sie ausgebildet (wenn auch nicht gründlich genug), es wird eine Infrastruktur für sie geschaffen. Dass die Schule in einer Gesellschaft, die sich selbst als demokratisch versteht, als Globalziel ihres Tuns »Emanzipation« angibt, ist nicht weiter verwunderlich.

Demokratie ist schließlich die anspruchsvollste Staatsform, die es gibt, und sie bedarf des berühmten »mündigen Bürgers«. Da andererseits innerhalb der Theologie der »mündige Christ« wiederentdeckt worden ist, könnten sich ja »Bürgergemeinde und Christengemeinde« hier bestens verstehen, wenn...

Ja, wenn die Sache mit der Emanzipation wirklich ernst gemeint wäre. Überlegen wir einen Augenblick: Ziel allen schulischen Tuns soll Emanzipation des Schülers sein. Nun ist ein Ziel doch etwas, worauf man hinarbeitet und dessen man sich freut, wenn man es erreicht hat. Wer aber will denn die emanzipierten jungen Erwachsenen eigentlich haben? Der Jugendsprecher im Betrieb, der für berechtigte Belange seiner jugendlichen Kollegen spricht, wird doch nicht etwa mit Freuden als wohlgelungenes Ergebnis schulischer Erziehung begrüßt; jeder weiß, dass ihm im Gegenteil so bald wie eben möglich gekündigt werden wird. (Hier hat es »Berufsverbote« gegeben, als im akademischen Bereich noch niemand davon sprach!) Aber auch der kritisch fragende

Schüler, ob an der Hauptschule oder am Gymnasium, ist weithin alles andere als beliebt, erst recht nicht der, der (ein seltener Fall!) eigene kreative Vorstellungen von »Lernen« hat und sie gegen das fremdbestimmte »Scheibchenwissen« durchzusetzen versucht. Man kann ruhig die Gleichung wagen: je eigenwilliger, kritischer, kreativer – desto unbeliebter ist der junge Mensch in Schule und Betrieb.

Das aber heißt nichts anderes, als dass die »Furcht vor der Freiheit« nicht nur den einzelnen beherrscht, sondern geradezu ein Strukturmerkmal der Wohlstandsgesellschaft darstellt. Verbal ist das Bekenntnis zur Freiheit noch da; real gilt eher glattes Funktionieren.

In dieser Gesellschaft und ihrer Schule aber findet Religionsunterricht statt. Und wieder scheint es mir zu wenig, ihn »emanzipatorisch« zu wünschen. Denn wenn das eben Ausgeführte gilt, dann geht ja der junge Mensch gerade nicht in eine Zukunft, in der Mündigsein gewünscht ist, sondern je mündiger er wird, desto mehr wird er sich auf Schwierigkeiten gefasst machen müssen. Erziehung zum Mut, zum Insistierenkönnen, zur unermüdlichen Arbeit an der Herstellung wirklich freiheitlicher Verhältnisse wird nötig sein, Frustrationstoleranz die vielleicht wichtigste Fähigkeit überhaupt, und das alles nicht verbissen, denn »wir brauchen grad deine Heiterkeit« (Biermann). Die Nüchternheit der Bibel paßt hierzu einerseits gut. Sie zeichnet ja durchaus nicht das Bild einer »heilen Welt«, sondern stellt dar, wie der Glaube an den befreienden Gott in sehr viel Druck und Leiden durchgehalten werden muß. Andererseits gibt es ein spezifisches Leiden des heutigen Menschen, das sie noch nicht kennen kann, das Idealbild des »glatten Funktionierens«, sowohl des einzelnen als der Gesellschaft im Ganzen, der maschinenähnlichen Vorstellung vom menschlichen Dasein. Welcher Beruf ist nicht in der Gefahr, Fließbandcharakter zu bekommen (auch der des Lehrers, den 28 Wochenstunden und überfüllte Klassen nur noch »abarbeiten« lassen; auch der des Kassenarztes, bei dem ein Patient dem anderen die Klinke in die Hand gibt, etc. etc.)? Zu biblischen Zeiten gibt es eben das Massendasein noch nicht, das Massenversorgung notwendig macht und damit, scheinbar, auch riesige Bürokratien. Bleibt aber die Gesellschaft so beschaffen, so nützt »emanzipatorische« Erziehung wenig: bis auf wenige privilegierte Berufe werden die Menschen höchstens in ihrer Freizeit »emanzipiert« leben können (wenn sie dann noch Luft dazu haben); in der Arbeit sind sie Rädchen in einer Maschinerie, in der Arbeitslosigkeit eine nutzlose amorphe Masse voll latenter Verzweiflung und Destruktivität.

Es müssen Gegenmodelle entworfen werden. Vielerorts sind ja Ansätze sichtbar, auch mehr als Ansätze (denn manche bestehen schon Jahrzehnte), im überschaubaren Gruppen tätig zu werden, um eines der vielen unbewältigten Übel anzufassen. Das aber geht nur gemeinsam. Und so würde ich sagen: Das Globalziel der Schule muss das Erlernen von Kooperation sein. »Lernziel Solidarität«, Emanzipation des einzelnen genügt nicht!

Vielleicht tut sich für den Religionsunterricht ein auch theologisch noch ziemlich neues Feld auf: die Entdeckung, dass es in der Bibel Alten und Neuen Testaments nicht um fromme Individuen als solche geht, sondern um ein Volk Gottes. Die christliche Gemeinde ist in ihrer Umgebung ein Stückchen Gegengesellschaft, ein Brückenkopf des Reiches Gottes auf Erden. Religionsunterricht muss wieder unter diesem Gesichtspunkt gesehen werden: Wo Vereinzelung der frommen Individuen stattfand, nur der vertikale Draht des einzelnen Herzens nach »oben«, wo Entsolidarisierung und zugleich Entaktivierung des Christentums betrieben wurde, da war die offizielle Kirche ein Bündnis mit der Macht eingegangen, da trug sie, bewusst oder unbewusst, dazu bei, das emanzipatorische Potential des christlichen Glaubens zu neutralisieren, damit es nicht »störte«.

Die Geschichte der Großkirchen ist begleitet von solchen störenden Aufbrüchen von »unten«. Als Beispiel für viele nenne ich den frühen Pietismus mit seiner Wiederentdeckung der »praxis pietatis« und der kleinen strukturierten Gemeinde. Der Druck von oben traf z.B. Zinzendorf mit zeitweiliger Verbannung – von ihm stammt der Satz: »Ich statuiere kein Christentum ohne Gemeinschaft.«

Übrigens ist die Gruppe, und zwar die handelnde, auch der Ort, an dem »Vergebung der Sünden« konkret werden kann. Sie bleibt dann nicht länger bloße Idee, wo Menschen gemeinsam auf Zukunft hinarbeiten: sie brauchen sie. Wer nicht handelt, merkt ja gar nicht, was er alles braucht: weil er der großen unsichtbaren Sünde unserer Zeit verfallen ist, der Resignation.

Methodisch erfordert ein Religionsunterricht, der hiervon etwas entdecken lassen will, vor allem die Projektarbeit. Hier wird nicht nur inhaltlich, sondern auch durch den Arbeitsvollzug als solchen deutlichen werden können, was Solidarität ist. Wieder gilt: »Gesinnung« muss operationalisiert werden.

3. pädagogisch

Ein hehres Unterrichtsziel wie »Emanzipation« führt leicht dazu, dass junge Menschen seelisch überfordert werden. Wie kann man ihnen eigentlich zumuten wollen, etwas zu sein oder aus sich machen zu lassen, was in der Erwachsenengesellschaft kaum jemand ist? Ist aber der Lehrer selbst nicht frei, das Schulsystem nicht auf freie Entfaltung der Kräfte angelegt, so entsteht mit dem Ziel Emanzipation eine double bind-Situation! Was für den Schüler bewusst angestrebt wird, steht im Gegensatz zu dem, was der Lehrer durch sein Wesen unbewusst ausstrahlt – und das Schulsystem gebieterisch verlangt.

Double bind-Situationen sind pädagogisch immer gefährlich, weil sie eine sichere Orientierung des jungen Menschen verhindern. In der heutigen Gesamtsituation unserer Gesellschaft sind sie doppelt gefährlich: der latente Gegensatz zwischen demokratischem Anspruch und ökonomisch-beruflicher Realität stellt in sich ein großes double bind dar, das das schulische double bind verstärkt. So entsteht die Gefahr eines zunehmenden Zynismus, der gerade im jugendlichen Alter verheerende Auswirkungen haben kann: Neigung zur Selbstzerstörung (Drogen!), zur Destruktivität allgemein, zur vollkommenen Gleichgültigkeit gegenüber allem, was nicht momentanen Genuß verspricht.

Und doch hat es natürlich Sinn, an Utopien wie dem Text einer demokratischen Verfassung festzuhalten, auch wenn die Realität ihnen wenig entspricht. Man behält so wenigstens das Ziel im Auge, und daraus kann (statt Zynismus und Verzweiflung) auch Bewusstsein einer sehr großen, lohnenden Aufgabe erwachsen. Geschieht das, dann ist pädagogisch alles gewonnen. Und in der Sachzuwendung geschieht dann, aus Versehen und nebenbei, umso mehr an Emanzipation...

Die Grundstruktur dieses Denkens (»Wir wissen schon... aber noch ist es nicht da; wir gehen darauf zu, mit viel Mühe, aber noch sind wir nicht da«) ist natürlich wiederum auch biblisch. In der Tat bin ich der Meinung, dass die biblischen Erzählungen so überreich sind an Erfahrungen, in denen der Mensch sich wiederfinden kann (Erfahrungen, die außerhalb des akademisch-literarischen Betriebes heute gar keine Sprache mehr haben), dass ich gerade für einen Religionsunterricht, der emanzipatorisch wirken will, viel »Bibel« wünschen möchte. Allerdings nicht im Sinn eines materiellen Bildungsbegriffs; die Kenntnis von möglichst viel Bibelstoff als solchem bringt es nicht. Wofür ich plädieren möchte, das ist vielmehr ein »problemorientierter Bibelunterricht«, ergänzt durch einen problemorientierten Sach- und Geschichtsunterricht, der reich ist an Identifikationsangeboten, (Identifikation – natürlich nicht mit Heroen oder Idolen, sondern mit Menschen, die Aufgaben anfassen). Ein junger Mensch muss Möglichkeiten sehen, dann kann er leben!

Fazit

Ein Religionsunterricht, der emanzipatorisch sein will, darf nicht nur dieses Ziel im Auge haben, die Befreiung der Einzelpersönlichkeit, ihre Befähigung zur Selbstentfaltung, sondern er muss bedenken, was dazu nötig ist, vor aller Operationalisierung. Unter drei Gesichtspunkten habe ich dies kurz skizziert: Freude durch Steigerung des Selbstwertgefühls (»Ernährung«); Erlernen von Solidarität; Identifikationsangebote. Das Kritische Element, das im Begriff der Emanzipation liegt, ist freilich unaufgebbar; aber wer sinnvoll Kritik an Zwängen üben soll, der muss etwas Besseres haben. Die bloße Dekonstruktion überkommener Lehren (seien sie dogmatischer oder moralischer Art) führt als solche noch nicht zur Befreiung, ebenso wenig wie deren Konservierung. Vielmehr gilt: Christus will heute »eine Gestalt« in der Welt (vgl. Gal. 4,19!); was dem im Wege steht, das muss beseitigt werden, und zwar in gemeinsamer Arbeit. Emanzipation entsteht dabei dann auch – weitgehend unbemerkt und wie von selbst, wie die »von selbst wachsende Saat« (Mk. 4). »Ich will klar und deutlich aussprechen: die Unterdrückten und Ausgebeuteten haben das Recht zu rebellieren, denn sie haben ihre geraubten Rechte zurückzuverlangen; sie haben das Recht zu rebellieren, bis sie ihren vollen Anteil an der gemeinsamen Erbschaft der Menschheit besitzen. Die moderne Schule jedoch hat es mit Kindern zu tun, die sie durch Unterricht zum Menschentum vorbereiten soll; darum darf sie nicht dem Wollen, dem Sehnen, dem Hass, weder dem Geist der

Abhängigkeit noch dem der Rebellion, vorgreifen. In anderen Worten: sie darf nicht versuchen, Früchte zu sammeln, ehe sie produziert worden sind durch Kultivierung, noch darf sie versuchen, ein Gefühl der Verantwortlichkeit einzupflanzen, ehe ein solches Gefühl die notwendige Unterlage im Bewusstsein, in den fundamentalen Vorbedingungen gefunden hat. Die Schule lehre die Kinder ›Menschen‹ zu sein. Und wenn sie Menschen geworden sind, dann werden sie sich zu gegebener Stunde selbst zu Rebellen erklären« (F. Ferrer).[1]

---

1 Entnommen aus: Hans Roth, Die »besseren Blöden« sprechen für sich. In: Stumme können selber reden, Praxisberichte, hrsg. v. M. Veit. Jugenddienstverlag Wuppertal 1978, S. 93.

Gottvertrauen und Selbstvertrauen[1] (1982)

Verehrte Zuhörer,

Im Jahre 1947 hatte ich ein Gespräch mit einem nordamerikanischen Besatzungsoffizier, der von Beruf Theologe war, in Marburg. (Eigentlich war es zwar damals noch verboten, dass Nordamerikaner mit Deutschen »fraternisierten«; aber er setzte sich über das Verbot hinweg). Auf meine Bemerkung hin, dass die Mehrheit der Deutschen mit Hitlers Verbrechen sicher nicht einverstanden gewesen wären, wenn sie volle Klarheit darüber gehabt hätten, was geschah, antwortete er: »Aber einen Verdacht müssen die Leute doch mindestens geschöpft haben, wenn so viele Menschen, Juden Oppositionelle, einfach verschwanden. Warum haben sie dann nicht sogleich volle Klarheit verlangt?« Ich war überrascht, etwas ratlos, und gab ungefähr zur Antwort: »Dazu entschließt man sich doch nicht so leicht.« Darauf er (und diese Sätze haben sich mir unvergesslich eingeprägt): »Ich glaube, euer deutsches Luthertum hat euch zwar äußerst leidensfähig gemacht, aber nicht handlungsfähig. Vor lauter Gottvertrauen vergesst ihr, dass ihr selber aktiv werden müsst. Das ist beim Calvinismus der USA gerade umgekehrt, scheint mir.«

Unvergesslich sind mir diese Sätze deshalb gewesen, weil mir zum ersten Mal vor Augen trat, in welchem Maße eine Religion, eine bestimmte Konfession sich prägend auf den Charakter eines ganzen Volkes auswirken kann. In ersten Umrissen begann ich zu ahnen, dass Religion nicht nur Trost und Rat für den Einzelnen bereithält, zur Bewältigung seines ganz persönlichen Schicksals, sondern dass sie auch Schicksal macht, und zwar dadurch, dass einer ganzen Nation gewisse Grundauffassungen »in Fleisch und Blut übergehen«, weil sie mit Hilfe der Religion von Kindertagen an eingepflanzt wurden.

---

1 Vortrag beim Jahresfest des Kreisverbandes Bonn der Ev. Frauenhilfe im Rheinland 1982.

Ja, mehr noch. Ich begann zu ahnen, und das erschreckte mich damals sehr, dass die verschiedenen christlichen Konfessionen die Nationen, in deren Bereich sie wirksam werden, in sehr verschiedener Weise prägen. Was der einen eher suspekt, zumindest sehr gewagt erscheint, (z.B. wachsame Kontrolle der eigenen »Obrigkeit«), das erscheint der anderen als selbstverständliche Pflicht. Aus diesen verschiedenen nationalen Charakteren aber, mitgeprägt durch die jeweilige Konfession, ergeben sich dann Möglichkeiten oder Unmöglichkeiten, die geschichtliche Katastrophen vom Ausmaß der Hitler-Katastrophe verhindern oder begünstigen können.

Zugleich begann ich die Notwendigkeit, die ganz besondere Chance des ökumenischen Gesprächs zu ahnen. War es doch nichts anderes als ein kleines ökumenisches Gespräch, das ich mit jenem US-Offizier geführt hatte und das für meine weitere theologische Erkenntnis so folgenreich werden sollte. Hatte ich bis dahin ökumenische Begegnungen zwar für etwas Gutes und Begrüßenswertes gehalten, das Bemühen um ökumenische Annäherung für eine Pflicht, die sich aus der Bibel ergab (weil ja doch nach Joh. 17 die Jünger Jesu »alle eins« sein sollten), so erschien sie mir jetzt als etwas wirklich Dringliches. Wer denn, so dachte ich, hätte mir etwas so Überzeugendes entgegenhalten können (mich, als Christin, Überzeugendes), wie dieser Christ aus anderer Tradition? Nicht nur Einigung, nein, lange bevor diese je erreicht werden könnte, Kritik und Korrektur der einen Konfession an der anderen erschien mir als notwendig – damit nicht festgefahrene Irrtümer oder Einseitigkeiten ganze Völker »mit Blindheit schlagen«.

Dies war der Anfang eines Nachdenkens, einer neuen theologischen Problemstellung, die mich nicht wieder losgelassen, sondern »von einer Erkenntnis zur anderen« weiter geführt hat im Laufe meiner theologischen Arbeit. Nicht als ob ich deswegen aufgehört hätte, vom deutschen Luthertum geprägt zu sein: Die Prägungen, die man in seiner Kindheit und Jugend erfuhr, verliert man ja nicht wieder.

Tun wir also unseren ersten Schritt, beginnen wir damit, den Typus von Frömmigkeit zu untersuchen, den das Luthertum geschaffen hat. Betrachten wir dabei zunächst solche kirchlichen Texte, denen der lutherisch geprägte Mensch von Kindheit an begegnet und aus denen seine Frömmigkeit sich nährt: vor allem Gesangbuchlieder.

Das lutherische Gesangbuch ist berühmt für seine Fülle herrlicher Lieder. Unter ihnen nehmen Lieder, die vom Vertrauen auf Gott handeln, einen großen Raum ein: Bei genauerem Zusehen zeigt sich, dass es unter den Vertrauensliedern, inhaltlich gesehen, zwei Gruppen gibt; ich möchte sie, ein wenig grob, kennzeichnen als Lieder eines »aktiven« und eines »passiven« Vertrauens. Was meine ich damit?

Ich gebe je ein Beispiel. Wir alle kennen Luthers Lied: »Ein feste Burg ist unser Gott.« Dies ist ein Lied, in dem die kämpfende Gemeinde ihr Vertrauen ausspricht. Sie handelt, sie leistet Widerstand, sie hat eine Sache, für die sie sich einsetzt, und sie hat aus diesem Grunde Feinde. Die Gemeinde weiß, dass dieser Kampf sie sehr viel kosten kann: »den Leib, Gut, Ehr', Kind und Weib«; sie weiß aber auch: »Er ist bei uns wohl auf dem Plan«, »das Feld muss er behalten«: Gott vertritt die Sache, für die die Gemeinde kämpft, und er wird letzten Endes siegen!

»Aktives Vertrauen« nenne ich das, das Vertrauen handelnder, auf ein Ziel hin orientierter Christen, die wissen, dass sie in diesem Kampf an Grenzen stoßen, wo sie nicht mehr weiter können, Gott aber die Sache weiter führt.

Der Zusammenhang ist derselbe wie in dem Gedicht Dietrich Bonhoeffers, des Widerstandskämpfers gegen Hitler, das er im Gefängnis schrieb: »Stationen auf dem Wege zur Freiheit«. Erst nach dem Thema »Tat« folgt hier das Thema »Leiden«:

»2. Tat
Nicht das Beliebige, sondern das Rechte tun und
wagen,
nicht im Möglichen schweben, das Wirkliche tapfer
ergreifen,
Nicht in der Flucht der Gedanken, allein in der Tat ist
die Freiheit.
Tritt aus ängstlichem Zögern hinaus in den Sturm des
Geschehens,
nur von Gottes Gebot und deinem Glauben getragen,
und die Freiheit wird deinen Geist jauchzend empfangen.

> ***3. Leiden***
> *Wunderbare Verwandlung. Die starken, tätigen Hände*
> *sind dir gebunden. Ohnmächtig, einsam siehst du*
> *das Ende deiner Tat. Doch atmest du auf und legst das Rechte*
> *still und getrost in stärkere Hand und gibst dich zufrieden.*
> *Nur einen Augenblick berührtest du selig die Freiheit,*
> *dann übergabst du sie Gott, damit er sie herrlich vollende.«*

Zwei Lieder aus dem lutherischen Raum, eins aus dem 16., eins aus dem 20. Jahrhundert. Ist der theologische Kritiker aus den USA, den ich zitierte, dadurch nicht widerlegt? Leider: nein. Der Nachdenkende muss eher sagen, dass Bonhoeffer wohl guten Grund gehabt hat, gerade diese Erfahrung niederzuschreiben; ist doch der Klang seiner 2. Strophe (Tat) immer noch selten im Christentum unseres Landes. Kehren wir zurück zur Betrachtung unseres Gesangbuches; wir haben ja bisher nur den einen Typus von Vertrauensliedern gekennzeichnet.

Als Beispiel für den anderen Typus nenne ich Georg Neumarks Lied: »Wer nur den lieben Gott lässt walten«. Hier geht es um ganz persönliche, private »Not und Traurigkeit«, und der Dichter spricht die Hoffnung aus, dass Gott dieses »Ungemach« wenden und ihm zu seiner Zeit wieder Freude schenken wird. Darüber hinaus geht der Blick des Liedes nicht.

Natürlich gibt es Situationen, in denen der Mensch selbst wirklich »nichts machen«, sondern nur leiden kann. Für solche Situationen ist solch ein Lied gut. Allerdings muss man sich klar machen, dass die Zahl derjenigen Leiden, die die Menschheit einfach als »Schicksal« überkommen, immer geringer wird. An den allermeisten, früher einmal unabwendbaren Leiden könnte man heute sehr wohl »etwas machen«, wenn die Betroffenen gemeinsam dagegen angingen. »Passives Vertrauen« ist dann nicht angebracht.

Überschaut man aber nun den ganzen Reichtum lutherischer Vertrauenslieder, und achtet man dabei auf die zwei Gruppen, so zeigt sich: der weitaus größte Teil der Lieder ist von der zweiten Art. Hinnahme des Schicksals, Ergebung, dabei fortdauernde Treue im Kleinen, alles dieses vom Einzelnen erlebt, der ganz allein vor seinem Gott steht – das ist ein Grundthema lutherischen Singens. Die andere Art beschränkt sich fast ganz auf die Kampflieder der Reformation, d.h. es ist, für den Lutheraner späterer Zeit, eher eine Art Gedenken an die heroische Anfangszeit seiner Kirche als die eigene, gemeindliche Gegenwartserfahrung, was besungen wird. Nicht umsonst erklingt »Ein feste Burg« fast ausschließlich am Reformationstag, am Heldengedenktag der Kirche!

2.

In unserem ersten Teil haben wir gesehen, dass es uns evangelischen Christen in Deutschland an christlichem Selbstvertrauen fehlt. Mit diesem Wort beschreibe ich den Mangel an aktivem Vertrauen zu Gott, von dem wir gesprochen haben.

Im zweiten Teil möchte ich mit Ihnen über ein Thema sprechen, das uns auch ziemlich ungewohnt ist, obwohl es in der Bibel eine große Rolle spielt: nämlich Gottes Vertrauen zu uns. In unserer Kirche hat sich ja die Meinung festgesetzt, dass der Mensch ein ziemlich schlechtes Wesen sei, dem man nicht allzu viel Gutes zutrauen könne. Diese Meinung ist nicht biblisch. Vielmehr hört der biblische Gott nicht auf, um den Menschen zu werben, ihn um Vertrauen zu bitten geradezu, auf ihn zu setzen. Lesen Sie doch unter diesem Blickwinkel noch einmal Prophetentexte, z.B. Jesaja 1 oder Hosea 11 oder viele andere. Ganz besonders deutlich wird es im Buch Hiob, Kapitel 1: Da kommt unter den Dienern Gottes auch der Staatsanwalt am himmlischen Hofe, der Satan, und klagt den frommen Hiob an, seine Frömmigkeit sei nicht echt, sie sei nur Berechnung. Nicht Gott ist es, der dem Menschen misstraut, es ist der Satan, der Ankläger der Menschen vor Gott! Gott aber wettet auf den Menschen. Er geht die Wette ein, dass Hiobs Glaube sich als echt erweisen werde. Ganz entsprechend heißt es dann im letzten Buch der Bibel, in der Offenbarung des Johannes, dass Jubel im Himmel ist, »weil der Verkläger unserer Brüder verworfen ist, der sie verklagte Tag und Nacht vor unserem Gott« (Kap. 12,10)

Gott setzt auf den Menschen, obwohl der Mensch ihn oft genug enttäuscht. Die Prophetenstellen, die ich genannt habe, stellen uns den biblischen Gott vor Augen, der unter den Menschen leidet. Ja, er leidet, weint und klagt, nicht erst in Jesu Passion; es gehört, erstaunlicherweise, zum Bild dieses Gottes, dass er nicht unverletzlich ist, sondern leidet, wie Liebe leidet, wenn sie enttäuscht und missachtet wird. Eine Berliner Pastorin hat einen solchen Klagetext aus Hosea in moderner Übersetzung einer Frauengruppe vorgelegt, ohne zu sagen, dass er aus der Bibel sei, und die Frauen gebeten, eine Überschrift dafür zu suchen. Die Vorschläge waren: Der verlassene Freund, die Klage des Liebenden, oder auch einfach: Du.

Ist das der allmächtige Gott?

Was wir hier vor Augen sehen, ist nichts anderes als die spezifische Ohnmacht der Liebe. Sie kann nur werben, nur rufen, nur bitten, nur warnen; sie kann nicht und sie will nicht – herrschen. In einem Gedicht von Fulbert Steffensky »An die da droben« heißt es: »Ihr habt uns verschwiegen, dass er Liebe ist, und dass Liebe Herrschaft zerbricht, und zuerst die eigene.« Liebe und Herrschaft schließen sich aus.

Vielleicht ist hier der Punkt, in dem der biblische Gott im äußersten Gegensatz steht zum Grundgesetz der heutigen Gesellschaften, in Ost und West und im durch Ost und West bestimmten Süden. Diese Gesellschaften sind auf Herrschaft geradezu gebaut. Vielleicht ist hier der Punkt, wo die Gemeinde dem Grundgesetz unserer heutigen Welt am deutlichsten widersprechen muss. Aber wir haben noch nicht genügend gesehen, was das heißt.

Was bedeutet die »Ohnmacht der Liebe« (faiblesse, powerlessness)? Sie ist ja nicht Kraftlosigkeit (lack of strength). Paulus schreibt im 1. Korintherbrief von der Schwachheit (powerlessness) Gottes, die stärker ist als die Kraft der Menschen. Und Dietrich Bonhoeffer schreibt einen Satz, aus dem Gefängnis, der theologisch noch kaum bedacht ist, geschweige denn angeeignet von der christlichen Gemeinde: »Nur der ohnmächtige (powerless) Gott – kann helfen.« Wie lernen wir es, die Schwachheit (powerlessness) Gottes besser zu verstehen?

Vielleicht am ehesten, indem wir uns klar machen, was es denn ist, was dieser Gott von seinem Volk erwartet. Es ist Vertrauen. Das aber lässt sich nicht erzwingen, auch durch Allmacht nicht. Wohl kann der Mensch, der zum Vertrauen gefunden hat, sagen (zu dem, dem er vertraut, sei es Gott, sei es ein liebender Mensch): »Das hast du in mir bewirkt, dass ich vertrauen kann, das verdanke ich nur dir.« Aber das bedeutet nicht und niemals, dass der andere, sei er Gott oder Mensch, dieses Vertrauen erzwungen, durch Herrschaft aufgedrängt hätte. Das ist unmöglich, das hat Gott ausgeschlossen, als er Menschen schuf.

Liegt die schöpferische Kraft Gottes, dem Menschen gegenüber, vielleicht gar nicht in dem, was er über uns verfügt, sondern in dem, was er vertrauensvoll von uns erbittet? Beharrlich, dringlich, wie ein Liebender? Und wo denn machen wir diese Erfahrung?

Vielleicht ist hier der Punkt, vom Einzelnen zu reden. Wir kommen aus Tiefen, die wir selbst nicht kennen, auch nicht durch unser »Tun« erreichen können – die aber selbst hinter allem, was wir tun, stehen. Zerstörend, wenn das, was wir tun, Lüge enthält; stärkend, strömend, tröstend, wenn es der Wahrheit unserer Tiefe entspricht. Luther unterscheidet hier »Herz« und »Werk«; genauer noch spricht er von »des Herzens Grund«. Hier gilt kein »Image«, wie es in der Welt um uns herum gilt, wo es oft nur darauf ankommt, welchen Eindruck man macht, nicht aber, wer wir wirklich sind. Entziehen wir uns diesem Selbstbetrug, versuchen wir, wie wir es als Christen sollen, uns selbst und unser Wirken zu bedenken (in der Meditation, im Gebet), dann lernen wir: die Wahrheit setzt sich von innen heraus in uns selber durch; wir können nicht verfügen. Die sanfte, ganz sichere und unerbittliche Stimme der Wahrheit, unserer Wahrheit, bringt sich unser Leben hindurch zur Geltung, will immer mehr Befreiung, immer mehr Mut – für uns.

Ruft hier Gott? Ist hier unser Schöpfer am Werk? Und sagen wir deshalb, er sei unser »Herr«, nicht von oben herab, sondern, mit Tillich, aus der Tiefe unseres Seins? Jenseits unseres schon realisierten Seins?

Eines ist sicher: Es handelt sich bei dieser Erfahrung nicht um eine innerseelische Idylle, abgetrennt von der profanen Welt um uns herum, nicht um »Neuen Romantizismus«. Vielmehr erwächst ja unsere Begegnung mit der Wahrheit unserer selbst gerade aus unserem Leben, unserer Arbeit und unserer Militanz in der profanen Welt. Dieses bedenken wir, zurückkehrend zu uns selbst, zur Quelle alles Tuns, zur Quelle der Wirkungen, der gewollten und der nicht gewollten, die von uns ausgegangen sind. Dorothee Sölle würde hier von der »Hinreise« sprechen, in uns selbst hinein, die der Rückreise in die Welt, in der wir wirken, korrespondieren muss, damit wir uns und die Welt nicht betrügen. Der einzelne Mensch gewinnt damit, und das ist ja von Anfang an christlich gewesen, einen unvergleichlichen Wert. Er gewinnt einen Wert, der weit über das hinausgeht, was er an Leistungen vorzubringen hat.

O, es ist sehr schwer, in der Herrschaftstradition, aus der wir kommen, von diesen wichtigsten Zusammenhängen richtig reden zu lernen. Werden wir nicht sofort wieder missverstehen im Sinne der Selbstaggression? Werden wir nicht sofort wieder denken, wir müssten uns eben ein »reines Herz« besorgen, unsere heimlichen bösen Motive aufspüren und bekämpfen, wir müssten eben »heiliger« sein, als wir es sind? Die Kirchen, aus denen wir kommen, reden zwar von Gnade, lehren aber weitgehend mehr Selbstentlarvung und Selbstaggression. »Wir selbst« sind etwas, was zu bekämpfen, zu unterdrücken und zu beherrschen ist. Wir sollen uns nicht so wichtig nehmen: unseren Hunger nach Liebe, nach Wahrheit, nach nicht-entfremdeter Arbeit, unseren Hunger danach, Gerechtigkeit zu erleben (und nicht nur Macht), unseren Hunger nach einer brüderlichschwesterlichen Gesellschaft, in der wir gebraucht werden, aber auch selbst wichtig sind. Frühzeitig genug wird dieser Hunger den Kindern schon ausgetrieben – nein, nicht ausgetrieben, das geht ja gar nicht, er kommt ja aus uns selbst, aber: tief in sie hineingetrieben, verdrängt und eingesperrt, so dass sie (dass wir!) lernen, ihn zu überspielen und zu vergessen. So kommt die tiefste Lüge in unser Leben.

Jesus aber preist die selig, die hungrig sind, die nach Gerechtigkeit schreien, die sich nicht abwimmeln lassen, wie der Blinde von Jericho, der sich nicht beschwichtigen ließ, bis er Heilung gefunden hatte.

3.

Gottes Vertrauen weckt unser Vertrauen – zu ihm, und zu uns selbst! Indem wir zu verstehen beginnen, dass Gott uns vertraut – uns seine Welt anvertraut, und in ihr unsere Schwestern und Brüder, wo immer sie leben in der Welt, beginnen wir auch Mut zu fassen, uns ein eigenes Urteil zu bilden über das, was in der Welt geschieht, und was geschehen sollte. Immer gibt es in der Welt, bisher jedenfalls, mächtige Herrschaftsinteressen, die uns gern blind und abhängig halten wollen, um auf unsere und anderer Völker Kosten ihre Macht zu erhalten. Aber der biblische Gott erwartet von uns, er traut uns zu, dass wir ein klares Auge dafür gewinnen, was wirklich gespielt wird. Zum Beispiel ist es ja kein Wunder, dass wir deutschen evangelischen Christen so lange fast nur das passive Vertrauen gekannt haben. Es lag schlicht daran, dass 400 Jahre lang, seit der Reformation bis 1918, die politischen Herrscher zugleich die Bischöfe der evangelischen Kirchen in Deutschland waren. Wilhelm II, der letzte Kaiser, war in seiner Eigenschaft als König von Preußen zugleich Bischof der evangelischen Kirche in Preußen! Kein Wunder, wenn nur Pfarrer ins Amt kamen, und nur Theologieprofessoren, die treue Monarchisten waren und sich so etwas wie wache Initiativen von unten nicht einfallen ließen. Heute sehen wir das und fangen, auch in der Kirche, endlich an, uns selbst ein Urteil zu erlauben, das manches Mal den politisch Mächtigen nicht unbedingt gefällt.

Ich denke z.B. an die Ostdenkschrift unserer Kirche, die seiner Zeit so viel Staub aufgewirbelt hat, dabei aber vielen Menschen den Weg zu einer versöhnenden Politik erstmals deutlich gemacht hat. Ich denke an die Christen und die Kirchen, die sich heute für den Frieden einsetzen und die überkommene falsche Lehre, als wären Kriege Schicksale, gegen die man nichts machen könne, endlich vom Tisch fegen. Wir können viel mehr, als wir denken. Sind wir nicht zu Gottes Bild geschaffen? Sind wir nicht die erwachsenen Söhne und Töchter Gottes, die in seinem Betrieb, der Welt, mitarbeiten sollen in seinem Sinn? Wozu ist uns sein Geist gegeben, wozu alle natürlichen und geschichtlichen Gaben? Nennt er uns nicht in der Bergpredigt das Licht der Welt?

Christliches Vertrauen, zu Gott und zu uns selbst, widerstreitet der Resignation. Es wird auch zum Vertrauen zu den anderen Menschen, zu ihren noch nicht verwirklichten Möglichkeiten, ja es wird zum Vertrauen zum Gegner. Hat er nicht auch ein Herz, eine Vernunft, ein Gewissen? Kann man nicht an ihn appellieren, beharrlich wie Gott an uns, bis er, mag er noch so viel Macht haben (und wer Macht hat, hat immer auch Angst, sie zu verlieren!) – bis er doch endlich sieht, dass Frieden besser ist als Krieg und Freiheit besser als Manipulation?

Wir haben nicht die Verheißung, dass uns alles rasch gelingt, auch nicht die, dass wir, wenn wir das Richtige zu tun versuchen, selbst unbehelligt bleiben. Im Gegenteil, wer für Gerechtigkeit und Frieden kämpft, wird diffamiert, das ging auch Jesus so. Aber wo viele gemeinsam lernen, Gott und sich selbst zu vertrauen, da bleibt die Wirkung auf die Dauer nicht aus. »Sie gehen hin und weinen und tragen edlen Samen – und kommen mit Freuden und bringen ihre Gaben.« Da wollen wir dabei sein.

So kehrt nun um von euren bösen Wegen – warum wollt ihr sterben[1] (1983)

Meine Freunde, ich lese noch einmal einen der kurzen Texte aus dem Propheten Hesekiel, die wir vorhin gehört haben: Gott spricht: Und ich will euch ein neues Herz und einen neuen Geist in euch geben und will das steinerne Herz aus eurem Fleisch wegnehmen und euch ein fleischernes Herz geben. Ich will meinen Geist in euch geben und will solche Leute aus euch machen, die in meinen Geboten wandeln und meine Rechte halten und danach tun.

Meine Freunde, ich glaube, das steinerne Herz, von dem der Text spricht, das kennen wir. Es ist für uns in unserer Zeit keine poetische Vokabel oder Umschreibung für irgendetwas, sondern unmittelbar verständlich. Müssen nicht die steinerne Herzen haben, die den Overkill vorbereiten trotz aller Proteste der Völker? Die Sprengstoff sammeln, der jetzt schon reicht, um x-mal die gesamte Menschheit in die Luft zu sprengen? Die immer neue und immer entsetzlichere Waffen ausdenken? Müssen nicht die ein Herz von Stein haben, die den Protest gegen Ungerechtigkeit, vor allem in den Diktaturen der Dritten Welt, mit immer grauenhafteren Foltern unterdrücken und mit immer unverschämteren Lügen bemänteln?

Oftmals ist ein Versuch gemacht worden, sie anzusprechen. Von den Vereinten Nationen, von ihren eigenen Völkern. Ich nenne als ein Beispiel für viele die Mütter von der Plaza de Mayo. Wie kann man sich dem Schmerz und der dringenden Bitte um Auskunft von Müttern des eigenen Volkes, wo ihre vermissten und verlorenen Kinder und Enkel geblieben seien, total verschließen und die Frauen noch beschimpfen und siebzehn von ihnen töten? Das sind

1 Predigt im Friedensgottesdienst der Abrüstungsinitiative Bremer Kirchengemeinden, Niederländischer Kirchengemeinden und der Christlichen Friedenskonferenz am 10. Juni 1982 auf dem Mühlenberg in Bremen

Herzen aus Stein. Nicht zu erweichen, nicht zu rühren, wie es scheint; kein Argument, kein Appell kommt an sie heran.

Wir müssen aber fortfahren und sagen: Diejenigen, die um ihrer Macht und Profitinteressen willen so unerreichbar sind, könnten das alles ja nicht allein. Wissenschaftler reichen ihnen die Waffen zu. Die Hälfte der Wissenschaftler, der Naturwissenschaftler der Industrienationen arbeitet am Overkill. Wenn man solche Zahlen liest, meint man zunächst, man begegne einem Hirngespinst. Sie müssen doch wissen, was sie tun. Wenn sie z.B. den Auftrag bekommen, ein Mittel zu erfinden, das man aus dem Flugzeug heruntergießt, eine kleine Portion nur, damit unten nichts mehr lebt und man eine Woche später Kunstdünger einsammeln kann, zu dem inzwischen die Leichen von Menschen und Tieren zerfallen sind – ein Offizier hat mir nähere Einzelheiten dazu erzählt –, wenn man einen solchen Auftrag bekommt, weiß man doch, was das bedeutet. Warum nimmt irgendeiner von ihnen solchen Auftrag an, warum ist es nur ein Bruchteil von ihnen, der heute gegen die Überrüstung protestiert und Völker und Regierungen warnt? Da ist das Herz aus Stein. Nekrophilie, so nennen es Psychoanalytiker, die Unfähigkeit, lebendig zu empfinden und mit dem Lebendigen mitzuempfinden. Sie halten sie für eine der schwersten seelischen Erkrankungen, die es beim Menschen überhaupt gibt.

Die Bibel hat dafür das Bild: verstockt, oder eben: Herz aus Stein. Mit uns scheint es anders bestellt zu sein. Wir haben angefangen zu empfinden. Die Verwandlung von steinernen Herzen in fleischerne hat begonnen. Und diese Verwandlung ergreift immer größere Kreise von Menschen. Wir wollen uns fragen, wie ist es dazu gekommen? Wir sind ja nicht besser veranlagte Menschen oder besser erzogen. Wie vollzieht sich das, wenn Gott Herzen aus Stein – auch wir haben sie in Deutschland gehabt; die einleitenden Worte über die, die nichts haben wissen wollen, von dem, was auch an diesem Ort geschah (= Der Mühlenberg ist während des Faschismus ein Konzentrationslager gewesen), zeigen es ja – wie geschieht das, wenn steinerne Herzen in fleischerne verwandelt werden, zum Fühlen unfähige Menschen, zur Einfühlung unfähige Menschen zu empfindenden Menschen werden? Der Gott der Bibel verzaubert uns nicht. Das geschieht nicht so, als ob irgendwas plötzlich über uns hereinbräche und uns die Mühe der Verwandlung abnehme, sondern die Verwandlung der steinernen Herzen in fleischerne geschieht dadurch, dass wir erste zögernde und dann vielleicht immer festere Schritte tun auf dem Weg der Nachfolge. Anfangs ist es vielleicht nur ganz wenig, was uns anrühren kann – ich fürchte, bei ganz vielen von uns begann es erst mit der Angst um uns selbst, als wir zu begreifen begannen, dass wir hier selbst das Opfer fühlloser Kriegsvorbereiter werden könnten, die Öl- und Rohstoffkriege führen wollen und uns als die Basis und das Vorratslager dafür benutzen, die unser Land gespickt haben mit Atomraketen und Giftgas und vielem anderen. Zuerst war es vielleicht nur das Erschrecken über uns selbst. Aber es begann, den steinernen Panzer zu erschüttern. Und in kleinen Schritten, die wir wagten zu gehen, in denen wir fragten was kann man denn tun, da muss doch etwas möglich sein, in denen wir begannen, uns zu informieren, zusammenzuarbeiten, andere kennenlernten, die lange vor uns an dieser Arbeit gewesen waren, die viele Niederlagen eingesteckt und überwunden hatten, änderten wir langsam uns selbst.

Für uns hier in Europa und in Nordamerika ist das ja schwerer als für die Menschen in der Dritten Welt, weil wir unmittelbar von dem Leiden, das unser gesamtes Weltsystem im Westen verursacht, noch nicht betroffen sind. Wir haben zu essen, wir haben ein Dach über dem Kopf, wir leben in der berühmten Konsumgesellschaft. Gerade deshalb erreicht uns die Erschütterung vielleicht erst spät, denn irgendwie gehört davon, was in den Ländern der Dritten Welt erlitten wird an Hunger und an Folter und an Repression, haben wir ja längst. Beschämend, dass es für so viele von uns nicht ausgereicht hat, uns zu erschüttern. Aber wir wollen bei der Beschämung nicht stehen bleiben, wie wir gesungen haben: beim Vergangenen; wir wollen vorwärts gehen, und im Vorwärtsgehen verwandeln wir uns.

Wenn wir unsere Aufgaben anfassen, gemeinsam und Schritt für Schritt, wenn wir uns nicht länger beschwichtigen lassen wollen, sondern wirklich wissen wollen: was sind das für Waffen, die hierher kommen sollen? Sind sie überhaupt vergleichbar mit der SS 20; sind sie nicht ganz anderer Art? Und warum so viele; was wird eigentlich geplant? Wenn wir gemeinsam nach Quellen suchen und lesen und arbeiten und uns Mühe machen, wenn wir beginnen, uns Aktionen auszudenken: Schweigen für den Frieden, Fasten für den Frieden; wenn wir ersten kleinen Anfeindungen und manchmal schweren Diffamierungen ausgesetzt sind und sie gemeinsam besprechen, verwandeln wir uns.

Der Gott der Bibel verwandelt uns gewissermaßen hinter unserem eigenen Rücken, aus Versehen und nebenbei, während wir die Aufgaben anfassen, die wir endlich erkennen. Alle, die länger in der Arbeit stehen, wissen, wie langsam das geht, aber auch, dass es geht, dass wir vorwärts kommen. Dabei erwacht natürlich für uns eine neue Gefahr: nämlich die der Resignation. Es scheint ja so als könnten wir nichts machen, als könnten wir warnen, appellieren und demonstrieren so viel wir nur wollen, und es käme nichts an. Wenn wir uns von der Resignation überwältigen lassen, dann bauen wir uns gewissermaßen einen neuen steinernen Panzer um unser Herz herum. Wir wollen nichts mehr hören und nichts mehr wissen, stecken den Kopf in den Sand und sagen: Genießen wir unsere Tage, solange wir noch leben; es kommt ja doch, wie es kommen soll. – O nein, meine Freunde, es kommt so, wie es gar nicht kommen soll, wenn wir resignieren.

Nun muss man allerdings sagen, dass es nicht unbedingt angenehm ist, ein fleischernes Herz zu haben. Es ist nicht unbedingt angenehm, wie die Nachfolge Jesu für die Jünger nicht unbedingt angenehm war. Zunächst einmal können wir ja dann unsere eigene Angst nicht mehr verdrängen; wir müssen sie zulassen, wir müssen uns zu ihr bekennen. In der Tradition gerade unseres deutschen Landes liegt es, den Heroischen zu spielen und die Angst zu unterdrücken, und das heißt dann auch, die Wahrheit nicht sehen wollen.

Wollen wir nachfolgen und in der Nachfolge das fleischerne Herz gewinnen, das empfinden kann, dann werden wir unsere Angst aushalten und gemeinsam darüber sprechen müssen. Man kann Angst miteinander teilen – geteiltes Leid ist halbes Leid; geteilte Angst ist halbe Angst.

Es ist auch aus anderen Gründen nicht angenehm, ein empfindendes Herz zu bekommen: Wir können nämlich dann die Welt nicht mehr so rosig sehen und so naiv, wie wir es so gern täten in unserer noch so gut abgepolsterten Gesellschaft. Wir können nie mehr vergessen, welche dunkle Seite die Welt, in der wir leben, hat, und dass das Licht drauf und dran ist, erstickt zu werden von der Finsternis – mit dem anderen biblischen Bild.

Das heißt nun nicht, dass wir uns nicht mehr unseres Lebens freuen könnten. Das heißt nicht, dass wir uns nicht freuen könnten der schönen Natur, der Begegnung mit Menschen, die wir lieben können, der Begegnung mit so vielen Reichtümern unserer Kultur und unserer Geschichte – gar nicht. Aber, alles das wird uns nie mehr darüber hinwegtäuschen, dass unsere große Arbeit noch nicht getan ist, dass die große Gefahr noch besteht. Wir werden es unser Leben lang nicht mehr vergessen können, jedenfalls wir älteren. Euch jüngeren wünsche ich, dass ihr in der zweiten Hälfte eures Lebens eine Welt haben werdet, in der die Angst vor der Entsetzlichkeit des Atomkrieges und in der die Grausamkeit der Ungerechtigkeit, die heute die Welt beherrscht, abgeschafft ist, jedenfalls ein gutes Stück mehr als heute. Ich wünsche es euch. Ich habe oft gesagt: Ich möchte mich im Himmel ans Fenster setzen und herunterschauen, was hier unten geschieht, denn ich hoffe, dass ich sehen werde, wie immer mehr Menschen fleischerne Herzen bekommen; und Menschen machen ja die Schicksale der Welt. Auch solche oben können sich bekehren, unmöglich ist das nicht. Wir werden nicht aufhören, daran zu glauben und dafür zu arbeiten.

Natürlich werden wir auf diesem Weg Anfeindungen erfahren. Anfangs hieß es ja immer, die Friedensbewegung sei von Moskau gesteuert. Mit Freuden konnten wir vorige Woche in der Zeitung lesen, dass die Bundesregierung erklärt hat, ihr sei davon nichts bekannt, dass auch der Chef des Verfassungsschutzes dies ausdrücklich erklärt hat. Das ist ja nun schon mal ein kleiner Schritt voran.

Wir hörten es einst auch aus Regierungsetagen anders. Wir wollen uns darüber freuen und sehen: siehe da, es gibt ja auch da oben kleine Schritte. Die sind uns natürlich viel zu klein; wir wollen weitergehen und mehr versuchen. Wir werden Anfeindungen und Diffamierungen immer wieder ausgesetzt sein, bewussten und unbewussten Missverständnissen von Menschen, die die Wahrheit nicht wissen wollen – aus Angst oder weil ihre Interessen berührt sind – oder von Menschen, die sie eben noch nicht wissen. Die Leiden, die wir dabei auszuhalten haben, sind noch klein, sie können größer werden. Wir älteren wissen, wozu politische Mächte, die ihre Ziele über den Kopf der Bevölkerung hin durchsetzen wollen, fähig sind.

Eines müssen wir uns sagen lassen: Leiden, die auf diesem Weg über uns kommen, seien sie klein oder seien sie groß, verbinden uns mit dem Leiden des Gottessohnes. Auch er arbeitete für die Befreiung der Menschen, für Gerechtigkeit und Frieden. Auch er wurde diffamiert und verleumdet und sprach am Kreuz von denen, die es nicht besser wussten. Auch er weinte und ängstigte sich um sich selbst in Gethsemane und zuvor um sein Volk – Jerusalem, wie oft hab ich dich warnen wollen und ihr habt nicht gewollt. Wir rücken dichter zu ihm hin, von dem wir bekennen, dass unser Heil in ihm liegt, aber doch oft so getan haben, als sei das Kreuz nur so eine Art Betriebsunfall durch die Auferstehung längst rückgängig gemacht. Pascal, der Christ vor einigen Jahrhunderten in Frankreich, sagte: Jesus bleibt im Todeskampf bis an das Ende dieser alten Welt. Ja, das ist wahr, und die Seinen gehören zu ihm. Sie sind noch nie die gewesen, die das leichteste Leben hatten, noch nie. Wie sollte das in dieser Zeit mit einem Mal so sein?

Eines müssen wir uns ganz deutlich machen: Gott, der Gott der Bibel setzt sich bei Menschen nur auf diese Weise durch. Er verzaubert sie nicht, er handelt nicht wie Superman oder wie ein großer Magier, der uns den Gefallen tut, für uns die Raketen aufzuhalten. Er setzt sich nur auf diese Weise durch, dass Menschen zu Menschen sprechen, um Menschen ringen, mit Menschen arbeiten, gemeinsam arbeiten, sich gegenseitig trösten und immer bereiter werden, auch Leiden auf sich zu nehmen. Nur auf diese Weise gewinnt er endlich den Sieg über die Menschenherzen. Wenn wir die Seinen sein wollen, dann müssen wir handeln wie er. Es wird uns schwer fallen, aber Gott verspricht auch uns: ich gebe euch meinen Geist und ein fleischernes Herz. Ich richte euch aus der neuen Versuchung, euch in Resignation zu verpanzern, immer wieder auf. Es geht ja um uns selbst. Ihn brauchen wir nicht zu verteidigen, wie einige Verblendete immer noch denken, er braucht keine Kreuzzüge. Es geht um uns und unsere Welt und um die Zukunft dieser Welt.

Durch uns will er sie uns und anderen schenken.

Das »Proprium evangelischer Theologie als didaktisch-methodisches Problem[1] (1983)

... Wie können wir das »sola gratia« als Proprium der evangelischen Theologie lehren? Geht man auf die Grunderfahrung zurück, der es entsprang, so zeigt sich ja: der gesetzlich gebundene, an seiner Leistung zu messende Mensch erlebte eine zentrale Befreiung. Nicht mehr seine Leistung, sondern er selbst sollte gelten, »geliebt« und für wichtig befunden »ohn all sein Verdienst und Würdigkeit« – eine Auffassung vom Menschen, die der Leistungsgesellschaft, in der wir leben, zentral widerspricht!

Bleiben wir einen Augenblick bei diesem Widerspruch: Er ist, nicht nur um der Theologie willen, sondern vor allem um der Menschen willen von der größten Wichtigkeit. Die Deformation menschlicher Charaktere und menschlicher »Leistung« unter dem Druck des Leistungsprinzips wird gerade am Bereich der Schule erschütternd deutlich. Notendruck und sinnloser Kampf um Zehntelpunkte macht Schüler nicht nur aggressiv, er verhindert auch, dass irgendetwas vom Gelernten wirklich durchdacht und innerlich angeeignet wird. Die Tatsache, dass im Religionsunterricht der Mittelstufenklassen, gerade auch am Gymnasium kaum mehr Fragen gestellt werden, zeigt (u.a.), dass den Pubertierenden das Interesse an einer wirklichen Klärung und Wahrheitsfindung bereits ausgetrieben worden ist. Natürlich »leisten« sie dann letzten Endes auch viel weniger, als ihnen von ihrem Alter und ihrer Veranlagung her möglich wäre – trotz noch so zahlreicher, gut bestandener Tests.

Ein Unterricht, der sich daran orientieren würde, was die Schüler zu ihrer geistig-menschlichen Entwicklung wirklich brauchen – der also Förderung,

---

1 Der Text wird auszugsweise dokumentiert. Weggelassen habe ich die Passagen, die sich auf die unmittelbare Auseinandersetzung mit den hessischen Rahmenrichtlinien (RRL) Evangelische Religion (Primarstufe, Sekundarstufe I) beziehen.

nicht Selektion zu seiner selbstverständlichen ersten Priorität machte, wäre offensichtlich dem »sola gratia« sehr viel näher als die »Leistungsschule«. ...

Wege zum Verstehen seiner selbst, des Menschen überhaupt sucht der Schüler heute am ehesten bei solchen Wissenschaften (oder auch deren popularisiertem Abklatsch), die in der Schule zumeist gar nicht vorkommen, vor allem bei der Psychologie. Sollte es nicht möglich sein, hier einzusetzen und von diesem Hintergrund aus nach dem »Proprium« theologischer Rede vom Menschen zu fragen?

Der Gedanke dazu kam mir durch eine Erfahrung im Unterricht. Einer Klasse 12 des erziehungswissenschaftlichen Zweiges, die in ihrem Hauptfach Erziehungswissenschaft mit Elementen der Psychoanalyse bekanntgemacht worden war, stellte ich im Religionsunterricht die Aufgabe, Psychoanalyse und Religion in Bezug auf das Thema »Schuldgefühl« zu vergleichen. Auf der einen Seite der Tafel sollten psychoanalytische Begriffe, die den Schülern zum Thema einfielen, gesammelt werden, auf der anderen Begriffe aus Religion oder Theologie. Die psychoanalytische Seite füllte sich rasch: Überichbildung, Angst vor Liebesverlust, Identifikation mit dem Aggressor usw. wurden genannt. Auf der Seite der Religion erschienen, zögernd: Reue, Beichte, Buße, Ablass(!). Mein beharrliches Fragen, ob dies denn alles sei, erbrachte nichts. Ich versuchte nachzuhelfen, indem ich mich zum Topos »Beichte« erkundigte, was daran das Wichtigste sei; die Klasse konnte mit der Frage nichts anfangen, kam nicht auf »Vergebung« oder »Absolution«. Einer katholischen Schülerin, die zufällig zu Gast war, weil sie ihre Zugverbindung abwarten musste, blieb es vorbehalten, sich mit dem Zwischenruf: »Aber da fehlt doch noch die Erlösung!« zu Wort zu melden. Allgemeines Erstaunen bei der Klasse: »Aber das würde ja heißen, dass die Kirche einem das Schuldgefühl nehmen will! In Wirklichkeit bringt sie es einem doch gerade bei, schon beim kleinen Kind, und macht es immer stärker« – und die Beiträge überschlugen sich mit einem Mal.

Wir hatten Stoff für mehr als eine Stunde. Wann redet Jesus von Sünde? Wenn er sie vergibt. Warum schätzte Luther die Beichte so hoch? Weil sie Trost brachte. Längst vertrauter biblischer und kirchengeschichtlicher Stoff schien erstmals »verstanden« zu werden. Ich lernte: In der Kirche des »sola gratia« wird die Gnade zwar noch gelehrt; aber die Gesamtwirkung dieser Kirche ist so sehr von Schuldgefühlweckung und -betonung bestimmt, dass hörenden Ohres nichts anderes mehr gehört wird. Double-bind-Situation: die non-verbale Ausstrahlung ist stärker als die verbale Rede, wie immer.

Aus dieser Erfahrung entwickelte ich einen ersten Unterrichtsgang, der zunächst für die Sekundarstufe II konzipiert war, sich aber (bei entsprechender Vorbereitung und in elementarisierter Form) auch für die 9. und 10. Klasse als realisierbar erwies. Ausgangspunkt sollte ein anthropologisches Phänomen sein, das jedem Schüler aus eigener Erfahrung bekannt und, vermutlich, auch schon einmal zur Frage geworden sein sollte; ich wählte das Phänomen »Gewissen«. Woher kommt es, was bedeutet es, wie »geht man mit ihm um«? Beiträge aus Psychologie und Philosophie sollten zur Klärung helfen, der ganz andere Ansatz der christlichen Religion und der evangelischen Theologie daneben gestellt und so deren »Proprium« deutlich herausgearbeitet werden.

Als Nebenerfolg sollte sich dabei ergeben, dass den Schülern das Zusammenwirken verschiedener Wissenschaften zum Verständnis komplexer menschlicher Phänomene aufginge, die Korrelation von Methode und Resultat – und damit der Aspektcharakter wissenschaftlicher Aussagen über den Menschen. Dies erscheint mir wichtig in einer Zeit, in der weithin ein Bedürfnis nach einfachen, glatten Losungen, nach einer abstrakten, »einzig richtigen« Lehre, ein Ideologiebedürfnis anzutreffen ist. »Viele halten den Spannungszustand komplizierter Fragestellungen nicht mehr aus, wollen und verlangen Eindeutigkeiten, Leitplanken, Gitter«, schreibt Herbert Stubenrauch[2] mit Recht. Ein entfremdetes Bedürfnis, sicherlich, gegenüber dem natürlichen menschlichen Bedürfnis nach Wahrheitserkenntnis, das die Bereitschaft einschließt, die Relativität gefundener Resultate einzusehen und (noch?) offenbleibende Fragen als offene stehenzulassen.

Der erste Teil des Unterrichtsganges ist psychologischen Informationen gewidmet. Schon die Erkenntnis, dass das menschliche »Ich« nicht einfach im Kleinformat mit dem Menschen geboren wird und gewissermaßen nur größer und stärker zu werden braucht, sondern dass es sich in einer krisenreichen Geschichte entwickeln muss, bei der frühe Bezugspersonen (und deren durch gesellschaftliche Rahmenbedingungen geprägte Befindlichkeit!) eine

2 In: Th. Ziehe - H. Stubenrauch, Plädoyer für ungewöhnliches Lernen, Reinbek bei Hamburg 1982, 277.

wichtige Rolle spielen, ist faszinierend für Schüler; allzu sehr herrscht noch die Nachwirkung einer Ideologie, die menschliche Eigenschaften als im wesentlichen anlagebedingt (erblich) ansah – und damit dem jungen Menschen, der sich als zumindest partiellen Versager erlebt (und welcher Pubertierende täte das nicht?) keinen Ausweg lässt: er muss sich, insgeheim, für »minderwertig« halten. Auch die spätere Korrigierbarkeit, Bearbeitbarkeit früher Fehlentwicklungen ist eine wichtige Erkenntnis – wobei natürlich keineswegs nur an ausdrückliche Therapien gedacht ist, sondern zunächst und vor allem an die Möglichkeit der Abarbeitung in neuen Lebens- und Wirkungszusammenhängen mit neuen Bezugspersonen. Hoffnung und Ausblick auf Zukunft sind wohl das, was dem jungen Menschen vor allem, begründet, vermittelt werden muss.

Für das Gewissen ergibt sich in diesem Teil des Unterrichtsganges, der sich sachlich vor allem an Freud und Erikson orientiert (und auch deren Methode thematisiert), zunächst ein Verständnis des Überichs, also des Gewissens in seiner kindlichen, verbietenden, drohenden, den aus dem Es aufsteigenden Triebwünschen entgegenwirkenden Form. Seine Lebensnotwendigkeit für den einzelnen Menschen, für seinen Halt in sich selbst und seine Integration in die Gesellschaft, wird herausgearbeitet, und zwar sowohl theoretisch (mangelnde Instinktausrüstung des Menschen) als auch veranschaulichend (z.B. an Fallbeispielen solcher jugendlicher Krimineller, deren Delinquenz darauf beruht, dass sie kein oder ein viel zu schwaches Überich entwickeln konnten und deshalb hoffnungslos rückfällig werden, sofern die Nachentwicklung eines Überichs nicht gelingt). Andererseits muss, gerade zum Verständnis der jüngeren deutschen Geschichte, die extreme Gefährlichkeit eines allzu rigiden Überichs, das das werdende Ich erdrückt, Thema werden. Die Bearbeitung der Pubertätsphase mit ihrer lebensgeschichtlichen Aufgabe der (partiellen, aber entscheidenden) Loslösung des Ich vom Überich, das Entstehen eines Ich-Gewissens auf Grund eigener Realitätsprüfung und des Ich-Ideals[3] gibt dann Gelegenheit genug, nach der Notwendigkeit der Überich-Bildung auch die der Überich-Überwindung zu thematisieren.

---

3 Von H. Reiser glänzend beschrieben in seinem Aufsatz: Gewissensbewältigung als Aufgabe der Erziehung, in: D. Zilleßen (Hg.), Religionspädagogisches Werkbuch, Frankfurt - Berlin – München 1972, 50-57.

Schwierigkeiten bereitete, wie erwartet, die positive Verwendung des Begriffs »Integration in die Gesellschaft«. Sie verständlich zu machen als unabdingbare Voraussetzung gerade auch für die, die die Gesellschaft in Richtung auf Humanität und Kooperation voranbringen wollen, die die Wurzel ihrer Übel erkennen und in lebenslanger Arbeit mit anderen zusammen bewusstmachen und bekämpfen wollen – das war fast unmöglich; ich ließ es als mein Votum, das niemand übernehmen müsse, so stehen und formulierte bewusst provokativ: »Ohne Überich-Gewissen auch kein Ich-Gewissen, ohne dieses kein politisches Urteil.«

In diesem ersten, psychologischen Teil des Unterrichtsganges ist zweierlei deutlich geworden: Erstens, dass das Gewissen eine Entwicklung durchläuft, dass es also in den aufeinanderfolgenden Phasen der Ich-Entwicklung nicht nur »stärker«, »informierter« o.dgl. wird, sondern dass es einen qualitativen Unterschied ausmacht, ob es noch ganz vom Überich geleitet (mit ihm identisch) ist, oder ob auch gegen die in der Kindheit übernommenen Überich-Normen eine eigene Gewissensentscheidung möglich ist; zweitens, dass es sich bei dieser Entwicklung nicht einfach um einen naturwüchsigen Vorgang handelt, sondern dass Anlage, Umwelt und eigene Entscheidung zusammenwirken. »Der Wachstumsplan ist schon vorhanden«, schreibt Erikson am Schluss seines berühmten Gutachtens »Wachstum und Krisen der gesunden Persönlichkeit«; aber gerade seine Arbeit zeigt auch, dass Einwirkungen von außen diesen Wachstumsplan erheblich behindern können, so dass u.U. eigene Realitätsprüfung und damit ein eigenständiges Gewissen gar nicht oder nur in sehr begrenztem Maße möglich wird.

Erfahrungsgemäß sind Schüler an der Erarbeitung dieser Zusammenhänge sehr interessiert. Die Erkenntnis, wie sehr die Gewissensentwicklung des Menschen von außen behindert und gefördert werden kann –, die Erkenntnis, wieviel ein erwachsenes Gewissen mit dem Bemühen um Realitätseinsicht zu tun hat, schafft den Boden für sehr ernsthafte Gespräche. Da kaum ein anderes Schulfach den Jugendlichen zu solchen Einsichten verhilft, hat der Religionsunterricht ihnen schon damit einen großen Dienst erwiesen. Und doch hat er sein Eigentliches noch gar nicht gesagt.

Bevor es dazu kommt, schiebe ich noch einen philosophischen Gesprächsgang ein. Er orientiert sich, wie für evangelische Theologie naheliegend, an der

Gewissensanalyse der Existenzphilosophie, speziell Heideggers und Sartres. Die Unterscheidung zwischen dem Gewissen selbst als unabdingbar zum Menschen gehörenden »Ruf zur Eigentlichkeit« (dies trotz Adorno!) und dem geschichtlich bedingten Gewissensinhalt ist vor allem deshalb faszinierend, weil jener »Ruf« die Selbstverantwortung des Menschen für das, was aus ihm wird, so deutlich heraustreten lässt – Freiheit als innerstes Kennzeichen menschlicher »Natur«. Der vorangegangene psychologische Teil des Unterrichtsganges ermöglicht zugleich zu erkennen, dass diese »Natur« nicht von selbst zur Verfügung steht, dass sie auch äußerer Freiheits- (und zuvor Bindungs-)bedingungen bedarf, um dem einzelnen überhaupt erfahrbar zu werden (dies nun mit Adorno!). Dass Freiheit auch Realisierungsmöglichkeiten braucht, und dass diese im gegenwärtigen System nur einem kleinen, bevorzugten Teil der Menschen gegeben sind, fällt aus Heideggers Interessenbereich so ganz heraus, dass für den Aspektcharakter von Wissenschaft gerade hieran viel zu lernen ist.

An Hand vor allem Sartre'scher Texte wird die Korrelation von Freiheit und Angst verdeutlicht – jungen Menschen in der Adoleszenz überaus nahe. Die absolute Einsamkeit und Unvertretbarkeit des Einzelnen in seinen Gewissensentscheidungen steht im entschiedenen Widerspruch gegen die Banalität üblicher Menschenauffassung heute – und bildet zugleich ein Kernstück protestantischer Tradition. Ich behandle es aber lieber im Rahmen des philosophischen Teils; denn das »Proprium« evangelischer Theologie ist es nicht.

Zu diesem kommen wir im letzten Teil des Unterrichtsganges. Bei der Überlegung, ob ein systematisch-theologischer Text den Ausgangspunkt bilden sollte (parallel zu den Texten der beiden vorangegangenen Abschnitte), wurde mir klar, dass dies gerade nicht dem Ansatz der christlichen Religion entspräche. Sie beginnt nicht mit einer Lehre. Die Befreiungserfahrung, von der sie herkommt, wurde zuerst erzählend weitergegeben, und dieses Erzählen hatte seinen »Sitz im Leben«: das Passahfest in Israel, die Eucharistie im jungen Christentum: In diesem Erzählen, diesem liturgischen Nachvollzug eignete das »Volk Gottes« sie sich an, und daraus entsprangen auch seine Handlungs- und Gestaltungsansätze für das gemeinsame und das individuelle Leben. Freilich lag darin Deutung der ursprünglichen Erfahrung, nicht aber »Lehre« im Sinne einer abgehobenen, in sich fertigen Doktrin, die zeitlos hätte gelten sollen, unabhängig davon, wer sie weitergab und wer sie hörte. Lehransätze, z.B. bei

Paulus, erfolgten später und hatten ihrerseits einen »Sitz im Leben«: Abwehr zentralen Missverstehens, wie es Paulus in gewissen judenchristlichen Verfangenheiten begegnete.

Von daher ergibt sich ein didaktischer Ansatz, der das Christliche eher erläutert aus dem, was es erzählt und liturgisch-spielend aneignet, als von dem her, was es »lehrt«. Dieses folgt freilich auch, nicht ohne die Benennung des Adressaten, der geschichtlichen Situation, die »Lehre« erforderte und hervortrieb.

Für das Thema »Gewissen« begann ich mit der Beichte. Der Aufbau des ausgereiften katholischen Bußsakraments wurde erläutert, die zentrale Bedeutung der Absolution darin, Luthers Hochschätzung der Beichte und seine Veränderungen daran (kein Zwang, keine Perfektion, keine Bindung an eine Weihe), die das ursprünglich Gemeinte wieder klarer hervortreten ließen: den Ausgangspunkt eines christlichen Gewissensverständnisses bildet das »getröstete« Gewissen.

Man braucht einige Stunden, um gemeinsam zu durchdenken, was alles darin liegt. Im Rückblick auf die philosophischen Studien zeigt sich, für Schüler protestantisch-individualistischer Herkunft besonders wichtig: im christlichen Verständnis ist der Mensch nicht allein. Er hat Schwestern und Brüder, er findet Hilfe, wenn er sie braucht, gerade auch gegen sich selbst (sein Gewissen). »Wenn er sie braucht«: er wird nicht in erster Linie von dem her verstanden, was er geleistet oder nicht geleistet hat, sondern eben von dem her, was er braucht. Die wichtigste Zeitdimension ist damit nicht die Vergangenheit (»was hast du bisher aus dir und deiner Welt gemacht?«), sondern die Zukunft (»du sollst startfrei sein«). So handelt Jesus, indem er Sünden vergibt, ohne den Menschen zuvor zu ängstigen oder niederzudrücken.

Freilich bedeutet dies keine Außerkraftsetzung des Gewissens, die nichts anderes wäre als Verdrängung. Die vergebene Schuld bleibt gegenwärtig, die Vergangenheit stellt Lern- und Arbeitsaufgaben. Zu studieren ist dies an der Weise, wie Paulus mit seiner vergangen-gegenwärtigen Schuld umgeht (1 Kor 15af, Gal 1,13f): gerade sie stellt ihm die entscheidende theologische Denkaufgabe, lässt ihn, für andere mit, jenes »sola gratia« erkennen und formulieren, um das es uns seither geht. Die »felix culpa« im Exsultet der Osternacht fällt einem ein … Entfallen ist der Zwang zur Selbstrechtfertigung; das ist der »Trost« des Gewissens.

Jungen Menschen, die im Grunde meist sehr ernst sind, ist deutlich, dass eine solche Aneignung des »Trostes« ein Prozess sein muss. Was schlagartig verstanden sein mag, z.B. in der Bekehrung des Paulus, kann nur in lebenslangem Befreitwerden und Sichbefreien voll zur Wirkung kommen: es löst den Prozess der Befreiung aus. Das »sola gratia« tritt die Herrschaft an, die keine »Herrschaft« ist, obwohl unnachgiebig ernst...

Von hier aus führt der Weg zu Bonhoeffers Gewissenslehre. Sie ist fragmentarisch geblieben, aber das schadet nicht, weil andererseits ihr Anlass, die Lernsituation ihres Autors (der »Sitz im Leben«) so deutlich ist: die Teilnahme an der Vorbereitung des Attentats vom 20. Juli. Die nachgelassenen Bruchstücke der »Ethik« sind freilich wegen ihrer christologisch-dogmatischen Sprache für Schüler schwer verständlich; dennoch kann der Grundgedanke, die Bereitschaft zur Schuldübernahme um der Liebe zu den Menschen willen, herausgearbeitet werden. Das getröstete Gewissen heißt bei ihm »befreites« Gewissen: Der letzte Halt des Menschen ist nicht die Selbstrechtfertigung gegenüber der Gewissensnorm, sondern das Geborgensein gerade auch des verantwortlich Handelnden »in Christus«. Stellen aus den Briefen, besonders dem vom 21. Juli 1944, oder der fragmentarische Aufsatz »Was heißt die Wahrheit sagen?« helfen zum Verständnis: Der Mensch, der sich »sola gratia« verstehen darf, wird frei zum Handeln – auch zum außergewöhnlichen Handeln.

Hier muss die Frage kommen (und sie kam natürlich auch), ob diese Freiheit auch gegenüber der eigenen Gewissensnorm nicht dasselbe sei wie die erwachsene Freiheit vom Überich-Gewissen, von der im psychologischen Teil die Rede war, – ob also Bonhoeffers »verantwortliches Handeln« aus dem Glauben heraus nicht gleichzusetzen sei mit dem Bestimmtsein durch das Ich-Gewissen, wozu Religion nicht nötig ist. Die Parallelen sind tatsächlich frappant, und ich schlage deshalb vor, die Übereinstimmungen zwischen Psychologie und Theologie zunächst einmal zusammenzustellen. Dass das menschliche Ich sich bereits im Säuglingsalter nicht ohne warme Zuwendung von außen entfalten kann, und dass es nur daraufhin das »Urvertrauen« (Erikson) bilden kann, das für seine Weiterentwicklung unerlässlich ist – entspricht das nicht dem »sola gratia« – »sola fide« der Religion? Dass das Kind zwar das Überich braucht, aber dennoch im Heranwachsen von ihm »frei« werden muss – entspricht das nicht dem παιδαγωγός ειζ χριόγ, als welcher das Gesetz bei Paulus gesehen wird: es war unentbehrlich, aber der Glaubende ist von ihm frei geworden? usw.

Rudolf Bultmann hat zu seiner Zeit die frappierende Parallele zwischen Existenzphilosophie und neutestamentlicher Theologie thematisiert.[4] Er sah den entscheidenden Unterschied, ja Gegensatz beider darin, dass die Philosophie die prinzipielle Möglichkeit des Menschen, zu seiner Eigentlichkeit zu kommen, auch schon für eine faktische Möglichkeit ansehe, die nur entschlossen zu ergreifen sei, während »das Neue Testament redet und der christliche Glaube weiß von einer Tat Gottes ..., welche das eigentliche Leben des Menschen erst möglich macht.«[5] Ich übersetze auf eine Ebene, die Schülern zugänglich ist: nicht die Idee der Liebe, sondern nur die Erfahrung von Liebe verhilft uns dazu, auch selber lieben zu können.

Lässt sich für den Vergleich zwischen Psychologie und Theologie ähnlich verfahren? Ganz sicher nicht. Denn die psychologischen Theoreme entstehen ja nicht als »Lehre«, als Ideengebäude, sondern sind der Versuch, in der psychoanalytischen Praxis gesammelte Beobachtungen zu systematisieren. Ich habe daher die von den Schülern wie von mir empfundene Frage nicht beantwortet, sondern stattdessen darauf hingewiesen, wie die Aussagen beider Wissenschaften zustande kommen. Die Methode der Psychoanalyse ist teils naturwissenschaftlich-empirisch (Sammeln von Befunden, Bilden von Arbeitshypothesen und Denkmodellen auf Grund dieser Befunde), teils geisteswissenschaftlich-hermeneutisch (die »Befunde« sind ja das Verhalten von Patienten, das gedeutet werden muss; Bilder, die aus dem Unbewussten der Patienten aufsteigen und gedeutet werden müssen). Theologie dagegen arbeitet zwar in einigen ihrer Disziplinen (den exegetischen und historischen) ebenfalls geisteswissenschaftlich-hermeneutisch an bereits Vorliegendem (Texten, Fakten der Vergangenheit); in ihrem Wesen aber ist sie »Entwurf«, der Versuch nämlich, die Befreiungserfahrung an Christus theoretisch für heute (für heutige Zukunft!) zu entfalten. Ihr Ausgangspunkt ist Predigt, damit Christus, heute und morgen, »eine Gestalt gewinne« auf Erden (Gal 4,19). Dass sie sich dabei mit

---

4 In dem berühmten Aufsatz »Neues Testament und Mythologie« von 1943, zugänglich u.a. in H.H. Bartsch (Hg.), Kerygma und Mythos. Ein theologisches Gespräch, Hamburg 1948, 15-53.

5 Ders., a.a.O., 43.

den Ergebnissen humanwissenschaftlicher Forschung trifft oder berührt, ist zu erwarten.

In einer 8. Klasse, die das »Experiment Abraham« am Münchener Max-Planck-Institut durch eine Illustrierte zur Kenntnis bekommen hatte und ganz aufgewühlt zu mir kam: »Könnte man das mit uns auch machen? Wären wir auch bereit, jemanden zu foltern gegen unseren eigenen Willen, nur weil es jemand anderes befiehlt?«, habe ich einen Wochen dauernden Kurs über Elemente der Psychoanalyse gehalten, mit wachsendem Interesse und schier unglaublicher Arbeitsbereitschaft der Klasse, bis deutlich war, welche »Mechanismen« bei den unfreiwilligen Folterern funktioniert hatten, und was dagegen schützen könnte: inneres Selbstständigwerden, eigene Realitätsprüfung, Solidaritätserfahrung in einer stützenden Gruppe. Gegen Schluss des Kurses kam die Frage: »Was hat das eigentlich mit Religion zu tun?« Ich gab die Frage an die Jugendlichen zurück; es ergab sich ein äußerst intensives, nachdenkliches Miteinandersprechen, bis eine meinte: »Psychoanalyse ist ja nur ein Können, mit dem aber ganz Verschiedenes machen kann, manipulieren (wir hatten u.a. über Werbung gesprochen) oder gesund machen. Vielleicht hat Religion was mit den Zielen zu tun.« Ja, allerdings. Der Entwurfcharakter theoretischer Theologie (wenn sie taugt), der antizipierende und vergegenwärtigende Spielcharakter der Religion – er hat mit Zielen zu tun. »Alles ist erlaubt, aber nicht alles baut den Menschen ein Haus…«

Was in dieser achten Klasse möglich war, lässt sich nicht ohne weiteres auf andere Schüler dieses Alters übertragen; es wurde ermöglicht durch die dringende eigene Frage der Jugendlichen. Andererseits halte ich gerade das Thema »Gewissen« für sehr geeignet, auch in dieser Stufe bereits bearbeitet zu werden… Bis in die Primarstufe hinunter ist es, bei einem großen Teil der dort angeschlagenen Themen, möglich, die Grundorientierung am »sola gratia« einzuüben: Nicht was ein Mensch verdient, sondern was er braucht, ist entscheidend. Allerdings gibt auch der beste Unterricht als solcher nur die Idee, nicht die reale Erfahrung des Angenommenseins; sie muss, durch das »Klima« in der Klasse, durch die verlässliche Zuwendung des Lehrers (nicht nur im RU!) hinzutreten. Sie ist mehr als »Nett-Sein«, sie erfordert u.U. eine Parteinahme für Schüler, durch die sich der Lehrer selbst Ärger zuzieht! Aber gerade solche Situationen sind für Schüler der entscheidende Prüfstein für die Gültigkeit dessen, was der Lehrer sagt. Mit Recht, auch mit theologischem Recht. Denn gerade wenn das »sola gratia« gilt, dann hat das, was der Mensch bekommt, grundsätzlich Vorrang vor dem, was er tut. … Das »Proprium« will nicht, quasi als Überich, unser eigenes Nachdenken ersetzen, sondern uns aufrufen zu dem Mut, es heute neu (und ganz anders) zu denken und zu leben.

Unterricht im Dienste des Friedens[1] (1984)

1. Zur Entwicklung des Faches/der Fachdidaktik

Für das Unterrichtsfach Religion kann die Herkunftsfrage nicht in der Form gestellt werden, seit wann es zum Curriculum gehört. Umgekehrt ist zu fragen, seit wann andere Unterrichtsinhalte außer Religion Platz zu greifen begonnen haben, liegen doch die Anfänge des heutigen europäischen Schulwesens fast ganz im kirchlichen Bereich, und noch im Westfälischen Frieden 1648 wird die Schule als ein »annexum religionis« bezeichnet. Im nachkonstantinischen Christentum, das seit Theodosius d.Gr. (380) Staatsreligion war, stellte die Theologie den verbindlichen Gesamtrahmen jeder höheren Bildung dar. Teile der griechisch-römischen Philosophie wurden einbezogen, charakteristischerweise in der Form, dass sie den natürlich-vernünftigen Unterbau bildeten, über dem sich dann als Krönung und Vollendung das durch Offenbarung vermittelte übernatürliche Wissen erhob: gratia perficit naturam, die Gnade vollendet die Natur, wie es bei Thomas von Aquin (13. Jhd.) heißt, der das System voll ausbaute. Doch reicht das zugrundeliegende Denkschema ca. 1000 Jahre zurück: Schon Bischof Ambrosius (4. Jhd.) bezeichnete z. B. die vier platonischen Tugenden der Weisheit, Gerechtigkeit, Tapferkeit und des Maßhaltens als Kardinaltugenden, über denen sich die drei übernatürlichen Tugenden des Glaubens, der Hoffnung und der Liebe erheben. Die Elementarbildung, vor allem Lesen und Schreiben, war in der Spätantike vielfach mit dem Taufunterricht der Katechumenenschulen verbunden, die es allerdings meist nur in Städten gab.

Mit der Missionierung West- und Mitteleuropas wurde der Bereich griechisch-römischer Bildungstradition überschritten oder besser ausgedehnt: in

1 Der Text wird auszugsweise dokumentiert. Weggelassen habe ich die Passagen, die die religionspädagogische Konzeptionsentwicklung in der Bundesrepublik Deutschland seit dem Ende des 2. Weltkrieges ausführlich darlegen.

den iroschottischen, später angelsächsischen Klöstern, an den Bischofssitzen (Alkuin war Lehrer an der Domschule in York) entstanden Bildungsstätten. Karl d.Gr. gründete Hofschulen, die von Klerikern geleitet wurden, aber auch Pfarr-, Dom-, Klosterschulen. In ihnen wurde an Psalmen das Lesen geübt, sie wurden im lateinischen Text gelernt; gregorianischer Gesang (für die Messe), Berechnung der Festzeiten waren weitere Unterrichtsgegenstände. Jeder Erwachsene, auch der Analphabet, sollte zumindest das Vaterunser und das Glaubensbekenntnis in der Landessprache auswendig lernen (Methode des Vor- und Nachsprechens); bezahlte Stellen aber gab es nur für solche jungen Leute, die eine Schulbildung besaßen. So kam im Gefolge der Religion Fremdsprachenunterricht (Latein), Lesen, Schreiben, Rechnen und Musik in die Schule.

Warum diese Bindung der Schule an Kirche und Religion? Es lassen sich dafür natürlich mehrere Gründe finden, die hier nur angedeutet werden können: Jedes größere Gemeinwesen braucht Zusammenhalt, der nicht durch den Machtapparat von Verwaltung, Gesetzgebung, Rechtsprechung allein garantiert werden kann; es muss ihm eine kulturelle Identität zugrunde liegen. Diese wird in den frühen Gesellschaften durch die Religion, ihren Kult, ihre Lehren vermittelt, in die die Erziehung einweist. Im römischen Reich, das Völker sehr verschiedener Traditionen umfasste, herrschte bereits weitgehend Religionsfreiheit; das ideologisch einigende Band bildete der Kaiserkult, auf dessen Verweigerung der sonst so tolerante Staat sehr intolerant reagierte (Christenverfolgungen). Mit der konstantinischen Wende wird das Christentum selbst zu eben diesem einigenden Band, was zugleich das Ende der Religionsfreiheit markiert. Wegen dieser Aufgabe der Religion, den Zusammenhalt des Reiches zu sichern, waren größere Lehrstreitigkeiten innerhalb der Kirche für die politischen Herrscher Alarmzeichen, die sie zum Eingreifen veranlassten (so der arianische Streit im 4. Jhd., der Kaiser Konstantin das Konzil von Nicäa einberufen ließ).

Den Zusammenhalt eines Gemeinwesens zu sichern, war aber nicht nur eine formale Aufgabe der Religion und damit der Schule (»alle lernen dasselbe«); entscheidend ist vielmehr, dass die Inhalte dieses Unterrichts den Einzelnen in einen großen, umfassend-bergenden Zusammenhang einordneten. In der Schöpfung, im Rahmen der Heilsgeschichte, abgesichert durch den Kranz der sich herausbildenden sakramentalen Handlungen der Kirche, die ihn damit in allen Lebenslagen begleitete, fand der einzelne seinen Platz im Ganzen, kannte seine Pflichten und die Bedingungen, unter denen er diese Sicherungen behielt – vor allem die, sich der Kirche unterzuordnen. Für Kelten und Germanen kam hinzu, dass ihnen mit dem spätantiken Christentum zugleich die überlegene griechisch-römische Kultur entgegentrat, die viele von ihnen leidenschaftlich ergriffen.

Ein erster Schritt zur Lösung der Schule von der kirchlichen Autorität wurde getan, als im späten Mittelalter die Städte dazu übergingen, Schulen zu gründen und die Aufsicht über sie zu beanspruchen. Die Reformatoren unterstützten diese Entwicklung. In seiner Schrift »An die Ratsherren aller Städte deutsches Landes, dass sie christliche Schulen aufrichten und halten sollen« (1524) fordert Luther einen Schulunterricht, der »feine geschickte Leute« hervorbringen solle, sowohl für kirchliche als auch für weltliche Aufgaben. Geschichte soll gelehrt werden, »Sprüche aller Welt«, damit die Kinder aus den Erfahrungen anderer lernen können; Musik und die »ganze mathematica« will er lernen lassen, bedauert sehr, dass er selbst »nicht mehr Poeten und Historien« habe lesen können. Vor allem aber liegt ihm an den Sprachen: gutes Latein, Griechisch, Hebräisch sind ihm dringend wichtig, weil »in dieser Scheiden das Schwert des Evangeliums«, steckt. Dass auch die Mädchen zur Schule gehen sollen, damit man später Frauen habe, »die wohl ziehen und halten können Haus, Kinder und Gesinde«, sei eigens vermerkt.[2]

Die Interessen des »jungen Volks«, die Bedürfnisse der Kirche, die gebildeten Nachwuchs braucht, und die Notwendigkeit, fähige Männer und Frauen für die Gestaltung des bürgerlich-bäuerlichen Lebens heranzuziehen, stehen für Luther gleichberechtigt nebeneinander. Seiner Hochschätzung des »weltlichen« Berufs, seiner Abwehr des Klosterlebens entspricht es, dass »weltlich«-nützliche Gegenstände in weit stärkerem Maß als bisher in die Schule Einzug halten. Zahlreiche Schulen werden neu gegründet, zumal der objektiv gesellschaftliche Bedarf vorhanden ist. Aber die Vorherrschaft der Religion ist noch lange nicht gebrochen.

Die Reformation löste die Kirche zwar von Rom; sie unterstellte sie dafür aber den evangelisch gewordenen Landesfürsten (Summepiscopat, bis 1918!).

2 Martin Luther, An die Ratsherren aller Städte deutsches Landes, dass sie christliche Schulen aufrichten und halten sollen. 1524. (Kommentiert in: Fausel, H.: Calwer Lutherausgabe 12, München/Hamburg 1966).

Diese hielten in ihrem so viel kleineren Bereich ebenso auf Einheit durch gleiche Konfession wie einst die römischen Imperatoren. Der Grundsatz »cujus regio, ejus religio« – wessen das Land, dessen auch die Religion (Augsburger Religionsfriede 1555) – gab den Landesherren alle Massenkommunikationsmittel der damaligen Zeit in die Hand, nämlich Kanzel und Katheder. Dass sie sehr wohl wussten, welches Machtinstrument sie damit besaßen, zeigt sich vor allem im Zeitalter der ersten Demokratieversuche in Europa: 1804, also nicht lange nach der Französischen Revolution, nutzte der preußische König seine Stellung als Bischof der evangelischen Kirche in Preußen, um alle Gemeinden zu verpflichten, Kirchenmusiker einzustellen, damit durch die Musik »das Gemüt der Gemeinde gefesselt (sic!) und so allen revolutionären und gefährlichen Gedanken von vornherein das Wasser abgegraben werde«.[3] Der Gottesdienst sei für die Gemeinde dasselbe wie die Parade fürs Militär.[4] Gleichschritt – Gleichschaltung.

Was der Gottesdienst für die Erwachsenen, sollte der Schul-, insbesondere der Religionsunterricht für die Jugend leisten: vaterländisch-monarchistische Einstellung sichern, Bürgertugenden im privaten und beruflichen Bereich einschärfen, im politischen dagegen Verzicht auf eigene Initiativen, auf Selbst- und Mitbestimmungsanwandlungen, vor allem auf den Gedanken, für eigene Interessen politisch zu kämpfen. In amtlichen Schriftstücken schlägt sich diese Zweckbestimmung nieder[5]:

Wilhelm v. Humboldt, Chef der Sektion des Cultus und Unterrichts, schreibt 1809 an den preußischen König:

»Die schwierige Aufgabe ist, die Nation geneigt zu machen und bei der Geneigtheit zu erhalten, den Gesetzen zu gehorchen, dem Landesherrn mit unverbrüchlich treuer Liebe anzuhängen, im Privatleben mäßig, sittlich, religiös, zu Berufsgeschäften tätig zu sein und endlich sich gern, mit Verachtung kleinlicher und frivoler Vergnügungen, ernsthaften Beschäftigungen zu widmen. Da-

3 In einem Brief an seinen Vetter, den Zaren von Russland. Auszug in: Leupold, U.: Die liturgischen Gesänge der evangelischen Kirche im Zeitalter der Aufklärung und der Romantik, 1933.

4 Während des Agendenstreites 1816ff.

5 Vgl. die Zusammenstellung bei Nipkow, K.E.: Braucht unsere Bildung Religion? In: Horn, H. (Hrsg.): Begegnung und Vermittlung, Dortmund 1972.

hin aber gelangt die Nation nur dann, wenn sie auf der einen Seite klare und bestimmte Begriffe über ihre Pflichten hat und diese Begriffe, vorzüglich durch Religiosität, in Gefühl übergegangen sind … Das hauptsächlichste Bemühen muss daher dahin gehen, … die Begriffe so tief einzupflanzen, dass sie im Handeln und dem Charakter sichtbar werden, und nie zu vergessen. dass religiöse Gefühle dazu das sicherste und beste Bindemittel an die Hand geben.«

Kaiser Wilhelm II., im Erlass vom 1. Mai 1889:
»Schon längere Zeit hat mich der Gedanke beschäftigt, die Schule in ihren einzelnen Abstufungen nutzbar zu machen, um der Ausbreitung sozialistischer und kommunistischer Ideen entgegenzuwirken. In erster Linie wird die Schule durch Pflege der Gottesfurcht und der Liebe zum Vaterland die Grundlage für eine gesunde Auffassung auch der staatlichen und gesellschaftlichen Verhältnisse zu leben haben … Sie muss bestrebt sein, schon der Jugend die Überzeugung zu verschaffen, dass die Lehren der Sozialdemokratie … den göttlichen Geboten und der christlichen Sittenlehre widersprechen …«

Kaiser Wilhelm war Bischof der evangelischen Kirche in Preußen. Eindeutiger kann die Indienstnahme des Religionsunterrichts für die Durchsetzung ökonomisch-politischer Interessen wohl nicht ausgedrückt werden.

Dass solchen Bestimmungen auch entsprochen wurde, dafür sorgte die Geistliche Schulaufsicht, staatlich beauftragte Ortspfarrer; die den Schulunterricht inspizierten (bis 1918!). Sie sorgten dafür, dass aus dem naturkundlichen Unterricht der Volksschule die Evolutionslehre verbannt blieb zugunsten der biblischen Schöpfungsgeschichte (was nicht nur dem Denken der Kinder, sondern auch dem Sinn dieser schönen Geschichte Abbruch tat); sie sorgten erst recht dafür, dass eine Staatsgesinnung propagiert wurde, die den status quo auf ökonomischem und politischem Gebiet sichern sollte. Im Gegenzug forderte die Sozialdemokratie in ihrem Erfurter Programm (1891) die Weltlichkeit der Schule.

Da sowohl dynastische als auch großbürgerliche Interessen Kriege forderten, erscheint es kaum verwunderlich, dass von einer Erziehung zum Frieden durch die Schulen nicht die Rede sein konnte. Geschichte war vorwiegend die Geschichte von Kriegen; nationalistische Empfindungen wurden in einem Maße gepflegt, das heute kaum verständlich ist. Was die Religion betrifft, so mag ein Kirchen(!)lied, das zu Ehren der Schlacht bei Sedan verfasst und in die »Agende für Kriegszeiten« noch 1914 mit aufgenommen wurde, für sich sprechen.[6]

Nun lasst die Glocken von Turm zu Turm
Durchs Land frohlocken im Jubelsturm!
Des Flammenstoßes Geleucht fache an!
Der Herr hat Großes an uns getan:
Ehre sei Gott in der Höhe!

Es zog vom Westen der Unhold aus,
Sein Reich zu festen in Blut und Graus;
Mit allen Mächten der Höll' im Bund
Die Welt zu knechten, das schwur sein Mund.
Furchtbar dräute der Erbfeind.

Vom Rhein gefahren kam fromm und stark
Mit Deutschlands Scharen der Held der Mark;
Die Banner flogen, und über ihm
In Wolken zogen die Cherubim,
Ehre sei Gott in der Höhe!

Da hub die Wage des Weltgerichts
Am letzten Tage der Herr des Lichts
Und warf den Drachen vom güldnen Stuhl
Mit Donnerkrachen hinab zum Pfuhl,
Ehre sei Gott in der Höhe!

Nun bebt vor Gottes und Deutschlands Schwert
Die Stadt des Spottes, der Blutschuld Herd;
Ihr Blendwerk lodert, wie schnell! zu Staub,

---

6 Arper, K./Zillessen, A. (Hrsg.): Agende für Kriegszeiten, Göttingen 1914 S. 188f. (Ich entdeckte einen Choralsatz für Klavierbegleitung in einem Choralbuch aus dem Anfang unseres Jahrhunderts).

Und heimgefordert wird all ihr Raub.
Nimmermehr dräut uns der Erbfeind!

Drum lasst die Glocken von Turm zu Turm
Durchs Land frohlocken im Jubelsturm!
Des Flammenstoßes Geleucht facht an!
Der Herr hat Großes an uns getan.
Ehre sei Gott in der Höhe![7]

Einen wichtigen Einschnitt bedeutete die Zeit der nationalsozialistischen Diktatur. Nachdem die evangelische Kirche in den Weimarer Jahren noch weitgehend deutschnational bis monarchistisch geprägt geblieben war, also zum ersten Mal in ihrer Geschichte auf Distanz zum vorhandenen Staatswesen ging; nachdem sie zugleich vom Summepiskopat der politischen Herrscher befreit worden war (denen sie großenteils nachtrauerte) und eine eigene, rein kirchliche Verwaltung besaß,[8] – erlebte sie jetzt, dass eine nationalistische Regierung, die sie zunächst enthusiastisch begrüßt hatte, in einem Maße in die kirchlichen Angelegenheiten eingriff, das Widerspruch forderte. Unter der theologischen Führung des Schweizers (!) Karl Barth begannen Teile der Kirche zu begreifen, dass der christliche Glaube staatlichen Gleichschaltungswünschen gegenüber frei bleiben muss (sog. »Kirchenkampf«; Barmer Theologische Erklärung 1934). Diese nach 400 Jahren des Bündnisses zwischen Thron und Altar bestürzend neue Erkenntnis erreichte bei weitem nicht alle Gemeinden, Kirchenführer, Theologieprofessoren, und sie wurde in ihren nötigen Konsequenzen nur von ganz wenigen erfaßt; aber immerhin, ein Anfang war gemacht.

Für den Religionsunterricht ergab sich als Folgeerscheinung, dass eine neue Konzeption entworfen wurde, »Evangelische Unterweisung« genannt, die ihn als ausschließliche Sache der Kirche verstand. In gemeindlichen Jugendgrup

7 Eine 9. Klasse, der ich das Lied vorlegte, reagierte mit dem erstaunten Ausruf: »Vom Westen zog der Unhold aus? Vom Osten doch!« Die Denkstrukturen sind weitgehend unverändert da: Kirchliche Feindbildprägung als eine der Wurzeln des Antikommunismus.

8 Auf die Bedeutung von Staatsverträgen, durch die der Staat immer noch Einfluss nimmt (z.B. durch die Bestimmung, dass Kirchensteuern nur für die eigenen Belange der Kirche verwendet werden dürfen – heute wichtig bei Unterstützung des Antirassismusprogramms des Weltkirchenrats!), kann hier nicht näher eingegangen werden.

pen (die bündische Jugend beider Konfessionen hatte Hitler aufgelöst) wurde bereits nach diesem Konzept verfahren, während sich in den Schulen, soweit sie noch Religionsunterricht erteilten (aus dem Curriculum gestrichen wurde er nicht), nicht viel änderte – von Ausnahmen abgesehen, bei denen z. B. eine »Entjudung« der Bibel propagiert wurde.

Für die Schulen kam das Programm der Evangelischen Unterweisung erst nach dem Krieg zum Zug.[9] Es entwickelte sich ein Unterricht, der bewusst Fremdkörper in der öffentlichen Schule sein wollte (»Kirche in der Schule«), der sich von der Kindertaufe her begründete (die Kirche muss ihre getauften Glieder in die Kenntnis der Bibel und des Glaubens einführen), auf Stoffe und Themen außerhalb von Bibel, Gesangbuch, Katechismus so gut wie ganz verzichtete, die individualistische Engführung (sprich Entpolitisierung) des früheren Religionsunterrichts aber beibehielt. Er war bibelorientiert, ohne die Probleme der Bibelauslegung (historische Kritik, zu schweigen von Ideologiekritik) in den Blick zu nehmen. …[10]

2. Lösungsperspektiven

Als mögliche Lösung scheint sich eine Art von Religionsunterricht anzubieten, die man »problemorientierten Bibelunterricht« nennen könnte. Was ich damit andeuten möchte, ist folgendes:

Gerade in der Begegnung von Theologie und Humanwissenschaften, wie sie bei problemorientiertem Unterricht erfahren wird, vermag sich herauszustellen, in welchem Maße die Bibel selbst samt fruchtbaren Ansätzen theologischen Denkens in der Vergangenheit überfremdet worden ist.[11] Eine verbürger-

---

9 Grundlegend Kittel, H.: Vom Religionsunterricht zur Evangelischen Unterweisung, Wolfenbüttel/Hannover 1947.

10 M. Veit entfaltet in den ausgelassenen Passagen die konzeptionelle Entwicklung des evangelischen Religionsunterrichtes in der Bundesrepublik Deutschland von der Evangelischen Unterweisung über den Hermeneutischen Religionsunterricht und den problemorientierten und sozialisationsbegleitenden Religionsunterricht und reflektiert sodann unter 2. ihren Entwurf eines problemorientierten Bibelunterrichts (eingefügt von G.O.).

11 Vgl. hierzu Veit, M.: Schülersprache – Kirchensprache, in: Der Evangelische Erzieher (1968) und dies.: Hermeneutische Arbeit an nichtmythologischen Texten der Bibel, in: Wegenast, K. (Hrsg.): Theologie und Unterricht, Gütersloh 1969.

lichte Lebensauffassung, der »Sicherheit« über alles geht und die infolgedessen allem Aufbruch, aller Initiative (»Reformen« von oben, »Mitbestimmung« von unten) Misstrauisch gegenübersteht, hat ein Menschenbild entwickelt und in die Bibel, sie verfälschend, eingetragen, das mit dem Mut, der Kraft und dem Veränderungswillen ursprünglichen Glaubens wenig mehr zu tun hat. Beispiele werden im folgenden Kapitel genannt.

Gelingt es, durch Rückfrage von heutigen Problemen her, durch Konfrontation heutiger Fragen und Lösungsansätze mit den Texten der Bibel und mit übersehenen Strängen theologischer Tradition, die Überfremdung der Bibel und des Glaubens mehr und mehr zu entdecken und zu überwinden, gelingt also die Erneuerung der Theologie selbst hinsichtlich ihres Menschen- und Gottesbildes, dann kann Bibelunterricht das Interessanteste sein, was im Religionsunterricht überhaupt geschehen kann. Allerdings ist die Arbeit einer solchen Entideologisierung noch kaum in Angriff genommen; der Lehrer bringt sie meistens nicht als Rüstzeug aus seiner Studienzeit mit, er muss sie selbst noch weithin erst als Aufgabe erkennen und an ihr mitarbeiten. In einigen Kursen und Unterrichtseinheiten kann das, unter Mithilfe der unbefangen fragenden jungen Menschen, in der Schule selbst geschehen. Auf diese Weise bleibt der Lehrer auf dem Gebiet, das er »gelernt« hat, wo er etwas »kann«, und leistet seinen Beitrag zu dieser Neuerschließung.

3. Möglichkeiten zur Friedenserziehung im Religionsunterricht

Wie bereits angedeutet, hat die jahrhundertealte Verbindung von Thron und Altar, von Kirche und Staatsgewalt speziell im deutschen Luthertum dazu geführt, dass sich Fehlverständnisse des Christlichen festgesetzt haben, die u. U. gar nicht mehr bemerkt werden, aber eine gefährliche (gerade auch politisch gefährliche) Verfälschung des ursprünglichen Glaubens darstellen. Diese Fehlverständnisse wirken auch in der religiös weitgehend neutralisierten, »nachchristlichen« Gesellschaft fort; sie bilden keineswegs ein rein innerkirchliches Problem. Umso mehr müssen Kirche, Theologie, Religionspädagogik, wenn sie einen Beitrag zur Friedenserziehung leisten wollen, zuallererst an ihre ureigenen Bestände heran, indem sie danach fragen,

- welches Menschenbild (und das schließt ein: welches Bild von Jesus),
- welches Gottesbild (und das schließt ein: welche Christologie),
- welches Bild von der Gesellschaft und den Aufgaben des Christen in ihr

mit den Lernzielen und Unterrichtsinhalten des Religionsunterrichts zugleich vermittelt wird. Schon beim Erzählen der einfachsten biblischen Geschichte fließen ideologische Grundentscheidungen mit ein, für die sensibilisiert werden muss. So lassen sich traditionsbedingte Hindernisse der Friedensfähigkeit feststellen, die es abzubauen gilt, aber auch unausgeschöpfte Quellen aktiver Friedenspolitik, die dem Evangelium entspringen und den Schülern (und Lehrern!) zu erschließen sind.

An einigen Beispielen aus dem Bereich des biblischen Unterrichts soll dies verdeutlicht werden.

3.1 Traditionsbedingte Hindernisse der Friedensfähigkeit in der evangelischen Theologie

3.1.1 Verwechslung von Gottvertrauen und Schicksalsergebenheit

Vertrauen ist in der Bibel Aufbruch (Abraham, Jünger Jesu), aktives Aufnehmen von Aufgaben (Mose, Propheten) und Aufsichnehmen von Gefahren (Jeremia, Jesus, Mark. 3!, Apostel).

Es ist nicht: Passives Hinnehmen des »Schicksals«; vielmehr gehen gerade auch die Beter der Bibel aktiv, engagiert gegen das Schicksal an (Abraham, Mose, Amos, Hiskia, das kanaanäische Weib). Die 3. Bitte des Vaterunsers ist eschatologisches Drängen auf Veränderung: »Dein Wille geschehe (werde getan), wie im Himmel schon jetzt, so bitte endlich auch auf Erden!«; sie ist nicht, gerade nicht, stoisches Sichabfinden mit Unabänderlichem. So aber wird sie, in Kirchenlied, Gemeindefrömmigkeit, aber auch neutralisiert = »nachchristlich« aufgefasst, etwa in dem Satz: »Schließlich kommt doch alles so, wie es kommen soll«. (Biblisch gesehen, müsste es umgekehrt lauten: »Wenn wir nicht aufpassen, uns nicht einsetzen, dann kommt es, wie es gar nicht kommen soll«!) Jahrhundertelange Tendenz zum Beschwichtigen, Drunterhalten, Entmutigen eigener Initiative wirkt sich verhängnisvoll aus.

3.1.2 Herabsetzung des Menschen, Überzeugung von seiner »Schlechtigkeit«, Misstrauen gegenüber seinen Möglichkeiten = Missverständnis der Sünde

Der biblische Gott traut dem Menschen mehr zu als dieser sich selbst (Mose, Jeremia), er vertraut ihm seine Sache an (Gen. 1/Psalm 8, Sendung der Jünger), ja wettet auf ihn (Hiob 1).

Demgegenüber die Meinung einer »nachchristlichen« 10. Gymnasialklasse: »Die Marxisten glauben, man könnte die Welt besser machen; aber wir wissen, dass das nicht geht. Die Menschen sind dazu zu schlecht«. (Solange es ihnen dabei gut geht, möchte man sagen, haben sie noch nicht entdeckt, wie gefährlich solche misanthropischen Meinungen sind).

3.1.3 Infantiles Glaubensverständnis, Denk- und Kritikverbote

»Gottes Kinder« sind im Neuen Testament nicht Gottes Säuglinge, die nichts zu verantworten hätten, sondern die erwachsenen Söhne und Töchter Gottes, die seine Sache voranbringen sollen (Paulusbriefe, Gleichnisse). Selbständigkeit des Urteils und Kritikfähigkeit sind vorausgesetzt (»Prüfet alles, und das Gute behaltet«, 1. Thess 5,21). Die Seligpreisung der »geistlich Armen« in der Bergpredigt meint nicht die Dummen, Denkfaulen oder Leichtgläubigen, sondern die Unabgefundenen, unendlich Bedürfenden, die mit Konsumgütern nicht abzuspeisen sind …

Biblischer Unterricht sollte kritisches Denken geradezu lehren. Die historisch-kritische Exegese der Universitäten bietet dazu reiches Material, die ungetane ideologiekritische Arbeit noch mehr.

3.1.4 Sünde als Übertretung von Tabus; Mahnung zu ständiger Vorsicht und Zurückhaltung

Sünde wird hier in der Überich-, nicht in der Ich-Struktur angesiedelt. Jesu Kampf mit den Pharisäern kann deutlich machen, dass jede Reinheitsängstlichkeit dem Glauben widerspricht. Es gilt Phantasie, kreative Liebe, Erkennen der Situation. »Sünde« ist, neutestamentlich gesehen, Mangel an Glauben, und das heißt: Mangel an Mut.[12]

12 Vgl. Dietrich Bonhoeffers Briefe aus dem Gefängnis 1943 f., hrsg. von Eberhard Bethge unter dem Titel »Widerstand und Ergebung«; z.B. Brief vom 8.7.44.

3.1.5 »Das eigentliche Leben kommt erst nach dem Tod«

Es muss wieder fühlbar werden, welche unmenschliche Ungeheuerlichkeit in diesem Satz liegt. Wenn ein derzeitiger Politiker die Stirn besitzt, sich zu beklagen, dass »die Gemeinden draußen im Land«, mit denen er sich »herumschlagen« müsse, das »Überleben absolut setzten«, und dass das »mit dem Christentum doch nicht vereinbar« sei, zeigt sich, welche Schäden die Denkverschiebung vom »ewigen Leben« (von dem das Neue Testament spricht) zum »Jenseits« (das die Bibel nicht kennt) hervorgerufen hat.

Das »ewige Leben« ist im Neuen Testament ein Leben neuer Qualität, das hier beginnt (Joh. 5). Dass der Tod es nicht zerstören kann, ist gerade nicht eine Abwertung irdischen Lebens. Die neue Qualität des Glaubens und der Liebe macht ganz im Gegenteil aktiv für diese Welt.

Durch die nur als nekrophil zu bezeichnende Jenseitsvertröstung wird die Unfähigkeit zur Empathie (»Leiden auf Erden sind nicht so wichtig«) zu Unrecht christlich verbrämt.

3.1.6 Der Christ ist friedlich, braucht also das Austragen von Konflikten nicht zu lernen

Schlimmste Verfälschung, die bis in die christlich geprägten Teile der Friedensbewegung nachwirkt. Rationale Durchdringung von Konflikten (Welche Interessen sind im Spiel? Wie kann ein Ausgleich gefunden werden?) wird auf diese Weise verhindert. Verwechslung von Aggressivität und Destruktivität.

Dem entspricht das in der Kirche und christlich-nachchristlich beeinflussten Bevölkerungsteilen weit verbreitete Harmoniemodell von der Gesellschaft. Es verhindert Realitätssicht und dadurch sowohl die Mitarbeit an Konfliktregelungs-Instrumenten als auch gebotenen Widerstand!

Dabei ließe sich gerade an den so realitätsnahen historisch-berichtenden Teilen der Bibel sehr viel zu diesem Thema lernen. Die Gestaltung des Zusammenlebens im Volk (A. T.) oder in der Gemeinde (N. T.) braucht mehr als »friedliche Gesinnung«; es werden Strukturen geschaffen, Institutionen, die dem Frieden und der Gerechtigkeit dienen. Für das Neue Testament geben Apostelgeschichte (Kap. 7) und die Briefe reiches Material.

3.1.7 Zum Gottesbild

Das jahrhundertelange Bündnis von Kirche und Staatsmacht hat, wie erst im christlichen Widerstand neu entdeckt wurde (Dietrich Bonhoeffer[13]), vor allem im Kern der Glaubenslehre, im Gottesverständnis, Verheerungen angerichtet. Die psychologisch-politischen Folgewirkungen, die den Menschen zwischen Allmachtswahn und Ohnmachtsgefühl seine reale Situation nicht erkennen lassen, hat Horst Eberhard Richter in seinem Buch »Der Gotteskomplex« dargestellt.[14] Dabei hätte die Beachtung der Hauptlinie des biblischen Glaubens deutlich machen können, dass es sich nicht um eine unverletzliche über der Welt thronende »Vorsehung« handelt. Der biblische Gott ist verletzlich, er leidet unter den Menschen, ja sie können ihn »vertreiben«; nicht umsonst ist das Kreuz sein Symbol. Hier ist Urgestein des Glaubens freizulegen. Ich deute es an mit einer Zeile von Fulbert Steffensky: »Ihr habt uns verschwiegen, dass er Liebe ist, und dass Liebe Herrschaft zerbricht, und zuerst die eigene.«[15]

Frieden setzt den Verzicht auf Herrschaft voraus, er verlangt stattdessen Toleranz (von »oben«!) und Kooperation. Ein verzerrtes Gottesbild, in dem sich der Herrschaftswille einer Kirche widerspiegelt, darf ihm nicht länger im Wege stehen.

3.2 Unausgeschöpfte Quellen aktiver Friedenspolitik im Evangelium

Hierzu wurde im Vorstehenden implizit schon einiges skizziert. Ich füge hinzu:

3.2.1 Der Wert und die Möglichkeiten jedes einzelnen Menschen werden im Neuen Testament sehr hoch eingeschätzt

Die Jünger, die Jesus ruft und denen er seine Sache anvertraut, sind durchschnittliche Menschen, weder besonders gebildet noch Heroen noch Heilige. Dasselbe gilt von den Propheten im Alten Testament.

---

13 Vgl. Bonhoeffers Ausführungen zur Gottesfrage in "Widerstand und Ergebung"; z.B. Brief vom 16.7.44.

14 Richter, H.E.: Der Gotteskomplex. Die Geburt und die Krise des Glaubens an die Allmacht des Menschen, Reinbek bei Hamburg 1979.

15 Im Politischen Nachtgebet »Demokratie in der Kirche« 1970; als Manuskript gedruckt, vergriffen. Vgl. zum Thema auch Veit, M.: Gottes Werben und Vertrauen, in: Evang. Kommentare 7 (8).2).

Religionspädagogik muss daher das Selbstwertgefühl, den Mut und die Kreativität jedes einzelnen Schülers stärken.

3.2.2 Konflikte werden offen ausgesprochen, nicht verschleiert und so bearbeitbar

Beispiel: Jesu »aufdeckende« Gleichnisse und Handlungsweise, Paulus in Antiochien, Galaterbrief, Buch Jona. Gegenüber der allgemeinen Tendenz, Konflikte zu tabuisieren oder zu beschönigen, muss der Mut zur klaren Sicht eingeübt werden – auch bei Schulkonflikten, wo es oft der Lehrer ist, der sich vor klarer Stellungnahme drückt! Das Alltagsleben in der Schule illustriert für den Schüler, was wirklich geglaubt wird.

3.2.3 Die Bereitschaft zu leiden

Unvorsichtig zu sein und sich dadurch in Schwierigkeiten zu bringen, erscheint in unserer Tradition als fast schon sündhaft. Wer etwas wagt, wird auch von Nahestehenden oft »fallengelassen«, sobald es unangenehme Folgen für ihn/sie hat.

In der Bibel ist Leiden um einer guten Sache willen keine Schande. (Apg. 4 und 5, Paulus, Seligpreisungen). Und: Passion Jesu, Christologie.

In Lateinamerika weiß man das heute besser als bei uns. Teilnahme am Leiden des Gottessohnes durch politischen Kampf gegen Ungerechtigkeit ist dort wichtiges theologisches Thema.

3.2.4 Jesus ist nicht nur das Urbild erbarmender Liebe, sondern auch des unnachgiebigen Kampfes gegen Ungerechtigkeit

3.2.5 Die Lehre vom heiligen Geist und seinen Gaben

Die Lehre vom heiligen Geist und seinen Gaben, von der »neuen Kreatur«, von den ungeahnten Möglichkeiten des befreiten Menschen ist endlich fruchtbar zu machen. Dieser Artikel des Glaubensbekenntnisses fällt in der kirchlichen Tradition seit Jahrhunderten unter den Tisch. Ist der befreite Mensch zu gefährlich? Für wen?

4. Schlussbemerkung

Es mag verwunderlich erscheinen, dass der Beitrag des Lernbereichs Religion zur Friedenserziehung in erster Linie im Abbau von Fehlverständnissen, in der Regeneration der Religion selbst bestehen soll. Aber das ist die Situation. Was weltweit in den christlichen Kirchen in Gang gekommen ist, teils durch Kirchenleitungen mühsam gebremst, teils aber auch gerade durch Kirchenführer gefördert (Brasilien, USA, Holland), ist nichts anderes als eine Rückbesinnung auf den ursprünglichen Glauben, eine Befreiung der Theologie, – die von ihrem Ursprung her die kräftigste Quelle des Bemühens um Frieden und Gerechtigkeit sein müsste und doch so oft das Gegenteil gewesen ist. Allerdings stimmte das nie ganz. Die historischen Friedenskirchen z. B., vor allem Quäker und Mennoniten, haben jahrhundertelang Erfahrung im Einsatz für den Frieden, allerdings haben sie sich lange Zeit gerade in Deutschland nicht halten können.

Das deutet schon daraufhin, dass außer der Bibel, an der oben exemplifiziert wurde, vor allem auch die Kirchengeschichte wertvolle Beiträge zur Friedenserziehung leisten kann. Vor allem aber können Gegenwartsstimmen vieler verschiedener Kirchen, besonders auch des Weltkirchenrates, zu den großen politisch-gesellschaftlichen Themen im Unterricht herangezogen werden. Ihnen liegt bereits eine sozialwissenschaftliche Analyse der Gegebenheiten zugrunde, ebenso wie die Rückbesinnung auf die Quellen des Glaubens. Dass sie in den evangelischen Gemeinden in der Bundesrepublik Deutschland kaum bekannt sind, liegt nicht zuletzt an den unter 3.1 beschriebenen tradierten Fehlverständnissen. Die Aufräumungsarbeit tut not.

Leistungsdruck, Leistung, Gnade. Überlegungen zum Lehren und Lernen in der Konsequenz der Rechtfertigungslehre (1984)

Das Thema Rechtfertigungslehre steht, für den Praktischen Theologen mehr noch als für die anderen Sparten der Theologie, nicht im luftverdünnten Raum akademischer Diskussion. Es hat seinen konkreten Ort in den Kirchen der Reformation, für uns vor allem in den lutherisch bestimmten Landeskirchen Deutschlands. In ihrer Verkündigung und Unterweisung hat die Rechtfertigungslehre Jahrhunderte lang den innersten Kern gebildet, durch Predigt, Katechismus und Choral die Gemeinden erreicht und ihre Mentalität geprägt. Gäbe es diese Kirchen, diese Gemeinden nicht, so wäre die Beschäftigung mit der Rechtfertigungslehre Luthers wohl nur noch eine Sache einiger Spezialisten für spätmittelalterliches Denken. Die Kirchen, die Gemeinden gaben der Lehre ihren Sitz im Leben, und durch sie kam sie auf uns.

Aber gerade in diesen Kirchen, in diesen Gemeinden ist, so will mir scheinen, mit der Rechtfertigungslehre ein Unglück geschehen. Ich will mich jetzt nicht auf die Frage einlassen, wann und wodurch dieses Unglück hervorgerufen worden ist, obwohl ich darüber Vermutungen habe; ich will es nur in seiner Substanz benennen. Die Rechtfertigungslehre ist, indem sie bewahrt und weitergegeben wurde, unbemerkt in ihr Gegenteil verkehrt worden. Bei Luther war sie der Versuch, eine Befreiung zu formulieren, die er erlebt und von der er manchmal geradezu euphorisch gesprochen hat. In den Kirchen und für die Gemeinden wurde sie zu einer Fesselung. Durch die Einschärfung des sola fide – sola gratia wurde das eigene Handeln des Menschen entwertet. Die Rechtfertigungslehre wurde und wird dazu benutzt, gute Werke, vor allem selbstgewählte gute Werke, verdächtig erscheinen zu lassen, »kryptokatholisch«, wie es z. B. Gottfried Arnold vorgeworfen wurde, ketzerisch mithin. Behindert wurde dadurch die Entwicklung von Initiative, Produktivität, Freude an der Gestaltung der Welt, Kritikfähigkeit und Mut. Hemmung statt Befreiung. Diese Verkehrung hat weltgeschichtliche Folgen gehabt, die schlimm waren und schlimm sind.

Es lag nicht an der Lehre, meine ich, sondern an denen, die sie in die Hand bekamen, die Kirche, die Lehrer, die Gemeinden. Sie brachten es fertig, dass aus der Kirche der Gnade die Kirche der Disziplin wurde, dass aus Vertrauen Subordination wurde, aus lebendiger Anteilnahme am Leben und Leiden der Welt, wie wir es bei Luther beobachten, Schicksalsergebenheit und Apathie. Für die Gemeinden ergab sich eine Situation, die ich mit einem Begriff aus der amerikanischen Schizophrenieforschung kennzeichnen möchte, die Situation eines klassischen »double bind«. »Double bind« besagt: von ein und derselben Stelle, die emotional hoch besetzt und gültige Autorität ist, gehen zwei einander widersprechende Botschaften aus, eine bewusste und verbale, eine zweite meist unausgesprochen bleibende, oft unbewusste, aber sehr wirksame. In der Schizophrenieforschung ist es die Mutter oder eine andere wichtige Bezugsperson, von der verbale Zuneigung, bewusst ausgeübte Zärtlichkeit und zugleich unbewusste Ablehnung des Kindes als einer Last ausgeht. Das Kind wird dadurch in seiner Identitätsbildung tief irritiert bis hin zur schizophrenen Erkrankung. Im Fall der lutherischen Gemeinden zeigt sich als Analogie: gepredigt wird die unverdiente Gnade, die Befreiung des Menschen von allem, was ihn ängstigen könnte, auch in sich selbst; aber die Bedingungen, in die diese Botschaft gepresst wird, die Herabsetzung eigenen Handelns, die Verdächtigung eigener Initiative, strahlen Ungnade aus und neutralisieren die Botschaft. Dazu kommt der Zwang zur Rechtgläubigkeit und, bald genug und lang genug, die disziplinarische Gewalt der Kirche. Und das Ergebnis sind Gemeinden, die brav gehalten werden, das vor allen Dingen; die zwar an die Gnade glauben sollen, aber doch nicht allzu sehr, nicht so, dass diese Gnade sie auf eigene Füße brächte. Denn wie immer ist die hemmende Seite des »double bind« die stärkere.

Ich habe gelegentlich ausgeführt und will es hier nur kurz wiederholen, dass sich diese Verschiebung des innersten Kernes der Rechtfertigungslehre z. B. am evangelischen Gesangbuch beobachten lässt, das ja die Frömmigkeit der Gemeinden vor allem geprägt hat. Der Gnade korrespondiert auf der Seite des Menschen der Glaube (sola gratia, sola fide), verstanden als Vertrauen auf Gott. Vertrauen ist das Thema vieler lutherischer Gemeindelieder, gerade auch der bekanntesten; Paul Gerhardt, Georg Neumark u.a. sind die Dichter, mit denen die Gemeinde es sich »ins Herz gesungen« hat, um einen Ausdruck Luthers aufzunehmen: »Befiehl du deine Wege«, »Warum sollt ich mich denn grämen«, »Gib dich zufrieden und sei stille in dem Gotte deines Lebens«, »Wer nur den lieben Gott lässt walten« – Generationen haben ihren Glauben an diesen (sehr schönen!) Liedern genährt, und noch heute können sie zu denen, die sie kennen, in schwierigen Situationen unmittelbar sprechen. Ich jedenfalls brauche, wenn ich vor Sorgen nicht aus und ein weiß, weit eher »Befiehl du deine Wege« als eines der munteren modernen Lieder, die mir dann allzu munter sind. Dennoch müssen wir feststellen: das Vertrauen in diesen Liedern beschreibt nur eine Seite des biblischen wie des luther'schen Vertrauens, nämlich die passiv-hinnehmende in Ausnahmesituationen. Die normale Situation eines erwachsenen Glaubens ist gerade auch bei Luther (wie in der Bibel) eine ganz andere, nämlich Aufbruch, Wagnis, Initiative und Kampf. Hierfür stehen die biblischen Urbilder Abraham, Mose, Josua, die Propheten, die Fischer am See Genezareth, die ihre Netze verlassen, um Menschenfischer zu werden, und Jesus selbst.

Es gibt auch Lieder eines solchen Aufbruchs im lutherischen Gesangbuch; es sind die Kampflieder der Reformation, Lieder des Widerstehens und eines aktiven Vertrauens. »Die Feind sind all' in deiner Hand, dazu all' ihr' Gedanken, ihr Anschlag ist dir wohl bekannt, hilf nur, dass wir nicht wanken.« »Ein feste Burg« gehört hierhin; es ist das Lied derer, die den Kampf aufgenommen haben, in ihm bittere Erfahrungen gemacht haben, wissen, dass größere Gefahren drohen können – und die nicht nachgeben. »Und wenn die Welt voll Teufel wär', es muss uns doch gelingen«, das singen nicht schicksalsergebene Brävlinge, sondern erwachsene, aktive Glaubende. Nur: nicht diese Lieder sind es, die die Gemeinden in ihrer eigenen Frömmigkeit geprägt haben. Sie waren lange Zeit, wie die Geschichte des Gesangbuchs zeigt, sogar ganz daraus verschwunden, bis auf eines oder zwei, die als Festlieder am Reformationstag, dem Heldengedenktag der Kirche, zu dienen hatten. Vergangenen Aufbruch zu feiern, war gut; in der Gegenwart war Ruhe die erste Bürgerpflicht. Das Ergebnis ist der politisch infantil gebliebene lutherische Christ – und andererseits die

Abwesenheit der Rechtfertigungslehre bei der Gestaltung der Welt. Ich weiß nicht, was von beiden das Schlimmere ist.

Eine der Folgen dieser Abwesenheit ist, so meine ich, die sogenannte Leistungsgesellschaft. Sie ist die Welt, in der wir leben, und mit Bezug auf sie höre ich das Wort des Paulus, des Rechtfertigungstheologen im Neuen Testament: »Stellet euch nicht dieser Welt gleich«. Es gilt eine Umkehr, und sie ist, wie ich zu sehen glaube, bereits in vollem Gang. Am Teilthema »Leistung« möchte ich das heute skizzieren.

Ich komme damit zu meiner **These 1**: Unter Leistungsdruck wird weit weniger geleistet, als der Mensch leisten könnte und auch selbst leisten will. Dies gilt auch in quantitativer, vor allem aber in qualitativer Hinsicht. Dies gilt ganz besonders, wo es sich um Lernen und Lehren handelt.

Ich exemplifiziere zunächst an dem Prototyp des Menschen, der unter Leistungsdruck arbeitet, der Akkordarbeiterin. Oberflächlich betrachtet, scheint meine These völlig falsch zu sein. Denn natürlich leistet die Frau mehr, produziert sie mehr unter dem Druck des Akkords und der Verheißung des Akkordlohns, als wenn sie im Stundenlohn arbeitete. Dies gilt für den Betrieb, der ihre Produkte entgegennimmt, der von dieser ihrer Akkordleistung etwas hat. Blickt man aber auf sie selbst, den arbeitenden Menschen, so haben sozialwissenschaftliche Untersuchungen längst gezeigt: diese Frau ist nach spätestens 10 Jahren verschlissen. Es ist keine Empfehlung. wenn sie sich bei einem Arbeitgeber vorstellt mit dem Hinweis darauf, dass sie 10 Jahre Akkord gemacht und oft Höchstbetrag erreicht habe; der Arbeitgeber weiß, da stellen sich Krankheiten ein, von dieser Frau ist zu erwarten, dass sie in Zukunft mehr kosten wird als andere, die frisch und unverbraucht in den Betrieb kommen. Sie ist vielleicht noch nicht dreißig Jahre alt, wenn sie mit 15 oder 16 zu arbeiten begann und ab 18 dann im Akkord tätig war; aber sie ist verschlissen. Auf das Ganze ihres Lebens als eines arbeitenden Menschen gesehen, leistet sie weniger, als sie hätte leisten können, auch in quantitativer Hinsicht, abgesehen von der Qualität der Arbeit, die ihr zugemutet wurde. Es scheint mir wirklich kein Unglück zu sein, wenn solche Arbeiten in Zukunft von Robotern wahrgenommen werden, denn Roboter sind besser dafür geeignet als ein Mensch. Inzwischen aber hat nun das Fließband (und wenn man so will: der Akkord, aber das Fließband auf jeden Fall) Berufe erobert, mit denen es von Hause aus gar nichts zu tun hatte. Dass man aus dem Menschen, wenn man ihn unter Druck setzt, quantitativ sehr viel herauspressen kann, macht sich z. B. auch der Staat zunutze, in der Art und Weise, wie er Lehrer beschäftigt. Ein Lehrer, der viel zu viele Stunden, viel zu viele Klassen, viel zu viele Schüler und viel zu viele Klassenarbeiten, die seine Wochenenden rauben, zu bedienen hat, ist ebenfalls vorzeitig verschlissen. Auch darüber gibt es Untersuchungen, welche typischen Lehrererkrankungen eintreten und wie hoch der Prozentsatz derer ist, die das Pensionsalter gar nicht erst erreichen. Qualitativ ist zu sagen: dieser Lehrer kann weder Pädagoge sein, noch sein Fach fördern, noch die Universitätsdidaktik seines Fachs, indem er gute Berichte schriebe; er wird nur noch ausgequetscht und mürbe gemacht. Alles das sind bekannte Dinge. Und dennoch wird nichts daran geändert. Denn in der Zeit, in der er tätig ist, bringt er ja, wenigstens zum Schein, Höchstleistung – in Wirklichkeit viel Schlechteres, als er leisten könnte.

Kommen wir zum Lernen, so möchte ich jetzt das positive Gegenbild zitieren. Vor kurzem ging wieder einmal ein Bericht durch die Zeitungen über eine der freien Schulen, die in Frankfurt, die inzwischen genehmigt ist. Exemplifiziert wurde am kleinen Thomas, der keinerlei Lust hatte, rechnen und schreiben und lesen zu lernen, der stattdessen etwas ganz anderes mit Intensität übte, nämlich Fußball spielen. Er brachte es hierin zu einer solchen Meisterschaft, dass er als Zweitklässler in die Mannschaft der Sechstklässler aufgenommen wurde, was sein Selbstbewusstsein enorm stärkte und ihn zu einem geschätzten Kameraden der anderen werden ließ. Eines schönen Tages entdeckte er, dass er lesen und schreiben lernen wollte. Und er lernte es in einer unglaublich kurzen Zeit. Im Alter von zwölf Jahren wollte er dann an die öffentliche Schule übergehen, wie es immer wieder an den freien Schulen geschieht, um mehr zu lernen. Dort war er im Hintertreffen, in Deutsch, in Mathematik, in Englisch. In unglaublich kurzer Zeit hatte er sich beigearbeitet und ist, so lautete der letzte Satz des Berichtes, nunmehr der beste Schüler der Klasse. Das zeigt dies Gegenbeispiel: Der Schüler, der von innen heraus lernen will, lernt mehr, lernt schneller, lernt qualitativ und quantitativ in unvergleichbarer Weise besser als derjenige, der unter Notendruck steht. Es ist ja eigentlich erstaunlich, dass bei einer 13jährigen Schulzeit, die mit so viel Stress gekennzeichnet ist, dass dem ja immer wieder Leitartikel und große Untersuchungen gewidmet werden, nicht mehr herauskommt. Neun Jahre lernen die Schüler Englisch, und will man dann an der Hochschule einen englischen Text heranziehen, dann kann ein großer Teil der Studenten nicht viel damit anfangen. Muss das sein? Thomas ist das Gegenbeispiel. Wo ohne Leistungsdruck selbstbestimmt gelernt wird, da gelingt viel mehr. Es drängt sich auf die Frage nach der theologischen Entsprechung; ich beantworte sie nicht, aber ich formuliere sie, das sehe ich als die Aufgabe der Praktischen Theologie an, in Richtung auf die Systematische: Wir erinnern uns, dass nach Luthers Lehre wirklich gute Werke durch das Gesetz – ist das nicht eine Parallele zum Leistungsdruck? – nicht hervorgebracht werden können.

These 2
Schon der Begriff »Leistung« zeigt an, dass eine schleichende Verfälschung menschlichen Wirkens und Lernens Platz gegriffen hat. Er hebt ab auf Messung, Kontrolle, Entsprechung gegenüber einem fremdgesetzten Maßstab. Demgegenüber brachte der ältere Ausdruck »Werk« das Wirken der Person noch stärker zu Wort. Tauschwert, Notenwert, Punktwert z. B. hat den Gebrauchs- wie den Selbstverwirklichungswert des Lernens verdrängt, konform zum Wirtschaftssystem, aus dem unser erstes Beispiel stammte.

Martin Stallmann, der Göttinger Religionspädagoge, sieht hierin einen Teil der Funktionalisierung der Schule, deren Aufgabe es ist, einen Ausstoß von fitgemachten Personen hervorzubringen, nicht aber die Einzelnen wirklich zu bilden. Damit ich nicht missverstanden werde, möchte ich ausdrücklich anmerken: Es ist hier nicht einem bloßen Lustprinzip das Wort geredet, in keiner Weise. Der Mensch hat ja schließlich, wenn er lernt, schulisch lernt, das Säuglingsalter verlassen. Das Realitätsprinzip gilt für ihn; nur ist die Frage, ob er die Realität mit ihrer harten Widerständigkeit kennenlernt an Materialien, die zu bewältigen sind, an Aufgaben, die ihn fordern, oder am Druck mit Zensuren, Noten, Punkten. Das ist absolut zweierlei. Die Erfahrung der Widerständigkeit von Materialien, die man sachentsprechend behandeln muss, weil sonst nichts Schönes dabei herauskommt, ist eine dem Menschen natürliche, seine Kräfte fördernde Erfahrung, die ihn wachsen, reifen lässt, die ihn auch lernen lässt, momentanes Unlustgefühl zu überwinden, weil er ja etwas schaffen will. Die Erfahrung der Notwendigkeit, etwa Fingerübungen machen zu müssen, wenn man gerne Geige spielen können will, sie schadet dem Menschen nicht, ist unvergleichbar dem Druck mit Noten im Selektionssystem. Ich stelle wieder die Frage nach der theologischen Entsprechung: wenn die Bergpredigt Matthäus 6 beim rechten Almosengeben z. B. die rechte Hand nicht wissen lässt, was die linke tut, wenn die guten Taten also dem Täter gar nicht bewusst werden (vgl. Matthäus 25, die Rede vom großen Gericht, wo die Gerechten von ihrer eigenen Gerechtigkeit gar nichts wissen), dann kann es sich bei diesen guten Taten niemals um »Leistung« handeln. Vgl. Luther: »Der Glaube fragt nicht, ob gute Werke zu tun sind, sondern ehe man fragt, hat er sie getan und ist immer im Tun.«

These 3

Wir kommen zu einem zentralen Begriff der Rechtfertigungslehre, dem Begriff der Gnade. Gnade ist neutestamentlich, das verwendete Wort sagt es schon, anmutvolle Zuwendung.

χάρις hängt mit χάιρειν zusammen, kann auch mit Anmut übersetzt werden. Luther übersetzt bekanntlich das »Gegrüßet seist du, Maria voller Gnaden« mit »Gegrüßet seist du, Holdselige«. Dabei ist an χάρις, an der Anmut, nicht die Schönheit als solche das Wichtige, sondern ihr erfreuender Charakter, wie dem theologischen Wörterbuch Kittels zu entnehmen ist. Gnade also als anmutvolle, den Menschen erfreuende Zuwendung ermöglicht ein Offenwerden des Menschen. Im Neuen Testament beobachten wir es an der ohne Vorbedingungen gewährten Gemeinschaft, die Jesus mit den Zöllnern hält, an seiner Zuwendung zur großen Sünderin. χάρις ermöglicht ein Offenwerden des Menschen, das die Voraussetzung ist für eigenes Wirken und verstehendes Lernen. Beide werden durch Leistungsdruck verhindert; er ist geradezu der Gegenbegriff zu Gnade.

These 4

Umso erstaunlicher ist es, dass die Konsequenzen für ein Lernen und Lehren, das den Menschen achtet und ihm zur Selbstentfaltung verhelfen will, historisch gerade nicht in der Kirche der Rechtfertigungslehre gezogen worden sind. Das liegt an der Verschiebung, von der ich sprach.

Bei Luther finden sich Ansätze. Viele werden seinen entzückenden Brief an seinen vierjährigen Sohn Hänschen kennen, in dem er ihn zum Fleißigsein und Lernen verlockt durch die Schilderung des Paradieses, wo goldene und silberne Äpfel an den Bäumen wachsen. Wo die Kinder tanzen und spielen und wo der Herr des Gartens ihm dann gesagt habe: »Dein Sohn Hänschen kann auch hierhin kommen, wenn er fleißig lernt und betet.« »Also liebes Hänschen, lerne und bete ja getrost, so werden wir miteinander in diesen Garten kommen«, schreibt Luther von der Feste Coburg an seinen kleinen Sohn. Wir kennen auch das Lied »Vom Himmel hoch da komm ich her«, mit dem die Kinder zu Weihnachten die Weihnachtsgeschichte aufführten und zugleich, das war ja immer Luthers Gedanke, sich den Glauben aneigneten, auf eine spielende, ihnen konforme Weise. Auch seine theoretischen Äußerungen zur Erziehung, z. B., dass der Apfel bei der Rute sein müsse, dass gelockt und nicht nur gestraft werden müsse, weisen in eine solche Richtung. Oder der neulich schon in der Diskussion zitierte Satz, der in den Tischreden überliefert ist, angesichts seines kleinen Säuglings, der den Vater schmutzig gemacht hatte: »So ein stinkig, schmutzig, schissig, spuckig kleines Ding, und doch hat man es so lieb wie nichts anderes auf der Welt; so ergeht es Gott mit den Sündern.« Wenn das nicht χάρις ist – oder wenigstens ihr Abbild!

Überwiegend aber ist die Arbeit an einer solchen Weise des Lehrens und Lernens, die den Menschen hervorlockt, ihn wachsen lassen will, von Pädagogen vorangebracht worden, die aus ganz anderen Traditionen stammten oder sie schufen, von Rousseau bis zu Paulo Freire.

Wenn wir dies als Fazit stehen lassen, fragen wir einfach für heute: Welche Konsequenzen für Lehren und Lernen ergeben sich aus einer Rechtfertigungslehre, die von jener Verfälschung befreit ist?

Ich nenne hier fünf Punkte:

1. Verstehen ist wichtiger als »Leistung«

Es muss die Zeit und die Atmosphäre vorhanden sein, dass Lernende sich überhaupt wirklich einlassen können auf das, was sie lernen. Ständiger Notendruck macht das unmöglich. Die natürliche Neugier, das natürliche Lerninteresse des Menschen dürfen nicht abgelenkt werden auf das ganz andere Interesse an Lohn. Sonst wird zwar viel gelernt, aber nichts verstanden; vor allem erwachen keine eigenen Fragen. Noch einmal Martin Stallmann: »Wo die Frage nicht ist, kann die Antwort nicht aufgenommen werden.« Ich möchte aus meiner eigenen Schulerfahrung nur kurz berichten, was jeder Lehrer wird bestätigen können, dass die Bearbeitung der Fragezettel, die von Schülern kamen und die manchmal in einer solchen Menge zu einem Termin vorlagen, dass wir ein Vierteljahr mit der Bearbeitung dieser Fragen zu tun hatten, weit mehr an Lernen ergeben haben, verstehendem, miteinander sprechendem, sich vertiefendem Lernen, als alles Pauken und Abfragen. Dass manchmal gerade im Gefolge dieser Fragezettel mit einem Male auch an Materialien gearbeitet wurde, weil einem deutlich wurde: Wenn ich das alles weiß, dann kann ich viel leichter selbst eine Antwort finden – das versteht jeder Lehrer.

2. »Wir müssen lernen, die Menschen weniger auf das, was sie tun und unterlassen, als auf das, was sie erleiden, anzusehen.«

Dieser Satz Dietrich Bonhoeffers fiel mir ein angesichts der heutigen Situation in den Schulen, wo weitgehend eine Apathie gegenüber allem, was gelernt werden soll, eine Appetitlosigkeit, Verhaltensstörungen aller Art Platz gegriffen haben, besonders bei den Kindern, die am meisten vernachlässigt sind in ihrer Entwicklung, den Kindern der Hauptschule. Kinder, die auf nichts mehr neugierig sind, Kinder, die geistig appetitlos geworden sind, sind Opfer. Hiergegen hilft weder Leistungsdruck noch Mitleid. Es sind Ursachen aufzusuchen und Methoden zu entwickeln, die ihre natürliche Lernfreude wieder freilegen können, siehe das Beispiel der freien Schule. Es scheint immer, als würde mit dergleichen Zeit verloren. Dass dies ein ganz großer Irrtum ist, hat ja schon mein allererstes Beispiel von Thomas gezeigt, es wird in vielen Lehrer berichten immer wieder vor Augen gestellt; ich empfehle für die, die es nicht kennen, beispielsweise Iris Mann, »Die Kraft geht von den Kindern aus«, mit ihren Erfahrungen in einer Rockerklasse in München. Nach einer durchduldeten Zeit von einigen Wochen, wo nichts mit den Burschen zu machen war, bricht an einem ganz bestimmten Punkt auf einmal das verhalten vorhandene Interesse durch, und fortan kann gearbeitet werden mit der Klasse in einer

Weise, die die ganze Schule ins uferlose Erstaunen stürzt. Eine ähnliche Erfahrung in einem ähnlichen Lehrerbericht habe ich veröffentlicht von Hans Roth, Absolvent unseres Fachbereichs, der an einer vernachlässigten Hauptschule in Nordhessen nach ebenfalls etwa einem Vierteljahr scheinbar ergebnislosen Duldens in einer achten Klasse plötzlich einen Durchbruch erlebte (erlebte, nicht »erzielte«), von dem an er mit der Klasse arbeiten konnte, bis dahin, dass die Schüler sich selbst unterrichteten; ich habe später einmal diesem Unterricht zugesehen. »Wir müssen lernen, die Menschen auf das hin, was sie erleiden, anzusehen.« Was alles ist eigentlich passiert mit Kindern, mit Jugendlichen, mit jungen Erwachsenen, die apathisch, appetitlos geworden sind? Es gibt dazu hervorragende Untersuchungen, z. B. von Thomas Ziehe, Herbert Stubenrauch in ihrem Buch »Plädoyer für ungewöhnliches Lernen«. Es beginnt mit Pink Floyd »We don't need no education, teacher, leave the kids alone.« Wenn man dieses Lied gehört und in sich aufgenommen hat, geht in einen über, wie junge Menschen die Erwachsenenwelt erleben: eine Welt von lauter Mauern. Wo man auf ein Interesse für einen selbst, auf Interesse für die eigene Situation nirgendwo stößt von Kindertagen an, da sollen »sie« einen bitte dann auch in Ruhe lassen. Von hier aus ergibt sich schon: ein Lernen und Lehren in der Konsequenz der Rechtfertigungslehre, das uns ja ermutigen will, uns aus der Gnade zu verstehen und sie weiterstrahlen zu lassen, muss sich vor allen Dingen aller Schulorganisation zum Trotz Zeit nehmen, um das hervorkommen zu lassen, was vernachlässigt wurde, das zum Ausdruck kommen zu lassen, was sich nie ausdrücken durfte, Menschen überhaupt zur eigenen Profilierung gelangen zu lassen, damit sie dann lernen können.

3. »Problemformulierende Bildungsarbeit verwirft Kommuniqués und verwirklicht Kommunikation *(Paulo Freire »Pädagogik der Unterdrückten«).*

In einer Gesellschaft, in der die wichtigsten Probleme meist umgangen, ausgeklammert oder schlicht geleugnet werden, muss ein Lernen und Lehren, das sich aus der Gnade versteht, mit Klarheit dagegen angehen. Dies geschieht nicht durch Indoktrination, sondern dadurch, dass die Lernenden wie die Lehrenden die Probleme, die sie wirklich haben, formulieren und gemeinsam daran arbeiten.

Dass das auch im Mathematikunterricht geht, habe ich erlebt. Der Informations- und Methodenvorsprung des Lehrenden geht in die Kommunikation am geeigneten Ort ebenso ein, wie die Praxiserfahrung der Lernenden wir der Lehrenden. Eine solche problemformulierende Bildungsarbeit, das möchte ich einmal ausdrücklich betonen, ist aber nicht nur für die Vernachlässigten, also die Campesinos, an die Paulo Freire denkt, die Hauptschüler, von denen ich eben sprach, oder die Sonderschüler in München bei Iris Mann, von Wichtigkeit, sondern mindestens ebenso für die hochbegabten Schüler der Gymnasialklassen. Ich hatte vor Jahren eine Schulendfreizeit für ein Düsseldorfer Jungengymnasium zu halten; die Schüler wollten während dieser Freizeit mit mir über den Existenzialismus und sein Verhältnis zur Theologie diskutieren. Ich betrat den Raum, es saßen da etwa 80 Primaner, also Dreizehntklässler, rechts ein Block in roten Hemden, links ein Block in schwarzen Hemden (von mir aus gesehen, von ihnen aus gesehen andersherum), in der Mitte ein Tisch mit lauter jungen Herren in Straßenanzügen, Hemden und Krawatten (es war noch vor der Zeit von Jeans und Parker). Ich hielt meinen Vortrag über Sartre in Beziehung zur Theologie unter verschiedenen Gesichtspunkten; anschließend ergab sich eine Diskussion bis nachts um eins, es diskutierten die roten Hemden, es diskutierten die schwarzen Hemden, der Tisch mit den Herren im Straßenanzug, mit Hemd und Krawatte sagte nichts. Ich versuchte sie immer hervorzulocken und fragte schließlich: „Wo bleibt denn der Beitrag dieser Gruppe?" Donnerndes Gelächter links und rechts. „Das, das sind die Humanisten." Es waren sicher die begabtesten Schüler der Schule. Was sie nie gelernt hatten, war, eigene Fragen zu stellen, eigene Probleme zu formulieren, Stellung zu beziehen; und so kommen wir dann zu den Akademikern, die in der ganzen Welt um ihr hervorragendes Wissen beneidet werden, aber nicht fähig sind, rechtzeitig zu erkennen, was eigentlich in Hitler aufs Tapet getreten ist. Wo war denn der rechtzeitige Widerstand der deutschen Universitäten? Fehlanzeige, leider. Hier war der Ursprung zu beobachten: Geschult war nur der „Kopf", der Intellekt, getrennt vom ganzen übrigen Menschen. – Andererseits: so vorläufig, so pubertär auch, was von rechts, von links kam, gewesen sein mag, ganz gleich, auf dem Punkt, den sie erreicht hatten in ihrer Entwicklung, formulierten die roten wie die schwarzen Hemden ihre Meinungen und ihre Sicht. Sie traten für etwas ein. (Übrigens ist das ja auch für den Lehrenden viel interessanter; hier kann er sich stellen und sehen, ob er „dafür“ etwas hat.) Die in der Mitte konnten das nicht. Aus ihnen müssten vielleicht erst einmal junge Menschen (!) werden.

4. Verzicht auf Leistungsdruck bedeutet nicht „Laissez-faire“-Stil

Der Lehrer, der im real existieren Schulsystem dem Schüler das Schicksal ersparen will, ein Jahr länger darin bleiben zu müssen, durch Sitzenbleiben aus seiner Gruppe herausgerissen zu werden oder durch die schlechten Abgangsnoten keine Stelle zu finden, kommt bisweilen nicht umhin, die Mitarbeit des Faulpelzes zu erzwingen; denn diesen gibt es auch. Das ist aber nicht das, was ich unter „Leistungsdruck“ verstehen möchte. Der Lehrer, der die Mitarbeit des Faulpelzes erzwingt, aus Gründen wie den oben genannten und ähnlichen, wird diesem Faulpelz dadurch alles andere als langweilig werden; es entspinnt sich so etwas wie ein Zweikampf, wo auf der Seite des Stärkeren, des Lehrenden, Humor, Interesse, Sorge im Spiel ist – und auf der anderen Seite möglicherweise zum ersten Mal die Erfahrung, dass jemand dieses alles aufwendet für (!) den Faulpelz. Die Ergebnisse können erstaunlich sein. Ich denke an einen alten Lateinlehrer bei uns, der es fertig brachte, die faulste Klasse 10 zum Arbeiten zu bringen, indem er einerseits alle Schlager ins Lateinische übersetzte, andererseits 4 Seiten Grammatik pro Stunde verlangte, dafür einen Wanderpreis stiftete; er gab nicht nach, blieb der Schüler schlecht, so gab‘s die Fünf. Aber es gab viel weniger Fünfen bei ihm. Nicht wegen Laissez-faire! Es wurde auf einmal gelernt. Es ging ihm um die jungen Menschen. Leistungsdruck dagegen ist der anonyme Druck, der auf Lehrern und Schülern lastet, wo die Schule als ihre erste geheime Aufgabe die Selektion ansieht, deshalb Noten nach der Gauß'schen Kurve erteilt werden müssen, Lehrer entlassen werden, wenn sie zu gute Noten geben, sodass immer außer der eigentlichen Aufgabe der Schule, Kinder zu bilden, ihre Lernfähigkeit zu entfalten, jene andere im Nacken des Lehrers sitzt und über ihn im Nacken des Schülers. Wir Religionslehrer haben es da ja manchmal gut, weil unsere Noten nicht so ernst genommen werden; allerdings kann man mit der Religionsnote auch manchem helfen!

Auf solche Weise aber das geltende System wie ein Schweyk zu unterlaufen und Kindern trotz des Systems dazu zu verhelfen, dass sie etwas lernen können und dass sie etwas werden können, das darf nicht das einzige angestrebte Ziel sein. Vielmehr wird der Lehrer seinen Zorn auf das Selektionssystem im gegebenen Zusammenhang formulieren und in seine politische Arbeit einbringen.

5. Der politische Kampf des Lehrenden um veränderte Lernbedingungen für die Abhängigen ist Teil seines Berufes

Solange die Frage danach, was mit dem Menschen geschieht, als politisch zweitrangig betrachtet wird, z.B. Geld für Kinder und Jugendliche als erstes gestrichen wird, Lehrermangel bei vorhandenem Lehrerüberschuss unerträgliche Situationen schafft usw., wird die Grunderfahrung dieser strukturellen Inhumanität, die verstärkt an vielen Arbeitsplätzen gilt, immer wieder deformierte Persönlichkeiten hervorbringen. Darüber hätte ich jetzt gerne einen langen Exkurs gehalten. Ich denke, dass unsere Gesellschaft eine Verschwendungsgesellschaft ist, insbesondere in Bezug auf die Verschwendung menschlicher Seelen, genau durch das System, das ich zu skizzieren versuchte. Ich zähle zu den „deformierten Persönlichkeiten" z.B. die halbe Million Wissenschaftler, die am Overkill arbeiten. Sie machen die Gräuel der modernen Kriegsvorbereitung überhaupt erst möglich. Warum verweigern sie sich nicht? Geschlossen und selbstverständlich und jeder von ihnen? (Einzelne Beispiele gibt es, Molander etwa, der das Pentagon verließ als Nuklearingenieur.) Ihr moralischer Defekt, nämlich das Unvermögen zur Empathie, entspringt einer Erziehungserfahrung, in der der Mensch zweitrangig war, nur seine Leistung zählte.

Ich komme zum Schluss. Unterscheidet sich der Lehrer, der aufgrund der Rechtsfertigungslehre, der befreiten (!) Rechtfertigungslehre, für ein befreites Lernen eintritt, noch in irgendetwas von dem Lehrer, der aus anderen Traditionsströmen schöpfend in die gleiche Richtung arbeitet? Theoretisch denke ich: ja. Der Punkt, das theologische Plus, ließe sich formulieren, und ich habe ihn gelegentlich formuliert, nur interessiert er mich in diesem Augenblick nicht, weil es um Lehren und Lernen geht. Praktisch gibt es für den evan gelischen Lehrenden vor allem einen Nachholbedarf, und nur dieser war mir jetzt wichtig.

Angst und Gottesfurcht[1] (1984)

Liebe Freunde,
erwarten Sie bitte jetzt kein abgeschlossenes Werk. Ich möchte vielmehr mit Ihnen meditieren und Sie einladen, an den Gedanken teilzunehmen, die das mir gestellte Thema in mir ausgelöst hat, in Fortsetzung von Gedanken, die einem in den letzten Jahren sich geradezu aufgedrängt haben.

Wie kommt es, dass das Christentum in den weißen Industriegesellschaften keine kräftige Gegenmacht gegen die inhumane Entwicklung dieser Gesellschaften ist? Wie kommt es, dass zum Beispiel ein Vertreter aus Südafrika nach Jahrzehnten der Apartheid noch bitten muss um mehr Solidarität?

Was ist eigentlich los, was lähmt uns?

Als erstes möchte ich dazu sagen: Wir kommen ja her aus einer Tradition, gerade im deutschen Protestantismus, wo Angst haben als unmoralisch galt, aus einer Tradition eines heroischen falschen Menschenbildes, was insbesondere für die Männer galt, aber das waren ja sowieso immer die einzig wirklichen Menschen. »Angsthaben ist unmoralisch«, habe ich in meiner Erziehung noch gehört. Ich hoffe, dass die Jüngeren es nicht mehr so viel gehört haben.

Angsthaben ist natürlich, wenn diese Angst begründet ist, überhaupt nicht unmoralisch, sie gehört zum Menschen. Man soll sie auch nicht verdrängen. In der Bibel wird Angst nicht verdrängt. Denken Sie daran, in wie vielen Psalmen, die ja Gebete sind, die Angst bedrohter Menschen zum Ausdruck kommt, wie sie sie keineswegs überspielen, sondern von den gewaltigen Stieren sprechen, die uns auf die Hörner nehmen wollen, oder von Wasserfluten, die uns ersäufen wollen; in ihrer Angst schreien sie zu Gott. Dagegen ist gar nichts zu sagen. Allerdings müssen wir es uns in unserem Land immer noch selber sagen

1 Meditation beim Kongress der »Christen für die Abrüstung« am 5. Oktober 1984 in Hamburg. Der Text wurde leicht gekürzt.

und auch manchem unserer Politiker. Wenn ich zum Beispiel daran denke, dass unser jetziger Verteidigungsminister dem Kreis für geistig-sittliche Erneuerung, der sich um Filbinger herum gebildet hat, gesagt hat: »Wenn ich mich mit den Gemeinden draußen im Lande herumschlagen muss, stelle ich immer fest, dass sie das Überleben für so wichtig halten. Und das ist doch eigentlich gar nicht christlich.«

In der Bibel ist das Leben das ganz große Geschenk Gottes. Und wenn da ein führender Politiker meint, wir sollten nicht so viel Angst haben um das Überleben unseres Volkes, müssen wir ihm schlicht widersprechen. Und in der Geiselsituation, in der wir uns befinden, haben wir Grund dazu.

Allerdings lesen wir in der Bibel auch immer wieder und durchgehend als ein ganz typisches Wort dieses Buches das »Fürchtet euch nicht«. Es steht im Alten Testament. Es wird zum Beispiel dem jungen Josua gesagt in Josua 1, als er die Nachfolge Moses antreten soll. Es steht in der Weihnachtsgeschichte. Es zieht sich durch das Alte und das Neue Testament. Unsere Jahreslosung »Gott hat uns nicht gegeben den Geist der Furcht«, so übersetzte Luther, heute übersetzt man: »den Geist der Verzagtheit«, passt dazu. Nur sind solche Worte kein Aufruf zum Verdrängen, wie es der Heroismus unserer Tradition gewesen ist. Verdrängte Angst ist ja auch nicht wirklich weg. Sie ist nur ins Unterbewusste verbannt und treibt dort ihre giftigen Blüten. Nein, dieses Wort ist in der Bibel nicht Aufruf zum Verdrängen, sondern es ist Trost. Es ist zugesprochen. Es ist etwas, was man sich nicht selber sagen kann, sondern was von Gott, von Jesus her den Menschen gesagt wird, was sie hören und aufnehmen dürfen. Und dieses Wort macht nicht, dass dann die Angst mit einem Mal weg ist, sondern es bewirkt, dass der Geängstigte wieder aufblickt, die Hand ergreift, die sich ihm darbietet und wieder anfängt, Schritte zu tun.

Dazu gehört aber nun in der Bibel eine andere Beobachtung. Gerade wenn gesagt wird »Fürchtet euch nicht, fasst wieder Mut, ich bin bei euch, ich tröste euch, ich trage euch«, finden wir im engsten Umkreis solcher Worte die Warnung davor, Gott zu verlieren. Wir sollen Entscheidenderes fürchten als das, wovor wir Angst haben in der Welt. Wir sollen nämlich fürchten, uns von Gott trennen zu lassen durch unsere Angst.

Was ist los, dass es uns so schwerfällt, einfach wie ein Kind uns getröstet zu fühlen im Glauben? Ich denke, wir sind erwachsener geworden im Lauf der

Geschichte. Wenn in der Bibel steht, wir seien Gottes Kinder, hören wir das manchmal so, als wären wir Gottes Säuglinge. Gucken wir aber genau zu im Neuen Testament, dann ist vorausgesetzt, dass wir Gottes erwachsene Kinder sind, die erwachsenen Söhne und Töchter Gottes, – oder werden sollen...

Uns sind die Schätze Gottes anvertraut wie den Knechten, denen die Talente ausgeteilt wurden. Säuglingen kann man so etwas nicht anvertrauen. Erwachsenen sehr wohl. Denken Sie daran, wie Jesus seine Sache seinen Jüngern anvertraut. Sie sollen sich nicht in die Wiege betten und in den Trost Gottes einlullen, sondern sie sollen sich auf den Weg machen und vielleicht erst dann entdecken, was der wahre Trost Gottes ist.

Wenn ich frage, was mit uns los ist, scheint mir als erstes: Die Kirche, aus der wir kommen, hat uns infantil gehalten, jahrhundertelang. Der Christ sollte sich gefälligst keine Gedanken machen über gesellschaftliche Belange. Er sollte zur Obrigkeit, die es auf sich genommen hatte, Gott für ihn zu vertreten, einfach aufblicken, den lieben Gott einen guten Mann sein lassen und den König auch, sein Privatleben in Ordnung halten und politisch schlafen. Dafür gibt es Beweise. Es gibt auch Beweise, dass die Obrigkeit, die ja gleichzeitig Bischöfe unserer Kirchen waren, – der König von Preußen war Bischof der evangelischen Kirche in Preußen – ganz bewusst die Gemeinden in einer solchen Weise einwiegen wollten.

Also haben wir nicht genügend gelernt, die erwachsenen Kinder Gottes zu werden. Wir sind noch auf dem Weg.

Christen anderer Länder, gerade auch in der vermeintlich unterentwickelten Dritten Welt, machen uns da sehr viel vor. Wie selbständig nehmen Basisgemeinschaften in der lateinamerikanischen Kirche ihr Schicksal als Bürger und als Christen in die Hand, sagen: Wir sind die Kirche und handeln als solche. Wir trauen uns noch nicht. Ich denke, wir waren zu lange am Gängelband. Fürchtet Gott, ehrt den König, steht in der Bibel. Wir haben aber gelernt: Fürchtet den König und die da oben. Nehmt euch nicht zu viel heraus. Wir haben schon fast ein schlechtes Gewissen, wenn wir zu eindeutige Initiativen ergreifen. – Kennen Sie das nicht auch?

Wir wissen heute viel mehr als unsere Vorfahren darüber, woher Katastrophen den Menschen bedrohen können, nicht nur Naturkatastrophen, auch da wissen wir viel mehr. Wir bauen nicht mehr eine Kirche oder geloben eine

Bußprozession, wenn eine Sturmflut kommt, wie sie hier in Hamburg war, sondern wir fragen: Warum waren die Deiche nicht hoch und fest genug, wer hat denn da nicht aufgepasst? – Wir wissen, da kann man etwas tun.

Wir wissen auch viel mehr über die Ursachen politischer Katastrophen, wenn wir es nur wissen wollen. Man erzählt uns sehr viel über Verteidigung, die angeblich nötig sei gegenüber dem Osten. Und wenn wir dann Air Land-Battle genau lesen, ist da dauernd von Rohstoffen die Rede, die wir uns sichern müssen. – Wie ist denn das da mit der Verteidigung? Sollen diese Verteidigungskriege, von denen die Rede ist, vielleicht in Wirklichkeit Raubkriege sein, wie schon so lang in unserer Kolonialgeschichte in Europa?

Wir wissen sehr viel mehr.

Wir wissen auch ganz genau, warum es so schwierig ist, den Gefahren zu begegnen. Wir wissen, wie schwerfällig die großen Parteien sind, wie sie ihren eigenen Idealen untreu werden, wie sie immer die verkehrten Leute in die führenden Positionen kommen lassen. Wenn wir wollen, können wir auch wissen, woran das alles liegt, es ist alles aufgehellt. Über all dem, was wir wissen, haben wir aber eins versäumt. Der Psychoanalytiker Erich Fromm drückt das so aus: »Wir versäumten, uns selbst zu Menschen zu machen, die aller solcher Kenntnisse wert wären und mit ihnen umgehen könnten.«

Ist es nicht so, dass das viele Wissen uns allzu leicht zum Achselzucken bewegt: Man kann ja doch nichts mehr machen; dass diejenigen, die weniger wissen, aber mutigere, erwachsenere Menschen sind, wie z.B. in Lateinamerika, uns vormachen, was man alles tun kann.

Die 80.000 Basisgemeinden in Brasilien haben das Gesicht der brasilianischen Kirche verändert. Und man wird an ihnen nicht mehr vorbeigehen können.

Wir versäumten, uns selbst weiterzuentwickeln, gerade auch im Glauben. Nicht die besten Leute kommen auch bei uns in der Kirche nach oben. Oftmals ist es so, dass in der Kirche wie auch im Staat diejenigen, die oben sind, weniger wissen als wir, weil sie weniger wissen wollen…

Sehen Sie, mit all dem will ich folgendes andeuten: Wir als die erwachsenen Söhne und Töchter Gottes haben Teil an seinen Sorgen.

Vielleicht ist uns dieser Ausdruck ungewohnt. Aber wenn wir die Bibel ansehen, dann finden wir da einen Gott, der sich sorgt um sein Volk, der sich ängstigt um sein Volk. Nicht nur Menschen klagen, nicht nur der menschgewordenen Gott Jesus klagt, sondern Gott, der durch die Propheten spricht, drückt seine Angst, seine Sorge aus um sein Volk, seine Trauer.

Und was die Glaubenden auszeichnet, ist eigentlich das, dass sie teilnehmen an den Sorgen Gottes.

Als Gott Menschen zu seinem Bild schuf, schuf er Wesen, die ihm, wie ein Kind mir einmal gesagt hat in der 5. Klasse, einen Strich durch die ganze Rechnung machen können. Wir wissen es heute, sie können die Schöpfung zerstören.

Es sieht ja in der Schöpfungsgeschichte auch so aus, als hole der Schöpfer tief Atem: Alles andere schafft er durch sein Wort, aber dann geht er erst mit sich selbst zu Rate: Lasset uns Menschen machen, ein Bild, das uns gleich sei« – und danach erst heißt es: »Und er schuf den Menschen, ihm zum Bilde.«

Gott will den Gesprächspartner, nicht das Baby in der Wiege, das er einsingen muss. Er will den erwachsenen Sohn, die erwachsene Tochter, die seine Dinge wahrnehmen in der Welt, die als sein Gegenüber zu ihm sprechen. Denken Sie an die Beter in der Bibel, wie sie manchmal Gott widersprechen in ihrem Gebet und versuchen, ihm das Leben der Menschen, die sie lieben, abzuringen. Die stehen Gott gegenüber wie ein Freund dem Freund, so heißt es von Abraham einmal. So will uns Gott. Und das heißt: In einer Lage wie der heutigen sind wir aufgerufen, die Sorgen und die Trauer Gottes mitzutragen.

Gottesfurcht ist im Alten Testament das Wort für Religion. Es bedeutet aber nicht Angst vor Gott, sondern es heißt wissen, dass es das Allerwichtigste ist, den Zusammenhang mit Gott nicht zu verlieren… und dann blind und taub zu werden für das, was in der Welt an Prioritäten zu setzen ist…

Dietrich Bonhoeffer schreibt: »Christen stehen bei Gott in seinem Leiden.« Es tut gut, jetzt einmal wieder seine Briefe zu lesen, Widerstand und Ergebung. Er schreibt ja ein ganz ungeheuerliches Wort darin, dass der ohnmächtige Gott es sei, der als einziger uns helfen könne; ganz ungewohnt für uns. Das ist nicht der kraftlose Gott, sondern der Gott, den die Ohnmacht der Liebe kennzeichnet, die den anderen nicht zwingen, sondern nur um ihn werben, nur ihn bitten, nur ihn anreden kann.

Wenn der Gott Israels bei den Propheten sein Gericht androht, wenn Israel sich nicht endlich bekehrt und auf ihn hört, dann spricht da der mächtige Gott.

Aber wenn er dies Gericht vollziehen müsste, wäre eines klar: er hätte nicht erreicht, was ihm das Wichtigste ist. Er will nicht richten, er will gewinnen. Und die Androhung des Gerichtes ist so etwas wie ein letzter Akt des Werbens in Bitterkeit und Trauer.

Gottesfurcht heißt deshalb für uns heute, sich die Sorgen Gottes nicht ausreden lassen, die Bereitschaft, sie mitzutragen, sie gewissermaßen mit Gott zu teilen. Das heißt, ich wage es in unserer immer noch so wohl abgesicherten Gesellschaft kaum auszusprechen – es heißt die Bereitschaft zum Kreuz. Wir können das nur ganz bescheiden sagen. Südafrikanische, lateinamerikanische Christen wissen, was das heißt.

Wenn wir ihre Gebete lesen, die z.B. unter dem Titel »Sehnsucht nach dem Fest der freien Menschen« veröffentlicht worden sind, habe ich immer das Gefühl, wir dürfen sie noch gar nicht auf die Lippen nehmen, weil wir die wohlversorgten Babys Gottes sein möchten. Und dort wird mit Christus das Kreuz geteilt von erwachsenen Christen.

Wir dürfen nicht erwarten, wie ich glaube, jemals wieder in so sorgloser Ruhe dahinzudämmern, wie wir es einmal taten. Diese Zeiten sind vorbei. In späteren Zeiten können wir vielleicht eine erwachsene gemeinsame Sicherheit aller Menschen miteinander finden, die auf Solidarität und Gerechtigkeit gegründet ist. Aber so weit sind wir noch nicht. Um ein biblisches Bild zu gebrauchen: Wir sind auf dem Weg durch die Wüste. Im gelobten Land, wo die Kinder Gottes als Brüder und Schwestern miteinander leben, sind wir noch nicht.

Wir sollen nicht zu den Fleischtöpfen Ägyptens zurückschauen, zu jener babyhaften, eingebildeten Ruhe – für Babys ist sie echt, aber wir sind keine.

Heute ist für uns dran: Wenn Gott um seine Menschen trauert und sich sorgt, ist für uns nicht die Zeit, sorglos leben zu wollen. Aus der Trauer und dem Ernst Gottes wächst uns der Mut zur unbeirrbaren, immer intensiveren Arbeit für den Frieden. Indem wir mit anderen zusammen in der Arbeit stehen, erfahren wir vielleicht überhaupt erst, was Trost Gottes bedeutet.

Solange wir noch immer relativ wohl abgesichert in allererster Linie vorsichtig sind für uns selbst, hören wir zwar: Fürchtet euch nicht, aber wir können es nicht aufnehmen. Denn der Trost gilt denen, die um Gottes Willen Gefahren auf sich nehmen und Schwierigkeiten, die das Kreuz mittragen lernen, allmählich, schrittweise, die sich immer wirksamere gemeinsame Arbeit überlegen, um den Druck von unten Realität werden zu lassen.

Wissen Sie, ich habe manchmal das Gefühl, wir haben im bürgerlichen Christentum hier in Deutschland, und besonders wir evangelischen Christen, ein 11. Gebot, das lautet: »Du sollst alles Mögliche tun, aber du sollst dir keine Schwierigkeiten machen.« – Nur steht dieses Gebot in der ganzen Bibel nicht, von vorne bis hinten. – Für uns ist das aber möglicherweise gar nicht mal das 11., sondern das allererste Gebot, noch vor dem 1. Gebot. Wir haben fast ein schlechtes Gewissen, wenn wir unvorsichtig sind.

Nun, wir sollen ja auch nicht unüberlegt unvorsichtig sein, das verlangt kein Mensch, aber gemeinsam eine viel lautere Stimme erheben, viel unbeirrbarer uns noch überlegen, was wir tun müssen, das sollen wir allerdings. Vielleicht steht uns die entscheidende Erfahrung der Christen überhaupt noch bevor, von der wir in unserer Kirche, wie eine Schülerin das einmal ausdrückte, nur die Idee haben, aber nicht die Sache selbst, was das eigentlich heißt: Gott ist mit uns.

Das dürfte keine angenehme Sache sein, wohl aber vielleicht eine, die unser Leben und unseren Glauben erst richtig erfüllt.

Meine Übersetzung für Gottesfurcht: Sich die Sorgen Gottes nicht ausreden lassen, sie teilen und mit Gott gegen die Gefahren wirken.

Alltagserfahrungen von Jugendlichen, theologisch interpretiert (1985)

1. Ausgangspunkt und Methode dieser Untersuchung

1.1 Die theologische Kompetenz der Gemeinde

»Theologie«, »theologisch« – das sind in unserem Kulturkreis Begriffe, denen einerseits Abstraktheit, Schwierigkeit assoziiert wird – eine Sache für Spezialisten, fast eine Art Geheimwissenschaft, weit entfernt von den Erfahrungen des Durchschnittsmenschen; ein wenig verdächtig auch in ihren Behauptungen, weil ja nicht nachprüfbar; Begriffe, die andererseits einen Autoritätsanspruch signalisieren, dem man sich zwar zu entziehen gedenkt, natürlich, den man aber nicht groß bestreitet, lieber auf sich beruhen lässt. Eine Sache für »die da oben«, oder besser: für einige »da oben«. Immer wieder berichten Studenten, dass sie groß angeschaut, befremdet bis amüsiert gefragt werden: »Theologie studierst du??«

Diese Situation ist ein Erbteil der Zeiten, in denen die offizielle Kirche allerdings Macht über die Menschen besaß, aufs engste verbunden mit der Staatsmacht. Die Zeiten sind, bis auf Reste, vorbei. Doch auch in ihnen galt, dass die autoritative Lehre »von oben«, der zu widersprechen nicht ratsam war, niemals die ganze Theologie darstellte. Immer wurde auch an der »Basis« gedacht, geglaubt, Theologie gelebt; und sie war keineswegs immer identisch (etwa nur in »vereinfachter« Form) mit dem, was »oben« gelehrt wurde. Die Gemeinde, die ganz gewöhnlichen Kirchenmitglieder, hatten und haben ihre eigene theologische Kompetenz, auch wenn diese nur gelegentlich zu neuen Aufbrüchen »von unten« führte. Zu solchen Aufbrüchen (Reform- und Protestbewegungen vom frühen Mönchtum bis zu Reformation und frühem Pietismus und bis zur Bewegung der Basisgemeinden heute) gehörte meist ein Funke, der von »ein wenig oberhalb« der Gemeinde kam, einem einzelnen Mönch, einer Priestergruppe, einem einzelnen Theologieprofessor, der dem, was »unten« gedacht, erfahren, erlitten, vermutet wurde, nahe genug stand[1], um es zu formulieren und im Licht des Evangeliums (nicht der herrschenden Theologie!) neu zu bedenken – und mit einem Schlage wurde deutlich, was »unten« wirklich lebte. Es brachte und bringt dann, auch trotz oft schlimmster Unterdrückung, die ganze Kirche voran.

Aber auch abgesehen von diesen besonderen Zeiten ist die Gemeinde, d.h. die ganz gewöhnlichen Kirchenmitglieder, immer das eigentliche »Subjekt der Theologie«. Was »unten« geglaubt wird, das wird wirklich geglaubt und macht die Wirkung des Christentums in der Welt aus. Nur neue Erfahrungen, die »unten« gemacht werden, erneuern das Christentum wirklich. Jugend gehört zu denen »unten«. Wir haben Anlass, uns mit der Theologie zu beschäftigen, die ihre alltäglichen Erfahrungen sie lehren.

1.2 Zur Methode

Es wird in diesem Beitrag keine empirische Untersuchung vorgelegt; vielmehr werden Erfahrungen beschrieben, die die Verfasserin für symptomatisch hält. Doch sei aus diesem Anlass ein kurzes Wort über Empirie im religionspädagogischen Raum gesagt: Sie ist einerseits dringend notwendig, um sowohl die allgemein-sterile Rede von »dem Menschen«, der »letztlich immer derselbe« sei (die sich der Theologe endlich verboten sein lassen muss), zu überwinden als auch die unausweichliche Begrenztheit von Einzelerfahrungen zu überschreiten. Andererseits: Wie kommen theologisch und religionspädagogisch sinnvolle Fragestellungen für empirische Untersuchungen zustande? Hier muss etwas theologisch auffällig geworden sein, für symptomatisch gehalten werden, damit Empirie überprüfend tätig werden kann. Einen anderen Weg, so scheint mir, gibt es nicht.

1 Die Ambivalenz des Mittelstandes!

Und so nimmt denn diese Arbeit Äußerungen Jugendlicher, beobachtete Begebenheiten oder auf solchen beruhende Literatur zum Anlass, um von ihnen aus in das Erfahrungsfeld vorzustoßen, das bedacht werden soll. Zur Interpretation werden nicht nur theologische Erwägungen angestellt, sondern auch und meist vorweg human- und gesellschaftswissenschaftliche Analysen herangezogen, die aber, wie ich zu zeigen hoffe, theologische Relevanz besitzen.

2. Alltagserfahrungen von Jugendlichen

2.1 Die Jugendlichen in der »Leistungsgesellschaft«

Eine 15jährige Schülerin im Religionsunterricht: »Ach, wissen Sie, wenn es das wirklich gäbe, das mit der Gnade und der Vergebung der Sünden, dann müsste man doch viel öfter etwas davon merken. In Wirklichkeit muss man immer fit sein; man darf keine Fehler machen, sonst ist man gleich out. Vielleicht hat man ja mal einen Freund, der sich wirklich für einen interessiert; mit dem kann man dann auch mal über eigene Fehler reden – aber auch nur solange, wie man gegen den keinen Fehler macht. Die Kirche gibt einem von der Gnade nur die Idee, aber nicht die Sache selbst.«

Die Jugendliche vermisst schmerzlich, was sie sehr gern hätte und was andererseits den Kern kirchlicher Verkündigung und theologischen Nachdenkens ausmacht: die Wirklichkeit und Wirksamkeit von Gnade. Was sie antrifft in der (relativ behüteten) Welt, in der sie lebt, ist das genaue Gegenteil: Der Mensch wird festgelegt auf das, was er »gebracht« hat, sein gesellschaftliches Schicksal hängt davon ab, ob er Fehler macht (und »out« ist) oder sich »fit« zeigt. Brauchen würde man es schon, dass sich jemand »wirklich für einen interessiert« (unterkühltes Wort für Zuwendung und Liebe); aber es gibt es nicht, oder doch nur sehr bedingt. Wo? – nun, nicht etwa in der Kirche, sondern bei einem real existierenden Freund. Dort könnte man vielleicht einmal, zeitweise, ein Stück weit, das wirklich bekommen, wonach man sich sehnt – bis man »gegen den einen Fehler macht«, und man wird Fehler machen. Man ist ein Mensch...

Beschrieben wird die Gnadenlosigkeit der »Leistungsgesellschaft«, und vermisst wird: die Inkarnation von Gnade. Eine Kirche, die nicht nur die Idee, sondern die Gnade selbst den Menschen brächte, müsste offenbar im antreffbaren Gegensatz zur »Leistungsgesellschaft« stehen: Licht in der Finsternis, wie es das Neue Testament von den Christen sagt. Sie müsste auffallen, ein »Zeichen, dem widersprochen wird«, im vollen Sinne subversiv, der Anfang von etwas ganz Neuem...

Es gibt Jugendliche, die an das Grundgesetz der gegenwärtigen Gesellschaft so voll angepaßt sind, dass sie den subversiven Sinn von Gnade gewissermaßen wittern. Ein 15jähriger Gymnasiast zum Gleichnis von den Arbeitern im Weinberg: »Das darf aber nur vor Gott gelten, nicht in der Welt!« Dass jeder »in der Welt« bekommen müsse, »was er verdient«, erschien ihm (übrigens auch dem Großteil der Klasse) als ehernes Gesetz. Zum Beispiel müsse es aufhören, dass »der Fabrikant, der viel leistet, für die Arbeitslosen mitbezahlen muss, die gar nichts leisten.« Ihm schien also, im Gegensatz zu der zuerst zitierten Schülerin, in der gegenwärtigen Gesellschaft schon zuviel an »Gnade« inkarniert zu sein: Das Stückwerk an Solidargemeinschaft, das wir haben, wurde Gegenstand des Angriffs.

Was ist Gnade? Vom Wortsinn her: anmutvolle Zuwendung (χάρις), die erfreut (verwandt mit χαίρειν). Sie ermöglicht ein Offenwerden des Menschen, das die Voraussetzung ist für eigenes Wirken, eigenes Lernen und Vorwärtskommen. I. Mann beschreibt[2], wie eine Münchener Rockerklasse, leistungsunfähig oder jedenfalls -unwillig nach dem Urteil des Sonderschulkollegiums, sich unter erfahrener Zuwendung verwandelt und als erstaunlich »leistungs«-fähig erweist. Jeder interessierte Lehrer kennt solche Beispiele. Diese »Zuwendung« ist kein Laissez-faire! Sie beginnt im Fall der Rocker mit dem Einstehen der Lehrerin für den Schwächsten der Klasse, der den Brutalitäten der anderen ausgesetzt ist, und ihrer Ankündigung, zugunsten dieses Schwächsten Sanktionen zu ergreifen, wenn die Brutalitäten nicht aufhören. Gerade damit nimmt sie ihn, den Schwächsten, und die anderen, die Täter, voll ernst, »interessiert sich wirklich für sie«, wie jene Schülerin formulierte. Und es kommt eine Entwicklung in Gang, die ans Wunderbare grenzt.

---

2 In: Die Kraft geht von den Kindern aus, Lollar 1978, (Edition zweitausend Bd. 57), 91ff. Vgl. auch H. Roth, Die besseren Blöden sprechen für sich. In: M. Veit (Hg,), Stumme können selber reden, Wuppertal 1978.

Offenbar ist es keineswegs die Regel, dass Jugendliche auch nur im Bereich der Schule die Erfahrung solcher Zuwendung machen. Verständlicherweise, denn das vorhandene Schulsystem ist auf Leistungsdruck und Selektion begründet. Damit ist es geprägt von der doppelten Schizophrenie: Erstens wird unter Leistungsdruck weit weniger geleistet, als der Mensch leisten könnte und eigentlich leisten will, und zweitens wird von »Bildung« geredet, aber »Selektion« betrieben.

Für den Religionsunterricht, der verständlich machen will, was »Gnade«, was »Rechtfertigung ohne Leistung« bedeutet und wie gerade sie mehr lebendiges Tätigsein hervorbringt als aller Leistungsdruck (Gal. 5,6), entsteht so eine vertrackte Situation, wie die zuerst zitierte Schülerin sie knapp und klar zum Ausdruck bringt. Psychologisch gesprochen ist es die Situation eines »double bind«[3]: Verbal wird verdeutlicht, was Gnade sei; aber gerade wenn es sehr gut gelingt, fällt auf, dass die nonverbale Botschaft des gesamten Kontextes Schule das Gegenteil verkündet. Da die nonverbale Botschaft der realen Verhältnisse immer die stärkere ist gegenüber einer noch so gut gemeinten verbalen, muss der Jugendliche sich betrogen fühlen. Gibt es einen Ausweg?

Mir scheint, der einzige christlich mögliche ist der, eben diese Situation klar zu thematisieren. Es ergibt sich daraus, dass Kirche mehr Kirche werden muss, als sie es heute ist: gerade nicht identisch mit den Wertvorstellungen der umgebenden Gesellschaft, sondern (klarer und weniger zaghaft, als sie es heute gelegentlich schon tut) im Widerspruch zu ihr, um der Menschen willen. Aus dem Sich-betrogen-Fühlen wird so eine Zukunftsaufgabe ernster und nicht ungefährlicher Art, dringlicher als jede andere. (Natürlich muss der Schüler auch im Verhalten seines Lehrers, im deutlichen Eintreten für ihn als Menschen bei gegebener Gelegenheit, schon etwas von diesem Widerspruch bemerken.)

3 J. Bateson u.a., Schizophrenie und Familie, Frankfurt 1969.

2.2 Die Jugendlichen in der Konsumgesellschaft

Das Dilemma des Menschen in der Konsumgesellschaft ist oft und unter verschiedenen Gesichtspunkten thematisiert worden. Einerseits verlangt das Wirtschaftssystem, dass konsumiert wird, damit der Absatz läuft, Investitionen sich lohnen, Wachstum gesichert scheint. Die ungeheure Ausbreitung und Aufdringlichkeit der Konsumwerbung entspringt dieser Situation, wechselnde Moden auf allen Gebieten heizen den Umsatz an, verlockende Angebote überstürzen sich. Andererseits: Gerade dadurch wird der Mensch unter Druck gesetzt. D. Riesman beschreibt[4] die ständige nervliche Überanstrengung dessen, der »mithalten« muss, das Nicht-zur-Ruhe-Kommen des »außengelenkten« Charakters. E. Fromm[5] diagnostiziert in der »Marktorientierung« als der vorherrschenden Charakterprägung eine sehr schwere und fast hoffnungslose seelische Erkrankung – hoffnungslos deshalb, weil sie zwar einen zentralen Ich-Verlust des Individuums bedeutet, dieses aber aus der Gesellschaft nicht ausgrenzt (wie andere, peripherere Erkrankungen) und darum lange Zeit nicht als Krankheit bemerkt zu werden braucht. H. Stubenrauch[6] schreibt mit Bezug auf die arbeitenden Jugendlichen: »Sie müssen am »Job – Arbeitsplatz« funktionieren wie eine disziplinierte Maschine, die im gemessenen Leistungsquantum »Weg-mal-Zeit-gleich-Leistung« entlohnt wird, und sie sollen in ihrer Freizeit auf Teufel-Komm-Raus konsumieren. Das Grundmuster ihrer kulturellen Erziehung zielt darauf ab, sie schizophren zu machen: Gespalten in den sich mit Gefühlen, Bedürfnissen und Wünschen selbst aufopfernden Produzenten und in den seinen entgrenzten, ungestillt wuchernden Wünschen ausgelieferten Konsumenten.«

Was findet auf der Konsumseite des Lebens eigentlich statt? Die Quintessenz psychologischer Analysen ist, dass Ersatzbefriedigungen geboten und akzeptiert werden an Stelle dessen, was der Mensch, insbesondere der junge Mensch, eigentlich brauchen würde: reifen zu können, erwachsen zu werden, zu einer eigenen Beurteilung der Realität und zu selbstverantworteter Tätigkeit zu finden, fähig zu werden zur Liebe, zur Kooperation mit anderen, zu Feier, Spiel,

---

4 D. Riesman, Die einsame Masse, Hamburg 1958.

5 E. Fromm, Psychoanalyse und Ethik, Zürich 1954 (Der englische Titel lautet »Man for himself«!).

6 In: Th. Ziehe/H. Stubenrauch, Plädoyer für ungewöhnliches Lernen, Hamburg 1982, 261.

Genuss. Schul- und Arbeitssystem aber lassen immer weniger jungen Menschen Raum zur Selbstfindung; auch in der Früherziehung der Familie lässt »emotionelle Kälte«[7] seitens der selbst unter Druck stehenden Eltern oder aber »Pädagogisierung der Kindheit«[8] viele Kinder die wichtigsten Voraussetzungen entbehren, die ihnen ein sicheres Gefühl ihres eigenen Wertes als Person vermitteln könnten. Damit fehlt der Impuls zum Reifen, zum Erwachsenwerden. Konsumgüter sollen die innere Leere überdecken, d.h. es liegt in ihnen ein Element des Betrugs.

Das gilt sowohl für diejenigen Jugendlichen, die sich unter gegenwärtigen Bedingungen noch allerhand an Konsumgütern leisten können (das Mofa oder Motorrad des Lehrlings, Lederkluft, teure Sportkleidung, Hi-Fi-Anlagen usw., durch Ratenkauf und Abzahlung ermöglicht), als auch für die wachsende Zahl derer, die es nicht mehr können. Für sie liegt es umso näher, sich die fehlenden Mittel auf irgendeine Weise zu beschaffen – oder schließlich nach dem Betrugsmittel schlechthin zu greifen, den Rauschgiften nämlich, die sich nicht umsonst ausbreiten.

Die »innere Leere«, von der die Rede war, ist, psychoanalytisch gesehen, eine Ich-Schwäche, mit Neigung zur Regression[9]. Geradezu klassisch formuliert fand ich sie in der Äußerung eines Studenten, der, konfrontiert mit den Wachstumsphasen des Ich nach E. Erikson, meinte: »Und wenn ich nun keine Lust habe, erwachsen zu werden? Ich will ein Spielkind bleiben, wie mit sechs. Der Staat lässt schon keinen verhungern.« Das Phänomen scheint ursächlich verknüpft mit einer Gesellschaft, die zwar kurzfristig Gratifikationen gewährt, aber chaotisch unverlässlich ist in Bezug auf die Zukunft. Die »magische Phantasie des Versorgtwerdens«[10] ist Ausdruck einer gesellschaftlich-ökonomisch bedingten Infantilisierung, eines Festhängens in der oralen Phase. Die Stelle der versorgenden Mutter nimmt in finanzieller Hinsicht »der Staat« ein, in emotionaler die Peergroup der ähnlich strukturierten Altersgenossen[11].

7 H. J. Döpp, Narziss: Ein neuer Sozialisationstyp?, im gleichnamigen Sammelband, hg. v. Häsing/Stubenrauch/Ziehe, Bensheim 1980.

8 H. v. Hentig, Was ist eine humane Schule?, München 1976, 44.

9 Beschrieben vor allem in der Narzissmus-Forschung, s. z.B. Anm.7.

10 Döpp, a.a.O., 21.

11 Vgl. zum entsprechenden studentischen Milieu J. Link, Das goldene Zeitalter, Frankfurt 1981.

Was hat der Theologe zu bedenken? Zweierlei, wie mir scheint. Erstens: Der unersetzliche Wert jedes einzelnen vor Gott, biblisch gesehen, steht der Entwertung eben dieses einzelnen zum ich-schwachen Konsumenten diametral entgegen. Zweitens: Es gehört leider nicht zur vorherrschenden Tradition im deutschen Protestantismus, das Selbstwertgefühl des einzelnen zu pflegen; im Gegenteil. Er, der Protestantismus, ist deshalb schlecht darauf vorbereitet, dem jungen Menschen heute beim Kampf um seinen Wert als Person zu helfen. Zum ersten: Auf dem Spiel steht vor allem der Glaube an Geschöpflichkeit und Auferstehung des Menschen. Geschöpflichkeit: Wie kann ich mich erfahren als ein Wesen, das mit seinem Leben, seinem Ich beschenkt wurde, um in seine Zukunft hineinzuwachsen, einiges vom Reichtum seiner Möglichkeiten zu realisieren, teilzuhaben an der Daseinsfreude des Geschaffenen – wenn ich ständig unter dem Druck einer Gesellschaft lebe, die den Nachweis des Habens von Konsumgütern (»Statussymbole«) von mir verlangt, wenn sie mich anerkennen soll? Wo Haben mehr ist als Sein[12] leidet die Glaubensfähigkeit Schaden. – Auferstehung: Wie kann ein Gott geglaubt werden, der den Menschen als Menschen nicht verloren gibt, der aus dem Tode neues Leben schenkt – wenn doch der Mensch sich selbst als Menschen kaum erfährt?

Wie kann Religionsunterricht dazu beitragen, dass »Menschen sich als Menschen« erfahren«?

Wenn es stimmt, dass der Mensch in der vorherrschenden Tradition des deutschen Protestantismus nicht sehr hoch eingeschätzt wurde (weit mehr als »Sünder« gesehen denn als »Geschöpf« oder gar als »neue Kreatur«) – dann muss der Lehrer zuallererst diese misanthropische Tradition für sich selbst abbauen. Wer den Menschen sowieso für »schlecht« hält, wer keine Achtung vor ihm (auch dem Schüler, auch dem Hauptschüler!) hat, der wird sich schwertun, ihm bei der Verteidigung seiner Würde als Person, ja bei deren Entdeckung allererst, zu helfen. Der Gott der Bibel setzt auf den Menschen: Weder gibt Jesus seine Gegner auf, als hoffnungslose Fälle – er erzählt vielmehr die meisten seiner Gleichnisse für sie; noch hat der Gott des Alten Testaments eine abschätzige Meinung vom Menschen: Hiob 1 wettet er, dass Hiob tauge, nur der Satan setzt ihn hämisch herab…

12 Vgl. E. Fromm, Haben oder Sein, Stuttgart 1982.

Das aber bedeutet, dass es keinen Sinn hat, Jugendlichen das einzige, was ihnen in ihren Augen »Status« verleiht, ihre Konsumgüter nämlich, mies machen zu wollen. Nicht nur wäre das wenig aussichtsreich; es ist auch gerade das Gegenteil notwendig: Sie müssen überhaupt erst erleben, dass sie auch darüber hinaus von Wert sind. Für die Schule gilt: Ihre Beiträge, ihre Fragen, ihre Frechheiten, ja ihre Brutalitäten (dazu s. 2.3) sind wichtiger als Stoffplan und Zensur. Es ist in einer Zeit, die die Seele des Menschen ununterbrochen beschädigt, korrumpiert, verwahrlosen lassen will, damit er nur bei der Konsumstange bleibe, oft gar nicht leicht, dahin zu kommen, dass Jugendliche sich als Menschen spüren, zumal die verschütteten Quellen ihres Menschseins für Erwachsene schwer erreichbar sind. Wer hätte Christiane F.[13] die Gedanken zugetraut, die sie und ihre Generationsgenossen entwickeln, wenn sie unter sich sind? Oder den Schülern von I. Mann und H. Roth[14] ihre erstaunliche innere Kraft?

2.3 Jugendliche und die Erfahrung von Schuld

Landauf landab wird besonders aus den Hauptschulen über ständig zunehmende Brutalitäten der Schüler untereinander berichtet. Und zwar handelt es sich nicht um zielgerichtete Auseinandersetzungen, sondern um eine völlig diffuse Aggressivität: Wer zufällig vorbeikommt, wird attackiert und nicht selten schwer verletzt.

So auch an einer Hauptschule in einer rheinischen Großstadt, in der sich im Dezember 1983 das folgende ereignete: Die Schüler einer 7. Klasse waren seit langem durch eben solches brutale Verhalten aufgefallen; sie warfen mit Scheren, versuchten, sich gegenseitig die Kleidung in Brand zu stecken. Schließlich gewöhnten die Jungen sich an, ihre Mitschüler, Jungen wie Mädchen, zwischen die Beine zu treten, wobei eine 14jährige Portugiesin so verletzt wurde, dass sie zwei Wochen in der Frauenklinik liegen musste. Weder Ermahnungen noch Strafen hatten genützt. Die Lehrerin bemühte sich nun, Mitgefühl für die

13 Christiane F., Wir Kinder vom Bahnhof Zoo, Hamburg 231981, 106ff.
14 Vgl. Anm. 2.

Verletzte zu wecken, indem sie täglich Schüler zum Besuch ins Krankenhaus mitnahm: auch das änderte nichts am Verhalten in der Klasse. Hartgesottene Verbrecher? – Aber: Dieselben Jugendlichen liebten es, bei Kerzenlicht zu sitzen und Weihnachtslieder zu singen, kindlich-glücklich, versunken, als wäre sonst nichts. Hier knüpfte ihre Lehrerin eines Tages an: Während sie Kerzen verteilte und alle sich aufs Singen freuten, sagte sie den Schülern, dass zuvor etwas anderes geschehen müsse: Beichten nämlich. Jeder bekam ein Blatt, auf das er oder sie still für sich aufschreiben sollte, wem er/sie in der letzten Zeit einen Schaden getan oder einen Schmerz zugefügt habe. Niemand würde die Zettel lesen, sie selbst, die Lehrerin, schriebe auch. Nur einer der Jungen weigerte sich zuerst, schrieb dann aber auch wie alle anderen, holte sich noch einen zweiten Zettel, weil ihm so viel einfiel. Die Zettel wurden dann, ohne dass gesprochen wurde (»wir haben unsere Gedanken noch bei dem, was wir geschrieben haben«), in stiller Prozession in den Nachbarraum gebracht und dort an einer Kerze verbrannt. »Ich habe euch mal erzählt, dass die Menschen früher dachten, Feuer und Rauch brächten ihre Opfergaben zu Gott; so können wir uns jetzt vorstellen, dass das, was auf den Zetteln stand, nicht mehr bei uns ist, sondern bei Gott.« Die Klasse kehrte in ihren Raum zurück, die Lehrerin begann, die Kerzen anzuzünden – da sagte der schlimmste Treter nachdenklich in die Klasse: »Jetzt ist ein neuer Mensch geboren.« – Einige Tage nach dem Adventssingen zerriss ein Mädchen bei einer Rauferei auf dem Schulhof den neuen Anorak eines Jungen. Der Tritt blieb aus, er weinte bitterlich: Ein neues, erwachsenes Verhalten zu einem solchen Schaden kannte er noch nicht, das alte wollte er nicht mehr; es musste ihm geraten werden.

Es sind sicherlich Sternstunden der Erziehung, wenn so etwas gelingt; und doch fallen sie nicht vom Himmel. Sie setzen längere Erfahrung von Interesse und Zuwendung voraus, die dann mit einem Mal zu ihrem Ziel kommt. Was ist geschehen? Die Jugendlichen kommen aus einer Welt, in der es kaum so etwas gibt wie Gut und Böse, vielmehr nur Stark und Schwach. Die Strafen, die Ermahnungen waren ihnen als Machtkampf zwischen den Lehrern und ihnen erschienen, ein Kampf, in dem sie hohnlachend die Stärkeren blieben. Jetzt aber, da niemand sie angriff, sondern die Lehrerin mit ihnen zugleich sich auf sich selbst besann, machten sie eine neue Erfahrung: Jeder für sich allein war wichtig genug, sein eigenes Tun zu bedenken, bei sich selbst zu verweilen, und es trat ein einfacher Ernst zutage, wie wohl niemand ihn diesen vernachlässigten Kindern zugetraut hätte. So sonderbar es klingen mag: Gerade die Besinnung auf ihre eigenen unguten Taten gab ihnen Selbstwertgefühl, das Empfinden: Es ist nicht gleichgültig, was ich mit mir mache. Schuldfähigkeit und Selbstwertgefühl gehören zusammen.

Darin liegt zugleich die Erfahrung, dass »Image« und »Wesen« nicht dasselbe sind. In der durch Konsumwerbung bestimmten Gesellschaft kommt es scheinbar nur darauf an, wie man nach außen hin wirkt (vorzeigbar, attraktiv, dynamisch, flexibel..., die Prädikationen der Stellen- und Heiratsanzeigen sprechen Bände!), nicht, wer man wirklich ist. Für die Entdeckung des Selbst sind Gegenerfahrungen unerlässlich.

Aufmerksam machen möchte ich auch auf das Moment der Erwartung, das im Verhalten der Lehrerin liegt. Sie setzt voraus, dass die Kinder schon noch Erinnerungen daran haben, wie der Mensch eigentlich sein oder sich verhalten sollte, und dass ihnen die Gelegenheit geboten werden muss, diese auftauchen zu lassen und sich daran zu messen. Wie der biblische Gott erwartet, dass der Mensch auf seine Anrede eingehe, so brauchen es die Jugendlichen, dass positive Erwartungen an sie herangetragen werden.

Demgegenüber herrscht in der Image-Gesellschaft, der Verschleierungsgesellschaft, in der wir leben, ein Grundklima des Zynismus. Es kommt nicht darauf an, wer der Mensch ist; wen interessiert das schon. Es kommt vielmehr darauf an, sich nicht erwischen zu lassen oder, wenn man doch erwischt wurde, geschickte Ausreden zu finden (bis in die hohe Politik hinein wird das heute für jedermann sichtbar). Hier wird nichts erwartet, hier wird verdrängt. Unbekannt geworden ist, dass die Tat den Täter verändert, dass er sich selbst Irreversibles antut, das nur durch Vergebung nicht aufgehoben, sondern verwandelt werden kann.

Hier bestehen m.E. unmittelbare Zusammenhänge mit unserer nicht »bewältigten« Vergangenheit. Sie wird verdrängt, verleugnet, beschönigt, aber nicht, als »vergebene«, angeeignet, bearbeitet. Und doch ist sie voll gegenwärtig, wie ein Beispiel mir wieder zeigte: Eine Studentin, die aus einem kleinen Dorf in Osthessen stammt, berichtete, wie in diesem Dörfchen die geplante Volkszählung aufgefasst worden sei: »Die Leute haben gesagt: Wir werden jetzt ausgesucht wie damals die Juden. Die Regierung will wissen, wer noch jung und gesund ist und einen Beruf hat, der noch gebraucht wird. Die kriegen dann einen Platz im Atombunker, und wir anderen eben nicht.« Das Auftauchen der Rampe von Auschwitz in der Gegenwartsdeutung der Leute – die wie selbstverständliche Annahme, dass Regierende wieder (»wie damals«) kalt über das Schicksal der meisten hinweggehen, reine Nützlichkeitserwägungen anstellen werden – die totale Resignation derer, die immer die Betrogenen waren: Man weiß nicht, was einen in diesen einfachen Sätzen am meisten ergreift. Sicher aber ist: Jene Rampe ist nicht verschwunden. Sollten »die unten« ein klareres Empfinden für das, was Schuld bedeutet, bewahrt haben als die, die zu sagen haben?

Der Theologe lernt: Die Erfahrung von Vergebung, eine Ahnung auch nur davon, was es bedeuten könnte, mit vergebener Schuld zu leben (vgl. 1.Kor 15,9f), gibt es im Umfeld der Jugendlichen nicht. Es ist alles von vorn zu beginnen.

2.4 »No future«

Wie gehen Jugendliche mit der Tatsache um, dass der Weiterbestand unseres Kulturkreises, ja der Menschheit durch Atomkriegsgefahr und Umweltzerstörung in Frage gestellt ist?

Es ist eine so ungeheuerliche Situation, dass wir Erwachsenen ihr kaum standzuhalten vermögen. Verdrängen, Fatalismus sind übliche Reaktionen; ohne ein Stück von beidem lebt wohl niemand von uns. Für die Jugendlichen aber kommt erschwerend hinzu, dass auch die berufliche Zukunft gefährdet ist. In einer Lebensphase, in der man sich stärker als in jeder anderen auf Zukunft hin orientieren muss, ist plötzlich, so sieht es aus, gar keine Zukunft mehr da.

»Es gibt einige Grundgewissheiten, die gegeben sein müssen, damit man das Leben schätzen kann... Eine wichtige Gewissheit dieser Art ist: Es wird eine Zukunft geben, die ich mitgestalten kann und in der Leben möglich ist«, schreibt F. Steffensky[15]. Er stellt eine Gruppe von Studenten vor Augen, die die Überzeugung äußern, dass in 5 Jahren niemand von ihnen mehr am Leben sein wird.

---

15 F. Steffensky, Feier des Lebens, Stuttgart 1984, 70.

Die Überzeugung geht durch alle Schichten. H. E. Richter schreibt von einem jungen Handwerker, der sich noch 10 Lebensjahre wünscht, um Natur zu erleben und einiges Vernünftige zu tun. Länger wird es nicht dauern, eher kürzer, denn »die oben fegen alles vom Tisch«.[16] Er will sich sterilisieren lassen, obwohl er Kinder liebt; es hat keinen Sinn mehr, welche zu bekommen.

In dieser nüchtern-resignierten Sicht steckt so viel Lebensbejahung, so viel Wissen, dass es schön sein könnte zu leben, so viel Entschlossenheit, wenigstens etwas davon noch mitzubekommen, dass einen der helle Zorn packt über die Kriegsverbrecher[17], die einer solchen Jugend die Zukunft verschließen. Und der Theologe wird sich plötzlich bewusst, wieviel Zorn der Männer (und Frauen) Gottes es in der Bibel gibt: über unverschämten Machtmissbrauch, über Rücksichtslosigkeit gegenüber Menschen in der schwächeren Position, über Bereicherung und Machtsteigerung auf Kosten »derer unten«.

Gibt es bei uns diesen Zorn? Ja, Gott sei Dank, wenigstens etwas davon, bei Jungen wie bei Alten. Leider stehen die Kirchen nicht vorne an dabei, wie es ihr prophetisches Amt wäre, sondern bleiben (bis auf Ausnahmen) noch immer in der Tradition des Beschwichtigens und des Herunterspielens der Gefahr.

Ist nicht bei uns, jahrhundertelang, der »Zorn Gottes« halb so wichtig erschienen (weil ja die Gnade ihn abzustumpfen schien) – sowie andererseits auch die Gnade nicht gar zu sehr geglaubt werden sollte (immerhin gab es ja die Drohung mit Gottes Gericht!)? In der Bibel gilt beides ganz: Wo Zorn, da Zorn; wo Gnade, da Gnade. Man muss befürchten, dass wir den Glauben an Gott durch eine bloße Gottesidee ersetzt haben; »leicht beieinander wohnen die Gedanken«, da lässt sich alles »ausgewogen« verteilen, auch Gnade und Zorn.

Wo ist Gott heute? Wohnt er in den Abgeklärtheiten akademischer Theologie? Oder wohnt er in dem Zorn, der Angst, der Trauer, der entschlossenen Auflehnung »derer unten«?

Die Frage stellen heißt sie beantworten. Der biblische Gott ist keine gleichmütige »Vorsehung«, die ungerührt über das Schicksal der Menschen hinwegginge. Er ängstigt sich um sein Volk, er klagt (Hosea, Jesaja), er ist in jedem Fall

---

16 H. E. Richter, Zur Psychologie des Friedens, Hamburg 1982, 65ff.
17 So nur zu richtig Steffensky, a.a.O., 71.

»unten« zu finden (Mt 25!). »Glauben an Gott« kann heute nur heißen, dass wir ihm beistehen, indem wir den Menschen beistehen, ihrer Zukunft, ihren Lebensmöglichkeiten.

Dass es dabei um Glauben geht, wird für den Großteil der Jugendlichen, der mit der Religion nicht mehr viel anfangen kann, nicht gleich ersichtlich sein. Was sie erfahren, wenn Ältere mit ihnen zusammen Widerstand leisten, ist gewissermaßen die Außenseite des Glaubens: Verlässlichkeit. Sie ist, wie Döpp[18] hervorhebt, die am dringendsten benötigte Erfahrung junger Menschen heute.

Nun ist es aber bei weitem nicht die ganze Generation der Jugendlichen, die nüchtern-klar die Situation ins Auge fasst und sich darauf einstellt; und von diesen wiederum ist es nur ein Teil, der zur aktiven Gegenarbeit findet. Diese sind sicherlich, psychologisch gesehen, die am wenigsten gefährdeten. Es erwacht in ihren Gruppen ein Mut, eine Kreativität, eine Arbeitsfähigkeit, die staunen lässt, auch schon bei Dreizehnjährigen. Ohne solches Aktiv-Werden kann der nüchterne Blick auf unsere Situation sehr gefährlich werden. Die Zahl der Selbstmorde sehr junger Menschen nimmt zu.

Ein bewegendes Beispiel eines Fünfzehn- und einer Sechzehnjährigen berichtete der STERN aus Hamburg[19]; die beiden stürzten sich gemeinsam vom 15. Stock eines Hochhauses, weil »Europa nächstes Jahr in die Luft fliegt«. Wirklich nur deshalb?

Die Vorgeschichte zeigt, dass der Junge im »kalten Jugend-Schick der achtziger Jahre«, in dem seine Mitschüler »sich mehr für die neuen Farben der Lacoste-Hemden interessierten als für den Krefelder Appell«, in seiner Alltagswelt zu wenige Mitstreiter fand. Die »Clique«, die ihm Heimat gab, machte ähnliche Erfahrungen. Viele hatten sich schon eingesetzt, bei Demonstrationen oder anderen Aktivitäten. »Aber alles war immer umsonst«, und der Großteil nicht nur der Familien, sondern auch der Altersgenossen schaltete einfach ab.

Es ist eine allgemeine Beobachtung: Auf der einen (kleineren) Seite nimmt der Einsatz zu, auf der anderen politische Apathie mit oft geradezu bösartiger Abwehr von Informationen, ein Nicht-Wissen-Wollen, das wie ein Tabu wirkt –

18 Döpp, a.a.O., 20.
19 Nr. 8/84, 58ff.

gerade auch in der Jugend. Bei den Bessergestellten führt diese Haltung zur totalen Anpassung, bei den Hauptschülern und den jungen Arbeitslosen zur Aggressivität und zur Neigung zum Rechtsradikalismus. Hinter beidem steckt die Verzweiflung an einer sinnvollen menschlichen Zukunft, hier besser, dort schlechter maskiert.

Dieser Großteil der Jugendlichen ist das getreue Abbild des Großteils der erwachsenen Menschen. Es kommt einem manchmal der biblische Begriff der »Verstockung« in den Sinn, des Nicht-sehen-Wollens. Aber ich neige dazu, ihn doch für ungerechtfertigt zu halten. Sind »verstockte«, verdeckt-verzweifelte und darum apathische Menschen nicht eher Opfer einer Situation, die sie nicht herbeigeführt, freilich auch nicht verhindert haben, die sie viel zu spät zu ahnen begonnen haben – und zu deren Bestehen sie einen Mut, einen Zorn und eine Hoffnung brauchen würden, die ihnen nirgendwoher zuwächst?

Was heißt in dieser Situation »Glauben an Gott«? Wie kann er gelebt, wie kann er mitgeteilt werden? Im Beten und im Tun des Gerechten, so meinte D. Bonhoeffer[20], solle die kompromittierte Kirche sich erneuern und anwesend sein in den Sorgen der Welt; ihre »früheren Worte« dagegen müssten »kraftlos werden und verstummen«. Noch einmal daher: Die Erfahrung von Verlässlichkeit, als Außenseite des Glaubens, kann Raum schaffen für ein Verständnis der »Verlässlichkeit Gottes«, der auf dem Menschsein des Menschen insistiert.

2.5 »Recht« und »Macht« in der Erfahrung der Jugendlichen

Nachdem das (geheime) Hauptthema unserer Zeit, »no future«, angesprochen wurde, scheint es mir gut, ein Teilthema anzusprechen, das für die politische Gestaltung unserer Welt, wenn Zukunft ist, von größter Bedeutung sein dürfte. Wir leben in einem Rechtsstaat, und das heißt, dass die Macht der Mächtigen durch Gesetze eingeschränkt ist und durch Anrufung der Gerichte in diese ihre Schranken zurückverwiesen werden kann. Man sollte also meinen, dass »Recht« grundsätzlich vor »Macht« ginge in unserer Gesellschaft.

---

20 D. Bonhoeffer, Widerstand und Ergebung, München 1951 (in den »Gedanken zum Tauftag von D. W. R.«, Mai 1944).

(Dies wäre übrigens, so scheint mir, die Voraussetzung dafür, dass das zentral Christliche verstanden werden könnte: nämlich dass Gnade vor Recht geht.) Wir erleben denn auch gelegentliche spektakuläre Siege des Rechtes über die Macht, so etwa bei der Außerkraftsetzung der Volkszählung in der ursprünglich geplanten Form. Sind solche Siege Ausnahmen? Oder entsprechen sie der vorfindlichen Normalität? Welche Erfahrungen machen Jugendliche in dieser Hinsicht?

Da Jugendliche ihrem Status nach zu den Nicht-Mächtigen gehören, sind sie für unser Thema sicher besonders kompetent. Umso bestürzender ist, was sie zu sagen haben: So war eine ganze 10. Klasse (Gymnasium) bei der Geschichte von Naboths Weinberg der Meinung, Naboth sei an seiner Ermordung selbst schuld, »weil er sich mit dem König angelegt hat. Das darf man nicht tun.« Meine einigermaßen fassungslose Reaktion, dass Naboth doch nur sein gutes Recht verteidigt habe, führte zu (lebhaften bis heftigen) Äußerungen wie: »Ja, natürlich darf der König ihm nichts tun, aber er kann es doch, und darauf kommt es doch an!«, oder: »Es kommt darauf an, wer der Stärkere ist«, oder direkt: »Macht geht immer vor Recht.« Ich sammelte die Äußerungen an der Tafel, überschrieb sie mit »Heil Hitler« und wartete ab. Die Klasse verteidigte ihren »Realismus«[21] mit Leidenschaft, brachte Beispiel an Beispiel: den Vater, der im Betrieb Ärger hat und dem Chef gegenüber nachgibt, obwohl dieser im Unrecht ist, »mein Vater wird doch sonst nichts mehr«; den Mieter, der entsprechend bei Ärger mit dem Hauswirt nachgibt, »vielleicht kann der ihm sonst eines Tages kündigen« usw. usw. Der Prophet Elia, der dem König entgegentritt (und dessen Namen ich, einsam für sich, auf der zweiten Tafel notiert hatte), erweckte Befremden, konnte höchstens als Ausnahme gelten, »wer ist denn schon Prophet…« Wir hatten mit diesem Thema längere Zeit zu tun. Meine Frage, ob es denn keine Gegenbeispiele aus unseren Tagen gäbe, förderte nichts zutage. Sind wir zurückgefallen hinter das Alte Testament, hinter das antike Rom?

Wieder, wie unter 2.1, stand die für die Jugendlichen erfahrbare Gesellschaft im Raum, und ihre Bereitschaft, statt dieser die Idee des Rechtsstaates hochzu-

21 Vgl. dazu Fromms Äußerungen über die Krankheit des Realisten, a.a.O., 104f, und meinen Aufsatz »Kann Moralität ein Lernziel sein?«, in: G. Dautzenberg u.a. (Hg.), Theologie und Menschenbild, Frankfurt/Bern/Las Vegas 1978, 103ff.

halten, schien gleich Null. Ich machte daraufhin in jüngeren Klassen die Probe aufs Exempel und erhielt die nachdenkliche Frage einer Zwölfjährigen: »Glauben Sie denn, dass man in der Schule Gerechtigkeit lernt?«

Manchmal wird einem bange angesichts des Verfalls der rechtlichen und moralischen Kultur, den wir uns leisten. Vor allem: »Das Ganze« wird nicht mehr gedacht. Man erinnert sich an H. Lefebvres Ausführungen über Totalität und Partizipation: »Ohne eine... Teilhabe an der gesellschaftlichen Totalität hat eine gesellschaftliche Teilgruppe weder Status noch Gewißheit... Ihre Alltäglichkeit zerfällt in gesellschaftlich beliebige interindividuelle Beziehungen.«[22] »Das Ganze« wird offenbar als eine Art Dschungel erlebt, man meidet momentane Gefahren, nimmt mit, was sich bietet, je nachdem, was man sich in den gerade vorhandenen Machtverhältnissen erlauben kann. Welche gesellschaftliche Errungenschaft es war, die Rechte des einzelnen im Ganzen zu denken, ist Jugendlichen nicht mehr von ferne bekannt.

Religionspädagogik hat auf Grund der biblischen Texte die Möglichkeit, Gesetz und Recht als Gabe, als Geschenk zugunsten des Lebens, insbesondere des Lebens der Schwächeren, erfahrbar werden zu lassen. Machtkritik ist ja ein Hauptthema besonders der Prophetie. Dazu kommt der Versuch der ersten christlichen Gemeinde und vieler christlicher Gruppen nach ihr (Franziskus, Täufer), die »Macht« der einen über die anderen überhaupt abzuschaffen, gleiches Recht für alle herzustellen durch Abschaffung privater Besitzmacht. Wie ein roter Faden zieht sich dieser immer erneuerte Versuch durch die Geschichte der Christenheit, bis zu den christlichen Basisgemeinden Lateinamerikas heute. Aber die Vorstufe ist, und in der heutigen Gesellschaft (vor allem auch in der Schule) dringend erfahrbar zu machen: Recht gilt »ohne Ansehen der Person«, Recht geht immer vor Macht.

Unschätzbare Hilfe kommt dem Lehrer wie den Jugendlichen dabei durch Gegenerfahrungen im Großen, die zwar selten, aber umso wichtiger sind: das Scheitern des Volkszählungsgesetzes in seiner ursprünglich vorgesehenen Form oder der Amnestie für Steuerhinterziehung im Zusammenhang mit Parteispenden, die Rettung des Eisenberges bei Fulda durch Volksprotest gegen militärische Planungen der USA... Dass Recht gegen die Mächtigen durchge-

22 H. Lefebvre, Kritik des Alltagslebens, Bd. 3, München 1975, 8.

setzt werden kann, sei es durch Spruch eines Gerichtes, sei es unmittelbar durch Protest, das ist die Erfahrung, die notwendig ist. Dass sie nicht (in einer am Sinn verzweifelnden, zufallsgläubigen Umwelt) als Glückszufall, als die unerhörte Ausnahme wie ein Lottogewinn erlebt wird, sondern ihren Wert als Gegenerfahrung behält, dafür wird der (Religions-)Lehrer Sorge tragen müssen: durch Wiedererzählen, durch Kundgabe seiner eigenen Freude daran, durch die Herausarbeitung des einfachen Tatbestandes, dass es sich so gehört, dass es immer so sein müsste und dass dafür zu arbeiten ist.

Narrativität gehört zur Theologie, man versteht neu, warum. Was erinnert, erzählt, am Leben erhalten wird, das kann weiterwirken, Ziele setzen, Möglichkeiten aufweisen – dem Zynismus und der Resignation entgegenwirken.

2.6 Die Liebe im Leben der Jugendlichen

Es ist ja nicht so, dass in der jungen Generation überhaupt keine Hoffnung auf große, lohnende Erfahrungen mehr lebendig wäre. Eine Stelle gibt es, an der noch in den jammervollsten Schicksalen Sehnsucht wartet, Hoffnung lebt – es scheint dem, der es lesend oder miterfahrend erlebt, oft wie ein Wunder. Ich meine die zentrale Jugenderfahrung der Liebe. Christiane F. in ihren ersten Nächten mit ihrem noch so jungen, gleichfalls drogenabhängigen Freund: wieviel Zartheit, Anmut, ja das altmodische Wort fällt einem ein: Innigkeit in ihrer sparsamen Erzählung![23] Aus eigenem Anschauen kenne ich die große, tragisch endende Liebe zweier anderer drogenabhängiger Halbkinder: welche Verwandlung der Gesichter, der Gesten, wenn sie sich sahen, welche Opferbereitschaft füreinander, ja welches Glück. Ein Stück Heimatsuche liegt darin, auch der Wille und die Fähigkeit, sich gegenseitig Heimat zu bereiten, eine Oase zu schaffen in der chaotischen Welt, in die sie geraten sind. Hier ist es mit allem Zynismus vorbei, mit allem Maskentragen[24]; hier kommt man endlich »auf Grund«. Umso schlimmer, wenn an diesem oft einzigen Punkt eine Enttäuschung erlebt wird. Die Schlagermusik, aber auch der Beatle-Song »Yes-

23 Christiane F., a.a.O., 326ff!

24 S. das Beispiel unter 2.1, vgl. o. 4.

terday«, der um die ganze Erde ging, sprechen aus und sagen es den Jugendlichen vorweg, dass es auch hier ein Scheitern gibt.[25] In ihren Gruppen und Cliquen wird Rat gesucht, nach Gründen gefragt, werden Erfahrungen ausgetauscht, Bewältigungsmuster weitergereicht, Ratschläge erteilt. Aber auch der Religionslehrer ist gefragt, wie ich mehrfach erlebte: 7. Hauptschulklassen geben Fragezettel ab: »Was kann man gegen Liebeskummer tun?«, in einem Fall, einem noch jungen Lehrer gegenüber, um die Bemerkung erweitert: »Oder haben Sie keinen gehabt?« Ob in dieser Frage die Vermutung steckt, dass der Lehrer, als offensichtlich beruflich erfolgreicher Zeitgenosse, eine solche Erfahrung des Scheiterns nicht gemacht haben könne? Jedenfalls steckt im Liebeskummer heutiger Jugendlicher oft auch das Element, sich als Versager zu fühlen, »es nicht gebracht zu haben«, die tolle Frau, den tollen Typen zu halten. Leistungsdenken auch hier; doch tritt es, solange die Liebe lebendig bleibt, hinter der stärkeren Erfahrung des Glücks und der Zugehörigkeit zurück. Da das Wissen, dass Zugehörigkeit nicht dauern muss, schon da ist, hat sich in der jungen Generation etwas ganz Erstaunliches ereignet: das Finden neuer Regeln nämlich, wie man sich verhält, solange zwei einander »gehören«, wie, wenn »Schluss gemacht« wurde. Mitten in einer Umwelt, in der ältere Ordnungen und Bindungen überall zerfallen, Fassaden mühsam aufrechterhalten, überkommene »Werte« beschworen werden, ohne dass es viel nützt, hat eine Jugend, die ihre Liebeserfahrungen weitgehend ohne Hilfe der Erwachsenen verarbeiten musste, so etwas wie eine neue Moral entwickelt, die diesen ihren wichtigsten Erfahrungen Halt gibt. So gehört es sich nicht, »dazwischen zu gehen«, solange zwei zusammen sind. Ich erlebte Schülerfeste, bei denen jede ihren Freund mitbrachte und nur mit ihm den ganzen Abend tanzte, nur mit ihm zusammensaß; die wenigen, die ohne Freund gekommen waren, blieben für sich und fanden weder Tänzer noch Gesprächspartner, gingen auch früh. Andererseits gehört es sich nicht, nach Beendigung einer Beziehung Eifersucht zu zeigen. Dass der frühere Partner zur Hochzeit eingeladen oder aber um irgendwelche Freundschaftsdienste für das neugebildete Paar gebeten wird, scheint keineswegs unüblich. Eifersucht wird, auch vom Eifersüchtigen selbst, als beschämend empfunden, als ein Besitzanspruch, der

25 Vgl. das genannte Beispiel unter 2.1.

nicht gerechtfertigt ist, oder auch als ein Mangel an Stärke. Bedauernd sagte mir eine Siebzehnjährige, Lehrling in der Modebranche, dass ihr früherer Freund sich das Leben genommen habe: »Er hat es eben nicht gerafft, dass ich Schluss gemacht habe.« Eine Studentin, längst in neuer Bindung lebend, kümmerte sich um ihren früheren Partner wie eine verständnisvolle Mutter: »Er muss da drüber kommen.«

Fangen die Jugendlichen »zu früh« mit der Liebe an? Würden ihnen tiefgehende Schmerzen, zeit- und kraftraubende Umwege erspart bleiben, wenn sie sich die Zeit lassen könnten, erst selbst mehr auszureifen, in ihrer Identität sicherer zu werden, ehe sie sich voll auf die Liebe einließen? Andererseits: Geht der Liebesbeziehung etwas von ihrem Wert, ihrer Tiefe verloren, wenn von vornherein eingerechnet ist, dass sie vielleicht einmal endet? Die große Zahl junger Paare, die zusammenleben, ohne zu heiraten, zeigt, dass man sich auf diese Möglichkeit einstellt.

Deutlich bekam ich das in einem Traugespräch zu hören, als ich fragte, warum die beiden kirchlich getraut werden wollten; die Antwort des jungen Mannes war: »Ach, wissen Sie, wir möchten so gern, dass es hält. Und wir denken ja auch, dass es hält; sonst würden wir jetzt nicht heiraten. Aber es ist heute schwierig, es kann viel dazwischen kommen. Da meinen wir eben, die Kirche mit ihrer langen Tradition müsste einem dazu doch etwas sagen können.«

Hat die Kirche etwas zu sagen?

In der Linie ihrer Tradition läge es, die besorgten Fragen zu stellen, die oben formuliert wurden, bzw. sie überzeugt mit »ja« zu beantworten. In eben dieser Linie läge es, Jugendliche zurückzuhalten, von Ernst, von Pflicht und von Wartenkönnen zu reden. Die Trauformeln[26] klingen mehr nach angstmachender Strenge als nach Hoffnung und Freude. »Gott hat das alles viel schöner gemeint« (M. Frisch); ja, wahrhaftig, möchte man sagen. Eins ist ganz sicher: Dieser Ton hilft jungen Menschen nicht.

Dabei sind jene besorgten Fragen sicherlich nicht ohne Sinn. Man muss jedoch die weitere Frage stellen, warum sich denn das Jugendleben gegenüber älteren Vorstellungen[27] der bürgerlichen Gesellschaft (zu der die Kirche gehör-

---

26 Muss bei der Hochzeit vom Tod die Rede sein??

27 Noch in den fünfziger Jahren erlebte ich, dass eine 20jährige Primanerin an einem sog. »Aufklärungsvortrag« nicht teilnehmen durfte, da sie dafür noch zu jung sei!

te) so verändert hat. Ich nenne drei Gründe: die Permissivität der Konsumgesellschaft, die Erfindung der »Pille« und die weite Verbreitung sexualpsychologischen Wissens.

Zum ersten: Wo die Konsummentalität gesellschaftlich notwendig erscheint (damit die DM rollt) und durch eine psychologisch sehr geschickt ansetzende Werbung ständig neu erzeugt wird, da kann »Sex« nicht ausgeklammert werden. Die Permissivität der Gesellschaft gegenüber frühen Sexualbeziehungen[28] hat ihren Grund darin, dass der ein guter Konsument ist, der kein Bedürfnis aufschiebt. Ob das für diesen Konsumenten selbst, für seine Selbstfindung gut ist oder nicht, das interessiert nicht. Der Gruppendruck tut dann ein übriges: Eine junge Frau erzählte mir, dass sie als Fünfzehnjährige vier Wochen lang Abend für Abend mit ihrem Freund im Bett gelegen habe, ohne dass »etwas passiert« sei. Sie habe eigentlich noch gar keine Lust gehabt, aber: »Man musste ja wenigstens so tun. Die anderen fragten schon, ob ich denn ewig Jungfrau bleiben wollte.« Konsum als Pflicht heißt Sex als Pflicht. Die Permissivität ist nicht weniger gnadenlos als die Rigorosität der Zeit der Effi Briest...

Die Erfindung der Pille andererseits hat Weltgeschichte gemacht. Die Hälfte der Menschheit, die zuvor aus Angst an der Realisierung ihrer Sexualität gehindert war, ist endlich frei, ebenso über sich selbst zu bestimmen wie die andere Hälfte seit je. Für beide Geschlechter heißt das: Die Jugendjahre können sexuell gelebt werden, auch wenn man noch lange nicht in der Lage ist, für ein Kind zu sorgen. Der Schritt von der ersten Liebe zur ersten sexuellen Begegnung kann leichter, angstfreier getan werden. Erfahrungen, auch mit sich selbst, können schon vor dem Erwachsenwerden gesammelt werden, die den Generationen zuvor im ganzen Leben nicht möglich waren. Gerade das führt aber auch dazu, dass die Jugendlichen für ihre Weise zu leben keine Vorbilder in der erwachsenen Generation finden, kein wirkliches Verstehen und keine Anleitung. Sie müssen sehen, wie sie zurechtkommen...

Eine vielfach in Anspruch genommene Hilfe ist ihnen dabei psychologische Lektüre, von Illustriertenartikeln und -ratschlägen bis zu Wilhelm Reich und Erich Fromm. Soviel Verflachtes oder Halbverstandenes dabei auch über-

28 Und außerehelichen Sexualbeziehungen überhaupt.

nommen werden mag: Sicher ist, dass sich Elemente sexualpsychologischen Wissens enorm verbreitet haben. Das kann zum Abbau neurotischer Ängste beitragen (noch mehr tut dies sicher die Übereinstimmung mit der Peergroup, der Gruppe der Altersgenossen; was »alle heute« tun, kann doch nicht schlimm sein!). Es kann freilich auch dazu führen, alles für machbar, bewältigbar zu halten, was im Liebesgeschick auf den jungen Menschen zukommt, wenn er nur genug »weiß«. Ein Irrtum, der tödlich sein kann (weil das Überich, durch ältere Normen geprägt, doch zu stark ist, oder weil die große Liebe auch großen, zentralen Schmerz bedeuten kann, dem man vielleicht nicht gewachsen ist) oder aber der oberflächlich machen, an den möglichen tiefen Erfahrungen vorbeigleiten lassen kann. Woher aber sollen junge Menschen das wissen, wenn sie mit ihrem geschichtlich neuen Erleben weitgehend allein gelassen sind – allein mit ihresgleichen, die zwar oft verständnisvoll, aber ebenso ratlos sind?

Gab es für frühere Generationen mehr Rückhalt? Wäre etwas davon wiederzugewinnen?

Döpp schreibt:[29] »In der Familie des gesicherten Bürgertums konnte das Individuum Kräfte sammeln, um draußen allein zu stehen. Unter heutigen gesellschaftlichen Bedingungen ist die Familie immer weniger ein kultivierender Schutzraum, wo Individualität und Produktivität sich ausbilden können. Für das Proletariat ist sie es nie gewesen. In den unteren Klassen wurde das Kind zu früh auf sich angewiesen: es blieb zeitlebens geschwächt.«

Familie als Zuflucht scheidet für die meisten aus; unsere Jugendlichen sind »heimatvertrieben«. Aber was ist mit der Kirche? Noch einmal: Hat sie, hätte sie etwas zu geben?

Ich denke schon, und Anfänge sind da. Wo Kirche Raum gibt, im ganz wörtlichen Sinn: Räume zur Verfügung stellt, in denen Jugendliche sich treffen und junge Erwachsene antreffen können (Jugendleiter, Sozialarbeiter, vielleicht auch Theologen), mit denen sie sprechen, von denen sie Sinnvolles hören, mit denen zusammen sie Probleme bearbeiten können – da ist schon viel geschehen. Allerdings ist die Voraussetzung, dass diese kirchlichen Mitarbeiter auch wirklich frei sind, ihrer fachlichen und persönlichen Kompetenz entsprechend

29 Döpp, a.a.O., 22.

zu reden und zu handeln, und nicht daran gebunden, doch wieder rigide ältere Normen samt der dazugehörigen Heuchelei zu vertreten. Wenn es, wie im Jahre 1983 geschehen, zur Kündigung eines Jugendleiters kommt, weil er nicht verbirgt, dass seine Ehe gescheitert ist und er eine Freundin hat, dann ist jeder Vertrauensansatz verloren. Der theologische Topos, der beim Thema »Die Jugendlichen und die Liebe« zu bedenken ist, scheint mir schlicht zu sein: Buße und Bekehrung – der Kirche, der älteren Christen! Statt die Menschen mit Normen beherrschen zu wollen, muss Kirche etwas ganz anderes tun: lernbereit werden, das Neue aufnehmen, Leben unterstützen, statt Macht über Gewissen auszuüben. Aufzugeben ist die Angst vor dem Chaos[30] das angeblich ausbräche, wollte man auf die alten Moralregeln verzichten. Es bricht ja nicht aus, die Jugend selbst ist schon vorangegangen mit dem Versuch, neue, ehrlichere Regeln zu finden. »Gott hat das alles viel schöner gemeint…«

Ist diese grundsätzliche Umkehr einmal erfolgt, dann zeigt sich, dass im Schatz der zweitausendjährigen christlichen Denk- und Erfahrungsgeschichte so manches liegt, was Jugendlichen heute helfen kann. Ich nenne eines, ein Thema, dass im Religionsunterricht der Klassen 7-10 immer wieder das größte Interesse gefunden hat: Unterscheidung und Zusammenhang von Eros und Agape. Die Liebe, die »Gefühl« ist, Sehnsucht, »Kind der Armut« (Platon), Jubel – die der Identitätssuche des Menschen ab der Pubertät entspricht, die tanzen will, wenn sie gefunden hat, die trauert bis zum Tod, wenn sie das Ende der Beziehung sieht. Die andere Liebe, die eine »Haltung des Willens« ist (Bultmann), die das Gute für den anderen will, Zukunft bauen, der Wahrheit entsprechen, die »nicht aufhört« (1. Kor 13), auch wenn sie eine Beziehung beendet oder ändert, wie hängen sie zusammen? Jede von ihnen kann die andere nach sich ziehen, und eine geglückte und beglückende Partnerschaft ist die, in der beide (auf eine Weile oder auf Dauer) zusammentreffen: Agape der Baum, der zuverlässig bleibt, Eros die Blüten am Baum, die nicht immer blühen, aber immer wiederkommen.

Sicher hat eine Beziehung zwischen jungen Erwachsenen, die ihr Profil gefunden, die umfassende Identitätskrise der Pubertätsjahre vorerst abgeschlossen haben, eher die Chance zu dauern als eine zwischen Jugendlichen, die sich

30 Vgl. J. Schumacher, Die Angst vor dem Chaos, Frankfurt/M. 1978.

noch rasch verändern, auch verändern müssen. Die Frage ist aber, wie die Generation der Erwachsenen die versuchsweisen Beziehungen heutiger Jugendlicher ansehen soll. Blickt sie, geleitet von dem Prinzip der lebenslangen Einehe, ablehnend/missgönnend darauf[31], so fällt sie als Partner und Lebenshelfer der Jugendlichen schlicht aus.

Dass es anders geht, zeigt ein sehr schönes Beispiel: Eltern, die abends ausgingen, erinnerten ihre 17jährige Tochter daran, dass ihr Freund um 22 Uhr die Wohnung zu verlassen habe. Bei ihrer späten Heimkehr mussten sie feststellen, dass sein Auto noch vor dem Hause stand. Die elterliche Beratschlagung, was zu tun sei, führte zu dem Ergebnis, dass am Morgen leise an der Tür der Tochter geklopft wurde; als sie öffnete, stand draußen niemand, nur ein Tragetablett mit einem Frühstück für zwei Personen. Zu solchen Eltern kann ein junger Mensch mit jedem Kummer kommen.

Aufgabe von Herrschaft (des Mannes über die Frau, der Eltern über die Kinder, der Kirche über die Gewissen) ist vielleicht auf allen Gebieten die zentrale Lernaufgabe heute. Nicht Herren über die Gewissen, sondern Mithelfer zur Freude[32], die hören und lernen, nicht nur warnen und hemmen, brauchen die Jugendlichen. Entspricht das nicht zentral der Offenbarung des biblischen Gottes, der Menschen gewinnen, nicht beherrschen will und gerade so ihr lebenspendender Schöpfer und Neu-Schöpfer ist?

2.7 Schule und Lernen

Wer lange Zeit als Lehrer tätig war, hat der Erfahrung kaum entgehen können, dass sich das Verhältnis der Jugendlichen zur Schule stark verändert hat. Einige Schlaglichter: Waren in den 50er Jahren Jugend«streiche«, die den Lehrer necken oder hereinlegen sollten, noch durchaus üblicher Bestandteil des Schullebens, Abiturkommerse eine willkommene Gelegenheit, die »Pauker« hoch-

---

31 Was S. Freud zum unbewussten Sexualneid der Älteren zu sagen hatte, sollte ebenso voll ins Bewusstsein genommen werden wie seine Beschreibung der unguten Folgen langer Jugendabstinenz, z.B. in den »Beiträgen zur Psychologie des Liebeslebens« (1910-1912), in: Ges. Werke, VIII, 65ff.

32 2. Kor 1,24.

zunehmen, so haben solche Unternehmen heute eher Seltenheitswert. Bildeten die Schüler, die Streiche ausheckten, damals eine verschworene Gemeinschaft, aus der man so leicht keinen »Kronzeugen« herausbrechen konnte, so ist es heute mit der Solidarität der Schüler untereinander nicht mehr weit her. Was speziell den Religionsunterricht betrifft: Versuchten Schüler der Pubertätsjahre früher an allen Säulen zu rütteln, unerbittlich »Zweifels«fragen zu stellen, insistierend ihre eigene Meinung dem Lehrer entgegenzustellen (was den Unterricht in diesen Jahrgängen so besonders reizvoll und interessant machen konnte), so begegnet der Lehrer heute weithin einer Gleichgültigkeit, ja einer Apathie, die ihn selbst zu lähmen droht. Junge Damen einer Klasse 12 bemerkten: »Die Lehrer meinen immer, die Schule wäre so wichtig; Gott ja, man will am Ende das Papier haben, da arrangiert man sich eben. Es ist so ähnlich wie mit den Eltern, sie sind ja ganz nett vielleicht, und man braucht sie auch noch, vor allem wegen dem Geld; da arrangiert man sich eben auch. Aber leben, leben tut man doch woanders!«

Sich arrangieren also – mit dem Lehrer, der ganz etwas anderes will: über Glauben und Wahrheit reden, sich auseinandersetzen mit jungen Menschen, die ihre eigenen Gedanken haben; einführen in die Schatzkammer biblisch-theologischen Denkens, anbieten, austeilen, nach Konsequenzen für das heutige Leben fragen. Schon vor zwanzig Jahren meinte eine Fünfzehnjährige (auf die Frage einer Mitschülerin hin, ob es wirklich einen Gott gebe), dass man darüber doch nun wirklich nicht zu reden brauche, denn »im Westen glauben wir doch nun mal an Gott!« Konvention statt Wahrheitssuche, die sich nicht zu lohnen scheint...

Was auffällt, ist, dass die Jugendlichen von der Schule für sich selbst, als Menschen, nicht viel erwarten. Eine interessante Begründung dafür gibt Ziehe[33]: Die Schule hat infolge des Kulturbruches, den wir erleben, ihre »Aura« verloren, die sie früher einmal umgab, sie ist »entleert«, »entauratisiert«. Gemeint ist, dass die Schule früher durch drei gesellschaftliche Selbstverständlichkeiten gestützt wurde, die heute nicht mehr bestehen, nämlich durch die »Gratiskraft« der tradierten Kultur, deren Wert außer Frage stand, ferner durch ein Generationenverhältnis, das dem Lehrer schon als Vertreter der Erwach-

---

33 Ziehe, in: Ziehe/Stubenrauch (Hg.), a.a.O., 127ff.

senenwelt eine »Türhüterrolle« zuwies, und schließlich durch die Identitätsnähe von Arbeits- und Selbstdisziplin beim Menschen vor der Zeit der Überproduktions-/Konsumgesellschaft. Den Stress der heutigen Schule, für Schüler und Lehrer, führt Ziehe auf eben diesen emotionalen Verlust zurück. Überdruss, Langeweile, lähmende Apathie breiten sich aus, wo man seine Zeit absitzen, auch noch »Leistungen« bringen muss – und doch nichts zu erwarten hat außer eben den Noten, die man zum Weiterkommen braucht.

Es gibt Gegenbeispiele. Eine Hauptschulklasse in sozial benachteiligtem Gebiet einer hessischen Großstadt steht mir vor Augen, deren Schüler Leere und Langeweile wie üblich teils mit Schwänzen, teils mit Brutalitäten beantworteten bis es einem Lehrer gelang, sie vom Fach Polytechnik her zu interessieren. Es lief über Kochen und Backen; was hergestellt wurde, schmeckte (ein gutes Argument!); aber der Sprung zu Einsatz und Interesse gelang erst richtig, als die Schüler angeregt wurden, Schulfrühstück für die anderen Klassen herzustellen und zu verkaufen. In die Klassen gehen, zu zweit, um Bestellungen aufzunehmen – welcher Schritt! Die größten Krakeeler hatten dazu zuerst nicht den Mut. Je nach Bestellung Mengen berechnen (sie lernten dabei sogar den Dreisatz), verantwortlich einkaufen – welche neue Erfahrung! Türkische, italienische, jugoslawische Rezepte ausprobieren – welche neue Stellung der Ausländer in der Klasse! Zu Hause wurde geübt, solche »Schularbeiten« gefielen auch den Eltern (vor allem natürlich der Mädchen). Es kam so weit, dass die Klasse bei Schulfesten kochte, erst für die eigene, dann auch für andere Schulen. Ein Rezeptbuch entstand, selbstgeschrieben (welche Mühe mit leserlicher Schönschrift und Orthographie!), photokopiert, für jeden selbst und zum Verschenken und Verkaufen. Zum Schulabschluss war so viel Geld beisammen, dass eine Auslandsreise gemacht werden konnte.

Mit Absicht habe ich ein Beispiel aus der ganz normalen Schule gewählt, nicht aus der pädagogischen Alternativszene. So wichtig deren Versuche sind, sie betreffen vorerst nur wenige Schüler; die alltägliche Schulsituation aller zu bedenken ist wichtiger und muss auch den Hintergrund jener Versuche bilden, wenn sie nicht elitär und damit für das Ganze steril bleiben sollen. Was zeigt das Beispiel?

Es handelt sich um ein umfassendes, mehrere Schuljahre übergreifendes Projekt. Durchbrochen ist die »Taylorisierung« des üblichen Unterrichts, die sinnzerstörende Scheibchenlernerei. Sie degradiert den lernenden Menschen zu einer Art Maschine, die, mit Stoffen und Lernzielen gefüttert (Input), eben diese in Tests wieder von sich geben soll (Output). Das Projekt setzt an die Stelle ein sinnvolles Ganzes, zu dem alle beitragen; die Arbeit muss so eingeteilt werden, dass das Ganze gelingt, jeder einzelne Beitrag ist wichtig, Verantwortung wird übernommen, Kooperation erfahren, wachsendes Können erlebt. So wird menschlich gelernt, Kulturtechniken wie Rechnen, Schreiben, freie Rede ebenso erworben wie Kochen, Einkaufen, Geltenlassen fremder Bräuche. Arbeitshaltung entsteht (das Üben zu Hause), gesellschaftliche Geltung derer, die etwas können, wird erlebt; Selbstwertgefühl und Zusammengehörigkeitsgefühl bilden sich heraus.

Wo Projektunterricht versucht wird, auch in kleinerem Rahmen und über kürzere Zeiträume, kann vielfach die Erfahrung gemacht werden, dass Apathie verschwindet, Interesse, Kreativität und Arbeitslust sich zeigt. Dem Theologen kommt in den Sinn, dass jene Apathie vielleicht nichts anderes ist als die Abwehr einer Arbeits- und Lernordnung, die der Bestimmung des Menschen widerspricht. Er will nicht Maschine sein, die abarbeitet, was vorgegeben ist, er will Zusammenhänge sehen und erleben, »Herr« sein einer kleinen, in sich sinnvollen Welt, d.h. mit-wirken, mit-bestimmen. Wenn er sich taub stellt gegen ein entmenschendes System: Hat er nicht recht?

»Sünde in den Strukturen«, Sünde überindividuell, im System liegend: An vielen Stellen tritt sie heute zutage, so auch hier. Taylorisierung der Arbeit wie des Lernens ist Leugnung des Menschen. Widerstand muss geleistet, Auswege müssen gesucht werden, solange das Lernsystem nicht im Ganzen umgestaltet werden kann.

Und die Lehrer?

Ziehe stellt heraus und aus zahlreichen Erfahrungen wie auch Krankheitsstatistiken ist bekannt, dass sie ständig überanstrengt sind[34]. (Übrigens galt das von dem obengenannten Hauptschullehrer zeitweise auch; er machte Gebrauch von der Möglichkeit, auf eine Zweidrittelstelle zu gehen, um durchhalten zu können.) Ziehe fügt hinzu, dass die Lehrer den Schülern oft geradezu leidtun; auch ihre Arbeit ist durch das technokratische Unterrichtssystem um ihren

---

34 Ders., 129ff.

Sinn, ihre Ganzheit gebracht. In den Klagepsalmen heutiger Lehrer, die bei einer Tagung entstanden[35], schlug sich das in einfacher, überdeutlicher Weise nieder.

Leugnung des Menschen, Verhinderung seines Menschseins an einer der wichtigsten Stellen des Lebens, im Lernen und Lehren: Das ist zugleich Leugnung Gottes. Ein Religionsunterricht, der sich dem herrschenden Lernsystem einfach anpasst, hat seinen Gegenstand bereits verloren, genauer: Er widerspricht ihm in sich selbst.[36]

2.8 Ideologieanfälligkeit und mangelnde Frustrationstoleranz

Kulturabbruch, Lernunlust, innere Leere – woran kann der junge Mensch sich halten? Das Leben im »Dschungel«, von dem oben (s. 2.5) die Rede war, die Zufälligkeiten des »Glück-« und »Pech-Habens« können ja nicht genügen. Hunger nach Sinndeutung war sicher ein Hauptgrund der Wiederentdeckung der religiösen Dimension, ist ein Hauptgrund des Erfolges autoritärer Jugendsekten (vor allem bei Mittelschichtjugendlichen) und rechtsradikaler Ideologien (vor allem bei Hauptschülern). Dennoch ist es immer wieder erstaunlich, wie kritiklos Jugendliche bereit sind, Gurus und »Führern« zu folgen. Was liegt dahinter?

Zwei Beispiele aus dem Gymnasialunterricht:

Eine Vierzehnjährige meinte, es sei doch ganz gut, dass die Katholiken den Papst hätten; denn »die haben wenigstens etwas, woran sie sich halten können, wenn es vielleicht keinen Gott gibt und man die Bibel schwer verstehen kann.« Schwerwiegender noch die Erfahrung in einer Abiturklasse, die seit drei Jahren im Fach Erziehungswissenschaft an wissenschaftlichen Texten zu arbeiten gewöhnt war, Psychologisches, Soziologisches, Philosophisches mit Einsatz und Interesse erarbeitet hatte. Im letzten halben Jahr kam Riesmans »Einsame Masse« an die Reihe, wo es im letzten Kapitel heißt[37]: »Genauso

35 Vgl. M. Veit, Die Psalmen und wir, EvErz 32 (1980) 467ff.

36 Dass der genannte Lehrer konfessionslos ist, sich als (toleranten) Atheisten versteht, hat demgegenüber mit »Gottesleugnung« natürlich nichts zu tun!

37 Riesman, a.a.O., 320.

kann das, was meine Mitarbeiter und ich vorzubringen haben, sehr weit am Ziele vorbeigehen. Unser eigener Charakter, unsere geographische Lage und unsere eigenen Illusionen verengen unvermeidlich unsere Sicht.« Und weiter: »Habe ich auch in diesem Buch vieles gesagt, dessen ich nicht ganz sicher bin...« Die Reaktion der Klasse, die sich zuvor mit dem gewohnten Eifer um das Buch bemüht hatte, war geradezu frappierend. »Was will denn der Kerl?« hieß es, schrill vor Zorn, »wenn er selbst nicht genau weiß, ob seine Sachen stimmen, dann soll er keine Bücher schreiben!« Und: »Ist das etwa bei allen Wissenschaftlern so? Wozu befassen wir uns dann damit?« Empfohlen wurde, »den ganzen Kram zum Fenster hinauszuwerfen.«

Es muss hinzugefügt werden, dass der »methodische Zweifel« (der nicht endet!) wissenschaftlichen Denkens, der Aspektcharakter jeder Wissenschaft, Hypothesenbildung als Versuch, Befunde zu ordnen, ausführlich und immer einmal wieder Gegenstand unterrichtlicher Besinnung gewesen war – und verstanden schien. Plötzlich aber wurde emotional erfasst, dass es eine absolut gültige und unanfechtbare »Lehre« innerhalb der Wissenschaften nicht geben kann, und der Aufstand war da. Die Lehrerin hatte Mühe, deutlich zu machen, dass die Befunde/Beobachtungen ja blieben, dass der Forscher seine Hypothesen darüber, wie sie zu deuten seien, durch Publikation seines Buches in die wissenschaftliche Diskussion einführe und dass es einen anderen Weg, wissenschaftlich voranzukommen, nicht gebe – lauter Überlegungen, die längst vertraut waren und doch im Moment der Unsicherheitserfahrung nicht trugen.

Ähnliches zeigt sich heute bei Theologiestudenten, wenn vertraute historisch-exegetische Annahmen aufgegeben und, mit Gründen, durch andere ersetzt werden (Johannesevangelium, Zeitansatz des Jahwisten). Der grundsätzlich hypothetische Charakter von Wissenschaft wird schwer ertragen; Frustrationstoleranz ist Mangelware.

Was fehlt hier? Sollte nicht, gerade im Ausstrahlungsbereich evangelischen Denkens, längst klar sein, dass nichts Immanentes absolut gesetzt werden kann – also auch nicht die Ergebnisse von Wissenschaft? Dass diese umso »wissenschaftlicher« ist, je deutlicher sie ihre eigene Relativität aufzeigt – wie Riesman in jenen Sätzen am Schluss seines Buches? Wo die Fähigkeit nicht besteht, Fragen offenzulassen, nachdem sie soweit wie möglich geklärt wurden – mit offenen Fragen zu leben, ohne das weitere Nachdenken aufzugeben –, da wird schnell nach der Ersatz-Sicherheit irgendeiner sich absolut setzenden Lehre oder Person gegriffen werden.

Und damit ist, auf allen Bildungsebenen, Ideologieanfälligkeit gegeben. Dieses »Offen-lassen-Können« aber setzt voraus, dass der Mensch selbst einen festen inneren Kern entwickeln konnte[38], sich als ein Wesen mittlerer Größe[39], das nicht alles weiß, kann oder überschaut, bejahen kann. Luthers Unterscheidung von securitas und certitudo könnte hier vielleicht hilfreich sein: securitas, die meint, sich auf Vorfindliches, z.B. auf die eigenen Werke oder auf den »Buchstaben« irgendeiner Lehre, verlassen zu können; certitudo, die aus Vertrauen kommt und deshalb Risiken, Unabgeschlossenheiten, eben Offen-Bleibendes ertragen kann. Im Bild gesprochen: Der Fels einer zeitlos richtigen Lehre, auf der man sich ausruhen zu können glaubt, ist trügerisch, geschichtliche Erdbeben können ihn heben; aber: fliegen lernen (und erfahren, dass die Luft trägt), schwimmen lernen (und erfahren, dass das Wasser trägt), darauf käme es wohl an. Psychologisch: Identität ist zwar nie abgeschlossen; aber dennoch muss, gerade in den Jugendjahren, Identität gefunden und bestätigt werden, der junge Mensch seiner selbst so gewiss werden, dass er sich zu schade ist, sich von irgendjemandem die weitere Wahrheitssuche abnehmen zu lassen. Glaubensfähigkeit ist das Gegenteil von Ideologiebereitschaft. Bei unserer geschichtlichen Herkunft aus einer ideologisch herrschenden Kirche ist das nicht immer leicht zu verstehen. Aber Kirche ist veränderbar, und sie ist, in Teilen, auf dem Weg, den Menschen, die ihr nicht gehören, denen sie zu dienen hat, bei ihrer Selbstfindung zu helfen.

38 Hebr 13,9!
39 Vgl. zum Folgenden H. E. Richter, Der Gotteskomplex, Reinbek 1979 die (passim).

2.9 Die jugendliche Frau

Gibt es innerhalb der Erfahrungen, denen Jugendliche heute ausgesetzt sind, solche, die besonders für die Mädchen gelten? Gibt es prinzipielle oder nur graduelle Unterschiede im Erleben des jugendlichen Mannes und der jugendlichen Frau?

Graduelle gibt es auf jeden Fall. Die Schwierigkeit, einen Ausbildungsplatz zu finden, ist für die Mädchen, wie bekannt, wesentlich größer als für die Jungen. Zum Lehrerstudium schreiben sich, seit die Einstellungschancen sinken, mancherorts fast nur noch Frauen[40] ein: Sie wollen irgendeinen Abschluss haben, für alle Fälle, das Lehrerstudium ist relativ kurz, so wird es »mitgenommen«; Chancen rechnen sie sich nirgendwo aus. Bei vielen zeichnet sich eine Rückwendung zu traditionellen Rollenmustern ab (sofern sie überhaupt schon aufgegeben waren; die deutlich hörbaren Stimmen der Feministinnen täuschen über ihre Zahl!): Sich gut zu verheiraten, um versorgt zu sein, wird ihnen auch von den Eltern nahegelegt.

Von der technologisch bedingten Arbeitslosigkeit sind auch gerade Frauenberufe betroffen. Eine Hauptschulklasse, die im Rahmen eines Projektes Berufsmöglichkeiten bei der Post erforschte, bekam zu hören, dass die Mädchen ein »richtiges Handwerk« lernen sollten, sich ja nicht auf Aushilfsarbeitsplätze, wie die Post sie immer anbot (und fast nur mit Frauen besetzte), einstellen sollten; »die fallen alle weg«, hieß es, »die Muttis brauchen wir nicht mehr.« Aber woher einen Lehrplatz im »richtigen Handwerk« nehmen?

»Dienstboten wieder gefragt«, lautete die Überschrift eines Zeitungsartikels. Es ging um Haushaltsstellen für Frauen. Dass es den Begriff »Dienstbote« schon seit den zwanziger Jahren offiziell nicht mehr gibt, störte nicht; besprochen (und begrüßt) wurde nur die Tatsache, dass Geldmangel wieder Frauen bereit macht, solche Stellen anzunehmen.

Das heißt aber: Die No-future-Situation stellt sich für die jugendliche Frau noch einmal anders dar als für ihre männlichen Altersgenossen. Einerseits ist sie verschärft davon betroffen; einen qualifizierten Beruf, gar den Beruf ihrer

40 Die wenigen männlichen Studenten wählen gern das Fach Sport: Wer die Fußballjugend trainiert, kriegt Beziehungen und rutscht eines Tages in eine Beamtenstelle hinein – auch eine Chance, die Frauen nicht offensteht!

Wahl, kann sie noch schwerer erreichen als er. Andererseits gibt es für sie möglicherweise Nischen, die der junge Mann nicht so ohne weiteres findet: In abhängiger Haushaltsstellung hat man wenigstens sein Brot (vielleicht, bei viel Glück, sogar seine Sozialversicherung). Um den Preis der Aufgabe eigener Lebensziele kann man, als Mädchen, seinen Lebensunterhalt eher sichern.

Hier setzt sich eine Tradition, die ohnehin noch sehr stark wirkte, aus der Notsituation der Arbeitslosigkeit heraus fort. Die Geschlechter werden nicht als gleichwertig erlebt. Theologisch war dies gestützt durch die Auffassung von der schöpfungsmäßigen Unterordnung der Frau[41], durch Festschreibung biblischer Aussagen wie Gen 3,16 ohne Rücksicht auf die ökonomisch-politische Entwicklungsstufe Israels, die Stellung der sie angehören – der aber ganz andere, gerade auch in Bezug auf die Stellung der Frau[42], voraufgegangen waren. Ontologisch-ungeschichtliches Denken wurde für die Selbstauffassung der Frau zum Hemmnis, zum »Gesetz«.

Nun ist religiös-theologische Tradition für die große Mehrzahl der Jugendlichen nicht mehr unmittelbar wirksame Autorität. Jedoch wirken in der »neutralisierten Religion«[43] gerade Elemente der Selbstauffassung des Menschen verhängnisvoll weiter, ohne dass ihr Ursprung noch bekannt ist.

Allerdings stehen solchen Traditionsresten gerade bei diesem Thema, der Stellung der Frau, mächtige Gegenkräfte aus der neueren gesellschaftlichen Entwicklung auch entgegen, und ein Teil der weiblichen Jugend ist davon bereits stärker bestimmt als von Notsituation und alten Rollenmustern. Ich meine die sexuelle Befreiung der Frau durch die »Pille« (s. 26). Selbstbestimmung auf diesem zentralen Gebiet muss die Selbstauffassung im ganzen ändern. Und so sehen wir denn einen Teil der jugendlichen Frauen selbstbewusst, nüchtern und sehr selbständig nach eigenständigen Möglichkeiten in der insgesamt verfahrenen Jugend- und Gesellschaftssituation suchen. In der Alternativbewegung z.B. sind gerade junge Frauen eher überrepräsentiert, oft bestimmend, zumindest aber gleichberechtigt, in der Friedens- und Ökologiearbeit ebenso

41 Vgl. noch D. Bonhoeffers »Traupredigt aus der Zelle«, publiziert in den verschiedenen Ausgaben von »Widerstand und Ergebung«, hg. v. E. Bethge.

42 Vgl. die Gestalten der Mirjam, der Debora: F. Crüsemann u.a., Als Mann und Frau geschaffen, Gelnhausen 1978.

43 D. Stoodt, Religiöse Sozialisation und emanzipiertes Ich, in: K. W. Dahm u.a., Religion – System und Sozialisation, Darmstadt/Neuwied 1972, 220ff.

wie in den alternativen Erziehungsversuchen. Von Kooperativen, in denen junge Arbeitslose sich zusammenschließen, um selbstverwaltete Betriebe aufzubauen, gilt ähnliches. Der Mut, als jugendliche Frau selbst zu sagen, wie man leben, was man lernen, arbeiten, wie man lieben will, selbst zu entdecken, wer man ist, dieser Mut ist da und breitet sich aus.

Das Gegenbild stimmt freilich auch: Nicht immer aus Überzeugung, eher aus Flucht in ältere, scheinbar Sicherheit gebende Verhaltensformen geben sich Studentinnen wieder »mädchenhaft«, zeigen sich »angenehm«, nachgiebig, anpassungsbereit. Von weiblichen Lehrlingen und Arbeitskräften wird ähnliches berichtet. »Angst macht brav«, sagte mir die Inhaberin eines Friseursalons, befriedigt.

So stellt sich denn das Bild der jugendlichen Frau uneinheitlich dar, noch mehr als das der Jugend insgesamt. Fragen wir nach dem, was Kirche beitragen könnte, um ihr bei der Identitätsfindung zu helfen, so gilt aufs Neue: Aufarbeitung gesetzlicher Traditionen in Kirche und Theologie selbst, eigenes Lernen der Kirche, Bereitschaft, sich von den schon längst vorangegangenen jungen Frauen und ihren Lösungsversuchen anreden zu lassen. Dann erst wird Kirche ihrerseits auch geben können…

3. Schlussbemerkung

Wir gingen aus von der Frage, welche Theologie heute »unten« lebe, bei den ganz normalen Kirchenmitgliedern, speziell den Jugendlichen. Die Frage verband sich uns bei der Betrachtung der einzelnen Facetten jugendlicher Alltagserfahrungen immer wieder mit der anderen, welche Rolle die real existierende Kirche und Theologie für die Lebensbewältigung der Jugendlichen spiele, spielen könne, spielen solle. Ich ziehe ein Fazit in wenigen Sätzen:

Die theologischen »Schätze« der Kirche sind wie unter Verschluss, den »Besitzenden« (theologisch »Gebildeten«) vorbehalten; »unten«, wo sie dringend benötigt würden, sind sie weitgehend nicht einmal mehr geahnt. Der Schlüssel zur Schatzkammer liegt in den Erfahrungen derer »unten«. Würden sie von Kirche und Theologie zugelassen, aufmerksam bedacht, statt von scheinbar festen Positionen her theologisch abqualifiziert zu werden, so würde »aufgeschlossen«: Die Schätze kämen unters Volk, die Gnade könnte sich erneut inkarnieren, statt rein, aber steril unter Verschluss gehalten zu werden. Anfänge dieses Geschehens sind da...

Welche Theologie lebt »unten«? Über religiös bedingte Hindernisse der Widerstandsfähigkeit von Christen (1985)

Die folgenden Thesen beziehen sich auf die theologische Prägung der ganz normalen Kirchenmitglieder protestantischer Herkunft in Deutschland. Sie beziehen sich damit auf eine Theologie, die m.E. wichtiger ist als die der Universitäten. Denn was »unten« geglaubt wird, das wird wirklich geglaubt und macht die Wirkung des Christentums in der Welt aus.

Dabei endet diese Wirkung nicht mit der aktiven, bewussten Teilnahme am kirchlichen Leben. Die »neutralisierte Religion« (Dieter Stoodt) der Massen, die mit dem lebendigen Kern des Glaubens nicht mehr viel zu tun hat, enthält einige politisch äußerst gefährliche »Dogmen«, die aus der entfremdeten Tradition des deutschen Protestantismus stammen und unbeachtet, weil »in Fleisch und Blut übergegangen«, weiterwirken.

Ich nenne einige solcher »Dogmen« (ideologischer Grundüberzeugungen) und lade ein, weitere zu identifizieren, in uns und um uns herum.

Dogma 1: »Das Schicksal nimmt seinen Lauf, man muss sich damit abfinden.« Oder auch: »Letzten Endes kommt doch alles, wie es kommen soll.«

Hier liegt ein Missverständnis der dritten Bitte des Vaterunsers vor. »Dein Wille geschehe, wie im Himmel so auf Erden«, das bedeutet nach der Meinung von Schülern, die in zwei Diskussionen sich dazu äußerten: Bereitschaft des Betenden, sich ohne Murren in sein Schicksal zu ergeben. Gott lenkt ja die Schicksale, er lenkt auch die Geschichte; bricht ein Krieg herein oder ein privates Unheil, so hat es keinen Sinn, sich dagegen aufzulehnen, denn Gott ist stärker, und er ist auch gut. Er sorgt dafür, dass letzten Endes alles zum Guten ausgeht; die, die davongekommen sind, können ein dankbares Lied davon singen. »Wie im Himmel«, das heißt wohl »wie im Kosmos im ganzen«. Gott hält ihn wunderbar im Gleichgewicht; dass einzelne dabei zugrunde gehen (vielleicht in großer Zahl), darf man nicht überschätzen, denn was ist schon der einzelne gegen das Universum. Der Mensch erkenne also seine Kleinheit, seine Unwichtigkeit, und gebe seine individuellen Glücksansprüche auf, wenn Gott sie ihm nicht erfüllt. Eine Möglichkeit verbleibt ihm ja, nämlich seine Gesinnung durch Bescheidung so umzuwandeln, dass ihn der Verzicht nicht mehr allzu sehr schmerzt. Gerade darum betet er doch wohl. Und das soll die Meinung des Vaterunsers sein!

Dieses »Dogma« hat sich so vollständig durchgesetzt, dass mir in 25 Jahren Unterricht kein Fall begegnet ist, in dem Schüler von sich aus erkannt hätten, worum es in dieser Bitte wirklich geht: das eschatologische Drängen, das der Wille Gottes, endlich, wie schon jetzt im Himmel, auch auf Erden zum Durchbruch kommen möge, die Sehnsucht, das dem »Marana Tha!« verwandte Rufen nach der Zukunft Gottes. Trotz der Nachbarschaft zur zweiten Bitte, selbst nach ihrer unterrichtlichen Erarbeitung, sinkt die dritte in das gekennzeichnete Missverstehen zurück.

Es ist ein Missverständnis, das an die Stelle der Eschatologie Jesu die Schicksalsergebung der Stoa setzt. Auch bei Epiktet finden wir: Der Mensch ist Herr seiner Gesinnung, aber nicht seiner Welt; Beschwichtigung, Resignation ist Grundlinie der Frömmigkeit.

Ein etwas ausführlicherer Blick in die Bibel zeigt uns sofort, dass das Verhältnis des Menschen zu Gott dort ganz anders beschrieben wird. Die biblischen Beter werfen sich dem Schicksal, das ihnen selbst, geliebten Menschen oder ihrem Volk droht, mit Vehemenz entgegen. Urbild eines solchen Betens ist Abraham, der sich (Genesis 18) Jahwe entgegenstellt, der Sodom und Gomorrha vernichten will. Es ist sehr reizvoll, in der Bibel weitere Geschichten dieser Art aufzusuchen; ich nenne noch die vom kanaanäischen Weib (Mk. 7, Mt. 15), die mit Jesus solange kämpft, bis sie die Gesundheit ihrer Tochter erreicht hat. Es handelt sich hier übrigens um eine Geschichte, die Martin Luther besonders geliebt und öfter in Predigten ausgelegt hat. In der Kirche, die sich nach ihm nennt, ist an die Stelle des Kämpfens mit Jahwe, des Kämpfens mit Jesus als dem Vertreter Gottes, bis der Beter sein Ziel erreicht hat, weit eher Beschwichtigung, Resignation als Grundlinie der Frömmigkeit getreten.

Aber spricht nicht das Gebet Jesu in Gethsemane (Mt. 26) eine andere Sprache? Betet Jesus nicht doch ausdrücklich: Nicht mein, sondern dein Wille geschehe? Ich denke, dass man dieses Gebet aus dem Kontext des gesamten Lebens Jesu, wie es Matthäus darstellt, nicht herauslösen darf. Jesus hat eine Sache, für die er einstehen soll, und sein Gebet in Gethsemane bedeutet, dass er sich und Gott die Frage stellt, was geschehen müsse, damit er sein Werk erfüllen könne. »Mein Vater, ist's möglich, d.h. kann mein Werk erfüllt werden, ohne dass ich den Kelch trinke, so gehe er vorbei.« Als der Betende versteht, dass das Werk ohne dieses Leiden nicht vollendet werden kann, geht er den Häschern aktiv entgegen. Von Resignation ist hier nichts zu spüren; ein betender Mensch sucht seinen Weg.

Dabei ist zu beachten, dass das kämpferische Beten, wie die Bibel es uns in vielen Geschichten vor Augen stellt, immer darauf gerichtet ist, Leben, Heil und Zukunft für diejenigen, für die gebetet wird, von Gott zu erringen, zu ertrotzen manchmal. Beim Propheten Amos lesen wir sogar in Kapitel 7 den erstaunlichen Satz, dass es Jahwe reute, nachdem Amos Fürbitte getan hatte, dem Volk das Unheil anzutun, das er zunächst ankündigte. Ein solcher Satz würde, stände er nicht in der Bibel, sicherlich der kirchlichen Frömmigkeit so völlig widersprechen, dass er als gotteslästerlich angesehen würde!

Dogma 2: »Der Mensch ist viel zu schlecht, um in der Welt etwas zum Besseren verändern zu können. Die Welt liegt im Argen, und da bleibt sie auch liegen.«

Ich berichte kurz, wo mir dieses Dogma zum ersten Mal aufgefallen ist. Es war die 10. Klasse eines Mädchengymnasiums in Köln. Die Schülerinnen hatten soeben im Geschichtsunterricht zum ersten Mal vom Marxismus gehört, und ich fragte im Religionsunterricht, worin sie den Hauptunterschied zwischen Christentum und Marxismus sähen. Die Antwort lautete: »Die Marxisten glauben, man könne die Welt besser machen, und wir wissen, dass das nicht geht.« Auf meine erstaunte Frage, woher sie das denn wüssten, kam prompt die Antwort: »Der Mensch ist viel zu schlecht dazu.«

Dieses Dogma begegnet einem auch in anderer Form, z.B.: »Man kann doch aus der Erde kein Paradies machen.« Jeder von uns wird diesen Einwand kennen, der immer dann erhoben wird, wenn man auf die unglaublichen Leiden großer Menschenmassen heute hinweist und darauf aufmerksam macht, dass sie nur zum geringsten Teil naturwüchsig, zum allergrößten Teil aber gesellschaftlich verursacht sind. Dass es schon genügen würde, statt eines Paradieses wenigstens etwas weniger Hölle zu schaffen, dass es jedenfalls für sehr viele Menschen, die heute zugrunde gehen, bereits das Überleben sichern würde, wird damit vom Tisch gewischt. Dabei hat, und das ist andererseits den Gemeinden ja sehr wohl bekannt, der Glaube überall da, wo es ihn lebendig gegeben hat, sofort ein Stück der Welt verändert, und zwar in Richtung auf mehr Menschlichkeit, mehr Freiheit, mehr Gerechtigkeit. An den großen Gestalten der Kirchengeschichte wird ja gerade das bewundert. Eben daran, dass die Gemeinde hier wider ihr besseres Wissen urteilt, zeigt sich der ideologische Charakter des Dogmas 2.

Theologisch handelt es sich um ein Missverständnis der Sünde. Sünde bedeutet ja in der Bibel an keiner Stelle, dass der Mensch unfähig sei, in der Welt etwas Vernünftiges zu gestalten. Im Ernst würde das wohl auch kein Theologe behaupten wollen, ebenso wenig wie irgendein anderer Amtsträger oder höher gestellter Christ, der doch mindestens der Meinung ist, in dem von ihm selbst bestimmten Bereich einigermaßen Vernünftiges zu tun.

Sünde ist, biblisch gesehen, zum großen Teil Mangel an Mut. Nicht Glauben, nicht Vertrauen genug zu besitzen, um die Initiative zu ergreifen und das Notwendige zu tun, gerade das ist Sünde. Dietrich Bonhoeffer sah darin die eigentliche Sünde des Bourgeois.

Dogma 3: »Das eigentliche Leben kommt erst nach dem Tod.«

Die unmenschliche Ungeheuerlichkeit, die in einem solchen Satz, in einer solchen Grundüberzeugung liegt, muss vor allen Dingen und in erster Linie gefühlt werden. Das setzt natürlich voraus, dass Menschen das Leben lieben, von ihm etwas erhoffen, etwas erwarten, mit ihm etwas anfangen wollen zu einem guten und sinnvollen Ziel. Man hat den Eindruck, dass da, wo das sogenannte »Jenseits« höher geschätzt wird als das Diesseits, den Menschen der Mut zum Leben und der Mut zum eigenen Lebengestalten von Anfang an aberzogen oder verwehrt worden ist. Aber wenn ein heute amtierender Minister sich darüber beklagen kann, dass »die Gemeinden draußen im Land«, mit denen er sich »herumschlagen« müsse, so sehr auf das Überleben setzen, und dass dies doch eigentlich gar nicht »christlich« sei, dann kann man ja vielleicht Hoffnung schöpfen, dass dieses Dogma Nr. 3 allmählich zurücktritt.

Theologisch gesehen, bedeutet es natürlich, dass man Gott seine Schöpfung gewissermaßen vor die Füße wirft. Es scheint sich nicht zu lohnen, sich um sie zu bemühen, da ja das »Paradies« aus ihr nicht zu entwickeln zu sein scheint. Eine Zukunft, die den Namen verdient, wird ihr abgesprochen.

Biblisch gesehen, ist das ewige Leben ein Leben neuer Qualität. Es beginnt hier, und dass der Tod es nicht zerstören kann, hat nichts damit zu tun, dass es noch nicht gegenwärtig wäre. Paulus spricht von den Anfängen, von den Erstlingen, Johannes redet davon, dass diejenigen schon im ewigen Leben sind, die glauben. Was das bedeuten könnte, muss wieder neu gewonnen werden. Denn der bloße Verzicht auf Dogma Nr. 3 bedeutet ja noch nicht, dass das irdische Leben wieder als sinnvoll erfahren werden könnte. Als etwas, was man nicht nur durchzustehen hätte, sondern das sich in eine Zukunft hin öffnet und um ihretwillen auch jetzt schon mit Hoffnung und Freude erfüllt ist.

Dogma 4: »Gott wird's schon richten.« Oder irgendein anderer munterer Satz dieser Art. Ich meine Sätze, in denen als selbstverständlich vorausgesetzt wird, dass Gott unverletzlich über der Erde schwebe und ihm nichts geschehen könne.

Manchmal will mir scheinen, als ob diese Gottesauffassung der Kern aller anderen ideologischen »Dogmen« wäre. Der biblische Gott ist verletzlich. Er ängstigt sich um sein Volk, er klagt. Er wirbt wie ein verschmähter Liebhaber darum, dass dieses Volk doch seinen Weg erwählen möge, weil er zum Leben führt. Warum willst du den Tod wählen, Israel?, so lesen wir bei den Propheten.

Dieser Gott ist gefährdbar, er kann das Spiel verlieren. Er redet den Menschen an, er bittet, wirbt, klagt, er lockt, er verspricht, aber offensichtlich vermag er den Menschen nicht zu zwingen, den Weg zum Leben zu wählen. Das Verhältnis zwischen Gott und den Menschen ist personal gedacht. Der Mensch, die Menschenmassen sind nicht die Marionetten, die er an unsichtbaren Fäden tanzen lässt, so dass das Stück ein gutes Ende nimmt. Sie sind ganz im Gegenteil gewissermaßen Juniorpartner in seinem Betrieb, und sie können diesen Betrieb ruinieren, und sich selber mit.

Biblisch gesehen, steht also für Gott viel auf dem Spiel. Nur so ist er der Gott der Menschen. Dietrich Bonhoeffers berühmter, aber in der Theologie noch kaum bedachter und aufgenommener Satz, dass nur der ohnmächtige Gott helfen könne, besagt nicht etwa, dass Gott kraftlos sei; sondern er besagt, dass dem Menschen nur auf diese Weise geholfen werden kann, dass er Anrede und Verheißung vernimmt und sich selbst auf den Weg begibt. Der biblische Gott insistiert auf dem Menschsein des Menschen. Insofern ist sehr die Frage, ob es richtig ist, von seiner Herrschaft zu reden. Jedenfalls ist das dann keine Herrschaft, die den Menschen entmündigt oder entpersönlicht. In ihm, im Tun und Glauben des Menschen, kommt Gott zur Vollendung seines Werkes.

Die Schwierigkeiten, die gerade Kirchenchristen mit der Menschenwürde haben, sowohl mit ihrer eigenen, die sie nicht genügend zu wahren wissen, als erst recht mit der Würde der vielen anderen, dürfte mit diesem falschen Gottesbegriff zusammenhängen. Der biblische Gott insistiert auf dem Menschsein des Menschen. Billiger gibt er es nicht. Er insistiert, er zwingt nicht. Denn hier ist eine Stelle, an der die Allmacht an eine von ihr selbst gesetzte Grenze kommt. In dem Augenblick, in dem Menschen geschaffen wurden, gab es diese Grenze; denn Menschen sind berufen, Menschen zu sein, nicht Objekte. Weder Gottes noch anderer Menschen.

Dogma 5: »Christen sind friedliche Menschen. Deshalb sollte von Konflikten in der Gesellschaft nicht so viel gesprochen werden; wenn sich alle Mühe geben und ein bisschen zu verzichten verstehen, können alle in Harmonie miteinander leben.«

Das Harmoniemodell von der Gesellschaft ist, wie wir natürlich wissen, eine Kinderei. Das heißt, wirkliche Kinder denken gar nicht so kindisch. Sie leben in Konflikten und tragen diese aus. Die oberflächliche Überzeugung erwachsener Christen aber, das Harmoniemodell von der Gesellschaft, stellt wiederum ein äußerst gefährliches Ideologoumenon dar. Es hindert die Menschen daran, klar zu erkennen, an welchem Punkt gekämpft werden muss, weil eben – der Klassenkampf läuft.

Das Wort »Konflikt« habe ich in den Klassen, in denen ich unterrichtete, immer negativ besetzt gefunden, übrigens ebenso wie das Wort »Kritik«. Beides schien, in der Ideologie der Schülerinnen des Gymnasiums, die ich vor mir hatte, etwas Unerlaubtes, Ungehöriges zu sein.

Dass dies im Gegensatz zu Dogma Nr. 2 steht, stört bei ideologisiertem Denken natürlich nicht.

Ob es nicht an der Zeit wäre, einen Gegenkatechismus zu schreiben? Aber vielleicht sammeln wir zunächst noch weitere Dogmen, die zur Grundüberzeugung des Bürgertums um uns herum und, ich wiederhole es, auch in uns gehören. Die »Angst vor dem Chaos«, die Joachim Schumacher beschrieben hat, wäre sicher ein weiterer Punkt.

Mir kommt es nur darauf an, dass wir uns für die tatsächlich vorhandene »Religion unten«, »Theologie unten«, interessieren. In welcher Weise sie aufzubrechen sein könnte, wäre dann einer weiteren Überlegung wert. Das falsche Christentum ist sicherlich ein größeres Hindernis auf dem Weg zum Reich Gottes als ein gar nicht vorhandenes Christentum.

Umkehr[1] (1986)

Und es geschah das Wort des Herrn zum andern Mal an Jona und sprach: Mache dich auf, gehe in die große Stadt Ninive und predige ihr die Predigt, die ich dir sage!

Da machte sich Jona auf und ging gen Ninive, wie der Herr gesagt hatte. Ninive aber war eine große Stadt vor Gott, drei Tagereisen groß. Und da Jona anfing hineinzugehen eine Tagereise in die Stadt, predigte er und sprach: Es sind noch vierzig Tage, so wird Ninive untergehen.

Da glaubten die Leute zu Ninive an Gott und ließen predigen, man sollte fasten, und zogen Säcke an, beide, Groß und Klein. Und da das vor den König zu Ninive kam, stand er auf von seinem Thron und legte seinen Purpur ab und hüllte einen Sack um sich und setzte sich in die Asche und ließ ausrufen und sagen zu Ninive nach Befehl des Königs und seiner Gewaltigen also: Es sollen weder Mensch noch Vieh, weder Ochsen noch Schafe Nahrung nehmen, und man soll sie nicht weiden noch sie Wasser trinken lassen; und sollen Säcke um sich hüllen, beide, Menschen und Vieh, und zu Gott rufen mit Macht; und ein jeglicher bekehre sich von seinem bösen Wege und vom Frevel seiner Hände. Wer weiß? Es möchte Gott wieder gereuen und er sich wenden von seinem grimmigen Zorn, dass wir nicht verderben.

Da aber Gott sah ihre Werke, dass sie sich bekehrten von ihrem bösen Wege, reute ihn des Übels, das er geredet hatte, ihnen zu tun, und tat's nicht. (Jona 3)

Liebe Freunde,
wir hören dies Kapitel des Jonabuches mit Erstaunen. Wir fragten, ob wir richtig gehört haben. Ein Prophet ruft das Gericht aus, und eine Weltmacht bekehrt

1 Predigt auf der Jahrestagung des deutschen Zweiges des Versöhnungsbundes in Pforzheim-Hohenwart am 11. Mai 1986.

sich! Das Volk kehrt um zum Leben und zur Gerechtigkeit; der König nimmt sich ein Beispiel daran, auch er kehrt um! Ist das denn wahr? Ich möchte Ihnen gern berichten, was ich erlebte, während ich mit diesem Bibeltext umging.

In einer osthessischen Stadt hat sich ein Friedensarbeitskreis neu gebildet; ich war zur Versammlung eingeladen. Vor mir sprach ein Mitglied des Friedensbüros Osthessen, sehr gut informiert; er zeigte mit Hilfe einer Karte in eindrucksvoller Weise auf, in welchem rasanten Tempo Osthessen in den letzten drei Jahren aufgerüstet worden ist: zahlreiche neue Depots für Nike Herkules- und Patriot-Raketen; Straßenausbau Richtung Fulda Gap; in allen Zubringerstraßen die berüchtigten drei Sprengkammern im Rahmen des Stay-at-home-Programms, das die Bevölkerung hindern soll, im Kriegsfall zu fliehen; in den Wäldern die Sperrmittelhäuser, in denen die Minen für diese Sprengkammern (auch Atomminen dabei) schon bereitliegen; 60.000 US-Soldaten sollen noch neu nach Osthessen verlagert werden. Während der Referent sprach, legte sich auf einmal eine bleierne Müdigkeit auf mich, ein Gefühl tiefer Resignation, das wir wohl alle kennen: es ist ja doch alles umsonst, die Arroganz der Macht geht über Leichen, fragt nicht danach, ob wir, ob unsere Kinder überleben, ob unser Land bewohnbar sein wird nach einem nächsten Krieg…

Alle im Saal waren still, wie gelähmt. Wohl hatten wir das meiste schon gewusst, in irgendeinem Grad; aber es so massiert vor Augen zu sehen und zugleich zu spüren, dass wir und alle anderen täglich abgelenkt und hinters Licht geführt werden, damit wir nichts merken sollen – das lag auf uns wie Blei. »Der alt böse Feind, mit Ernst er's jetzt meint, groß Macht und viel List sein grausam Rüstung ist« – der Vers kam mir in den Sinn.

Und dann fiel mir auf einmal Jona ein. Der Text in Kapitel 3, der das eigentliche Wunder des Jonabuches enthält. Wie kommt es nur, dass man die Sache mit dem Fisch, Kap. 2, immer wieder in den Vordergrund gerückt hat, dass sich noch heute der Streit um »Wunderglauben oder nicht« an dieser Episode festmacht – die doch, verglichen mit der geradezu unglaublichen Botschaft in Kapitel 3, das weitaus geringere Wunder ist?

Wir stellen uns noch einmal vor Augen: eine Weltmacht, ohne Rücksicht auf Recht und Gesetz, über Leichen gehend, voll Arroganz der Macht – Ninive. »Bosheit« heißt das Wort, mit dem sie gekennzeichnet wird, und ihre Größe wird, sparsam aber deutlich, wie im Alten Testament üblich, durch die Zahl der

Tagesreisen angegeben, die man braucht, um sie zu durchqueren. Ihr gegenüber: ein einzelner Mann, Jona, der Grund genug gehabt hatte, beim ersten Mal vor dem hochgefährlichen Auftrag, dieser Stadt das Gericht Gottes anzukündigen, zu fliehen. Jetzt, beim zweiten Mal, führt er den Auftrag aus. »Es sind noch 40 Tage, so wird Ninive untergehen.« Knapp, klar, deutlich, unerbittlich. Und nun geschieht das Wunder: Ninive bekehrt sich. Die Weltmacht hört auf den Propheten! Und zwar beginnt es »unten«, bei den ganz normalen Leuten; sie, die oft noch ein wenig mehr Gefühl für Recht und Unrecht haben als die eigentlichen Träger der Macht, bekehren sich zuerst. Sie fasten, tragen Trauer; der König zieht dann nach. Er setzt das offiziell in Kraft, was ohne ihn schon läuft; sogar die Tiere werden einbezogen, auf einmal gehören sie mit den Menschen zusammen in dieser Stunde der höchsten Gefahr. Und alle »rufen zu Gott mit Macht«.

»Da reute den Herrn das Übel, das er ihnen angekündigt hatte, und tat's nicht.« Dieser Satz, so typisch für die Bibel, erscheint uns vielleicht wenig fromm. Kann man von Gott denn sagen, dass er umdenkt?, dass ihn etwas »reut«? Verbietet es nicht die Ehrfurcht vor Gott?

Manchmal denke ich: es ist ein Unglück, dass wir immer frömmer sein wollen als die Bibel selbst. Das unnahbare Schicksal der Griechen, der Germanen, die unbeeinflussbare »Vorsehung« der Stoa – das ist ja gerade nicht der Gott, mit dem Abraham handelte, um Sodom und Gomorra, um Lot zu helfen (den ihm Gott dann rettete); es ist nicht der Gott Jesu, von dem wir die Geschichte des kanaanäischen Weibes haben: sie bat, ließ keine Ruhe, wurde lästig, bis ihre Bitte erfüllt war, – und Jesus nennt das »Glauben«! Die Gleichnisse von der bittenden Witwe, vom bittenden Freund, in denen er beten lehrt, sprechen dieselbe Sprache. Der Gott der Bibel ist umzustimmen, Ninive hat es in ihrer Verzweiflung begriffen: »sie riefen zu Gott mit Macht.« Und das Unglück – bleibt aus.

Warum fällt es uns eigentlich so schwer, dieses eigentliche Wunder des Jonabuches zu glauben? Warum diskutieren wir es üblicherweise nicht einmal, in der Gemeinde wie in der Theologie? Wie kommt es, dass wir es glatt übersehen?

Ich denke, das hat wohl zwei Gründe. Erstens haben wir eine zu schlechte Meinung vom Menschen (besonders im deutschen Protestantismus!), und damit wollen wir schon wieder frömmer sein als die Bibel. Der Gott der Bibel denkt nicht schlecht vom Menschen; er setzt auf ihn. Lesen Sie Hiob 1: Da wettet einer, dass selbst Hiob, der Frömmste, in Wirklichkeit nichts tauge; aber das ist nicht Jahwe, das ist der Satan. Jahwe wettet dagegen, auf die Vertrauenswürdigkeit seines Menschen! Jesus vertraut seinen Jüngern, schwachen und fehlbaren Menschen, seine Sache an, die Sache des Reiches Gottes. Und den Jubel der Apokalypse, weil der Verkläger endlich beseitigt ist, der die Menschen vor Gott verklagte Tag und Nacht, den wollen wir auch nicht vergessen.

Haben wir Satan, den Ankläger, unbemerkt an die Stelle Gottes gesetzt?

Sünder sein, auf Gnade angewiesen sein, das ist nicht dasselbe wie schlecht sein. Dem Menschen alle Möglichkeiten absprechen, in der Welt etwas Besseres zu tun als bisher, das ist nicht biblisch. Ich fürchte, wir haben uns den Luxus solcher Misanthropie nur deshalb leisten können, weil es uns, den bürgerlichen Christen, bei aller »Schlechtigkeit« – ganz gut erging.

Hier muss Bekehrung greifen. An den Menschen glauben zu lernen, wie Gott an ihn glaubt – darauf kommt es wohl an.

Der zweite Grund, aus dem wir ein Wunder wie dies in Jona 3 so schwer nur glauben, ja auch nur beachten können, liegt wohl in unseren bösen Vorerfahrungen. Sartre war es, der einmal darauf aufmerksam machte, dass die Sprichwortweisheit der Völker höchst traurig sei. In ihr spiegeln sich die Erfahrungen der Massen, der ganz normalen Menschen, die immer wieder erleben mussten, wie die Arroganz der Macht über das Recht, über das Lebensglück der meisten hinwegschritt, ohne sich darum zu kümmern, und straflos blieb: »Die kleinen Diebe hängt man auf, die großen lässt man laufen.«

Lebenserfahrung. Aber leben wir eigentlich von ihr? Gibt es nicht auch Glaubenserfahrung? Wovon spricht sie?

Machen wir es uns klar, indem wir an einem Punkt einmal Sprichwortweisheit und Glaubensaussage miteinander konfrontieren. »Hoffen und harren macht manchen zum Narren«, sagt das Sprichwort. »Hoffnung lässt nicht zuschanden werden«, schreibt Paulus im Römerbrief. Dabei ist gerade an dieser Stelle im Römerbrief die Rede von »Trübsalen«, die Christen erleiden müssen, weil sie handeln, – von den Erfahrungen, die in der Trübsal gemacht werden, und die die Hoffnung nähren.

Da haben wir den entscheidenden Unterschied. Das Sprichwort redet vom Ergeben, vom Schicksal, das über die Menschen kommt, und von der so oft trügerischen »Hoffnung« (aber das ist keine!), noch einmal davonzukommen. Das Neue Testament redet vom Hineingezogensein in die Arbeit Christi, vom Handeln, Verkündigen, Eingreifen der Christen, das Trübsal bringen kann und dennoch stärker macht.

Glaubenserfahrung redet von den größeren Möglichkeiten Gottes. Je mehr wir uns in sie hineinziehen lassen, desto mehr verstehen wir, dass jene traurige Weisheit der Völker, so richtig sie wiedergibt, was zu erfahren war, doch vom Wichtigsten nichts weiß. Und desto mehr verstehen wir, dass wir dieses Neue, die Kunde von den größeren Möglichkeiten Gottes und des Menschen (denn das gehört jetzt zusammen!) in die Welt hineintragen müssen.

Ja, wahrhaftig, wir müssen uns fragen lassen, was wir denn eigentlich glauben. Ist es denn nicht die Botschaft des Alten und des Neuen Testaments, dass Gott stärker ist als alle noch so arroganten Schicksalsmächte? Fängt nicht alles damit an, dass die Heere des Pharao im Roten Meer versinken und ein kleines, hilfloses Volk gerettet wird? Und was halten wir denn von dem Satz des matthäischen Jesus: »Mir ist gegeben alle Gewalt im Himmel und auf Erden«? »... und auf Erden«, heißt es. Nicht erst in irgendeinem Jenseits, das mit dem irdischen Geschehen nichts zu tun hätte!

Also: lasst uns dem Jonabuch glauben. Eine Weltmacht kann sich bekehren, und: unten fängt es an. Und lasst uns nun fragen: Wie hat er das erreicht? Mit welchem Trick, welchem Druckmittel, welcher Massensuggestion...?

Und wieder ist die Antwort verblüffend einfach: Jona hat nichts anderes getan, als ganz klar und deutlich gesagt, wie die Lage ist. »Es sind noch 40 Tage, so wird Ninive untergehen.« Keine Vorsicht, keine Ausgewogenheit, keine Diplomatie; er sagt, was Sache ist, so dass es jeder verstehen kann. Und diese klare Sprache löst die Umkehr aus. Sogar trotz Jona selbst! Wie das nächste Kapitel des Jonabuches zeigt, war er ja gar nicht einverstanden mit seinem Erfolg. Und gleichwohl lernen wir: Weil er die Wahrheit klar und einfach sagte, konnte er Werkzeug der Rettung sein.

Einfache Sprache lernen: das wird eine unserer Aufgaben sein. Mit allen Menschen reden, nicht nur mit denen, die schon unserer Meinung sind, oder denen, die das gleiche Privileg geistiger Bildung haben – die nur zu leicht dazu verführt, an den schrecklichen, einfachen, wahren Gegebenheiten vorbei zu denken und zu reden. In unserer theologischen Tradition hat sich viel von diesem »Dran-vorbei-reden« eingenistet. Ein Beispiel für sehr viele: Die 3. Bitte des Vaterunsers hat, wie die Exegeten seit langem wissen, eschatologischen Charakter; es ist eine Bitte um Verwandlung der Welt: »Dein Wille geschehe wie im Himmel schon jetzt, so bitte endlich auch auf Erden.« Eine Bitte voll dringenden Verlangens, aktivierend zugleich für den, der so betet. Aber was wurde daraus? An den Worten einer Schneiderin, der ich die Gefahren der Raketenstationierung verdeutlichen wollte, kam es heraus: »Ach, wissen Sie, Frau Professor, letzten Endes kommt doch alles, wie es kommen soll.« Schicksalsergebung, gut heidnisch (stoisch) – aber in der Kirche gelernt! Ich konnte nur erwidern: »Ja, aber nur wenn wir uns einsetzen, sonst kommt es, wie es gar nicht kommen soll!« Die Frau verstand, verwundert, und reagierte: »Da haben Sie ja eigentlich auch recht.«

Lasst uns lernen, in der Sprache der ganz normalen Leute die einfachen, klaren, erschreckenden Dinge zu sagen, und zugleich die einfachen, klaren Hinweisungen der Bibel. Klare Sprache, das ist es, was wir von Jona lernen können.

Aber sind wir denn Jona? Wo ist unser Platz in der Geschichte? Sind wir nicht eher Ninive, ein Teil davon – ein Teil der gewaltigen, reichen, imperialistischen Macht, die die ganze Menschheit bedroht?, und, vielleicht, Ninive, das sich bekehrt?

Wir sind wohl beides. Ohne dass wir es leicht und rasch ändern könnten, sind wir in den Imperialismus verstrickt. Wir wollen es nicht, aber unser Wohlstand ist mit dem Hunger der Armen bezahlt. Die Zwiespältigkeit, in der wir dadurch leben, ist der Preis für unser äußeres Wohlergehen. So gleichen wir vielleicht in manchem den Niniviten, die da trauern, fasten, sich vor Augen halten, was sie angerichtet haben, und zu Gott flehen.

Und doch sind wir andererseits auch Jona, gesandt in die Welt der mit uns Reichen, die nicht sehen will, was sie tut, und dass sie am Abgrund steht. Ihr schulden wir die klare Sprache der Information.

Noch ein letztes möchte ich Ihnen gerne sagen: Wir sehen die Anfänge. Ja, Ninive hat begonnen, sich zu bekehren. Überall an der Basis sehen wir Gruppen, die an der Arbeit sind, Informationen sammeln, weitergeben in den verschiedensten Formen, demonstrieren, Gottesdienste halten, in denen ganz konkret geklagt, gebetet und geplant wird. Ein Major der Bundeswehr schrieb mir, ich könne mir wohl kaum vorstellen, wie viel mehr im Offizierskorps gelesen und diskutiert würde, seit die Informationen der Friedensbewegung auf dem Tisch lägen. Aus der Friedensbewegung kamen auch die Informationen über den »nuklearen Winter«, der bei einem auf Europa begrenzten Atomkrieg für ein halbes Jahrhundert die Sonne verdunkeln und alle Lebewesen, auch die Pflanzen, in der Eiseskälte sterben lassen würde. Weinberger gab, wie die Zeitungen schrieben, eine Gegenstudie in Auftrag, die aber zum selben Ergebnis kam, und meinte, dann würde die Zukunft eben kleinen Kriegen gehören – nicht schön, aber schon mal ein Bruch in den ganz großen Wahnsinnsplänen.

Ich denke, wir sollten nicht aus dem Auge verlieren, wie viele Wunder in den letzten Jahren geschehen sind. Noch 1980 schrieben die holländischen Friedensfreunde: »Unser größtes Handicap ist das Schweigen der westdeutschen Christen.« Ein Jahr später, 1981 aus Anlass des Hamburger Kirchentages, die Demonstration der 80.000! Und der Kirchentag in Hannover war, allen Abmahnreden zum Trotz, ein Meer von lila Friedenstüchern…

Wo etwas gelungen ist, sollten wir es im Gedächtnis halten und wieder und wieder erzählen. Gab es nicht einmal ein Volkszählungsgesetz, das zu Fall gebracht worden ist, von »unten« her? Es wird so schnell vergessen, und doch könnte jeder Erfolg uns stärken. Lernen wir von der narrativen Theologie der Bibel: sie erzählt, wo Jahwe gesiegt hat, und seit dem Auszug aus Ägypten stärkt sich der Glaube daran. Resignation an der Basis ist der gefährlichste Feind, in uns und um uns herum; Mut und Entschlossenheit unten, das lehrt uns das Jonabuch, kann nach oben ansteckend wirken – bis zum König von Ninive.

Umkehr ist möglich. Und Gott – spielt dann mit.

Die Schwachheit Gottes[1] (1986)

Im ersten Kapitel des Ersten Korintherbriefes schreibt Paulus einen erstaunlichen Satz: »Die Schwachheit Gottes ist stärker als die Kraft der Menschen.« Es ist einer der Sätze, die in der Kirche und der Theologie nicht sehr gut beheimatet sind. Wahrscheinlich würde nicht so leicht einer von uns Kirchenchristen auf den Gedanken kommen, von der Schwachheit Gottes zu sprechen. Stünde es nicht in der Bibel, wir würden vielleicht sogar meinen, das sei doch Gotteslästerung. Ist Gott denn nicht allmächtig, Schöpfer des Himmels und der Erden, wie wir im Gottesdienst oft bekennen? Sind wir nicht allesamt mit unserem Dasein, unserer Geschichte, unserem Planeten von ihm abhängig? Wie kann man von der Schwachheit Gottes reden?

Ich denke seit einigen Jahren – und dieser Gedanke vertieft sich bei mir immer mehr –, dass uns dieser Satz eine Art Leitfaden geben kann, um die Art und Weise, wie die Bibel von Gott redet, neu zu entdecken; denn die einfache Gleichung: Gott gleich Macht, ist gar nicht typisch christlich. So reden alle Religionen; wir brauchen nur an den Islam zu denken: Allah ist weiß Gott allmächtig. In der Bibel finden wir eine solche Rede von Gott freilich auch, und es gibt ja viele Geschichten von Gottes Machterweisen, von denen wir manchmal wünschen möchten, sie ereigneten sich heute bei uns in unserer Zeit auch noch einmal. Zum Beispiel: Wie er den Pharao mit Mann und Ross und Wagen ins Rote Meer stürzt und sein Volk errettet. Wir sähen vielleicht auch manchmal gerne, dass diejenigen, die Krieg vorbereiten, mitsamt ihren Waffenarsenalen in irgendeinem Roten Meer verschwänden und man nichts mehr von ihnen sähe und wir endlich Frieden hätten.

Es gibt viele solche Geschichten in der Bibel. Und in Zeiten großer Sorgen, wie wir sie heute erleben – Kriegsgefahr, Arbeitslosigkeit, Zerstörung der Na-

1 Predigt am 30. Juni 1985 in der Paul-Gerhardt-Gemeinde Marburg.

tur – wünschen sich besonders oft Menschen, ein solcher Gott träte einmal hervor. Manche Christen versuchen auch, sich an einen solchen Trost zu halten. Sie sagen zum Beispiel angesichts aller dieser Sorgen einen Satz, wie ich ihn vor kurzem von einer Verkäuferin gehört habe: »Ach, der liebe Gott wird's schon richten.«

Dies ist die eine Weise, wie die Bibel von Gott redet; und wir finden in der Praxis unseres Christentums nur schwer Zugang dazu, denn solche allmächtigen Eingriffe erleben wir nicht. Wie einfach wäre das doch. Mit einem Schlage könnten alle unsere Sorgen verschwunden sein und wir endlich wieder unsere Ruhe haben.

Bleiben wir einen Augenblick bei dieser Seite des Gottesbildes der Bibel und bei unseren Wünschen, einen solchen Gott vorzufinden. Warum glauben wir uns das selber nicht so recht? Warum bleiben solche munteren Sätze uns im Halse stecken? Was stimmt denn da nicht an dieser schönen Gleichung? Oder: Was haben wir missverstanden in der Bibel, wenn wir diesen Gott in unsere Zeit übertragen möchten?

Ich denke, wir haben zuallererst einmal missverstanden, wer wir Menschen Gott gegenüber sind. Wäre er jener allmächtige Zauberer unserer Wunschträume, so wären wir die Marionetten oder vielleicht die kleinen Kinder, die ein rechtes Durcheinander angerichtet haben; und dann kommt der starke und kluge Vater nach Hause und bringt mit Leichtigkeit alles wieder in Ordnung; oder die starke und kluge Mutter – so ungefähr. Wir sind ja gewöhnt, von uns als den Kindern Gottes zu reden? Aber wahrscheinlich liegt gerade hier der Fehler.

Die Bibel meint, wenn sie von uns als Kindern Gottes spricht, nicht Gottes Säuglinge oder Gottes Kleinkinder, die für nichts verantwortlich sind und denen darum auch aus jeder Patsche wieder herausgeholfen wird. Wenn die Bibel von uns als den Kindern Gottes spricht, meint sie uns als die erwachsenen Söhne und Töchter Gottes, gewissermaßen als Juniorpartner in seinem Betrieb, die in seinem Sinn den Betrieb führen sollen und voll verantwortlich dafür sind, dass es da so zugeht, wie der Senior will. Denken Sie daran, wie in Gleichnissen die Rede davon ist, dass Menschen die Verwaltung des Gutes Gottes anvertraut wird. Säuglingen kann man nichts anvertrauen. Oder denken Sie daran, wie Paulus klagt, dass die Gemeinde der Korinther immer noch

Milch brauche wie kleine Kinder und dass sie doch endlich erwachsen und selber urteilsfähig werden sollten. Wahrscheinlich ist in unserem Vorverständnis des allmächtigen Gottes genau diese Sache falsch, dass wir uns dabei die Rolle der wohlversorgten und wohlbehüteten kleinen Kinder zuerteilen wollen, statt dass wir begreifen, dass wir die Sorgen Gottes mittragen sollen als seine erwachsenen Kinder in der Welt.

Damit kommen wir zu der zweiten Weise, wie die Bibel von Gott redet, die in unserer kirchlichen Tradition – wie ich meine sehr zu Unrecht – weitgehend zu kurz gekommen ist. Wir lesen ja schon im Alten Testament – etwa bei den Propheten – Stellen, die zu einem allmächtigen Gott schlecht passen wollen. Dieser Gott bittet, sein Volk möge doch hören und sich auf den Weg des Lebens begeben. Er klagt (der Form nach sind das manchmal wirklich Klagelieder in der Hebräischen Bibel), dass Israel seinen Weg nicht betreten will. Er wirbt wie ein verlassener Freund oder ein verschmähter Liebender – so hat es eine Frau in einer Bibelstunde einmal ausgedrückt. Ist das der allmächtige Gott? »Warum, mein Volk, willst du den Weg des Lebens nicht betreten?« Ja, kann er denn nichts dafür machen, dass sie das tun?

Wieder ist es notwendig, dass wir darauf achten, in welcher Lage hier der Mensch vor Gott ist. Offenbar ist er Gottes Partner, angeredet von Gott; Gott wirbt um ihn, er bittet ihn, er setzt auf ihn, er vertraut ihm, er erwartet etwas von ihm wie eine Person von der anderen. Um es einmal ganz einfach auszudrücken: Die Bibel geht davon aus, dass in dem Augenblick, in dem Gott Menschen schuf, er seiner eigenen Allmacht eine Grenze setzte. Menschen, die vertrauen sollen, kann man zum Vertrauen nicht zwingen, auch durch Allmacht nicht. Das ist unsere Würde als Menschen. Wir können angesprochen werden und werden angesprochen, aber wir können Ja und Nein antworten; wir haben die Freiheit, Vertrauen zu schenken, uns zu öffnen, und Vertrauen zu versagen und uns lieber in unsere Träume von einem allmächtigen Zauberer, der von uns weiter nichts will, zu flüchten. Gott schuf den Menschen als Person. Eine Person ist aber kein Ding, das verzaubert werden könnte. Sie ist auch keine Marionette, die an Fäden tanzt, sondern sie hat – »Ebenbild Gottes« werden wir ja genannt – die Freiheit zu antworten!

Und da stoßen wir auf das Thema »Schwachheit Gottes«. Ja, dieser Gott, der bei den Propheten um den Menschen wirbt, ist offensichtlich schwach dem

Menschen gegenüber. Das heißt nicht, dass er kraftlos wäre. Natürlich könnte er den Menschen vernichten, der nicht hören will. Aber gerade dann hätte er sein eigentliches Ziel nicht erreicht. Denn sein Ziel ist nicht, sich durchzusetzen, gegen den Menschen Erfolg zu haben, sondern das Ziel Gottes ist, den Menschen zu gewinnen. Darum wirbt er ja. Er will das Kostbarste, was es auf der Erde gibt, das Vertrauen von Personen, die sich öffnen, die Ja sagen, die etwas Neues zu wagen beginnen im Vertrauen auf die Anrede Gottes.

Die Schwachheit Gottes ist also nichts anderes als die Ohnmacht der Liebe. »Gott ist die Liebe«, lesen wir in der Bibel. Und das ist einmalig in der Welt der Religionen, die Gott als Macht definieren. Liebe kann zwar sehr viel, aber eines kann sie nicht: nämlich den, den sie liebt, dazu zwingen, dass er wieder liebt, dass er vertraut; darum kann sie nur bitten. Diese Schwachheit Gottes haben wir – glaube ich – manchmal vergessen, weil wir uns den mächtigen Gott wünschen. Und doch kommen wir erst an dieser Stelle, bei dieser Ohnmacht der Liebe Gottes, eigentlich zum biblischen Gott. Hatten wir denn ganz vergessen, dass er sich zentral am Kreuz offenbart? Als Liebender, Leidender, der immer noch für die Menschen, die ihn quälen, eintritt?

Hatten wir da doch eine Differenz gesehen, wonach Jesus vielleicht auch gleich mit der Auferweckung gewissermaßen den Betriebsunfall des Kreuzes wieder rückgängig macht? Allmacht – so ist es gerade nicht gemeint. Da tragen wir vielleicht eher ein Wunschbild unserer selbst in die Bibel ein und machen uns einen Gott nach unserm Bild, weil wir so gern die Dinge in den Griff bekommen wollen, Power haben, Erfolg haben und meinen, wir wären dann auf der Höhe. Nein, das Kreuz ist kein Betriebsunfall, sondern es ist gerade die eigentliche Offenbarung Gottes. So steht Gott zum Menschen, so dass die Liebe nicht endet, auch dann, wenn sie zu Tode gebracht wird.

Warum sagt nun Paulus, die Schwachheit Gottes sei stärker als die Kraft der Menschen? Das leuchtet uns oftmals auch nicht ein. In ihrer Geschichte hat die Kirche immer wieder versucht, Gott zu korrigieren und den heidnischen Gott, der pure Macht ist, eher zu kopieren, nachzuahmen, als den Gott, der sich im Neuen Testament und schon im Alten Testament offenbart. Immer wieder hat sie gemeint, mit Macht durchsetzen zu können, was sie für die Wahrheit hielt, Menschen beiseite zu drängen, die als Ketzer angesehen wurden oder als Leute, die das Neue Testament und die ganze Bibel einseitig auslegen, indem sie von der Verpflichtung der Christen sprechen, für die Unterdrückten in der Welt einzutreten. Immer wieder hat die Kirche versucht, mit Macht sich durchzusetzen. Blicken wir mit dem an der Bibel geschulten Auge in die Geschichte zurück, so muss man sagen: Immer wieder ist sie daran gescheitert. Sie hat Leiden verursacht, sie hat Folter und Mord in die Welt gebracht, lange bevor andere das taten, und doch kam auf die Dauer die Wahrheit des biblischen Gottes wieder durch. Niemals blieb sie in dem Grab, das auch die Kirchen ihr bereiteten.

Was macht denn den schwachen, leidenden, werbenden Gott so stark? Er kann etwas, was mit Macht nicht zu erreichen ist: Herzen aufschließen. Sie öffnen sich der Macht nicht. Sie verschließen sich und tarnen sich, wenn sie unter dem Druck der Macht stehen. Sie öffnen sich, Menschen werden zu Menschen, lernen selbst Vertrauen, Lieben, Hoffen, Erwarten, mutig Handeln, wenn Liebe zu ihnen spricht.

Fällt es uns nicht wie Schuppen von den Augen? Wie handelt doch Jesus? Er sitzt bei den Menschen und spricht zu ihnen. Er spricht auch zu seinen Gegnern. Sie haben Macht, er hat keine, jedenfalls keine, die er gegen sie gebrauchen will. Er redet sie an; fast alle seine Gleichnisse erzählt er für seine Gegner, sie sollen nachdenken. Ein Wort bekommen sie mit. Sie werden entlassen als solche, auf die er immer noch Hoffnung setzt, und einige von ihnen wandelt er dadurch um. Paulus selbst ist auch so einer. Er war ja Pharisäer, und eines Tages begreift er, öffnet sich, fasst zu und wird – wie er selber sagt – eine neue Kreatur. Das kann nur die Liebe. Das kann keine Allmacht ohne Liebe. Nur die Liebe schafft das freie Herz, den Menschen, den Gott wirklich will.

Und darum ist die Schwachheit Gottes stärker als die Kraft der Menschen. Sie bringt gewissermaßen – und da gibt es ja biblische Bilder dafür – die Wüste menschlicher Herzen zum Blühen. Ich glaube, sehr viele von uns leben mit so etwas wie einer inneren Wüste oder Teilwüste. Zu oft in ihrem Leben sind sie getäuscht worden, haben sie schlechte Erfahrungen machen müssen mit Menschen, Politikern, auf die sie sich verlassen hatten, für die sie vielleicht viel geopfert und geleistet haben. Zu oft haben sie erfahren müssen, dass es besser ist, sich zu tarnen als sich vertrauensvoll zu öffnen. Diese innere Wüste will Gott zum Blühen bringen. »Ich will Ströme gießen auf das durstige Land«, lesen wir bei den Propheten; damit Menschen erstehen, die dem Grundgesetz dieser Welt, das das Gesetz der Macht ist, entgegenleben, das Reich der mutigen Liebe ausbreiten und sich nicht irre machen lassen daran, immer wieder Hoffnung zu setzen auf Menschen, Menschen anzusprechen, sie lebendig zu machen durch Erwartung und Vertrauen. Sagen wir nicht: Zutrauen adelt? Es macht Menschen neu.

Meine Freunde, ich denke, dass wir in der Zeit, in der wir leben, diesen Geist vor allen Dingen brauchen. Unsere ganze große Gefahr heißt Resignation, Schicksalsergebenheit, wir können ja doch nichts machen. Ja, wer soll denn etwas machen, wenn nicht wir? Alle die großen Gefahren, die die Welt bedrohen, sind von Menschen gemacht, sie sind nicht vom Himmel gefallen, weder der Krieg, noch die Arbeitslosigkeit, noch die Zerstörung der Natur. Nur wir Menschen können auch mit Geduld und langem Atem gemeinsam etwas dagegen tun. Aber dann brauchen wir die Schwachheit Gottes, den Verzicht darauf, rasch und kurzschlüssig uns durchzusetzen. Das klappt ja doch nie; und wenn es klappt, bringt es auf die Dauer nichts. Sondern stattdessen immer mehr Menschen zu gewinnen, dass sie mit uns gemeinsam an der Veränderung dieser Welt, für die wir als die erwachsenen Kinder Gottes Verantwortung tragen, arbeiten. Wenn ich schwach bin, dann bin ich stark, hat Paulus erfahren. Wenn ich leide, werbe, anspreche, rede, vertraue, hoffe, Niederlagen ertrage, mich aufrichte und von neuem beginne, wie es die Liebe Gottes tut. Setzen wir auf diesen Gott, dessen eigentliche Kraft sich in der Ohnmacht seiner Liebe, die doch die eigentliche Schöpferkraft der Menschen ist, offenbart. Setzen wir auf diesen Gott und beschreiten wir seinen Weg, damit wir aus Erfahrung sagen können: »Die Schwachheit Gottes ist stärker als die Kraft der Menschen!«

Widerstand, Selbstfindung und die Rolle der Religion in der Erziehung (1986)

Denkt nach über die Versuche, Widerstand zu leisten gegen den Willkür- und Unrechtsstaat des sog. »Dritten Reiches«, dann wird für uns als Christen und Kirchen eins bedrückend deutlich: Unser Widerstand, der Widerstand von Christen und Kirchen, kam nur sehr zögernd, im ganzen viel zu spät in Gang. Dabei entlarvte sich, rückblickend gesehen, die nationalsozialistische Herrschaft schon sehr früh: gleich zu Beginn mussten die Verhaftungen politischer Gegner, die Massenverhaftungen von Kommunisten, Sozialisten, Demokraten und von jüdischen Menschen gleich welcher politischen Richtung eigentlich jedem rechtsstaatlich denkenden Menschen schwerste Bedenken erwecken. Natürlich gab es solche Bedenken auch. Der entsetzte Brief des rheinischen Sozialpfarrers Lic. Menn an seinen Generalsuperintendenten, den er am 1.4.33 schrieb, soll nicht vergessen werden; es heißt darin: »die persönliche Verfolgung von Menschen, deren ›Schuld‹ entweder in einer politischen Überzeugung oder in der Zugehörigkeit zu einer Rasse besteht und in nichts anderem; diese Verfolgung mit der deutlichen Absicht der Existenzvernichtung, das schlägt der einfachsten sittlichen Einsicht ins Gesicht. Es zeigt sich, dass man nicht jahrelang Massen schreien lassen kann: ›Juda verrecke!‹, ohne dass man einmal diesem brutalen Verfolgungswillen Raum gibt. Und unser ›christliches‹ Volk jubelt. Ich habe noch nie so wie jetzt an meinem Volk innerlich gezweifelt.«

Leider blieb ein Brief dieser Art seltene Ausnahme. Und der Generalsuperintendent wiegelte in seinem Antwortschreiben ab, zeigte »Verständnis« für die Rechtsbrüche.[1]

1 Abgedruckt in: Günther van Norden, Paul Gerhard Schönborn, Volkmar Wittmüzu, Wir verwerfen die falsche Lehre, Arbeits- und Lesebuch zur Barmer Theologischen Erklärung und zum Kirchenkampf, Wuppertal 1984.

Dabei ist, wie ich mich aus den Äußerungen Erwachsener noch deutlich erinnern kann, vielen Menschen schon bald unwohl gewesen in ihrer Haut angesichts dessen, was hinter Gittern geschah und wovon gerüchtweise Kunde nach außen drang. Aber daraus erwuchs kein Widerstand. Warum nicht?

Es gibt sicher eine Menge Gründe dafür: die Tradition des Obrigkeitsgehorsams, die Unsicherheit in bezug auf Rechtsstaat und Loyalität, vor allem natürlich (und wohlbegründet): Angst. Wir wollen in diesem Referat der Frage nachgehen, wie sich die Unfähigkeit zum Widerstand unter entwicklungspsychologischem und pädagogischem Aspekt erklären lässt. Positiv gewendet, wie muss eine Erziehung beschaffen sein, die den Menschen zu solcher Selbständigkeit heranreifen lässt, dass er bösen und gefährlichen Entwicklungen entgegenzutreten vermag? Und welche Rolle könnte und sollte die Religion in einer solchen Erziehung spielen?

Zur Beantwortung dieser Frage möchte ich als erstes psychoanalytische, als zweites dann religionspädagogisch-theologische Erkenntnisse heranziehen. Welche Phasen der Entwicklung ein Mensch normaler- und gesunderweise zu durchlaufen hat, um zu einem starken Ich zu gelangen, das ist vor allem durch die Forschungen Erik H. Eriksons, des amerikanischen Psychoanalytikers, herausgearbeitet worden.[2]

1. Erikson zeigt, dass das Ich des Menschen sich in acht Phasen während seines Lebens entwickelt, von denen fünf der Kindheit und der Jugend zugehören. Beim Übergang von einer Phase zur nächsten gerät der Mensch, gerät das Kind in eine Krise, die zum Wachstumsplan gehört, nicht von außen her bedingt ist, aber mit Hilfe von vertrauten Bezugspersonen durchgestanden werden kann. Ich skizziere die Phasen kurz und verweile bei jenen Aspekten, die für die Herausbildung einer starken, zum Widerstand fähigen Persönlichkeit wichtig sind. Es kommt dabei vor allem darauf an, dass der Mensch seiner selbst sicher, hoffnungsvoll und flexibel genug ist, auf wechselnde Situationen einzugehen, seine Aufgabe seine Chancen darin wahrzunehmen und aus ihnen zu lernen. Der Säugling (1. Phase) gewinnt ein »Urvertrauen« zur Welt, wenn sei-

2 Erik H. Erikson, Wachstum und Krisen der gesunden Persönlichkeit, in: Ders., Identität und Lebenszyklus, Frankfurt 1966.

ne Bezugspersonen sich verlässlich um ihn kümmern. Urvertrauen meint hier eine Grundgestimmtheit der Lebensbejahung und Lebenszuversicht, durch die das »Urmisstrauen«, durch das Geburtstrauma mitbedingt, überwunden werden kann. Übrigens braucht der Mensch auch dieses Urmisstrauen für sein Leben; er wäre sonst allzu leichtgläubig, allzu blindvertrauend, unfähig, Gefahren rechtzeitig zu wittern und sich ihnen zu widersetzen. Beide Entwicklungsaufgaben dieser Phase, Urvertrauen, dem an Zukunft liegt, und Urmisstrauen, das wachsam macht, sind wichtig, damit sich der Kern eines Ich bilden kann; doch muss das Urvertrauen überwiegen.

In der 2. Phase, in die in unserer Kultur die Sauberkeitserziehung fällt, geht es um »Autonomie«. Dies scheint, für ein so kleines Wesen, ein zu großes Wort zu sein; und doch bildet sich hier die Grundlage für ein Selbstwertgefühl, einen gesunden Stolz fürs ganze Leben. Das Kind betrachtet das, was es »gemacht« hat, als sein Produkt, von ihm bewirkt, und damit als etwas ganz Kostbares (ein kleines Mädchen wollte mir einmal ihr Häuflein schenken: »Hab ich für dich gemacht!«). Gehen die Eltern gut mit ihm um, beschämen es nicht vor Dritten oder bestrafen es gar, wenn das Höschen schmutzig ist, dann lernt das Kind gegen Ende dieser Phase mit demselben Stolz, seine Ausscheidungsorgane zu beherrschen (ein kleiner Junge, strahlend, zu einer recht peinlich berührten älteren Dame: »Ich kann schon ganz allein Pi machen, im Stehen, und nichts geht daneben!«). Dieses doppelte Selbstwertgefühl, »ich produziere etwas« und »ich kann auch bestimmen, wann und wie«, kann umschlagen in ein Gefühl der Minderwertigkeit, der Scham und des Zweifels an sich selbst, wenn die Sauberkeitserziehung zu rigide gehandhabt wird. Und eben dies ist gerade in der deutschen Kindererziehung weitgehend der Fall. Zwar braucht der Mensch auch die Fähigkeit zu Scham und Zweifel; sie bilden die Grundlage der Selbstkritik; sobald sie aber zu stark werden, das Autonomieerlebnis überlagern, entsteht ein pedantischer, bürokratisch-verklemmter Wesenszug, der zur Widerstandsleistung ganz sicher nicht befähigt.

Ein ähnliches Unglück kann in der 3. Phase entstehen, in der das Kind kräftige Initiativen entwickeln möchte (ca. 3. – 6. Lebensjahr): Entdeckungsreisen am eigenen Körper (Geschlechtsorgane, frühe Onanie), stürmische Verliebtheit in den gegengeschlechtlichen Elternteil (Mädchen wollen den Vater heiraten, Jungen der Mutter ein viel schöneres Auto kaufen, als der Vater eins hat...), aber auch kräftiges Herumlaufen, Klettern, eigene Ziele setzen, das alles ist dran. Und das alles wird immer noch allzu oft mit Sanktionen belegt und behindert. Onanie wird unter Tabu gestellt; dabei ist sie natürlich und artet, wenn das Kind sonst Interessantes zu tun hat, auch nicht allzu sehr aus. Die Verliebtheit beleidigt den gleichgeschlechtlichen Elternteil und wird mit Liebesentzug bestraft; dabei liebt der Junge doch auch den Vater, das Mädchen die Mutter – und beide haben genug mit dem inneren, natürlich kaum bewussten Konflikt zwischen Eifersucht, Rivalität auf der einen und Anhänglichkeit auf der anderen Seite zu tun! Das kräftige Herumlaufen muss schon mit Rücksicht auf den Straßenverkehr oder auch auf Mitbewohner des Miethauses behindert oder begrenzt werden. Die vom Kind erfahrene Rivalität mit dem doch auch geliebten gleichgeschlechtlichen Elternteil ist Grundlage der Fähigkeit, Schuldgefühle zu empfinden. So sehr diese Fähigkeit zum Leben eines gesunden Erwachsenen gehört: wird sie zu sehr verstärkt, durch Onanie-Tabu und Bewegungseinschränkung, dann leidet die kostbarste Errungenschaft dieser Phase, die eigene Initiative. Und ist es nicht eben diese, die im politischen Handeln des »Volkes« noch immer weitgehend fehlt?

Bevor wir, mit der 4. Phase, in die Schulkindheit eintreten, möchte ich eine Zwischenüberlegung einschieben. Was sich in den ersten sechs Lebensjahren an inneren Hemmnissen eines unbegrenzten Sich-auslebens herausbildet (Urmisstrauen, Scham und Zweifel, Schuldgefühl), das gehört in der Sprache Freuds, des ersten Entdeckers tiefenpsychologischer Zusammenhänge, zum sog. »Überich«. Dieses bildet ein Gegengewicht gegen die Triebe und Wünsche des kleinen Menschen, die Freud als »Es« bezeichnet; und im Kampf zwischen beiden, in der Auseinandersetzung mit »Es« und »Überich«, erstarkt das »Ich« des Kindes. Nur darf das Überich weder zu schwach noch zu stark sein.

Nach allem, was man heute weiß, wird ein Mensch mit zu schwach ausgebildetem Überich nicht selbständig, ja u.U. leicht krank oder (ausbrechend in der Pubertät) kriminell. Es fehlt ihm die innere Möglichkeit, aufsteigenden Wünschen etwas entgegenzusetzen, ihre Befriedigung aufzuschieben oder sich ganz zu versagen. Schweizer Untersuchungen an jugendlichen Straftätern haben bei etwa 25% von ihnen diese Ursache ihrer Kriminalität festgestellt. Nach außen Widerstand zu leisten und dafür u.U. selbst Opfer zu bringen, ist ein Mensch mit zu schwachem Überich erst recht nicht fähig.

Andererseits hat die rigide ältere Erziehung Menschen mit einem zu strengen Überich hervorgebracht; Urvertrauen, Selbstvertrauen, Initiative wurden, wie schon dargelegt, eingeengt. Dazu kommt, dass die starke erzieherische Direkteinwirkung der nächsten Bezugspersonen eine innere Abhängigkeit von ihnen schuf, eine Angst vor Liebesverlust, die als zentrales Hindernis des Selbständigwerdens wirken konnte.

Kommt es also darauf an, in der Erziehung »die richtige Mitte« zu finden? Sicher auch. Laissez-faire ist ebenso verderblich wie Gängelung. Aber es gibt, so scheint mir, noch eine andere wichtige Möglichkeit, dem Kind zu innerer Kraft und zugleich zur Selbstentfaltung zu verhelfen. Sie liegt in der Begegnung des Kindes mit Sachaufgaben, mit Materialien, aus denen es »etwas Schönes« machen will. Es lernt dabei, dass man jedes Material so behandeln muss, wie es dessen Natur entspricht, Holz wie Holz, Wolle wie Wolle, – dass es hier unnachgiebige Gesetze gibt, die man beachten muss, wenn die Arbeit gelingen soll. Da Kinder sehr daran interessiert sind (besonders aber der 4. Phase, von der gleich die Rede sein soll; aber sie bereitet sich vor), dass sie etwas »können« (»hilf mir mal!«, »zeige mir, wie das geht«), lernen sie, dass man sich nach Sachgegebenheiten richten muss. Und das »erzieht«, gibt Überich- und Ich-Stärke, ohne dass eine Abhängigkeit von Personen fixiert wird. Hier liegt eine der wichtigsten Möglichkeiten, Urteilsfähigkeit, Realitätsbewältigung und Sachkritik zu lernen – lauter Gegenkräfte gegen Unterdrückung und Ungerechtigkeit, wie man sie im Widerstand braucht!

Hiermit haben wir den Schritt in die 4. Phase, die der Schulkindheit, schon getan. Leistungsfreude, Können-wollen, Wissbegierde, Freude am Wettbewerb mit Gleichaltrigen kennzeichnen das gesunde Kind dieses Alters. Es kann sich, wenn es nicht künstlich geschädigt wurde, erstaunlich intensiv konzentrieren, denkt sehr folgerichtig (auch wenn Spaßiges dabei herauskommen kann, weil es noch zu wenig weiß), und im Vergleich mit anderen lernt es (nicht ohne Kümmernisse), sich einzuschätzen, zu wissen, was es kann und was es nicht so gut kann. Die Kehrseite ist die deutliche Entwicklung eines Minderwertigkeitsgefühls infolge von Versagen. Dass man die Fähigkeit dazu, die eigene schwache Leistung zu erkennen, auch braucht, ist sicher; wichtig aber ist, dass gerade das schulisch schwache Kind sich auf irgendeinem Gebiet als leistungsfähig erlebt – sei es beim Sport, beim Fußball, bei der Pflege der Blumen im Klassenraum. Die positive Erfahrung »ich kann auch etwas« muss die Negativerfahrung »einiges kann ich nicht so gut« überwiegen, damit ein seiner selbst sicherer Mensch sich entwickeln kann.

Gefährlich ist die Erzeugung von Leistungsangst in diesem Alter, ganz besonders, wenn sie einer Zukunftsangst der Erzieher selbst entspringt. Angst steckt an, sie verhindert Leben, Lebensfreude, Wachstum und Selbständigkeit.

Tun wir nun den Schritt in die entscheidende Phase kurz vor dem Erwachsenwerden, in Eriksons Zählung die 5. Phase, die der Pubertät. In ihr vor allem liegt die Möglichkeit begründet, dass die Menschheit voranschreiten kann, dass die Maßstäbe und Wertsetzungen der älteren Generationen nicht durch Jahrtausende auch die der jüngeren bleiben müssen. Denn in der Pubertätszeit lockert sich die Bindung des Ich ans Überich; erlernte und verinnerlichte Normen, die dem Kind »in Fleisch und Blut übergegangen« zu sein scheinen, werden angefragt, erschüttert, oft über Bord geworfen. Zwar ist die Loslösung vom Überich immer nur partiell; man wird immer noch bemerken, aus welcher Kultur, welchem Normensystem ein Mensch herkam, wovon er sich abstieß; aber für den Jugendlichen selbst ist diese Loslösung (und die ihr entsprechende Ablösung von den Eltern und Erziehern) eine schwere Erschütterung, macht ihn unsicher, was er oft mit Trotz und Aggressivität überspielt. Erikson spricht von der »Identitätskrise«, der »Rollenkonfusion«, die diese Phase kennzeichnet. Wenn die erlernten Normen fragwürdig geworden sind, welche gelten dann? Wer oder was gibt Halt, zeigt eine Perspektive und ein Ziel?

Die Ansprechbarkeit von Jugendlichen für totalitäre Führer aller Art hat hier ihre Wurzel. Der »Führer«, die Partei oder die Kirche, die »immer recht hat«, der Sektenführer, der Guru oder der Bandenchef – sie nehmen die Rolle des Überichs ein, und wenn der junge Mensch sich ihnen unterwirft, wird er die Qual der Identitätskrise mit einem Schlage los. Die Verführbarkeit, aus der tiefen Verunsicherung heraus, lässt Pubertierende leicht kriminell werden; aber auch seelische Krankheiten, lange latent vorhanden, kommen in diesen Jahren des aufgelockerten seelischen Aufbaus zum Ausbruch.

Was der Jugendliche jetzt vor allen Dingen braucht, ist das ruhige Zutrauen Erwachsener zu ihm, – dazu, dass er seine Identität schon finden wird. Ironie kann tödlich sein (auch die Neigung zum Selbstmord ist in diesen Jahren verstärkt), zudringliches Beeinflussenwollen wird abgelehnt; aber Zuhörenkönnen, Mitüberlegen sind wichtig. Findet der Jugendliche solche erwachsenen Partner, dann kann er auch sich selbst weit eher finden – umso mehr, wenn in den vorangehenden Phasen sein Vertrauen zu sich selbst, zu guten Menschen, zum Leben überhaupt gestärkt wurde. Am Ende der Pubertät (in der leider sehr viele in irgendeiner Weise scheitern, zumeist wohl ganz unspektakulär, durch Resignation) kann und soll ein junger Erwachsener stehen, der »lieben und arbeiten kann«[3], der ein anfängliches eigenes Profil gefunden hat und bereit ist, an einer konkreten Stelle im Leben Fuß zu fassen und sich einzubringen.

Selbstfindung macht fähig zum Widerstand – die Erfahrung von Widerstand in der Erziehung (vor allem Widerstand von Sachgegebenheiten) im Verein mit der Erfahrung von Zutrauen und eigenem Wert hilft zur Selbstfindung.

2. Welche Rolle spielt Religion dabei, welche kann und soll sie spielen? In der Vergangenheit hat Religion im lutherisch geprägten Deutschland eine große Rolle bei der Mentalitätsbildung gespielt, eine Rolle, die sich politisch, wie ich meine, verhängnisvoll ausgewirkt hat. Ein amerikanischer Theologe drückte das mir gegenüber so aus: »Ich glaube, euer deutsches Luthertum hat euch sehr leidensfähig gemacht, aber nicht handlungsfähig. Im amerikanischen Calvinismus ist es umgekehrt.« Was meinte er damit?

2.1 Der lutherische Christ lebte in Deutschland 400 Jahre lang, von der Reformation bis 1918, unter einer Obrigkeit, die in Personalunion politische und kirchliche Herrschaft ausübte: Die Landesfürsten waren zugleich Bischöfe der evangelischen Kirchen in ihren Ländern. Wilhelm II., der letzte Kaiser, war als König von Preußen Bischof der evangelischen Kirche in Preußen! Die Fürsten wussten auch recht gut, welches Machtmittel sie damit in der Hand hatten, und setzten es ein.[4] In seinem berühmten Erlass von 1889 ordnete der Kaiser an, dass der Religionsunterricht, vor allem in der Volksschule, die Kinder immun machen solle gegen »die gemeingefährlichen Ideen der Sozialde-

---

3 Die beiden berühmten Kennzeichen Freuds für den gesunden Menschen!

4 Interessante Beispiele hierfür bei Karl Ernst Nipkow, Braucht unsere Bildung Religion? In: Hermann Horn (Hrsg.), Begegnung und Vermittlung, Dortmund 1972.

mokratie«; und schon 1804 schrieb Friedrich Wilhelm IV in einem Brief an seinen lieben Vetter, den Zaren von Rußland[5], er wolle in seiner evangelischen Kirche Kirchenmusik verpflichtend einführen, damit das Gemüt der Gemeinde durch den Gottesdienst »gefesselt« (sic!) und so allen gefährlichen demokratischen Ideen »von vornherein das Wasser abgegraben« werde. Stellenbesetzungen (Pfarrer, Theologieprofessoren) folgten natürlich diesem Auswahlprinzip. – Diese 400 Jahre wirken noch nach. Immer noch ist von der Untertanengesinnung, die die politische Entwicklung »denen da oben« überlässt und das eigene Handeln auf Beruf und Privatleben beschränkt, viel bei uns vorhanden. Es klingt paradox, als Folge von Jahrhunderten, in denen Religion und Politik nahtlos ineinander übergingen, in denen die Religion dazu da war, restaurative Politik zu stützen – haben wir Gemeinden, die noch heute meinen, Religion und Politik hätten nichts miteinander zu tun!

2.2 Vom Aufbruchsgeist der frühen Reformationszeit ist dadurch viel verloren gegangen. Betrachtet man einmal die Lieder der Reformation, so sieht man: es sind Lieder einer kämpfenden Gemeinde, die eine »Sache« hat, für die sie eintritt, die dadurch den Hass der Mächtigen auf sich zieht und in diesem Kampf und in dieser Gefahr auf Gott vertraut. »Ein feste Burg« ist eines dieser Lieder. Aber was wurde daraus? Lernten Gemeinden daraus, dass man als Christ so leben müsse: wachsam, kritisch, Obrigkeiten die Stirn bietend, wenn sie falsch handelten? Mitnichten. Lieder dieser Art (und es gibt eine ganze Reihe im Gesangbuch, in der Rubrik »Kirche«; nur sind die meisten leider fast unbekannt), Lieder dieser Art wurden »rückwärtsgewandt« gesungen, als eine Art Heldengedenktagslieder, nämlich am Reformationsfest. Als Vorbild für die eigene Frömmigkeit wirkten sie nicht. Da kamen ganz andere Lieder in Betracht: vor allem die Lieder vom Gottvertrauen, die ein hinnehmendes, ein »passives« Vertrauen bei schweren Schicksalsschlägen einprägten; diese haben die Gemeinden sich »ins Herz gesungen«, »Befiehl du deine Wege«, »Gib dich zufrieden und sei stille«, »Wer nur den lieben Gott lässt walten« und viele andere mehr. Kein Zweifel: es sind sehr schöne Lieder, und natürlich gibt es

5 Berichtet in: U. Leopold, Die Liturgischen Gesänge der evangelischen Kirche im Zeitalter der Aufklärung und der Romantik, Kassel 1933.

Situationen, in die sie auch gehören. Ich denke an schwere Krankheiten oder ähnliche Situationen, in denen wir wirklich »nichts machen können«, in die dieses hinnehmende Vertrauen hineinsprechen kann und soll. Aber: politische Fehlentwicklungen sind nicht von dieser Art. Sie fordern Widerstand, Kritik, aktives Sich-einsetzen.

Das fällt uns, da hat der amerikanische Kritiker recht, gerade auf Grund unserer religiösen Mentalitätsprägung immer noch schwer.

2.3 Dieses politisch passiv machende, Initiative hemmende Frömmigkeitsverständnis hat, ohne das man sich dessen bewusst geworden wäre, sogar die Bibel überdeckt und verfälscht. Denken wir an einen für die Gemeinden zentral wichtigen Text, das Vaterunser: Seine 3. Bitte, »Dein Wille geschehe wie im Himmel so auf Erden«, wird durchweg als Ausdruck der Ergebung verstanden, etwa im Sinn von »Schicksal, nimm deinen Lauf, ich werde mich fügen«. Jesus hat das Gegenteil gemeint! Jeder Neutestamentler weiß, dass es sich um eine eschatologische Bitte handelt, d.h. um eine dringende, drängende Bitte um Veränderung der Welt. »Dein Wille möge bitte endlich auch auf Erden geschehen, so wie im Himmel schon jetzt«. Seit der Wiederentdeckung der eschatologischen Grundlinie des Neuen Testaments, also seit mehr als 100 Jahren, ist dies bekannt. Nur in die Gemeinden ist es noch immer nicht gedrungen. Wer aber die Welt so dringend anders haben will, gerechter, menschenfreundlicher, der tut auch etwas dafür. Und so sehen wir denn von Anfang an die frühen Christen am Werk, ein Stück der Welt zu verändern, nämlich in ihren Gemeinden und um sie herum: Teilen statt Konkurrenz (Apg. 2): ein neues Amt, das der Diakonen (Apg. 7), das nur zu dem Zweck geschaffen wurde, die Benachteiligten in der Gemeinde im Blick zu behalten, damit sie nicht benachteiligt blieben. Wohin der Glaube kam, hat er die Welt verändert, Unrechtsfolgen bekämpft; in der Neuzeit lernt er wieder, und an den Rändern der Großkirche schon immer, nicht nur Folgen zu bekämpfen, sondern von vornherein Gesellschaft umzugestalten, so dass es gar nicht erst zu so viel Ungerechtigkeit kommt. So entstanden z.B. die historischen Friedenskirchen (wie die Quäker), die den Kriegsdienst schon verweigerten, als dies noch Leben und Heimat kosten konnte. Im lutherisch geprägten Deutschland sah's leider anders aus...

Dies sind einige wenige Beispiele.[6] Die biblischen Beter, die sich Gott entgegenstellen, angekündigte »Schicksale« nicht hinnehmen, sondern mit allen Listen, aller Dringlichkeit, aller Schlagfertigkeit dagegen angehen (von Abraham[7] bis zum kanaanäischen Weib[8]) zeigen einen Frömmigkeitstyp, der für unsere Landeskirchen gerade nicht typisch wurde. (Wobei wir beachten sollten, dass der biblische Gott, der biblische Jesus an solchen Widerstreitern seine Freude hat!)

Man sieht: soll christliche Erziehung die Kinder lehren, zu wachen, erwachsenen Menschen zu werden, dann muss umgelernt werden. Eine »Befreiung der Bibel« tut Not, damit sie, in ihrem ureigenen Sinn, auch Menschen befreien kann.

2.4 Das gilt ebenso, vielleicht noch mehr als bei biblischen Texten, vom Verständnis des Menschen überhaupt, das in unserer Kirche noch vorherrscht. Ich möchte es an einem Beispiel illustrieren. Ich kam als Lehrerin neu in die 10. Klasse eines Gymnasiums, hörte, dass sie unmittelbar vorher Geschichte gehabt und das Thema »Marxismus« behandelt hatte, und fragte, worin die Klasse denn den Hauptunterschied zwischen Marxismus und Christentum sähe. Ich erwartete, vielleicht den Atheismus genannt zu bekommen. Stattdessen hörte ich: »Die Menschen glauben, man könnte die Welt besser machen, und wir wissen, dass das nicht geht.« Auf meine erstaunte Frage, woher »wir« das denn wüssten, bekam ich zur Antwort: »Der Mensch ist viel zu schlecht dazu.« »Hauptsache, es geht ihm gut dabei!« konnte ich den größtenteils wohlsituierten jungen Damen nur antworten – und hatte mein Thema für das erste Vierteljahr.

Stimmt es, dass der Mensch »schlecht« ist? Die Entwicklungspsychologie zeigt uns ganz etwas anderes: nämlich dass der Mensch seelisch wachsen muss, dass er dabei Krisen durchmacht, dass er, wenn er diese Krisen wegen mangelnder Zuwendung nicht gut überwinden und zum Abschluss bringen kann, den Mut verlieren kann, initiativearm, voller Minderwertigkeitsgefühl und seiner selbst nicht sicher werden kann. Was er braucht, sind Chancen, ist Zu-

---

6 Mehr habe ich z.B. gesammelt in dem Aufsatz: Schülersprache – Kirchensprache, in: Zeitschrift Der evangelische Erzieher 1969.

7 1. Mose 18,16-33.

8 Matth. 15,21-28. Ein Text, der Luther sehr wichtig war!

trauen, ist der Wärmestrom von Zuneigung und Partnerschaftlichkeit. Wer »schlecht« ist, kriminell vielleicht oder brutal egoistisch, dem hat in seiner Entwicklung etwas gefehlt; er ist vielleicht, wie Erikson schreibt, »Opfer der Ängste« seiner Erzieher geworden.

Sünder sein heißt, biblisch gesehen, nicht »schlecht« sein. Der Pharisäer Saulus, später Paulus, war alles andere als »schlecht«. Sünder sein heißt zwar auch, Böses getan zu haben (und Gutes unterlassen). Jesus spricht davon, aber in welchem Zusammenhang? »Dir sind deine Sünden vergeben«, sagt er, das ist der Zusammenhang. Deine Vergangenheit soll dich nicht länger belasten, du sollst startfrei sein. Sünder sein heißt: auf verstehende, verzeihende Güte angewiesen sein.

Jesus setzt voraus, dass Menschen darauf angewiesen sind. Aber er setzt überhaupt nicht voraus, dass Menschen nicht dazu taugen, die Welt zum Guten zu verändern. Er vertraut Menschen, die Sünder sind, die Welt zum Guten zu verändern. Er vertraut Menschen, die Sünder sind, seine Sache an. Und der Gott des Alten Testamentes wettet mit dem Satan, dass Hiob vertrauenswürdig sei[9]; der Satan macht Hiob verächtlich. Kurz: der biblische Gott setzt auf den Menschen.

In der evangelischen Kirche ist die Annahme der »Schlechtigkeit«, der so missverstandenen Sündhaftigkeit des Menschen dermaßen herrschend geworden, dass wir heute, wie es der Psychoanalytiker Alexander Mitscherlich formuliert hat, in einer »Schuldkultur« leben. Müsste es, vom Neuen Testament her gesehen, nicht eher eine »Gnadenkultur« sein? Wobei »Gnade« nichts Herabsetzendes an sich hat; sie ist der »Charme Gottes«, das bedeutet das griechische Wort, erfreuend, befreiend, Mut machend, »erlösend«. Menschenverachtung und Resignation sind demgegenüber zutiefst unbiblisch.

Hier ist etwas ganz zentral verkehrt geworden. Was wir brauchen ist eine »Befreiung der Theologie« – Befreiung von Vorurteilen, die uns das Evangelium verstellen.

Was muss in der religiösen Erziehung anders werden? Vor allem sollen die Kinder den »Charme Gottes« erfahren, ihn als den Spendergott[10], der Leben

---

9 Hiob 1

10 Joachim Scharfenberg, Religionsunterricht und Gruppendynamik, in: Ders., Religion zwischen Wahn und Wirklichkeit, Hamburg 1972.

will und schafft, nahegebracht bekommen – nicht als den himmlischen Aufpasser, der sie ängstigt und ihr Schuldgefühl verstärkt. Jeder, der mit Kindern und jungen Menschen zu tun hat, muss hier auf Entdeckung ausgehen. »Menschen ohne Rückgrat hab'n wir schon zuviel«.[11] Religiöse Erziehung kann das Rückgrat stärken, zur Selbstfindung beitragen – und so für eine Zukunft arbeiten, in der auch das deutsche Volk nicht mehr so widerstandsarm wie gehabt politische Schicksale hinnimmt, sondern fähig zu Kritik und Widerstand dem Leben zu dienen vermag.

---

11 Bettina Wegener.

»Verbalismus« im protestantischen Gottesdienst (1987)

Im Mittelpunkt des protestantischen Gottesdienstes steht die Predigt. Wie lernt man predigen? Mag sein, dass es heute mancherorts anders aussieht; zu meiner Studienzeit lernten wir, Predigten herzustellen wie folgt: Zuerst war eine eigene Übersetzung des vorgeschriebenen Bibeltextes anzufertigen, sodann eine Exegese mit Hilfe wichtiger einschlägiger Kommentare; dann waren zwei Meditationen niederzuschreiben, von denen die erste dem Text an sich und seiner tieferen Bedeutung (die freilich in den erwähnten Kommentaren meist nicht zu finden war), die andere dem Text im Blick auf die Gemeinde, die die Predigt hören sollte, zu widmen war. Dann war die Predigt auszuformulieren, auswendig zu lernen und dem Seminar oder aber einer wirklichen Gemeinde vorzutragen.

Ein schwieriges Unterfangen also, eine Predigt zu machen, eine Art »Pflicht-Kunstwerk«, angstbesetzt und leistungsbezogen. Was Wunder, wenn Pfarrer, die auf diese Weise predigen gelernt haben, am Samstag vor dem Predigtgottesdienst für niemanden zu sprechen sind. Sie haben mühselige Arbeit zu tun.

Und sollen dann »Gnade« verkündigen!

Der psychoanalytische Begriff des »double bind« fällt einem ein. Er besagt, dass unsere Wirkung auf andere niemals nur durch das bestimmt wird, was wir bewusst bewirken wollen. Es geht eine zweite Botschaft von uns aus, eine non-verbale: Wir strahlen aus, was wir selber in Wahrheit erleben, empfinden, selber sind. Steht diese Botschaft, die non-verbale, die Botschaft unseres Wesens, im Gegensatz zu der verbalen und bewussten, die wir formulieren, dann wird der Hörer, der sich darauf einlässt, irritiert. Er hört »Gnade«. Aber er spürt »Angst«. Und da er sich dies meistens nicht bewusst macht, sich also auch nicht damit auseinandersetzen kann, bleibt er der non-verbalen Botschaft ausgeliefert, die (als Ausstrahlung unseres Wesens) immer die stärkere ist.

Er hört »Gnade«. Aber er nimmt auf: Es gilt nicht wirklich. Man muss Angst haben, richtig zu denken, es richtig zu machen. Man darf nicht so sein, wie man wirklich ist, nicht so denken, nicht so empfinden; man muss »richtig« sein, denken, empfinden.

Die »reine Lehre« triumphiert. Sie muss einwandfrei (o welch ängstigendes Wort!) rezitiert sein, und sie muss, so wenig sie einleuchten mag, akzeptiert werden. Was Wunder, wenn die große Mehrheit unserer Zeitgenossen sich zurückzieht, weil sie »nichts damit anfangen kann«. Und so kommt es, dass das Evangelium von der Gnade, von so vielen Kanzeln jeden Sonntag mit so viel Mühe gepredigt, kaum anwesend ist in der christlichen Welt – die es so nötig hätte wie nichts anderes.

Worauf käme es denn an?

Ich erinnere mich eines Schlüsselerlebnisses, das ich vor vielleicht 25 Jahren in einer Großstadtgemeinde (Arbeiterwohngegend) hatte, als ich in Vertretung des erkrankten Pfarrers die Sonntagspredigt halten sollte und, wohlvorbereitet, die Kanzel bestieg. Da stand ich hoch oben, während die letzten Zeilen des Liedes vor der Predigt noch gesungen wurden, und blickte auf die mir unbekannte Gemeinde hinab. Und plötzlich wusste ich: Du kannst deine Predigt nicht halten. Zu viele der Gesichter, auf die ich niederblickte, waren verhärmt, blass, müde; viele ältere unter ihnen, überwiegend Frauen. Auch den jüngeren sah man an, dass sie kein leichtes Leben hatten. Ich sah: Hier kamen Menschen in die Kirche, die für die Misere ihres Alltags etwas Trost, etwas Erhebung suchten. Und vor allem beim Anblick der alten Frauen fiel mir plötzlich ein, was für ein Leben sie hinter sich hatten: zwei Kriege, zwei Inflationen, Arbeitslosigkeit und Hungerzeiten, vor allem die Grunderfahrung, dass das »Schicksal« immer über sie hinweggegangen war, ohne dass sie dagegen viel hätten machen können.

Misstrauen gegen alles Neue und das Festhalten an der »reinen Lehre« führen in der evangelischen Kirche zu abstrakten Predigten, zu Verbalismus im Gottesdienst. Die Lebendigkeit des Wortes in der Bibel scheint aus dem Blick geraten zu sein; die Predigt hat mit dem Leben, den Sorgen und Nöten der Gemeindeglieder oft nichts zu tun. Das Ziel muss heißen, wieder konkret, kreativ und in Gemeinschaft zu glauben. Doch wie ist dieses Ziel erreichbar? Was steht ihm im Wege?

Mit einem Mal empfand ich die schneidende Klage des Psalms, der mein Predigttext war, als so viel wahrer, soviel menschlicher, ja so viel näher bei dem Jesus der Evangelien – und so viel näher bei den Menschen, die ich vor mir sah, als all meine (theologisch so richtigen) Gnadengedanken, mit denen ich den Psalm – und die Menschen – hatte beschwichtigen wollen (so empfand ich es jetzt). Und ich ließ meine Predigt beiseite und gab, unvorbereitet und sicher nicht besonders eloquent, der Klage Raum, ließ sie zu der unseren werden, die wir in der Kirche beisammen waren, führte aus: Hat er nicht recht, dieser Psalm? Ist es nicht wirklich so im Leben, so grausam, so ungerecht? Der Psalm belügt uns nicht, er spricht uns aus ...

Ich erinnere mich, dass manche weinten in der Kirche und dass viele zum Abendmahl kamen. Trauern, gemeinsam, das müßte man können. Die Welt ist danach. Zwar will Gott alle Tränen abwischen von unseren Augen, aber jetzt noch nicht. Erst muss der Grund zum Trauern vergangen sein...

Was heißt denn »Vertrauen aufs Wort«?

Gebrauchen wir diesen Ausdruck außerhalb theologischer Zusammenhänge, so ist klar, was er meint: sich verlassen auf das, was eine andere Person einem gesagt hat. So oder so verhält es sich; sie hat es ja gesagt. So oder so ist es wirklich zugegangen; sie hat es mir ja versichert. Vor allem bedeutet der Ausdruck: sich verlassen auf etwas, was einem zugesagt wurde. Er, sie hat es mir versprochen; also wird er, sie es auch tun. Ich werde erfahren, dass es wirklich so geschieht.

Immer handelt es sich darum, dass ich etwas bekomme: verlässliche Orientierung über etwas, was ist oder gewesen ist; verlässliche Zusage für die Zukunft. Ich, die ich dem Wort des anderen vertraue, bin gut dran. Ich muss nicht etwas leisten, etwas vorweisen; Vertrauen ist niemals ein »Werk«. Sondern ich kann mich auf etwas einlassen, was mir angeboten wird wie ein Geschenk.

Nicht umsonst sagen wir in der (oft so klugen) Alltagssprache: Ich weiß, was ich an dem anderen habe.

Freilich können wir auch sagen, dass ein Mensch kein Vertrauen mehr »aufbringt«, misstrauisch oder gleichgültig ist gegenüber allem, was man ihm sagen oder tun will. Wir sagen auch: Er kann nicht mehr vertrauen. Aber auch das meint nicht, dass er es eigentlich können oder aufbringen müsste. Sondern es sagt, dass er sehr zerstört ist, dass er so bittere Erfahrungen gemacht hat, dass sich keine Antwort mehr regt. Vertrauen zu fordern (»wenn ich es dir doch sage!«), das hat dann keinen Wert. Gesundung ist nötig, und sie kann nur durch Gegenerfahrungen kommen; die brauchen Zeit, viel Zeit.

Lässt nicht der Jesus der Evangelien Gegenerfahrungen machen? Er gibt Brot, gibt Gesundheit, feiert mit den Ausgegrenzten. Dem Wort eines solchen kann man vertrauen.

Mit dem Jesus der Kirche scheint es oft anders zu sein. Er fordert, durch den Mund des Predigers, Vertrauen. Vertrauen zum Wort als zu der »reinen Lehre«, die da vorgetragen wird.

Ist es eigentlich die reine Lehre, auf die wir uns verlassen sollen?

Das ausgewogene Lehrsystem

Nichts gegen sie, die pura doctrina, um die unsere Väter (nein, Mütter waren da so gut wie nicht beteiligt) gekämpft haben! Sie entsprang dem verbindlichen Nachdenken über den Glauben, an einer »Front«, die damals wichtig war. In ihr steckt nicht nur sehr viel geistige Arbeit, sondern auch der Mut derer, die damals Stelle, Freiheit, Leben riskierten, um die Lehre vom Seligwerden allein aufgrund des Glaubens (ohne Leistungskontrolle), allein aufgrund der Schrift (ohne Fremdbestimmung durch ein Lehramt) zu verteidigen. Wirklich nichts gegen die reine Lehre an ihrem Ursprung, an ihrem geschichtlichen Ort.

Aber sie ist – eine Lehre. Und das heißt, sie ist abstrakt. Sie wurde es mehr und mehr, je mehr sie zu einem Lehrsystem ausgebaut wurde. Es musste alles stimmen: die Lehre von Gottes Zorn – und die von Gottes Erbarmen; die Lehre von der Sünde – und die von der Gnade; die Lehre von dem, was wir tun sollen – und die von der Entbehrlichkeit unseres Tuns. Und so weiter.

Es musste alles ausgewogen sein.

Und so kam es denn, dass ein wichtiger Umstand aus dem Blick geriet: die Lebendigkeit des Wortes in der Bibel, seine Situations- und Adressatenbezogenheit, horribile dictu: seine »Relativität«, seine Parteilichkeit.

Die Bibel wurde zur Sammlung zeitlos wahrer Sprüche, die das aus ihr entwickelte Lehrsystem bestätigen sollten. »Zeitlos« wurde mit »ewig gültig« gleichgesetzt. Und wo es Widersprüche in der Bibel gab, will heißen: einander verbal widersprechende Sätze, da wurde viel Schweiß darauf verwendet, sie zum Ausgleich zu bringen.

Diese Art des Umgangs mit der Bibel ist keineswegs vorbei. Man denke nur an die Streitereien darüber, ob nun »Schwerter zu Pflugscharen« (Jes 2,4; Mi 4,3) oder »Pflugscharen zu Schwertern« (Joel 4,10) gültige Weisung sei. Aber von solchen Abstrusitäten abgesehen: Man nimmt dem Wort der Bibel die Spitze, wenn man ihm die Adressaten – und damit die Parteilichkeit nimmt.

Ist in der Bibel die Rede von Gottes Zorn, dann gilt sie. Sie wird weder gemildert noch abgestumpft durch die Rede von Gottes Erbarmen. Und der Zorn gilt ganz bestimmten Leuten, den Starken, denen, die für andere Schicksal sind: Propheten treten den Königen entgegen, denen, die zu sagen haben und Herren/Herrinnen der Lage sind. »Weh euch Reichen« (Lk 6) steht in dieser Tradition.

Ist die Rede von Gottes Erbarmen, so gilt es. Keine vorbeugende Drohung, keine Wohlverhaltensbedingung ist daran geknüpft. Die große Sünderin darf (Lk 7) Jesus nahekommen, und der Vater des verlorenen Sohnes nimmt ihn ohne Bedingung auf. Die Kaputten werden nicht noch kaputter gemacht.

In unseren Predigten dagegen wird so oft der Zorn mit der Gnade, die Gnade mit dem Zorn neutralisiert. Beides gilt nicht wirklich, sondern nur unter gebührender Berücksichtigung des anderen »Pols«, nur halb und dann nicht weiter. Weil ja sonst eine Seite der Lehre gefährdet wäre. Als ob die bloße Rezitation der Lehre, ex opere operato, den Menschen helfen könnte! Im Gegenteil, das Ergebnis ist Sterilität.

Der so oft beklagte »Verbalismus« des protestantischen Gottesdienstes, der ihn steril werden lässt, scheint mir von hier aus angegangen werden zu müssen. Denn die bloße Hinzufügung nonverbaler Elemente, etwa die Wiedereinübung vergessener liturgischer Gesten (wie Knien, Kreuzschlagen und Friedenskuss) als solche hebt den zeitlos-sterilen Charakter nicht auf; das ist, so scheint mir, der Irrtum der Berneuchener und verwandter Bewegungen. Worauf alles ankommt, das ist, dass die Menschen selbst, die heutigen wirklichen Menschen, im Gottesdienst vorkommen. Sie, nicht Menschenabstraktionen der noch so richtigen Lehre.

Als lebendig wiederentdeckt: die Bibel

Vor unseren Augen spielt sich die Wiedergewinnung lebendigen Gottesdienstes ab. Menschen, die in Initiativen miteinander arbeiten, suchen, brauchen, finden den Gottesdienst als Möglichkeit für sich. Sie nennen ihre wirklichen Probleme, ihre Sorge um Frieden und Umwelt, ihre Trauer um die, die unsere Opfer waren und sind (in der Zeit des Faschismus, im Elend der Dritten Welt); sie finden Formen nonverbaler Art, den Bußgang, den Kreuzweg, das gemeinsame Fasten; sie sprechen aus, was sie hoffen und was gelungen ist und entdecken Umarmung, Händereichen und Tanz, und sie finden ein neues Verhältnis zum Wort. Das Wort der Bibel klingt neu, wo es entdeckt wird von Menschen, die ihre Klage darin ausgedrückt finden, ihre Sorge und Hoffnung, ihren Dank und ihr Glück. Es wird befreit aus der künstlichen Zeit- und Adressatenlosigkeit, wird erfahren als »gleichzeitig« mit uns und darin gültig. Zugleich erwacht das eigene Wort der Menschen; sie schaffen Texte der Information, Texte der Klage, der Hoffnung, des Dankes, die sich aufs Heute beziehen, auf das gemeinsame Anliegen, die miteinander geteilte Erfahrung der Angst, des Trostes, der zaghaften Zuversicht.

Immer noch »Verbalismus«? Oh nein. Die Elemente der Konkretheit, der Kreativität und der Gemeinsamkeit bringen etwas ganz anderes hervor: Gegenerfahrung wird organisiert. In unserer fast hoffnungslosen Lage kommt uns die Bibel zu Hilfe als ein unvergleichlicher Helfer und Bundesgenosse: Sie spricht uns aus, sie ruft uns auf und weckt unser Kräfte, und sie bringt uns zusammen. Konkretheit, Kreativität, Gemeinsamkeit: Das macht Gemeinde aus. Das ist es, was uns gefehlt hat, was aber in der Umgebung des Jesus der Evangelien ständig entsteht.

Wir sind nicht die ersten in der Geschichte der Kirche, die diese wiederentdecken. Nur waren es meist die »Ketzer«, die des Abweichens von der reinen

Lehre zumindest Verdächtigen (wie die frühen Pietisten), die konkret, kreativ und gemeinsam Christen sein und in das Weltgeschehen eingreifen wollten. Immer entstand zugleich neuer Gottesdienst. Und immer wieder wurden diese Formen des Christseins an den Rand gedrängt, setzten Abstraktion, Akzeptanz (Resignation!) und Vereinzelung der Christen sich als das »Normale« durch. Die »berührungsbangen Kerngemeindekörper« auf unseren Kirchenbänken!

Es muss nun hier von dem die Rede sein, was ich die Ödnis vieler Kirchengemeinden nennen möchte: ihr Misstrauen gegen alles Neue, ihr manchmal fast bösartiger Widerstand gegen Gemeindeglieder, Pfarrer, Veranstaltungen, die aufmerksam machen wollen auf das heute Nötige (bewegende Pfarrerschicksale aus unserer Gegenwart wären zu berichten!), – ihre Unfähigkeit und Abgeneigtheit, die Vergangenheit (Problem des Antisemitismus) christlich aufzuarbeiten oder sich den Gefahren der Gegenwart wirklich zu stellen. Für eine lebendige Anrede sind sie kaum erreichbar. Aber solange der Pfarrer nichts »Neues« bringt, sitzen sie jeden Sonntag unter der Kanzel – ohne dass sich irgendetwas bei ihnen änderte oder bewegte. Was haben sie von der Predigt?

Als in einer Kirchenvorstandssitzung der Vorschlag gemacht wurde, Predigtnachgespräche einzuführen (es war ein junger Pfarrer, der ihn machte), war die erste Reaktion: »Wozu denn das? Das haben wir noch nie gemacht.« Und dann kam: »Worüber soll man denn da reden? Eine Predigt ist nun mal eine Predigt, da kommt doch nichts Besonderes drin vor!« und: »Die in die Kirche kommen, die wissen doch alle soweit ganz gut Bescheid. Wir sind doch hier keine Neger im Busch, die noch was zu fragen haben.« Der Pfarrer, völlig entgeistert, fragte zurück: »Ja, aber warum kommen Sie denn dann?« Empörte Antwort: »Ja, wollen Sie denn allein in der Kirche sitzen? Wir wissen immerhin noch, was sich am Sonntag gehört.« Von der Predigt haben sie offenbar – nichts. Welche Totenerweckung wäre da nötig!

Sind solche Gemeinden das Resultat generationenlanger abstrakt-verbaler Berieselung? Liegt in dieser so etwas wie ein Verbot, sich das eigene Leben wirklich anzueignen, es aussprechen zu lernen, Gehör dafür zu erwarten? Werden Menschen auf diese Weise um die Fähigkeit gebracht, jemals sie selbst zu sein?

Zur Kirche hinein wie zur Schule

Mit Schrecken erwägt man die Möglichkeit, dass gerade der Protestantismus dazu beigetragen haben könnte, die verbreitete Nekrophilie zu befördern – besonders, aber nicht nur im Kleinbürgertum. Dass die ersten höheren Wahlerfolge rechtsradikaler Parteien ausgerechnet in den hessischen und fränkischen Landgemeinden protestantischer Tradition erzielt wurden, ist bekannt. Dass Katholiken im Allgemeinen emotional besser ernährt erscheinen als Protestanten, ist auch bekannt. »Wir gehen doch immer zur Kirche hinein wie zur Mutter«, sagte mir eine sehr wache und kritische katholische Soziologin. »Und an einer Mutter hängt man, auch dann, wenn man als erwachsener Mensch manche Kritik an ihr hat.« Wir Protestanten gehen wohl eher zur Kirche hinein wie zur Schule. Ein wichtiger Unterschied!

Wie aber kommt es denn dazu? Wie kommt es, dass abstrakte Predigt die Menschen eher vom Leben und sich selber ferngehalten hat, als dass sie durch das lebendige, adressatenbezogene Wort der Bibel gerade lebendig gemacht worden wären? Wie kommt es dazu, obwohl es doch wieder und wieder, auch in der kurzen protestantischen Kirchengeschichte, Neuaufbrüche gegeben hat? Warum werden noch heute nicht nur in konservativen Gemeinden, sondern auch an den theologischen Fakultäten Neuanfänge, die die konkrete Bezogenheit biblischer Texte zum Forschungsgegenstand machen (wie die sozialgeschichtliche Exegese) mit Argwohn betrachtet und in ihren Wirkungsmöglichkeiten eingeschränkt?

Hier scheint es mir nur eine Antwort zu geben: Der Neuaufbruch von unten erscheint »gefährlich« – gefährlich wie das Leben selbst. Wird konkret, kreativ, gemeinsam geglaubt, gedacht, gehandelt und geredet, dann muss sich vieles ändern. Wird an der Bibel selber aufgezeigt, dass sie immer so angesetzt hat (wie in der sozialgeschichtlichen Exegese), dann wird auch die Bibel »gefährlich«. Gefährlich für wen?

Nun, offenbar für den und für die, denen die je gegenwärtigen Verhältnisse angenehm sind und die sie deshalb nicht geändert sehen wollen. Das frühe Bündnis von Kirche und Macht (Konstantin) und dann erneut von Thron und Altar im Protestantismus, in dem in Deutschland bis 1918 die Landesfürsten zugleich die Bischöfe der Landeskirchen waren – 400 Jahre lang! –, erklärt viel.

Unheimlich ist, wie weitgehend es gelungen ist, kleinbürgerliche und bäuerliche Gemeinden, die wahrlich ein lebendiges Interesse an gesellschaftlichen Veränderungen hätten haben können, auf die gleiche Immobilität festzulegen. Das »Wort«, das Menschen verkündet wird, kann viel mit ihnen machen: sie lahmlegen, wenn es sie mit abstraktem Verbalismus am Leben hindert – und sie zu lebendigen, tätigen Christen machen, wenn es nicht um seine eigenste Tendenz, den Menschen als Menschen ernst zu nehmen, gebracht worden ist.

Was wir brauchen, ist eine Befreiung des Wortes: des Wortes der Bibel und des Wortes der Menschen.

Herzen aus Stein. Meditation an der Gedenkstätte Palmiry bei Warschau (1987)

Im Oktober 1987 fand eine Polenreise des Vereins »Zeichen der Hoffnung – Znaki Nadziei Evangelische Initiative für eine bessere Zukunft von Polen und Deutschen e. V.« statt. Der Verein hat sich innerhalb der Evangelischen Kirche in Hessen und Nassau vor zehn Jahren gebildet, als ein Mitglied der Kirche entdeckt hatte, in welch bedrückender Armut und Hoffnungslosigkeit altgewordene Opfer der deutschen Zwangsherrschaft 1939-1945 in Polen leben, ehemalige Häftlinge der Konzentrationslager und Gefängnisse, ehemalige Zwangsarbeiter, denen Entbehrungen, Folterungen, Verstümmelungen bleibende Gesundheitsschäden an Leib und Seele zugefügt haben. Ihnen fehlen die benötigten Medikamente, und mit kleinen Renten halten sie sich nur mühsam am Leben. Der Verein »Zeichen der Hoffnung« sucht mit seinen leider nur bescheidenen Mitteln zu helfen; Namen solcher, die Hilfe brauchen, werden ihm vom Polnischen Ökumenischen Rat genannt; Medikamente gehen an die Ökumenische Apotheke in Warschau. In den Anfangsjahren kam es vor, dass Polen sich weigerten, Hilfe von Deutschen anzunehmen. In der Zwischenzeit konnte Vertrauen und teilweise Freundschaft aufgebaut werden, nicht nur durch die uns möglichen Hilfen, sondern vor allem durch Besuche bei Gemeinden und persönliches Kennenlernen einiger der Leidenszeugen.

Die Reise des Vereins führte durch Nordpolen (u.a. Danzig, Marienburg, Masuren) und nach Warschau. Außer den bewundernswert wiederaufgebauten Städten und Burgen besuchten wir Stätten des Terrors: Konzentrationslager und das berüchtigte Pawiak-Gefängnis in Warschau. Hier führte uns ein alter Pole, der als Neunzehnjähriger von der Straße weg verhaftet und hier eingeliefert worden war; eine deutsche Frau brach ihm während des Verhörs das Handgelenk und hieb ihm einen Daumen ab. Da er unsere entsetzte Anteilnahme spürte, erzählte er mehr als sonst, bis ein Tränenausbruch es ihm unmöglich machte, weiterzusprechen. Er begleitete uns dann auf der Fahrt nach Palmiry.

Palmiry gehört zum »Todesring um Warschau«, Hinrichtungsstätten in den Wäldern, zu denen Häftlinge aus dem Pawiak-Gefängnis hinausgefahren wurden. Es waren Intellektuelle aus Warschau und den Dörfern und kleinen Städten der Umgebung, Ärzte, Rechtsanwälte, Lehrer, Professoren, Geistliche beider Konfessionen, die hier ermordet wurden – Teil des Liquidierungsprogramms, mit dem das polnische Volk seiner intellektuellen Führungsschicht beraubt werden sollte, um dann der Herrenrasse als Helotenschicht zu dienen. Man sagte den Häftlingen, dass sie in ein Konzentrationslager überführt werden sollten, was angesichts der Überfüllung des Gefängnisses (dreißig Leute in Zellen, die für drei gebaut worden waren) schon eine Erleichterung schien; sie durften persönliche Habseligkeiten und sogar eine Brotration extra mitnehmen, um so über den Zweck ihrer Wegfahrt getäuscht zu werden. Erst als die Lastwagen von der Landstraße in den Wald abbogen, schöpften manche Verdacht und suchten auf ihre Spur zu lenken, indem sie kleine Besitztümer, Briefumschläge, Gebetbücher mit ihrem Namen aus dem Wagen warfen. Sie wurden an der Hinrichtungsstätte erschossen und in Massengräbern verscharrt.

1946 wurden die Gräber aufgefunden. Polnische Waldarbeiter hatten die Stellen unter Lebensgefahr gekennzeichnet, indem sie nach Abzug der jeweiligen SS-Einheit Patronenhülsen in die Bäume der Umgebung einschlugen. Die Überreste der Opfer wurden exhumiert und soweit möglich identifiziert; manchmal half dabei der Zustand des Gebisses; das Ausbrechen von Zahngold war damals (1939/40) noch nicht in Übung gekommen. Polen gab jedem der Opfer sein persönliches Grab mit einem Gedenkstein, mit oder ohne Namen, in Kreuzesform oder mit Davidstern, falls bekannt war, dass es sich um einen jüdischen Menschen gehandelt hatte: zornige Rückerstattung ihrer Menschenwürde nachdem sie wie Ungeziefer vernichtet worden waren. Es entstand ein Ehrenfriedhof, sorgfältig gepflegt, mit langen Gräberreihen; 1700 Opfer waren es in Palmiry. Die Schönheit des Waldes im goldenen polnischen Oktober, besonders der Ahorne, die das weite Rechteck wie eine Mauer aus Glut umgaben, verstärkte den Charakter des zornigen Protests und kontrastierte dermaßen mit dem Entsetzen über das, was Niedertracht hier angerichtet hatte, dass man es kaum ertrug.

An dieser Stätte sollte ich eine Meditation halten[1] Ich habe es versucht:

Liebe Freunde,

ich lese einen Abschnitt aus dem Bericht von Prof. Bartoszewski in seinem Buch »Der Todesring um Warschau«.

»Der eigenartige Ordnungssinn der SS-Schergen fand in verschiedenen technischen Verbesserungen bei der Ausführung der Hinrichtungen seinen Ausdruck. So wurden z.B. die Verurteilten entlang der Grube aufgestellt und hinter ihren Rücken eine lange Stange oder Leiter angebracht. Nachdem die Salve verklungen war, ließen die Deutschen diese Stütze los, und die Leichen fielen schön ordentlich in das Grab (in einigen Gräbern wurden im Jahre 1946 bei der Exhumierung solche Stangen vorgefunden). Die nächste Gruppe wurde an derselben Stelle erschossen, so dass die Leichen eine neue Schicht bildeten. Die vollen Gruben schaufelten die Deutschen zu, tarnten sie vorsorglich mit Moos und Kieferästen und pflanzten dann in der Lichtung schnurgerade Reihen junger Kiefern an. Danach fuhren sie ab, überzeugt, dass alles gut durchdacht war, und die Wahrheit nie an den Tag kommen würde. An die Familien der Ermordeten sandte die Gestapo kurze Mitteilungen, wobei sie manchmal Herzschlag, meist aber keine Ursache angaben.«[2]

Immer wieder stehen wir fassungslos vor Berichten dieser Art. Die SS-Leute, Polizei- und Gestapokräfte, die solche Dinge taten, waren keine wüsten Chaoten, die um sich schlugen und in einer Art Blutrausch Menschen töteten. Nein, sie erledigten ihre Arbeit fein säuberlich und mit Bedacht. All die kleinen Tugenden, für die wir Deutschen bekannt sind, die wir unseren Kindern einzuprägen suchen und an unseren Mitarbeitern schätzen, wie Pünktlichkeit, Genauigkeit, Zuverlässigkeit im Dienst, Ordnungssinn und gute Arbeitsorganisation – alle diese Tugenden beherrschten diese Täter bis zur Perfektion. Handelte es sich um Dinge, mit denen sie umgingen, etwa um die Arbeit in einem Materiallager, so könnte man nur anerkennend sagen: »Gute Arbeit geleistet.«

1 Am 9.10.1987.

2 W. Bartoszewski, Der Todesring um Warschau, 1939-1944, Warszawa 1969, 39.

Aber es handelt sich nicht um Dinge. Es handelt sich um das Beseitigen von Menschen.

Die Eiseskälte, mit der sie diese Erkenntnis, dass es sich um Menschen handelt, von sich fernhalten, die ist es, die uns fassungslos macht. Sie scheinen unfähig zu jedem menschlichen Empfinden; sie funktionieren wie Maschinen, reibungslos.

Wir hatten wohl im christlichen Bürgertum, in dem wir einigermaßen abgesichert leben konnten, nicht wirklich erfasst, wie böse das Böse sein kann. Wir haben das Böse unterschätzt. Wir hatten nicht verstanden, in welchem Ausmaß eine menschliche Seele zerstört werden kann, so dass sie zum Bösesein fähig wird und zugleich unfähig, es noch als Böses zu erkennen.

Die Bibel weiß davon. Sie redet davon in verschiedenen Bildern; eines möchte ich zitieren, weil es so sprechend ist:

Wir lesen bei Hesekiel in Kapitel 36: »So spricht der Herr: Ich will das steinerne Herz aus euch wegnehmen und euch ein fleischernes (d.h. ein empfindendes) Herz geben; ich will meinen Geist in euch geben und solche Leute aus euch machen, die in meinen Geboten wandeln, dass sie danach tun.«

Das steinerne Herz – das ist ein gutes Bild für das, was uns erschreckt an diesen Schergen. Aber: gilt es nur von ihnen? Gilt es nicht auch von denen, die die Augen abwandten, als der jüdische Arzt, der Gewerkschafter von gegenüber ohne Recht und Urteil abgeholt wurden? Warum gab es nicht einen Wall von Christen, die sich vor die Opfer stellten und nicht zuließen, dass man sich an ihnen vergriff? Es gab eine ganze Nation, die wegsah. Aber auch Wegsehen ist eine Äußerungsform des »steinernen Herzens«.

Es gab auch das andere. Ein südfranzösisches Dorf hatte 2500 Menschen zur Flucht über die spanische Grenze verholfen, bis dann der ganze Zorn der Nazi-Besatzer sie traf; Dänemark hat seine Juden zum größten Teil über die See gerettet; einzelne Familien bei uns wagten es, Verfolgte zu verstecken, Juden und andere. Aber es waren nur wenige. Ein ganzes Volk sah weg. Der eigentliche Gegensatz zur Liebe, so sagt Martin Luther King, ist nicht der Hass, sondern die Gleichgültigkeit gegenüber dem anderen. Herzen aus Stein.

Wie kam das? Wie konnte uns das passieren? Ich denke, auch wir hatten, seit Generationen schon, gelernt, dass jene kleinen Tugenden, von denen ich sprach und die die SS-Leute so hervorragend beherrschten, das Wichtigste seien im Leben. Pflichterfüllung im Sinne des säuberlichen Abhakens all der kleinen Alltagspflichten schien wichtiger zu sein als Liebe. Die warme, erfinderische, schöpferische Kraft der Liebe stört den »reibungslosen Ablauf«. Sie ist an etwas anderem interessiert, am Lebenkönnen des anderen Menschen, an seiner Freude, seiner Zukunft, vor allem: an seiner Würde.

Menschenwürde hochzuhalten, die eigene zuerst, dadurch dann die der anderen – darin haben wir Nachholbedarf. Ein Mensch ist niemals dazu da, einfach Pflichten abzuhaken; er ist selbst von unendlichem Wert.

Es ist mir einmal wichtig gewesen zu entdecken, dass es das Wort »Pflicht« in unserem Sinn in der ganzen Bibel nicht gibt. Dafür steht da umso mehr von Liebe, von Gerechtigkeit und Barmherzigkeit, die oft zusammen genannt werden: weil ja Gerechtigkeit in der Bibel nicht heißt, einem Menschen zu geben, was er verdient, sondern was er braucht. Gerechtigkeit und Barmherzigkeit sind zwei Worte für die dieselbe Sache.

Die »kleinen« Tugenden, von denen wir gesprochen haben, sind nur dann gut, wenn sie im Dienste einer guten Sache stehen. Sie sind kein Selbstzweck, sie sind erst recht nicht das Wichtigste im Leben. Sonst ersticken sie die Fähigkeit zu unterscheiden, zerstören nicht nur die Opfer, sondern die Täter zuvor.

Die Vergangenheit, auf die wir hier gestoßen werden, ist nicht vorbei. Sie kann auch nicht »bewältigt« werden (das ist ein ganz irriges Wort); wir können uns nur an ihr abarbeiten, unser Leben lang. Das bedeutet nicht nur, dass wir für unsere eigene Person umlernen, ein Leben lang, Menschenwürde, Gerechtigkeit und Barmherzigkeit einüben, die Abhakmentalität verlernen; es ist viel mehr notwendig. Denn die entsetzliche Vergangenheit ist Gegenwart in unserem Volk. Psychiater berichten, dass die Kinder der Täter, die nach dem Krieg geboren wurden und jetzt in der Mitte ihres Lebens stehen, in zunehmendem Maße in Therapien kommen, weil sie in früher Kindheit emotional geschädigt wurden durch die Ausstrahlung ihrer Eltern. Die Tat verändert den Täter; wir hatten das fast vergessen. Auch Wegsehen verändert den Wegsehenden; er bleibt nicht der lebendige Mensch, der er war. Es ist ein Wunder nötig, wenn er oder sie sich selbst wieder finden soll. »Ich will das steinerne Herz von euch nehmen«, so lautet die Verheißung, »ich will euch den Geist geben, der lebendig macht.« Es ist unsere einzige Hoffnung, und sie fordert, dass wir sie hereinlassen. Denn schon wieder geschieht in unserer Welt Entsetzliches, wüten Folter und Mord; und indirekt sind wir wieder darein verwickelt. Die Toten, die hier liegen, können wir nur ehren, indem wir selbst zu neuen Menschen werden, die heute wirken.

Hildegard von Bingen (1989)

Eine Frau des Hochmittelalters heute darzustellen ist nicht ganz einfach. Vieles in ihrem Wesen und Denken wird uns fremdartig erscheinen, so dass wir Mühe haben, uns einzufühlen. Das zeigt sich übrigens auch an den höchst unterschiedlichen Interpretationen, die ihr Leben, besonders ihre Visionen, gefunden haben.

Befremdend für uns ist schon ihre Kindheit. Als zehntes Kind eines »Edelfreien« wird sie, wie sie selbst sagt, von ihren Eltern »mit Seufzern Gott geweiht«, als eine Art Zehntopfer. Praktisch heißt das, dass die Achtjährige »Inklusin« wird. Eingeschlossene: Sie wird, zusammen mit einem gleichaltrigen Mädchen, der Nonne Jutta von Sponheim zugeführt, mit der sie fortan in einer »Klause« auf dem Disibodenberg oberhalb der Nahe lebt. Die Klause, ein kleines Wohnhaus mit mehreren Räumen, angebaut an die Kirche eines Benediktinerklosters, wird nach feierlichem Gottesdienst, bei dem die Kirche wie zu einer Totenfeier geschmückt ist, vor den Augen der Mönche, der Angehörigen und der Gemeinde zugemauert. Eine Tür zur Außenwelt gibt es nicht mehr, nur Fenster zum Inneren der Kirche, zum Klosterhof und einen Zugang zu dem kleinen, von außen nicht zugänglichen Garten, der zur Klause gehört. Kein Hinauslaufen mehr, kein Herumtoben, kein Spiel im Freien mit der großen Geschwisterschar auf dem heimatlichen Gut. Müssen wir nicht meinen, dass dies, zusammen mit der Trennung von den Eltern, schwere Schäden für die Entwicklung und die seelische Gesundheit zur Folge haben müsse?

Hildegard hat später selbst geäußert, dass es nicht gut sei, Kinder in ein Kloster zu geben, bevor sie zu eigener Entscheidung fähig seien. Sie warnte vor den inneren Schwierigkeiten, in die ein Mensch dadurch gebracht werden könne – erstaunlich modern in einer Zeit, in der adlige Familien ihre Söhne und Töchter ja auch bereits als Kinder verlobten. Andererseits war Hildegard freilich der Meinung, dass der Mensch, über den einmal so bestimmt worden sei, dies als den Willen Gottes für das eigene Leben bejahen lernen sollte. Jedenfalls nahm sie selbst 1114 als Sechzehnjährige den Schleier der Benediktinerin. Noch mehr als dreißig Jahre, bis zur Gründung eines neuen Klosters auf dem Rupertsberg, blieb sie in ihrer Klause, in die mehr und mehr adelige Mädchen eintraten; sie wurde 1136 nach dem Tode der Jutta von Sponheim »magistra«, Äbtissin des kleinen Konvents, blieb aber im Übrigen noch ungekannt.

Was hat sie in ihrer Klause lernen können? Offensichtlich mehr, als man erwarten sollte, denkt man an das reiche Wissen, das in ihren späteren Büchern zum Ausdruck kommt. Zwar hat sie selbst sich immer wieder als »indocta«, ungelehrt, bezeichnet, besonders wenn sie betonen wollte, dass ihre Visionen und das aus ihnen hervorgegangene schriftstellerische Werk nicht aus gelehrten Studien abzuleiten seien. Bedenkt man die sorgfältige klassische Bildung, die jungen Männern in den Mönchsklöstern zuteilwurde, mit Einübung in die lateinische Grammatik und Stilistik und mit Lektüre der gesamten antiken Literatur, die damals greifbar war, dann hat sie wohl recht, sich »indocta« zu nennen. Das Latein, das sie schreibt, ist schlichterer Art. Ihre Bildungsquellen sind, wie der Hildegardforscher Heinrich Schipperges mehrfach betont[1], noch nicht genügend erforscht; doch hatte Jutta von Sponheim sie in die Chorgebete eingeführt[2], an denen die Klausnerinnen durch ihr Kirchenfenster teilnahmen, hatte sie das Psalmensingen und das dazu nötige Latein gelehrt, dazu die Regula Benedicti und das Lesen und Meditieren der Heiligen Schrift. Schreiben, zuerst auf Wachstafeln, kam dazu, Kräuterkunde mit Hilfe des Gärtchens, Klostermedizin, für die die Anleitung zu gesunder Lebensführung in der Regula die Grundlage bot. Anschaulich schildert Eduard Gronau in seiner Biographie[3], welche weiteren Anregungen sich den Klausnerinnen boten: theologische durch die täglich mehrmalige Teilnahme an der Liturgie mit ihren wechselnden Texten und durch die Lesungen zur Tischzeit, für die die Klosterbibliothek die Bücher zur Verfügung stellte, Heiligenleben, Kirchenväter, die zugleich philosophisches und historisches Wissen an sie herantrugen. Die festgelegten Schweigezeiten boten die Muse, darüber nachzudenken und sich das

1 Z.B. in: Hildegard von Bingen. Ein Zeichen für unsere Zeit, Frankfurt/Main 1981.
2 So die zeitgenössische Vita der Mönche Gottfried und Theoderich, übersetzt und erläutert von Adelgundis Führkötter. Düsseldorf 1968.
3 Hildegard von Bingen, Christiana-Verlag, Stein am Rhein 1985, 33 ff.

Gehörte meditativ anzueignen. Am Durchreichefenster zum Klosterhof kamen mit den gebrachten Lebensmitteln auch die Nachrichten aus der Welt zu den Frauen: Doppelkaisertum und Doppelpapsttum, bewegende Einzelschicksale der darin verwickelten Bischöfe und Fürsten, die Kunde vom wenig frommen Leben am Hofe so manches geistlichen Herrn und die Ausbreitung der Gegenkirche von unten, der Katharer.

Das Leben einer Gutsherrin war vermutlich ärmer an Anregungen und an Möglichkeiten zu lernen.

Was Hildegard berühmt gemacht hat, sind ihre Visionen. Schon als Dreijährige, schreibt sie, habe sie ein überwältigendes Licht gesehen, ohne noch darüber sprechen zu können; seit ihrem fünften Lebensjahr erlebte sie bildhafte Erscheinungen, hatte das »zweite Gesicht«, vermochte die abnorme Fellfärbung eines Kälbchens zu sehen und zu beschreiben, ehe es geboren war. Früh wurde ihr bewusst, dass andere diese Fähigkeiten nicht besaßen; der Versuch, mit ihrer Amme darüber zu reden, brachte nur Befremden hervor. Da sie oft kränkelte, sind mehrfach Versuche einer Pathographie unternommen worden; diese sollen uns hier nicht beschäftigen, da wir uns ihr selbst nähern wollen. Ihre Sehergabe ist konstitutiv für ihre Identität; wie spricht sie selbst darüber?

Zunächst ist wichtig, dass sie lange Zeit geschwiegen hat, obwohl Visionserfahrungen ihr Leben begleiteten. Als Fünfzehnjährige weinte sie, weil sie in ihrer Klause über »Geschautes« geplaudert hatte; es schien ihr überheblich, und sie schämte sich. (Sie war nach eigenem Bekunden während ihrer Visionen immer zugleich bei vollem Tagesbewusstsein, nicht in Ekstase.) Erst jenseits des vierzigsten Lebensjahres wurde ihr klar, dass sie weitergeben müsse, was ihr offenbart wurde; Erleuchtungs- und Berufungsvisionen zwangen sie, ihr Schweigen zu brechen. In diesem Zusammenhang berichten die Quellen mehrfach von ihrer Angst, als Frau nicht ernst genommen zu werden; in ihrem ersten Buch, Scivias (= Wisse die Wege), das 1141 bis 1151 niedergeschrieben wurde, heißt es: »Und ich, ein Mensch, der ich nicht glühe nach der Art der starken Löwen, noch auch durch ihren Unterricht belehrt wurde, sondern in der Zartheit der gebrechlichen Rippe verblieb, sah, durchweht von geheimnisvollem Hauch, ein hell-leuchtendes Feuer, ein Feuer, das unbegreiflich, unauslöschlich, ganz lebendig, ganz Leben war. Und ich hörte aus dem vorerwähnten lebendigen Feuer eine Stimme, zu mir sprechend: O du, die du bist armselige Erde und unter dem Namen Weib ungelehrt in jeglicher Lehre fleischlicher Magister, ungelehrt zu lesen Schriften vermittels des Verstandes der Philosophen, sondern nur angerührt von meinem Licht, das dich zuinnerst berührt mit einem Feuer wie glühende Sonne, schreibe und erzähle erschöpfend und schreibe diese meine Mysterien, die du siehst und hörst in mystischer Schau. Wolle also nicht furchtsam sein, sondern sage das, was du erkennst im Geist, auf die Weise, wie ich es durch dich rede, damit diejenigen Schamgefühl erleben, die meinem Volk den richtigen Weg zu zeigen schuldig wären, aber sich um der Leichtfertigkeit ihrer Lebensführung willen weigern, die Gerechtigkeit offen auszusprechen, die sie doch kennen, nicht willens, von ihren schlechten Begierden zu lassen. Die hängen ihnen so an, dass sie Lehrmeister darin sind, vor dem Angesicht Gottes zu fliehen, so dass sie davor erröten, die Wahrheit zu reden. Daher, o Puselchen (pusilla = Kleine) im Geist, die du im Innersten gelehrt bist durch mystische Anhauchung, obwohl du von der Spezies Mann niedergehalten wirst wegen der Pflichtverletzung Evas, dennoch sage aus das feurige Werk, das dir in allergewissester Voraugenstellung demonstriert wird.«[4]

»Obwohl du von der Spezies Mann niedergehalten wirst«: In der Vita wird berichtet, dass sie von Krankheiten heimgesucht wurde, die sie zeitweise unfähig machten, zu gehen oder zu sprechen: »An dieser Krankheit litt sie … immer, wenn sie aus weiblicher Furcht zögerte oder zweifelte, den Auftrag des göttlichen Willens auszuführen.«[5] Das also ist der Zusammenhang zwischen Vision und Krankheit in ihrer Sicht und der ihrer Ordensgenossen: Nicht die Krankheit ist die Ursache der Vision, sondern umgekehrt, tiefe Irritation des unterdrückten weiblichen Menschen, die ihre Aufgabe »sieht«, aber nicht anzufassen wagt, ist Ursache der Krankheit. (Wie nahe bei unserer heutigen Erfahrung als Frauen!) Umso wichtiger, dass sie in der großen Berufungsvision von 1151 schlicht als »Mensch« angeredet wird[6]. Um zur Niederschrift zu kommen, braucht sie zu Anfang die seelische Stütze durch einen Mann, dem sie vertraut; es heißt in der Vita: »Aus weiblicher Scheu, aus Furcht vor dem Gerede der Leute und dem verwegenen Urteil der Menschen unterließ sie es. Da sollte ein heftiger Stachel sie zwingen, nicht länger mit der Enthüllung des

4 Übersetzungsnachweis s. Gronau, a.a.O., 425, Ziff. 79; Text ebd., 56.
5 Nach Gronau, 185.
6 Ebd., 51.

Geoffenbarten zu zögern. Denn als sie von einer langwierigen Krankheit daniederlag, eröffnete sie zuerst einem Mönch, den sie sich als Lehrer erwählt hatte (Volmar), in Furcht und Demut den Grund ihres Leidens. In Hildegards eigenen Aufzeichnungen lesen wir darüber: »Ich vertraute dies einem Mönch an, meinem Lehrer, der sich durch einen guten klösterlichen Wandel und sein eifriges Streben auszeichnete, und dem neugieriges Ausfragen, das vielen Menschen anhaftet, fernlag. Daher hörte er auch diese wunderbaren Erscheinungen gerne an, war voller Staunen und trug mir auf, sie insgeheim aufzuschreiben, bis er sähe, welcher Art sie seien und woher sie kämen. Als er jedoch erkannte, dass sie von Gott waren, vertraute er sie seinem Abt (Kuno) an und arbeitete von nun an mit großem Eifer mit daran.«

»Sobald sie mit dem Schreiben begann, das sie doch nicht gelernt hatte, kehrten die früheren Körperkräfte zurück, und sie erhob sich wieder von ihrem Lager.«[7] Aber erst als eine päpstliche Kommission ihre Niederschrift geprüft und der Papst selbst sie auf der Trierer Synode (1147) als dem Glauben der Kirche entsprechend bestätigt hatte, konnte sie sicher sein, dass man nicht versuchen würde, ihr den Mund zu verbieten.

Wohl gab es Widerstände, als ihr in einer Vision geboten wurde, ein eigenes Kloster zu bauen. Der Abt des Disibodenberges weigerte sich, die inzwischen berühmt gewordene Frau ziehen zu lassen; einige ihrer Jungfrauen traten aus, weil der in der Vision geschaute Ort des Neubaus wasserarm und menschenleer war. Wieder wurde sie von ihrer Lähmung befallen, die erst wich, als sie sich entschloss zu gehen. Eine von ihr besonders geliebte Nonne, Richardis, ließ ihre Beziehungen spielen und gewann mächtige Gönner und Geldgeber. Übrigens scheint der Neubau auf dem Rupertsberg, dessen Entwurf Hildegard fertig »geschaut« hatte, ein für damalige Zeit erstaunliches Bauwerk gewesen zu sein: Sie ließ Wasser von einer entfernten Quelle heranleiten und in alle Räume führen, wo es gebraucht wurde. Fließendes Wasser in einem Klosterbau des Hochmittelalters! Später gründete sie noch ein weiteres Kloster in Eibingen, wo die Abtei bis heute besteht; die jungen Frauen scheinen ihr zugeströmt zu sein[8].

---

7 Ebd., 53/54.

8 Richardis verließ das Kloster später gegen den Willen Hildegards, um selbst Äbtissin eines vornehmen Konvents zu werden. Der menschliche Schmerz und die Sorge, Richardis

Zum Inhalt ihrer Visionen: Dass sie auf eine Reform der Kirche abzielen, zeigt schon die Berufungsvision. Das heißt aber keineswegs, dass es um einige rasch machbare »Reparaturen« gegangen wäre; das ganze Fundament musste neu gefestigt werden. »Scivias« enthält einen grandiosen theologischen Entwurf, in dem Kosmologie, Anthropologie und Theologie miteinander verwoben sind; so ist es auch in ihren nachfolgenden großen Werken, dem »Liber vitae meritorum« (1158-1163) und »De operatione Dei« (1163-1173), das als ihre größte schöpferische Leistung gilt, in ihrer Heilkunde »Causae et curae«, in ihren Briefen und Liedern. Miniaturen des 12. und 13.Jahrhunderts, die »Scivias« illustrieren, zeigen den Menschen, vom Kosmos umschlossen, den wiederum die Arme der göttlichen Liebe umgreifen: »Er überragt die fest umrissene Kontur der Erde und stellt sich erhobenen Hauptes mit weit in Kreuzesform ausgespannten Armen in das Weltenrad. Er hält die Weltelemente in seiner Hand, wie ein Mann, der ein Netz in der Hand hält und dieses bewegt.«[9] Der Mensch als Schicksal der Erde – hier kommt uns die mittelalterliche Frau sehr nahe. Andererseits: der Mensch als das Größte und Wichtigste im Kosmos, ohne den dieser seinen Sinn verlöre – kann der menschenverachtende Denkansatz moderner Technokratie damit noch irgendetwas anfangen? Hildegard regt an, diesem Denkansatz unnachgiebig zu widersprechen.

In ihren natur- und heilkundlichen Schriften findet sich natürlich vieles, was fremd und vergangen ist, von magisch anmutenden Vorschriften bis zu für uns unverständlichen Ursachenerklärungen für Krankheiten; schließlich wurden Bakterien erst 700 Jahre, Viren 800 Jahre nach Hildegards Zeit entdeckt. Was aber gerade für Christen wiederzuentdecken wäre, ist ihre Hochschätzung des leiblichen Lebens (auch des sexuellen, das sie erstaunlich unbefangen beschreibt), der enge Zusammenhang von Leib und Seele, vor allem aber: Gott als der Leben schaffende, Freude, Heilung, »Wonne« bringende, der, der Befreiung will. Es ist nicht der Gott einer starren Ordnung, nicht der einer gefühllosen Herrschaft, nicht der kleinliche Überwacher oder das humorlose »Schicksal« unserer bejammernswerten Tradition. Ich zitiere eines von Hildegards Liedern:

---

könne durch den Aufstieg als Mensch ihr Bestes verlieren, kommt in Briefen Hildegards ergreifend zum Ausdruck.

9 Heinrich Schipperges, a.a.O., 91.

»O Feuer des Geistes, du Leben des Lebens
aller Kreatur,
heilig bist du
weil du die Wesen lebendig machst
heilig bist du,
heilig bist du,
der du die gefährlich Zerbrochenen errettest,
heilig bist du,
der du die Wunden heilest.
O gewaltigster Gott,
der alles durchdrungen
in den Höhen und auf Erden
und in allen Abgründen,
du sammelst und vereinigest alle.
Schirme, die eingekerkert sind,
und löse die Gebundenen
welche die göttliche Macht bewahren will.
Durch dich strömen die Wolken,
weht der Äther
atmen die Steine Feuchtigkeit,
senden die Gewässer die Bächlein aus
und treibt die Erde ihr Grün.
Immer erhebst du die Unterwiesenen,
die durch den Anhauch von Weisheit
froh gemacht sein wollen.
Darum sollst du gepriesen sein,
der du der Klang des Lobes
und die Wonne des Lebens bist,
du mächtigste Hoffnung und Ehre,
die spendet die Gaben des Lichts.«[10]

---

10 In der Übersetzung, die der modernen Vertonung durch H. Lemacher zugrunde liegt.

Das Herz der Didaktikerin erfreut es vor allem, dass laut Hildegard die »Unterwiesenen« froh gemacht sein wollen: Lernen als Selbstzweck, nichts von »Pflicht«, nichts von Verwertungszusammenhängen, Lernen als Menschseinwollen, in Freiheit. Gibt es das noch? In Nicaragua zum Beispiel, ja.

Nur auf dem Hintergrund dieses Gottes- und Lebensverständnisses wird klar, warum Hildegard als schon alternde Frau streitbar zu Felde zog gegen die Katharer, die sich als eine Art Gegenkirche von unten von Frankreich aus auszubreiten begannen, besonders am Rhein entlang. Von den vier großen Predigtreisen, die die »prophetissa teutonica« in den Jahren 1160 bis 1170 unternahm, um gegen die Gleichgültigkeit und Bequemlichkeit der Christen, vor allem des Klerus, anzugehen, galt die dritte zentral der Ketzerbekämpfung. Sie führte zu Schiff, zu Fuß und zu Pferde über Boppard, Andernach und Siegburg nach Köln und nach Werden an der Ruhr. In Köln hielt sie auf Bitten des Erzbischofs eine berühmt gewordene große Rede gegen die »Manichäer«: Was sie den Katharern vorwarf, war deren Leibfeindlichkeit und Antisexualismus (Ablehnung der Ehe)! Allerdings brauchen wir wohl kaum zu befürchten, dass sie die entsetzlichen Albigenserkriege, die im 13. Jahrhundert das Ende der Katharer (und der südfranzösischen Kultur) brachten, gutgeheißen haben würde; sie trat dafür ein, die katharischen Wanderprediger auszuweisen, nicht sie zu töten. Im Übrigen beginnt sie ihre antikatharischen Predigten mit leidenschaftlichen Anklagen gegen die offizielle Kirche: Wären deren Vertreter nicht der »Lüsternheit eines kindischen Zeitalters« verfallen, dann fände der Rigorismus der Katharer beim Volk kein Gehör.

Dass sie selbst der offiziellen Kirche zu trotzen vermochte, bewies sie am Ende ihres Lebens. Es ging um die kirchliche Bestattung eines jungen Adligen, der wegen eines Vergehens exkommuniziert gewesen war, dann aber nach Beichte und Empfang der Sterbesakramente durch einen Binger Priester auf den Wunsch seiner Familie hin auf dem Rupertsberg beigesetzt worden war – bevor die Kirchenbehörde in Mainz ihr Placet gegeben hatte. Der Erzbischof, diplomatisch sehr aktiv, hielt sich in Rom auf; die Mainzer Prälaten befahlen der Äbtissin Hildegard, den Toten auszugraben und an nicht geweihtem Ort zu beerdigen, bei Strafe des Interdikts. Hildegard widersetzte sich. Sie segnete die Grabstelle durch Kreuzschlagen mit ihrem Äbtissinnenstab, nahm einen Reiserbesen und machte die Stelle unkenntlich, so dass die Ruhe des Toten nicht gestört werden konnte. Das Interdikt trat in Kraft; es besagte, dass öffentliche Gottesdienste und der schöne benediktinische Chorgesang auf dem Rupertsberg nicht mehr stattfinden und die Klostergemeinschaft nicht mehr kommunizieren durfte. Die über achtzigjährige Äbtissin machte sich selbst mit einem ausführlichen Schreiben, in dem sie die Gründe für ihr Handeln darlegte, auf den mühsamen Weg nach Mainz; aber die klerikalen Bürokraten hoben das Interdikt nicht auf. »Da aber ihre Augen so verfinstert waren, dass sie auch nicht einen Blick des Erbarmens für mich hatten, ging ich unter vielen Tränen wieder von ihnen weg. Doch waren gar viele Menschen von Mitleid zu uns bewegt. Sie wollten, aber sie konnten uns nicht helfen«, schrieb Hildegard in einem Brief. Erst zwei Briefe an den Erzbischof in Rom führten zur endgültigen Aufhebung des Interdikts.

Hildegard starb am 17. September 1179. Es werden wunderbare Himmelserscheinungen von ihrem Todestag berichtet; Geschichte aber ist, dass Mainzer Prälaten es verstanden, ihre Heiligsprechung zu verhindern, die von ihrem Kloster beantragt worden war. Sie verschleppten die Beibringung der nötigen Unterlagen so lange, bis (vermutlich im Zusammenhang mit dem Exil der Päpste von Avignon) die Sache in Vergessenheit geriet. Desinteresse männlicher Kleriker an der Erhebung einer großen, eigenwilligen Gotteslehrerin zur »Ehre der Altäre«? Im 16. Jahrhundert wurde sie gleichwohl, ohne dass eine offizielle Heiligsprechung stattgefunden hatte, ins römische Heiligenverzeichnis (Martyrologium Romanum) aufgenommen. Im 20. Jahrhundert wurden ihre Schriften neu entdeckt und wissenschaftlich einwandfrei herausgegeben, woran Nonnen des Eibinger Klosters maßgeblich beteiligt waren. Ihre Stimme ist nicht verstummt.

»Und vergib uns unsere Schuld« (1989)[1]

Liebe Freunde,

wie oft in unserem Leben mögen wir diesen Satz schon gesprochen haben, im Gottesdienst und im persönlichen Gebet. Lassen Sie uns heute darüber nachdenken, was wir da eigentlich bitten. Wir wissen ja, biblisches Beten ist keine bloße Frömmigkeitsübung, kein Rezitieren, weil es sich so gehört, auch keine bloße Respektbezeugung gegenüber Gott. Biblisches Beten ist wirkliches Bitten, manchmal ein Schreien zu Gott. So lesen wir es in den Psalmen, und so lehrt Jesus beten: dringlich, unnachgiebig, wie die bittende Witwe, von der er im Gleichnis erzählt, die den unwilligen Richter so lange bestürmte, bis er ihr half.

Biblisches Bitten ist ernst gemeint; man will da wirklich etwas. Und was ist es, was wir mit dieser Bitte wollen, von Gott?

Wenn wir uns das klarmachen wollen, so müssen wir wohl wissen, was es denn bedeuten würde, mit vergebener Schuld zu leben. Sonderbarerweise ist dies kaum ein Thema in unseren Kirchen, auch nicht im Studium der Theologie. Dabei hängt es doch so eng zusammen mit dem, was wir als den Kern unseres Glaubens bezeichnen; Schuld und Gnade, Vergebung und Rechtfertigung sind ja wirklich der Mittelpunkt der christlichen Religion. Warum denken wir dann so wenig darüber nach, was denn ein Leben mit vergebener Schuld eigentlich wäre?

Ja, ich möchte noch einen Schritt weitergehen: mir scheint, wir wissen auch viel zu wenig davon, was es bedeutet, überhaupt mit Schuld zu leben. Natürlich haben wir gelernt und halten es für richtig, dass alle Menschen Sünder sind. Die Welt sieht ja auch danach aus. Und unser Eindruck ist: nun ja, das ist ja

---

1 Predigt im Ökumenischen Gottesdienst im Themenzentrum »Verständigung mit den Völkern der Sowjetunion« im Gemeindezentrum am Lietzensee, Berlin Kirchentag 1989. Predigttext: Matthäus 6, 12a.

vielleicht nicht schön; aber daran zu machen ist auch nichts. Und so haben wir uns denn mit diesem resignierten Wissen halbwegs eingerichtet in der Welt.

Wir leben mit der Idee von Sünde und mit der Idee von Gnade. Was beides in Wirklichkeit ist, davon wissen wir nicht genug.

So ist es wohl gekommen, dass wir das Böse unterschätzt haben. Wir haben im christlichen Bürgertum meist nur an relativ harmlose Dinge gedacht, Normenübertretungen: ein Seitensprung in der Ehe, eine kleine Mogelei im Geschäft, ein unfreundliches Wort ... Und wir hatten keine Ahnung, was das Böse wirklich ist.

So hat es uns dann mit einem Mal in einem Maße überkommen, das wir niemals für möglich gehalten hätten. Was in unserem Land, was in Europa in unserem Namen und mit unserer Unterstützung geschehen ist, das hätten wir uns nicht träumen lassen. Ich denke, wer uns etwa 1930 hätte voraussagen wollen, wozu wir als Volk eines Tages fähig sein würden, was wir zulassen und was wir tun würden, dem hätte wohl niemand geglaubt. Fassungslos stehen wir immer wieder davor, wenn wir die bestialischen Einzelheiten erfahren. Und wenn wir bedenken, wie wenige es waren, die sich dem Mittun verweigerten.

Es gab diese wenigen, und sie zeigen uns umso mehr, was wir hätten verhindern können. Ich denke an einen alten Tiefbauarbeiter aus Danzig, praktizierender Katholik, der mir berichtet hat, wie er mit eingeteilt war, sowjetische Zivilpersonen, die Frauen, Kinder und Greise eines Dorfes, mit der Waffe in der Hand in eine Scheune zu treiben, die dann in Brand gesteckt wurde. »Da hab ich meine Knarre hingelegt und gesagt, dafür bin ich nicht Soldat geworden«, sagte er. Passiert ist ihm nichts. Wenn es viele gewesen wären, die bei Wehrmacht und SS so gehandelt hätten ....

Wir waren darauf nicht vorbereitet. Wir hatten das Böse unterschätzt.

Und es kommt wohl noch etwas hinzu. Ist es nicht so, dass wir im christlichen Bürgertum so etwas wie ein nulltes Gebot haben, das vor allen 10 Geboten und allen Worten Jesu kommt, stillschweigend, aber tief verankert, und das lautet: »Du sollst dir keine Schwierigkeiten machen«? Unvorsichtig zu sein, etwas zu sagen, Widerstand gegen das offizielle Böse auszuüben, das war (und ist) nicht unsere Sache. Es macht uns sogar Schuldgefühle, falsche freilich. Denn das muss klar sein: dieses nullte Gebot steht eben gerade nicht in der Bibel. Sie rechnet damit, dass der Schwierigkeiten bekommt, der dem Bösen entgegentritt. Denn sie weiß, wie böse es ist.

Ebenso hilflos waren wir nach dem Krieg. Die Kirchen waren wohl voll, die Menschen wollten etwas hören, das ihnen helfen könnte, mit dem Schrecklichen fertigzuwerden. Aber sehr viel Hilfreiches hatten die Kirchen, selbst kompromittiert mit dem Hitler-Regime, nicht zu bieten. Wie soll man auch »umgehen« mit Fakten, die nun einmal dastehen? Die durch nichts in der Welt mehr rückgängig zu machen sind?

Auch hier gibt es wohl etwas, das wir unterschätzt haben, oder vielmehr aus dem Auge verloren hatten: die Tat verändert den Täter. Es ist nicht so, wie wir es verharmlosend manchmal ausgedrückt hatten, als wäre die böse Tat nur so etwas wie ein Flecken auf der Weste, der doch nicht zu unserem Wesen gehört. Die Tat verändert uns selbst, und das Unterlassen oder Wegsehen verändert uns auch. Wir sind nicht mehr, was wir vorher einmal waren, und können es auch auf keine Weise mehr werden. Unser Tun und Unterlassen wird Teil von uns selbst.

Eine außertheologische Wissenschaft, die Psychoanalyse, kann uns wieder aufmerksam machen auf das, was wir vergessen hatten. Von einem Psychoanalytikerkongress in Hamburg 1985 kam die Nachricht, dass mehr und mehr Kinder von Nazi-Tätern, die nach dem Krieg geboren wurden und jetzt in ihrer Lebensmitte stehen, in Therapien kommen, weil sie plötzlich nicht mehr weiterkönnen, im Beruf nicht, in der Familie nicht, mit sich selbst nicht. In der Analyse kommt schließlich heraus, dass sie in früher Kindheit emotional geschädigt wurden – durch die Ausstrahlung ihrer Eltern. Die Überschrift des Zeitungsartikels, der darüber berichtete, lautet: »Der Terror der Nazis wirkt noch generationenlang fort«.

An den Kindern bis ins dritte und vierte Glied rächt sich das böse Tun.

Mit anderen Worten: nicht nur die äußeren Fakten sind nicht rückgängig zu machen, sondern auch die inneren nicht. Was geschehen ist, das haben wir in uns, hier in diesem Land, auch die Jüngeren, die selbst nichts dazu getan haben. Wir sind nicht wie andere Völker. Wir tragen in uns selber eine Last, die wir auf keine Weise »bewältigen« können. Verdrängen können wir sie vielleicht; aber das kostet uns unsere Identität, und es bindet Kräfte, die wir dringend brauchten.

Was wäre denn ein Leben nicht mit verdrängter, sondern mit vergebener Schuld?

Einer im Neuen Testament macht uns das vor. Es ist der Apostel Paulus, von dessen christlicher Existenz wir durch seine Briefe mehr wissen als von den anderen Christen der ersten Generation. Er schreibt im 1. Korintherbrief, dass er eigentlich nicht wert sei, ein Apostel zu heißen, weil er die Gemeinde Christi verfolgt habe. »Aber durch Gottes Gnade bin ich, was ich bin.«

Was sehen wir da? Das erste ist: die vergangene Realität ist für Paulus voll da. Diese seine terroristische Vergangenheit wird weder totgeschwiegen noch bestritten oder verharmlost oder umgedeutet, noch verdrängt. Sie ist ihm gegenwärtig, mit der klaren Konsequenz: »Eigentlich bin ich nicht wert, Apostel zu sein.« Er sieht es, und er kann davon reden, ohne Angst um sein Image. (Schließlich hatte er ja gerade in Korinth auch Gegner). Er kann sich frei dazu verhalten.

Das also ist das erste, was ein Leben mit vergebener Schuld ausmacht: dass wir mit unserer Realität leben können. Wir müssen nicht einen Teil unseres Seins angstvoll von uns fernhalten. Wir bekommen unsere Identität zurück.

Freilich bezweifeln Psychoanalytiker, dass das für die, die selbst gefoltert und gemordet haben, möglich sei. Sie müssten, hören wir, diesen Teil ihres Lebens von sich abspalten, bis dahin, dass sie ihn wirklich fast vergessen. Es sei für einen Menschen nicht möglich, solche Taten voll ins Bewusstsein zu nehmen; er oder sie – würde es nicht überleben. Wenn das so ist, so würde es uns aufs Neue sagen, wie sehr wir die tödliche Kraft des Bösen unterschätzt haben. Was Gott hier möglich ist, kann wohl niemand von uns beurteilen.

Aber kehren wir zu uns allen zurück. Leben können mit der eigenen Realität, das hat uns Paulus gezeigt, das ist das erste, was ein Leben mit vergebener Schuld ausmacht.

Das aber hat Folgen. Es befreit im vollen Sinn des Wortes: die Kräfte, die gebunden waren durch verzweifeltes verdrängen müssen, die werden frei. Paulus schreibt: »Ich habe, durch Gottes Gnade, viel mehr gearbeitet als sie alle.« Ich habe mich ja ganz zur Verfügung, ohne Vorbehalt, ohne heimliche Angst. »Wo die Sünde mächtig geworden ist, da ist doch die Gnade viel mächtiger geworden«, schreibt er im Römerbrief; und er weiß, wovon er redet. »Seine Gnade an mir ist nicht vergeblich gewesen«. Man sieht es an der fast übermenschlichen Kraft, die er einbringen konnte in seine Arbeit.

Kann das unsere Zukunft sein?

In der Liturgie der katholischen Osternacht gibt es ein wunderbares Lied, das ich, wenn eben möglich, jedes Jahr von neuem hören muss: das »Exsultet«, »meine Seele juble«. Darin ist die Rede von der »felix culpa«, der seligen Schuld, »weil sie einer solchen Erlösung würdig war«. Es ist ein fast unglaublicher Satz; aber was im Glauben ist denn nicht »fast unglaublich«! Die vergebene Schuld ist nicht nur nicht mehr belastend; sie ist die Quelle einer Befreiungserfahrung, die über alles hinausgeht, was man sich vorher denken konnte.

Meine Freunde, könnte es sein, dass wir eines Tages in die Christenheit der Welt ein Geschenk einbringen könnten, das allen gilt, das aber keinem Volk so aufgegangen wäre wie uns, weil wohl keines der christlichen Völker so abgestürzt war wie wir? Lasst uns danach greifen, für alle; lasst uns lernen zu bitten: »Vergib uns unsere Schuld, und lass uns lernen, mit vergebener Schuld zu leben«.

Chancen und Grenzen der Volkskirche[1] (1990)

Was ist eigentlich Kirche?

Im Neuen Testament gibt es Volkskirche nicht. Zwar kommt das Wort »Kirche« sehr oft vor, aber – weil Luther das griechische Wort Ecclesia mit »Gemeinde« wiedergegeben hat – merken wir es in unserer Bibelübersetzung nicht. Das war die Gestalt, in der Kirche damals existiert hat. Im Römischen Reich gab es eine riesengroße Mehrheit heidnischer Religionsangehöriger, eine Minderheit von Juden und kleine Inseln christlicher Gemeinden. Diese christlichen Inseln fielen durch ihre Lebensweise, insbesondere durch die Liebe untereinander, auf. Das bezeugt ausdrücklich ein heidnischer Schriftsteller: Kaiser Julian der Abtrünnige, der das Christentum später am liebsten wieder abgeschafft hätte, aber die Nächstenliebe, die ihm imponiert hatte, behalten wollte.

Die Zugehörigkeit zur Kirche war eine eindeutige Angelegenheit. Wer sich ihr angeschlossen hat, tat es bewusst und freiwillig. Die Menschen wurden als Erwachsene getauft. Dies war, je länger je mehr, ein beherzter, mutiger Schritt. Zwar hat man anfangs die kleinen Gemeinden meistens in Ruhe gelassen. Aber als sie größer und zahlreicher wurden und mehr auffielen, gerieten sie teilweise unter Verfolgung. An sich war das Römische Reich sehr tolerant. Die Gallier und Germanen konnten ihre Götter haben, sie mussten nur alle außerdem den Kaiser als Gott verehren. Die Juden und Christen weigerten sich. Es hat deshalb, schon vor Christus, Judenverfolgungen gegeben. Später erlaubte man den Juden, auf den Kaiserkult zu verzichten, den Christen aber nicht; diese waren und blieben fast dreihundert Jahre lang verboten.

Wer sich in einer solchen Lage der Kirche anschließt, dem muss die Kirche und ihr Glaube unglaublich viel wert sein, so dass er die »bürgerliche« Exis-

---

1 Vortrag zum Reformationsfest am 31. Oktober 1990 in Biberach/Riß

tenz und sogar das Leben dafür riskiert. So etwas kennen wir in der Welt, in der wir leben, schon lange nicht mehr, jedenfalls nicht in dieser Form.

Gegen Ende des 4. Jahrhunderts wurde das Ruder herumgedreht. Im Jahre 380 erklärte Kaiser Theodosius, jedes Mitglied des Römischen Reiches sei verpflichtet, sich taufen zu lassen. Das Christentum wurde also Staatsreligion, Staatskirche. Daraufhin strömten die Massen in die Kirche. Jetzt gehörte auf einmal Mut dazu, nicht Christ zu sein. Unter christlichen Kaisern begann unter anderem die Verfolgung der Juden, die sich nicht taufen ließen. Aber auch Heiden, die vom Christentum nicht überzeugt waren und sich deshalb nicht taufen lassen wollten, kamen zu Tode.

Diese beiden Formen von Kirche, die Freiwilligkeits-Gemeinde und die Staatskirche, stehen also am Anfang der Kirchengeschichte.

Die Zeit der Staatskirche, in der man – noch vor 200 Jahren – von der Polizei geholt wurde, wenn man nicht in den Gottesdienst ging, ist vorbei. Die Freiheit von der Staatskirche ist in der neueren Zeit überall in Europa durch die bürgerlichen Freiheitsbewegungen erkämpft worden. Man kann Bürger unseres Landes sein, ohne einer Kirche anzugehören, und genießt doch die vollen Bürgerrechte. Man kann auch einer anderen Religion angehören. Muslime[2] und Buddhisten, die unter uns leben, haben die gleichen Rechte, für sie gilt das gleiche Grundgesetz.

Wir haben heute weder die Inselkirche mit mutigen Freiwilligen in gegnerischer Umgebung, noch die pflichtmäßige Staatskirche. Wir haben stattdessen ein seltsames Mischgebilde: die Volkskirche, die sehr vielen überzeugten Christen nicht genügt. Sie haben das Gefühl: die Leute sind eigentlich nur drin, weil sie ein paar moralische Grundregeln gut finden, die man da lernt. Ein Vetter von mir, der mit Kirche nicht viel im Sinn hatte, sagte: »Die Kinder sollen anständige Menschen werden, also schicken wir sie in die Kirche.« Zudem verklärt die Kirche einige wichtige Feste im Leben. Taufe, Hochzeit und Beerdigung sollen von der Kirche feierlich umrahmt werden. »Außerdem«, sagte mir eine junge Frau, »gibt es so einen gewissen beruhigenden Hintergrund, wenn man in der Kirche ist. Wenn es im Leben mal gar nicht mehr weiter geht, dann kann ich mich da irgendwie hin flüchten. Könnte ja vielleicht doch etwas dran sein.«

2 Anm. GO: Ursprünglich stand im Text »Mohammedaner«.

Mit einem entschiedenen persönlichen Glauben und mit Wertsetzungen, nach denen man selber leben möchte, hat das wenig zu tun. Die Folge ist, dass ganz viele austreten, wenn eine Regierung an die Macht kommt, die von Kirche nicht so begeistert ist, – und wieder eintreten, wenn es opportun erscheint. Das haben wir in unserem Lande zweimal gehabt.

Als ich 1945/46, nach dem Krieg, Vikarin in Marburg an der Lahn an der Elisabeth-Kirche war, bestand eine meiner wichtigsten Aufgaben darin, Leute in das Kirchenbuch einzutragen, die wieder eintraten, nachdem die Nazi-Zeit vorbei war. Da wurde nichts gefragt; es gab kein Aufnahmeverfahren irgendwelcher Art. Die Leute erklärten: »Ich trete wieder ein«, und ich hatte sie wieder einzuschreiben. Die Volkskirche war wieder da.

Während der Herrschaft der SED in der DDR sind viele Leute ausgetreten. Die Austrittswelle ist auch noch nicht vorbei. Vor kurzem schrieb mir jemand aus Thüringen: »Die CDU ist ja eigentlich dasselbe wie die Kirche; die haben wir jetzt ja, aber die kostet nichts.«

Der Mangel an persönlicher Entscheidung, an Wissen überhaupt, wofür man sich entscheiden würde, wenn man aus dem Glauben heraus lebte, ist in der Volkskirche sicher ganz verbreitet: Man läuft so mit! Aus diesem Grunde hat es in der Kirchengeschichte, seit Ende des vierten Jahrhunderts, immer Bewegungen gegeben, die ein ernsthafteres, entschiedeneres Christentum wollten. Gleich als der Kaiser die Staatskirche verhängt hatte, gab es Christen, die sagten: »Jetzt strömen die Massen herbei und lassen sich taufen. Das ist nicht mehr die Kirche, die wir gemeint haben. Die wollen ja nur Karriere machen oder keine Schwierigkeiten bekommen.« Diejenigen, die in Ernst Christen sein wollten, schlossen sich in kleinen Gemeinschaften zusammen, lebten zum Beispiel als Mönche oder als Nonnen. Durch alle Jahrhunderte gab es solche Bewegungen.

Auch Martin Luther, an dessen Reformation wir heute denken, hat gelegentlich den Gedanken geäußert, man brauche eigentlich so etwas wie eine »ecclesiola in ecclesia«, ein Kirchlein in der Kirche, in dem die wirklich entschiedenen Christen sich sammeln sollten. Auch er hatte natürlich bemerkt: ganz viele gehen zur Reformation nur über, weil das jetzt »dran« ist. Ab 1555 musste man dann die Religion des Landesfürsten haben. Auch Luther, der ja mal ins Kloster eingetreten war, um mit Ernst Christ zu sein, vermisste da etwas.

Er wünschte sich – nicht außerhalb, nicht getrennt von der Kirche, sondern in ihr – einen kleinen lebendigen Kern von Christen, eine »ecclesiola in ecclesia«, der wie eine Art Sauerteig die ganze große Kirche durchsäuern könnte. Der Gedanke ist also alt.

Aber die Volkskirche, die ernsten Christen immer als eine Art »Mitläufer-Kirche« erschienen ist, hat auch Chancen und Vorzüge; das sollten wir nicht vergessen.

Die Chancen der Volkskirche

Nur in einer Volkskirche wird es so etwas wie Religionsunterricht an allen öffentlichen Schulen geben, als ordentliches Lehrfach für alle Kinder, die nicht ausdrücklich abgemeldet werden. Es ist bekanntlich das einzige Schulfach, das bei uns im Grundgesetz (Artikel 7) verankert ist. Das bedeutet, dass Kinder, die sonst nie etwas vom christlichen Glauben hören würden – weil ihre Eltern nicht viel damit anfangen –, doch mit Bibel, Glauben, Katechismus und christlicher Tradition in Berührung kommen. Gerade in unserer heutigen Situation ist es wichtig, dass Kinder wenigstens in diesem einen Fach in der Schule hören und lernen, dass es im Leben noch etwas anderes gibt als Konsum und Freizeit sowie – sehr viel Arbeit, um sich die ersten beiden leisten zu können.

Ich befürchte, in der ehemaligen DDR könnte es zu einer Art Konsum-Faschismus kommen. Ich bemühe mich gerade, Kirchen-Leute dort anzusprechen, dass sie unbedingt für dieses Fach Religionsunterricht eintreten. Die Kinder müssen in der Schule hören, dass es im Leben Verantwortung gibt und eine Hoffnung, die auf mehr gerichtet ist als nur auf Geld, Wohlstand und Besitz; dass man sein Leben aus Liebe für einen anderen einsetzen kann; dass wir Menschen ein Herz haben, und dass wir erst wirklich Menschen werden, wenn unser Herz für etwas lebt. Es muss ein solches Fach geben, sonst ziele die Lebensorientierung nur darauf, es gut, angenehm und bequem zu haben, und weiter schiene das Leben nichts zu bieten. Man denke nur an einen üblichen Fernseh-Abend: Die Spielfilme zerstreuen und amüsieren, die Werbung stellt Wohlstand und Konsum vor Augen. Grundschulkinder können aus dem Kopf etwa 40 Sprüche aus dem Werbefernsehen aufschreiben, wenn man sie dazu auffordert; zum Beispiel: »Alles Gute kommt von Schwälbchen.« – Früher kam es mal vom lieben Gott!

Was ein Mensch wirklich sein könnte: an ein wichtiges Ziel glauben, sich dafür einsetzen, etwas dafür wagen, dafür kämpfen – das kommt an die Kinder unter Umständen nicht heran, wenn nicht wenigstens in einem Fach in der Schule. Im Bereich unserer Volkskirche ist das im Allgemeinen der Religionsunterricht. Mir sagte mal eine Schülerin der elften Klasse: »Religion ist eigentlich ein ganz fremdes Fach in der Schule.« Ich fragte, wieso? – »Ja«, sagte sie, »niemals sonst spricht man über solche Dinge, die da vorkommen. Ich weiß auch nicht, ob ich das glauben soll, dass zum Beispiel ein Mensch im Ernst sein Leben für einen anderen Menschen opfern könnte. Das kommt wahrscheinlich nur in der Religionsstunde vor.« Es ist eine der großen Chancen der Volkskirche, dass sie alle ansprechen kann.

Ich bin aus diesem Grunde sehr gerne Lehrerin gewesen. Ich hatte einen Querschnitt der ganz normalen Jugendlichen unseres Landes vor mir, keine Auswahl von besonders christlich erzogenen oder von besonders frommen. Ich konnte ganz von Grund auf mit ihnen arbeiten, anders als das vielleicht in der Kirche möglich gewesen wäre. Mir hat das sehr viel Freude gemacht.

Eine weitere Chance der Volkskirche ist der christliche Festkalender, sind unsere christlichen Feiertage. Zwar wissen ganz viele Menschen nicht mehr, was die christlichen Feste eigentlich bedeuten. Voriges Jahr fragte mich eine Kassiererin im Supermarkt, als ich an ihr vorbei ging, kurz vor Pfingsten: »Darf man Pfingsten eigentlich tanzen gehen?« »Warum denn nicht?« »Ja, ich hab mal gehört, da ist doch irgendwie der liebe Gott in den Himmel geflogen.« Sie erinnerte sich noch so halbwegs, an heiligen Festen dürfe man vielleicht so etwas Weltliches nicht tun. Ich sagte: »Pfingsten ist ein Freudenfest; am Karfreitag würde ich ja vielleicht nicht gerade tanzen gehen, aber an Pfingsten können Sie das ruhig machen.« Viele wissen es also nicht mehr genau, aber irgendwo dämmert doch noch etwas. Der Festkalender allein kann schon darauf aufmerksam machen, dass es noch mehr gibt, als was der Alltag bietet. Es ist etwas anderes, als wenn es nur politische Feiertage gäbe, bei denen ein Volk sehr leicht national überheblich werden und sich einbilden kann, es stehe über allen anderen Völkern. Meine Generation hat da noch eine traurige Vergangenheit im Kopf.

Durch die Volkskirche ist sogar einiges vom Christlichen in unsere Gesetze eingegangen. Nicht überall ist – wie bei uns – verankert, dass unterlassene Hilfeleistung strafbar ist. Trotzdem kommt es vor – wie kürzlich bei Marburg –, dass ein vorübergehend ohnmächtiger alter Mann an der Straße trotz Anrufens geflissentlich übersehen wird. Würden die Vorbeigegangenen wiedererkannt, könnte man sie vors Gericht bringen. Ein Stückchen Nächstenliebe ist also ins Gesetz hineingeschrieben, der Barmherzige Samariter schimmert durch.

Im konfuzianischen China war das nicht so. Wer nicht zur Sippe gehörte, der konnte notfalls auf der Straße verrecken. Ausgesetzte Kinder sind verhungert – sie gehörten nicht zur Sippe. Niemand wurde deswegen bestraft. Wer sich ihrer annahm – wie eine Missionarin, die ich kenne – wurde als verrückt angesehen: »Das Kind geht sie doch gar nichts an! Warum plagt sie sich damit ab?«

Im Laufe der Geschichte hat etwas aus dem Kern des Evangeliums in die Kultur unseres Landes abgefärbt, bis in die Gesetzgebung hinein. Karl Barth hat dafür ein schönes Bild: »Die Christengemeinde lebt in der Bürgergemeinde, und es gehen von ihr Strahlen aus, die auch das Leben der Bürgergemeinde in gewisser Weise erhellen.« Auch bietet die Volkskirche allen, die in ihr aufgewachsen sind, vor allen den älteren Menschen, etwas wie Heimat. Unsere Gesellschaft ändert sich ja so schnell. Die Jugend lebt anders, als ihre Eltern und Großeltern gelebt haben, als sie jung waren. Die Arbeitsverhältnisse sind anders. Früher musste man hauptsächlich solide, heute muss man flexibel sein. Man braucht sich nur die Anzeigen anzusehen. Die Berufe ändern sich so schnell, dass der 25-jährige Ingenieur dem 40-jährigen überlegen ist, weil er nämlich die neueren Methoden kennt. Alles ändert sich, ist im Fluss. Die Volkskirche ist für die, die in ihr leben, immer noch ein Stück Heimat, sie bewahrt Tradition; da weiß man noch, wo man hin gehört; man kann sich über Irritationen, die das moderne Leben mit sich bringt, mit anderen verständigen.

Freiwilligkeitskirche

Jetzt möchte ich von der anderen Kirche, der Freiwilligkeitskirche reden. Wir haben sie ja in unserem eigenen Lande, in den Neuen Bundesländern, die bis vor kurzem DDR gewesen sind. Dort gehören sehr viel weniger Leute zur Kirche. Ich hörte vor kurzem einen Domprediger in Schwerin sagen: »Zur Christenlehre kommen etwa 500 Kinder und Jugendliche, von 15.000 in ganz Schwerin. Wir wollen lieber mit diesen 500 unsere gut ausgearbeitete Christenlehre betreiben, als jetzt einen allgemeinen Religionsunterricht in der Schule auch für die 14.500 anzubieten, die eigentlich gar nicht wollen.«

Ich habe ihm geschrieben. Ich könne sehr gut verstehen, dass man in der DDR die bewährte Christenlehre erhalten wolle, aber was wird mit den 14.500 anderen?! Ich erläuterte, was ich vorhin schon gesagt habe: Die Kirche sollte sich dafür einsetzen, dass irgendein Fach in der Schule eingerichtet wird, in dem mal darüber gesprochen wird, was ein Mensch eigentlich ist: ein Wesen mit Verantwortung und Herz. Eine Art Religionskunde zum Beispiel. Christliche Tradition wird dort immer einfließen, aber man würde auch etwas über den Islam und den Buddhismus hören. Alle Religionen haben ihren tiefen Ernst. Asiatische Christen haben gesagt: »Wir sind bewusst zum Christentum übergetreten, aber wir bringen auch manches aus unseren früheren Religionen mit, was wir als kostbar betrachten und nicht verlieren möchten.« Der Ökumenische Rat der Kirchen in Genf hat übrigens beschlossen, über die anderen großen Religionen zu arbeiten, um sie kirchlich-theologisch besser einzuschätzen und fruchtbar zu machen für unsere heutige Welt. Christus redet auch durch andere Religionen zum Christen.

Welchen Weg sollen wir, hier in diesem Teil unseres Landes, nun für uns persönlich wählen? Gerade im Gespräch mit Christen in der früheren DDR – keineswegs alle haben bei den Friedensgebeten mitgemacht – eröffnen sich uns manche Möglichkeiten. Wir könnten von ihnen ihr leidenschaftliches Interesse daran übernehmen, dass der Kern des Glaubens ununterscheidbar bewahrt oder neu ans Licht gebracht werden muss. Das ist auch in unserer Gesellschaft überaus nötig. Andererseits könnten und sollten die Gemeinden, die in der DDR unter dem Ablehnungsdruck der Regierung zusammengehalten haben, und wo es auch manche christliche Engherzigkeit gegeben hat, sich langsam öffnen. Dabei sollten wir ihnen helfen, aus der größeren Freiheit heraus, die wir immer schon genossen haben. Ein Zusammenspiel von kleinen Gruppen entschiedener Christen, die in der großen Volkskirche wirken und sie mit den heutigen Aufgaben zu durchdringen versuchen: das wäre wahrscheinlich das Richtige. Solange die Volkskirche besteht, gibt sie uns Möglichkeiten dazu.

Wir kennen viele kleine entschiedene Gruppen, Initiativen, in denen man gemeinsam tätig ist: christliche Friedensgruppen, christliche Umweltgruppen, Gruppen, die sich für Ausländerkinder, für Hausaufgabenhilfe und vielerlei soziale Aufgaben engagieren. Das sind eigentlich solche kleinen »ecclesiolae«, die die Gesamtkirche darauf aufmerksam machen, wo es heute bei uns fehlt. Sie bieten dem einzelnen Christen eine Gemeinschaft von Menschen, mit denen er nahe verbunden ist. Sie bieten die Gewissheit, dass man den Faden nicht verliert, um den es eigentlich geht. Sie leben nicht nur von Ideen, Gedanken, Theorien, Glaubenssätzen, sondern sie leben auch vom Weg, von gemeinsamer christlicher Praxis, und dass auf diesem Weg Erfahrungen gesammelt und ausgetauscht werden. Sie leben natürlich auch von der Freiwilligkeit; denn in Initiativen geht man auf eigenen Entschluss hinein. Sie sind eine Bereicherung für die Volkskirche und zugleich so etwas wie deren Gewissen. Wo sie zur Abkapselung und Engherzigkeit neigen, sehe ich wiederum Aufgaben für die Volkskirche: sich nicht bloß zu ärgern über diese »Pharisäer«, die sich besser vorkommen als die anderen, sondern zu versuchen, sie als Mitchristen anzusprechen und für die größeren freieren Möglichkeiten der Volkskirche aufzuschließen.

Wir sollten die Volkskirche nicht – als verwaschen, verflacht – verachten, sondern sie als den Ort betrachten, an den wir geschichtlich gestellt sind; es gehört zum Schöpfungsglauben, den Ort anzunehmen und dort zu arbeiten, wo man hingestellt worden ist. Wir sollten ihre Gefahren sehen und versuchen, in ihr mehr Leben zu entfachen.

Ich sehe einen weiteren Vorteil der Volkskirche. Nur in ihr gibt es Theologie-Professoren, die vom Staat bezahlt werden, die sich – völlig unabhängig von irgendwelchen Gewissenszwängen und irgendwelchen Richtungen in der Kirche – nur ihrem Gewissen verantwortlich, der Theologie widmen können. Sie sind nicht abhängig davon, was irgendwelche großen Kirchensteuerzahler gerne hören wollen. In den USA, wo es nur Freikirchen (ohne Kirchensteuer) gibt, kann es passieren, dass ein Theologie-Professor »herausfliegt«, weil zum Beispiel der größte Geldgeber seiner Gemeinde sagt: »Was der Mann erzählt, gefällt mir nicht.« Da hängt die Theologie vom großen Geld ab, in der Volkskirche aber nicht; das ist wichtig.

Es gibt natürlich Theologie-Professoren, die fast vergessen, dass sie auch zur Kirche gehören, und dass sie Leute für die Kirche – Religionslehrer und Pfarrer – ausbilden sollen. Einer hat in Marburg zu mir gesagt: »Wir machen hier Wissenschaft, und wenn dabei Pfarrer abfallen, kann es uns auch egal sein.« Das ist natürlich nicht richtig, dagegen muss man etwas tun. Ich hetze dann die Studenten auf: »Erinnert den mal daran, was ihr später für Berufe ausüben sollt, und dass ihr etwas darüber hören wollt, was die theologische Wissenschaft mit dem Pfarrerberuf zu tun hat.« Aufgaben gibt‹s genug. Weder in der Volkskirche noch in der kleinen entschiedeneren Gruppe kann man sich einfach zur Ruhe setzen.

Risiken der Volkskirche

Die Christen in der Volkskirche und in der Freiwilligkeitskirche sind – neutestamentlich gesehen – Mitarbeiter Gottes, so nennt sie Paulus. In Gießen erzählte mir neulich jemand, der einer sehr entschiedenen und sehr engherzigen Freigruppe angehört: »Ich fühle mich so wohl in der Gemeinschaft, da denken alle so wie ich, ich fühle mich da geborgen.« Ich sagte: »Hören Sie mal, Geborgenheit ist etwas für Säuglinge. Wenn wir im Neuen Testament ›Kinder Gottes‹ genannt werden, dann sind damit nicht ›Säuglinge Gottes‹ gemeint. Lesen Sie mal nach, was Paulus dazu sagt: ›Seine Gemeinden möchten bitte endlich fähig werden, feste Speise zu essen und nicht immer noch – wie Säuglinge – Milch zu verlangen.‹ Kinder Gottes sind die erwachsenen Söhne und Töchter, die Juniorchefs im Betrieb, die hier die Dinge Gottes betreiben sollen; von der kleinen Initiative aus, und in der großen Volkskirche, beides kann sich gegenseitig bereichern.«

Ich selbst lebe seit 22 Jahren in einer Initiative, die aus dem Politischen Nachtgebet in Köln hervorgegangen ist, die also die politischen Aufgaben der Christen heute besonders im Auge hat, – und gleichzeitig bin ich in der Volkskirche tätig. Das reibt und stößt sich manchmal; manchmal wird es auch zu viel. Aber das Zusammenspiel kann äußerst fruchtbar sein, vor allem dann, wenn beide Seiten den Mut aufbringen, ins Gespräch miteinander zu treten und auf die Möglichkeiten hinzuweisen, die wir heute haben.

Eine Sorge treibt mich mehr und mehr um. Manchmal habe ich das Gefühl, wir bräuchten einen neuen Luther. Aber ob ein Mann alleine heute viel ausrichten könnte? Ich glaube, dazu sind viele nötig, wir alle. Ich habe nämlich das Gefühl, dass wir in unserer Wohlstandsgesellschaft ganz unmerklich aus dem Christsein herausrutschen könnten. Es geht uns ja gut, wir sind anständige Bürger, wir klauen nicht, tun keinem etwas Böses, verhalten uns einigermaßen zuverlässig und anständig. Aber – wir könnten dabei ganz und gar übersehen, dass wir als Gesellschaft insgesamt ganz schön ins Rutschen gekommen sind.

Bitte lesen Sie mal unter diesem Gesichtspunkt unsere Tageszeitungen. Woran orientieren sich die Menschen, was ist ihnen wichtig? Ich nenne ein Beispiel: In Frankfurt kostet eine normale Dreizimmer-Wohnung inzwischen über 2.000 Mark Miete. Welcher Facharbeiter mit Familie kann das bezahlen? Volkskirche? Also, da haben wir offenbar etwas vergessen. Wenn etwas Lebensnotwendiges – wie der Raum, auf dem man leben kann – knapp wird, dann darf das nicht bedeuten: Jetzt nutze ich, wenn ich Wohnraum besitze, die Lage aus und schlage ordentlich Geld raus. Sondern dann geht es darum, diesen Raum zu teilen. Teilen ist christlich – nicht kommunistisch, wie mein Neffe meinte. Im großen Unterschied zum staatlichen Kommunismus ist der »christliche Kommunismus« der Apostelgeschichte ein freiwilliger und bestand darin, dass jeder fand, was er zum Leben brauchte.

Oder: Schauen Sie mal in die Heiratsanzeigen. Wichtig ist, »vorzeigbar« zu sein. Auf diesem Hintergrund kann natürlich diskutiert werden, ob man diejenigen, die nicht vorzeigbar sind, nämlich Behinderte, nicht am besten schmerzlos aus der Welt schaffte. Es muss Leute geben, die »Nein!« sagen. »Der Leidende und Behinderte ist Christi Bruder.« – »Nein! Wer Wohnraum braucht, der muss ihn haben, und ich mache das nicht mit, dass ich mich an anderen bereichere. Ich kämpfe auch politisch dagegen.« Es gibt viele Stellen, an denen man heute laut und deutlich und mit vielen zusammen Nein sagen muss, weil die Gefahr besteht, dass wir unmenschlich und das heißt unchristlich werden, mitten in unserem bürgerlichen »Wohlanstand«, ohne es zu merken. Wir brauchen die kleinen Freiwilligkeitsgruppen, aber in der Kirche, ecclesiola in ecclesia, damit die Volkskirche als ganze frisches Blut bekommt. Sie bietet uns vorläufig noch die Chance, viele Leute zu erreichen, auch durch Publikationen, Evangelische Akademien und ähnliches. Aber das Wachsamsein der kleinen Gruppen in der Volkskirche ist die entscheidende Sache.

Kirche als Institution – hierzu äußerte sich Marie Veit in der Diskussion:

Institutionen neigen dazu, sich zunächst selber zu behaupten und die Dinge möglichst so zu lassen, wie sie sind. Auch bei anderen alten Institutionen – wie Gewerkschaften und Parteien – gibt es solche Verkrustungserscheinungen. Daran verzweifeln manche ihrer Mitglieder, weil oft viel Leben und wichtige Ansätze erdrückt werden. Häufig meinen Leute, die in einer Institution »oben« arbeiten, sie müssten vor allem »den Laden zusammenhalten«. So begann ein sehr fortschrittlicher Düsseldorfer Pfarrer – mit der Kirchlichen Bruderschaft hatte er sich frühzeitig für Kontakte zur DDR und für die Anerkennung der Oder-Neiße-Grenze ausgesprochen –, junge Pfarrer zu bremsen, nachdem er Oberkirchenrat (und Vorgesetzter) geworden war.

Ich kenne dagegen nur ein Rezept: Seelsorge von unten. Solchen Oberkirchenräten muss Dampf gemacht werden, nicht von einem alleine, sondern von vielen kleinen Gruppen. Man kann sich da einiges ausdenken, zum Beispiel in einer bestimmten Angelegenheit immer wieder Briefe schreiben, freundlich, nicht beschimpfend und nicht provozierend darlegen, dass man so enttäuscht wäre, dass immer noch nichts passiert sei… So haben wir das mal als Gruppe gemacht. Auf die beiden ersten Briefe gab es keine, auf den dritten eine ärgerliche Antwort. Schließlich kam es zu einem Besuch und zu einem fruchtbaren Gespräch. Manchmal klappt so etwas, aber nicht immer.

Einmal referierte ich auf einer Studententagung in Gegenwart der Personalreferenten der hessischen Kirchen, zwei Oberkirchenräten. Aufgeregt wurden Maßnahmen der Kirche diskutiert – die Absetzung von Studentenpfarrern, »weil die Studentengemeinde zu aufmüpfig würde.« Als ich die beiden Herren bat, doch einmal ihre Schwierigkeiten, ihren Blickwinkel darzustellen, haben sie möglichst unauffällig den Raum verlassen!

Hier liegt ein Fehler im Theologiestudium; die zukünftigen Pfarrer müssen besser auf Leitungsfunktionen vorbereitet werden. Es muss verlangt werden, dass Vertreter der Kirchenleitung Rechenschaft abgeben, nach welchen Kriterien sie entscheiden. Wir brauchen so etwas wie eine »Entideologisierung« der Institution. Die Institution »Kirche« ist nicht gleichzusetzen mit Volkskirche, sie ist gewissermaßen nur ihr Gerüst. Die Volkskirche betrachte ich als Kostbarkeit.

Kirche wächst nur, wenn jeder überlegt: was kann ich an meiner Stelle in der Volkskirche, in der Initiative beitragen? Damit Christus Gestalt gewinnt in der Welt, und das heißt, dass unsere Welt menschlicher wird. Das ist, glaube ich, heute unsere vordringlichste Aufgabe. »Machs wie Gott, werde Mensch,« habe ich in einer katholischen Weihnachtspredigt gehört. Das hat mir so gut gefallen, dass ich es hier noch einmal zitieren möchte.

Der Religionsunterricht und die Frage nach Wahrheit – Abschiedsvorlesung (1990)

Die Philosophie des Abendlandes hat viel und Grundlegendes dazu gesagt. Die Didaktikerin darf dazu nicht allein Philosophie und Theologie bemühen, sie muss auch nach der Befindlichkeit ihrer Schüler fragen und danach, welches Verhältnis zur Wahrheit in der Gesellschaft vorherrschend ist. Dazu muss sie empirische Untersuchungen befragen und eigene Beobachtungen machen.

Wer kleine Kinder kennt, wird am Verlangen des Menschen nach Wahrheit nicht zweifeln können. Denn »ihre Augen, die noch alles anschauen müssen, weil sie von allem viel zu wenig wissen« (Heinz Kahlau), entdecken: Unbekanntes, Befremdliches, Widersprüchliches. Und dann kommen Fragen: klar, bestechend einfach und ernsthaft, manchmal drollig, aber logisch gedacht, etwa: »Kriegt ein Hund im Himmel Flügel?«, eine Frage, die zum Buchtitel geworden ist. Ich selbst erlebte, wie ein Fünfjähriger – nach seiner ersten Flugreise – die Darstellung der Himmelfahrtsgeschichte in seiner Kinderbibel kommentierte: »Nee, das geht aber nicht, auf 'ner Wolke kann man nicht fahren, da rutscht der Jesus ja durch! Wolken sind etwas ganz Dünnes!« Diese »strahlende Intelligenz eines gesunden Kindes« (Sigmund Freud) gibt es nach wie vor, sie reicht bis in die Grundschulzeit hinein. In den letzten Jahrzehnten allerdings führten – schon bei Grundschülern – Reizüberflutung und Videokonsum zu einem Aufmerksamkeitsverlust und in der Folge zu einer Abschwächung des Wahrheitsinteresses.

Der Religionsunterricht hat aber nicht nur mit Kindern zu tun, sondern auch mit Jugendlichen in der Phase der Pubertät und der Adoleszenz. Bei ihnen war die Frage nach der Wahrheit besonders virulent, jedenfalls bis in die 60er Jahre hinein, und in der Pädagogik sah man das lange als naturgegeben an. Keiner, der mit Jugendlichen zu tun hatte, konnte bis dahin daran zweifeln, dass es zum Wesen des Menschen gehöre, nach Wahrheit zu fragen. Die Pubertät galt deshalb – noch während meiner Referendarausbildung 1950 – einerseits als das »gefährliche Alter«, andererseits als die Zeit, auf der alle Hoffnungen der Menschheit auf eine bessere Zukunft beruhten; gerade wegen der Unbedingtheit, mit der die Frage nach Wahrheit, nach Gerechtigkeit, nach Authentizität in jeder Beziehung gestellt wurde. So schrieb Albert Schweitzer: »Blieben die Menschen so, wie sie mit 14 Jahren sind, die Welt sähe besser aus.«

Inzwischen aber hat sich da etwas wesentlich geändert. Mein persönliches Schlüsselerlebnis auf diesem Gebiet liegt jetzt ziemlich genau 25 Jahre zurück. Es handelt sich um jene Untersekundanerin (10. Klasse), die es wenig sinnvoll fand, sich mit der Frage nach der Existenz Gottes zu befassen: »Ach, warum sollen wir denn darüber reden? Im Westen glauben wir doch nun mal an Gott!« Ich war völlig bestürzt, ausgerechnet von einer Schülerin dieses Alters zu hören, dass es auf die Wahrheitsfrage nicht ankäme.

Sie blieb kein Einzelfall. Natürlich gibt es auch weiter die Fragesteller – als Minderheit. Daneben gibt es noch Fundamentalisten, die jede wissenschaftliche Fragestellung an Bibel und Glauben bekämpfen; derart ideologisierte Jugendliche halten daran vielfach – mit irregeleiteter Treue – fest. Für die Mehrheit der Schüler ist aber weder dies typisch, noch das leidenschaftliche Fragen. Ihnen genügt es eher, dass Religion »schön« ist, dass man aus ihr ein paar gute Lebensregeln ableiten kann, dass sie die wichtigsten Feste im Leben des Menschen verklärt. Im Übrigen soll Religion vielleicht so etwas wie einen beruhigenden Hintergrund des Lebens liefern, zu dem man möglicherweise Zuflucht nimmt, wenn es mal gar nicht mehr weiterzugehen scheint.

Mit der Theologie, zumal der protestantischen, bin ich der Meinung, dass die Wahrheitsfrage zu den Kardinalfragen des Menschen gehört. Mit den jungen Menschen, mit den »Gleichgültigen neuen Stils« (David Riesman), die sie als zweitrangig ansehen, ist – so meine ich – etwas geschehen, was sie ihrem Wesen als Menschen entfremdet.

Sozialgeschichtlich gesehen sind wir in eine neue Epoche eingetreten, in der sich der Sozialcharakter ganzer Bevölkerungen zu wandeln beginnt, in die Epoche der Überproduktions- und Konsumgesellschaft, wie die Welt sie bisher nicht kannte. In ihr tritt die Wahrheitsfrage weitgehend zugunsten ganz anderer Prioritäten zurück. Solche Entwicklung bringt Sorgen mit sich um die Zukunft nicht nur des Glaubens, sondern auch der Demokratie.

Zwei Aufgaben sehe ich für den Religionsunterricht: Der Religionslehrer muss sich der Frage nach der Wahrheit stellen und – heutzutage – vor allem versuchen, sie im Schüler zu wecken. Der Lehrer soll bemüht sein, allen Schülern Einblick in die reiche Denkgeschichte des Christentums zu verschaffen und einiges von ihren Schätzen vor ihnen auszubreiten.

Der Religionslehrer muss sich der Frage nach Wahrheit stellen

Die beiden Aufgaben des Religionsunterrichtes möchte ich nun etwas genauer beschreiben, zunächst die erste. Da ich mich in meiner Jugend selbst mit Fragen herumgeplagt habe, möchte ich einiges an meiner eigenen Entwicklung exemplifizieren – auch deshalb, weil man als Lehrender gut daran tut, über die eigene geistig-seelische Struktur nachzudenken, damit man diese möglichst nicht absolut setzt und nicht in eine jüngere Generation hineinprojiziert, die sehr anders strukturiert sein kann.

Ich beginne mit meinem – sehr altmodischen – Konfirmandenunterricht, der uns ein Lehrsystem (lutherische Orthodoxie) zu vermitteln hatte. Die Kirchen haben ja lange Zeit versucht, die Frage nach Wahrheit durch ein solches System zu beantworten. »Die Wahrheit«, die pura doctrina, war da. Es galt, sie zu lernen und ihr zuzustimmen. Ältere Menschen unter ihnen werden sich an einen ähnlichen Konfirmandenunterricht erinnern. Die Lehre von Gott – jede Stunde eine seiner Eigenschaften – wurde vorgetragen und ins Heft diktiert, ebenso die Lehre vom Menschen, von der Erlösung, den Heilsmitteln und den letzten Dingen. Die Belehrung über die Heilige Schrift und ihre Gültigkeit als Wahrheitsquelle stand allem voran; die belegenden Sprüche aus der Bibel zu jedem Lehrsatz waren auswendig zu lernen. Ich gestehe, dass dieser Unterricht mich fasziniert hat.

Allerdings empfand ich schon als 14-jährige eine seltsame Diskrepanz: Ich las leidenschaftlich und viel in der Bibel, weil sie dem eingeengten Dasein des bürgerlich erzogenen Mädchens so viel Hoffnung auf eine erfülltere Zukunft gab, ich merkte aber: das Buch ist kein Lehrbuch, in der Bibel wird erzählt. Es ist voll von Leben, befremdlichem Leben uralter Zeiten, aber nicht darauf aus, eine Doktrin zu vermitteln. Sogar die gelernten Sprüche hatten in der Bibel selbst oft einen ganz anderen Klang. Der einfache Satz aus einer Predigt »die Bibel ist kein Lehrbuch, sondern ein Lebensbuch« schien mir sehr wahr. Aber wie passte das eine zum anderen?

Die zweite Diskrepanz, die ich empfand, war ganz anderer Art. Wie verhielt sich denn die Welt der Bibel und der Dogmatik zur Welt modernen Denkens, etwa die Schöpfungslehre zur Evolutionslehre? Mein Vater war Evolutionsforscher, von den faszinierenden Forschungsansätzen bekam ich einiges mit, die entwicklungsgeschichtlichen Teile aus Brehms Tierleben verschlang ich heimlich. Es waren zwei ganz verschiedene reiche geistige Welten, in die ich hineinblickte; unmöglich zu denken, dass eine von ihnen falsch und aufzugeben wäre.

Mir sind später Naturwissenschaftler begegnet, die in der Tat in zwei Welten leben, in ihrer Wissenschaft und in der christlichen Religion. Die Verbindung zwischen beiden Welten läuft für sie vielleicht über die ethischen Konsequenzen der Religion; oder es werden Fragen einfach offengelassen.

So kann »man« leben; als Theologin konnte ich es nicht. Die dringend benötigte Klärung fand ich im Studium, das Einblick gab in die Geschichtlichkeit von Kirche und Religion, von Bibel und Glauben. Die historische Betrachtung klärte auch, wie und warum Glaubensbekenntnisse, Ansätze dogmatischer Lehre überhaupt entstanden sind. Historische Wahrheit neben Glaubens-Wahrheit. Die zunächst in Distanz gerückte Bibel kam wieder nahe durch Rudolf Bultmanns existentiale Interpretation. Dieser neue erhellende Zugang zu allem, was Menschen über Menschen gedacht haben, also auch zu den Texten der christlichen Tradition, erwies sich zugleich als alt und sehr nahe verwandt mit reformatorischer und pietistischer Hermeneutik. Denn diese stellt – wie schon die christliche Mystik des Mittelalters – ins Zentrum die Frage, wie der Mensch sich selbst verstehen will. Langsam begann mir aufzugehen, dass schon diese Frage sich in der Menschheitsgeschichte nicht von selbst versteht, sondern der biblischen Offenbarung entstammt.

Glaubens-Wahrheit kann man also nicht »haben«, sondern sich nur zu ihr auf den Weg machen.

Den Charakter der biblischen Geschichten verständlich machen

Jugendliche erwarten oft – sei es in Abwehr oder in Hoffnung – die Lieferung eines in sich ruhenden Systems, einer sogenannten »Weltanschauung«. Andererseits regen sich bei denen, die nach Wahrheit fragen, alle die Fragen, die ich aus meiner eigenen Jugend kenne: Fragen nach der Vereinbarkeit von Naturwissenschaft und Glauben, nach der Historizität der biblischen Berichte, aber auch nach der Verbindlichkeit christlicher Lebensorientierung.

Wo Religionslehrer Bibelunterricht geben, können sie diesen Fragen gar nicht ausweichen, es sei denn, sie machten den verhängnisvollen Versuch, sie zu verbieten und »Gläubigkeit« zu fordern. Dazu ein Beispiel: Im Unterricht bemerkte eine Zehnjährige zum Engel in der Weihnachtsgeschichte: »Aber so etwas gibt es doch gar nicht!« Daraufhin erklärte die Lehrerin zornig: »Das hast du zu glauben, schließlich steht es ja hier, und ich glaube es ja auch!« Mit der Reaktion des Kindes am häuslichen Mittagstisch rechnete die Kollegin wohl kaum: »Mutti, ich glaube, die ist plem-plem!« – Leider gibt es noch Kinder, die sich einschüchtern lassen, wie die fundamentalistische Orientierung nicht weniger Jugendlicher und Erwachsener zeigt.

Ich habe andernorts Methoden dafür vorgestellt, wie von der Grundschule an gelernt werden kann, zu unterscheiden zwischen historischen Dokumenten und Glaubensgeschichten. Die Aufgabe des Religionslehrers, der mit der Bibel arbeitet, besteht also darin, den Kindern den Charakter der biblischen Geschichten verständlich zu machen. Die meisten sind keine historischen Dokumente in modernem Sinn, obwohl der Staat Israel nach Angaben in der hebräischen Bibel Wasser finden konnte. Die Unterscheidung von Glaube und Weltbild befreit die Schöpfungsgeschichten der Bibel von Zumutungen und verhilft zugleich zu einem Verständnis von Geschichtlichkeit. Die Menschheit lernt, sie ändert sich. Natürlich können wir das Weltbild der Genesis oder der Himmelfahrtgeschichte oder Luthers nicht übernehmen. Zu jedem erweiterten neueren Weltbild muss der Glaube sich wieder verhalten – Glaube als die von Gott gestiftete Beziehung zu ihm als dem Urgrund unseres Seins.

Wenn die biblischen Geschichten nicht mehr mit Misstrauen betrachtet werden, kann man sich auf sie einlassen und zu Gehalten vordringen, die in unserer Welt zur Mangelware geworden sind. Vor allem tritt der Mensch als Mensch in den Gesichtskreis. Nicht nur als Lebewesen, das gesund oder weniger gesund sein kann, nicht nur als Arbeitskraft, jung, dynamisch und flexibel – oder das alles nicht –, sondern als ein Wesen, das ein »Herz« hat, wie es in der Bibel heißt. »Herz« nicht nur als Sitz romantischer Gefühle, sondern auch des Wollens und der Grundentscheidungen. Der Mensch als ein Wesen, das angeredet werden und antworten kann. Für ihn ist die Welt nicht in sich hermetisch abgeschlossen. Ein Fenster ist offen in eine Zukunft, über die der Mensch nicht verfügt, aber woher er angerufen wird. An den Psalmen fiel einer Schülerin auf, »dass da immer noch eine Dimension ist.« Das ist zwar in der heutigen Welt schon fast nicht mehr bekannt, aber für die Theologie die Voraussetzung.

Religionsunterricht ist ein besonders interessantes Fach

Ich bin überheblich genug zu behaupten: Kaum ein Schulfach ist so interessant wie der Religionsunterricht. Vor allem bietet es die Möglichkeit, in immer neue Bereiche des Lebens und der Geschichte vorzudringen. Unbegreiflich, dass mir ein Bischof bei meinem zweiten theologischen Examen – 1946, in der Mitte des 20. Jahrhunderts! – einschärfen wollte, ich dürfe nichts von dem, was ich an der Universität gelernt hätte, in Gemeinde oder Schule dringen lassen, weil es die Leute verwirren würde. Ich hätte ihm mit dem früheren Rudolf Bahro erwidern können: »Es denkt an der Basis.« Weder die Gemeinden noch die Schüler können im Haus einer ein für alle Mal fertigen Lehre festgehalten werden. Wir sind zum Weitergehen berufen, und die Menschen gehen. Ob es der Weg des Glaubens sein kann, den sie beschreiten, hängt mit davon ab, ob der Religionslehrer es wagt, die Wahrheitsfrage methodisch anzugehen. Die Theologie unseres Jahrhunderts befähigt ihn dazu.

Noch ein Wort zum Problemorientierten Religionsunterricht, also dem heute gültigen Konzept, bei dem Gegebenheiten und Probleme der heutigen Gesellschaft oder des jungen Menschen den Stoff des Religionsunterrichtes bilden. Bibel und Theologie sollten von hier aus angefragt werden. Dabei taucht die Wahrheitsfrage in dem Sinne auf, ob denn die sozialethische Orientierung der Kirche mit der Bibel übereinstimmt, und worin beider Verbindlichkeit gründet. Ein solcher Unterricht setzt eigentlich eine andere Schulorganisation voraus, nämlich Team-Teaching, um heillosem Dilettieren des gesellschaftswissenschaftlich nicht vorgebildeten Religionslehrers vorzubeugen. Der kann sich zwar in ein oder zwei Gebiete einarbeiten, aber bildender und auch theologisch fruchtbarer wäre eine Zusammenarbeit im Team, besonders angesichts gewisser Erblasten in Kirche und Theologie. Dazu zähle ich die Neigung, gesellschaftliche Übel schlicht auf die unzulängliche Gesinnung Einzelner zurückzuführen. Danach lag das Elend des Proletariats im 19. Jahrhundert etwa an der Trunksucht der Proletarier, nicht umgekehrt; und die Priorität von Gewinnmaximierung beim Unternehmer läge an seiner Raffgier, nicht am Sachzwang der Konkurrenzwirtschaft. Zur Analyse der Strukturen braucht man ökonomisches Wissen, das im Theologiestudium nicht vorkommt.

Die biblische Option ist eine Option für die Massen

Theologisch kommt man bei Problem-orientiertem Unterricht mit der existentialen Interpretation nicht mehr aus; sie muss ihre Fortsetzung finden in einer politischen Hermeneutik. Die lateinamerikanische Theologie der Befreiung bietet dazu als Kriterium die »Option für die Armen« an; es ist die biblische Option, wie mir scheint. Jahwe optiert für Witwen, Waisen und Ausländer und misst die soziale Situation seines Volkes an deren Ergehen. Gleichwohl spreche ich – in unserer europäischen Situation – lieber von einer »Option für die Massen«. Allzu leicht könnte sonst bei uns der christliche Almoseninstinkt angesprochen werden, den die Theologen der Zweidrittelwelt übrigens als »Paternalismo« ablehnen, der nichts wirklich voranbringt.

Ich habe ihnen hier einen apologetischen Ansatz skizziert, ein wenig noch in der Linie Rudolf Bultmanns, den man ja den großen Apologeten des 20. Jahrhunderts genannt hat. Ich bekenne mich gern dazu, in diesem Sinne apologetisch gearbeitet zu haben. Ich halte die christliche Religion, so wie sie geworden ist, für eine Kostbarkeit. Zwar meinte Dietrich Bonhoeffer, dass Christus im Begriff sei, aus der christlichen Religion auszuwandern, und er dachte darüber nach, welche Gestalt seine Sache dann annähme. Auch dafür gibt es Anzeichen, etwa in bestimmten nicht-diktatorischen Formen des Sozialismus. Aber sie werden bislang meist von Christen praktiziert und stellen bislang keine große Kraft dar. Die christliche Religion – so wie sie ist – hat aber überaus viele Möglichkeiten, den Menschen zu dienen: über Kanzel, Katheder, Akademien und Publikationen. Allerdings hängt alles daran, dass die Grundoption stimmt. Sonst dient sie der Macht und dem Mammon – wie so oft in der Geschichte –, und macht die Welt nur schlimmer. Die Grundoption, die ich »Option für die Massen« nannte, ist das Zeichen vor der Klammer, das alles ins Gegenteil verkehren kann.

Trotz Außenlenkung: Die Frage nach Wahrheit wecken

Diese Option führt unmittelbar zur zweiten Aufgabe, der heutigen Hauptaufgabe des Religionslehrers, die Wahrheitsfrage in den Jugendlichen überhaupt erst zu wecken. Warum? Das Interesse an Fragestunden, die ich anbot, ebbte etwa ab Mitte der 60er Jahre mehr und mehr ab, jedoch nicht das Interesse am Religionsunterricht überhaupt. Die Klassen hatten das Fach meistens gern, aber nicht in erster Linie, um Fragen der Wahrheit der Bibel und des Glaubens zu bearbeiten. Die jungen Menschen hatten und haben andere Sorgen:

Drin-sein, dazugehören, im Trend liegen, nicht out sein. Nur nicht herausfallen aus der Gruppe der Altersgenossen. Keine Chancen verpassen, wach sein, auf das Image achten. Mithalten-können, auch in Bezug auf Aussehen, Kleidung und andere Statussymbole, ist Pflicht. Insistieren auf »Wahrheit« oder »Gerechtigkeit« kann störend wirken, gilt als »Fanatismus«.

Sozialpsychologische Forschungen haben deutlich gemacht, dass die Über-ich-Prägung beim Kind, das sogenannte »Gewissen«, nicht nur von den Wertvorstellungen seiner ersten Bezugspersonen abhängt, sondern auch und vor allem von der ökonomischen Struktur der Gesellschaft, mit deren Wandlungen sich auch ein Teil der Wertvorstellungen wandelt. So entsteht – ich folge hier David Riesman – jeweils ein neuer Sozialcharakter ganzer Bevölkerungen beim Übergang von der Agrar- zur Industriegesellschaft und – innerhalb der letzteren – von der Aufbauphase zur Überproduktions- und Konsumgesellschaft.

Alte Agrargesellschaften – mit ihrer Wertschätzung der Alten, ihrer Weisheit und ihres Schatzes an Erfahrungen – sind traditionsgelenkt. Die wichtigsten Arbeitstugenden wie Fleiß, Sorgfalt und Geduld – nicht Flexibilität! – bleiben über Generationen dieselben, ebenso wie die Arbeitsmittel und die Tracht, die alle tragen. Hier werden Traditionen nicht in Frage gestellt; sie gehören zum Leben, und die Wahrheit ist in ihnen enthalten.

Zur Aufbauphase der Industriegesellschaft, die zugleich die Phase des sich ausbildenden Protestantismus und der Aufklärung ist, gehört die Innenlenkung; der Einzelne wird zurückgeworfen auf sich selbst, seine Leistung und seine fortschreitende Erkenntnis.

Zu der persönlich verantworteten Sittlichkeit, die man in dieser Phase braucht, um bestehen zu können, zählt für den Theologen auch die »intellektuelle Redlichkeit« (Wilhelm Herrmann), und das heißt, auch liebgewordene Vorstellungen zu Bibel und Dogma aufzugeben, wenn sie sich als historisch nicht haltbar erweisen. Albert Schweitzer schreibt im Jahre 1906 in seiner »Geschichte der Leben-Jesu-Forschung« die berühmt gewordenen Worte: »Die Erforschung des Lebens Jesu war für die Theologie die Schule der Wahrhaftigkeit. Ein so schmerzliches und entsagungsvolles Ringen um die Wahrheit, wie es in den Leben Jesu der letzten hundert Jahre beschlossen liegt, hatte die Welt noch nie gesehen und wird sie nicht mehr sehen.«

Die Wahrheitsfrage, und zwar die Frage nach der historischen Wahrheit, war damals die Kardinalfrage der Theologie, zumindest der Exegese. Die intellektuelle Redlichkeit erforderte, die neuen Erkenntnisse auch Nicht-Theologen und Nicht-Akademikern zu vermitteln; deshalb entstanden zu Anfang dieses Jahrhunderts die »Religiösen Volksbücher«.

Der Religionsunterricht, vor allem in der Volksschule, blieb allerdings davon unberührt. Die Geistliche Schulaufsicht hatte – bis 1918! – dafür zu sorgen, dass sich kein störendes modernes Gedankengut einschlich. Zudem hatte der Volksschul-Religionsunterricht – laut Erlass von 1888 des Königs von Preußen, Wilhelm II. – eine neue Hauptaufgabe, nämlich die Kinder des Volkes immun zu machen gegen die gemeingefährlichen Ideen der Sozialdemokratie. Innenlenkung des Charakters war freilich auch in der Volksschulerziehung maßgebend.

Die Wahrheitsfrage aber wurde im damaligen Religionsunterricht ideologisch verformt; gläubig sein hieß: auf eigenes Fragen verzichten, sich unterwerfen, und wurde in dieser Form zur inneren Pflicht.

Die – innengelenkte – leidenschaftliche Wahrheitssuche meiner eigenen Jugendjahre und meiner Generation erweist sich als charakteristisch für eine bestimmte Epoche der Gesellschaft, die sozialgeschichtlich zur Aufbauphase der Industriegesellschaft gehört.

Konsumieren als inneres Gebot

Die heutige Überproduktions- und Konsumgesellschaft ist dagegen durch den außengelenkten Charakter geprägt. Die wirtschaftliche Struktur einer Gesellschaft bestimmt nicht nur unser äußeres Ergehen, sie wandert auch in unsere Psyche ein. Wirtschaft funktioniert heute nur noch, wenn tüchtig gekauft und konsumiert wird. Industriezweige leben davon. Für die Masse der Jugendlichen und der jüngeren Erwachsenen ist Konsumieren, Mithalten-können mit den Altersgenossen inneres Gebot. Freud kannte den außengelenkten Menschen noch nicht, dessen ständige Aufmerksamkeit dem Up-to-date-sein gilt, der – wie mit Radargeräten ausgestattet – wach und flexibel zu erkennen hat, was »in« ist. Deshalb kann Herbert Marcuse vom Veralten der Psychoanalyse sprechen, deren wichtigste Prinzipien allerdings in Kraft bleiben.

Marktorientierung: Man erlebt sich selbst als Ware

Wo Mode, Trend und – bezüglich der Arbeitswelt – vor allem Flexibilität wichtig sind, tritt die Frage nach gültiger Wahrheit in den Hintergrund. Erich Fromm beschreibt den »marktorientierten Charakter« als eine erst in jüngerer Zeit dominierend gewordene Charakterprägung. Ich zitiere: »Die Konzeption des Marktwertes, für welche der Tauschwert einer Ware wichtiger ist als ihr Gebrauchswert, führte zu einer ähnlichen Wertkonzeption in Bezug auf den Menschen und besonders auf die eigene Person. … Dürfte man sich nur auf das verlassen, was man weiß und kann, so stünde die eigene Bewertung im proportionalen Verhältnis zu den eigenen Fähigkeiten, also zum eigenen Gebrauchswert. Da Erfolg aber weitgehend davon abhängt, wie man die eigene Persönlichkeit verkauft, erlebt man sich selbst als Ware.«

Weiter zeigt Fromm, dass sich das gleiche auf dem Sektor persönlicher Beziehungen vollzieht: man muss »in Mode sein«. »Da der moderne Mensch sich gleichzeitig als Ware und als Verkäufer dieser Ware empfindet, ist sein Selbstbewusstsein von Voraussetzungen abhängig, die sich seiner Kontrolle entziehen.« Die Unfähigkeit, einen Menschen um seiner selbst willen zu lieben und die Unfähigkeit, die Frage nach der Wahrheit durchzuhalten, »die ein Mensch findet und immer wieder prüft«, kennzeichnen die charakterliche Marktorientierung, die eine tiefe, aber nicht verstandene Unzufriedenheit hinterlässt, weil sie nichts Eigenes im Menschen zur Entwicklung kommen ließ. Apathie und Destruktivität – Sorgen der Lehrer heute – dürften wohl hier ihre Ursache haben.

Freilich, wo Gefahr ist, wächst das Rettende auch. Es gibt Jugendliche, die sich in Gruppen und Initiativen zusammenfinden, ihr Bestes geben und intensiv um Orientierung ringen. Sozialwissenschaftliche Befunde wie die mitgeteilten beschreiben nie jeden Einzelnen, sondern den dominierenden Sozialcharakter einer Gesellschaft, deren Orientierung in den großen Städten, vor allem im Mittelstand, zu beginnen pflegt.

Der Lehrer muss für die Massen arbeiten, für die Netten, die Angepassten, die »Gleichgültigen neuen Typs« – und für die Destruktiven. Die Eigenständigeren unter den Schülern sorgen schon dafür, dass sie zu Wort und zu ihrem Recht kommen – dem Lehrer zur Freude.

Unterricht und Religionsunterricht in der Konsumgesellschaft

Nach der Aufgabe des Religionsunterrichts in der Konsumgesellschaft muss also neu gefragt werden. Wo der Mensch sich selbst vor allem als Ware erlebt, wo nicht er selbst, sondern seine Verkäuflichkeit auf dem Persönlichkeitsmarkt entscheidend zu sein scheint, da ist der christliche Glaube zentral gefordert. Nicht Leugnung Gottes, sondern Leugnung des Menschen als Person scheint mir heute die Position zu sein, gegen die der Glaube sich bewähren muss. Der christliche Glaube denkt den Menschen als Person, die – von Gott angeredet –

antworten kann. Er denkt ihn als radikale Subjektivität, eine Subjektivität freilich, die uns nicht einfach zur Verfügung steht, deren Tiefen wir durch eigenes Tun nie erreichen – die wir aber vielleicht verhungern lassen können. Das Absterben der Wahrheitsfrage, ihre Verdrängung durch die Frage nach dem Trend, mag ein Zeichen solchen Verhungerns sein – wie Zynismus und Destruktivität ein unverstandener Hilfeschrei.

Wie können wir Kindern und Jugendlichen in der Massenschule, in der Hektik der Leistungsorientierung, in Konsumzwang und Trend-beherrschtsein dazu verhelfen, dass jedes von ihnen sich selbst als Person wichtig – ernst genommen, angesprochen – erfährt? Wie können wir dazu beitragen, dass aus den Tiefen ihres Wesens der Wunsch und die Fähigkeit, selbst zu sein, selbst zu denken und dann auch Interesse für andere als Person aufzubringen, aufsteigt und sich entfalten kann? Wie können wir in jungen Menschen Zutrauen zum eigenen Urteilsvermögen entwickeln und damit auch die Fähigkeit, nach Wahrheit zu fragen, statt sich manipulieren zu lassen? Es ist deutlich: Wenn dies nicht gelingt, droht auch die Gefahr eines neuen Faschismus.

Es gibt große Möglichkeiten neuer Formen der Pädagogik und Schulorganisation. Es gibt gelungene Unterrichtsversuche, die richtungsweisend sind. Das offene Lernen mit dem Wochenplan, wie es uns in Schulpraktika an Grundschulen, aber auch an der integrierten Gesamtschule Marburg im sozialen Brennpunkt Richtsberg begegnet, wird jeden begeistern, der an der Erziehung zur Eigenständigkeit interessiert ist. Zu erleben, wie ein drittes Schuljahr sich zwei Wochen lang fast ganz selbst unterrichtet, während die Lehrerin erkrankt ist, weil es an kooperative Arbeit mit dem Wochenplan gewöhnt ist – das ist ein pädagogischer Hochgenuss.

Befreiung von falschem Sündenverständnis

Es geht hier um die speziellen Aufgaben des Religionsunterrichts. Dazu muss der Protestantismus – besonders deutscher Prägung – über seinen Schatten springen. Denn eine seiner Traditionslinien – weit über den engeren kirchlichen Bereich hinaus wirkend – ist die Neigung, dem Menschen nicht allzu viel zuzutrauen, sein Selbstwertgefühl eher zu schwächen als zu stärken. Die verbreitete Überzeugung, dass »der Mensch im Grunde schlecht sei« – eine Art resignativer Misanthropismus – geht zurück auf ein Grundmissverständnis des biblischen Begriffs der Sünde. Es gibt in der Bibel eine fast unglaubliche Szene, in der Gott und Satan miteinander wetten, ob ein bestimmter Mensch, Hiob, tauge oder insgeheim doch nicht. Es ist Gott, der auf den Menschen setzt und ihm traut! Satan dagegen macht ihn schlecht! Der Begriff der Sünde meint also weder, dass der Mensch schlecht sei, noch dass er unfähig sei, in der Welt etwas Vernünftiges auszurichten.

Der Christenverfolger Saulus – ein hochdisziplinierter Charakter, der mit Leidenschaft für das eintritt, was er als richtig erkannt zu haben glaubt – ist alles andere als »schlecht«. Rückblickend, nachdem er zu Paulus geworden ist, sieht er als »Sünde« nicht etwa verborgene Schlechtigkeiten an, sondern sein Autark-sein-wollen, die »eigene Gerechtigkeit«. Sünde bedeutet also: niemanden – weder Gott noch Menschen – brauchen; Beziehung verweigern; nicht nehmen können; Vertrauen und Liebe nicht kennen; und nicht zuletzt: Hybris. Sünde, so kann man auch sagen, ist: sich im Besitz der Wahrheit wähnen, nicht mehr hören und nichts mehr lernen können. Dagegen sind seliggepriesen die geistlich Armen, die immer noch und immer wieder den Ruf der Wahrheit brauchen.

Am schlimmsten war natürlich die bürgerlich-christliche Gleichsetzung von Sünde und Sexualität. Wer diese für biblisch hält, der ist gebeten, einmal das Hohelied Salomos zu lesen. »Eine glühendere, sinnlichere Liebe«, so schreibt Bonhoeffer in einem seiner Gefängnisbriefe, »ist wirklich nicht mehr denkbar.« Die Tradition ist freilich anders, und zwar hier nicht nur im Protestantismus. Rigide Sexualrepression gilt nicht umsonst als typisch christlich. Wie es dazu kam, ist hier nicht zu untersuchen; aber sicher hat mitgespielt, dass Menschen, die sich selbst für schlecht halten, leichter zu beherrschen sind. Daran konnten politische Obrigkeiten, die gleichzeitig kirchliche Obrigkeiten waren – wir hatten in Deutschland 400 Jahre lang (bis 1918) den Summepiskopat der Landesfürsten – Interesse haben, besonders seit Humanismus, Aufklärung und Demokratiebewegung ein anderes Bild vom Menschen zu verbreiten begannen.

Bewusstmachen der Personalität des Menschen

Wir brauchen zwar keine lateinamerikanische Theologie der Befreiung, wohl aber eine genuin deutsche Befreiung der Theologie. Der Religionsunterricht kann und muss dazu beitragen, den resignativen Misanthropismus abzubauen. Der Gott der Bibel traut dem Menschen sehr viel zu. Der Mensch ist Stellvertreter Gottes, Mitarbeiter Gottes, Freund Gottes; alle diese Bezeichnungen lesen wir da. Wohl braucht der Mensch Gnade; aber auch diese setzt ihn gerade nicht herab. Vergessen wir nicht: Das neutestamentliche Wort für Gnade, Charis, bedeutet zugleich Anmut, Charme Gottes – mit dem er sich dem hochgeliebten Menschen zuwendet, bis dem das Herz warm wird und er sich öffnen kann. Solche Bilder gibt es bei Martin Luther.

Eine Jugendliche äußerte im Unterricht: »Das mit der Gnade?! Die Kirche gibt einem davon nur die Idee, aber nicht die Sache selbst: Denn in Wirklichkeit, im Leben, darf man keine Fehler machen, muss man immer fit sein, sonst ist man gleich out. Da hilft einem die Kirche auch nicht dabei.«

Der Respekt vor dem jungen Menschen muss fühlbar sein, sowohl in der Praxis des Unterrichts, dem Verhalten des Lehrers und der Sorgfalt seiner Vorbereitung, als auch in der vermittelten Lehre selbst: Das ist ein Prinzip für einen Religionsunterricht, der einer Leugnung der Personalität des Menschen entgegenarbeitet.

Ich könnte bewegende Beispiele schildern, wie in Hauptschulklassen, bei diesen am meisten vernachlässigten Kindern, oft nach monatelangem Bemühen plötzlich die Erkenntnis hereinstürzte, dass man ein Mensch sei, der sein Handeln verantworten müsse. Erst dann ist es soweit, dass nach Wahrheit für mich gefragt werden kann.

Die beiden anderen Aufgaben des Religionsunterrichts, von denen ich hier sprechen will, betreffen Inhalte.

Statt Schicksalsergebung: Tätig sein für die Zukunft

Das eine ist die Wiedergewinnung der eschatologischen Perspektive der Bibel und des Glaubens, die in der Tradition des deutschen Protestantismus fast ganz verloren gegangen ist zugunsten einer bürgerlich-christlichen »Ergebung ins Schicksal« – etwa mit dem Tenor: Die Welt liegt im argen, und da bleibt sie auch. Dies lähmt Initiativen hin zu einer Welt mit mehr Gerechtigkeit, mehr Frieden. Das Wort Utopie ist schon fast zum Schimpfwort geworden.

In der Bibel gibt es aber die Zukunft, für die man tätig sein, auf die man sich zu bewegen kann. Urbild dafür ist der Zug Israels aus dem Sklavenhaus Ägypten durch die Wüste ins Gelobte Land. Und es gibt die endgültige Zukunft, das Reich des Schalom und der Gerechtigkeit. Jesus lehrt beten: »Dein Reich komme.« Beten bedeutet – nach Jean Paul – »Wünschen, nur feuriger«. Deshalb wird der Mensch, der wirklich betet, in seinem Leben weder untätig noch resigniert sein. Die biblischen Menschen finden sich mit »Schicksalen« nicht ab, sondern werfen sich ihnen leidenschaftlich entgegen, von Abraham und Mose bis zum kanaanäischen Weib. Die Bitte »dein Willle geschehe«, die durchweg stoisierend – als Schicksalsergebung – verstanden wird, ist eben nicht resignativ gemeint, im Gegenteil: Gottes Wille geschehe wie schon jetzt im Himmel – so bitte endlich auch auf Erden. Wieder eine Aufgabe der Befreiung der Theologie!

Bei Martin Luther fällt mir ein seltsamer Gegensatz auf. In seinen theoretischen – vor allem den anti-revolutionären – Schriften hört es sich so an, als könne man ihn als Kronzeugen benennen für die Nicht-Behebbarkeit des Bösen in der Welt. Derselbe Mann schreibt andererseits praktisch anleitende Schriften, die sehr viel mit Veränderung der Welt zum Besseren hin zu tun haben, die etwa zum Einrichten von Schulen aufrufen, »damit man feine und geschickte Frauen und Männer habe, die das Beste der Stadt suchen können«. Tatsächlich, auch die Mägdlein sollten zur Schule angehalten werden! Bedenkt man, dass in der Zweidrittelwelt Alphabetisierung heute schon als revolutionäres Verbrechen gelten kann – unter der Militärdiktatur in Brasilien musste Erzbischof Helder Camara seine Alphabetisierungs-Kampagne abbrechen, sein Mitarbeiter wurde ermordet, Paulo Freire musste fliehen –, dann sieht man, welche Großtat der Weltveränderung es tatsächlich war, dass die Reformation das Schulwesen in solchem Maße auszubauen begann. Da wurde auch der Grundstein gelegt für die spätere Aufklärung und Demokratie.

Die Bibel ist ein Buch, das Hoffnung macht, nicht nur für einzelne, sondern für alle, für die Welt. Inhaltlich muss diese Linie, die unter dem Schutt frommer Resignation bedeckt liegt, wieder ausgegraben werden. Und die deutliche Sprache der Bibel hat ja bereits angefangen, den deutschen Protestantismus von innen her zu verändern – weitgehend von unten her, durch eine Fülle von Gruppen und Initiativen. Die wichtigsten von ihnen sollte der Religionsunterricht auch vorstellen; Beispiele dafür gibt es, dass dadurch in einigen unserer Schüler doch die Schaffenslust erwacht.

Was hat dies mit der Wahrheitsfrage zu tun? Wenn ich richtig sehe, muss eine hochgefährliche Irrlehre – die Verwechslung von Glaube und Resignation – bekämpft werden. Das ist auch ein Stück Kampf gegen Schülerapathie.

Gott wirbt um den Menschen

Die andere inhaltliche Aufgabe des Religionsunterrichts, die ich hier nennen will, ist die Wiedergewinnung des genuin biblischen Gottesbildes, und zwar in ganz bestimmter Hinsicht. Der biblische Gott ist nicht einfach der Power-Gott aller Theismen. Er stößt – schon im Alten Testament – an eine Grenze, die er offensichtlich selbst gewollt hat, die selbst seiner Allmacht gesetzt ist: Glaube lässt sich nicht erzwingen, auch durch Allmacht nicht. Wohl ist der Glaube – biblisch verstanden – Geschenk, aber gleichzeitig ist er freie Tat des Menschen. So schauen wir in manchen Geschichten der Bibel, etwa bei den Propheten, dem Werben Gottes um den Menschen zu – und dem Leiden Gottes, wenn die Hörer sich verschließen. Nicht erst auf Golgatha beginnt das Leiden Gottes. Wir sehen da der Ohnmacht der Liebe zu, die nicht zwingen kann. Das Geheimnis dieser Liebe: sie ist stärker als alle Power; sie schafft den Menschen neu, den sie gewinnt.

In einer Zeit, in der alles auf Power, Konkurrenz und Überwältigung des Gegners setzt, ist die Erschließung dieses Kerns unseres Glaubens so nötig wie noch nie. Vor einigen Monaten arbeitete ich mit Realschülern der zehnten Klasse während einer Freizeit daran, dass Gott den Menschen in diesem Sinne frei geschaffen hat und dass er um ihn wirbt. Gegen Ende sagte einer: »Junge, Junge, da hat er sich aber etwas aufgeladen mit den Menschen. Und meint er denn, das ginge gut?«

Das ist die Wahrheitsfrage, die an uns gestellt ist.

Das Bild der Bibel ist eigentlich der Weg[1] (1991)

Ich habe persönlich die Erfahrung gemacht, in den 25 Jahren, die ich Religionslehrerin gewesen bin, dass sich die Schülerinnen sehr stark geändert haben. Ich war am Gymnasium 5. bis 13. Klasse, wie man heute zu sagen pflegt, damals hieß es noch Sexta bis Oberprima. Ich habe Jahre erlebt, wie ich sie mir später zurückgewünscht hätte, in denen die berühmten Pubertätsklassen an allen Säulen rüttelten. Sie wollten wissen, wieso man überhaupt noch an einen Gott glauben könnte und wie das überhaupt mit dieser Christusgeschichte wäre, das war doch alles so komisch, und große und kleine Fragen.

Wenn ich Fragestunden anbot, bekam ich ganze Packen anonymer Fragezettel eingereicht. Wir hatten manchmal 1/4 Jahr damit zu tun. Es machte wirklich Freude. Man konnte mit den Schülern entfalten, was in ihren Fragen alles drinsteckt. Alle Fragen, die Kinder und Jugendliche stellen können, sind in der reichen Denkgeschichte des Christentums ja bearbeitet, und man kann sie einführen und kann ihnen zeigen, sie stehen damit nicht allein, und kann sie eine ganze Menge weiterbringen. Mit einem Male aber fing diese Fragelust an, bei neuen Jahrgängen abzuebben. Ich habe erst gedacht, ich sei jetzt zu alt oder hätte zu viel Routine, ich war damals so etwa 40. Aber davon war gar keine Rede. Ich stellte fest, die Schüler hatten sich wirklich verändert. Eine stellte noch einmal die Frage: »Gibt es denn eigentlich wirklich einen Gott?« in der 10ten Klasse.

Wir waren bei einem ganz anderen Thema, und sie kam im Nachdenken über dieses Thema darauf. Und da kam eine Stimme aus dem Hintergrund:

1 Gekürzte Fassung eines Vortrags, den M. Veit auf der Braunschweiger Fachtagung »Braunschweiger Ratschlag« im Februar 1991 gehalten hat.

»Ach, warum sollen wir denn darüber reden? Im Westen glaubt man nun einmal an Gott.« Das hat mich damals fast umgehauen.

Ich habe dann bei vielen Tests mit verschiedensten Fragen immer wieder Ähnliches gefunden. »Über Wahrheitsfragen nachzudenken, hat doch gar keinen Sinn.« »In unserer Gesellschaft gelten nun mal bestimmte Regeln und Meinungen, und das richtigste ist, man passt sich an«. Eine junge Frau sagte zu mir: »Genügt es denn nicht, dass die Religion schön ist? Dass man ihr so ein paar gute Lebensregeln entnehmen kann, und dass sie die wichtigsten Feste im Leben verklärt, und es gibt auch so ein beruhigendes Gefühl im Hintergrund; für den Fall, dass es mal gar nicht mehr weitergeht, könnte man ja vielleicht nochmal eine Zuflucht finden; aber muss die Religion denn unbedingt auch wahr sein, warum denn ihr so auf den Zahn fühlen?« Eine junge Frau von vielleicht siebzehn oder achtzehn Jahren. Ich sagte dann: »Hören Sie mal, das können eigentlich Nationalsozialisten auch sagen, alte Nazis schwärmen heute noch von Sonnwendfesten und von Jugendweihen, die ja damals auch gefeiert wurden und zum Teil wirklich schön, von den ›Chorälen‹, die da gesungen wurden, den Rücken an der Wand hatte man auch, wenn man einmal glaubte, dass der Führer immer Recht hat, und gute Lebensregeln, z.B. Kameradschaft, gab es auch.« »Tja«, sagte sie, »es kommt eben darauf an, was in der Zeit, wo man lebt, gerade dran ist, und dass man dann zu den Richtigen gehört.« Ein bisschen unsicher lächelnd sagte sie das. Ich will niemanden schlecht machen, dass ist nämlich kein persönliches charakterliches Versagen.

Die Marktgesellschaft – Erich Fromm hat es dargelegt – bringt den Menschen hervor, der sich fragt, wie verkauft man sich am besten, wenn man im Leben zurechtkommen will. Wie muss man sein, wenn man hier nicht »Out« sein will, sondern »In«? Ich zitiere meine beiden sehr geliebten Neffen: »Hör mal, das macht doch hier keiner«, sagte einer zu mir. Es ging um Teilen, er war 18, ich fuhr hin zum Großjährigkeitsfest, die Mutter hatte irgendetwas vergessen einzukaufen und sagte: »Das teilen wir uns dann eben heute Abend.« Darauf er: »Teilen, seit wann bin ich Kommunist?« Ich konnte nur sagen: »Mein lieber Neffe, hast Du je im Leben schon mal gehört, dass Teilen auch christlich sein könnte oder einfach vernünftig sein könnte?« »Ach,« sagte er, »macht doch hier keiner, das machen die im Ostblock, deshalb kommen die ja auch alle nicht hoch, weil die alles miteinander teilen, man muss sorgen, dass man selbst hochkommt.« »Aha«, sagte ich, »komisch, ich habe schon mal gehört, es gäbe Tanten, die ihre Neffen studieren lassen«, ich hatte ihm das nämlich versprochen »Also teile ich doch mit Dir!« »Ja«, sagte er: »Du bist ja auch so eine komische Trute!« »Ich muss Dich mal besuchen«, sagte er, »ich verstehe Dich überhaupt nicht, was Du im Leben so willst.« Es ist ein netter Kerl, der sich übrigens heute engagiert bis über beide Ohren, das hat mich immer amüsiert.

Insgesamt bringt der Übergang von der Aufbauphase der Industriegesellschaft zur Überschuss- und Überproduktionsgesellschaft, zur Konsumgesellschaft, einen Charaktertypus hervor, bei dem der Mensch vor allen Dingen »mithalten« muss. Wirtschaftliche Gegebenheiten wandern eben auch in die Psyche ein, sie sind nicht nur äußerlich und rings um uns herum. Wir Beamten dürfen da nicht mitreden, wir haben ja, wie ich immer zu sagen pflege, eine realsozialistische Arbeitsplatzsituation. Aber in sehr vielen anderen Berufen muss man »In« sein, auch in der Art, wie man aussieht.

Man darf nicht aus der Gruppe herausfallen, man darf sein Image nicht verderben. Mit Studenten habe ich manchmal, um die Miterzieher, die anderen Religionen, die heute so mitlaufen, die sich nur nicht Religionen nennen, kennenzulernen, Anzeigen aus der Frankfurter Rundschau am Wochenende analysiert. Wissen Sie, welche Vokabel in Heiratsanzeigen teilweise total dominiert hat? »Vorzeigbar« muss man sein. Man bietet sich an: 35 Jahre, soundso groß, vorzeigbar, als Mann oder als Frau, und man sucht auch etwas, was »vorzeigbar« ist. Man muss sich sehen lassen können mit dem Anderen, sonst verdirbt man sein Image. Und was die Stellenanzeigen betrifft muss man vor allen Dingen »flexibel« sein. Elastisch hieß es zuerst, heute kommt öfter flexibel vor. Früher kam viel öfter »seriös« oder »zuverlässig«. Man muss mit dem Trend mitkommen. Amerikanische Sozialpsychologen beschreiben das für die USA schon 1958. David Riesmann, »Die einsame Masse« ist ja ein berühmtes Buch. Mit dem Übergang zur Überschuss- und Konsumgesellschaft kommt ein neuer Sozialcharakter allmählich auf, von den Notwendigkeiten dieses Wirtschaftssystems hervorgebracht.

Dieser neue Sozialcharakter braucht das, bei dem man vor allen Dingen sorgen muss, dass man mit dem Trend mitkommt, was ist »In«? Was ist »Dran«? Was ist »Out«? Was kann ich nicht mehr vertreten? Auch in Verhaltensweisen, nicht nur in der Kleidung und in den Farben der Lacoste-Hemden (wichtiges Diskussionsthema der jungen Herren, wie ich inzwischen auch gelernt habe). Aber auch politisch, auch im moralischen Verhalten. Was ist »In«? Dieser neue Sozialcharakter bringt Menschen hervor, die so etwas wie ein allzu leidenschaftliches »Sich einsetzen für Ziele«, auch ethischer, auch politischer Art nicht mehr vertragen. Das gilt als Fanatismus. Schon das Insistieren auf Wahrheitsfragen seitens einzelner Schüler, das habe ich in den Klassen noch erlebt, wurde von den anderen als »fanatisch« betrachtet. »Warum willst Du es denn so genau wissen, nun gib' doch Ruhe, ist doch auch egal.« Oder: Naboth, der seinen Weinberg nicht verkaufen will, gilt gerne bei den Klassen als selber schuld an seinem Tod, ja, »der legt sich ja mit dem König an, das darf man doch nicht machen. Natürlich darf der König ihn deshalb nicht umbringen lassen auf Umwegen durch die Königin, usw., aber er kann es doch. Macht geht immer vor Recht und mit der Macht muss man sich gut stellen.« Ich hab' solche Sprüche gesammelt und oben drüber »Heil Hitler« geschrieben, worauf die Leute völlig entsetzt waren und auch in den letzten Stunden noch versuchten, mich zu bekehren. SO ginge das doch nicht! Man darf nicht aus der Reihe tanzen! Wer aber dem Vortänzer nicht folgt, der tanzt aus der Reihe.

Ich habe den Eindruck gewonnen in sehr vielen Gesprächen und viel Arbeit mit Schülern, dass es für sie geradezu Gewissenspflicht ist, »In« zu sein. Man kann nicht Idealen von vorgestern nachhängen, ein altgewordener 68er immer noch mit seiner etwas schmuddeligen Jeanstracht, hat mir ganz bekümmert berichtet, dass sein Sohn und seine Tochter aber auch nur noch »Kohle« im Kopf haben und CDU wählten. Ich sagte: »Gehört das zusammen? Vielleicht wehren die sich nur gegen den Vater und wollen dessen Lebensstil nicht, vielleicht ist das nochmal eine klassische Pubertät, wo einer einen eigenen Weg sucht.« »Ach, nein, die gehen mit dem Trend«, sagte er. »Ja«, sagte ich »und Ihr Trend ist »Out«, das ist klar.«

Ich frage mich, wie wir damit umgehen; mit dieser Jugend, die mir zunächst nur Kummer und Sorgen gemacht hat.

Ich habe zuletzt gedacht, ich gebe meinen Beruf auf, das macht keine Freude mehr mit Leuten, die sich nur noch anpassen wollen.

Ich habe später sehr viel Geschmack an ihnen gefunden Die sind nämlich auf eine herzerfrischende Weise nüchtern. Während wir im Stillen damit rechnen, dass in der Welt die Macht und nicht das Recht sich durchsetzt, beschreiben sie die Gesellschaft und die Welt, in der wir leben, ungeniert. So ist es.

Wenn die USA Panama besetzen, 4000 Tote, regt sich kaum jemand auf und nur ganz kurze Zeit. Wenn aber ein anderer, ein wesentlich kleinerer Staat das tut und auch noch die Interessen dieser Macht dabei beschädigt, dann sieht das natürlich völlig anders aus.

Die Jugendlichen geben eigentlich ein getreues Spiegelbild der Gesellschaft wider, in der sie leben. Als die ZVS aufkam, und auf einmal die Studienplätze zentral vergeben wurden, und viele Fächer im Numerus Clausus waren, Religion aber nicht, hatten wir den Hörsaal brechend voll. Vorher, 72/73 saßen da sieben, acht Studenten, auf einmal 120, wir konnten sie kaum setzen. Ich fragte die gedrängt vor mir sitzenden Erstsemester: »Ach, wie kommt denn das? Habt Ihr alle plötzlich Euer religiöses Interesse entdeckt, oder habt Ihr vielleicht eine Marktlücke aufgespürt?« Fröhliches Gelächter. Da sagte ich: »Natürlich, die Kinder der Marktgesellschaft haben eine Marktlücke entdeckt, das ist Euer gutes Recht. Ihr hofft auf eine Stelle mithilfe dieses Faches und meine Aufgabe ist es jetzt, Euch trotzdem mit Theologie zu unterwandern, das werden wir mal versuchen.«

Die Frage ist: Warum soll das eigentlich bei dieser neuen Generation nicht ebenso gut gehen wie bei den braven Bürgerkindern früher? Ja und ich will es gerne noch einmal dazusagen, Dinge müssen für diese Generation auch immer irgendwo Unterhaltungswert haben. Wenn Sie lachen können, dann hat man freie Bahn, dann geht es nachher.

Und was den Ernst der Sache betrifft: An Punkten, von denen sie ahnen, oder inzwischen wissen, dass die für ihre eigene Zukunft äußerst gefährlich werden könnten, sind sie auf einmal da. Solche massenweise und immer wiederholten Friedensdemonstrationen wie im Moment haben wir überhaupt noch nie gehabt. Von so viel Kriegsdienstverweigerungen zu schweigen, wie wir sie jetzt im Augenblick haben.

Was sie einsehen, was ihnen einleuchtet als etwas, was ihnen selbst das Leben verderben könnte, da setzen sie an. Auch in der Ökologie. Ich glaube, es wird viel mehr getan unter jungen Leuten. Und so viele, die bewusster anfangen zu essen oder zu trinken, oder die sich aufregen, wenn irgendjemand raucht, habe ich auch noch nie erlebt. Natürlich kann man sagen, ja, die denken ja nur an ihr eigenes Wohlsein. Steckt da drin nicht auch, dass sie das Leben und die Gesundheit als ein ganz hohes Gut schätzen und wissen, dass es verloren gehen kann? Es ist ja auch eine Generation, die im Hintergrund immer um unser totales Bedrohtsein weiß. Schon Grundschulkinder malen in ihre Bilder schwarze Löcher hinein. Schon Grundschulkinder äußern große Angst vor etwas, was passieren kann. Die jungen Leute wissen es, sie stellen sich dem in gewisser Weise, und zwar auf die Art, dass sie sagen: »Solange ich lebe, will ich, dass das Leben schön ist, und ich will dafür sorgen, soweit ich kann«, ein großer Teil von ihnen jedenfalls, »dass es uns nicht verdorben wird durch verkehrte Politik anderer Leute.« Ich sehe da eine ganze Menge Hoffnungsansätze.

Wir haben in der Kirche manchmal, obwohl wir in der Theologie den Idealismus bekämpft haben, doch zu idealistisch gedacht. Und wir haben auf der anderen Seite, wie ich denke, das Böse unterschätzt. Was sollte da nicht alles schon furchtbar böse sein. Ich weiß, dass ich als Kind immer nicht verstanden habe, dass der Sohn Gottes sterben musste, weil ich manchmal nasche. Also das passte mir doch einfach nicht zusammen. Damals konnte man ja noch nicht fragen, in so einer altbürgerlichen Familie, zumal als Mädchen. Ich hab immer gedacht, da muss noch was bei sein, was ich noch nicht verstehe. Und so war es überhaupt mit dem Verständnis des Bösen: Ein Seitensprung in der Ehe, eine Notlüge, gar in die Kasse gegriffen irgendwann, das war es aber dann auch schon.

Regelverletzung.

In Wahrheit hat das Böse eine ganz andere Qualität, wie wir ja wissen, wenn wir Auschwitz bedenken, wenn wir das Wegsehen eines ganzen Volkes, während des Verlustes aller Menschenrechte in der Hitlerdiktatur uns überlegen. Das Böse ist destruktiv, das Mittelalter hätte gesagt, es ist Gotteshass, es ist Nekrophilie, psychologisch gesprochen, Hass gegen das Geschaffene. Eine Jugend, die demgegenüber das Leben liebt und will, dass es schön ist, und dass es gesund ist, berechtigt eigentlich zu ganz großen Hoffnungen.

Damit sind wir jetzt bei uns selbst, ich denke, wir müssen theologisch eine ganze Menge umlernen und das dann wieder in die Kirche hineintragen. Was wir vor allen Dingen verlernen müssen, ist ein gewisser misanthropischer, resignativer Grundstandpunkt dem Menschen gegenüber: »Der Mensch schafft nichts Vernünftiges in der Welt, weil er ja ein Sünder ist.« »Er soll sich nicht einbilden, er könne die Welt verbessern.«

Das haben mir alles Klassen schon erzählt.

Ich meine: Jedesmal, wenn ich mein Badezimmer schrubbe, verbessere ich ein Stück der Welt, was soll das überhaupt? Wieso kann man das im Großen nicht auch?

Den Müll vernünftig wegschaffen, das ist sowas ähnliches wie Badezimmerschrubben im Großen.

Mehr Gerechtigkeit herstellen, mehr Freiheit für die Einzelnen, auch anderswo, nicht nur bei uns. Wir kennen ja auch die Meinung, die sich gerade im deutschen Luthertum absolut festgesetzt hat, dass die Welt nun einmal im Argen liegt, und da bleibt sie auch liegen. Wir müssen über Sünde ganz neu lehren. Sünde bedeutet nicht, dass wir nichts Vernünftiges in der Welt tun können, sondern Sünde bedeutet eher, dass wir zu wenig Mut haben, das zu tun, was wir können. Glaube und Mut kommt aus derselben Wortwurzel im griechischen Neuen Testament, und es haben ja auch die in der Kirche, die Hand angelegt und jeweils ein Stück Welt verbessert haben, dazu eine ganze Menge Mut gebraucht, ob das Martin Luther King ist oder Johann Hinrich Wichern, die man beide mit ihren Vorhaben zuerst bekämpft hat. Wer auch immer. Oder Elisabeth v. Thüringen, um auch einmal eine Frau zu nennen, die im Mittelalter sogar verbannt wurde, weil sie meinte, dass die Leiden der Armen sie etwas angingen. Sünde ist in der Bibel Mangel an Mut, Mut einzuüben und Kooperativität einzuüben in einer Konfession, die uns sehr stark zu Einzelnen gemacht hatte: »Ich mit meinem Draht zum Herrgott.« Diese Isolierung hängt ganz stark in unserer Tradition drin. Die jungen Leute, in ihrem Gruppenleben und bei den neuen pädagogischen Methoden in den Schulen, wo kooperativ gearbeitet wird beim offenen Lernen, sind ein sehr gutes Gegenmittel.

Wir werden also theologisch einiges verlernen müssen, vor allen Dingen unser Misstrauen gegen die Menschen und unsere Unfähigkeit zur Kooperation. Die Jüngeren können schon viel mehr davon als wir. Es wird gelernt, es läuft.

Und wir werden sozialpsychologisch etwas lernen müssen darüber, dass die scheinbare Oberflächlichkeit der Jugend, mit der wir es zu tun haben, nichts anderes ist, als das Ergebnis unseres Wirtschaftssystems, wo man mit dem Trend mitkommen muss, und dann suchen wir uns mal die positiven Seiten daran heraus, das Bejahen des Lebens, die Freude am Leben, und den Wunsch, dass es so bleibt.

Es muss eine linke Erzählkultur entstehen, auch in der Kirche

Wir müssen weitergeben, was schon gelingt, und es ist eine ganze Menge gelungen. Ich stellte, als ich bei den Methodisten saß, bei mir so eine Neigung fest, immer nur die Misserfolge zu registrieren, wo es wieder nicht geklappt hatte, und wo, wie man ja vorausgewusst hatte, es natürlich nicht gelungen war, etwas durchzusetzen. Seitdem habe ich mir eine Hoffnungsmappe angelegt. Da steht drauf: »Good News«, weil ich sie in New York angefangen habe. Da kommen jede Woche Berichte darüber herein, wo irgendetwas gelungen und gut gelaufen ist. Z.B. so ein kleiner Bericht, wie, dass die Kaffeefirma Dallmair erklärt hat, sie kaufe ihren Kaffee nicht mehr in E1 Salvador, weil da die Menschenrechte verletzt würden. Aber dass es überhaupt in unserer Welt vorkommt, dass eine Firma sagt, da kaufe ich nichts mehr wegen der Menschenrechte, ja das ist doch Klasse. Wen interessieren denn die Menschenrechte irgendwo in der Dritten Welt im Allgemeinen, gerade in unserem Großkommerz? Es gibt tausende kleiner Berichte, nach einem Vierteljahr ist meine Hoffnungsmappe immer so dick, dass ich sie ausleeren muss. Ich tue die Berichte dann in Sachgebiete wo die positiven und negativen Nachrichten nebeneinander sind; aber ein Vierteljahr bleiben die Dinge in der Hoffnungsmappe.

Versuchen Sie es mal, und zwar kommen da nicht Sachen herein, die noch gut sind. Konservatives Denken guckt ja immer auf die gute alte Zeit, die es nie gegeben hat, und was davon noch gerettet werden konnte. Nein, in meine Hoffnungsmappe kommen die neuen Dinge. Wo ist im Kampf für Gerechtigkeit etwas gelungen? Wo ist im Kampf für Frieden etwas gelungen, wo ist im Kampf für die Erhaltung der Umwelt etwas gelungen? Das muss nicht nur in die Hoffnungsmappe herein, das muss auch erzählt werden. Mir ist in dem Zusammenhang die Bibel ganz neu vor Augen getreten. In der ganzen Bibel wird erzählt, es ist kein Lehrbuch, das eine Doktrin enthält.

Wir lesen im Alten Testament die großen Taten Gottes, wir lesen im Neuen Testament die Taten und die Reden Jesu, es wird erzählt.

Das ist uns abhandengekommen, offenbar – und das ist wieder etwas, was wir verlernen müssen – haben wir es für so wichtig gehalten, die richtigen Ideen im Kopf zu haben, dass die Frage, was inzwischen aus der Welt wurde, uns etwas aus den Fingern gerutscht ist, zumal dann, wenn wir eine gute Arbeitsplatzsituation haben. Es geht aber in der Bibel nicht um die richtigen Ideen. Auch in der deutschen Linken ging es oft nur darum, dass man recht behalten hat, »habe ich doch immer gesagt«. Aber nicht, dass irgendwo angepackt wurde, um etwas konkret und im Kleinen zu ändern. Von dem Kleinen können große Wirkungen ausgehen, und, was gelungen ist, muss erzählt werden. Wir müssen am Ball bleiben, gewissermaßen.

Wie lernfähig sind unsere Kirchen? Kirche darf nicht im Modus des Habens bleiben. Eine Wahrheit, die man hat, eine Glaubenswahrheit, die ist man schon im Begriff zu verlieren, die rutscht einem weg. Warum? Weil neue Situationen kommen, wo sie gar nicht mehr passt. Jedenfalls nicht so, wie man sie vorher aufgefasst hat. Neue Situationen, wo man sie vielleicht viel tiefer auffassen muss und zum ersten Mal begreifen muss, was das eigentlich ist. Mir wurde klar, dass das schon falsch ist mit der festen Burg. Das Bild der Bibel ist eigentlich der Weg. Das ist die biblische Metapher für Kirche sein und für Christ sein. Bei einem Weg weiß ich niemals, was an der nächsten Wegbiegung auf mich wartet.

Welche Chancen, welche Gefahren sich da auftuen, das kann ich nicht wissen, ich kann nur mit denen beraten, mit denen ich auf dem Weg bin, und bleibe angewiesen auf Schutz. Na, sowas, da bliebe also tatsächlich auch die Kirche angewiesen auf Gott? Ganz im Ernst, nicht als schöne Idee, sondern, weil sie nicht vorwegwissen kann, wie sie sein muss und sich verhalten muss, was sie aufgeben, und was sie festhalten muss, weil das diskutiert werden muss im »wechselseitigen Gespräch der Brüder«, wie Luther gelegentlich formuliert hat; auch Kirche weiß ihre und der Welt Zukunft nicht voraus, soll aber für diese Zukunft tätig sein.

Denn das große Ziel kennen wir ja, das Reich des Shalom, des Friedens und der Gerechtigkeit, wozu der Frieden mit der Natur, also die Bewahrung der Schöpfung, heute dazugehört. Kirche wird auf jeder Station ihres Lebens beraten müssen. Kirche unten, das sind wir, Kirche oben, der müssen wir es immer wieder nahebringen. Es muss beraten werden, was dazu jetzt geschehen muss als nächster Schritt, der – wenn wir auch nicht am Ziel sind, so muss doch die Richtung stimmen – uns nicht weiter wegbringt. Kirchen, die auf ihrem Besitzstand, geistig und in jeder denkbaren Hinsicht, beharrt haben, haben den Glauben immer nur zurückgeworfen, sind eigentlich vom Glauben abgefallen.

Obwohl sie ihn dabei dann noch »richtig« gelehrt haben mögen. Sie haben ja auf einen anderen Gott gesetzt. Nämlich auf den des Besitzes. Unser Gott ist unsichtbar, er ist der Gott der Zukunft. Kirche befindet sich auf dem Weg, sie hat viel gelernt in unserem Jahrhundert, das macht uns Mut, sie muss noch viel lernen, wir alle gehören zu ihr und wollen uns gern darauf einlassen.

Zur Planung eines schülerorientierten Biblischen Unterrichts (1991)

Vorbemerkung: Dem Problem unserer vermännlichten Sprache will ich im Folgenden in der Weise begegnen, dass ich überwiegend die weibliche Form (Lehrerinnen, Schülerinnen usw.) benutze. Das männliche Geschlecht ist natürlich immer mitgemeint.

1. Zum konzeptionellen Ansatz dieser Arbeit

Immer wieder berichten Lehramtsanwärterinnen von dem Praxisschock, den sie bei erster Begegnung mit der schulischen Realität erleben. Täuscht mich eine mehr als dreißigjährige Erfahrung mit diesem Abschnitt der Lehrerbildung nicht, dann sind gerade junge Kolleginnen mit dem Fach Religion diesem Schock besonders ausgesetzt, und zwar umso mehr, je mehr sie während ihres Studiums in die wissenschaftliche Theologie eingedrungen waren. »Die Theologie ist gut, aber die Schüler passen so gar nicht dazu«, dieser Stoßseufzer eines Referendars drückt die Situation gut aus.

Dabei hat die junge Lehrergeneration oftmals schon mehr Gelegenheit gehabt, sich während ihres Studiums mit modernen Human- und Sozialwissenschaften zu beschäftigen (in einigen Bundesländern ist dies Pflicht), als es ihren Ausbildern vielfach möglich war. Aber damit ist noch nicht gesagt, dass auch die notwendige Verzahnung zwischen diesen Wissenschaften und der Theologie stattgefunden hat, ohne die sie für den Religionsunterricht nicht wirklich fruchtbar werden können. Haben etwa sozialpsychologische Studien die fundamentalen Veränderungen deutlich gemacht, die der Sozialcharakter ganzer Bevölkerungen beim Übergang zur Überproduktions- und Konsumgesellschaft erfährt, so scheint in weiten Teilen der Universitätstheologie der Mensch »letzten Endes immer derselbe« zu sein. Wie soll die Lehrerin beides zusammenbringen? Auf welchen theoretischen Ansatz kann sie sich beziehen? Und welches könnte speziell für Biblischen Unterricht ihre Bezugswissenschaft sein?

Ist es die Exegese? Sie scheint, in Deutschland jedenfalls, ihre große Zeit hinter sich zu haben. Diese »große Zeit«, die gut eineinhalb Jahrhunderte gedauert hat, brachte Befreiung von einem erstarrten Lehrsystem, das seit dem 16./17. Jahrhundert im Wesentlichen unverändert geblieben war und sich (mit Hilfe der kirchlichen Institution, die im Summepiskopat mit der politischen Macht identisch war) gegen neueres Wissen von Menschen und von der Welt und von der Entstehungsgeschichte alter Bücher wohl abzuschirmen verstanden hatte. Nicht als ob in jenem Lehrsystem, das dem nachreformatorischen Zeitalter entstammte und der Abwehr des mächtigen römischen Gegners zu dienen hatte, nicht vieles an christlichen Grunderkenntnissen und -erfahrungen aufbewahrt gewesen wäre! Aber es war erstarrt, wurde für zeitlos gehalten; was zur Abwehr römischen Dogmatismus' gut gewesen war, sollte jetzt zur Abwehr befreiender Wissenschaft herhalten. Bis in die Mitte des 20. Jahrhunderts blieb es Grundlage nicht nur des Dogmatikstudiums an den Universitäten, sondern auch des Konfirmandenunterrichts, dem der schulische Unterricht (dafür sorgte bis 1918 schon die geistliche Schulaufsicht) nicht zu widersprechen hatte. Als ob die Menschheit nicht weiterginge in der Geschichte, neue Erfahrungen machte und neue Situationen ökonomischer, politischer und weltanschaulicher Art zu bestehen hätte, für die die Weisheit des alten Systems nicht mehr viel hergab. Die Erkenntnis der Geschichtlichkeit alles Menschlichen konnte auch vor den Dokumenten der Offenbarung nicht haltmachen; das aber bedeutete: Die Frage ihrer Entstehung musste geklärt werden, ebenso wie die Frage nach der Historizität des in ihnen Berichteten.

Wir wissen, dieser Weg ist nicht ohne innere und äußere Kämpfe beschritten worden. Zu den äußeren zählt noch die Irrlehreanzeige gegen R. Bultmann, der freilich, anders als im Fall von D.F. Strauß gut hundert Jahre zuvor, nicht mehr stattgegeben wurde. Dass die entsprechenden Kämpfe in der römisch-katholischen Kirche noch nicht ausgestanden sind, ist bekannt. Aber vor allem das siegreiche Bestehen der inneren Kämpfe hat die exegetische Wissenschaft im evangelischen Deutschland groß und bedeutsam gemacht. A. Schweitzers 1906 geschriebene Worte in seiner »Geschichte der Leben-Jesu-Forschung« halten es fest: »Die Erforschung des Lebens Jesu war für die Theologie die Schule der Wahrhaftigkeit. Ein so schmerzliches und entsagungsvolles Ringen um die Wahrheit, wie es in den Leben Jesu der letzten hundert Jahre beschlossen liegt, hatte die Welt noch nie gesehen und wird es nicht mehr sehen.«

Die Frage war, was die Kämpfe der neueren Zeit, aber auch die älteren (von Kopernikus und Galilei an und weiter über Darwin bis hin zu Feuerbach und Freud) für die Bibel als Glaubensquelle bedeuteten. Ihr Weltbild war vergangen, ihre Rede von Gott und auch vom Menschen schien naiv. Der große Apologet unter den Exegeten, R. Bultmann, schien den Ausweg gefunden zu haben: Existenziale Interpretation schafft Zugang zu allem, was Menschen über Menschen gedacht haben – also auch zu den Texten der christlichen Traditionen mit Einschluss der Bibel.

So weit, so gut. Aber damit scheint auch der theologische Höhepunkt deutscher Exegese überschritten. Denn was übermächtig auftaucht, die Bedeutung überindividueller Strukturen, vor allem ökonomischer, für das Selbstverständnis des einzelnen, unsere Abhängigkeit bis in die Psyche hinein von der sozialgeschichtlichen Epoche, in der wir leben, das kann in existentialen Kategorien, die, nun ihrerseits naiv, Freiheit des einzelnen schlicht als gegeben annehmen, nicht mehr gedacht werden. Psychologie, Psychoanalyse, Sozialpsychologie, mächtige Wissenschaften, die eingesetzt werden können und werden, um ganze Bevölkerungen den ökonomisch Mächtigen genehm zu halten[1], blieben fast ohne Berührung mit der Exegese. Psychoanalytische Bibelauslegung, die es ja gibt, gilt den Texten an sich[2]; eine Auslegung auf den heutigen Menschen und die Frage seiner Glaubensmöglichkeit hin ist das noch nicht. Hierin war Bultmann zu seiner Zeit die große Ausnahme. Die Frage, welches Bild vom Menschen in der Exegese zum Zug komme, war für ihn zentral; gerade von ihm muss deshalb gesagt werden, dass ihn die Bibel als Glaubensquelle interessierte, nicht nur als altes Dokument.

Gibt es heute solche Ausnahmen? Das Verdienst der sozialgeschichtlichen Exegese ist es, die ökonomischen und sozialen Kämpfe zur Zeit der Entstehung

1 Immer noch lehrreich hierfür: B. Friedan, Der Weiblichkeitswahn, Reinbeck 1966.

2 Z.B. Y. Spiegel (Hg.), Doppeldeutlich. Tiefendimension biblischer Texte, München 1978.

der biblischen Schriften endlich ins Licht zu rücken, zusammen mit der Option des biblischen Gottes für die »kleinen Leute«[3]; sie impliziert zumindest eine Kritik der heutigen Gesellschaft. Über den Rahmen der im engeren Sinn sozialgeschichtlichen Auslegung hinaus gibt es besonders unter den Exegeten des Alten Testaments, das es ja immer auch mit der Gestaltung der alten Gesellschaft zu tun hat, eine ähnliche implizite und weiterweisende Kritik an heutigen Bedingungen des Menschseins (J. Ebach, F. Crüsemann, E. Gerstenberger u.a.); die Kritische Theorie oder, beim letztgenannten, lateinamerikanische Erfahrungen stehen im Hintergrund. Vereinzelt gilt dies auch von neutestamentlichen Exegeten (U. Schoenborn). Bei ihnen haben die Texte »etwas zu sagen«; hier wird Bibeldidaktik schöpfen können. Ebenso gilt das von den Anfängen feministischer Exegese (L. Schottroff) bei uns. Bezeichnenderweise werden einige dieser Exegeten von vielen ihrer Fachkollegen bekämpft oder ignoriert, die mit den bewährten historisch-kritischen Methoden weiterarbeiten, immer mehr Einzelheiten zutage fördern, die historisch gewiss von Interesse sind, für den Glauben aber nichts mehr bedeuten.

Mir scheint dies wieder ein Prozess der Erstarrung zu sein: Was gegen ein zur Fessel gewordenes Lehrsystem gut war, der Weiterentwicklung christlichen Denkens diente, wendet sich jetzt gegen die heute nötige Weiterentwicklung, tritt auf der Stelle. Vielleicht ist es die Aufgabe der Praktischen Theologie, zu der die Didaktik des Religionsunterrichts zählt, die Bibelauslegung in diese Richtung voranzutreiben. Sehen wir uns also im eigenen Hause um, um nach der Theorie zu forschen, die uns beim Biblischen Unterricht für heute helfen könnte. Bewegung genug hat es hier in der zweiten Hälfte unseres Jahrhunderts ja gegeben.

Von H. Kittels Evangelischer Unterweisung bis zum hermeneutisch orientierten Bibelunterricht M. Stallmanns und des frühen H. Stock war Biblischer Unterricht Selbstzweck, die Bibel fast alleiniger Unterrichtsgegenstand im evangelischen Bereich. In den ersten Lehrplänen für den schulischen Unterricht nach dem Krieg wurde der Stoff der Bibel auf die Jahrgänge aufgeteilt, vom ersten Schuljahr bis zum Abitur, zunächst in Form einzelner biblischer

3 W. Schottroff und W. Stegemann, Der Gott der kleinen Leute. Bd. 1: Altes Testament, Bd. 2: Neues Testament, München/Gelnhausen 1979.

Geschichten, dann (etwa ab der siebten Klasse) in Form kursorischer Lektüre biblischer Bücher, die wiederum nach vermutetem Schwierigkeitsgrad angeordnet waren; das Buch Hiob, der Prediger Salomo, das Johannesevangelium etwa fanden in der Oberprima Platz. Den theoretischen Rahmen für die Evangelische Unterweisung gab die traditionelle lutherische Glaubenslehre ab; das hermeneutische Prinzip wurde i.a. nicht zur Diskussion gestellt. Für den Hermeneutischen Bibelunterricht fungierte die Exegese der Universitäten als Bezugswissenschaft; wenn es gutging, wurden historisch-kritische Fragen im Unterricht mitbehandelt.[4] Mit Hilfe der existentialen Interpretation R. Bultmanns, die ja mit ihrem Interesse am Selbstverständnis des Menschen reformatorischer und pietistischer Hermeneutik nicht fernsteht, konnten die Texte den Schülerinnen nahegebracht werden. Dass die Bibel den Gegenstand des Unterrichts zu bilden habe, darüber gab es (zunächst) keine Diskussion.

Bis hierhin entdecken wir also keinen wesentlichen Unterschied gegenüber der Exegese; nur dass der Befreiungsschritt, vom Lehrsystem zur geschichtlich-hermeneutischen Betrachtung, für die Schule sehr viel später kam als für die Universität. Kein Wunder, von der Geistlichen Schulaufsicht sprachen wir ja bereits. Aber die Angst leitender Männer, dass die »kleinen Leute« an der Basis, unter Einschluß der Schulkinder, von historischen Zusammenhängen etwas erfahren könnten, überdauerte die Existenz der alten Institution: Noch 1946, beim Zweiten Theologischen Examen, riet mir der Vorsitzende Bischof, ich möge nichts von dem, was ich an der Universität gelernt hätte, in die Gemeinde dringen lassen, es würde sie verwirren. »Es denkt an der Basis«, hätte ich ihm mit dem frühen R. Bahro erwidern können.

Aber nun geschah in der Didaktik ein entscheidender Schritt nach vorn. Mit H.B. Kaufmanns berühmtem Loccumer Vortrag »Muss die Bibel im Mittelpunkt des Religionsunterrichts stehen?« trat zum Text der Kontext. Die »konstitutive Bedeutung« der Bibel für Kirche und Glauben sollte gerade dadurch hervortreten, dass sie von heutigen Problemen der Schüler, der Gesellschaft her angefragt wurde, als Problemlösungsangebot im Wettbewerb mit anderen Lösungsmöglichkeiten; theologische Bezugswissenschaft wurde weitge-

4 Vgl. das Schulbuch »Gott kommt«. Ein evangelisches Unterrichtswerk für Gymnasien, hg. von H.J. Kraus und G. Schneider, Neukirchen-Vluyn 1966ff (mehrere Neuauflagen, bis heute vollständige lieferbar).

hend eher die Sozialethik als die Exegese. Es entstand der thematisch-problemorientierte Religionsunterricht, dem die Rahmenrichtlinien und die neuen Schulbücher folgten. Für den Biblischen Unterricht hatte dieser Ansatz weitreichende Folgen:

1. Er nahm an Umfang beträchtlich ab, da ja der größte Teil der Unterrichtszeit auf die Erschließung des behandelten Gegenwartsproblems verwendet wurde. Die Bibelkenntnis der Schülerinnen (und Studienanfängerinnen) war daher sehr viel geringer als zuvor. Dabei sollte nicht übersehen werden, dass biblische Grundoptionen bei der Erschließung heutiger Probleme bereits im Hintergrund standen.

2. Das Bild Jesu änderte sich, weil vor allem die mitmenschlichen und die sozialen Komponenten der biblischen Jesusgestalt gebraucht wurden. Dies war (bei dem traditionellen Nachholbedarf vor allem des deutschen Luthertums auf ethischem und sozialethischem Gebiet) zwar einerseits ein Gewinn; andererseits reduzierte sich nunmehr »Glaube« für die Schülerinnen weitgehend auf Sozialverhalten. (Eine siebte Klasse, die ich im Schulpraktikum besuchte, lief im Flur vor mir her: »Was haben wir jetzt? Ach, Reli. Müssen wir wieder sozial sein!«)

3. Das »Proprium« evangelischer Theologie, die Rechtfertigungslehre, kam kaum mehr vor (höchstens bei der Behandlung der Reformation). Dass Jesu »liebende Zuwendung« zu den Ausgestoßenen Offenbarungscharakter habe, stand zwar in Rahmenrichtlinien wieder im Hintergrund, wurde aber nicht explizit.[5] Dafür wurden andere Teile von Bibel und Theologie gerade durch die Behandlung moderner Fragen umso lebendiger: seit der Friedensbewegung der achtziger Jahre vor allem die Bergpredigt, bis dahin, dass ihre Auslegung im Rahmen der lutherischen Zwei-Reiche-Lehre öffentlich (Helmut Schmidt) und dann auch in der Schule thematisiert wurde; mit dem wachsenden Umweltbewusstsein auch die Schöpfungslehre (Diskussion um Gen 1,28: Machet euch die Erde untertan) und die Schöpfungspsalmen.

5 Vgl. M. Veit, Das »Proprium« evangelischer Theologie als didaktisch-methodisches Problem, in: B. Jendorff und G. Schmalenberg (Hg.), Anwalt des Menschen, Gießen 1983.

Insgesamt setzt problemorientierter Religionsunterricht eine veränderte Lehrerausbildung voraus – oder aber team-teaching mit Vertretern anderer Fächer. Denn die Probleme der heutigen Gesellschaften sind komplexer, als es kirchlich-theologischem Denken vielfach erscheint.[6] Vor allem ist ein Einblick in die Sachzwänge der Konkurrenzwirtschaft unabdingbar, soll nicht die verbreitete Meinung, dass es immer nur auf den einzelnen ankomme, ob er z.B. arbeitslos wird oder nicht, auch noch gestützt werden. Weder die entlassenen Stahlarbeiter sind »schuld« an ihrer Arbeitslosigkeit, noch kann eine Firma auf »Rationalisierungen«, sprich Entlassungen, verzichten, wenn die Konkurrenz am »Markt« es erfordert; der individualistisch-moralische Ansatz, dem man nicht selten begegnet, greift einfach zu kurz. Wie bessere Gesellschaftsgestaltungen aussehen könnten, welche es (funktionierend) gibt, darüber ist in der Lehrerausbildung meist nichts gelernt worden. Die Folge kann heilloses Dilettieren – oder aber Resignation sein. Anderes Beispiel: Zu den Erblasten theologischen Denkens gehört es, »Harmonie« höher zu schätzen als etwa die Entwicklung einer Streitkultur, wobei diese Harmonie meist zu Lasten des Schwächeren geht, der sich eben unterwirft. Der biblische Gott aber ist Anwalt dieses Schwächeren, und »Streit« in dessen Interesse brechen die Propheten gerade vom Zaun. In unseren Klassen dagegen sind Worte wie »Konflikt« oder »Kritik« immer noch weitgehend negativ besetzt, im Zeitalter der Friedensbewegungen sogar verstärkt. Hier fehlt die psychologische Unterscheidung von »Aggressivität« und »Destruktivität« oder auch von »guter« und von »böser« Aggression. Wer hilft der Lehrerin, solche Fehlmeinungen aufzubrechen und verantwortlich problemorientiert Religion zu lehren?

Sicher ist, dass bei solchem Unterricht die existentiale Interpretation nicht mehr ausreicht. Sie muss ihre Fortsetzung finden in einer politischen Hermeneutik, die bei uns meist nicht ausdrücklich thematisiert wird.[7] Da der biblische Gott eindeutig für »die unten« Partei nimmt, die Seinen daran misst, wie es Witwen, Waisen und Fremdlingen bei ihnen ergeht, erscheint es sinnvoll, den hermeneutischen Ansatz bei einer Option für die Massen zu nehmen. Was die gegenwärtige Gesellschaft mit der Masse der hier lebenden Menschen macht,

---

6 Vgl. hierzu M. Veit, Die Frage nach der Wahrheit, EK 23 (1990) 544-551.

7 Vgl. aber D. Sölle, Politische Theologie. Auseinandersetzung mit Rudolf Bultmann, Stuttgart 1971.

wie sich ihre Strukturen auf Charakter und Mentalitätsbildung auswirken, das ist ein Thema, das kaum in einem anderen Schulfach zur Diskussion steht; für das Verständnis von Bibel und Glauben aber ist es entscheidend wichtig.

Ich folge deshalb für Biblischen Unterricht dem Konzept eines schülerorientierten Unterrichts in dem Sinne, dass ich die wichtigsten Unterrichtsziele ebenso wie Stoffauswahl und Methoden von der heutigen menschlich-gesellschaftlichen Situation der Schülerinnen her zu gewinnen suche. Diese Situation interpretiere ich von einem bibeltheologischen Ansatz her; er macht gravierende Sozialisationsschäden sichtbar. Ich stelle mich damit in die Tradition eines »Therapeutischen« oder »Sozialisationsbegleitenden« Unterrichts, sofern man hier von einer Tradition schon sprechen kann. Das Konzept, in den frühen siebziger Jahren von Autoren wie J. Scharfenberg, H. Reiser, D. Stoodt u.a. in anregenden Beispielen vorgestellt, ist leider zu wenig weiterentwickelt worden – insbesondere nicht für Biblischen Unterricht. Das Hauptlernziel Emanzipation, das damals maßgebend war, ist (biblisch gesehen) nicht genug, auch wenn es (wiederum biblisch gesehen) nicht aufgegeben werden darf.

Im Folgenden möchte ich in großen Linien zu zeigen versuchen, worauf es bei einem Biblischen Unterricht, der der Masse der Schülerinnen dienen will, m.E. vor allem ankommt.

2. Änderung des Sozialcharakters als Problem Biblischen Unterrichts heute

Ein eigentümliches Dilemma jeden Unterrichts tritt auf, wenn Lehrerin und Schülerinnen verschiedenen sozialgeschichtlichen Epochen angehören: die Lehrerin noch innen-, die Schülerinnen schon außengelenkt.[8] Der innengelenkte Charakter, der zur Aufbauphase der Industriegesellschaft gehört, der Phase, in der der Protestantismus und danach die Aufklärung sich ausbildete, weist all die Eigenschaften auf, die für eben diese Aufbaujahrhunderte gebraucht wurden: feste Prinzipien, Normensicherheit, persönlich verantwortete Sittlichkeit als Normenentsprechung, in eins damit die Überzeugung, dass

8 Vgl. D. Riesman u.a., Die einsame Masse (rororo Enz. 72), Reinbek (1958) 1977.

der Mensch so und nicht anders sein müsse. Für die Theologin gehörte dazu die »intellektuelle Redlichkeit« (W. Herrmann); es ist die Zeit jener inneren Kämpfe um Klärung der Wahrheitsfrage in bezug auf Bibel und Glauben, die ich schon ansprach.

Die Lehrerin wird, wenn sie älter ist, auf jeden Fall noch innengelenkt geprägt sein; aber gerade unter Theologen hält sich diese Charakterprägung ohnedies länger als in der Gesamtbevölkerung. Bis etwa in die Mitte der sechziger Jahre aber gehörten ihr auch die Schülerinnen, jedenfalls hierzulande, an. Das bedeutet: Das Wahrheitsinteresse der Lehrerin deckte sich mit dem, was die Fachwissenschaft trieb; es deckte sich aber auch mit dem Interesse der Schülerinnen, mit den Fragen, die sie an biblischen Unterricht hatten.

Sie wollten etwa, im dritten Schuljahr, wissen, was das denn für ein Berg sei, von dem man laut Versuchungsgeschichte »alle Reiche der Welt« sehen konnte: »Die Erde ist nämlich rund, Fräulein, da kann man nicht rumgucken!« Sie fragten die Schöpfungs- und die Himmelfahrtsgeschichte vom modernen Weltbild her an, bezweifelten die Wunder und ließen nicht locker bei der Frage, ob es wirklich einen Gott gebe. Vor allem galt das von den Pubertätsjahren.

Die Lehrerin war, wenn sie gründlich Theologie studieren konnte, auf die Bearbeitung solcher Fragen gut vorbereitet. Was die Schülerinnen wollten, was die Wissenschaft trieb und was die Lehrerin sich erarbeitet hatte, ging in ein und dieselbe Richtung; die Praxis des Unterrichts konnte aus der theologischen Theorie unmittelbar schöpfen. Es ging darum, den Schülerinnen den Charakter der biblischen Texte zu erschließen, unterscheiden zu lehren zwischen historischer und existenzieller Wahrheit, zwischen historischen Dokumenten und Glaubensgeschichten, »die der Lukas erzählt hat, damit man Jesus besser versteht«.[9] Es ging darum, Elemente von Forschungsgeschichte zu vermitteln, etwa durch Evangelienvergleich den biblischen Autoren über die Schulter zu schauen – und dadurch zugleich die Erkenntnis zu vermitteln, dass es hier nichts zu vernebeln gibt, sondern dass man auf viele Fragen eine ganz klare Antwort finden kann, wenn man genau zusieht und methodisch angeleitet ist. Das schaffte nicht nur Bibelverständnis, das gab auch Zutrauen zum

9 So ein (gutunterrichteter) Drittklässler. Vgl. M. Veit, Die Wahrheitsfrage im biblischen Unterricht des 5. und 8 Schuljahrs, ThPr 5 (1970) 259ff.

eigenen Urteil und Zutrauen zu der Möglichkeit sauberer wissenschaftlicher Arbeit – im Zeitalter zunehmender Manipulation durch Werbung und Politik ein wahrhaft seelsorgerlicher Akt!

Und es galt darzulegen (wieder gestützt durch die Universitätstheologie), dass es Fragen gibt, die man nicht objektiv wissenschaftlich lösen kann, nicht weil man es nicht dürfte, sondern weil es ihrem Wesen nach nicht möglich ist. Ob Jesus recht hat oder nicht, nicht nur mit seinen Forderungen, sondern mit seinen Verheißungen, das ist eine solche Frage, die man zwar als Frage ausarbeiten, aber nur mit seinem Leben beantworten kann. Warum rede ich in der Vergangenheitsform?

Weil seit etwa Mitte der sechziger Jahre auf Seiten der Schülerinnen eine Veränderung begonnen hat, die der durch die Theologie der Universitäten gebildeten Lehrerin den Dialogpartner entzog: Die Wahrheitsfrage ist nicht mehr so wichtig. Wir sind, sozialgeschichtlich gesehen, in eine neue Epoche eingetreten, die der Überproduktions- und Konsumgesellschaft, die es so noch nie in der Geschichte gegeben hat. In ihr gelten andere Prioritäten als zuvor. Die wirtschaftliche Struktur einer Gesellschaft bestimmt nicht nur unser äußeres Ergehen, sie wandert auch in unsere Psyche ein.[10] Wirtschaft aber funktioniert heute nur noch, wenn tüchtig gekauft, konsumiert wird; nur dann rollt die DM so, wie sie es tut. Werbung, manipulativ und aggressiv, kommt in jede Wohnung und lehrt das neue Gesetz: Man muss »in« sein. Mithalten können mit den Altersgenossen in Bezug auf Kleidung, Aussehen, Statussymbole ist für die Masse der Jugendlichen, und zwar aller Bildungsschichten, inzwischen aber längst auch für die jüngeren Erwachsenen inneres Gebot. Wach und flexibel gilt es, den Trend mitzubekommen, wie mit einem Radargerät ausgerüstet aufmerksam zu verfolgen, was jetzt gilt; ein anstrengendes Leben, wie Riesman deutlich macht, anstrengend für die »Nerven«. Denn das Gesetz gilt gnadenlos; wer sich nicht daran hält, ist »out« sowohl auf dem Arbeits- wie auf dem Persönlichkeitsmarkt.

Wo aber Mode, Trend und, was die Arbeitswelt betrifft, Flexibilität vor allem gefragt sind, tritt die Frage nach gültiger Wahrheit in den Hintergrund – gerade die Frage, die die biblische Exegese der Universitäten in den beiden letzten

---

10 Vgl. M. Veit, Kann »Moralität« ein Lernziel sein? Überlegungen zum Religionsunterricht in der Marktgesellschaft, JK 38 (1977) 419ff.

Jahrhunderten vor allem beschäftigt hat, zuerst im deutschen Protestantismus und inzwischen weit darüber hinaus. Natürlich gibt es immer noch Schülerinnen, besonders solche, die aus frommen Elternhäusern kommen, für die die Wahrheitsfrage zentral ist. Und es gibt die fundamentalistisch orientierten, die sie als ein für alle Mal beantwortet ablehnen. Sozialpsychologische Erkenntnisse beziehen sich ja nie auf jeden einzelnen, sondern auf die »große Zahl«, den vorherrschenden Sozialcharakter einer Gesellschaft. Im Ganzen aber findet Biblischer Unterricht heute eine andere Situation vor als noch vor wenigen Jahrzehnten. Ich will sie in zwei Thesen zusammenfassen:

1. Es wird mit wechselnden Trends oder Moden auf allen Lebensgebieten, auch in der »Weltanschauung«, gerechnet. Letztgültige Wahrheit wird nicht mehr erwartet; es scheint illusorisch, sich darum zu bemühen. »Im Westen glauben wir doch nun mal an Gott«[11], warum sich also mit dem Problem der theistischen Rede in der Bibel beschäftigen?

2. Sich mit alten Texten, alten Weltbildern zu befassen kann nur noch Unterhaltungswert haben, folkloristisch gewissermaßen interessieren. Warum also viel Mühe auf das Verständnis verwenden? Es muss »Spaß« machen, damit »umzugehen«, sonst nichts. Insistierendes Fragen einzelner Schülerinnen gilt rasch als »Fanatismus«.

Die Frustration der Religionslehrerin, die eigentlich die Absicht hat, die Bibel als Glaubensquelle zum Reden zu bringen, ist mir vor allem in den Schulpraktika der letzten beiden Jahrzehnte immer wieder begegnet; ich selbst erlebte sie zuvor im eigenen Unterricht. Was ist zu tun?

Ich denke, als erstes gilt es, die erlebte Situation verstehen zu lernen, um aus der reflektierten Praxis zu einer besseren Theorie zu gelangen. Hierbei wird die Didaktik, wie schon angedeutet, weitgehend Pionierarbeit leisten müssen; denn in die Universitätstheologie sind Probleme wie die der Änderung des Sozialcharakters ganzer Bevölkerungen noch so gut wie nicht eingegangen, vor allem nicht in die Exegese. Es gilt also, von der Praxis des Unterrichts danach zu fragen, wo heute die brennenden Aufgaben liegen, denen biblischer Unter-

11 Äußerung einer sechzehnjährigen Schülerin schon 1965.

richt sich stellen muss. Dabei möchte ich auf die älteren (und fortbestehenden) Aufgaben einer Einführung in historisch-kritisches Bibelverstehen nicht näher eingehen. Erstens gibt es dafür inzwischen ja eine Fülle von Hilfsmitteln. Zweitens aber, und vor allem, besitzt die Bibel für die Masse der heutigen Schülerinnen keinen Vorschuss an Autorität mehr, und so wird die Klärung ihrer Entstehung u.U. nicht allzu interessant sein, solange nicht diskutiert ist, was dieses Buch für uns will. Ich möchte daher ideologiekritische Aufgaben des Unterrichts skizzieren, die sich einerseits aus der vorfindlichen Prägung der Schülerinnen, andererseits aus der Wirkungsgeschichte älteren Religionsunterrichts ergeben.

3. Theologisch-didaktische Aufgaben Biblischen Unterrichts in der heutigen Situation

3.1 Wiedergewinnung der Wahrheitsfrage

Theologie und mit ihr der Hauptstrom europäischer Philosophie, aber auch der Individualpsychologie gehen wie selbstverständlich davon aus, dass der Mensch seinem Wesen nach auf Wahrheitserkenntnis aus sei. Die Didaktikerin, die das geschilderte Dilemma der Religionslehrerin in der heutigen Situation vor Augen hat, fragt nach Beweisen für jene Grundvoraussetzung. Trifft sie zu, dann müsste ja mit den derzeitigen Jugendlichen etwas geschehen sein, was sie ihrem Wesen als Menschen entfremdet, und eine der dringendsten Aufgaben biblischen Unterrichts (und des Religionsunterrichts überhaupt) müsste es sein, die Wahrheitsfrage wieder zu wecken. Ich bin dieser Meinung. Gibt es Beweise?

Wer kleine Kinder kennt, wird an der Wahrheitsbezogenheit des Menschen nicht zweifeln können. Denn »ihre Augen, die noch alles anschaun müssen, weil sie von allem viel zu wenig wissen«[12], diese Augen entdecken Unbekann-

12 Nach einem schönen Gedicht von H. Kahlau, in: Ders., »Dass es dich gibt, macht mich heiter«. Liebesgedichte, Berlin/Weimar 1988.

tes, Befremdliches, Widersprüchliches, und dann kommen die Fragen – klar, bestechend einfach und ernsthaft; drollig manchmal, weil sie noch zu wenig wissen, aber immer ganz logisch gedacht. Mein jüngstes Erlebnis in dieser Hinsicht bot ein Fünfjähriger, der in einer Kinderbibel ein Bild der Himmelfahrtsgeschichte vor Augen bekam; sein Kommentar: »Nee, das geht aber nicht, auf 'ner Wolke kann man nicht fahren; da wäre der Jesus ja durchgerutscht, Wolken sind was ganz Dünnes!« Er hatte seine erste Flugreise hinter sich. Da ist sie also noch, die Wahrheitsfrage; die »strahlende Intelligenz eines gesunden Kindes«, die S. Freud der »Denkschwäche des durchschnittlichen Erwachsenen« gegenüberstellt, gibt es nach wie vor. Sie reicht bis ins Grundschulalter hinein. In den Grundschuljahren selbst aber hat sich etwas geändert: Reizüberflutung und Videokonsum haben einen Aufmerksamkeitsverlust mit sich gebracht, der auch das Wahrheitsinteresse geschwächt hat, das sich früher ganz anders lebhaft zu Wort meldete – und das bei kleineren Kindern ungebrochen fortbesteht.

Hier also fängt das Unheil an: bei der Zerstörung der inneren Aufmerksamkeit.[13] Dies formulieren heißt, sich an M. Montessori erinnern, die in der »Polarisation der Aufmerksamkeit« den ersten Schritt zur »Rekonstruktion« gestörter kindlicher Psychen sah.[14] Der biblische Unterricht kann dazu beitragen, und zwar mit einem seiner ureigensten Mittel: dem Erzählen.

Anthroposophische Erzieher gehen davon aus, dass beim Erzählen (im Unterschied zur Bearbeitung von Medien aller Art) »innere Bilder« entstehen (Imagination), die der eigenen Kreativität des zuhörenden Kindes entstammen und in der Seele bleiben, so dass sie immer einmal wieder auftauchen und betrachtet werden können. Auf visuelle Mittel wird deshalb weitgehend verzichtet. Der Ansatz scheint mir bedenkenswert. Allerdings ist die Frage, ob die konzentrationsgestörten Kinder unserer Zeit überhaupt zuhören können. Es gilt, pädagogische Methoden zu finden, die ihnen helfen, diese ursprünglichste Fähigkeit des lernenden Kindes wiederzugewinnen. Ich skizziere zwei sehr verschiedene Beispiele.

---

13 In meiner Arbeit »Die Religion der BILD-Zeitung« (Parabel. Schriftenreihe des Evangelischen Studienwerks Villigst, Bd. 10/11), Münster 1989 habe ich zu zeigen versucht, dass diese Zerstörung z.T. bewusst betrieben wird.

14 Als »Montessori-Phänomen« in die Literatur eingegangen.

1972: Die erfahrene Lehrerin einer 5. Klasse (Großstadtgymnasium) erlebte anfangs, dass die Kinder nicht imstande waren, auch nur wenige Minuten bei einer Sache zu bleiben, auch wenn sie diese selbst vorgeschlagen hatten. Diffuse motorische Unruhe und der entsprechende Lärm erfüllten den Raum. Sie begann zu erzählen, sah sich aber kurz vor dem Skopus ihrer Geschichte unterbrochen durch den Zuruf eines Kindes, ob man jetzt nicht mal »Quiz machen« könne; es hatte in keiner Weise mitbekommen, wovon die Rede war. Der Lehrerin fiel aber auf, dass einige der Kinder intensiv damit beschäftigt waren, auf Rechenpapier mit leuchtend bunten Farben punktsymmetrische Muster zu malen, sauber, genau und nach allen Seiten stimmig. Sie gewann den Eindruck, dass diese Kinder vielleicht unbewusst eine Art Selbstheilungsversuch unternahmen, etwas suchten, was ihnen die fehlende Konzentration wiedergeben könnte. Und richtig – es zeigte sich, dass diese Kinder fähig waren, während ihres Malens zuzuhören; aus tiefster Versunkenheit kam eine Wortmeldung, die eine Frage zur Geschichte enthielt. Das Mustermalen breitete sich aus, immer mehr Kinder fingen damit an, die Konzentrationsfähigkeit wuchs und mit ihr die Fähigkeit zu lauschen. Nach etwa einem halben Jahr standen während des Erzählens (einer einfachen Jesusgeschichte!) plötzlich zwei Mädchen auf, tanzten mit leichtem Schritt bis zur Rückwand des Klassenzimmers und setzten sich wieder hin. Niemand war gestört worden, die Malenden blickten kurz auf, aber alle, auch die Tanzenden, waren voll bei der Geschichte. Hatten die beiden in Bewegung umgesetzt, was sie beim Hören empfanden – Regression in ein viel früheres Stadium der Kindheit, in dem der »Nachholbedarf« entstanden war? – Gegen Ende des Schuljahrs war auch das Wahrheitsthema im Raum, in Gestalt der nachdenklichen Frage: »Woher weiß man das eigentlich alles, mit Jesus und so?«

Dass die Wiedergewinnung von Konzentrationsfähigkeit und eigener Frage auch von den Kindern als Gewinn empfunden wurde, zeigte die Freude und Spannung, mit der sie jede Religionsstunde begrüßten.

1988: Ein drittes Schuljahr, das an das »Offene Lernen mit dem Wochenplan« gewöhnt war, erarbeitete sich das Buch Ruth in vier Doppelstunden eines Schulpraktikums, und zwar in der kooperativen Weise, die zu diesem hervorragenden Lernsystem gehört. Ährenlesen, Brotfladen-Backen, Spiel und Lied beim Erntetanz gehörten dazu, lauter kreative Methoden, sich den Gehalt der Geschichte anzueignen. Leitfaden aber war das Erzählen: Alle kamen im Erzählkreis zusammen, unter dem zuvor der Erzählteppich, ein großes grünes Tuch, ausgebreitet worden war; die Regel war, dass nur der reden durfte, der den Erzählstein in der Hand hielt. Wollte ein Kind während der Erzählung die Lehrerin etwas fragen, so hob es die Hand und bekam den Stein überreicht. Auf diese Weise war intensives Zuhören für alle möglich; man gewann den Eindruck, dass die Geschichte in ihnen lebte, jede erzählte Szene für sich. Nachdenklich sagte ein Junge während des Fladenessens: »Die (sc. die Figuren der Geschichte) wissen immer, dass da Gott noch dahinter ist!«

Bibel als Drehbuch des Glaubens – die Szenen des Films helfen uns, in unserem eigenen Leben die wesentlichen Fragen zu entdecken. Was der Junge entdeckte, war: Die Welt ist nicht in sich hermetisch abgeschlossen. Das Fenster ist offen in eine nicht verfügbare Zukunft, aus der uns der Ruf dessen erreicht, den wir Gott nennen – erste Grundlage alles Glaubensverstehens.

3.2 Kampf um die Personalität des Menschen

Gelingt es nicht, im Verlauf der Kinderjahre die innere Aufmerksamkeit und das eigene Fragen wieder zu wecken, so kann einem bei älteren Schülerinnen ein (ihnen selbst kaum bewusster) Zynismus begegnen, der nicht nur um die Zukunft des Glaubens bangen lässt, sondern auch um die der Demokratie.

Ich beziehe mich auf eine Siebzehnjährige, die sich über ihren kritischen Bibelunterricht beschwerte und (sinngemäß zitiert) meinte: Genügt es nicht, dass die Religion schön ist, dass man ihr ein paar gute Lebensregeln entnehmen kann, dass sie die wichtigsten Feste im Leben verschönert – und im Übrigen so einen beruhigenden Hintergrund abgibt, zu dem man sich vielleicht mal flüchten könnte, wenn es gar nicht mehr weitergeht? Wörtlich: »Warum der Religion allzu sehr auf den Zahn fühlen?« Ich versuchte ihr klarzumachen, dass all das auch der Faschismus leisten kann: gute Lebensregeln (ist Kameradschaft keine?), Feste (Hitlerjugendveteranen schwärmen heute noch von Sonnwendfeiern auf Bergeshöhn, von Jugendweihen), einen beruhigenden Hintergrund (»der Führer weiß schon, was er tut«). Darauf sie, unsicher lachend: »Na ja, es kommt eben darauf an, was gerade dran ist. Und dass man zu den Richtigen gehört …« Wer waren damals die »Richtigen«? Christen sicher nicht, Demokraten auch nicht, von Juden zu schweigen.

Den Zynismus, der für die Wahrheitsfrage schon gar kein Verständnis mehr aufbringt, kennzeichnet E. Fromm[15] als typisch für den »marktorientierten Charakter«. Der junge Mensch, der vor allem »in« sein muss, »zu den Richtigen gehörend«, erlebt sich selbst als Ware, die sich »gut verkaufen« lassen muss.

Fromm schreibt: »Da der moderne Mensch sich gleichzeitig als Ware und als Verkäufer dieser Ware empfindet, ist sein Selbstbewusstsein von Voraussetzungen abhängig, die sich seiner Kontrolle entziehen … Dominierend ist keine besondere Haltung, sondern das Vakuum, das sich am schnellsten mit der jeweils gewünschten füllen lässt.« Die Unfähigkeit, die Frage nach der Wahrheit durchzuhalten, »die ein Mensch findet und immer wieder prüft«, kennzeichnet die charakterliche Marktorientierung, die eine tiefe, aber nicht verstandene Unzufriedenheit im Menschen hinterlässt, weil sie nichts Eigenes in ihm zur Entwicklung kommen ließ. Apathie – und Destruktivität, beides Sorgen der Lehrer heute, dürften wohl hier ihre Ursache haben.

Kann Biblischer Unterricht dem entgegenwirken? Eins ist klar: Wo nicht der Mensch selbst, sondern seine Verkäuflichkeit entscheidend zu sein scheint, da sind wir meilenweit von der Bibel entfernt. Für sie ist selbstverständlich, dass der Mensch Person ist, auch wenn sie dieses Wort noch nicht kennt. Er ist weder nur Lebewesen, das gesund oder weniger gesund sein kann (und im letzteren Fall vielleicht lebensunwert), noch nur Arbeitskraft oder gut funktionierende Maschine[16] noch eben auch die »vorzeigbare« Verkörperung dessen, was zurzeit Mode ist.[17] In der Bibel ist der Mensch ein Wesen, das ein »Herz« hat, Herz nicht nur als Sitz der Gefühle, sondern auch des Wollens und der Grundentscheidungen, Sitz der tiefsten Bedürfnisse, nach Zuwendung, Verstandenwerden, Verzeihung, nach jemandem, »der sich wirklich für mich interessiert«, wie Jugendliche sagen können (die Sehnsucht ist noch da!).

---

15 Vor allem in »Psychoanalyse und Ethik«, (Zürich 1954) Frankfurt/M. u.a. 1978, 82ff.

16 E. Erikson, Kindheit und Gesellschaft, Stuttgart 1965, bes. 76 und 317; G. Anders, Die Antiquiertheit des Menschen, Bd. 1, München 1956 analysieren die Sehnsucht, Maschine zu sein.

17 »Vorzeigbar« ist Attribut in Kontaktanzeigen!

In den Bibelwissenschaften aber kommt das Problem der »Antiquiertheit des Menschen« so gut wie nicht vor (implizit bei J. Ebach). Es müsste sonst ganz andere Dimensionen von Exegese hervorbringen, in Konfrontation mit dieser tödlichen Häresie. Die Didaktikerin muss selbst auf die Suche danach gehen, wie die Bibel beim Kampf um die jungen Menschen helfen kann.

Als Protestantin erlebt sie dabei ein zusätzliches Handicap.[18] Denn eine der Traditionslinien des deutschen Protestantismus, die weit über das im engeren Sinne kirchliche Spektrum hinaus gewirkt haben, ist die eines gewissen resignativen Misanthropismus: als sei der Mensch »schlecht« und wenig dazu befähigt, in der Welt etwas Vernünftiges auszurichten, gar zum Besseren zu wenden. Biblisch gesehen handelt es sich hier um ein Grundmissverständnis der Sünde. Die großartige Szene Hiob 1, in der Gott und der Satan wetten, ob Hiob tauge oder insgeheim doch nicht, mag als ein Beleg dafür gelten, dass der biblische Gott auf den Menschen setzt; Satan macht ihn schlecht! Der Mensch als Bild Gottes, Freund Gottes, Mitarbeiter Gottes, das sind biblische Ausdrücke; der Mensch, der die Schöpfung Gottes verwaltet, der Frieden schaffen kann (Mt 5,9), dem Gott seine Welt und Jesus seine Sache anvertraut – dieser Mensch ist wenig im Bewusstsein der vom Protestantismus geprägten Bevölkerung. Ob die »ansteckende Müdigkeit des Westens« (H. Kipphardt) eine ihrer Ursachen in dieser resignativen Tradition hat? Christen beider Amerikas sind weithin ganz anders geprägt.

3.3 Befreiung der Bibel

Soll Biblischer Unterricht dem jungen Menschen heute zur Erfahrung seiner selbst als Person verhelfen, dann muss die Bibel von falschen Traditionen befreit werden, die sich im Laufe der Jahrhunderte, in denen der deutsche Protestantismus zugleich herrschaftsstabilisierende Ideologie war, über sie gelegt haben. Sie wirken in der »neutralisierten Religion«[19] unserer Tage weiter und schaffen ein Vorverständnis, das politisch wie theologisch gleich gefährlich

18 Näher ausgeführt in: Veit, Die Frage nach der Wahrheit (s.o. Anm. 6).

19 D. Stoodt, in: K.W. Dahm, N. Luhmann und D. Stoodt, Religion – System und Sozialisation, Darmstadt/Neuwied 1972.

ist.[20] Ich nenne inhaltlich vor allem: die Arbeit am Menschenbild, die Wiedergewinnung der eschatologischen Perspektive, die Wiederentdeckung des genuin biblischen Gottes. Methodisch bieten sich für die Sekundarstufe 1 z.B. thematische Querschnitte an.

Da ist, als Beispiel, das »unverschämte Geilen«[21] jener biblischen Menschen, die sich einem Schicksal, das sie selbst, einen geliebten anderen oder ihr Volk treffen soll, leidenschaftlich entgegenwerfen: Abrahams Kampf um Sodom und Gomorra Gen 18, Moses' und Amos' Eintreten für Israel Ex 32 und Am 7 (»da reute es den Herrn«!), das kanaanäische Weib Mt 15 oder die unnachgiebig Bittenden in Jesu Gleichnissen Lk 11,5 ff und 18,1 ff. Der biblische Gott scheint Freude daran zu haben, wenn Menschen nicht resignieren; die Leidenschaft ihrer Liebe zu einem Leben, das den Namen verdient, zum anderen Menschen, zum Volk ist Geist von seinem Geist. »Da müsste man ja denken, dass Trotzigkeit etwas Christliches wäre!«, so eine Schülerin der 9. Klasse. Und ein frommer Student: »Wo bleibt denn da die Gottergebenheit?«

Ja, wo? Vielleicht beim Priester Eli, der das Todesurteil über sich und seine beiden Söhne mit dem Satz quittiert: »Es ist der Herr, der tue, was ihm gefällt!« (1 Sam 3,18)? Aber Eli ist gerade nicht Vorbild des Glaubens wie Abraham und Mose, die sich »dazwischenwerfen«.

Und Jesus? Sein Gebet in Gethsemane? Schülerinnen erkennen sehr wohl, dass das »Mein Vater, ist's möglich ...« die Frage enthält: Kann mein Werk vollendet werden, ohne dass ich diesen Kelch trinke? Ein betender Mensch will wissen, wie er handeln soll. Schicksalsergebung ist wohl das Gegenteil.

Schicksalsergebung gegenüber ist die Wiedergewinnung der eschatologischen Perspektive der Bibel und des Glaubens eine der zentralen Aufgaben des Bibelunterrichts. Sie ist in der Tradition des deutschen Protestantismus fast ganz verlorengegangen; die Welt liegt im Argen, und da bleibt sie auch liegen. In der Bibel aber gibt es Zukunft, für die man tätig sein, auf die man sich zu bewegen kann. Urbildlich dafür ist der Zug Israels aus dem Sklavenhaus Ägypten durch die Wüste ins Gelobte Land geworden. Aber auch Abrahams Aufbruch oder der der Jünger, die den reichen Fischzug liegen lassen und den Weg

20 Vgl. M. Veit, Welche Theologie lebt unten? Über religiös bedingte Hindernisse der Widerstands-Fähigkeit von Christen, JK 46 (1985) 254ff.

21 Luthers Übersetzung von Lk 11,8b.

der Nachfolge betreten, erst recht die messianische Hoffnung der Propheten und Jesu Ansage des Reiches Gottes gehören hierher. Nicht nur für einzelne oder gar nur für deren Seele, sondern für alle und für die Welt gibt es Hoffnung in diesem Buch. Liebe kann nicht anders denken, und sie hat in der Geschichte der Kirche niemals anders gehandelt; oft genug gegen den Widerstand der »christlichen« Gesellschaft ihrer Zeit, von Elisabeth bis zu Martin Luther King. Enge Verzahnung von Bibel- und Kirchengeschichte empfiehlt sich daher bei diesem Thema. Was auf jeden Fall vorkommen muss, ist die Befreiung des Vaterunsers: Die zweite und dritte Bitte sind eschatologisch gemeint, wollen Verwandlung der Welt. Die Exegese weiß das seit mehr als hundert Jahren; in den Gemeinden wird »Dein Wille geschehe« immer noch stoisierend gehört als »Schicksal, nimm deinen Lauf, ich werde mich ergeben«. Es wird, mit Kierkegaard zu sprechen, Zeit, das Christentum in der Christenheit wieder einzuführen. Der Schutt der frommen Resignation muss weggeräumt werden, mit dem die Bibel bedeckt ist. Vielleicht ist der Verlust der Zukunftsperspektive die größte Gefahr für das Personwerden des Menschen. »Ein Volk ohne Vision geht zugrunde.«[22]

Noch ein Wort zur Wiedergewinnung des genuin biblischen Gottesbildes. Die Unterscheidung zwischen religionsgeschichtlicher und biblisch-theologischer Rede von Gott kann vielleicht am besten bei Luther gelernt werden, und zwar in seiner Erklärung zum ersten Gebot im Großen Katechismus: Ein Gott ist das, worauf man sich verlässt, woran man sich orientiert. Es geht also nicht um die Existenz eines höchsten Wesens, sondern um ein Existential: Jeder Mensch hat seinen Gott. Meiner Erfahrung nach lässt sich dies in einer neunten oder zehnten Klasse sehr gut erarbeiten. Der biblische Gegensatz zwischen »Gott« und »Götzen« ist dann nicht nur der zwischen Jahwe und Baal, sondern es geht (und das liegt dann mit in diesem Gegensatz zwischen zwei Religionen) um die, »denen der Bauch ihr Gott ist« (Phil 3, 19). Die Frage: »Wer ist unser Gott?« erweist sich so als mitten in der nachtheistischen Zeit unverändert relevant.

Die Bibel denkt theistisch; gleichwohl ist ihr Gott nicht einfach dadurch gekennzeichnet, dass er »Macht« hat (wie es in allen theistischen Denksyste-

22 Vgl. D. Sölles gleichnamiges Buch, Wuppertal 1987.

men selbstverständlich ist). Allerdings hat er sie, ist als Schöpfer der Welt und Herr der Geschichte gedacht und erlebt; aber seine eigentliche Offenbarung geschieht am Kreuz. »Nur der leidende Gott kann helfen«, schreibt D. Bonhoeffer. Als dogmatischer Satz ist dies für Schülerinnen kaum verständlich, zumal in einer Zeit, in der »Power«, Überwältigung des Gegners, Sieg in der Konkurrenz das Wichtigste überhaupt zu sein scheint. Beobachtet man aber bei den Propheten, in manchen Geschichten, wie dieser Gott klagt, weil die Menschen sich ihm verschließen, wie er um sie wirbt wie ein Liebender, ohne doch Glauben erzwingen zu können, dann kann geahnt werden: Es gibt eine spezifische Ohnmacht der Liebe, die nichts mit Kraftlosigkeit zu tun hat, sondern mit der innersten Freiheit des anderen, den sie gewinnen will. Öffnet er sich, so schafft die Liebe ihn neu – was keine Power vermag.

Ich komme zum Schluss. Ist dies »Biblischer Unterricht«? Sind es nicht eher Systematisch-theologische Entscheidungen? Aber ohne solche Entscheidungen gibt es keine Exegese. Und – das Umdenken, das ich »Befreiung der Bibel« genannt habe, hat seinen Grund in Wiederentdeckungen in der Bibel selbst. Diese aber wurden hervorgerufen durch die Sorge darum, was die gegenwärtige Gesellschaft aus den Menschen, speziell den Jugendlichen macht. Die Begegnung mit den Schülerinnen drängt zum neuen Fragen an die Bibel als Glaubensquelle, und diese wiederum verändern die theologische Theorie. Schon einige Male in der Geschichte der Kirche ist eben dieses geschehen: Die reflektierte Praxis zwang zur Neuorientierung im Denken. Es ist der Weg, auf dem Kirche und Theologie vor Erstarrung bewahrt werden, vor »Dumm-Werden«, um »Salz der Erde« sein zu können.

Der Sozialismus ist tot? Es lebe der Sozialismus! (1992)

»Die Überlegenheit des Sozialismus ist erwiesen.« Wer einen solchen Satz heute in Deutschland ausspricht, setzt sich dem Verdacht aus, nicht richtig im Kopf zu sein. Und doch will ich es tun. Meine Gedanken gehen dabei nicht in den ehemaligen Ostblock, sondern nach China – wo ich gewesen bin – und nach Kuba – wo ich noch nicht war – und in einige weniger bekannte Länder.

China ernährt etwa ein Viertel der gesamten Menschheit. In diesem Riesenland, zu dessen Tradition der Hunger und die Lumpen der Massen gehörten, ist es geschafft worden, dass jeder täglich seine Schale Reis hat. Dies sei nach chinesischer Auffassung das erste und grundlegende aller Menschenrechte, sagte uns Herr Wu Xing Tang, der chinesische Politiker, der uns 1985 begleitete. Das zweite sei, dass jeder Chinese ein Dach über dem Kopf und gegen Kälte und Nässe etwas anzuziehen habe. Wer diese beiden grundlegenden Rechte aller gefährde, der habe das Recht verwirkt, für sich noch Rechte zu fordern.

Brasilien, fast ebenso groß wie China, aber nur mit einem Zehntel an Bevölkerung, hat den Massenhunger nicht beseitigen können. Im Gegenteil, täglich werden Kleinbauern von ihrem Land vertrieben, durch die pistoleros der Großgrundbesitzer, die ihr Land vergrößern wollen, um den Soja-Boom noch besser auszunutzen. Die landlos Gewordenen vergrößern dafür das Elend in den Slums; Hunderte bettelnder Kinder wurden in Rio von Killerkommandos erschossen.

Ein anderer Vergleich: In Shanghai fotografierte ich Menschen, die auf den breiten Bürgersteigen ihrer Arbeit nachgingen, dort kochten, wuschen, Haare schnitten, Fahrräder reparierten, aber auch die Katze striegelten und mit den Kindern spielten; in den Häusern ist es eng, so dass ein munteres Leben auf den

Straßen herrscht, solange das Wetter mitspielt. Bei Regen kehrt alles eilends in die Häuser zurück. Wie anders ist ein Straßenbild in einer der indischen Millionenstädte – wo die Bettler und die Obdachlosen leben, und wo Mutter Teresas Schwestern die Sterbenden unter ihnen auflesen!

Warum gelang in Indien nicht, was in China möglich war? Aber halt: Zum Teil gelang es auch in Indien. In der »Frankfurter Rundschau« vom 30. September 1991 lesen wir: »Das südindische Kerala (war) der erste Staat der Welt, wo 1957 eine kommunistische Partei nach demokratischen Wahlen legal an die Macht kam, und sie hat hier einen hervorragenden Standard hinterlassen: mit der höchsten Alphabetisierungsrate im Lande, der größten Chancengleichheit zwischen Männern und Frauen, einem relativ guten Gesundheitssystem und einer weitgehend durchgeführten Landreform ... Auch im Staat West-Bengalen ..., wo (eine) Linksfront seit vier Legislaturperioden unangefochten regiert, ist die Bilanz für indische Verhältnisse positiv. Das betrifft vor allem den Fortschritt auf dem Lande.«

Wir lernen: Wo Sozialisten regieren, die diesen Namen verdienen, da werden andere Prioritäten gesetzt als im Kapitalismus. Erste Aufgabe ist ein menschenwürdiges Leben »derer unten«. Immer sind es dieselben drei ersten und wichtigsten Ziele, um die es geht: Brot und Arbeit für alle, medizinische Versorgung für alle, Alphabetisierung und elementare Bildung für alle.

Dass Kuba diese Ziele in einem Maße erreicht hatte, das es in ganz Lateinamerika nicht noch einmal gab, das hat vor wenigen Jahren die OAS (Organisation Amerikanischer Staaten) festgestellt. Heute beeilt man sich zu sagen, dass das nur mit Millionenhilfe der Sowjetunion möglich war. Aber: Auch wir zahlen Entwicklungshilfe. Warum gibt es, bei kapitalistischer Orientierung, nirgendwo auch nur annähernd vergleichbare Erfolge für die Massen?

Nicht immer wird übrigens in heutigen Berichten über Kuba erwähnt, warum die Hilfe aus der Sowjetunion überhaupt nötig war. Das liegt an dem strikten Embargo der USA seit 32 Jahren. Es nahm Kuba von heute auf morgen den Export. Was mit einem Land passiert, dem man den Export zerstört, ist uns deutlich vor Augen geführt worden durch das »Desaster«, wie der Bundesbankchef Otto Pöhl formulierte, das in der DDR mit der Währungsunion passierte. Kuba musste auf dem überfüllten europäischen Markt nach Absatzmöglichkeiten für seine Erzeugnisse suchen. Es musste aber auch Ersatzteile für seine Traktoren, die natürlich durchweg in den USA gekauft waren, nun in der weiten Welt zu finden suchen.

Unfaires Spiel! Die Sowjetunion sprang hier ein. Schade, dass sie es immer weniger kann.

Andererseits: Die Völker Mitteleuropas wollten den Sozialismus loswerden. In der Warenproduktion konnte er mit dem Westen nicht konkurrieren; vor allem aber drückte die Diktatur. Ein Volk, das nach Freiheit ruft, hat immer Recht. Muss Sozialismus mit Diktatur verbunden sein?

Ich denke: nein. Gegenbeispiele sind das Chile Allendes und die sandinistische Zeit in Nicaragua. In beiden Fällen waren übrigens die kommunistischen Parteien, noch stalinistisch orientiert, auf der Gegenseite; in Nicaragua gehört die kleine Kommunistische Partei heute zur U.N.O. Allende; der Arzt, durch demokratische Wahlen an die Regierungsmacht gekommen und noch einmal, mit größerer Mehrheit, wiedergewählt – er hatte nicht viel Zeit, seine Pläne umzusetzen, ehe die CIA eingriff und ihn stürzte. (Der US-Botschafter Vernon Walters, damals zweiter Mann der CIA nach Bush, hat sich dieser Tat bei seinem Amtsantritt in Bonn ausdrücklich noch gerühmt. Was nach Allende kam, war der faschistische Diktator Pinochet). Von Allende weiß die Bevölkerung noch, dass zu seiner Zeit die unterernährten Kinder täglich einen halben Liter Milch in der Schule bekamen.

In Nicaragua sind nach der Abwahl der Sandinisten – das Volk wollte Frieden, ein Ende des Contra-Krieges – alle Gesundheitsposten geschlossen worden; fünfzig Prozent waren vorher schon durch die Contras wieder zerstört. Das erste, was abgeschafft wurde, waren die Impfungen für Kinder. Die Sandinisten hatten sich sehr bemüht, die Eltern für die Impfungen zu gewinnen; etwa sechzig Prozent hatten sie erreicht.

Auch im kleinen sozialistischen Grenada wurde nach der Invasion durch die USA als erstes die kostenlose ärztliche Versorgung der Bevölkerung abgeschafft. Warum?

Die Antwort soll uns Margaret Thatcher geben. Sie hat, als sie noch Regierungschefin war, bekanntlich unser westdeutsches politisch-ökonomisches System als »sozialistisch« bezeichnet – was in ihrem Munde Ausdruck höchsten Missfallens war. Dabei haben wir nun wirklich keine Diktatur, und die Warenproduktion fließt über. Aber es gab ihr bei uns zu umfassende soziale Sicherungen. Bekanntlich wurden sie geschaffen, weil es – zu Bismarcks Zeiten – bei uns eine starke sozialistische Arbeiterbewegung gab, der durch die Sozialgesetze der Wind aus den Segeln genommen werden sollte. Die »Deregulierungskommission«, die vor kurzem in Bonn ihre Vorschläge unterbreitet hat, verlangt den Abbau eines Teiles dieser Absicherungen. Aber wen können gute soziale Sicherheiten eigentlich stören? Doch nur die, deren Gewinne durch die Pflicht zu Sozialbeiträgen oder zur Beachtung von Tarifabschlüssen geschmälert werden!

Es ist ein Kampf zwischen »oben« und »unten«. »Klassenkampf von oben« hat man ihn in der traditionellen Sprache der Arbeiterbewegung genannt. Auf welche Seite gehören Christen in diesem Kampf?

Lateinamerikanische Befreiungstheologen betonen die »Option für die Armen«. Es scheint mir die biblische Option zu sein. Wie es Witwen und Waisen und Ausländern geht, daran misst der Gott der Bibel sein Volk. Ob gerechter Lohn beizeiten gezahlt wird, ob der Arme sein verpfändetes Obergewand jeden Abend zurückbekommt, damit er sich zudecken kann, ob Landesfremde »ins Haus geführt« werden zum Schutz vor der Kälte und den Gefahren der Nacht – das interessiert diesen Gott. Er blickt nach »unten«. Dass sein Sohn im Stall geboren wurde, bei Eltern, die zeitweilig ohne Obdach waren, erzählt uns die Weihnachtsgeschichte.

Aber wir dürfen es uns nicht zu einfach machen. Zwischen uns und den biblischen Zeiten liegen Jahrtausende, und in dieser Zeit hat sich vieles verändert. So konnte in alter Zeit noch niemand daran denken, dass man Gesetze verändern, ein Gesellschaftssystem umgestalten könne; schließlich ist das erst seit zweihundert Jahren, seit der Französischen Revolution, im allgemeinen Bewusstsein. Wir dagegen haben es erlebt, dass unser Staat von Grund auf umgekrempelt wurde: von Führerdiktatur, Ermächtigungsgesetzen und Rassengesetzen zu einer parlamentarischen Demokratie. Wir haben auch erlebt, dass gesetzliche Neuregelungen zu Beginn der siebziger Jahre neuen Spielraum für Menschen geschaffen haben. Also heißt »Option für die Armen« für uns nicht nur, »caritativ im Einzelfall helfen« – was immer und in jeder Gesellschaftsform nötig sein wird –, sondern politisch arbeiten, die Gesellschaft mitgestalten in Richtung auf ein menschenwürdiges Leben für alle.

Ich rede deshalb, in unserem mitteleuropäischen Zusammenhängen, lieber von »Option für die Massen«. Nicht als ob es bei uns keine Armen gäbe! Und als ob wir an der Armut in der Dritten Welt nicht kräftig mitschuldig wären! Aber der Ausdruck »Option für die Massen« macht klarer, dass wir daran mitwirken müssen, gar nicht erst so viel Armut entstehen zu lassen. Wie viele Lebensperspektiven begabter junger Menschen mögen zerstört worden sein, als Bonn das Schüler-Bafög abschaffte! Die Zahl der studierenden Arbeiterkinder, vor allem Arbeitertöchter, sank drastisch nach dieser Entscheidung.

Ohne Eingriffe ins Eigentum wird es nicht gehen, wenn eine gerechtere Gesellschaft entstehen soll. Denken wir nur an den unverschämten Wucher, der zurzeit mit Mietwohnungen getrieben wird! Oder an das Leerstehenlassen von Wohnungen zu Spekulationszwecken in einer Zeit, in der immer mehr Menschen obdachlos werden – fünfstellige Zahlen in unseren Großstädten! Wie sagte der chinesische Kommunist: »Jeder muss ein Dach über dem Kopf haben«, das ist grundlegendes Menschenrecht! Aber: »Das Eigentum, das Eigentum, das ist der wahre Gott unserer lieben Christen, heiliger als Trinität und Inkarnation«, so eine brasilianische Stimme, die des Erzbischofs Helder Camara.

Dennoch: Wir dürfen es uns nicht zu einfach machen. Selbstverständlich sollte eine Regierung vor allem nach »unten« gucken, Politik für die breite Bevölkerungsmehrheit machen und die »ganz am Rande« nicht übersehen. Aber es geht nicht nur um gute Versorgung. Sie kann, wie das Beispiel Schweden zeigt, die Menschen auch gleichgültig machen, ihnen die Initiative nehmen. Das vor allem war, so meine ich, ein Kardinalfehler im sogenannten realen Sozialismus. Es war gut in der alten DDR, dass man seinen Arbeitsplatz und seine Wohnung nicht wegen Geschäftsinteressen anderer verlieren konnte. Aber es war schlecht, dass man nichts mitbestimmen konnte – nicht einmal den Termin des Erntebeginns in der Landwirtschaft! Herrlichstes Wetter musste ungenutzt verstreichen, weil der Befehl aus der Zentrale noch nicht da war. Partizipation, Beteiligung der Arbeitenden an Produktionsplanung und -gewinn, waren deshalb auch zentrale Forderungen der linken Oppositionellen in der alten DDR. Das werden sie freilich in unserem System erst recht nicht bekommen.

Sozialismus muss von unten kommen. Selbstverantwortliche Gestaltung des Arbeitsprozesses, gemeinsames Eigentum am Betrieb, Mitbestimmung über das, was produziert wird, solidarische Teilung der Arbeit, Kooperation statt Konkurrenz, aber auch statt Kommando von oben oder bloßem Versorgtsein – dahin muss der Weg gehen, wenn die Menschheit eine Zukunft haben soll. Anfänge sind da, gerade auch in einzelnen Großbetrieben der USA. China hat seit der wirtschaftlichen Öffnung seinen Bauern das Land in vererbbare Pacht gegeben – nicht als totales Privateigentum, was die Gefahr mit sich brächte, dass es verkauft würde, Latifundien auf der einen und hungerndes Proletariat ohne Land auf der anderen Seite entstünden, oder dass die Erträge auf dem Schwarzmarkt an den Meistbietenden gingen und dann für die Versorgung der Städte fehlten; so ist es ja leider bei Gorbatschows Versuchen gelaufen. Chinesische Bauern müssen weiterhin einen festgesetzten Teil ihrer Ernte zu festgesetzten niedrigen Preisen an den Staat verkaufen, damit die Grundnahrungsmittel für alle billig bleiben. Was darüber hinaus produziert wird, können sie, einzeln oder als Dorfgemeinschaft, frei verkaufen. Der Freimarkt in Qingdao quoll von Gütern über, und die Bauern derjenigen Dörfer, die einen Freimarkt erreichen können, wurden wohlhabend. Dass es im Hinterland noch viel Armut gibt, ist ein anderes Problem, an dem aber gearbeitet wird.

Wer heute »China« sagt, weckt die Assoziation »Massaker«, so wie der, der »DDR« sagt, die Assoziation »Stasi« weckt. Beides ist schlimm, beides entstellt den Sozialismus, so wie die Inquisition das Christentum entstellt hat. Aber: Wir im Westen sind die letzten, die sich moralisch darüber erheben dürften. War das Massaker in Panama mit Tausenden von toten Zivilisten, nur weil die US-Regierung Noriega einfangen wollte, etwa besser? Oder der vom Westen, also auch von uns, finanzierte Krieg der salvadorianischen Regierung gegen das eigene Volk? Von den sechs ermordeten Jesuiten redet die ganze Welt; von den Tausenden zu Tode Gefolterten und Verschwundenen der letzten Jahre hört man kaum. Und: Ist die CIA etwa besser als die Stasi? Selbst in den USA, gerade dort, wird das stark bezweifelt.

Ich denke, wir müssen der Versuchung widerstehen, Schandtaten der beiden Systeme gegeneinander aufzurechnen – oder nur die der jeweils anderen Seite sehen zu wollen. Es kommt auf die Grundorientierung an. Da scheint es immer nur zwei zu geben, zwischen denen man sich entscheiden muss. In der Bergpredigt wird das so formuliert: »Niemand kann zwei Herren dienen; ihr könnt nicht Gott dienen und dem Mammon.« Gott dienen heißt immer auch den Menschen dienen und den Chancenlosesten zuerst. Wo der Profit das Wichtigste ist – wie in unserem System der gnadenlosen Konkurrenz –, wird die Zahl derer, die keinerlei Chancen mehr haben, immer größer. Das

Schicksal der Zwei-Drittel-Welt, an dem wir eine starke Mitschuld haben, zeigt es unübersehbar.

Sozialismus will, von seinem Ansatz her, Lebensrecht und Menschenwürde für alle. Die richtigen Methoden dafür müssen entwickelt werden. Über den kurzen Weg der Diktatur geht‹s nicht, das hat nicht nur die Geschichte gezeigt, sondern das liegt auch im Wesen der Sache. Je mehr die Grundbedürfnisse des Menschen befriedigt sind – siehe Kerala –, desto mehr muss er mitentscheiden können. Der »Schritt vom Ich zum Wir« – alte DDR-Formulierung – ist historisch gesehen an der Reihe; aber er muss in Freiheit getan werden, sonst entartet er zum Schritt vom Ich zum unterdrückten Ich.

Es ist viel zu tun, in Theorie und Praxis. Christen sollten daran mitarbeiten: Resignation ist nicht die Sache des Glaubens. Mit Blick auf das große Ziel, Gerechtigkeit, Frieden und Bewahrung der Schöpfung, bekennen wir mit Jesaja: »Solches wird tun der Eifer des Herrn Zebaoth.« Und, mit Paulus: »Wir sind Gottes Mitarbeiter.«

Theologische und religionspädagogische Aspekte der »Menschenwürde« im Wirkungsbereich des deutschen Luthertums (1993)

I. Unsere Tradition

Das Wort »Menschenwürde« komme in seiner Bibel nicht vor, so äußerte sich ein westdeutscher lutherischer Bischof vor etlichen Jahren. Nun, das Wort freilich nicht; Abstrakta dieser Art kennt die biblische Sprache nicht. Aber fehlt auch die Sache? Und was könnte den Bischof veranlasst haben, dies konstatieren zu wollen?

Der Satz fiel im Zusammenhang der Diskussion um »Selbstverwirklichung«, die seit etwa einem Vierteljahrhundert lebhaft und auf den verschiedensten Niveaus geführt worden ist, von philosophischen und psychologischen Tagungen bis zu Frauenillustrierten der unteren Ränge.[1] Der lutherischen Tradition war dieser Begriff ebenso fremd wie jener. Sie sah ja weniger auf das, was der Mensch »von Natur« sei oder könne, als vielmehr auf das, als was er sich »unter dem Wort« erkenne: als Sünder, der von sich selbst nicht allzu hoch denken, nicht allzu viel erwarten solle, und als Begnadeten, der geschenkweise und nicht aus eigenem Verdienst vor Gott doch gelten solle. In der Welt war es dann seine Aufgabe, sich im Rahmen seines »Standes« zu bewähren: Martin Luther schreibt z.B. in der »Kirchenpostille« im Rahmen der Predigt über Joh 21, 19-24:[2]

»Unangesehen aller heiligen Exempel und Leben soll ein jeglicher warten, was ihm befohlen ist, und wahrnehmen seines Berufs ... Wie aber, wenn ich

1 Vgl. hierzu auch meinen Text in: M. Veit, Theologie muss von unten kommen, Wuppertal 1991, 123ff.

2 WA 101, 306ff (hier zit. nach: M. Rang, Der Christusglaube 7 Göttingen o.J., 117ff).

nicht berufen bin, was soll ich denn tun? Antwort: Wie ist's möglich, dass du nicht berufen seiest? Du wirst doch in einem Stand sein ... Bist du ein Knecht oder Magd, meinst du, dass du müßig gehen werdest, so du deinem Stand und Befehl nach treulich mit allem Fleiß deinem Herrn oder Frau dienen sollst und deine Jugend im Zaum führen?

Item, bist du ein Fürst, Herr, geistlich oder weltlich, wer hat mehr zu tun denn du, dass deine Untertanen recht tun, Friede sei, niemand Unrecht geschehe?

Siehe, wie niemand ohne Befehl oder Beruf ist, so ist auch niemand ohne Werk, so er recht tun will. Merke nur ein jeglicher darauf, dass er in seinem Stande bleibe, auf sich selbst sehe, seines Befehles wahrnehme, darin Gott diene und sein Gebot halte, so wird er zu schaffen so viel bekommen, dass ihm alle Zeit zu kurz, alle Stätten zu eng, alle Kräfte zu wenig sein werden.«

Das lutherische Berufsethos ist von immenser gesellschaftlicher Bedeutung gewesen. Es hat, in der sonntäglichen Predigt und im sich kräftig entwickelnden lutherischen Schulwesen vermittelt, entscheidend dazu beigetragen, den pflichtbewussten Deutschen heranzubilden, – dessen Stolz es noch heute ist, dass er so »tüchtig« sei und zu arbeiten verstehe (mit abfälligem Seitenblick z.B. auf die Polen, dem man vor allem, aber nicht nur in Ostdeutschland ständig begegnen kann. Dabei wird schlicht nicht zur Kenntnis genommen, dass etwa die wirtschaftliche Entwicklung des Ruhrgebietes auf die zugewanderten Polen ebenso angewiesen war wie der wirtschaftliche Erfolg der großen Güter im Osten auf die polnischen Erntearbeiter!).

Man wird sagen dürfen, dass der Aufstieg Preußen-Deutschlands ohne dieses lutherische Berufsethos (von dem es heute gern etwas mehr geben dürfte!) kaum möglich gewesen wäre, – sechs Jahre Hitlerkrieg, mit den immensen Leistungen und Entbehrungen der Massen, freilich auch nicht...[3]

»Selbstverwirklichung« in der Berufsarbeit: war sie es, die dem lutherischen Deutschen seine »Menschenwürde« verlieh? An einem Gedicht von Adelbert von Chamisso (1781 – 1838) möchte ich diese Vermutung verdeutlichen:

---

3 Vgl. hierzu auch meine »Meditation an der Gedenkstätte Palmiry bei Warschau«, in: B. Jendorff – G. Schmalenberg (Hg.), Evangelium Jesu Christi heute verkündigen, Gießen 1989, 229-233.

Die alte Waschfrau

Du siehst, geschäftig bei den Linnen,
die Alte dort im weißen Haar,
die rüstigste der Wäscherinnen
im sechsundsiebzigsten Jahr.
So hat sie stets mit saurem Schweiß
ihr Brot in Ehr und Zucht gegessen
und ausgefüllt mit treuem Fleiß
den Kreis, den Gott ihr zugemessen

Sie hat in ihren jungen Jahren
geliebt, gehofft und sich vermählt.
Sie hat des Weibes Los getragen,
die Sorgen haben nicht gefehlt.
Sie hat den kranken Mann gepflegt,
sie hat drei Kinder ihm geboren,
sie hat ihn in das Grab gelegt
und Glaub und Hoffnung nicht verloren.

Da galt‹s, die Kinder zu ernähren,
sie griff es an mit frischem Mut;
sie zog sie auf in Zucht und Ehren,
der Fleiß, die Ordnung sind ihr Gut.
Zu suchen ihren Unterhalt
entließ sie segnend ihre Lieben.
So steht sie nun allein und alt,
ihr heitrer Mut ist ihr geblieben.

Sie hat gespart und hat gesonnen,
hat Flachs gekauft und nachts gewacht,
hat ihn zu feinem Garn gesponnen,
sie hat's dem Weber hingebracht.
Der hat's gewebt zu Leinewand.

Sie brauchte Schere und die Nadel
und nähte sich mit eigner Hand
ihr Sterbehemde sonder Tadel.

Ihr Hemd, ihr Sterbehemd, sie schätzt es,
es liegt im Schrein am Ehrenplatz,
es ist ihr Einziges und Letztes,
ihr Kleinod, ihr ersparter Schatz.
Sie legt es an, des Herren Wort
am Sonntagfrüh sich einzuprägen.
Dann legt sie's wohlgefällig fort,
bis sie darin zur Ruh sie legen.

Und ich, an meinem Ende, wollte,
ich hätte diesem Weibe gleich
erfüllt, was ich erfüllen sollte
in meinen Grenzen und Bereich.
Ich wollt', ich hätte so gewusst
am Kelch des Lebens mich zu laben
und könnt' am Ende gleiche Lust
an meinem Sterbehemde haben.

Kein Zweifel, diese Frau besitzt ein hohes Maß an Würde. Sie ist ihrer selbst sicher, weiß ihr Leben zu meistern; das altmodische Wort »Ehre« (V.1 und 3) lässt anklingen, dass sie in ihrer Umgebung die Anerkennung findet, die der Mensch zum Leben braucht, aber es sagt zugleich mehr: sie kann innerlich mit sich einig sein, etwas von dem modernen Wort »Identität« liegt mit darin. Erworben hat sie diese durch »Zucht«, durch »treuen Fleiß«: wem eigentlich »treu«? sich selbst? ihren Arbeitgeberinnen? Sicher beides, aber darin zugleich »Gott«, der ihr ihren Lebenskreis »zugemessen« hat, dessen Wort sie sich Sonntag für Sonntag »einprägt«. Über diesen Kreis, den sie so treulich »ausfüllt« (V. 1 und 6), hinausgehen zu wollen, kommt ihr nicht in den Sinn und dürfte ihr nicht in den Sinn kommen; sie braucht ihre ganze Kraft für ihn und damit für die Sicherung ihrer bloßen Existenz. Den Flachs für ihr Sterbehemd kann sie nur spinnen, indem sie »nachts wacht«. Bei alledem ist sie alt geworden, »rüstig« geblieben, hat alle Schicksalsschläge verarbeitet und »heitren Mut« bewahrt.

Gab es nie mehr in diesem Leben? Kann man, wie der Dichter es tut, im Ernst von ihr sagen, dass sie sich »am Kelch des Lebens gelabt«, »so gelabt« habe? Worauf hat sie »in ihren jungen Jahren« »gehofft« (V. 2)? Auf ein erfülltes Leben sicherlich, und der Dichter meint, sie habe es gehabt. Studierende, denen ich das Gedicht vorlegte (und die es durchweg ablehnten), nahmen hieran am meisten Anstoß. Hatte sie nicht andere Fähigkeiten als die, anderer Leute »Linnen« zu waschen? wobei sie selbst sich den Flachs für ihr Sterbehemd noch am Munde absparen musste? Fand sie Erfüllung in der Liebe? »Des Weibes Los getragen«: freundliche Umschreibung dafür, dass Erotik nach älterer Auffassung für die Frau nicht Lust, sondern nur lästige Pflicht bedeutete. Sicher, sie hat Kinder, und sie liebt sie; aber blieb Zeit für Freude und Spiel? Sie hat sie »ernährt«, gut erzogen und so in ein Leben entlassen, das ebenso wie das ihre nur vom täglichen Kampf ums Brot bestimmt sein wird. »Am Kelch des Lebens gelabt«?

War es die Religion, die diesem harten Leben seinen heimlichen Glanz verlieh? Der Gottesdienst, pflichtgemäß regelmäßig besucht, dient ihr dazu, »des Herren Wort sich einzuprägen«, von Fest und Feier hören wir nichts. (Eine katholische Soziologin sagte mir einmal: Wir mögen noch so viel Kritik an der Kirche haben, wir gehen doch immer zur Kirche hinein wie zur Mutter. Ich erwiderte: Wir gehen eher zur Kirche hinein wie zur Schule – was emotional etwas ganz anderes ist). War es nur das; zu lernen, in sich zu befestigen, dass man auf dem Wege, den sie ging, zu bleiben habe?

Offenbar aber lebt sie in dem allen wie unter einem großen Himmel. (In Tirol erlebte ich vor Jahrzehnten einen Almknecht, der zum Hochamt an Maria Himmelfahrt den Berg herunter gesprungen kam, ein wenig verspätet, verschwitzt, mit verarbeiteten Händen, so stand er neben mir in der Dorfkirche; er stimmte ein in den Lobgesang, aus vollem Herzen, nichts um sich beachtend: auch dieser Mensch lebte wie unter einem großen Himmel, sein Leben war mehr als es schien). Die alte Waschfrau näht ihr Sterbehemd, wie ein Brautgewand für den großen Tag, an dem sie zu Gott geht. »Es ist ihr Einziges und Letztes, ihr Kleinod, ihr ersparter Schatz«. Davon wissen nur sie selbst und Gott; es ist ihr köstliches Geheimnis. Wenn sie es nach dem sonntäglichen

Kirchgang, der sie für diesen Tag vorbereitet, »wohlgefällig« fortlegt, an seinen Ehrenplatz im Schrein, dann liegt darin etwas wie ein heimliches Glück. Ja, sie hat Würde, diese Frau.

Zweifellos hat sie auch Glück gehabt (in einem anderen Sinn). Wäre sie krank geworden, hätte sie nicht mehr arbeiten können: sie wäre elend dran gewesen in jener alten Zeit vor jeder Sozialversicherung. Oder hätte (wie es den sicher nicht weniger tüchtigen Webern passiert ist) technische Weiterentwicklung sie ihrer Arbeitsmöglichkeiten beraubt: sie wäre wie jene elend dran gewesen. So aber erscheint ihr Leben, bei aller Härte, eine beneidenswert »heile Welt«, eine Welt, in der sie »Mensch« sein kann.

Es ist übrigens erstaunlich, mit welch sicherem Gespür der in Frankreich geborene Edelmann von Chamisso, der vor der Großen Revolution nach Berlin flüchtete und preußischer Offizier wurde, die Selbstauffassung dieser einfachen deutschen Frau erfasste. So waren sie, so konnten sie sein, die durch Volksschule, Gesangbuch, Katechismus geprägten Frauen und Männer des lutherischen »Volkes«.

Es gibt sie noch, die Altenhilfe der Frankfurter Rundschau z. B. stellt immer wieder solche Menschen vor; einige habe ich selbst kennenlernen können, alte Frauen (und Männer), die ihr Leben in ähnlicher Weise gelebt haben, freilich in unserem Jahrhundert nicht mehr als »heile Welt«. Zu oft ist, teils durch Kriege und Inflationen, teils durch technischen Fortschritt der Boden unter ihren Füßen weggezogen worden. Ihre innere Prägung besteht aus Annahme des Schicksals, Pflichtbewusstsein und festem Zupacken, sobald möglich, auch oft menschlicher Wärme vor allem gegen Angehörige. Sie besteht nicht und hat nie bestanden aus Kampf, gar noch mit anderen zusammen, um solidarische Verbesserung ihrer Situation.

Der zu Anfang erwähnte Bischof aber hätte, wie alle weltlichen und geistlichen Obrigkeiten, gegen die Selbstauffassung dieser Menschen gewiss nichts einzuwenden. Wer weiß, vielleicht wäre er bereit, ihnen bei passender Gelegenheit »Würde« zuzugestehen.

In den Lesebüchern der Schulen jedenfalls waren Gedichte wie dieses noch vor einem Vierteljahrhundert sehr erwünscht.

II. Biblische Aspekte

Wie steht es in der Bibel mit der »Menschenwürde«? Und wodurch kommt sie zustande?

Dass es sie gibt, ist keine Frage. Wer als »Bild Gottes« bezeichnet werden kann, als »Freund Gottes«, »wenig niedriger als Gott, mit Ehre und Schmuck gekrönt«, im Neuen Testament als »Mitarbeiter Gottes«, als »Kind Gottes«, der steht sehr hoch. Mir ist des Bischofs Meinung, Menschenwürde komme in der Bibel nicht vor, schlicht unbegreiflich – ebenso wie die Verwunderung von H.J. Kraus, der in seinem Psalmenkommentar zu Ps 8 bemerkt, er vermisse darin den Sündenfall! Die lutherische Ideologie – ich habe sie gelegentlich als »resignativen Misanthropismus« bezeichnet – muss stimmen, was immer der Psalmist zum Ausdruck bringen wollte. Statt dass wir uns durch ihn aufmerksam machen ließen, dass diese repressive Ideologie nicht stimmt! Sola scriptura?

Wenn nun aber unzweifelhaft ist, dass der biblische Mensch »Würde« hat – wodurch bekommt er sie? Ist es die Bewährung in treuer Pflichterfüllung (allerdings kommt unser Begriff »Pflicht« nun tatsächlich in der ganzen Bibel nicht vor), die bei uns so hoch im Kurs steht, ist es die tägliche Arbeit? Bei der Beschäftigung mit dieser Frage[4] fiel mir die Unaufdringlichkeit des Themas in der Bibel auf: Zu den großen Themen der biblischen Überlieferung gehört die Arbeit des Menschen sicherlich nicht. Zwar findet sich, wenn man ausdrücklich danach sucht, eine Fülle von Stellen im Alten wie im Neuen Testament, an denen von Arbeit, arbeiten, Werk, wirken etc. die Rede ist, zu schweigen von den zahlreichen Einzelverrichtungen, die im Erzählstoff oder in Gleichnissen vorkommen, wie graben und hacken, säen und schneiden, schlachten, backen, weben, Wasser holen und Schafe hüten… Ein Vergleich mit so zentralen Themen wie Verheißung und Glaube, Gerechtigkeit (Gottes und des Menschen), Sünde und Gnade, die die gesamte Verkündigung tragen und zugleich die literarische Struktur ganzer Schriften und Schriftengruppen bestimmen lässt aber sehr deutlich werden, dass »Arbeit« als Thema demgegenüber zurücktritt. Von ihr wird, wie Walter Bienert[5] es ausdrückt, »mehr interlinear« gesprochen.

---

4 M. Veit, Arbeit aus biblischer Perspektive, in: Der Evangelische Erzieher 1/86, 18 ff.

5 RGG[3], Art. Arbeit III (theologisch).

Dies dürfte zunächst bedeuten, dass Arbeit (zumindest seit der Sesshaftwerdung Israels) als etwas für den erwachsenen Menschen Selbstverständliches angesehen wurde. Der Ackerboden, auf den die Menschen zu ihrer Ernährung angewiesen waren, musste bebaut werden, das Vieh versorgt, das Haus bestellt; im Rhythmus von »Saat und Ernte, Frost und Hitze, Sommer und Winter, Tag und Nacht« lebten die Bauern, suchten und fanden sie ihr Auskommen. Schlimm war es nur, wenn die Früchte der Arbeit ausblieben, sei es durch Missernten, sei es durch Krieg oder Raub des Ernteertrags. An der Arbeit selbst gab es wenig zu problematisieren.

Man kann vielleicht sagen, dass das Thema Arbeit in alttestamentlicher Zeit ebenso unaufdringlich blieb wie das Thema Sexualität. Auch sie gehörte selbstverständlich zum Leben des Menschen. Natürlich gab es spannende Geschichten, die »Zweierbeziehungen« betrafen, gab es Regelverletzungen, Verlust und Trauer, List und Gewalt. Aber das Problem war dann dieses einzelne Ereignis. Die Sexualität des Menschen als solche, Triebhaftigkeit und Lusterfahrung bildete kein Problem.[6]

Naturnahe, wenig entfremdete Arbeit, wenig verklemmte Sexualität gehören zur Diesseitigkeit alttestamentlichen Lebens und Glaubens – wie Essen, Schlafen und Atmen. Beide erscheinen in beiden Schöpfungsgeschichten als Auftrag des Schöpfers, der aber eher ein Segen ist, den Menschen Möglichkeiten zu schenkt, als dass er als Gebot im eigentlichen Sinne zu verstehen wäre.

Gebot aber, apodiktisches, ist die Ruhe des Sabbats. Die hebräische Wortwurzel bedeutet »aufhören«, ruhen nach vollendeter Arbeit. Von heute her gesehen erscheint es höchst merkwürdig, dass für Israel das »Aufhören« mit der Arbeit zu bestimmter Zeit, in bestimmtem Rhythmus religiös weit wichtiger war als die Arbeit selbst. Dabei ist das Alter des Sabbatgebotes wissenschaftlich nicht eindeutig geklärt. Sicher ist, dass es zur Zeit des Propheten Amos (8. Jhd. v. Chr.) bereits ein Verbot gab, am Sabbat Handel zu treiben; manche Forscher sehen ein generelles Arbeitsverbot am Sabbat jedoch als sehr viel älter an. Bekannt ist die zentrale Bedeutung, die es während des babylonischen Exils erlangte: Der Sabbatkult am Tempel war nicht mehr möglich, die Einhaltung strikter Sabbatruhe dagegen ein deutliches Zeichen der Abgrenzung von

6 Vgl. Pred. 9, 9; Spr 5, 18; das Hohe Lied u.a.

der babylonischen Umgebung, ein Ausweis der Zugehörigkeit zum Volk Jahwes. In nachexilischer Zeit bis in die Streitgespräche Jesu mit den Pharisäern hinein bleibt das Sabbatgebot zentral.

Was bedeutet die Hochschätzung der Sabbatruhe für das alttestamentliche Verständnis der Arbeit? Sicherlich nicht, dass diese als unwichtig, geringwertig o. dgl. angesehen worden wäre, so als ob der Mensch sich ihrer immer wieder entledigen müsste, um für »Höheres« frei zu sein. Ein derartiger Gedanke fehlt in der alttestamentlichen Überlieferung ganz. Als Begründung der Sabbatruhe lesen wir dagegen einmal die Erinnerung an Israels Frondienst in Ägypten, aus dem Jahwe das Volk befreit hat[7], so dass es nun seinerseits auch Knechten und Mägden, Ochsen und Eseln Atempause in ihrer Arbeit zugestehen soll; zum andern das »Aufhören«, die »Ruhe« Gottes nach dem vollendeten Sechs-Tage-Werk der Schöpfung[8], die als Urbild der menschlichen Arbeitsruhe gilt.

Das aber heißt: der biblische Mensch definiert sich nicht über seine Arbeit, nicht sie gibt ihm seinen eigentlichen Wert. Zwar gehört sie zu ihm als etwas Lebensnotwendiges; aber er selbst versteht sich nicht von ihr her, sondern von den »großen Taten Jahwes« her, von Exodus und Schöpfung. Das Geschenk der Befreiung, das Geschenk des Lebens und der Welt sind für den Glauben Israels viel wichtiger als alles, was der Mensch an Arbeit vollbringt. So bestätigt sich noch einmal, was ich die Unaufdringlichkeit des Themas genannt habe.

In dieser Linie liegt im Neuen Testament auch das Gleichnis von den Arbeitern im Weinberg (Mt 20, 1 ff): Der Mensch selbst, das was er zum Leben braucht, ist viel wichtiger als das, was er »leistet«. Niemals ist er bloße Arbeitskraft, deren persönliches Ergehen nicht interessiert. So wenig das Gleichnis eine unmittelbare Anleitung für das Verhalten von Arbeitgebern enthält, so sehr enthält es eine eschatologische Kritik an den vorhandenen Verhältnissen, die den Wert des Menschen an seiner Arbeitsleistung messen. Und einen mächtigen Impuls, der in der Geschichte nicht mehr wegzuschaffen sein wird, hin auf eine Veränderung dieser Verhältnisse, hin zu einer Gesellschaft, in der der Mensch als Mensch, und ohne Bedingungen, Wert hat.

---

7 Dtn 5, 15.
8 Gen 2, 2 f.

Theoretisch sagen dies ja demokratische Verfassungen, u.a. Grundgesetz Art. 1, seit langem; nur die Verhältnisse, die sind nicht so …

Wie die Unruhe in der Uhr, die sie nicht stehenbleiben lässt, sondern weiterdrängt, hat dieser Impuls in der ganzen Geschichte des Christentums gewirkt, immer wieder bestehende Herrschaftsordnungen in Frage gestellt, Kreativität geweckt, Veränderungen nach langer Mühe geschaffen. Ist dies der Grund, weshalb einem Bischof (als Vertreter der herrschenden Verhältnisse) »Menschenwürde« suspekt erschien?

In der Bibel besteht sie darin, dass der Mensch (in schlichter Frömmigkeitssprache ausgedrückt) von Gott geliebt, befreit, beschenkt ist und leben darf, weil dieser Gott »Wohlgefallen« an ihm hat. Auch an den »Aussteigern« (wie Franziskus), auch an denen, die sich nicht über Leistung definieren.

III. Folgerungen

Nichts eigentlich könnte dem »sola gratia« der Reformation mehr entsprechen als dieses Verständnis der Menschenwürde. Da es aber in den lutherischen Kirchen, herrschaftsbedingt, zurückgedrängt wurde zugunsten einer ganz anderen Gewichtung von »Sünde« und »Gnade« (die weitverbreitete Überzeugung, dass der Mensch »im Grunde schlecht« sei, dürfte mit auf diese Tradition zurückgehen), musste Menschenwürde neu entdeckt werden, von ganz anderer Seite her. In der Aufklärungszeit taucht jenes Verständnis auf, das bis heute in philosophischen Wörterbüchern zu finden ist: Menschenwürde basiere auf den »Personenwerten« des Menschen. Diese müssen nur, durch Erziehung und Bildung, entwickelt werden (oder bei Rousseau, Raum und Ruhe zur Entwicklung bekommen). Die Begeisterung für philanthropische Erziehung, die Hoffnung, die Menschheit dadurch voranzubringen, kennzeichnet die Epoche; Pestalozzis Wort: »Der Mensch ist gut und will das Gute; er will nur dabei auch wohl sein« deutet darauf hin, dass es die »Verhältnisse« sein können, die den Menschen »böse« handeln lassen, und dass diese zu ändern sind.

Biblisch ist diese Sicht ebenso wenig wie die verhängnisvoll falsche Gewichtung, die sich ins Luthertum eingeschlichen hatte. Aber sie enthält eine notwendige Korrektur gegenüber jenem Misanthropismus. Es ist sicher kein Zufall, dass mit dem Aufklärungsansatz auch die Grundtendenz auf Demokratie gegeben war – die bekanntlich noch in den zwanziger Jahren vom Großteil der lutherischen Kirchen in Deutschland abgelehnt und bekämpft wurde. Andererseits freilich liegt im Aufklärungsansatz die Gefahr, dass ein Mensch, bei dem man an Personenwerten wenig anzutreffen vermag, als »minderwertig«, später dann als »lebensunwert« angesehen werden kann.

Menschenwürde aber ist, biblisch gesehen, keine »Eigenschaft«, die man in größerem oder geringerem Maße »besitzen« kann. Sie wird zugeeignet, geschenkt, immer wieder, durch Ermutigung, Vergebung, durch die lebendig machende Kraft der Verkündigung. So bekommt der Uransatz des Luthertums, dass der Mensch nur »unter dem Wort« sich selbst wirklich verstehen lerne, gerade wieder recht; es gilt nur, das »Wort« von Überfremdung zu befreien, von jenem Misanthropismus, der es verdeckt.

Wie setzen wir diese Grunderkenntnis um? Eine Religionspädagogik, die dazu beitragen will, wird großes Interesse aufbringen für alle Formen von Schulunterricht, die die Kreativität und Kooperativität der Schüler fördern; Formen, bei denen man die Schüler weder »beherrscht«, indem man ihnen fertiges Wissen vorsetzt, das sie nur zu reproduzieren haben, noch sie »antiautoritär« laufen lässt (was eher noch menschenverachtender ist als jenes), vielmehr mit ihnen zusammen an Methoden arbeitet, wie Probleme gelöst werden können, Material dafür gefunden und aufbereitet werden kann etc. Kinder haben Fragen, und wenn sie vor lauter Reizüberflutung nicht mehr fragen und nichts mehr behalten können, so bedarf es einer fast schon therapeutischen Geduld und Insistenz, um ihre ursprüngliche Lernfreude wieder freizulegen. Es bedarf auch des Erzählens, nicht nur, aber gerade auch im Religionsunterricht; hier setzt sich der Lehrende selbst, als Person, den Schülern aus, indem er ihnen nahebringt, was ihm selbst wichtig und wertvoll ist. Und es muss ein hörendes Erzählen sein, bei dem der Lehrende innerlich bei den Schülern ist und spüren lernt, was sie brauchen, um ihrerseits »hören« zu können. So wird auch das Erzählen zu einer Form der Kooperation. Es lässt »innere Bilder« in den Kindern entstehen, worauf vor allem die Waldorf-Pädagogik aufmerksam macht, und weckt so die Kreativität, die in einer Zeit der gnadenlosen Überflutung mit von außen kommenden Bildern zu verkümmern droht. Kreativität aber ist der sicherste Schutz gegen Destruktivität.

Die religionspädagogische Theorie muss diesen Praxiserfahrungen folgen. Die unmittelbare Begegnung mit Schülern ist durch nichts zu ersetzen. Sie kann freilich zunächst sehr frustrierend sein, weil in der gegenwärtigen Gesellschaft mit seelisch, personhaft »unterernährten« jungen Menschen zu rechnen ist. Sie als Opfer dieser Gesellschaft zu betrachten (unter Einschluss neonazistischer Gewalttäter mit ihren oft so kindlichen Gesichtern) bedeutet nicht, ihr Verhalten auf die leichte Schulter zu nehmen, sondern nach Methoden zu suchen (bis hinein in neue liturgische Formen)[9], die sie ihren eigenen Wert als Person vielleicht erstmalig erfahren lassen. Eine ostdeutsche Pfarrerin, der es nach dem tödlichen Unfall einer Skin-Braut gelang, die ganze Skin-Gruppe ihrer Stadt zum Gespräch ins Pfarrhaus zu bekommen, berichtete, wie einer der Jungen nach Stunden mit einem Seufzer sagte: »Uns hört ja auch niemand zu!« Das ist die Situation nicht nur der Skinheads, sondern weiter Teile der Jugend überhaupt. Sind sie keine Menschen?

Der biblische Gott hört zu. »Ich habe dein Schreien gehört.« Es gehört zu jener Würde, die er dem Menschen gibt. Wir werden »Menschenwürde« nur verstehen und verständlich machen können, wenn wir uns bekehren von jenem deutschen »Selig sind die Tüchtigen« zu den so ganz anderen Seligpreisungen der Bibel. Es wird eine wirkliche »Umkehr« sein – zurück zum sola gratia in seinem vollen Sinn.

---

9 Vgl. das Beispiel in meinem Artikel »Alltagserfahrungen von Jugendlichen, theologisch interpretiert«, in: Jahrbuch der Religionspädagogik, Bd. 1, Neukirchen-Vluyn 1984, 3ff.

Glaubenshindernisse in der Marktgesellschaft (1993)

Immer mehr Menschen in unserer Gesellschaft können offensichtlich mit der christlichen Religion nichts mehr anfangen. Das zeigt nicht nur die steigende (und allmählich bedrohlich werdende) Zahl der Kirchenaustritte; das zeigen auch Gespräche mit Leuten, die noch zur Kirche gehören, aber ihr höchstens die Funktion zubilligen, ein paar gute Lebensregeln zu liefern (deshalb schickt man z.B. die Kinder in den Religionsunterricht) und die wichtigsten Feste im Leben des Einzelnen zu verklären. Eine »weiße Hochzeit« in der Kirche ist eben doch etwas anderes als eine bloß standesamtliche Heirat; »schon allein die Orgel«, sagte mir ein junger Mann, »gibt einfach eine ganz andere Stimmung«. Nach der Taufe seines zweiten Kindes meinte er, jetzt könne er doch eigentlich aus der Kirche austreten; die schönen Feste habe man gehabt, mehr Kinder wolle man nicht, und nur für die Beerdigung später die ganzen Jahre über Kirchensteuer zahlen, das rechne sich eigentlich doch nicht. Mein Hinweis auf den Kindergarten, in den sein älteres Kind ging und dessen Träger die Kirchengemeinde ist, ließ ihn noch einmal neu nachdenken; ja, sozial tue die Kirche ja auch einiges, und das sei auch gut so.

Nun ist weder die Sehnsucht nach schönen Festen, die dem Leben Glanz und Bedeutung verleihen, wenigstens für einen kurzen Tag – noch die Anerkennung der sozialen Leistungen der Kirche etwas Abwegiges. Es könnte von beidem aus ein Weg gefunden werden zum Proprium des Glaubens; es hat damit zu tun. Was Harnack einmal den »unendlichen Wert der Menschenseele« genannt hat, was in der Massen- und Marktgesellschaft aber untergeht (es lässt sich biblisch-reformatorischer sagen, ich komme darauf zurück), das drückt sich natürlich auch in den Festen zu Geburt, Hochzeit und Tod aus. Freilich dürften diese seltenen Höhepunkte nicht Alibifunktion haben in einem Leben, in dem es auf den Einzelnen sonst gerade nicht ankommt, sondern müssten Ausdruck seines auch im Alltag gegebenen »unendlichen Wertes« sein. Und was die sozialen Einrichtungen betrifft: es ließe sich von ihnen aus zurückdenken zu einem Gott, der der Gott aller ist, betont auch der Gott der »Witwen, Waisen und Fremdlinge«, und dieser müsste das Alltagsleben, die Einrichtung der Arbeitswelt und des Wohnens z.B. für alle, immer, bestimmen.

Diese Rückverbindung zum Proprium wird von den Menschen selten gesehen; es hilft ihnen auch selten jemand dabei. Es ist eben einfach eine angenehme Eigenschaft der Kirche, dass sie für dieses beides, Feste und Soziales, zuständig ist.

Aber »glauben« die Menschen nun gar nichts? Woran halten sie sich im Alltag, woran orientieren sie sich? Nehmen wir Erich Fromms Definition von Religion zu Hilfe, »jedes System des Denkens und Tuns..., das von einer Gruppe geteilt wird und dem Individuum einen Orientierungsmaßstab und einen Gegenstand der Hingebung bietet«[1] – welches solche System herrscht heute vor und hält die Massen beieinander?

Absehen möchte ich hier von dem Zustrom zu Sekten und verwandten Gruppierungen, der zwar beachtlich ist, aber doch nicht die Massen ergreift. Was an ihnen lockt, ist vor allem die Gemeinschaft in überschaubarem Rahmen, die im Allgemeinen wenig anspruchsvolle »Theologie« (auch in den Liedern und Erbauungsschriften), die beruhigende Bürgerlichkeit ihrer moralischen Lehren. Aber wie gesagt, sie bilden eben doch Minderheiten. Welche lebensanleitenden Schriften lesen die Massen, welche Lieder hören sie? (Singen ist ja seltener geworden).

Beginnen wir mit den Frauenillustrierten. In ihnen hat sich im Verlauf der letzten ein bis zwei Jahrzehnte ein bemerkenswerter Wandel vollzogen: Leitbild ist nicht mehr die Hausfrau und Mutter, die »Beziehungsarbeiterin«, die die wichtigste Keimzelle der gegenwärtigen Gesellschaft, die Familie, stabilisiert; Leitbild ist die »moderne Frau«, die vor allem sich selbst zum schönen Einzelding gestaltet, angeleitet selbstverständlich von den Modetrends der Saison. Auch ihre Umgebung weiß sie entsprechend zu stylen, sie bildet den (im Wortsinn) kostbaren Rahmen um die kostbare »Persönlichkeit«. Dabei kann von Selbständigkeit die Rede sein; sie meint aber nur, dass die Frau den »eigenen Typ« zur Geltung bringt, wobei ihr mit Rat und Tat zur Seite gestan-

1 In: Psychoanalyse und Religion, Kap. 3.

den wird. Dass das alles viel Geld kostet, stört weiter nicht; »wer sich nichts wünscht, der kann sich nichts erfüllen« lautet ein Werbeplakat der Sparkassen, und gleich daneben findet sich die Abbildung eines Wasserkrans, aus dem Geldscheine fließen. Mithalten mit dem Trend ist jedenfalls Pflicht. Und die Beratung, etwa in Ehe- und Lebensproblemen? Sie zielt vor allem darauf, dass die Frau den Gegenwert für alle ihre Mühe um »Stil« und Design erhalten müsse, vom Partner wie vom Chef.

Ein Blick in die Heiratsanzeigen großer Tageszeitungen zeigt, dass die skizzierte Orientierung nicht nur die Frau betrifft. Da begegnet die Vokabel »vorzeigbar«, Mann und Frau suchen jemand Vorzeigbares und preisen sich selbst so an. Image und Design sind offensichtlich entscheidend für das Lebensglück. Design, nicht Sein. Das gilt auch am Arbeitsmarkt: es genügt nicht, dass man etwas weiß und kann, man muss sich zu »verkaufen« wissen, und dabei kommt es stark auf die »Verpackung« an.

Was Erich Fromm vor Jahrzehnten als marktorientierten Charakter beschrieben hat, hat die Selbstauffassung der Massen erreicht, ist zum dominierenden Sozialcharakter der ganzen Gesellschaft geworden.

Welchen Preis zahlt der Mensch, der dieser Orientierung folgt? Zunächst den, dass er von den realen Gestaltungskräften seiner, unserer Welt erfolgreich abgelenkt wird. Kommt das Wort »Gesellschaft« in den Frauenillustrierten vor, so wird es in wilhelminischem Sinn gebraucht: Klatsch aus den höheren Sphären der Reichen und »Prominenten« wird geboten. Anscheinend ist er wichtiger als die Aufmerksamkeit darauf, wer Kriege vorbereitet (jahrzehntelang konnte man den abgelenkten Westdeutschen weismachen, dass dies »der Russe« sei, obwohl man eigentlich seit Churchills Zeiten wissen konnte, wo die Angriffsabsicht lag!), – oder auch: welche geschäftlichen Interessen führender Politiker hinter der Autoindustrie stehen, und welche Auswirkungen dies für die Bevölkerung hat. Zwar ahnen inzwischen wohl alle, dass die Welt von Gefahren bedroht ist; aber beschäftigt mit dem erlernten Lebenssinn, dem Design ihres privaten Lebens, stellen es die meisten achselzuckend zurück.

Auffällig ist die Zerstörung der Solidarität. In Ostdeutschland, wo die Orientierung auf das Kollektiv bestimmend war und dem Einzelnen tatsächlich viel an Geborgenheit bot, zerfällt sie unter Marktbedingungen erstaunlich schnell. Im Westen sieht sich der, der seinen Arbeitsplatz verlor, plötzlich aus dem Kreis der bisherigen Arbeitskollegen auch in der Freizeit ausgeschlossen: den üblichen Treffen oder Einladungen kann er nicht mehr folgen, weil die Frau sich den teuren Friseur nicht mehr leisten kann. Weil die Familie nicht mehr in der Lage ist, die dicken Schnitzel aufzufahren, wenn sie an der Reihe wäre …

Versager sind, wo Marktgesinnung herrscht, nicht vorgesehen. Und wer das Pech hatte, aus dem Arbeitsprozess ausgegrenzt zu werden, ist Versager.

Immer wieder lesen wir, dass Ehen oder Beziehungen auseinandergehen, weil einer von beiden »Versager« wurde. Da war jener Berliner Arbeiter, dem zur Zeit der höchsten RAF-Hysterie während eines Sporttrainings die Jacke mit Personalausweis gestohlen wurde; da dieser Ausweis später in der Terroristenszene auftauchte, kam er als Sympathisant in Untersuchungshaft, monatelang; nach seiner Entlassung wegen erwiesener Unschuld war nicht nur sein Arbeitsplatz verloren, sondern auch seine Ehe. Gerade wenn ein Mensch den oder die anderen am meisten braucht, ziehen sie sich zurück.

Es ist ein gnadenloser »Gott«, der da verlangt, immer up to date, immer fit, immer vorzeigbar zu sein. Gnadenlos nicht nur gegenüber dem, der seinem Gesetz nicht mehr nachkommen kann, sondern auch gegenüber den Befolgern. Sozialpsychologen machen darauf aufmerksam, wie anstrengend es ist, immer auf den Trend zu achten, immer dafür zu sorgen, dass man »in« ist. David Riesman[2] hat das Bild vom Radargerät eingeführt, mit dem der marktorientierte (er sagt: außengelenkte) Mensch beständig aufzufangen sucht, was signalisiert wird; er kommt gewissermaßen nicht zur Ruhe.

Da der Mensch sich anscheinend wirklich an alles, oder doch an sehr vieles, gewöhnt, wird die erlernte Ruhelosigkeit dann zur Gewohnheit, zur Sucht geradezu. Wenn BILD, eine der verbreitetsten Agenturen des Marktcharakters, mit einem Horror nach dem anderen aufwartet, so entspricht das längst einem Bedürfnis der Leser. Da man einander aber so gut entspricht, werden dann auch Ratschläge begierig entgegengenommen: In jener schon angesprochenen Zeit der RAF-Hysterie brachte BILD auf der ersten Seite einen Artikel mit der Überschrift: »Woran kann ich erkennen, ob mein Kind die Neigung hat, Terrorist zu werden?«, und es folgten dann, didaktisch gut gemacht, mehrere Punkte. Deren erster lautete: »Wenn es sich in auffälliger Weise für Gerechtig-

2 In: »Die einsame Masse«, Kap. 1.

keit interessiert«. Einige Monate später beschwerte sich eine Mutter beim religionspädagogischen Amt in Gießen über einen Lehrer: er habe mit den Schülern Propheten gelesen, da ginge es doch immer um Gerechtigkeit, und dann würden die Kinder doch so leicht Terroristen!

Halten wir inne und schauen zurück. Fernhaltung von der Wirklichkeit – Zerstörung der Solidarität – nicht zur Ruhe (und damit auch zu sich selbst) kommen können – Verdächtigung des Strebens nach Gerechtigkeit: der antichristliche oder besser: antibiblische Zug der gegenwärtigen Gesellschaft tritt deutlich hervor. Denn was könnte biblischer sein, als Gott, den Herrn der Geschichte, gerade in den Strukturen, in den Gefahren heutiger Wirklichkeit zu uns sprechen zu hören? Seine Gebote bewegen sich niemals im luftleeren Raum, und seine Angebote, seine Verheißungen beziehen sich auf wirkliche Menschen in ihrer wirklichen, konkreten Situation. Nicht als ob diese in sich Offenbarungscharakter besäße! Hinter Barmen soll nie mehr zurückgegangen werden. Wohl aber stellt sie den Horizont dar, innerhalb dessen uns heute Zuspruch und Anspruch Gottes erreichen. Nächstenliebe, die er gebietet und verheißt, ist der Solidarität verwandt, niemals aber der Ausgrenzung derer, die (aus welchem Grund auch immer) nicht mehr mitkommen. »Gerechtigkeit erhöht ein Volk«, so lesen wir in der hebräischen Bibel; Gerechtigkeit im biblischen Sinn, die gibt, was die Menschen brauchen, nicht was sie verdienen. Alles aber zentriert sich im Nicht-zur-Ruhe-kommen-lassen der Menschen. Schon die christliche Mystik des Mittelalters sah ein Haupthindernis des Glaubens darin, dass der Mensch nicht »zu sich« komme. Sein statt Design, darauf käme es an.

Mit anderen Worten: Wo der Mensch sich selbst vor allem als Ware erlebt, wo nicht er selbst, sondern seine Verkäuflichkeit auf dem Persönlichkeitsmarkt entscheidend zu sein scheint, da ist der christliche Glaube zentral gefordert. Nicht Leugnung Gottes, sondern Leugnung des Menschen als Person scheint mir heute die Gegenposition zu sein, angesichts deren der Glaube sich bewähren muss. Günther Anders‹ »Die Antiquiertheit des Menschen«, oder aber Rolf Kreibichs »Wissenschaftsgesellschaft«, in der auf 800 Seiten nicht eine einzige Wissenschaft vorkommt, die es mit dem Menschen als Person zu tun hätte, sind Alarmzeichen. Der christliche Glaube denkt den Menschen als Person, die, von Gott angeredet, antworten kann. Er denkt ihn als radikale Subjektivität, eine Subjektivität freilich, die uns nicht einfachhin zur Verfügung steht, deren Tiefen, aus denen wir kommen, wir durch eigenes Tun nie erreichen – die wir aber vielleicht verhungern lassen können. Das Absterben der Frage nach Wahrheit und Gerechtigkeit, ihre Verdrängung durch die Frage nach dem Trend, mag ein Zeichen solchen Verhungerns sein. Es entsteht die tiefgehende Langeweile, laut Erich Fromm Ursprung bösartiger Aggressivität[3]. Auch der Zynismus, der um sich greift, ist samt der sinnlosen Destruktivität vielleicht nichts anderes als ein unverstandener Hilfeschrei.

Wir verschwenden viel in der Wegwerfgesellschaft, die wegwerfen muss, um den Gegenwert ihrer sinnlosen Überproduktion zu realisieren. Aber was wir am meisten verschwenden, so scheint mir, das sind menschliche Seelen. Sie sind nur zum Profitmachen gut, und sie merken nicht, wie sie dafür zugerichtet werden. Denn ihre unmerkliche Umgestaltung erfolgt ja nicht im Wege der Diktatur, sondern der Manipulation. Die Frau als schönes Einzelding ist sich sicher, dass sie völlig frei wählt, wie sie sich realisieren will, zumal es ja im Bereich der dazu benötigten Konsumartikel auch immer gewisse Wahlmöglichkeiten gibt. Ich kann dieses oder jenes Kosmetikum, diese oder jene der modischen Haartrachten, diese oder jene Linie innerhalb des Trends bevorzugen. Also komme ich mir »frei« vor. Ich darf sogar gewisse Zeiten einer Konsumaskese einschalten, etwa bei Schlankheitskuren oder, in leiser Erinnerung an religiöse Sitten, »sieben Wochen ohne ...« (Zigaretten, Zucker, Fernsehen sogar) praktizieren. Ich darf nur nicht das Ganze dieses sinnlosen, entsolidarisierenden, naturzerstörenden und Kriege provozierenden Wirtschaftens in Frage stellen; dann bin ich »out«.

Unsere bisherigen Überlegungen haben gezeigt, dass die Glaubenshindernisse für den heutigen Menschen sehr viel schwerer sind als es dem Bemühen um theologische Aufklärung in der liberalen Theologie und der Bultmann-Schule erschien. Es sind nicht in erster Linie Denkschwierigkeiten, »Verstandeszweifel«, die durch saubere exegetische und dogmengeschichtliche Information zu beheben wären. Damit ist nichts gegen diese immer noch notwendige Arbeit gesagt. Im Gegenteil: wenn Menschen die Erfahrung machen, z.B. im Religionsunterricht, dass sich eine ganze Reihe von »Verstandesfragen« klären lassen, wenn man (etwa beim Evangelienvergleich) genau zusieht und me-

3 In: »Anatomie der menschlichen Destruktivität«, Kap. 10.

thodisch angeleitet ist, so hat dies in der heutigen Situation geradezu seelsorgerischen Wert. Denn diese Erfahrung besagt, dass man nicht notwendig auf Beliebigkeiten, Mode und Trends hereinfallen muss, sondern eben selbst »zusehen« und zu Erkenntnissen kommen kann, über die man Rechenschaft abzulegen vermag. Hierzu ist gerade in der evangelischen Universitätstheologie so viel erarbeitet worden, was auch der »Laie« zur Klärung seines Denkens braucht (die Unterscheidung von Glaube und Weltbild; der Einblick in die Entstehung von Texten; der hermeneutische Zirkel usw.), dass es nur zum Schaden von Glauben und Kirche geraten könnte, wenn man davon nicht gründlich Gebrauch machen würde.

Allerdings reicht diese Art kritisch-wissenschaftlicher Arbeit nicht aus, um der Selbstentwertung des Menschen in der Marktgesellschaft zu begegnen. Es bedarf darüber hinaus der Gesellschafts-, der Ideologiekritik. Sonst bleibt das exegetische und dogmengeschichtliche Wissen, bei Laien wie Experten, museal; man weiß über vergangene geisteswissenschaftliche Zusammenhänge Bescheid – und bleibt blind für die immensen Gefahren, die den Menschen heute aus der Marktorientierung drohen. »Den Teufel spürt das Völkchen nie, und wenn er sie beim Kragen hätte.«

Ganz im Gegenteil muss die kritisch-methodische Fähigkeit, die man durch die deutsche Universitätstheologie gewinnen kann, übertragen werden auf das Gebiet des heutigen »Glaubens«. Dem stellen sich allerdings große Hindernisse entgegen. Das erste besteht schon darin, dass sehr viele Menschen, auch Schüler, keine Lust haben, sich der Mühe zum Erwerb solcher kritischen Fähigkeiten überhaupt zu unterziehen. Die Gewöhnung an ständiges Unterhalten- und Abgelenktwerden, das Zufriedensein mit dem schönen Schein lässt das Gespür dafür verkümmern, dass es auf das Herausfinden von »Wahrheit« überhaupt ankäme. Hauptsache, die Religion »macht Spaß«; wenn nicht, lässt man sie sein, denn mehr scheint gar nicht zu erwarten zu sein. Kritische Arbeit an der BILD-Zeitung ließ Berufsschüler zwar erkennen, dass die Berichte weder stimmen noch ihre Orientierung etwas taugt; aber »es sind so schöne Märchen«, hieß es dann, und auf die will man nicht verzichten.[4]

4 Christoph Weidinger-Vandirk, »Es sind so schöne Märchen«, in: Korrespondenz der Christen für den Sozialismus 71/1991.

Ein weiteres Hindernis besteht darin, dass die kritische Erarbeitung eines eigenen Standpunktes zuallererst ein Gespür für den Wert, die Bedeutung der eigenen Person voraussetzen würde. Aber ein echtes Selbstwertgefühl ist weithin Mangelware, »Menschenwürde« im Deutschen immer noch ein Fremdwort. Dazu hat leider gerade auch die deutsche lutherische Tradition mit beigetragen, die an der verbreiteten Überzeugung, dass »der Mensch im Grunde schlecht« sei, nicht unschuldig ist. Die Kirchenferne vieler heutiger Menschen bedeutet ja nicht, dass es keine Nachwirkungen jahrhundertelanger Indoktrination gäbe; die »neutralisierte Religion«, ein Leichnam ohne lebendiges Herz, an dem man sich vergiften kann, ist weiterhin ein Faktor heutiger Lebensauffassung. Was da nachwirkt, ist ein Grundmissverständnis des biblischen Begriffs der Sünde. Er meint weder, dass der Mensch »schlecht« sei (es gibt ja in der Bibel die fast unglaubliche Szene, in der Gott und der Satan miteinander wetten, ob ein bestimmter Mensch, Hiob, tauge oder insgeheim doch nicht; Gott setzt auf den Menschen, er traut ihm, Satan macht ihn schlecht!) – also, der Begriff der Sünde meint weder, dass der Mensch schlecht sei, noch dass er unfähig sei, in der Welt etwas Vernünftiges auszurichten. (Von den »Obrigkeiten«, die schließlich auch aus Menschen bestehen, hat dies ja selbst im deutschen Luthertum auch niemand je behauptet). Saulus, der Christenverfolger, ist alles andere als »schlecht«, vielmehr ein hochdisziplinierter Charakter, der mit Leidenschaft für das eintritt, was er als richtig erkannt zu haben glaubt. Als »Sünde« sieht er rückblickend, als er zu Paulus geworden ist, nicht etwa verborgene Schlechtigkeiten, sondern sein Autark-sein-Wollen, die »eigene Gerechtigkeit«, wie er sagt: Gott und Menschen nicht brauchen, Beziehung verweigern, nicht nehmen können, kurz: Vertrauen und Liebe nicht kennen und in dem allen: Hybris – das ist Sünde. Auf seinen »Ruhm«, seine Menschenwürde, legt Paulus auch als Apostel noch Wert (z. B. 1. Kor. 9, 15 und 2. Kor. 11, 10).

Nun, Menschen, die sich selbst für schlecht halten, sind leichter zu regieren. Dies mag ein verborgener Beweggrund im deutschen Luthertum, mit seiner Identität vor politischer und kirchlicher Herrschaft im Summepiskopat der Landesfürsten, für die unbiblische Sündenauffassung gewesen sein. Der Mangel an Selbstwertgefühl in der heutigen Gesellschaft erhielt durch sie Verstärkung; der alleinige Grund ist sie nicht. Vielmehr lässt die eigene Lebenserfahrung der allermeisten von Kinderaugen an, in Familie, Schule, Betrieb, in ihnen erst recht die Überzeugung wachsen, dass er oder sie die eigene Daseinsberechtigung erst noch nachzuweisen habe. In sich ist der Mensch kein »Wert«. Paradoxerweise gilt das natürlich auch dann, wenn die Erziehung dem Laissez-faire-Stil folgt. Auch hierin zeigt sich ein tiefes Desinteresse an dem jungen Menschen als Person. Hauptsache, er macht keine Schwierigkeiten ... Eine Gruppe von Skins brachte einer pommerschen Pfarrerin gegenüber nach längerem Gespräch zum Ausdruck: »Uns hört ja niemand zu!« Eben diese Erfahrung machen so viele kleine Kinder: für ihr Lebensinteresse, dass ihnen »jemand zuhört«, nimmt sich niemand Zeit.

Wozu sollte ein Mensch, dessen Selbstwertgefühl schwach entwickelt ist, sich bemühen, die Ideologie unserer Gesellschaft zu durchschauen, zu besserer Erkenntnis vorzustoßen, zumal ihm dies mit Sicherheit Ärger einträgt? Denn das ist nun das dritte Hindernis, das sich der Befreiung zum Glauben entgegenstellt: der selbstdenkende Mensch ist nicht erwünscht. Der Jugendsprecher im Betrieb, der die gesetzlich vorgeschriebenen Schutzrechte für die Lehrlinge einklagt, voll im Recht und in höflicher Form, wird nicht übernommen. Der Offizier, der sagt, was Sache ist, wird degradiert. Der Regierungsbeamte, der Korruptionsfälle aufdeckt, wird versetzt. Macht geht so ungeniert vor Recht inzwischen, dass es schon als ein Wunder zu betrachten ist, wenn jemand standhält.

Diesen objektiv gegebenen Glaubenshindernissen ist umso schwerer zu widerstehen, wenn der Mensch (wie so vielfach im Protestantismus) ihnen allein gegenübersteht. Doch hat sich diese Erkenntnis Bahn zu brechen begonnen, was zu den verheißungsvollsten Erscheinungen unserer Zeit zählt. Ich erinnere mich noch gut, wie ich das Wort »Bürgerinitiative« zum ersten Mal hörte, etwa 1968. Menschen schließen sich zusammen, um ein Menschenrecht gegenüber der Macht zu verteidigen: Friedens-, Umwelt-, Frauen-, Gefangenenrechte werden die Sache von Gruppen. Dem Christen wird dabei einfallen, dass es in der Bibel immer ein »Volk« Gottes gibt, in dem der Einzelne glauben lernt und, im Sinn dieser Abhandlung, »Person« werden kann. Wir brauchen den Schutz, den Trost, den Austausch, die Auseinandersetzung in der Gruppe.

Führt dies zum Glauben?

Ich denke, wir sollten zwei Dinge unterscheiden: Glaube ist immer Geschenk; wir verfügen nicht darüber. Auch die besten und notwendigsten Unternehmungen, um dem Menschen als Person heute Raum zur Entwicklung zu schaffen, garantieren nicht, dass wir selbst oder andere Glaubende werden. Dies gilt selbst dann, wenn wir alle diese Anstrengungen auf Grund des Glaubens unternehmen. »Wir müssen glauben, dass wir glauben«, so sagte es Martin Luther; wir bleiben angewiesen – auf Gott. Dass der Ort, »wo sein Name wohnt«, für uns nicht nach Belieben erreichbar ist, dass wir bitten müssen darum, »dass sein Name auch bei uns geheiligt werde«, das bleibt so. Die Verheißung, gehört zu werden, bleibt auch; aber sie wird nicht Besitz: Gott ist voraus…

Aber das andere gilt auch, und dem ist diese Untersuchung gewidmet: das Instrument, auf dem der Glaube musizieren könnte, die menschliche Seele, kann zerstört werden. Wir haben diese Möglichkeit wahrscheinlich in den Kirchen unterschätzt. Mit Schrecken hören wir von Psychoanalytikern, dass man Nazi-Täter, Folterer und Mörder, nicht therapieren könne; dies würde ja bedeuten, dass sie ihre entsetzlichen Taten in ihre sich entwickelnde Persönlichkeit integrieren müssten, und das sei nicht möglich, es würde zum Tode führen. Ja, wir erfuhren durch Veröffentlichungen im Jahre 1985, anlässlich des vierzigsten Jahrestages der Befreiung, dass jene Täter ihre nach dem Krieg geborenen Kinder, die nichts von allem wussten, in frühester Kindheit emotional geschädigt haben, durch die Ausstrahlung ihres Wesens. Es mehrten sich die Fälle, in denen solche Kinder, nun in der Mitte ihres Lebens, plötzlich nicht mehr weiter könnten, in Therapien kämen, wo sich die Ursache dann herausschälte.

Ich denke darüber nach, dass wir das doch als Christen eigentlich hätten wissen müssen. Die Tat verändert den Täter; musste uns erst Sartre daran erinnern, dass sich unser »Wesen« aus dem aufbaut, was wir wirklich tun (natürlich auch im Denken)? Und dass die Sünden der Väter sich auswirken auf die Kinder bis ins dritte und vierte Glied, das haben wir doch auch schon mal gehört.

Angesichts dessen kann einem bange werden bei dem Gedanken, was wir, nach dem Holocaust, in unserem Volk »drin« haben. Und die Ablenkung auf Design und Fun, wie sie in der Marktgesellschaft üblich ist, bekommt noch einmal eine neue, erschreckende Dimension. »Leben mit vergebener Schuld«, die Daseinsgrundlage neutestamentlicher Christen (1. Kor. 15, 9 f.!), das wäre es wohl, was zu buchstabieren wäre. Und was uns neu zur Anbetung »des Namens« führen könnte.

Statt Gleichgültigkeit: Mut zur Verantwortung! (1993)[1]

Verehrte Zuhörer,

ich möchte meinen Vortrag beginnen mit einem Wort des jüdischen Autors Elie Wiesel:

»Der Gegensatz von Liebe ist nicht Hass, der Gegensatz von Hoffnung ist nicht Verzweiflung, der Gegensatz von geistiger Gesundheit und von gesundem Menschenverstand ist nicht Wahnsinn, und der Gegensatz von Erinnerung heißt nicht Vergessen, sondern: es ist nichts anderes als jedes Mal: die Gleichgültigkeit.«

Soweit Wiesel. Liebe, Hoffnung, geistige Gesundheit und Erinnerung nennt er. Liebe ist voller Wärme, Hoffnung voller Aufbruch, geistige Gesundheit und gesunder Menschenverstand lassen uns sicher auf die konkrete Situation zugehen, um sie zum Guten weiterzuentwickeln; Erinnerung verankert uns im konkret geschehenen Vergangenen und lässt uns daraus lernen. Judentum und Christentum gemeinsam wissen freilich, dass der Mensch der Vergebung bedarf, um sich voll erinnern zu können und nicht verdrängen zu müssen. Vergebene Schuld kann, erstaunlicherweise, zu einer Kraftquelle werden, wovon die Hebräische Bibel ebenso Zeugnis gibt wie das Neue Testament; verdrängte Schuld dagegen absorbiert Kräfte, macht uns schwächer und unfrei. Ralph Giordano hat es für unsere deutsche Situation neu aufgezeigt.

Liebe, Hoffnung, geistige Gesundheit, Erinnerung: sie binden uns ins Leben ein, sind Zeichen unserer Identität, unserer inneren Lebendigkeit.

---

1 Vortrag am 7. März 1993 Minden/Westfalen.

Demgegenüber ist Gleichgültigkeit der innere Tod. Sie enthält einen Mangel an Empathie, an der Fähigkeit also, mit anderen Wesen mitzuempfinden; sie enthält aber auch eine Empfindungslosigkeit gegenüber uns selbst. Der Gleichgültige merkt gar nicht mehr, wie er oder sie selbst verkommt, verfällt, Interesse für das Leben und den Geschmack daran verliert; wie er oder sie die Fähigkeit verliert, mit zu vibrieren mit dem Geschehen. Der Gleichgültige kann nicht mehr dichten, während doch jeder Mensch von Natur ein Dichter ist; das zeigt die Sprichwortweisheit der Völker, die so voll ist von guter Sprache und treffenden Bildern. Der oder die Gleichgültige kann aber auch nicht mehr singen, höchstens grölen, und das am ehesten unter Alkohol. Er hat keine Lust mehr zu tanzen, während doch sehr arme Menschen, in Brasilien, in Nicaragua die besuchenden Europäer in Erstaunen setzen durch ihre Lust am phantasievollen Tanz, mitten im Alltag, aller Armut zum Trotz. Aber auch zum Diskutieren fehlt dem Gleichgültigen die Fähigkeit und der Elan. Er ist lebendig tot.

Vor wenigen Monaten noch hätte ich hier fortgesetzt mit einem Klagelied darüber, dass die Gleichgültigkeit sich ausbreite in unserem Land wie eine schleichende Krankheit. Es gibt ja Beispiele genug dafür, und wir werden Anlass haben, darauf noch zu sprechen zu kommen. Aber: wes das Herz voll ist, des gehet der Mund über, und mein Herz ist derzeit voll von dem Erstaunen über einen neuen Aufbruch in unserem Land. Da war als erstes, was selbst das Fernsehen, Monitor, zum fassungslosen Staunen brachte, das Fest auf dem Chlodwigplatz in meiner Heimatstadt Köln im November. Die Hunderttausend, die dort zusammenkamen, um gegen Rassismus zu demonstrieren, »Arsch huh, Zäng ussenanner, sonst isses eines Tages zu spät«, der Schwulenchor, der sang: »Und nicht über und nicht unter andern Völkern wolln wir sein«, das Singen und Schunkeln der Massen, ja, es war Volksfeststimmung, es war im Kampf gegen Rassismus eine neue Qualität. Dann kam München, die erste Lichterkette der 300.000, von wenigen Privatleuten angeregt (aber die Massen kamen), dann die vielen anderen Lichterketten: das deutsche Volk tat etwas, was hierzulande selten war (und ist): es feierte, nicht um sich abzulenken, nicht um sich auszutoben, es feierte Feste der Brüderlichkeit. Es feierte damit zugleich seine eigene Freude am Leben und den Wunsch, sie mit allen zu teilen, die in Deutschland leben. Das gab diesen Festen ihre eigene Würde. Ich war in Offenbach dabei: alle Kirchenglocken läuteten, der altkatholische Pfarrer sprach, also der Vertreter einer kleinen, keiner der mächtigen Kirchen, und es wurde bekanntgemacht, dass an diesem Abend alle Treffpunkte ausländischer Kulturen geöffnet sein würden, zum Schmausen und zum Gespräch, mit allen.

Warum erzähle ich das hier? Hier sind ja, im Großen und Ganzen jedenfalls, Deutsche unter sich, Deutsche jüdischer und christlicher Konfession. Wir haben es hier nicht, jedenfalls nicht direkt, mit der sogenannten »Ausländerfrage« zu tun. Aber die Ausschreitungen gegen Ausländer waren ja begleitet von antisemitischen, und sie weckten, hier und in der Welt, besonders in Israel, die Erinnerung an unausdenkbare Frevel, die auf rassistischen Wahnideen beruhten. Die Angst, dass so etwas wiederkommen könnte, stieg auf, und der entschlossene Wille, das zu verhindern, verbindet uns alle.

Wichtig aber ist: was in den festlichen Demonstrationen zum Ausdruck kam, das entsprang einer Quelle, die auch wir brauchen bei unserem Kampf gegen Gleichgültigkeit: der Freude am Leben und an der Würde, ein Mensch zu sein. Und das ist die neue Qualität, die mich hoffen lässt.

Diese Quelle, verehrte Zuhörer, die Quelle der Lebensfreude, sprudelt in dem heiligen Buch, auf das wir uns beziehen, in der Hebräischen Bibel wie im Neuen Testament. Dieses Buch wurzelt ja in der Urerfahrung einer Befreiungstat Gottes. Es ist kein Buch einer starren Moral, sondern ein Buch, das erzählt: die großen Taten Gottes, die befreienden, aufrichtenden Taten Jesu, in denen er selbst die Vorzeichen des kommenden Reiches Gottes sieht, des Reiches des endgültigen Schalom. Es ist deshalb auch ein Buch der Hoffnung. Wenn Paulus im Römerbrief schreibt: »Erfahrung bringt Hoffnung«, so ist dies kein Satz der allgemeinen Lebenserfahrung, sondern der Grunderfahrung biblischen Glaubens.

Diese Hoffnung ist freilich kein flacher Optimismus, und die Lebensfreude in der Bibel ist nicht ohne Trauer. Es ist gewissermaßen eine Lebensfreude mit Tränen in den Augen. Sie weiß um die Gebrochenheit im menschlichen Leben, sie weiß vor allem, ich wiederhole es, um die Notwendigkeit der Vergebung. Wir nichtjüdischen Deutschen könnten ja ohne das Wissen um Vergebung gar nicht mehr leben nach allem, was geschehen ist. Aber gerade die befreiende Tat der Vergebung schenkt die Lebensfreude zurück.

In dieser Lebensfreude wurzelt in der Bibel auch die Mitmenschlichkeit. Sie entspricht nicht der Moral, eher umgekehrt. Sie entspringt der Erinnerung an die Befreiung: Weil du, Israel, befreit worden bist, lass auch den Fremden in Würde bei dir leben; denn du bist auch Fremdling gewesen in Ägypten. Oder: Weil du von dem Sklavenjoch befreit worden bist, lass auch deinem Sklaven am Sabbat seine Ruhe. Man könnte sagen: die Moral entspringt der Freude, nicht der einengenden Strenge. Und die Würde des Menschen beruht nicht auf seiner Leistung, sondern darauf, dass Gott ihn geliebt hat, ins Leben gerufen, zu seinem Bild gemacht, mit ihm gesprochen wie mit einem Freund, sein Elend angesehen, ihm auf die Beine geholfen und verziehen hat. Weil wir Menschen sein dürfen, haben wir Würde.

An all das hat das Fest in Köln, haben die vielen Lichterketten mich erinnert. Es ist schön, dass dies bei uns aufgebrodelt ist, es macht froh. Aber das heißt nicht, dass wir schon gewonnen hätten. Richten wir darum unseren Blick auf das, wogegen diese Aufbrüche sich wenden: die Gleichgültigkeit.

Wir lesen von ihr, fast jeden Tag; Da belästigen vier Jugendliche in der U-Bahn eine junge Frau, erst mit obszönen Reden, dann mit Anfassereien, einer wirft sich ihr auf den Schoß. Sie weint vor Angst, weiß sich nicht zu helfen, Die Bahn ist voll aber niemand stellt sich vor sie und die Jugendlichen zur Rede. Da wird ein dunkelhäutiger Lehrling, als Kind adoptiert und Deutscher von Staatsangehörigkeit, im Marburger Bus von einem Skin zusammengeschlagen, der ihn noch dazu kennt: »Nigger, verrecke!«, und niemand hilft. Da wird laut über Juden schwadroniert und was sie angeblich in unserem Land und in der Welt anrichteten; die Umstehenden wenden sich mit verärgerten Gesichtern ab, aber niemand widerspricht. Da geht man an einem alten Mann vorbei, der an schwülem Sommerabend ohnmächtig geworden und zu Boden gestürzt ist; wieder zu sich gekommen, bittet er jeden Passanten, ihm doch wieder auf die Füße zu helfen. Da schreibt der Religionslehrer eines Gymnasiums, die Schüler sitzen da, »nicht böse eigentlich, sondern unbeteiligt das Klingeln erwartend und dann ruhig hinausgehend. Mit großen Rehaugen verfolgen sie die methodischen Szenarien des Lehrers, sich freundlich verweigernd den Aufforderungen zum selbständigen Denken, zur Auseinandersetzung. In meiner zehnjährigen Tätigkeit«, schreibt er weiter, »stand ich noch nie einem so ausgewachsenen Desinteresse der Schüler gegenüber.« Von anderen Fächern hört man Ähnliches; die Anfänge erlebte ich noch selbst, als Lehrerin (bis 1972). Die halbe Nacht können junge Leute, bei einer sogenannten Fete, daliegen, den einen Arm um die Freundin, in der anderen Hand die Colaflasche, dösend und nichts, nichts, nichts tuend, nicht einmal redend, gar tanzend. Gleichgültigkeit gegen sich selbst, gegen das Leben überhaupt, so scheint es.

Nun ist das kein auf Deutschland beschränktes Phänomen. Schon 1950 beschreibt der amerikanische Sozialwissenschaftler David Riesman die »Gleichgültigen neuen Stils«, und er führt diese Veränderung des Sozialcharakters interessanterweise auf unser Wirtschaftssystem zurück. Andere Autoren, etwa Erich Fromm, sehen das ähnlich. Das große Problem dieses Systems ist, dass es in mancher Hinsicht zu gut funktioniert, sodass es in der Warenproduktion zu riesigen Überschüssen kommt, von Butter- und Fleischbergen bis zu unverkäuflichen Stahlströmen und Autohalden. Das einzige Rezept dagegen scheint zu sein: Konsum, Konsum, Konsum. Die Werbung ist deswegen der wichtigste Wirtschaftszweig geworden, Bedarfsweckung allererste Pflicht. Die Predigt vom Konsum hören alle, jeden Tag und von Kindesbeinen an, auch wenn sie sonst nie eine Predigt hören. Der Glaube aber kommt aus der Predigt, wie Paulus schreibt; unterschwellig geht in die Menschen ein, dass man haben muss, was alle haben (sonst ist man Out), und dass gut nur ist, was sich gut verkauft.

Riesman beschreibt den jungen Menschen, der in dieser Gesellschaft aufwächst, als überaus angestrengt. Wie mit einem Radargerät muss er ständig mitzubekommen versuchen, was »in« ist und was »out«. Der Trend entscheidet und die Mode. Wer auch immer ihn macht, diesen Trend: man muss jedenfalls mitkommen. Sonst fällt man heraus aus der peer group, der Gruppe der Altersgenossen, man rutscht aus dem Mainstream heraus. Ist der heranwachsende Mensch überanstrengt, seine Aufmerksamkeit vom In-Sein-Müssen so in Anspruch genommen, dass er gegen anderes gleichgültig wird? Auch diese These wird vertreten.

Zurzeit geht der Trend, was die Gesamtorientierung betrifft, nach rechts, in allen vergleichbaren Ländern und seit Jahren, politisch, philosophisch und im Jugendverhalten. Er würde bei uns vielleicht noch viel unverhüllter zutage treten, wenn nicht die Verbrechen geschehen wären und geschähen, die er mit sich gebracht hat.

Nichts ist jetzt so notwendig wie Menschen, die ein lebendiges Herz in sich tragen, psychoanalytisch gesprochen: ein starkes Ich, dass den gefährlichen Seiten dieses Trends entgegenzuwirken vermag. Mit der Formulierung unseres Themas: das Verantwortung zu übernehmen vermag. Es gibt diese Menschen; aber es sind offenbar zu wenige. Die Konsumgesellschaft ist ihrer Entwicklung nicht günstig. Das hat vor allem Erich Fromm gezeigt.

Er beschreibt den »marktorientierten Charakter« wie folgt: »Für die Charakter- und Bewusstseinsbildung des städtischen Mittelstandes und (durch dessen gesellschaftlichen und kulturellen Einfluss) der gesamten Bevölkerung war und ist .... die regulierende Funktion des Marktes von großem Einfluss. Die Konzeption des Marktwertes, für welche der Tauschwert einer Ware wichtiger ist als ihr Gebrauchswert, führte zu einer ähnlichen Wertkonzeption in Bezug auf Menschen und besonders auf die eigene Person. Dass man sich selbst als Ware und seinen Wert als Tauschwert begreift, diese Orientierung bezeichne ich als Marktorientierung.«

Fromm charakterisiert diese Orientierung vor allem hinsichtlich der »Verkäuflichkeit« der eigenen Persönlichkeit, etwa bei der Stellensuche. Ich zitiere: »Dürfte man sich nur auf das verlassen, was man weiß und kann, so stünde die eigene Bewertung im proportionalen Verhältnis zu den eigenen Fähigkeiten, d.h. zum eigenen Gebrauchswert. Da Erfolg aber weitgehend davon abhängt, wie man die eigene Persönlichkeit verkauft, erlebt man sich selbst als Ware.« Weiter zeigt Fromm, wie sich das gleiche auf dem Sektor persönlicher Beziehungen vollzieht: man muss »in Mode« sein (»vorzeigbar«, wie es in Heiratsannoncen immer wieder heißt). Fromm sagt: »Da der moderne Mensch sich gleichzeitig als Ware und als Verkäufer dieser Ware empfindet, ist sein Selbstbewusstsein von Voraussetzungen abhängig, die sich seiner Kontrolle entziehen. Hat er Erfolg, ist er wertvoll, wenn nicht, ist er wertlos.« – »Misst man den eigenen Wert an den Wechselfällen des Marktes, so geht jegliches Empfinden für Würde und Stolz verloren.«

Die Folgen dieser Charakter-Orientierung für die seelische Gesundheit sind schwer: der Mensch wird in seiner Identität verunsichert, »die Individualität, das Besondere und Einmalige, ist wertlos, ein unnützer Ballast«. »Dominierend ist keine besondere Haltung, sondern das Vakuum, das sich am schnellsten mit der jeweils gewünschten Eigenschaft ausfüllen lässt.« Die Unfähigkeit, einen anderen um seiner selbst willen zu lieben, die Unfähigkeit, die Frage nach der Wahrheit durchzuhalten, »die ein Mensch findet und immer wieder prüft«, kennzeichnen die Marktorientierung, die eine tiefe, aber nicht verstandene Unzufriedenheit hinterlässt, weil sie nichts Eigenes im Menschen zur Entwicklung kommen ließ.

Ich habe Fromm selbst so ausführlich zu Wort kommen lassen, weil seine Befunde sich mit beunruhigenden Erfahrungen decken und diese klären helfen, die jeder, der mit Menschen zu tun hat, heute machen kann. Der Verlust der Wahrheitsfrage schon bei jungen Menschen, die seltsame Sinnleere und Lethargie inmitten einer Welt, die nach zugreifenden Händen geradezu schreit, dass Apathieproblem in seinem ganzen Umfang dürfte wohl hier, im marktbedingten Identitätsverlust, seine tiefste Ursache haben.

Aber das Ich, das sich nicht entwickeln kann, rächt sich. Wie ein unverstandener Hilfeschrei erscheint mir ein Phänomen, das wir alle seit Jahren beobachten können: die Zunahme einer unbegreiflichen Destruktivität. Öffentliche Telefone zu zerstören: nun ja, wenn man an die Münzen kommen will, die darin stecken, dann ist das zwar nicht schön, aber irgendwie noch zu verstehen. Aber warum reißt man ein Kartentelefon aus der Wand? Warum zerschneidet man die Polstersitze in U-Bahnen und Bussen? Was hat jemand davon an fremden Autos die Reifen aufzustechen oder den Lack zu zerkratzen? Weshalb schleudern Jugendliche, »nur so«, einen Brandsatz auf das Reetdach eines Bauernhauses, des Elternhauses einer meiner Freundinnen, das abbrennt bis auf die Grundmauern? Sie hatten nichts gegen den Bauern, taten gelangweilt, »nur so«. Dumpfe, diffuse Aggressivität tobt sich an Unbeteiligten aus: in einer Hauptschule, greift sich ein Junge einen Kleineren, der zufällig vorbeikommt, schleudert ihn an die Wand, sodass der Kleine einen Schädelbruch erleidet; zur Erklärung sagt er: »Ich hatte gerade mal ne Wut, wenn es ein Hund gewesen wäre, hätte ich ihn aus dem Fenster geworfen; bei 'nem Kind könnt' man da ja Scherereien kriegen.« Und so weiter und so weiter. Bis in die Grundschulen herunter haben es die Lehrer heute mit solchen Aggressionen zu tun, die nichts mit kindlicher Rauflust zu tun haben, so wenig wie jene Apathie mit der gesunden Faulheit früherer Schüler gleichzusetzen ist. Beides aber, Gleichgültigkeit und diffuse Destruktivität, gefährdet das Zusammenleben, gefährdet unser Gemeinwesen, gefährdet im höchsten Maße: die Demokratie.

Was können wir tun?

Unser Wirtschaftssystem können wir so leicht nicht modifizieren, wollen es möglicherweise auch gar nicht. Vielleicht haben einige von uns Gelegenheit, daran mitzuwirken (beruflich oder politisch), dass aggressive Werbung eingedämmt wird, Gewalt und harte Pornographie, die zu Imitationen reizen, im Fernsehen und auf dem Videomarkt zurückgedrängt werden. Die meisten werden daran, über den engsten Familienkreis hinaus, auch nicht viel machen können; Initiativen in der Richtung können wir wohl unterstützen. Aber es reicht auch gar nicht, Jugendliche vor unguten Einflüssen schützen zu wollen. Wichtiger so scheint mir, ist es, ihnen Gegenerfahrungen zu vermitteln. Ihnen fehlt ja etwas, wenn unsere Analyse stimmt. An Gegenerfahrungen aber können wir alle mitwirken.

Ich nenne einen ersten Punkt: Die Jugendlichen erleben weithin gar nicht mehr, dass ihnen sinnvoll Grenzen gesetzt werden. Zwar stoßen sie überall an Grenzen. Es gibt keine Arbeit, oder: das Geld reicht nicht für den Konsum, zu dem man pausenlos aufgefordert wird, oder: hat man Arbeit, so ist es vielfach ein seelenloses Abarbeiten von Tätigkeiten, mit denen man sich nicht identifizieren kann, man gelangt nicht zu einem Sinn. Vor allem aber: von Kindertagen an stoßen viele auf eine Mauer von Interesselosigkeit, finden keinen, der ihnen zuhört. »Ich habe niemanden, der sich wirklich für mich interessiert«, so klagt eine Fünfzehnjährige; und eine Skingruppe, die eine ostdeutsche Pastorin einmal zum Gespräch zusammenbekam (sie saßen dann stundenlang bei ihr!) beschwerte sich: »Uns hört ja niemand zu!« Hartgesottene Verbrecher? oder menschlich unentwickelte, infantil gebliebene junge Erwachsene, denen eben dies gefehlt hat: dass sich jemand wirklich für sie interessiert? Hatte nicht der junge Brandstifter von Mölln ein Kindergesicht?

Viele Eltern, Erwachsene überhaupt, selbst eingespannt in sinnarme Arbeitsabläufe oder ausgelaugt durch Arbeitslosigkeit, vorm Fernseher sitzend, wollen nicht »gestört« werden, Kinder stören aber, sie wollen sich mitteilen, Interesse für sich finden – und stoßen auf taube Ohren. Lehrer berichten, dass Grund- und Hauptschüler überhaupt erst lernen müssen, ihre eigenen Erlebnisse zu formulieren, zu erzählen, sodass sie zu Erfahrungen werden können. Sie leben in einer amorphen Welt, in der sie hauptsächlich – nicht stören sollen, sonst aber machen können, was sie wollen.

Kann es sein, dass vielen von uns, den Erwachsenen, die Störbarkeit abhandengekommen ist?

Glatte Arbeitsabläufe, bei denen alles möglichst reibungslos abgewickelt wird, sind zu einem seltsamen Bedürfnis geworden, gerade als wären wir Maschinen. Der Psychoanalytiker Erikson schreibt einmal, viele seiner Patienten hätten das Ideal entwickelt, blanken, geruchlosen und gut funktionierenden Maschinen gleichen zu wollen; und Günter Anders in seinem Buch »Die Antiquiertheit des Menschen« beschreibt eben dasselbe. Maschinen sind leblos, sie sind gewissermaßen per definitionem gleichgültig. Kann es sein, dass viele von uns sich davon so haben beeinflussen lassen, dass wir grundsätzlich nicht gestört werden wollen, durch den anderen, der etwas von uns braucht oder will? Weder durch das Kind, das uns etwas mitteilen will, noch durch den Attackierten, für den wir uns lästigerweise einsetzen sollen? Dietrich Bonhoeffer riet seinen Vikaren, sich lieber bei der Predigtvorbereitung stören zu lassen als den geringsten Dienst für einen Bruder zu vernachlässigen!

Mir fiel übrigens in diesem Zusammenhang auf, wie störbar der biblische Gott ist, an den wir doch glauben. Er ist kein unansprechbares Schicksal, kein selig in sich ruhendes Sein; er lässt sich stören, ja in den Arm fallen von Menschen, die an ihn appellieren. »Da reute es den Herrn«, so lesen wir, als ein Mose, ein Amos leidenschaftlich Einspruch erhoben gegen seine Pläne. Liebe ist störbar. Sie hört zu, sie antwortet, sie bringt sich selber ein, sie tritt Fehlentwicklungen entgegen, sie zeigt beizeiten sinnvolle Grenzen auf.

Was passiert eigentlich, wenn einer dieser tief gelangweilten Jugendlichen auf einmal jemanden erlebt, der ihm entgegentritt? Im Bus randalierte ein etwa dreizehnjähriger, war laut, drangsalierte ein jüngeres Kind, das vor ihm saß. Mit einem Male stand eine ältere Frau vor ihm, schlicht und streng gekleidet, Modell einer alten Volksschullehrerin, und erklärte ihm halblaut aber deutlich, dass er jetzt den Mund zu halten und ruhig zu sitzen habe, er belästige den ganzen Bus. Den zutiefst erstaunten Blick des Jungen, der hochrot wurde und fassungslos zu ihr aufsah, werde ich nicht vergessen; so etwas war ihm offenbar noch nie begegnet, er schien angestrengt darüber nachzudenken – und drangsalierte bis zum Aussteigen niemanden mehr.

Es macht Angst, keine sinnvollen Grenzen zu finden, Angst, die dann tief verdrängt werden kann und ohne jede Entwicklungshemmung umschlagen kann in Destruktivität. Wir sind ja als Menschen nicht wie Tiere von sicheren Instinkten geleitet, die uns rechtzeitig zurückhalten; wir können in unendlich viele Richtungen schwingen, gute und böse, und so können wir uns selbst verlieren, wenn niemand da ist, der uns zu Grenzen – und damit zu einer inneren Gestalt verhilft. Nur dann bildet sich ein sicherer Kern in der Person. Jugendlichen muss beim Finden ihrer Grenzen geholfen werden. Dazu brauchen wir unter Umständen – Mut.

Lange waren es ja die Religionen, die Grenzen setzten, an denen man sich orientieren konnte. Eine Religion ist ja so etwas wie ein großes Spiel, aus einer Urerfahrung entwickelt, ein Spiel mit festen Regeln, an die man sich halten kann. Das Bündnis mit der Macht hat die großen Kirchen zum guten Teil um ihre Glaubwürdigkeit gebracht: aus Spielregeln wurde Unterdrückung und Gewissenszwang, so kam es in der Neuzeit zum Kampf um individuelle Freiheit, und die Autorität der Kirchen ist weitgehend dahin. Das wäre kein Unglück, wenn die innere Bindung durch die Religion geblieben wäre, wenn die Mehrheit der Erwachsenen durch sie eine innere Gestalt gefunden hätte und sichere Grenzen erkannt. Unterdrückte dagegen bleiben leicht infantil. Vielleicht kommt daher die Sehnsucht nach einem Führer, nach dem berühmten »starken Mann« durch die unser sonst so aufgeklärtes Jahrhundert seltsamerweise gekennzeichnet ist. Die Frage ist dann freilich, wer einem solchen Führer Grenzen setzt. Der erwachsene Mensch sollte keinen Führer brauchen, sondern fähig geworden sein zur Kooperation. Wer mit anderen zusammen zu guten Zielen wirkt, wer mit anderen zusammen verantwortungsvoll darüber wacht, dass die Dinge sich zum Guten und nicht zum Schlechten entwickeln, der definiert auch seine Grenzen mit anderen zusammen immer wieder neu, entwickelt sein Profil, wird immer mehr Mensch.

Damit bin ich bei einem zweiten Punkt, Gegenerfahrungen zu beschreiben, die wir Jugendlichen ermöglichen müssen, – und vielleicht zuvor uns selbst. Sehr viele unter uns, auch unter Jugendlichen, kennen so etwas wie Kooperation kaum. Isolierung in einer amorphen Masse ist die verbreitete Erfahrung. Das Konkurrenzsystem, in dem wir leben, erlaubt schon den Kindern nicht, zusammenzuarbeiten und sich beim Lernen gegenseitig zu helfen. Jedenfalls gilt das von der Mehrheit unserer Schulen, immer noch. Es gibt andere Systeme, z.B. das Offene Lernen mit dem Wochenplan, wie es manche Grundschulen und manche Integrierte Gesamtschulen praktizieren; da wird das Lernen gemeinsam organisiert und so vor allem: das Lernen gelernt. Zu erleben, wie ein drittes Schuljahr, in diesem System erzogen, sich während der Krankheit seiner Lehrerin vierzehn Tage lang selbst unterrichtet, das ist ein pädagogischer Hochgenuss. Meine besten Studenten kamen von solchen Systemen. Sie sehen wichtige Probleme, wussten Methoden und Material zu ihrer Lösung aufzufinden, waren teamfähig und initiativ. Das Gegenbeispiel eines Gymnasiums, wo die Konferenz darüber beriet, ob man gemeinsames Lernen einer Oberstufenklasse an den Wochenenden nicht verbieten müsste, weil ja sonst alle dasselbe könnten und man keine unterschiedlichen Noten mehr geben könne, das habe ich freilich auch erlebt.

Jugendliche wollen Gemeinschaft. Das ist eine der Ursachen der Bandenbildung, von Skinheads bis zu Crime Boys, wie sie sich vor einem Jahr im idyllischen Marburg zusammengetan haben. Da gelten Regeln, gelten drakonische Strafen für Abtrünnige, sogenannte »Verräter« (es hat schon Fememorde gegeben im Jugendlichenmilieu, z.B.vor einigen Jahren in Hannover); da gibt es Ehrenstandpunkte und Anerkennung. Die Crime-Boys hatten sich in Untergruppen organisiert, eine Abteilung für Raub, eine für Drogenbeschaffung, eine für Mord; Gottseidank ist es zu letzterem nicht gekommen. Aber aus der anonymen Masse heraus zum Abenteuer einer solchen Bande zu kommen, endlich jemand zu sein, auf den andere zählen, das wird als begeisternd erlebt.

Diese Ursehnsucht erfüllt sich natürlich auch in den anderen Gruppen, die zum Wohl von uns allen arbeiten, kämpfen, Abenteuer auf sich nehmen. Was Greenpeace schon geleistet hat, nicht nur für die sächsische Firma mit ihrem FCKW-freien Kühlschrank, was Öko-, Dritte Welt- und ausländerfreundliche Gruppen schon geleistet haben, allein Bewusstseinsbildung in der Gesamtbevölkerung, das ist kaum auszusagen. Der Wunsch, aus der Isolierung in einer formlosen Masse herauszukommen in eine gestaltete und gestaltende Gruppe, dieser Wunsch ist unausrottbar. Wo die Gelegenheit fehlt, Gruppen mit guten Zielen zu erreichen, da wird es immer zur Bandenbildung kommen.

Es ist darum überaus kurzsichtig und Zeichen einer verhängnisvollen Gleichgültigkeit »oben«, Jugendlichen ihre Treffpunkte zu nehmen. Besonders in den Städten Ostdeutschlands, vor allem in Ostberlin, wo es in jeder größeren Straße einen Jugendklub mit Klubleiter gegeben hat, wurden diese Räume großenteils nach der Wende zum Zweck lukrativerer Vermietung eingezogen. Ein Versicherungsbüro bringt Geld, ein Jugendklub kostet. Was ist denn aber wichtiger, der Geldwert von Immobilien oder die gesunde Entwicklung junger Menschen? Von der Bibel her ist die Antwort klar. Aber sogar was den Geldwert betrifft, ist dieses Handeln sehr kurzsichtig. Statt der Klubräume werden Gefängnisse finanziert werden müssen, klagte ein Jugendarbeiter.

Unser Mut zur Verantwortung darf also nicht nur darin bestehen, dass wir zur Stelle sind, wenn einzelne Menschen attackiert werden. Er muss auch dann zum Tragen kommen, wenn in der Gesellschaft falsche Prioritäten gesetzt werden. Bis hin zur Verwendung der Geldmittel unserer Kommunen, Länder und des Bundes werden wir uns einmischen müssen, ja manchmal dort beginnend. Übrigens gehen hier unsere Kirchen ja manchmal voran. Auch Kirchen sind lernfähig! Was im vorigen Jahrhundert mühsam an die wenig beweglichen Amtskirchen herangetragen werden musste, von einzelnen ihrer eigenen Mitglieder (ich nenne stellvertretend für so manche Johann Hinrich Wichern), das geht jetzt manchmal von den Kirchen aus. Aber das ändert nichts daran, dass die Einmischung von außen und von unten nicht aufhören darf. Nicht nur störbar müssen wir sein, wir müssen auch lernen, Störfaktor zu werden, wenn die Dinge zu glatt laufen, ohne Rücksicht auf die Entwicklung der Menschen.

Verehrte Zuhörer, ich habe mich hier in gewisser Weise zur Anwältin jugendlicher Gewalttäter gemacht. Ich habe versucht, zu einem Verstehen beizutragen, weshalb sie in so erschreckend großer Zahl (obwohl dies natürlich doch eine Minderheit ist) zu rassistischer Gewalt tendieren. Sie haben eben eine alte Lehrerin und Lehrerausbilderin vor sich; da versteht sich eine solche Herangehensweise fast von selbst. Aber ich möchte nicht missverstanden werden. Ich rede hier, ich hoffe, das ist deutlich geworden, keineswegs einer Nachgiebigkeit gegenüber ihren Untaten das Wort, keinem Laissez-faire. Im Gegenteil, Laissez-faire ist eine Form von Gleichgültigkeit, der wir ja gerade absagen wollen. Klare und deutliche Härte kann eine Wohltat sein, sowohl für den Täter, der Grenzen erlebt, als erst recht für die Allgemeinheit und für die Orientierung aller. Übrigens gilt das selbstverständlich nicht nur Jugendlichen gegenüber. Die allzu milden Urteile gegen Täter der Nazi-Zeit, wenn sie denn überhaupt vor Gericht kamen, sind eine Erblast unseres Gemeinwesens und haben den Willen, Recht und Menschenwürde zu schützen, sicher nicht gefestigt. Es kommt aber, vor allem bei Jugendlichen, darauf an, dass Härte nicht das einzige und letzte ist, was sie nach Untaten von der Gesellschaft erleben. Es muss mit ihnen gearbeitet werden, und zwar möglichst von Leuten, die dazu auch etwas gelernt haben. Jedes Material, das ist uns klar, muss seiner Art nach behandelt werden, sonst gibt es Verluste. Sollte ausgerechnet mit dem Kostbarsten, der jugendlichen Seele, billiger umgegangen werden dürfen? Sollte es ausgerechnet hier erlaubt sein, sich um die notwendige, insistierende Arbeit zu drücken?

Wieder sind es Initiativen von unten, die den richtigen Weg weisen. Ich habe etwas Einblick in die Arbeit mit Drogenabhängigen, wie sie bei Synanon oder in verwandten Einrichtungen läuft. Kontinuierlich, und unter Beteiligung der Betroffenen selbst, wird Schritt für Schritt an der psychischen Rekonstruktion gearbeitet. Es wird schlicht nicht akzeptiert, dass es »hoffnungslose Fälle« gebe und die Ergebnisse können sich sehen lassen.

Damit komme ich zu einem letzten Punkt, den ich ausführen möchte: Mut zur Verantwortung darf nicht nur punktuell sein, so wie eine Notwehrwaffe, die wir ziehen, wenn wir sie akut brauchen. Dieser Mut muss zu einer grundsätzlichen Lebenshaltung werden; er ist eine Erscheinungsform der Liebe, zu der wir gerufen sind. Wachsamkeit gegenüber der Entwicklung, die unsere Gesellschaft nimmt und die Menschen in ihr gehört dazu und, in unserer täglichen Umgebung, ein unnachgiebiges Insistieren auf Menschenwürde und Recht. In einer Gesellschaft, deren allgemeine, konsumfördernde Permissivität zu einem weit verbreiteten Zynismus geführt hat, heißt es geduldig zu widerstehen und die besseren Möglichkeiten des Menschen nicht aufzugeben. Wir werden vielleicht keine raschen Erfolge sehen. Bis sich das Klima an einer Arbeitsstelle, in einem Büro, einer Verwaltung, einer Schule ändert, das braucht Zeit. Ich zitiere noch einmal die schon genannte Stelle aus dem Römerbrief des Paulus, etwas ausführlicher: »Geduld bringt Erfahrung, und Erfahrung bringt Hoffnung!«

Lassen Sie mich schließen mit einer der schönsten Geschichten, die ich in meiner fast fünfzigjährigen Lehrertätigkeit miterleben durfte. Sie spielt in der siebten Klasse einer Hauptschule in einer rheinischen Großstadt, mithin bei jenen am meisten vernachlässigten Kindern, die oftmals zu Hause keine gemeinsamen Mahlzeiten, keine Möglichkeit des Gesprächs über Erlebtes mehr finden: Die Schüler hatten sich angewöhnt (Spielart der zunehmenden Destruktivität), sich gegenseitig zwischen die Beine zu treten, mit möglichst schweren Stiefeln und möglichst hartem Tritt. Lehrerin und Schulleitung versuchten alles Mögliche, sie davon abzubringen, Zureden, Strafen, Elternbeteiligung; als eine junge Portugiesin so verletzt wurde, dass sie zwei Wochen in der Frauenklinik liegen musste, besuchte die Lehrerin sie täglich und nahm immer wieder andere Mitschüler mit, um sie auf diese Weise umzustimmen; aber nichts half. Dann fiel der Lehrerin ein, dass dieselben Kinder liebend gern bei Kerzenlicht Weihnachtslieder sangen, hingegeben, als wäre sonst nichts (wie die SS-Leute, die tagsüber folterten und quälten, abends aber bis zur Sentimentalität Volkslieder singen konnten). So teilte sie in der Adventszeit Kerzen und Kerzenständer aus, Kerzen aus Soweto, Ständer aus Bethel, die Kinder kannten beides. Als alle sich aufs Singen freuten, sagte sie: »Bei dem, was in unserer Klasse letzthin alles passiert ist, können wir uns eigentlich nicht einfach hinsetzen und Weihnachtslieder singen. Wir müssen zuerst etwas anderes tun: beichten nämlich.« Jeder bekam ein Blatt, auf das er oder sie still für sich aufschreiben sollte, wem er/sie in der letzten Zeit weh getan, etwas kaputtgemacht, wen er/sie verletzt oder beleidigt habe; niemand würde die Zettel lesen, sie selbst, die Lehrerin, schriebe auch. Die Zettel wurden dann, ohne dass gesprochen wurde (»wir haben unsere Gedanken noch bei dem, was wir geschrieben haben«) in stiller Prozession in den Nachbarraum gebracht und dort an einer Kerze verbrannt. »Ich habe euch mal erzählt, dass die Menschen früher dachten, Feuer und Rauch brächten ihre Opfergaben zu Gott; so können wir uns jetzt vorstellen, dass das, was auf den Zetteln stand, nicht mehr bei uns ist, sondern bei Gott.« Die Klasse kehrte in ihren Raum zurück, die Lehrerin begann, die Kerzen anzuzünden – da sagte der schlimmste Treter nachdenklich in die Klasse: »Jetzt ist ein neuer Mensch geboren«. Von dem Tag an war es mit dem Treten vorbei. Die Lehrerin beobachtete einige Tage danach, wie ein Mädchen bei einer Rauferei auf dem Schulhof aus Versehen den neuen Anorak eines Jungen zerriss; er hatte schon den Fuß hoch, um zu treten, drehte sich aber plötzlich um und weinte bitterlich. Ein neues, erwachsenes Verhalten zu einem solchen Schaden kannte er noch nicht, es musste ihm geraten werden.

Es sind sicherlich Sternstunden in der Erziehung, wenn so etwas gelingt; und doch fallen sie nicht vom Himmel. Sie setzen längere Erfahrung von Interesse und Zuwendung voraus, die dann mit einem Mal zu ihrem Ziel kommt. Was ist geschehen? Die Jugendlichen kommen aus einer Welt, in der es kaum so etwas gibt wie Gut und Böse, vielmehr nur stark und schwach. Die Strafen, die Ermahnungen waren ihnen als Machtkampf zwischen den Lehrern und ihnen erschienen, in dem sie hohnlachend die Stärkeren blieben. Jetzt aber, da niemand sie angriff, sondern die Lehrerin mit ihnen zusammen sich auf sich selbst besann, machten sie eine neue Erfahrung: Jeder für sich allein war wichtig genug, sein eigenes Tun zu bedenken, bei sich selbst zu verweilen, und es trat ein einfacher Ernst zutage, wie wohl niemand ihn diesen vernachlässigten Kindern zugetraut hätte. So sonderbar es klingen mag: Gerade die Besinnung auf ihre eigenen unguten Taten gab ihnen Selbstwertgefühl, das Empfinden: Es ist nicht gleichgültig, was ich mit mir mache. Schuldfähigkeit und Selbstwertgefühl gehören zusammen.

Insistierende Zuwendung, Unnachgiebigkeit, Phantasie – und in dem allen: Liebe zu diesen schlimmen Kindern hatten das Wunder gebracht. Etwas von der schöpferischen Liebe Gottes liegt in solcher nicht aufgebenden Liebe, die Geist von seinem Geist ist. Aus ihr erwächst der Mut und die Kraft zur Verantwortung, zu der wir gerufen sind.

Ihre Religion – meine Theologie. Die »Religion« unserer Schüler – wie erkennen wir sie? (1995)

»Alle fünf Jahre hat man andere Schüler«, so sagten wir im Kollegium des Mädchengymnasiums, an dem ich mehr als 20 Jahre gearbeitet habe, gelegentlich zueinander. Inzwischen kann ich dies nach mehr als 20 Jahren an der Universität auch für die Studenten bestätigen: ich hatte anders strukturierte junge Menschen um mich, als ich 1972 anfing, als ich sie heute (und das gilt von 3 verschiedenen Universitäten, an denen die Emerita aushilft) vorfinde. Niemals mehr aber habe ich einen so starken Einschnitt erlebt wie zu Beginn der sechziger Jahre, als ich an mir und meinem Religionsunterricht, der bis dahin gut gelaufen war, vollständig irre wurde, weil er immer weniger zusammenpasste mit den Fragen und Erwartungen, die die Schülerinnen mitbrachten.[1]

Dass ich den Umbruch von der industriellen Aufbau- zur Konsumgesellschaft miterlebte, wusste ich zunächst nicht, weil ich noch der naiven, bei Theologen verbreiteten Ansicht anhing: »Der Mensch ist letzten Endes immer derselbe«. Woraus dann nicht selten der Schluss gezogen wird, dass man ihm eben auch nur »immer dasselbe« zu sagen brauche, damit er den Glauben verstehe.

Heute würde ich sagen: mag ja sein, dass wir »letzten Endes« immer dieselben sind; nur: bei diesem »Letzten« kommen wir kaum jemals an, schon gar nicht als Lehrer. In »vorletzter« Hinsicht aber können Menschen sehr ver-

---

1 Ich habe diese für mich äußerst lehrreiche Erfahrung dargestellt z.B. in dem Artikel »Alltagserfahrungen von Jugendlichen, theologisch interpretiert« oder in der autobiografischen Skizze »Auf dem Weg der Befreiung«, beide jetzt in Marie Veit »Theologie muss von unten kommen«. Wuppertal 1991.

schieden sein, sind es, und zwar ist ihre unterschiedliche Charakterprägung viel stärker vom vorhandenen Wirtschaftssystem abhängig, als dies in der Theologie bisher bedacht worden ist. Die »Selbstverständlichkeiten« (Friedrich Gogarten) einer Zeit, die unbewusst mitgebracht werden, können denen diametral entgegengesetzt sein, die in anderen Zeiten vorherrschen.

Machen wir uns das an dem oben anvisierten Umbruch noch einmal deutlich. Das auffälligste Zeichen, dass sich etwas geändert habe, war für mich das Schwächerwerden bis Absterben der Wahrheitsfrage bei den Schülerinnen. Hatten sie bis dahin (besonders in den Pubertätsjahren) an allen Säulen gerüttelt, um der Lehrerin zu beweisen, dass das mit dem christlichen Glauben nicht stimmen könne, waren sie andererseits voll mitgegangen, wenn man sie einführte in Grundlagen der wissenschaftlichen Theologie – so war dies auf einmal nicht mehr so wichtig. »Muss die Religion denn unbedingt wahr sein? Genügt es nicht, dass sie schön ist und man ein paar gute Lebensregeln daraus ableiten kann?« oder »Im Westen glauben wir doch nun mal an Gott!« waren Äußerungen, die mich als Lehrerin, aufgewachsen und ausgebildet mit dem Wahrheitsethos gerade der evangelischen Theologie, zunächst einmal sprachlos werden ließen. Es gingen auch keine oder nur sehr wenige anonyme Fragezettel mehr ein, wenn ich Fragestunden anbot, während sie zuvor in ganzen Packen eingereicht wurden.

Was verloren gegangen war, war etwas, was ich die »latente Christlichkeit« der Schülerinnen älterer Prägung nennen möchte: bei allen Zweifelsfragen, aller Kritik war die Erwartung dagewesen, dass es sinnvoll sein könnte, sich mit Bibel und Glauben auseinanderzusetzen, dass da etwas darin sei, wovon man für sein Leben etwas haben könne. Dass kritisches Fragen in der Theologie nicht nur erlaubt sei, sondern geradezu zu ihrem Wesen gehöre und dass es auch, besonders in historisch-kritischer Hinsicht, Ergebnisse gebe, Erkenntnisse, die eine Menge Glaubensschwierigkeiten mit einem Male ausräumen konnten (man brauchte nicht alles für historisch zu halten, wovon die Bibel erzählt, ihr Wahrheitssinn war ein anderer; man konnte den Evangelientexten ansehen, wie sie entstanden waren, das ließ sich erforschen; oder: man war nicht genötigt, ein vergangenes Weltbild zu übernehmen ... etc.), das konnte Klassen geradezu begeistern.

Diese latente Erwartung schwand weitgehend bei jenem Umbruch; die Klassen wollten es so genau gar nicht wissen; einzelne, die auf Fragen insistierten, wurden für »fanatisch« erklärt. Aber auch Gerechtigkeit war nicht mehr so wichtig; der dumme Naboth, der dem König gegenüber sein Recht bewahren wollte, war selber schuld an seinem Tod. »Es kommt nicht darauf an, ob man im Recht ist, sondern dass man gut durchkommt«, wie zynisch klang mir das! Und wieviel Mühe hatte ich, vor allem durch sozialpsychologische Studien, allmählich klarer zu sehen, was mit meinen Schülerinnen los war.

Sie hatten ganz andere Sorgen als ich selbst und meine Altersgenossen im Studium, aber auch als die Schülerinnen der ersten beiden Jahrzehnte nach dem Krieg. Was für Sorgen das waren, davon soll sogleich die Rede sein.

Zuvor aber ein Blick auf die jüngeren Klassen, etwa 5 und 6; auch bei ihnen veränderte sich viel. In zunehmendem Maße fiel auf, dass sie unfähig waren, sich zu konzentrieren und bei einem Thema mehr als ein paar Minuten zu verweilen; Reizüberflutung, neuerlich vor allem durch Videokonsum, mochte die Ursache sein. Dagegen herrschten in den fünfziger Jahren eine solch erwartungsvolle Stille, wenn man eine 5. Klasse betrat, dass sich das Gefühl ganz großer Verantwortung auf die Lehrerin legte: die Kinder würden ihr jedes Wort abnehmen, wie sorgfältig musste sie sein!

Mir fiel aber auch auf, dass in den unruhigen, unkonzentrierten Unterklassen der neueren Zeit so etwas wie »Selbstheilungsversuche« liefen: auf Rechenpapier malten einige, dann immer mehr Kinder punktsymmetrische Muster mit leuchtenden Farben aus, vertieft und fasziniert, als bauten sie in sich selbst Konzentrationsvermögen auf, das ihnen psychisch fehlte. Diese Kinder konnten auch gleichzeitig zuhören, wenn ich eine Geschichte erzählte; aus dem Malen heraus kam eine Wortmeldung, die zeigte, das Kind war dabei.

Neuerdings klagen immer mehr Lehrer, übrigens bis in die Berufsschulen hinein, über eine zunehmende Sprachunfähigkeit der Kinder und Jugendlichen. Sie sind nicht fähig zu artikulieren, was sie erlebt haben; mit Rollenspielen über Alltagsprobleme, die sie kennen, versuchen Grund-, Haupt-, Berufsschullehrer diese Fähigkeit nach zu entwickeln. Wer seine Erlebnisse nicht ausdrücken kann, kann sie auch nicht durchdenken, keine Erfahrungen aus ihnen gewinnen. Ursache ist wohl, dass von klein auf zu wenig mit ihnen gesprochen wird, dass sie (dank der Fernsehkultur) zwar beständig »berieselt«

werden, aber niemanden haben, der ihnen zuhört. Kinder wollen aber erzählen, ihre Erlebnisse mitteilen!

Beide Beobachtungen, Konzentrationsunfähigkeit und Sprachlosigkeit, zeigen, dass die Kinder Opfer einer Entwicklung sind, die sie als Menschen verarmen lässt. Aus ihnen aber werden dann die Jugendlichen, denen die Leidenschaft für Wahrheit und Gerechtigkeit abhandengekommen ist. Was beschäftigt sie, welche Sorgen haben sie, was erhoffen sie sich? Mir scheint, sie wollen vor allem eins: »Drin«-Sein, nicht »out«; dazugehören, nur nicht herausfallen aus der Gruppe der Altersgenossen, im Trend liegen. Keine Chance verpassen, wach sein, auf sein Image achten, Mithaltenkönnen, auch in Bezug auf Aussehen, Kleidung und andere Statussymbole, ist Pflicht. Die verzweifelten Tränen der 15jährigen, die die gut erhaltenen qualitativ hochwertigen Kleider ihrer fünf Jahre älteren Cousine auftragen sollte, das Unverständnis ihrer auf vernünftige Sparsamkeit bedachten Eltern, für die das Argument der Tochter: »Aber solche Sachen sind out, die hat man doch nicht mehr!« eben kein Argument war, zeigten den Wandel deutlich. Was hat sich gewandelt?

Für Menschen mit meiner Prägung (ich bin, wie gesagt, jetzt im Ruhestand) erschien diese Jugend zunächst einfach oberflächlich. Alles Wichtige schieben sie beiseite, Wahrheit, Gerechtigkeit, Konzentration auf Wesentliches; »Äußerlichkeiten« sind demgegenüber von entscheidender Bedeutung. Wie sehr Kinder und Jugendliche darunter leiden können, wenn sie wegen der finanziellen Situation ihrer Eltern die verlangten »Äußerlichkeiten« nicht mitmachen können, ist heute sicher jedem Lehrer klar. Ich brauchte dafür Zeit. Dietrich Bonhoeffers Wort, dass man die Menschen mehr auf das hin ansehen solle, was sie erleiden, als was sie tun, brachte mich, zusammen mit den erwähnten sozial-psychologischen Studien, dazu, meine Schülerinnen besser zu verstehen.

Die Überproduktionsgesellschaft, in der wir leben, erfordert vor allem eins: dass kräftig konsumiert wird. Nur dann rollt die DM so, wie wir es 30 Jahre lang gewohnt waren. Der wirtschaftliche Rückschlag, der sinkende Kauf- und Konsumkraft mit sich bringt, macht es noch einmal deutlich. Was aber ökonomisch notwendig ist, wird den Menschen mit allen Mitteln ins Gewissen gedrückt, Werbung ist einer der wichtigsten Wirtschaftszweige geworden. Während die Anfangszeit der Industriegesellschaft Sparsamkeit erforderte (und wir als Kinder so geprägt waren, dass wir eine Mitschülerin auslachten, die mit einem neuen Kleid in die Schule kam, »guck mal, wie affig, die zieht was Neues in die Schule an!«) – während im 19. Jahrhundert ein Geschäftsmann mit Strafe belegt wurde, der seinen Laden mit einem Schaufenster versehen hatte, weil er die Leute dazu verleiten könne, Dinge zu kaufen, die sie gar nicht brauchten – ist heute aufs Ganze gesehen, das Gegenteil der Fall. Ist die Jugend schuld, wenn sie in einer Zeit aufwächst, in der andere ökonomische Gegebenheiten andere »Tugenden« erfordern?

Ihr Leben, das uns so oberflächlich vorkommen mag, ist dabei alles andere als einfach. Der Gruppendruck, um nicht herauszufallen, die ständige radarmäßige Aufmerksamkeit: »Was liegt im Trend?«, die eigentümliche Hektik und neurotische Unruhe, die beides mit sich bringt, können schon lasten. Und: sie lassen den jungen Menschen viel weniger als früher »zu sich selbst« kommen. »Ich habe niemandem, der sich wirklich für mich interessiert«, diese Klage habe ich, bis zu den Studierenden hin, so manches Mal gehört.

Gibt es in den Augen dieser Jugend Vorbilder? Der Hang zur Fan-Kultur, die Verehrung von Idolen, sind offensichtlich. Wer sind die wegweisenden »Götter«?

Mir scheint, es sind die, die »es geschafft« haben, die Erfolgreichen. »Selig sind die Tüchtigen«, lautet die Botschaft. Tüchtig aber ist vor allem, wer es »zu etwas gebracht« hat. Klägliche Wesen sind solche, die Hilfe benötigen, Sozialhilfeempfänger, Arbeitslose, Behinderte. An Steffi Graf, die durch BILD fast in den Rang einer Heiligen erhoben wurde (»dieses Mädchen ist ein Geschenk für uns alle«), kann man beides bewundern: Leistung – und Geld.

Es ist eine Welt der »Winner« und »Looser«, der Erfolgreichen und Versager, in die wir in BILD oder in Jugendzeitschriften blicken. Besonders interessant erscheint mir die jüngste Entwicklung in den Frauenillustrierten: sich selbst zu einem Kunstwerk zu stilisieren – für das dann Partner oder Arbeitgeber den passenden Rahmen zu schaffen haben, das ist das Entscheidende. Schafft der Partner das nicht mehr, verlässt man ihn (obwohl er die Partnerin vielleicht gerade dann am nötigsten hätte, als Mensch).

Die Orientierung, die die Jugendlichen erhalten, ist antibiblisch, das ist überdeutlich. Und: sie ist ökonomisch bedingt. Das Wirtschaftssystem schafft sich den Menschen, den es braucht.

Ich weiß noch gut, wie zutiefst erschrocken ich war, als mir diese Zusammenhänge allmählich klar wurden. Der junge Mensch als Opfer des Systems, das den Profit braucht, um überleben zu können, und darum den Massenkonsum, und darum die Vernachlässigung der Menschwerdung jedes einzelnen Menschen...

Definiert man »Religion« mit Erich Fromm als »jedes System des Denkens und Tuns, das von einer Gruppe geteilt wird und dem Individuum einen Orientierungsmaßstab und einen Gegenstand der Hingebung bietet«[2], so ist klar, dass ein großer Teil der Jugend gefangen ist in der Winner/Looser-«Religion« mit ihrem Leistungsdruck, im Geld-Machen und im Konsumieren, ihrer Imagepflege auf Kosten des Personwerdens, ihrer Permissivität auf allen anderen Gebieten (was dann zum sog. »Werteverfall« führt).

Ich muss wohl hinzufügen, dass all dies natürlich nicht von jedem Einzelnen gilt. Die Sozialwissenschaften, die es ja mit Veränderungen der Gesellschaft im Ganzen zu tun haben und damit auch mit Veränderungen der Mentalität der Mehrheit, des sog. »Sozialcharakters«, können nie jede einzelne Person beschreiben. Es gibt sie ja noch, die Wahrheitssucher und die, die sich einsetzen für Gerechtigkeit, etwa gegenüber der 3. Welt oder in der Arbeit mit Ausländerkindern. Was ich jedoch beschrieben habe, ist im Blick auf die Mehrheit der Jugendlichen und der Gesellschaft überhaupt unübersehbar.

Meine Schülerinnen haben mich gelehrt, sie als Opfer einer falschen Religion zu sehen.

Wovon muss unsere Theologie befreit werden?

Was konnte, was kann ich für die jungen Menschen tun? Finde ich in »meiner Theologie« die Mittel, die ihnen helfen könnten, die vergessenen Seiten des Menschseins wieder zu entdecken: die Liebe als Eintreten füreinander, die Kraft des Vertrauens, die »Gnade« als Zuwendung gerade zum Schwachen, gerade zum angeblichen Versager (der manchmal nur nicht brutal genug oder raffiniert genug war, um sich zu den »Winnern« durchzuboxen), ja das biblische Geheimnis von der Kraft der Schwachen, deren Hoffnung und Erwartung die Welt oft mehr voranbringt als die »Leistung« der Starken?[3] Finde ich

2 In: »Psychoanalyse und Religion« Kapitel III, z.B. Zürich 1966 S. 31.

3 Meine grundlegende Erfahrung mit dieser »Kraft der Schwachen« habe ich dargestellt im Band 2 der Schriftenreihe des Ev. Studienwerks Villigst, »Parabel«, 1985 S. 39f.

in »meiner Theologie« die Mittel, die eben dieser Jugend Wege öffnen könnten – zu Gott?

Unsere ausgearbeitete Theologie stammt aus einer anderen Zeit, einer anderen Gesellschaft. Und sie leitet dazu an, als das Wichtigste am Menschen seine Gesinnung anzusehen. Hat er/sie die richtige Einstellung gewonnen, zu sich selbst, zum Mitmenschen, zur Religion, zu Gott, dann scheint alles in Ordnung zu sein. Fruchtloses Gezänk um Einstellungen, Rechtgläubigkeiten lenkt noch allzu oft in Pfarrkonventen, Synoden, Kerngemeinden ab von dem, was die Bibel wichtig findet: das ist nie in erster Linie das, was ich (richtig oder unzulänglich) denke, auch nicht das, was ich tue; beides kommt, biblisch gesehen, in zweiter Linie. Das erste? – ist das, was ich brauche und bekomme. Maria und Martha sind dafür nur ein Beispiel unter vielen.

Erst kam die Rettung am Roten Meer, Israels Befreiung aus dem Sklavenhaus Ägypten; dann kamen die Gebote. Erst das Geschenk der Menschwerdung Gottes; dann die Nachfolge. Moral entspringt der Freude. »Weil du, Israel, aus der Sklaverei befreit wurdest, sollst du nun deinen Knecht am Sabbat ruhen lassen.« Weil dir, Mensch, vergeben wurde, sollst du vergeben (Gleichnis vom Schalksknecht). Das sola gratia ist keine abgehobene Idee, es durchzieht als Grundorientierung die ganze Bibel. Der Mensch ist wert, geliebt zu werden, nicht weil er so viel geleistet hätte, sondern einfach – weil er geliebt wird!

Lebensfreude und Menschenwürde sind aber keine tragenden Begriffe in unserer Theologie, ganz im Gegenteil. Alexander Mitscherlich meinte, wir leben in einer »Schuldkultur« im christlichen Abendland; es müsste aber doch eine »Gnadenkultur« sein, wären wir unseren Ursprüngen treu. Eine Gesellschaft, durch lange christliche Tradition geprägt, müsste ein Ort zum Aufatmen sein, zum Mutfassen, zur Freude am Miteinander.

Meine Folgerung ist: Wir brauchen eine »Befreiung der Theologie«. Der Protestantismus, besonders der deutscher Prägung muss über seinen Schatten springen, wenn er den jungen Menschen von heute beistehen will. Denn eine seiner Traditionslinien, die weit über das im engeren Sinne kirchliche Spektrum hinaus gewirkt haben, ist das Vorurteil, dass der Mensch nicht allzu viel wert sei, dass gerade nicht sein Selbstwertgefühl zu stärken sei, sondern eher das Gegenteil. Die verbreitete Überzeugung, dass »der Mensch im Grunde schlecht« sei, ja eine Art resignativer Misantropismus, geht zurück auf ein Grundmissverständnis des biblischen Begriffs der Sünde. Dieser meint ja nicht, dass der Mensch schlecht sei. Es gibt in der Bibel die fast unglaubliche Szene Hiob 1, in der Gott und der Satan miteinander wetten, ob dieser Mensch Hiob tauge oder insgeheim doch nicht: Gott setzt auf den Menschen, er traut ihm, Satan macht ihn schlecht!

Ebenso wenig meint »Sünde«, dass der Mensch unfähig sei, in der Welt etwas Vernünftiges auszurichten. Saulus, der Christusverfolger, ist alles andere als »schlecht«, vielmehr ein hochdisziplinierter Charakter, der mit Leidenschaft für das eintritt, was er als richtig erkannt zu haben glaubt. Als »Sünde« sieht er, rückblickend, als er zu Paulus geworden ist, nicht etwa verborgene Schlechtigkeiten, sondern sein Autark-sein-Wollen, die »eigene Gerechtigkeit«, wie er sagt: Gott und Menschen nicht brauchen, Beziehung verweigern, nicht nehmen können, kurz: Vertrauen und Liebe nicht kennen und in dem allen: Hybris – das ist Sünde. Wir können auch sagen: sich im Besitz der Wahrheit wähnen, nicht mehr hören, ist Sünde. Selig gepriesen sind die geistlich Armen, die immer noch und immer wieder den Ruf der Wahrheit brauchen.

Am schlimmsten war natürlich die bürgerlich-christliche Gleichsetzung von Sünde und Sexualität. Wer diese für biblisch hält, der ist gebeten, einmal das Hohelied Salomos zu lesen. Eine glühendere, sinnlichere Liebe, so schreibt Bonhoeffer in einem seiner Gefängnisbriefe, ist wirklich nicht mehr denkbar.

Die Tradition ist freilich anders, und zwar hier nicht nur im Protestantismus. Rigide Sexualrepression gilt nicht umsonst als typisch christlich. Wie es dazu kam, ist hier nicht zu untersuchen; was aber sicher mitspielte, ist der Umstand, dass Menschen, die sich selbst für schlecht halten, leichter zu beherrschen sind. Politische Obrigkeiten, die gleichzeitig kirchliche Obrigkeiten waren (schließlich hatten wir in Deutschland 400 Jahre lang den Summepiskopat der Landesfürsten, bis 1918!), konnten daran nur ein Interesse haben, besonders seit Humanismus, Aufklärung und Demokratiebewegung ein anderes Bild vom Menschen zu verbreiten begannen.

Hier brauchen wir zwar nicht die lateinamerikanische Form der Theologie der Befreiung, wohl aber eine genuin deutsche Befreiung der Theologie.

Der Religionsunterricht kann und muss dazu beitragen, den resignativen Misantrophismus abzubauen. Der Gott der Bibel traut dem Menschen sehr viel zu. Er ist Stellvertreter Gottes, Mitarbeiter Gottes, Freund Gottes; alle diese Bezeichnungen lesen wir da. Wohl braucht der Mensch Gnade; aber auch diese setzt ihn gerade nicht herab. Vergessen wir nicht, dass das neutestamentliche Wort für Gnade, Charis, zugleich Anmut und Charme bedeutet. Der Charme Gottes, mit dem er dem hochgeliebten Menschen sich zuwendet, bis dem das Herz warm wird und er sich öffnen kann … Bei Martin Luther gibt es solche Bilder.

Dies ist ein Unterrichtsprinzip für einen Religionsunterricht, der der Leugnung der Personalität des Menschen, zu der die Gesellschaft tendiert, entgegenarbeiten will. Sowohl in der Praxis des Unterrichts, dem Verhalten des Lehrers, der Sorgfalt seiner Vorbereitung, seinem Zuhörenkönnen, seiner Lernfähigkeit, den gewählten Methoden – als auch in den Inhalten, die er »rüberbringt«, muss für die Schüler fühlbar und erfahrbar sein: sie haben, als Menschen, einen unverlierbaren Wert.

Damit hängt ein weiteres zusammen: die eschatologische Perspektive der Bibel und des Glaubens, in der Theologie der deutschen Universitäten so weithin unterschlagen, muss wiederentdeckt werden. Sie bedeutet ja zweierlei: einmal, dass der biblische Gott sich mit ungerechten, die Menschen leiden machenden Verhältnissen nicht abfindet, dass sein Reich, das Reich des Friedens und der Gerechtigkeit, im Kommen ist (beten wir nicht ausdrücklich darum?), und dass wir dem entgegengehen. Infolgedessen hat der Glaube, wo immer er lebendig war, sogleich ein Stück Welt verändert, verbessert, gesünder werden lassen. Da ist Raum für die Bilder der Kirchengeschichte, für die Berichte von »Brot für die Welt« und vielen anderen Initiativen. Es geht ja nicht um eine Sammlung von Tugendvorbildern, sondern darum, dass Probleme dieser Welt gesehen, angefasst und in einem gewissen Maß bewältigt werden. Kirchengeschichte als Geschichte der Erfinder und Entdecker!, von der Schaffung des Diakonenamtes in der allerersten Gemeinde bis zu Martin Luther King, Nelson Mandela, zum Konziliaren Prozess. (Es ist m.E. beschämend, dass letzterer in Westdeutschland so wenig bekannt ist, während ostdeutsche Gemeinden sich intensiv an ihm beteiligen.)

Immer noch besteht in unserer Kirche die Sorge, es könne »Werkgerechtigkeit«, einen Verlust des sola gratia bedeuten, wenn solche Themen angeschlagen werden. Musste nicht Wichern 1848 beim Eisenacher Kirchentag eigens betonen: »Die Liebe gehört mir wie der Glaube, muss die Kirche sagen«? Und wurden nicht frühe Pietisten als »Kryptokatholiken« verdächtigt (Gottfried Arnold!), weil sie zur helfenden Tat schritten? Wie ein Brett vor dem Kopf versperrt hier lutherische Orthodoxie den Blick auf die Welt. Dabei brauchte man nur auf die Schriften Luthers selbst zu blicken: neben dem (befreienden) Hochgesang auf das »aus Gnaden allein!« stehen die praktisch anleitenden Schriften über die Einrichtung von Schulen, von Fonds für soziale Aufgaben (Leisniger Kastenordnung), ja über Wirtschaftsfragen und Kriegsdienstverweigerung. Dass er, vor allem nach dem Schock des Bauernkrieges, Angst vor seinem eigenen Mut bekam und sehr viel zurückhaltender wurde mit dem Vorschlagen gesellschaftlicher Änderungen, steht auf einem anderen Blatt und braucht für uns nicht maßgebend sein.

Ich habe mir seit Jahren, um mich selbst in dieses Denken einzuüben, eine »Hoffnungsmappe« angelegt. In diese kommen Berichte über gelungene Versuche, in Bezug auf Gerechtigkeit, Frieden und die Bewahrung der Schöpfung etwas voranzubringen: selbstverwaltete Betriebe, in denen nicht mehr einer an der Arbeitskraft anderer verdient; die »Bank für Leihen und Schenken«, die schon seit mehr als 30 Jahren besteht; die Umstellung von Rüstungsfabriken in den USA (!) auf Friedensproduktion; das Saubererwerden des Rheins bei Köln; Wackersdorf, Kalkar gingen nicht in Betrieb; Kirchenasyl (in Deutschland! Wer da noch nicht an Wunder glaubt, dem ist nicht zu helfen) etc. etc.

Die Mappe schwillt unglaublich schnell an, sodass ich zeitweise einen ganzen Hoffnungsschrank[4] hatte. Heute bleiben die Berichte ein Vierteljahr in der Mappe, um dann in ihr Sachgebiet eingeordnet zu werden; es müssen ja gute und böse Nachrichten gesammelt werden, weil es nicht um rosaroten Optimismus geht, sondern um die Erkenntnis, was »trotz allem« möglich ist. Um Nahrung für die Hoffnung…

Ein befreites Menschenbild, ein Blick auf die Welt in Richtung auf eschatologische Befreiung und ihre »Erstlinge« heute – neben diesen beiden Punkten möchte ich noch einen zentral wichtigen nennen: die Wiedergewinnung eines genuin biblischen Gottesbildes. Der biblische Gott ist nicht einfach der

---

4 Vgl. meinem Bericht "Halleluja im Hoffnungsschrank" in Publik Forum Nr. 11/1988 S. 25ff.

Power-Gott aller Theismen, (der ist er auch, aber nicht das ist seine Besonderheit). Er stößt, schon im Alten Testament, an eine Grenze, die selbst der Allmacht gesetzt ist, eine Grenze, die er offensichtlich selbst gewollt hat: Glaube des Menschen lässt sich nicht erzwingen, auch durch Allmacht nicht. Wohl ist der Glaube, biblisch verstanden, Geschenk: in eins damit aber ist er freie Tat des Menschen. So schauen wir in der Bibel, z.B. bei den Propheten, aber auch in manchen Geschichten, dem Werben Gottes um den Menschen zu, dem Leiden Gottes, wenn die Hörer sich verschließen. Nicht erst auf Golgatha beginnt das Leiden Gottes! Es ist die Ohnmacht der Liebe, die nicht zwingen kann, der wir da zuschauen. Dass sie stärker ist als alle Power, ist das Geheimnis dieser Liebe: sie schafft den Menschen neu, den sie gewinnt. In einer Zeit, in der alles auf Power setzt, auf Konkurrenz, auf Überwältigung des Gegners, ist die Erschließung dieses Kerns unseres Glaubens so nötig wie nie. Hier ist die falsche Religion, von der ich oben sprach, am Ende. »Nur der leidende Gott kann helfen«, schreibt Bonhoeffer. 1. Kor 1,25 einzuüben, ist geradezu subversiv.

Wie gut aber Kinder verstehen können, will ich zum Schluss mit zwei Äußerungen aus der 7. Klasse belegen:

Nachdem die Schöpfungsgeschichte aus Gen 2 erarbeitet war, sagte eine Schülerin nachdenklich: »Ich mein', wie der Mensch erst mal da war, da war es für Gott aber mit der Ruhe vorbei. Die können ihm ja alles durcheinander machen!«

Eine zweite erwiderte: »Aber vielleicht wollt' er was haben, wo er richtig mit reden konnt‹. Auch auf Risiko!«

Mitspielen lernen im Spiel der Religion (1995)

Eine Religion ist ein Spiel

Religion[1]: Vor langer Zeit entsprungen aus einer Urerfahrung, Urbegegnung, dann entfaltet in Überlieferungen und Dichtungen, Liedern und Festen, Riten und Regeln, Institutionen und ausgearbeiteten Lehren, »von einer Gruppe geteilt ... und dem Individuum einen Orientierungsmaßstab und einen Gegenstand der Hingebung bietend.«[2] So lebt und spielt Religion in der Welt. Sie schafft eine seelische und geistige Heimat für die Menschen. Man lernt in ihr so etwas wie eine Muttersprache der Weltdeutung, die von einer Generation zur nächsten weitergegeben wird. Sie bringt ein Vorverständnis des Lebens mit sich, das nicht ständig neu hervorgebracht werden muss, sondern das der Einzelne schon vorfindet. Dabei hat der Ausdruck »Spiel« nichts mit Unverbindlichkeit zu tun; im Gegenteil, Spiel-Regeln sind mit das Verbindlichste, was es gibt.

Wenn man die Regeln nicht kennt, versteht man vom Spiel ebenso wenig wie ich etwa von Fußball. Ich habe bis heute nicht begriffen, was ein Abseits ist, obwohl mir das schon hundertmal erklärt wurde. So ähnlich geht es auch vielen, die zum Studium zu uns kommen, mit der Religion: Sie erwarten einen kurzen ideologischen Extrakt, an dem man sich orientieren kann, und moralische Impulse. Dass Religion etwas anderes und viel mehr ist, wissen sie gar nicht. Es ist erschreckend, dass in der sogenannten multikulturellen Gesellschaft unsere eigene Kultur großenteils vergessen ist.

---

1 Ich sehe von den Kunstreligionen des 19. und 20. Jahrhunderts ab.

2 So die Definition von Religion bei Erich Fromm in »Psychoanalyse und Religion«, Kap. III., dtv-Taschenbuch, 1993.

Vielleicht ist der Spielcharakter der Religion für Katholiken leichter verständlich als für Protestanten[3], weil die katholische Religionsform reicher ist an Riten und Gesten, die der Einzelne nicht erst erfüllen muss, damit sie gelten, sondern in denen er »sich vorweg sein kann in der Gebärde.«[4]

Die Religionen der Juden und der Christen entspringen geschichtlichen Erfahrungen

Die Besonderheit der in der Bibel wurzelnden Religionen, der jüdischen und der christlichen, ist, dass ihr Spiel geschichtlichen Erfahrungen entspringt: der Rettung am Roten Meer bzw. der Begegnung mit dem Leben, Sterben und Sieg Jesu. Nicht der Gang der Natur mit Werden und Vergehen, mit Gestirnen und Naturkräften bildet die Quelle der Urerfahrung, obwohl auch das alte Israel in seinem Alltagsleben davon abhängig war wie alle alten Völker. Nicht das Wiederkommen des Frühlings oder der Regenzeit, sondern die Befreiung eines Volkes aus dem »Sklavenhaus« eines mächtigen Ausbeuters war das Wunder, das gefeiert und weitergegeben wurde und wird (siehe die Passah-Liturgie). Im Neuen Testament ist es die Erfahrung der Nähe des Reiches Gottes und die Besiegelung der Hoffnung darauf durch die Auferweckung Jesu. Garant der Hoffnung ist in der Bibel der Gott, der in erster und entscheidender Linie Gott der Menschen ist, der gefährdeten und gefährdenden personalen Geschöpfe, die im Glauben an diesen Gott Halt und Befreiung finden. Ich zitiere die beiden Kölner Quartanerinnen (7. Klasse), die beim Gespräch über die Schöpfungsgeschichte nachdenklich meinten: »Ich mein', wie der Mensch erst mal da war, da war et für Jott aber mit der Ruhe vorbei!« und dagegen: »Aber vielleicht wollt' er jet han, wo er richtig mit reden kunnt'.«

Der Sinn der biblischen Religionen ist nicht Magie; deren Ziel, das »Schicksal« und den, der es schickt, in die Hand zu bekommen, würde ja bedeuten: zu »sein wie Gott«. Wenn wir uns mit Hilfe der Religion an die Ursprünge unseres Glaubens »erinnern«, dann bedeutet das nicht, dass wir uns durch Religion

3 Vgl. Hugo Rahner »Der spielende Mensch«, Einsiedeln 1978. - Leonardo Boff »Kleine Sakramentslehre«, Düsseldorf 1976. 1992.

4 Das Zitat stammt von Fulbert Steffensky. (G.O.).

»sichern« könnten. Wir bleiben »angewiesen« auf Gott. Unsere Zukunft bleibt offen oder sie wird – durch Vergebung – wieder offen. Gerade daran sollen wir uns im Spiel der Religion »erinnern«.

Dieses Spiel ist sehr »unmodern«; nicht etwa wegen veralteter Vorstellungen, die im Wortlaut von Bibel und Liturgie vorliegen mögen, die man aber klären und als Bilder[5] wieder lieb gewinnen kann. Nein, dieses Spiel im ganzen ist in der technisch-kapitalistischen Welt obsolet; denn dort geht es darum, die Dinge »in den Griff« zu bekommen. Dabei sieht man es zum Beispiel als unwichtig an, sich mit der Vergangenheit, der persönlichen oder der unseres Volkes und unserer Kirchen, aufzuhalten. Es gilt vielmehr, Zukunft (futur) zu schaffen und sie zu bestimmen, statt sich ihr zu öffnen (avenir).

Zu Unrecht ist der Eindruck entstanden, als gehe es in der Religion in erster Linie um eine Doktrin. In der jüdischen Religion ist nie in vergleichbarer Weise eine Doktrin entwickelt worden wie später in der christlichen Kirche. Die Lehre ist, historisch gesehen, in der christlichen Religion erst das zweite nach der Begegnung mit Jesus und der Botschaft davon. Bezeichnenderweise hat auch die Reformation zunächst keine ausgearbeitete »Lehre« hinterlassen; sie wurde erst in der Auseinandersetzung mit den Lehren der Gegenreformation geformt.

Die Freiheit des persönlichen Gewissens ist der zentrale Punkt

Die Einbruchstelle des Göttlichen in die Welt ist das personale Gewissen, und keine machtgeschützte Lehre soll es überwältigen. Hier, bei der Freiheit des persönlichen Gewissens, liegt der zentrale Gegensatz der biblischen Religionen zum technisch-kapitalistischen System. Denn die Personalität des Einzelnen ist »nicht in den Griff« zu kriegen; sie kann zwar beschädigt, korrumpiert, ja vielleicht zerstört werden, zum Beispiel durch Folter[6], aber sie ist als solche »frei«. Jede »Ideologie«, auch eine sich selbst als solche missverstehende kirchliche Lehre, scheitert irgendwann vor dieser Freiheit. Gott hat sie sich als Gegenüber

5 So schon in der deutschen Mystik, etwa bei Tauler.

6 Ist nicht eben dies Ziel der innerhalb des Systems so weit verbreiteten Folter (Lateinamerika!)?

ins Leben gerufen, will mit ihr »reden«, wie die Schülerin sagte. Sie ist ihrem Wesen nach Offenheit, Hören-können; dagegen ist kein Kraut gewachsen. Nicht zufällig ist die Geschichte der herrschenden Kirche von Ketzerbewegungen begleitet, deren die Kirche auf die Dauer trotz allen Terrors nicht Herr wird.

Natürlich kann der Mensch sich anderen Göttern öffnen, sei es die herrschende Kirche selbst, sei es Hitler, Stalin oder der »Konsumterror«, der in der Werbung der Massenmedien spricht. Diesen Abgöttern kommt entgegen, dass sich im Menschen selbst eine »Furcht vor der Freiheit«[7] regt sowie ein Verlangen, die »Last der Freiheit«[8] loszuwerden. Ernst Fuchs bezeichnet gelegentlich den Glauben als »Preisgabe der Angst«. Durch die ganze Bibel, von Josua bis in die Weihnachts- und Ostergeschichte hinein, zieht sich das »Fürchte dich nicht, fürchtet euch nicht«. »Freiheit« ist deshalb nicht einfach ein ideeller Besitz, eine Gesinnung etwa, sondern immer wieder »Befreiung« durch Verkündigung, sei es in der Form der Predigt, des Gesprächs oder der Absolution. Man »hat« die Freiheit nicht, man muss ihr begegnen.

Sich mitteilen ist ein Urbedürfnis des Menschen

Begegnung, deren Ergebnis offen ist, gehört zur Personalität. Der Mensch entspringt der Relation, der Beziehung, er wird nur, wo Gespräch ist. Das mag der Bericht über ein angebliches Experiment Kaiser Friedrichs II. verdeutlichen, der von Findelkindern die Ursprache der Menschheit erlauschen wollte. Dazu ließ er die Findelkinder zwar gut versorgen, – aber sprechen durfte niemand mit ihnen; alle Kinder starben an der Stummheit ihrer Umgebung. Dorothee Sölle spricht vom »furchtbaren Tod der Beziehungslosigkeit«, an dem so viele heute zugrunde gehen.[9] Kein Wunder: Denn wenn Gott Liebe ist, wie der Apostel Johannes meint (1. Joh. 2,16), dann ist er Beziehung; und ohne ihn vergeht der Mensch als Mensch.

Lehrer, vor allem von Grund-, Haupt- und Berufsschulen, berichten von zunehmender Sprachunfähigkeit ihrer Schüler. Sie können nicht erzählen, nicht

7 So der Titel eines Werkes von Erich Fromm, Frankfurt 1975.
8 So Satre, Camus.
9 In: »Die Hinreise«, Stuttgart 1975, S. 7ff.

formulieren, was sie selbst erlebt haben. Eine Berufsschul-Lehrerin, die eine Bäckerklasse unterrichtete, teilte mir vor ein paar Jahren mit, dass von ihren Schülern nur »die aus dem Osten« fähig seien zu berichten, wie sich ein Rezept oder Backverfahren, das im Unterricht behandelt worden war, in der Praxis bewährt habe. Die anderen könnten es zwar praktisch ausführen, aber weder mündlich noch schriftlich darlegen, was sie dabei erfahren hatten. Hauptschul-Lehrer versuchen, mit Hilfe von Rollenspielen über alltägliche Begebenheiten in Familie und Schule ihre Schüler zum Reden zu bringen. (Beispiel: die Konfliktsituation in einer Familie, wenn der Junge – trotz einer mitgebrachten Fünf – auf den Fußballplatz will. Die Nicht-Spieler sind Publikum, geben ihren Kommentar ab[10], lernen so ihr eigenes tägliches Leben in Worte zu fassen.) Nach einem Jahr solcher Bemühungen ließ sich ein Referendar von seiner achten Hauptschulklasse ein Zeugnis ausstellen; da hieß es: »Ich habe bei Ihnen mehr als genug gelernt, denn ich habe gelernt, für mich selbst zu reden.«[11]

Es gehört zu den Urbedürfnissen des Menschen sich mitzuteilen. Jeder, der kleine Kinder kennt, weiß, dass sie vor allem eins wollen: erzählen, Interesse finden für das, was sie gesehen, erlebt, gemacht haben. Offenbar stoßen aber immer mehr Kinder in ihrer täglichen Umgebung auf die Unfähigkeit der Erwachsenen, ihnen zuzuhören. Allzu oft wollen diese im glatten Ablauf ihrer Tätigkeiten – oder in der Lethargie ihrer Untätigkeit – nicht »gestört« werden.

Gehört es zum »Maschinenideal« des Menschen in der heutigen Gesellschaft[12], dass er nicht gestört werden will? Werden wir auf diese Weise hörunfähig, beziehungsunfähig, wesenhaft »Singles«? In diesem Zusammenhang ist mir die Störbarkeit des biblischen Gottes aufgefallen: Er lässt sich dazwischen reden, er lässt sich auf die Anliegen »störender« Menschen[13] ein, er »neigt sein Ohr« zu ihnen. Wir sollten es ihm gleich tun.

Typisch für Kinder ist nicht nur das Erzählen-wollen sondern auch das Hören-wollen, zum Beispiel »wie es früher war.« Es ist ein Geben und Nehmen im Gespräch, das die Beziehung ausmacht und für den sich bildenden Men-

10 Vgl. E. Scherf »Aus dem Stegreif«. Soziodramatische Spiele mit Arbeiterkindern. Kursbuch 34, Berlin 1973, S. 103ff.

11 Hans Roth, Die »besseren Blöden« sprechen für sich. In M. Veit »Stumme können selber reden«, Wuppertal 1978, S. 137ff.

12 Günter Anders »Die Antiquiertheit des Menschen«, München 1956.

13 Vgl. D. Bonhoeffer »Gemeinsames Leben«, Kap. »Der Dienst«.

schen Lebensluft darstellt. Heutige Kinder werden jedoch häufig den ganzen Tag mit scheinbarer Anrede berieselt, mit dem »falschen persönlichen Ton«[14] aus Fernsehen und Videos. Allzu oft soll dieser den echten persönlichen Ton des Gesprächs ersetzen. Spielt in Deutschland vielleicht zusätzlich eine Rolle, dass eine ganze Generation – bedrückt und eingeengt durch Angst und Schuldgefühl wegen ihres Mitmachens in der Hitler-Zeit[15] – nicht erzählen konnte, und sie deshalb auch nicht frei war zum Zuhören?

Religion kann helfen, sich als Person zu entfalten

Religion, als Spiel von der Befreiung, kann Kindern – die »mitspielen« lernen – beistehen gegen Verdinglichung in der technisch-kapitalistischen Welt und gegen Sprachlosigkeit in einer verzweifelt verstummten Gesellschaft, und kann ihnen so helfen, sich als Person zu entfalten. Hierin sehe ich heute eine der wichtigsten Aufgaben der religiösen Bildung. An einigen Beispielen möchte ich das aufzeigen: ~ am Beten-lernen, ~ am Erzählen biblischer Geschichten, und ~ am Feiern der alten wie der neuen Feste des Glaubens.

Beten

Was lernt ein Kind, indem es beten lernt? Dass diese Welt nicht in sich abgeschlossen ist. Dass es nicht nur Vater und Mutter gibt, nicht nur die kleine Welt der Wohnung, der Spielgefährten, der Muppets und Monster des Fernsehens. Dass da ein Fenster offen ist in eine andere Welt, über die wir nicht frei verfügen, der wir uns nur empfangend öffnen und aus der wir Luft zum Atmen schöpfen können.[16]

---

14 David Riesmann »Die einsame Masse«, Hamburg 1958, Kap. 13.

15 Vgl. den bewegenden Bericht »Nadeshda, Hoffnung«, Frankfurter Rundschau vom 18.2.1995, über Wehrmachtsveteranen, von denen diese Last bei Hilfsarbeiten in Weißrussland endlich abfiel. Hier hat die Kirche einmal »Gnade« zugänglich gemacht!

16 In der achten Duineser Elegie hat Rilke die Erfahrung des »offenen« thematisiert, die ich – theologisch entfaltet – vor allem bei Leslie Dewart »Die Zukunft des Glaubens« gefunden habe. Einsiedeln Zürich Köln 1968.

Freilich muss darauf geachtet werden, dass die Gebete, die ein Kind kennen lernt, dem nicht im Wege stehen. Etwa mit dem Gebet: »Gib acht, kleines Händchen, was du tust«, werden Kinder in einem viel zu frühen Alter zu Selbstbeobachtung und Selbstbeherrschung angeleitet. Am Anfang sollte das Urvertrauen als Wurzel allen Wachsen-könnens stehen; das muss die seelische Grundlage des Beten-lernens sein. In der Emotionalität der vertrauenden Zuwendung wurzelt auch alle Moralität des späteren Erwachsenen, wenn sie verlässlich sein soll. Die Zuwendung des Gegenübers bleibt unverfügbar, bleibt »offen«: In dieser Offenheit atmet der Mensch.

Biblische Geschichten

Sie müssen erzählt werden; denn sie wurden an keinem Schreibtisch entworfen, etwa um eine Idee einzukleiden. Vielmehr waren sie lebendige Weitergabe der Urerfahrungen Israels sowie der frühen Christen. Dabei schließt das Wort »Erfahrung« natürlich Deutung ein. Eine neutrale, unbeteiligte Weitergabe der bloßen Stoffe und Motive tötet die Geschichten.[17] Dem, der sie erzählt, muss selbst etwas liegen an der Religion, vor allem an der Bibel als dem »Drehbuch« dieser Religion. Der Erzählende muss also »drin« sein im Spiel der Religion. Bilder können dabei helfen. Bildmeditationen mit Kindern können früh Erstaunliches an Verständnis und Erkenntnis – jenseits einer bloßen Faktenwahrheit – befördern, wie folgende kleine Szene belegt:

Angesichts eines Bildes zu Marias Verkündigung – Maria ist als Königin mit wallendem Samtgewand dargestellt – sagt eine 10-jährige Kölner Schülerin: »Dat Bild is ja ganz falsch. Dat war doch en arm Mädchen. Wusst' er (der Maler) dat nit?« Eine andere meint: »Ja, wenn dat so ärmlich aussieht, dann käuft ja keiner dat Bild.«

Ich gab die Frage an die Klasse zurück: »Der Maler brauchte sich damals ums Verkaufen nicht zu kümmern. Das Bild war bestellt, es muss also aus einem anderen Grund so gemalt sein.« Da erklärt eine andere: »Der will was malen,

---

17 Den Bremer Unterrichtsplänen für die »Biblische Geschichte« bis zum 10. Schuljahr scheint unsinnigerweise gerade so etwas vorzuschweben.

was man gar nicht sehen kann. Denn die sieht ja aus wie eine Königin, und der ihr Sohn ist ja ein Prinz. Den brauchen wir ja heute nicht mehr für eine Demokratie. Aber Jesus, den brauchen wir immer noch!« Wir haben herausgearbeitet, was in der Kinderantwort steckt: Der Maler will die Bedeutung Jesu malen und macht das, indem er seine Mutter als das Höchste malt, was er sich vorstellen konnte.

Erzählen lässt innere Bilder entstehen, die der eigenen Kreativität des Kindes entspringen; die rauschen nicht vorbei, sondern werden Besitz, und können dann und wann wieder auftauchen und betrachtet werden. Wo erzählt wird, denke ich, ist der sicherste Schutz für junge Menschen gegen den Aufmerksamkeitsverlust gegeben, den Fernseh- und Video-Konsum, Reizüberflutung und Hektik anrichten können. Das Vertraut-werden mit den biblischen Geschichten und ihren Gestalten sowie mit den Gedanken, die in den langen Jahrhunderten des Christentums in sie hineingewachsen sind, vermag auch heute noch so etwas wie ein inneres Gespräch im Menschen zu erwecken, das ihn Mensch sein lässt.

Dabei darf die Wahrheitsfrage in ihrer modernen, historisch-kritischen Form nicht umgangen werden. Irgendwann wird sie von den Kindern gestellt. Religiöse Bildung ist nicht mehr denkbar, ohne dass man auf sie eingeht. Dafür gibt es ja inzwischen eine Fülle von Hilfsmitteln.[18]

Feiern der Feste

Einige der biblischen Geschichten begegnen dem Kind als Legenden der großen kirchlichen Feiertage. Auch »Christen in Halbdistanz« schätzen an der Kirche die »Strukturierung der Zeit« durch das Kirchenjahr.[19] »Im Rhythmus des Jahres nimmt man an den Festgottesdiensten teil, vor allem zu Weihnachten. Zu ausgewählten Punkten im Lebens- und Jahreszyklus werden Feier und Ritus erbeten, sollen Wegmarken gesetzt werden. Das Leben soll seine religiö-

18 Vgl. M. Veit »Die Wahrheitsfrage im biblischen Unterricht des fünften und achten Schuljahrs.« Theologica Practica 3/1970. S. 259ff.

19 »Fremde Heimat Kirche, Ansichten ihrer Mitglieder.« Dritte EKD-Umfrage über Kirchenmitgliedschaft. Hannover 1993. S. 15ff.

se Deutung erfahren und damit Bedeutung und Würde über den Alltag hinaus.« Das Kind erlebt Zeiten, die von Hoffnung und Erwartung geprägt sind (Advent), wobei es gar nichts schadet, wenn die religiöse Bedeutung der Zeit sich erlebnismäßig verbindet mit der Vorfreude auf die Bescherung und das schöne Fest in der Familie.

Natürlich erleben es nicht alle Kinder so. Zum Thema »Wenn ich an Weihnachten denke« schrieb ein Sechstklässler: »Alle sitzen und gucken die Kataloge durch. Weihnachten werden sich wieder alle zanken, denn jeder hat etwas gekauft und keiner will das.« Ob dann die Christvesper, zu der Kinder oft mitgebracht werden, nicht doch einen anderen Ton in die Konsum-Öde hineinbringt? Jedenfalls weiß ich von Hauptschulklassen, auch schwierigen, die liebend gern bei Kerzenlicht Weihnachtslieder sangen[20]. Und bittet man Kinder, ein Spielzeug, das sie nicht mehr brauchen, für Kinder von Asylbewerbern an der Krippe der Kirche niederzulegen, kann man ein wahres Gedränge erleben. Sie sind dann die Hirten, die nach alten Liedern ihre Gaben bringen, oder die Weisen aus dem Morgenland: sie spielen mit.

Wenn wir in einer Gesellschaft, der weithin nicht nur die Religion, sondern das Menschsein abhandengekommen ist, Kinder in das Spiel von der Erlösung mit hineinnehmen wollen, müssen Gegenerlebnisse vermittelt werden. Jugendliche, die selten in der Kirche der Trabantenstadt, in der ich lebe, zu finden sind, machen beim jährlichen Weihnachtsbazar für ein Projekt von »Brot für die Welt« mit und harren stundenlang in der kalten und zugigen Passage des Einkaufszentrums aus. Auch sie zeigen, dass keineswegs alles Christliche »verloren« ist, dass geradezu eine Sehnsucht danach besteht, irgendwo bei einer guten Sache mithelfen zu können. Es ist möglich, dies zu thematisieren und bewusst zu machen, dass es gilt, »in eine andere Richtung« als im Mainstream zu leben.

In den letzten Jahren ist die Passionszeit, als Fastenzeit im Frühjahr, durch die kirchliche Aktion »Sieben Wochen ohne« ins Blickfeld gerückt. Es gibt Familien, in denen heiß diskutiert und dann gemeinsam abgestimmt wird, worauf verzichtet werden soll: Fleisch? Süßigkeiten? Alkohol? Rauchen? Auto? Fernsehen? Ehekrach? Die Bereitschaft mitzumachen ist groß. Es gibt auch die

20 Vgl. M. Veit »Theologie muss von unten kommen«, Wuppertal 1994. S.28.

Form, in diesen sieben Wochen besondere Verpflichtungen zu übernehmen: Briefschulden abzutragen, lang aufgeschobene Besuche zu machen. Oder ein erfüllterer Umgang mit der Zeit kann im Mittelpunkt stehen. Schulklassen, gerade solche aus weniger begüterten und gebildeten Gesellschaftsschichten, und Konfirmandengruppen lassen sich zum Mitmachen bewegen, vor allem da, wo ein praktisches Ziel angeboten wird: etwa eingespartes Geld einem bestimmten Projekt zugutekommen zu lassen.

Kann eine Verbindung hergestellt werden zum eigentlichen religiösen Sinn der Passionszeit? Die Sühne-Theorie des Kreuzes erschwert meines Erachtens den Zugang für heutige Menschen. Ob die Theologie Lateinamerikas uns hier weiterhelfen kann? Das »gekreuzigte Volk« (Jon Sobrino), in dem der leidende Christus heute anschaubar wird – Straßenkinder Brasiliens zum Beispiel – vermag in einer Gesellschaft, die weitgehend nach »Winnern« und »Losern« unterscheidet und nur die ersteren für erwähnenswert hält, vielleicht ein Verstehen dafür zu wecken, auf welcher Seite Christus heute zu suchen ist. Der Stellvertretungsgedanke (»Nun was du, Herr, erduldet, ist alles meine Last«) kann so aus der »individualistischen Engführung« befreit werden, es kann deutlich werden, welche Schuld am Leiden Christi heute tatsächlich auf uns, den reichen weißen Völkern lastet.[21] Andererseits: Auch jungen Menschen ist schon die Welterfahrung vertraut, dass der Einsatz für Gerechtigkeit oft mit Feindschaft beantwortet wird. Diese Erfahrung kann verwandelt werden durch die Einsicht, dass damit verbundenes Leiden sinnvoll ist – eine Einsicht, die in der »Winner«-Gesellschaft geradezu rettend sein kann. Wird nämlich Leiden nur noch negativ angesehen – letzten Endes als Versagen, als Unbrauchbarwerden der »Maschine Mensch« –, dann bleibt für viele nur Verzweiflung.

Hier ist viel aufzuschließen. Unsere herrlichen Lieder, die ganze Passionsmusik kann dabei helfen. Dass Liebe mehr sein kann als Bewunderung des Schönen; dass sie jene andere Seite hat: beim Leidenden, Verunstalteten, Verfolgten ausharren und in ihm den Menschen sehen lässt; dass jemand aus Liebe, aus leidenschaftlichem Interesse am Ergehen anderer einen Weg beschreiten kann, der ihm selbst Leiden und Untergang bringen kann. Das wird ja Gott

21 Einfügung G.O.: Ein junger Mann erinnert sich, dass Marie Veit – im Zusammenhang mit der vierten Bitte des Vaterunsers: »Unser tägliches Brot gib uns heute« – ihn und andere Jugendliche gefragt hat: Woher wissen wir eigentlich, dass es unser Brot ist, das wir essen?

sei Dank heute auch anschaubar, zum Beispiel an Journalisten oder Menschenrechtlern, die in die »Höhle des Löwen« gehen, um die Wahrheit über Unterdrückung und Folter ans Licht zu bringen. Dabei kommt es darauf an, dass sie nicht nur als Helden gesehen werden, sondern als Mutige, die sich aus Mitmenschlichkeit – nicht blindlings wie Faschisten für einen »Führer« – in Gefahr begeben. Auf die Richtung kommt es an. Das Hineinwachsen in ein Verständnis der Passion bringt dies nahe.

Die österliche Freudenzeit, Himmelfahrt, Pfingsten: Sie sollen gefeiert, gespielt, »begangen« werden. Nichts ist öder, als wenn nur die Pflicht übrig bleibt, die biblischen Berichte für »historisch« zu halten. Das ist, als ob man dem Jubel der Geschichten den Mund verböte. Natürlich muss zu gegebener Zeit geklärt werden, welcher Art sie sind und was »Auferweckung« für die früheren Zeugen eigentlich bedeutete. Das setze ich voraus. Es geht darum, dass junge Menschen mit Hilfe von Liedern, von Bildern, von Meditationen, mit der Liturgie der Osternacht oder der Osterfrühgottesdienste, in die Feste hineinkommen. Das »Wort« war gerade in der evangelischen Kirche immer auch gemeinschaftlich gesungenes Wort. »Sichtbares Wort« sind nicht nur die Sakramente sondern auch Bilder: Maria Magdalena im Garten – die Jünger auf dem Weg nach Emmaus – die verzückten zwölf Jünger, auf die flammende Zungen niedergehen (Pfingstwunder); sie alle sind Figuren im Spiel der Religion, denen Kinder begegnen sollten.

Ziel des Unterrichts: Schätze aus alten und neuen Glaubenserfahrungen weitergeben

Was ist das Ziel eines Unterrichts, der Kinder so hineinnehmen will in Fest und Feier und in die Betrachtung der Schätze unserer Tradition?

Ziel kann nicht sein, das feste Haus der Religion und der durch sie bestimmten, in sich geschlossenen Kultur wieder aufzubauen, in dem Generationen unserer Vorfahren gewohnt haben. Wir sind heute aufs Neue Wüstenwanderer, unterwegs zum Gelobten Land, das nie jenes alte feste Haus gewesen ist. Ab und an finden wir eine Oase, in der wir miteinander essen, ruhen, feiern – eben jene Religion »spielen«, in der Frühere »wohnten«. Das unterscheidet den Glauben von der Religion, die er sich als ein Haus auf Zeit geschaffen hatte[22]: Er kann ausziehen und von den Schätzen aus seinem Haus das mitnehmen, was heutige Menschen brauchen.

Wir erfinden auch neue Spiele! In dem ersten evangelischen Religionsbuch, das nach der »Wende« in Ostdeutschland herauskam[23], schließen sich an die traditionellen christlichen Feste (wie Erntedank- und Reformationsfest) der Weltgebetstag der Frauen und die Friedensdekade im Herbst an. Als Konsequenz aus den Erfahrungen der Gemeinden in der DDR-Zeit werden »Ökumene«[24] und »Frieden« gefeiert. Die Bibel muss weitergeschrieben werden, das weiß der Glaube, wo er lebendig ist. Auch im Westen kam es zu ganz neuen liturgischen Formen[25]: Die Friedensbewegung entdeckte neu die Seligpreisungen der Friedensschaffenden, und die Umweltbewegung neu die Schöpfung. Um das ganz große neue Spiel, die Kirchentage, beneiden uns amerikanische Christen. Der Zustrom vor allem junger Menschen zeigt, welche Erwartungen an die Religion bei uns lebendig sind, gerade da, wo sie mehr »Spiel« als »Haus« ist. Nein, ihre Zeit ist nicht vorbei, sie wird gebraucht. Lehren wir unsere Kinder mitzuspielen.

22 Vgl. D. Bonhoeffer »Widerstand und Ergebung«, vor allem Brief vom 30.4.1994.
23 »Den Glauben feiern.« Frankfurt und Leipzig 1994.
24 In Giessener Seminaren war selbst das Wort unbekannt!
25 Vgl. M. Veit »Theologie muss von unten kommen«. Wuppertal 1994, S.28.

Wie hab' ich's mit den Parteien? – Essay (1995)

Nach dem Krieg haben wir Theologiestudenten, die aus der der Bekennenden Kirche kamen, beschlossen, die neue christliche Partei zu unterstützen, die nicht mehr, wie das alte »Zentrum« katholisch, sondern ökumenisch sein sollte und »so sozialistisch wie die SPD«, wie es in der ersten Wahlrede hieß, die ich gehört habe (Landtagswahl 1946). Wir wählten also CDU: »man muss denen eine Chance geben.« Dann kam die BRD, kam Adenauer, kam Heinemanns Ausscheiden aus dem Kabinett; seither wählte ich SPD. Im Politischen Nachtgebet (ab 1968) in Köln warben wir zu den Bundestagswahlen 1969 und 1972 engagiert für die SPD, vor allem 1972 wegen der Ostpolitik. Wir haben in Köln geholfen, zwei Wahlkreise zu »kippen«, die immer schwarz gewesen waren; das war mitentscheidend für die Wahl.

In Hessen zur Landtagswahl 1974 gründete ich mit anderen die »Bürger für mehr Demokratie«, die – mit Autoaufklebern, Plakaten und Anzeigen – pro SPD und anti Dregger agitierten – trotz aller Verfettungserscheinungen der hessischen SPD. Seither wählte ich für den Bund SPD, später Grüne; für Hessen wegen der Schulpolitik immer SPD; für die Stadt Marburg DKP, damit überhaupt eine Opposition im Filz des Städtchens vorhanden sei; die Grünen waren mir in meiner Stadt zu »unreif«.

1982 gründete ich mit Manfred Coppik, Karl-Heinz Hansen und anderen, die von der SPD enttäuscht waren (Raketen, Berufsverbote), die neue Partei der »Demokratischen Sozialisten«, deren Kommunalprogramm die Marburger DKP stillschweigend übernahm. Wir waren zwar nur einmal erfolgreich, bei den Europawahlen, wo wir im Rahmen der »Friedensliste« auftraten; die Wahlkampfkostenerstattung ging jedoch nach Nicaragua, unter anderem für zwei kleine Arztflugzeuge für's Hinterland, die heute noch fliegen. 1992 lösten wir uns nach einer Urabstimmung auf; der Rest des Geldes ging an die Frauen von Memmingen[1], die Mitglieder teils zu den Grünen, teils zur PDS, teils – wie ich – zu gar nichts. Ich hatte gegen die Auflösung, für eine Umwandlung in eine Arbeitsgemeinschaft gestimmt, damit der politische Arbeitszusammenhang erhalten bliebe. Manfred Coppik ist wieder in der SPD.

Als ich dann sah, dass der Osten in Bonn keine Lobby hat, dass dort die »große Enteignung« lief und keine der Westparteien Alarm schlug, unterstützte ich zur Bundestagswahl 1994 den Wahlaufruf der PDS. Das gab zwar Ärger, aber auch Gelegenheit, müden Wessis davon zu berichten, was »drüben« wirklich lief und läuft. – Für den Landtag in Hessen 1995 propagierte ich wieder die SPD, diesmal nicht anti Dregger, sondern anti Kanther.

Man sieht, die Frau versucht pragmatisch je nach Stand der Dinge zu handeln und zu wählen. Links sein heißt: das Ergehen der Massen für das Wichtigste zu halten (in Politik und Kirche). Rechts sein heißt: die vorhandenen Privilegien erhalten und ausbauen wollen, weil angeblich nur so die »Ordnung« aufrechterhalten werden kann.

Mein »Herz« gehört keiner Partei, sondern den vielen Bürgerbewegungen für Gerechtigkeit, Frieden und die Bewahrung der Schöpfung, die die Parteien »von unten« beeinflussen können.

---

1 Im Prozess von Memmingen 1988/89 gegen den Frauenarzt Dr. Horst Theissen wurden 156 Frauen als Zeuginnen wegen illegaler Abtreibung vorgeführt. Die Revision wurde 1991 in Augsburg verhandelt.

Ich bin und bleibe Trümmerfrau (1996)

Vor genau einem halben Jahrhundert war ich im ersten Wortsinn Trümmerfrau, habe geholfen, in meiner Heimatstadt Köln Kippwägelchen zu beladen mit den Trümmern der Häuser und Straßen, die das Debakel des Faschismus hinterlassen hatte. Vom Universitätsvorort Lindenthal, wo wir einen notdürftigen Unterschlupf gefunden hatten, konnte man durchblicken bis zum Dom – eine Stunde Fußweg in normalen Zeiten. Wir waren dienstverpflichtet, die Voraussetzungen für einen Wiederaufbau zu leisten, fast nur Frauen; die Männer gab es nicht mehr oder waren noch in Gefangenschaft. Die markenfreie Graupensuppe am Mittag war der sehr willkommene Lohn.

Dann kamen, im Westen, die Marshall-Milliarden und mit ihnen das Wirtschaftswunder, der nie geträumte Aufbau. Heute leben wir in einem Land, das so »geleckt« ist wie kein anderes in Westeuropa. Ist also alles »vorbei«?

Nicht ganz. Eine Kleinigkeit wurde übersehen: die Seelen der Menschen. Reinhard Kühnl sprach am 8. Mai 1995, bei der Kundgebung des Antifaschistischen Ratschlags auf dem Marburger Marktplatz, von den psychischen Schäden »der Opfer und der Täter«. Das ist es. Die Seele sieht man nicht sogleich; hinter der »geleckten« Fassade, die anzeigen soll: »Wir sind wieder wer«, verbirgt sie sich und das Grauen, das in ihr wohnt. Aber hin und wieder scheint etwas durch:

Da war im Sommer 1985, dem Jahr des 40jährigen Gedenkens, der Vortrag des Psychoanalytikers Joachim Scharfenberg in der Akademie Hofgeismar. Es kämen immer mehr Menschen in mittleren Jahren, nach dem Krieg geboren, in therapeutische Behandlung, weil sie plötzlich nicht mehr weiterkönnten, im Beruf nicht, in der Ehe nicht, tief verstört. Im Lauf der Analyse käme dann heraus, dass sie Kinder von Nazi-Tätern seien, in frühester Kindheit emotional geschädigt durch die Ausstrahlung ihrer Eltern. Kurz darauf bestätigte ein ganzer Analytiker-Kongress in Hamburg eben diese Erfahrung. Den Kindern der

Opfer ergeht es nicht anders: die Angst und das Grauen der unmittelbaren Opfer- und Täter-Generation sind nicht vorbei, sie wirken in den Kindern weiter.

Oder: Am 18. Februar 1995 berichtete Doris Weber in der »Frankfurter Rundschau« von Erfahrungen der Evangelischen Männerarbeit, die seit 1987 »Zeitzeugen« zusammenbringt, damit sie sich aussprechen; »wenn die Männer ihr Schweigen brechen, dauert es nicht lange, bis auch der Panzer um ihre Seele bricht [...], dann wird ganz langsam aber sicher deutlich, worunter sie all die Jahre gelitten haben, dass sie ihre Jugend hingegeben haben für etwas, von dem sie jetzt im Nachhinein genau wissen, dass es schreckliches Unrecht gewesen ist.« Bei einer »Pilgerreise« nach Weißrussland, wo Wehrmachtsveteranen halfen beim Aufbau eines Heimes für strahlengeschädigte Kinder, kam es zu Zusammenbrüchen, als der Direktor eines onkologischen Zentrums vom »zweiten Genozid durch Tschernobyl« sprach; der erste, das seien die 2,3 Millionen Weißrussen gewesen, Frauen, Kinder, ganze Dörfer, die von der Wehrmacht zu Tode gebracht wurden. Die herzliche Zuwendung alter Überlebender half den weinenden alten Tätern wieder auf...

Was ist geschehen? Eine ganze Generation hat, jahrzehntelang, niemals erzählen können von dem, was sie wirklich getan und erlebt haben. In einem Tagebuch heißt es: »Wie lebt man weiter, wenn man die Erfahrung einer totalen Sinnlosigkeit gemacht hat?« Eine Kultur bricht ab, wenn die Alten den Jungen ihre Erfahrungen nicht weitergeben können. Und den Seelen der Jungen fehlt der große Zusammenhang; Kraftlosigkeit, seelische, ist die Folge. Ob die physische brutale Kraftmeierei, die sich ausbreitet, ein unbewusster Kompensationsversuch ist?

Trümmerlandschaft im Unsichtbaren. Der biblische Satz, dass die Sünden der Väter sich rächen an den Kindern bis ins dritte und vierte Glied, fällt einem ein; die Aufgabe, das Unglück abzuarbeiten, wird unsere Generation überdauern. Und wie wenige nur arbeiten daran. Diejenigen, die etwas davon verstanden haben, werden Trümmerfrauen und -männer bleiben ihr Leben lang. Antifaschismus kann und darf bei der rationalen Aufklärung nicht stehen bleiben, darf sich auch nicht damit begnügen, Gleichgesinnte zu sammeln; es ist mehr zu tun. Analytiker und Therapeuten können ihr Scherflein beitragen, freilich nur für eine privilegierte Schicht; Kirchen und andere Gruppierungen können Menschen aller Schichten zum Gespräch zusammenbringen; die Didaktikerin samt den Lehrern, die sie ausbildet, müssen Methoden entwickeln, die den Jungen weiterhelfen. Wichtig erscheint mir die Wiederentdeckung des Erzählens in der Schule, gerade auch durch engagierte Lehrer der 68er Generation, die ganz mit der Mediendidaktik ausgebildet wurden: der Spartakusaufstand, vom Lehrer erzählt, lässt auch Hauptschüler voll Anteil nehmen; noch mehr aber wird »Zeitzeugen« zugehört, mit einer Intensität, die zeigt, was gefehlt hat. Wenn der Zeuge Baumann, der als Ostfrontsoldat vier Jahre Zuchthaus bekam, im TV sagt: »Ich sollte Frauen und Kinder erschießen – ich konnte es nicht!«, dann sind gerade junge Leute bereit, sich dafür einzusetzen, dass er endlich rehabilitiert wird. Es lohnt sich, dafür zu arbeiten, daß sie in den großen Zusammenhang eingeführt werden, der ihnen gefehlt hat…

Dazu gehört auch, dass deutlich werden muss: das Unglück hat nicht mit Hitler begonnen, es ist freilich bei ihm kulminiert. Aber: die unglaubliche Gleichgültigkeit von Staat, Kirche und Wirtschaftsführern gegenüber dem Elend der Massen im 19. Jahrhundert, die Feindseligkeit gegenüber allen, die offen darüber reden wollten (Bettinas Armenbuch, das erst in unseren Tagen publiziert werden konnte!), die neue Kaltschnäuzigkeit gegenüber Arbeits- und Obdachlosen, gegenüber allen, die (noch) abhängig arbeiten, die gehören natürlich in den »großen Zusammenhang« hinein. Um immer neuer Zertrümmerung vorzubeugen…

Von Bultmann zur Didaktik des Religionsunterrichtes – eine Testamentsvollstreckung[1] (1996)

Vor 50 Jahren – genauer: übermorgen vor 50 Jahren – habe ich in diesem ehrwürdigen Hause meine Doktorprüfung bestanden. Eiskalt war es, 1946, die Doktorandin im Konfirmationskleid, das glücklicherweise dank der Hungerjahre des Krieges noch passte, die klammen Finger in einem alten schwarzen Muff; die Beleuchtung war schlecht, so dass alle Beteiligten die Nase dicht auf dem Papier haben mussten, wenn es etwas zu übersetzen gab; zwischendurch fiel der Strom ganz aus, wir mussten uns mit einem Hindenburglicht behelfen. Am Schluss der Prüfung gratulierte der Vorsitzende, Professor Benz, dem »Fräulein Dr. Veit«. Tempi passati, in mehr als einer Hinsicht. Wie war ich zur Theologie, wie war ich zu Rudolf Bultmann, meinem Doktorvater, gekommen? Ich wusste ja selbst nicht, als ich 1940 18-jährig mit dem Studium begann, welchen Königsweg ich da betreten hatte.

Ein Mädchen schmökert nicht

Wohl war da, seit Jahren, eine Leidenschaft für Bibel und Kirche, denen ich für meine Selbstfindung viel verdankte. Die jüngeren Frauen können sich wohl kaum vorstellen, in welcher überbehüteten, aber auch erstickenden Atmosphäre ein Mädchen aus bürgerlicher Familie damals aufwachsen konnte, bei so guten, wohlmeinenden Eltern – erstickend jedenfalls dann, wenn man dem Ideal einer Frau, eines jungen Mädchens nicht entsprach, das den Eltern, vor allem

1 Festvortrag aus Anlass der Goldenen Promotion 1986.

dem Vater, vorschwebte. Ich durfte kaum aus dem Haus; vor allem aber durfte ich das nicht oder nur sehr eingeschränkt, was ich am liebsten wollte, nämlich lesen. Ein Mädchen schmökert nicht, es macht sich nützlich. Natürlich las ich doch, in allerhand Verstecken, heimlich und mit sehr schlechtem Gewissen; der innere Zwiespalt, in den ich dadurch geriet, war manchmal kaum zu ertragen. Viel später hörte ich eine junge Französin sagen, sie habe zu Hause immer in einen moule, eine Gipsform, passen sollen und habe sich alle erdenkliche Mühe gegeben, dem zu entsprechen; es sei aber nicht gegangen, und so habe sie schließlich diesen moule gesprengt. Genau das war mein Problem. Meine jüngere Schwester entsprach dem Idealbild der Eltern weit eher; sie hat deshalb auch teilweise andere Erinnerungen an unsere gemeinsame Jugend.

Sicherlich hätten wir auch nicht studieren dürfen, wenn nicht das Vermögen unseres Großvaters in der Inflation der frühen zwanziger Jahre verloren gegangen wäre; ein Mädchen aus gutem Hause hatte ja eigentlich keinen bezahlten Beruf; noch meinen Tanten war es so gegangen. Aber das Geld war weg, das war ein erstes großes Glück in meinem Leben; der Weg zum Studium war frei für mich und für meine Schwester.

Jenen moule aber brauchte ich in frühen Jugendjahren nicht zu sprengen, hätte es auch kaum gekonnt, denn ich suchte die Schuld ja bei mir. Aber ich fand einen Ausweg. Im Alter von dreizehn Jahren bekam ich für den Religionsunterricht mein erstes Neues Testament und habe dieses »erste erlaubte Buch« sozusagen gegessen und getrunken. Warum? Weil es so voller Hoffnungsperspektiven steckte. Da kommt noch etwas, sagte es mir, es wartet noch etwas auf dich, hab' nur Geduld; eines Tages wirst du wissen, was der Wille Gottes ist. Es war der Atem der Zukunft, der mich anwehte, der wie nichts anderes zu diesem Buch gehört. Und dann die Kirche! In den Gottesdiensten der Bekennenden Kirche erlebte ich zum ersten Mal »zivilen Ungehorsam«; da wurden die Fürbittenlisten vorgelesen, die Namen der Pfarrer und Gemeindeglieder, die im Gefängnis oder Konzentrationslager waren; da wurde eine verbotene dritte Kollekte eingesammelt, für die »Aufrechterhaltung der Wortverkündigung«, hieß es, und alle Eingeweihten wussten: das ist für die Vikare, die nicht eingestellt werden, weil sie sich nicht dem deutschchristlichen Konsistorium unterstellten. Diese Vikare arbeiteten in den Bekennenden Gemeinden mit, bekamen aber offiziell kein Gehalt. Köln, wo ich lebte, gehörte zu einer der »zerstörten Landeskirchen«, in denen ein staatlicher Kommissar darüber wachte, dass keine ungeeigneten Elemente in den Pfarrdienst kämen.

Dann Martin Niemöller: Als 15-jährige saß ich unter seiner Kanzel in der überfüllten Dortmunder Kirche, in der er sprach. Trotz üblicher Sparsamkeit war mein Vater mit mir dorthin gefahren, um ihn zu hören. »Volkskirche oder Freikirche?« war sein Thema. »Das sei unwichtig, es könne auch Katakombenkirche sein, Hauptsache Kirche, und die habe nur einen Herrn, der ihr zu sagen habe.« Von der Barmer Theologischen Erklärung wusste ich bereits. Dazu die Lieder der Reformation: »Wo Gott der Herr nicht bei uns hält« und »Ach Gott vom Himmel, sieh' darein«. – Hier waren sie nicht Heldengedenktags-Lieder, am Reformationstag zur Erinnerung an längst vergangenen Mut gesungen; hier klangen sie voll gegenwärtig, Entschlossenheit und Zukunftshoffnung atmend.

Bei allen Schwächen auch der Bekennenden Kirche, vor allem den nicht getauften Juden gegenüber: die Kirche war doch die einzige Institution, die Hitler niemals ganz gleichschalten konnte. Und für uns kam noch etwas hinzu.

Wir galten als jüdische Mischlinge; ich selbst bin Achteljüdin, unser Vater wurde als Vierteljude aus seiner Professur für Anatomie vertrieben, und ich erlebte mit, wie Kollegen ihn mieden, auf die andere Straßenseite gingen, wenn wir kamen, und wie meine Klassenkameradinnen seit seiner Entlassung nicht mehr den gleichen Schulweg hatten, sondern mich allein gehen ließen. Das vergisst man nicht, wenn man es als junger Mensch erlebt hat. Aber in der Kirche, in der Bekennenden Gemeinde, zu der wir uns hielten, galten wir voll. Mein Vater saß in Köln im Bruderrat; mit dem Roten Pfarrer von Köln, Pfarrer Fritze, den Hans Prolingheuer[2] beschrieben hat, verband ihn – den alten Deutschnationalen – bald eine herzliche Freundschaft. Widerstand und Hoffnung!

»Gott ist meine Zukunft«

Bibel und Kirche – Atem der Zukunft. Viel später hörte ich, wie Rudolf Bultmann gefragt wurde, ob er ganz kurz und einfach sagen könne, was »Gott« sei.

2 Prolingheuer, Hans: »Der rote Pfarrer von Köln – Georg Fritze (1874-1939)«. Wuppertal 1981.

»Oh ja«, erwiderte er, »Gott ist meine Zukunft.« Der Fragesteller war entsetzt; mir war sofort klar: so ist es.

Bultmann und der Kirchenkampf: die Klarheit des Marburger Gutachtens zur Frage des Arier-Paragraphen in der Kirche aus dem Jahre 1933, die sich so deutlich abhebt von dem »teils dieserhalb – teils außerdem« des Erlanger Gutachtens aus dem gleichen Jahr, diese Klarheit ist Rudolf Bultmanns und Hans von Sodens Handschrift. Und als wir nach dem Krieg, 1946, als kleine Marburger Studentengemeinde, Martin Niemöller zum Vortrag holten, gegen den erklärten Willen des Rektors Ebbinghaus und des Bischofs Wüstemann, die es beide nicht für opportun hielten, von deutscher Schuld zu reden – da saß Bultmann unter den Zuhörern. Sein Kommentar danach: »Mit Vollmacht, und nicht wie die Schriftgelehrten.«

Das Studium freilich brachte bedrängende Probleme. Als ich im ersten Semester, neben eifrigem Sprachenstudium, Bultmanns Jesusbuch las und im Vorwort die Bemerkung entdeckte, es sei nicht sicher, dass sich Jesus selbst für den Messias gehalten habe, war mir, als hätte der Blitz eingeschlagen. Hier sprach ja nicht ein Gegner des Christentums, der den Glauben widerlegen wollte, sondern ein Mann der Kirche, der auf Grund seiner Forschungen zu diesem Ergebnis gekommen war. Da half nichts, dem war nachzuspüren, die Gründe zu prüfen; ich arbeitete fast Tag und Nacht, eine Zeit lang ungewiss, ob ich je wieder Boden unter die Füße bekommen würde. Im vierten Semester hörte ich auf, Kindergottesdienst in einer Marburger Siedlung zu halten, wo ich bis dahin acht oder zehn Kinder in einer Mansarde gesammelt und biblische Geschichten erzählt hatte. Ich wusste nicht mehr oder noch nicht, wie ich beides zusammenbringen könnte: das, was historische Forschung mir über Entstehung und ursprünglichen Sinn der Texte zur Kenntnis gebracht hatte, und das, was dieselben Texte in der kirchlichen Tradition Generationen von Christen gesagt hatten. Zwei verschiedene Hermeneutiken lagen miteinander im Streit – wie sollte ich mich entscheiden?

Bei Rudolf Bultmann war die Sache klar: historische Kritik und existentiale Interpretation verhalfen dazu, neutestamentliche – er meinte: auch alttestamentliche – Schriften angemessen zu verstehen. Geschichten, die, auf diese Weise erschlossen, heutigen Kirchenbesuchern nicht mehr viel bedeuten konnten, sollte man eben in Predigt und Unterricht weglassen. Als Bultmann dies in einer der abendlichen Runden, zu denen er uns wenige Kriegsstudenten (meist Studentinnen) in seine Wohnung lud zu Kriegsgebäck und einer Tasse deutschem Tee, mit aller Deutlichkeit als seine Meinung kundtat, schreckte mich das zwar auf und beeindruckte mich sehr. Ich selbst hatte die Frage aufgebracht, weil ich mit der Geschichte von der Taufe Jesu nach Matthäus, meinem nächsten Kindergottesdienst-Text, nicht mehr umzugehen verstand. Gleichwohl gab ich dem verehrten Lehrer innerlich nicht vollständig Recht. Nicht nur erinnerte ich mich noch zu gut daran, was mir selbst Geschichten dieser Art bedeutet und gegeben hatten, als ich sie noch nicht historisch-kritisch las; es kam ein Erlebnis hinzu, das ich während einer Wochenendfreizeit der kleinen informellen Studentengemeinde hatte, in der ich damals lebte.

Bibellesen von Laien?

Wir hatten Quartier bei Bauern in der Kirchengemeinde Lohra, bei denen wir uns nicht nur satt essen konnten, sondern bei denen wir auch einen Abend verbrachten, der dem Kennenlernen und gegenseitigen Erzählen diente. An einem solchen Abend erlebte ich mit, wie der Hausvater zum Abschluss die große Familienbibel auf den Tisch legte und sorgfältig aufschlug; das Lesezeichen lag im Römerbrief, den er derzeit mit seiner Familie fortlaufend las. Aber er las nicht nur vor, sondern fügte dem gelesenen Abschnitt – ich meine, es war ein Teil des 5. Kapitels – ein paar eigene Sätze hinzu, in denen er den Inhalt verdeutlichte. Ich war maßlos erstaunt. Kurz zuvor hatte mir ein Bekannter, von Beruf Ingenieur, berichtet, er habe versucht, im Neuen Testament zu lesen, sei an den Römerbrief geraten und könne nur eines sagen: »Ich verstehe nichts!« Als Studentin, die gerade mit den Problemen der paulinischen Theologie befasst war, konnte ich dies wiederum nur zu gut verstehen. Hier aber, in der abendlichen Bauernstube, saß ein Mann, der die Volksschule und den Konfirmandenunterricht besucht und jeden Sonntag eine evangelische Predigt gehört hatte; er war in der Lage, in einfachen Worten Sinnvolles zum Römerbrief zu sagen.

Bultmanns gelegentliche Äußerung, dass man »das Bibellesen von Laien« nicht länger »propagieren« solle, da sie die Texte doch nur falsch verstanden, kam gegen eine solche Erfahrung nicht an. Der Bauer in Lohra stand in einer Tradition, die ihm den Zugang zum Römerbrief ermöglichte – einer Tradition, die letztlich von Paulus selbst und dann von Luther, der ihn neu entdeckte, ausgegangen war. Ja, richtig, er stand »drinnen«, es war der Paulus der lutherischen Kirche, in der er lebte und zu Hause war; er kannte ihn. Die historisch-kritische Wissenschaft aber näherte sich dem Text gewissermaßen von »außen«, in einer Art von methodischer Unkirchlichkeit, so sehr auch der, der sie betrieb, sich andererseits zur Kirche halten mochte – wie Rudolf Bultmann selbst, der als Kirchenvorstandsmitglied mit dem Kollektenteller an der Kirchentür zu stehen pflegte.

Deutlich empfand ich damals, in der Mitte meiner Studienjahre, die Aufgabe, die vor mir stand: das Verhältnis der beiden Hermeneutiken zueinander zu klären, einen Weg zu finden, auf dem weder die »intellektuelle Redlichkeit« noch die Schätze der Tradition und des »Drinnenseins« verloren gingen. Noch musste ich die Frage offen lassen, vermochte an der Lösung der Aufgabe nicht direkt zu arbeiten, zumal die Systematische Theologie, die wir studierten, mir dazu wenig Hilfen bot. Erst in der Praxis des eigenen Unterrichtens fand ich, schrittweise, die Lösung für mich.

Nicht als ob die kirchliche Denktradition Rudolf Bultmann nichts bedeutet hätte! Schließlich hat sie sich ja nicht nur, und das auch erst in ihrer späteren Geschichte, mit der Abwehr der Moderne befasst. Schließlich stehen wir auf den Schultern der Väter und Mütter, deren Gedanken die Kirche geprägt haben. Die Schätze dieser Tradition sind vor allem durch das evangelische Gesangbuch weitergegeben worden. Wie sehr Bultmann unsere schönen Lieder geschätzt hat, darauf hat ja Bischof Dr. Zippert in seiner Predigt am Reformationstag hingewiesen. Freilich gilt es, auch ihnen gegenüber nicht unkritisch zu sein; aber davon später. An ihrem Wert auch für heute ändert das nichts. Und sollte nicht auch auf sie die existentiale Interpretation, für die Bultmann steht, anwendbar sein?

Und wem gehört Bultmann?

Dieser neue, erhellende Zugang war es ja, der mir die Bibel, die durch historisch-kritische Forschung in Distanz gerückt war, wieder nahe brachte. Er erwies sich zugleich als alt, als sehr nahe verwandt mit reformatorischer und pietistischer Hermeneutik, die ja auch die Frage danach, wie der Mensch sich selbst verstehen will, ins Zentrum stellen – wie übrigens auch schon die christliche Mystik des Mittelalters. Langsam begann mir aufzugehen, dass schon diese Frage sich in der Menschheitsgeschichte nicht von selbst versteht, sondern der biblischen Offenbarung entstammt.

Jedes theologische Lehrsystem aber kam durch die wissenschaftliche Theologie an seinen geschichtlichen Ort. Nicht selten, so zeigte sich, war es in Abwehr entstanden, in notwendiger Abgrenzung von Lehren, die der Grundorientierung der Offenbarung widersprachen, vom Apostolikum bis zur Barmer theologischen Erklärung – ja, selbst diese kam in Marburg schon in den Kriegsjahren im Studium vor, bei Hans von Soden.

Was aber keine Lehre mehr ermöglichte, auch nie mehr ermöglichen würde, das war ein frageloses Drinsein in einem zeitlos gültigen gedanklichen Rahmen. Man kann vielleicht sagen: Die Ontogenese der Theologin wiederholte die Phylogenese der Kirche, für deren überkommene Denksysteme die Neuzeit eine Erschütterung nach der anderen brachte, von Kopernikus und Galilei über Darwin bis zu Feuerbach und Freud. Statt eines festen Hauses, in dem man für Generationen wohnen kann, sehen sich Kirche und Theologie wieder auf einen Weg verwiesen – was übrigens auch die biblische Metapher ist. Einen Weg, bei dem nicht garantiert ist, dass man nicht in die Irre geht, und bei dem man niemals weiß, was an Chancen und Gefahren sich an der nächsten Wegbiegung auftun wird. Einen Weg also, auf dem auch Kirche und Theologie angewiesen bleiben – auf Gott.

Dies also, in großen Zügen, das Fazit meines Studiums bei Bultmann. Und wem gehört nun dieses Kapital? Wer soll damit weiterarbeiten, wer ist der berechtigte Erbe?

Die theologischen Fachbereiche natürlich, insbesondere deren neutestamentliche Abteilungen, weit über Deutschland hinaus – wie die Kollegen aus Norwegen[3] jüngst noch sichtbar gemacht haben. Und auch weit über die Gren-

3 Einige Wochen zuvor hatte eine Delegation norwegischer lutherischer Theologen einem Festakt der Fakultät beigewohnt, in dem eine Büste Rudolf Bultmanns (gestiftet von einem norweg. Mäzen) enthüllt wurde. Dabei gab es auch einen ökumenischen Gottesdienst, den Bischof Dr. Zippert zusammen mit einem norwegischen Bischof hielt.

zen der Konfession hinaus, wie schon 1963 Gotthold Hasenhüttl zu Bultmanns Freude gezeigt hat. Ein Stück weit gehört Bultmanns Erbe natürlich auch schon der Theologiegeschichte an. Jedenfalls also: der Universität.

Ist das alles?

Kirchenleitungen, vor 50 Jahren und vielleicht zum Teil noch heute, sähen das nicht ungern: wenn man die Gedanken dieses Meisters in die Universität einsperren könnte, so dass nicht allzu viel davon nach außen dränge. Damals jedenfalls, bei meinem zweiten theologischen Examen, das ich wenige Tage vor dem Rigorosum in Hofgeismar abgelegt habe, sagte mir Bischof Dr. Wüstemann bei der Verabschiedung, ich dürfe nichts von dem, was ich an der Universität gelernt hätte, in die Gemeinde gelangen lassen, es würde sie verwirren. Index auf evangelisch! Damals gab ich zur Antwort, ich hätte ja nur einen Kopf, nicht zwei, einen für die Gemeinde und einen für mich; ich würde doch versuchen umzusetzen, was ich gelernt hätte. Daraufhin hat mir der Bischof, der ja selbst in Marburg promoviert hatte, für mein Vorhaben Gottes Segen gewünscht. Und der – ist eingetreten.

»Aber, wenn Sie von Bultmann kommen, wie werden Sie dann in einer Oberprima Religionsunterricht machen?«

Zunächst freilich sah es nicht danach aus. In meiner rheinischen Heimatkirche, in die ich aus familiären Gründen 1947 zurückkehrte (die Zonengrenze zwischen britischer und amerikanischer Zone war für solche Fälle inzwischen durchlässig), ging es wesentlich härter zur Sache, als man erfuhr, bei wem ich promoviert hatte. Das Kolloquium bei der Kirchenleitung in Düsseldorf, mit dem ich übernommen wurde, dauerte so lange, dass der ostpreußische Pfarrer, der zu gleichem Zweck draußen wartete, schon dachte, ich wurde abgelehnt. Dass ich kein Gemeindepfarramt bekommen konnte, war ohnedies klar; die Städte lagen in Trümmern, es waren kaum Menschen da; die Kirchenleitung musste froh sein, wenn sie für die aus der Kriegsgefangenschaft heimkehrenden Pfarrer Stellen finden konnte. Aber im Religionsunterricht fehlten Kräfte nach der Nazizeit, dort wollte man mich haben. »Aber wenn Sie von Bultmann kommen, wie werden Sie dann in einer Oberprima Religionsunterricht machen?« war die besorgte Frage. Nun, das konnte ich noch nicht beantworten, hatte ja noch keinerlei Erfahrung und sagte das auch. Schließlich wurde ich übernommen. Vielleicht hat mir geholfen, dass mein Vater in der Zeit des Kirchenkampfes im Bruderrat der Bekennenden Kirche in Köln gesessen hatte; ich weiß es nicht. Jedenfalls: ich konnte beginnen.

Was war meine Aufgabe? Nun, zum Beispiel, mit der Untertertia (8. Klasse) eines Mädchengymnasiums das Markus-Evangelium zu lesen. Die Bibel war in jenem ersten Lehrplan 1947, und noch zwanzig weitere Jahre lang, einfach auf die Schuljahre aufgeteilt. Genauer hieß es: »Das Leben Jesu nach dem Markus- oder Matthäus-Evangelium«. Ich hatte es mit Großstadtkindern zu tun, die wenig kirchliche Sozialisation genossen hatten; also konnte ich sicher sein, dass bald Fragen kommen würden, die in die Richtung historischer Kritik gingen. Zwei Aufgaben sah ich: Erstens mit den Kindern die Unterscheidung zwischen Historizität und Wahrheit zu erarbeiten, ihnen einen reicheren Wahrheitsbegriff zu vermitteln; eine Zielsetzung, auf die ich viel Zeit verwendet habe, weil ein Wahrheitsbegriff, der nicht dokumentierbare Fakten meint, ja kaum bekannt sein konnte. Es ist (oder war, damals) auch das richtige Alter dafür: der Wunsch, Fakten zu klären, Ordnung zu schaffen in seinem Kopf, der die klassische Kindheit charakterisierte, war noch virulent. Das Verständnis dafür, dass »Wahrheit« über den Menschen, über die menschliche Welt, über Jesus, in Dichtungen und Legenden ausgedrückt werden kann, war in der beginnenden Pubertät zu wecken und zu klären. Und zweitens: die Schülerinnen mussten Einblick gewinnen in die Entstehungsgeschichte der Evangelien.

Wem gehört das geistige Erbe Rudolf Bultmanns? In diesem Fall der Untertertia eines Kölner Mädchengymnasiums. Mit Eifer haben wir wochenlang und mit verschiedenen Stoffen, an diesen beiden Aufgaben gearbeitet. Als eines der Kinder eines Tages aufatmend sagte: »Jetzt versteht man das alles viel besser«, dachte ich bei mir: und das wäre in Bultmanns Sinn. Man hat ihn ja den großen Apologeten unter den Theologen genannt; sein Anliegen war es, dem modernen Menschen Zugang zu den Texten des Glaubens zu schaffen. Im Kleinen wirkten wir daran mit.

Dass sich auch in der Grundschule so arbeiten lässt, oder vielmehr arbeiten ließ – die heutigen Kinder sind anders, davon wird noch die Rede sein –, sah ich bei meiner Schwester. Sie hatte unerlaubterweise neben ihrem Studium an der Pädagogischen Akademie in Bonn bei Vielhauer studiert und ließ nun die synoptischen Evangelien vor ihren kleinen Schülern in der Weise entstehen, dass sie die Figur eines »urchristlichen Predigers« erfand – das waren die Evangelisten, den Kindern mit Namen und theologischer Eigenart bekannt –, der seiner Gemeinde helfen wollte, Jesus richtig zu verstehen, und der sich dazu die jeweils folgende Geschichte ausgedacht hatte. An der Tafel stand das Logion, aus dem diese einmal hervorgewachsen ist (»Geschichte der synoptischen Tradition«). Es war erarbeitet, und die Drittklässler beurteilten nun, ob »der Lukas« es gut gemacht hätte, z.B. mit der Geschichte von Zachäus. »Aber der muss ja erst sagen, dass er alles wiedergibt, und dann sagt Jesus das mit dem Heil. Sonst ist Jesus doch immer so zuvorkommend!« Genau den Satz hatte der Junge herausgepickt, von dem auch Exegeten meinen, er sei eingefügt. Und die Geschichten – sind eben von jemandem gemacht, zu bestimmtem Zweck; das Historizitäts-Problem kommt gar nicht erst auf.

Es geht, es lässt sich so arbeiten – solange bei den Schülern ein Interesse besteht, nach der Wahrheit von Bibel und Religion zu fragen. Davon muss noch die Rede sein.

Hätte man in Lohra, dem alten Lohra von 1941, auch so arbeiten können? Dort trugen damals noch fast alle Frauen Tracht, auch im Alltag; ja, die kleinen Mädchen, Grundschulkinder noch, trugen sie auch, hüpften in ihren weiten Röcken und mit den »Schnätzchen« auf dem Kopf herum wie heute die Kinder in moderner Kleidung. Die Felder wurden mit Hilfe von Ochsen bestellt, Autos gab es 1941 nicht – außer beim Arzt, der eine kleine Benzinzuteilung erhielt. Es war eine weitgehend noch vorindustrielle, vorwissenschaftliche Welt, in der die Menschen lebten. Als die Nazis den Himmelfahrtstag als Feiertag abschafften – ich glaube, es war 1941 –, sagte eine der Frauen fassungslos: »Ja, weiß der Führer denn nicht, was sich da zugetragen hat, an diesem Tag?« Christi Himmelfahrt war Tatsache, heilige, wunderbare Tatsache. Und es war ein ausgesprochen christliches Dorf. Städter, die um Lebensmittel baten und bis aus dem Ruhrgebiet zu Fuß nach Lohra kamen, wurden nicht abgewiesen. Kriegsgefangene und Zivilverschleppte aus Frankreich oder Polen, die auf den Höfen arbeiten mussten, wurden wie Familienmitglieder behandelt – was die amerikanische Besatzungsmacht später belohnte, indem sie die Familien weitgehend mit Einquartierung verschonte.

Eine traditionsgeleitete, sehr liebenswerte Welt, in der man als Pfarrerin oder Lehrerin sicher sehr anders hätte arbeiten müssen als in der Großstadt. Nicht als ob man ganz davon hätte absehen können, die Menschen allmählich mit der Geschichtlichkeit von Bibel und Glauben bekannt zu machen, ihnen Einblick zu geben in die lebendigen Prozesse, aus denen das Christentum in seiner heutigen Gestalt hervorgegangen ist! Fragen kommen ja auch den in der kirchlichen Tradition geborgenen Menschen, auch wenn sie nie gelernt haben, sie zu formulieren. Zu sehen ist das jetzt bei alten Russlanddeutschen, die in unsere Gemeinden kommen: Ist es zum Verständnis des Predigttextes nötig, ein wenig historische Aufklärung zu geben, so kann man die gespannte Aufmerksamkeit auf der Kanzel geradezu spüren.

Insgesamt ist die Zeit vergangen oder im Vergehen begriffen, in der ungeschichtlich/selbstverständlich in den alten Formen der Religion gelebt werden konnte. Wo angstvoll daran festgehalten wird, entstehen die gefährlichen Zerfallsprodukte wie Fundamentalismus und Fremdenhass, die das Gute der älteren Zeit nur entstellen. Dennoch sind Startpunkt und Vorgehensweise theologischer Aufklärung sicher anders in einer traditionsgebundenen Gemeinde als eben damals in Köln.

Drei Irrlehre-Anzeigen

Nicht als ob dort alles glatt gegangen wäre! Zwar machten die Kinder und Jugendlichen gern, ja teilweise begeistert mit; aber ich war noch kein halbes Jahr in der Schule tätig, da hatte ich drei Irrlehre-Anzeigen am Hals. Eine besorgte Primanerin schrieb ihrem Konfirmator von meinem Unterrichtsbemühen; eifrige Mittelstufenschülerinnen erzählten ihren Pfarrern von dem, was die neue »Reli«-Lehrerin da trieb; drei Pfarrer schrieben dem Superintendenten, dass mir dringend das Handwerk gelegt werden müsse, ich würde sonst Generationen von Schülerinnen den Glauben nehmen. Erneut also, auf anderem Niveau, jenes Index-Begehren des Kasseler Bischofs.

Ich hatte Glück. Der Superintendent, aus Kirchenkampf-Zeiten mit unserer Familie bestens bekannt, gab die Anschuldigungen nicht an die Kirchenleitung weiter, sondern schickte mir die Briefe zu, damit ich mich selbst mit den Pfarrern auseinandersetzen könnte. Ich habe diese Pfarrer dann besucht und immer nur die eine Frage gestellt: »Sie haben ja auch studiert, Sie wissen dasselbe wie ich, wie machen Sie es denn? Ich fange erst an, vielleicht kann ich von Ihnen lernen.« Das Argument schlug durch; zwar half mir niemand weiter, aber ich konnte fortan in Ruhe meine Arbeit tun, wurde sogar von der Vikarsvereinigung zum Vortrag gebeten.

Erst viel später las ich Freud und fand in der »Zukunft einer Illusion« den berühmten Satz, in dem er die müde »Denkschwäche« vieler Erwachsener auf religiöse Denkverbote zurückführt, die die »strahlende Intelligenz gesunder Kinder« verkümmern ließen. Was dadurch angerichtet worden ist, bis in die politischen Schicksale unseres Landes hinein, lässt sich kaum ahnen.

Zitieren möchte ich aus jenen ersten Unterrichtsjahren noch zwei Schüleräußerungen, die einer Untertertianerin, die nach etlichen Monaten Arbeit am Markusevangelium äußerte: »Ja, wenn Jott Mensch wird, da jeht er dat Risiko ein!«, nämlich dass da kein unfehlbares goldenes Buch vom Himmel gefallen ist. Und die andere einer Oberstufenschülerin, die auf meine Frage, ob es wohl besser gewesen wäre, wenn wir eine Tonfilmaufnahme vom Leben Jesu hätten, zur Antwort gab: »Dann würden wir wahrscheinlich gar nichts verstehen. So ist es ja schon durch Menschen vermittelt, die etwas verstanden haben!« Schüler, dachte ich, sind kleine Theologen, sie wissen es nur selbst noch nicht.

Bultmanns Erbe kann nicht einfach konserviert, es muss weiter entwickelt werden

Tempi passati, auch hier. Nicht nur die geschlossene Welt des alten Lohra ist vergangen; auch die Schülergenerationen sind andere geworden. Und damit stoßen wir auf eine Thematik, die bei Bultmann nicht vorkommt. Sein Erbe kann nicht einfach konserviert, es muss weiter entwickelt werden, gerade dann, wenn man seine Intention, den modernen Menschen zu erreichen, weiterhin für wichtig hält.

Was bei Bultmann fehlt, ist das Verständnis dafür oder der Einblick darein, in welchem Maße die politischen und ökonomischen Verhältnisse den Menschen prägen. Ich bekam es zu spüren, und zwar in einer Weise, die etwa ab Mitte der sechziger Jahre meine ganze bisherige Arbeitsweise in Frage stellte. Wir erlebten ja im Gefolge des sogenannten »Wirtschaftswunders« im Laufe weniger Jahre den Übergang von der Mangelwirtschaft zur Überproduktion, der in anderen Industriestaaten, vor allem in den USA, Jahrzehnte früher gelaufen war. In der Menschheitsgeschichte ein absolutes Novum: dass von allem zuviel da wäre, so dass man einschränken musste. Milchquoten und Flächenstilllegungen bei den Bauern zum Beispiel, oder aber Werbung betreiben, den Konsum auf allen Ebenen anheizen, damit das Produzierte verkauft werden könne, das hatte es noch nie gegeben. Irgendwo hatte ich einmal gelesen, dass im 19. Jahrhundert ein Düsseldorfer Kaufmann ein Strafmandat bekam, als er sein Ladengeschäft mit einem Schaufenster versehen hatte; das könne die Leute dazu verleiten, Dinge zu kaufen, die sie eigentlich nicht brauchten, und so die wünschenswerte Bescheidenheit in der Bevölkerung untergraben. Man braucht es nur zu zitieren, um die Wendung um 180 Grad zu verspüren, die sich ereignet hat. Heute ist, seit nun bald drei Jahrzehnten, Konsum die erste Bürgerpflicht, wenn die DM rollen soll. Das Neueste ist nun, dass viele ihn sich nicht mehr leisten können, weil die Produktivität inzwischen so gestiegen ist, dass die Massen arbeitslos werden und ihre Kaufkraft zurückgeht. Zu welchem Crash des Systems das führen kann, das wissen wir noch nicht.

Was wir aber wissen und täglich vor Augen sehen, das ist die Mentalitätsveränderung, die diese Entwicklung mit sich gebracht hat. In der US-amerikanischen Soziologie ist sie bei David Riesman schon 1950 als Übergang vom innen- zum außengelenkten Sozialcharakter beschrieben worden. Wem die Werbung täglich predigt, was man alles haben müsse, oder was man alles erleben müsse, um dazuzugehören, nicht »out« zu sein, der fängt in irgendeinem Grade an, sich davon bestimmen zu lassen. Der Glaube kommt nun einmal aus der Predigt.

Selbstverständlich hat diese Entwicklung nicht nur Schattenseiten. Günter Gaus hat vor Jahren in seinem Buch »Die Welt der Westdeutschen« auch anklingen lassen, aus wie viel Dumpfheit und Spießigkeit sie viele Menschen befreit hat. Und dennoch: wo das Interesse hauptsächlich auf Haben, Erlebnis und Im-Trendliegen gerichtet ist, da entstehen auch Defizite, gefährliche unter Umständen. Erich Fromm beschreibt sie als die Entstehung einer inneren Leere, da ja alles Wichtige außen zu liegen scheint. Für die Religion bedeutet das, dass die Frage nach ihrer Wahrheit nicht mehr das Wichtigste ist. Sie muss Erlebnis sein, »Spaß bringen«; warum sind die Kirchentage von jungen Menschen überflutet?

Ich habe meine Giessener Abschiedsvorlesung vor sechs Jahren dem Problem des Absterbens der Wahrheitsfrage gewidmet und dabei ein Schlüsselerlebnis erwähnt, das mich nach fünfzehn oder zwanzig Jahren erfolgreicher Arbeit im Religionsunterricht wie ein Blitz getroffen hat. Wenn eine Schülerin auf der Höhe ihrer Pubertätsjahre, in denen früher vor allem kritisch angefragt wurde, gelangweilt meint, über das Problem der Existenz Gottes brauchten wir doch nicht zu reden, »im Westen glauben wir doch nun mal an Gott«, dann haut einen das um, wenn ich mich mal so salopp ausdrücken darf.

Der »natürliche Mensch«, von dem Bultmann redet, ist eine Abstraktion. Mag ja sein, wie man es in der Kirche immer wieder einmal hören kann, dass der Mensch »letzten Endes immer derselbe« sei; aber bei diesem »letzten Ende« kommen wir nicht an. »Vorletzten Endes« aber sind die Menschen, die wir vor uns haben und die wir selber sind, geprägt durch die gesellschaftlichen Verhältnisse. Die Aufbauzeit der Industriegesellschaft hat den innengelenkten Menschen hervorgebracht, der von festen Prinzipien geleitet ist – zu denen auch das Wahrheitspathos der historisch-kritischen Forschung gehört, jenes »schmerzliche Ringen um die Wahrheit«, das Albert Schweizer in seiner »Geschichte der Leben-Jesu-Forschung« so einfühlend beschrieben hat. Die Überproduktions-Gesellschaft braucht und prägt den außengelenkten Menschen. David Riesman, der diese Begriffe geschaffen hat, streift gelegentlich das Dilemma einer innengelenkten Lehrerin vor einer außengelenkten Klasse; das war und wurde seit Mitte der sechziger Jahre immer mehr meine Situation. Immer setzte ich etwas voraus oder wollte an etwas appellieren, was bei den Schülerinnen im früheren Maße gar nicht mehr da war. Meine ratlose Frage an meinen Vater, der ja immerhin ein Mediziner war, ob es sein könne, dass die Menschheit sich psychologisch verändere, fand keine Antwort – und zeigt als Frage die ganze Ahnungslosigkeit, in der ich lebte.

Gerettet hat mich Dorothee Sölle

Gerettet hat mich damals eine meiner Schülerinnen der ersten Stunde, Dorothee Sölle. Wir fingen an, in einer kleineren Gruppe psychologische und sozialwissenschaftliche Literatur zu lesen, völliges Neuland für die Bultmann-Schülerin. 1971 schrieb Dorothee Sölle dann die »Politische Theologie«, Untertitel »Auseinandersetzung mit Rudolf Bultmann«.

Sie zeigt darin auf, dass historische Kritik sich selbst untreu wird, wenn sie – ich zitiere – »zwar die vergangenen Texte historisch-kritischer Betrachtung unterwirft, nicht aber die eigene Gegenwart und ihre Fragestellungen historisch in ihrem Gewordensein, in ihrer Abhängigkeit von sozialen und psychologischen Faktoren reflektiert. ... Vertreter der historisch-kritischen Methode neigen dazu, die Deformation des christlichen Glaubens durch die christliche Geschichte zu übersehen.« Mit anderen Worten: Von der Entmythologisierung – Befreiung der biblischen Botschaft von mythischen Weltbildern – muss zur Ideologiekritik vorangeschritten werden. Nicht nur die mythologischen Elemente sind es, die interpretiert werden müssen, sondern die scheinbar so viel leichter verständlichen nichtmythologischen, die durchtränkt sind vom Vorverständnis, den Vorurteilen der bürgerlichen Gesellschaft, müssen von eben diesen Vorurteilen befreit werden. Noch einmal Dorothee Sölle: »Auch wer den 'solus Christus' verkündigen will, kann den 'Christus in ecclesia corruptus' nicht übersehen.« Der Weg führt von der existentialen zur politischen Theologie.

Dem Meister hat dieses Buch nicht eingeleuchtet; als ich den alten Herrn besuchte, gab er seinem Unmut deutlich Ausdruck, und er hat der Verfasserin auch einen langen Brief geschrieben, lesbar trotz seiner damals schon weitgehenden Blindheit. Die hohe Diszipliniertheit Bultmanns, die man oft gerühmt hat, zeigte sich auch hier. Eine kostbare Reliquie. Dass aber seine Ahnungslosigkeit in gesellschaftlichen Fragen noch größer war als meine – ich arbeitete damals bereits einige Jahre beim Politischen Nachtgebet mit und hatte schon viel gelernt –, das zeigte sein Satz im Gespräch: »Ich weiß gar nicht, was Frau Sölle will; wenn der Bananenpflücker in Guatemala sich unterbezahlt vorkommt, dann kann er doch den Rechtsweg gehen!« Weltfremdheit des deutschen Professors, dem fast neunzigjährigen nicht anzulasten, aber als Symptom – politisch schlimm.

Und doch ist Dorothee Sölles Buch eine Folge der Bultmannschen Lebensarbeit. Ohne Entmythologisierung, ohne Bruch mit supranaturalistischen Restbeständen in Exegese und Systematik wäre der Schritt zur politischen Theologie nicht möglich gewesen. Die existentiale Interpretation war Voraussetzung der politischen. Bultmanns Erbe gehört ja nicht nur denen, die es anwenden, sondern erst recht denen, die von da aus weiterarbeiten.

Für den Religionsunterricht bedeutete dies alles natürlich, dass ich gewissermaßen noch einmal von vorn anfangen musste. Freilich gab es noch Schülerinnen, die, wie ich selbst zuvor, die alten Fragen stellten, »innengelenkt« mit Riesmans Terminus. (Dieser darf übrigens nicht mit innerer Selbständigkeit gleichgesetzt werden. Innenlenkung bedeutet: Lenkung durch eingebaute Prinzipien – die sich bei grundlegend veränderten Verhältnissen eben manchmal nicht mehr brauchen lassen. »Selbständigkeit« bedeutet, dann umlernen zu können – oder auch bewusst nicht umlernen wollen und sich der weiteren Mitarbeit versagen; dafür hat Riesman den Terminus »Autonomie«.) Mehr und mehr aber dominierte der außengelenkte Charakter, trendorientiert, erlebnisorientiert.

»Gehorsam ist des Christen Schmuck«

Was mich betrifft, so wurde mir bei meinen neuen Studien klar, dass ich von den drei Essentials der Didaktik (Schüler, Fachwissenschaft und Gesellschaft) das dritte bisher übersehen hatte, – das freilich nicht einfach zu den beiden anderen hinzuaddiert werden kann. Vielmehr waren die Schüler ebenso wie ich selbst gesellschaftlich geprägt, ohne dass wir uns das hätten aussuchen können und lange bevor es uns bewusst wurde. Und was die Fachwissenschaft betrifft, so diente sie in ihren scheinbar apolitischen Überlegungen seit langem gesellschaftlichen Interessen und zeitigte politische Folgen, die sie nicht als solche erkannte. Der nachdenkliche Satz eines US-amerikanischen Theologen deutscher Herkunft soll dies zeigen – ich habe ihn oft zitiert: »Ich glaube, euer deutsches Luthertum hat euch sehr leidensfähig gemacht, aber nicht handlungsfähig. Mit unserem amerikanischen Calvinismus ist es eher umgekehrt.« Als ich diesen Satz hörte – es muss ungefähr ein halbes Jahrhundert her sein –, konnte ich noch gar nicht viel damit anfangen; gleichwohl beeindruckte er mich sehr; in meinem ganzen Studium hatte ich so etwas nicht gehört. Theologie als Schicksal einer ganzen Nation? Etwa mit der Wirkung, sie unfähig zu machen zum offenen Widerstand gegen Hitler? Später entdeckte ich so manches, was in diese Richtung gehörte.

Da sind, noch einmal, unsere schönen Lieder, vor allem die, die das Vertrauen zu Gott zum Inhalt haben. Eines Tages fiel mir auf, dass es sich bei ihnen immer um Vertrauen im Leiden handelt. Sicher haben sie ihren wichtigen Ort im Leben der Christen. Aber ist es denn die normale Situation des erwachsenen Menschen, sich in ausweglosen Leiden zu befinden? Und braucht man denn zum Handeln, zum Eingreifen, zum initiativ Werden etwa kein Vertrauen? Schließlich gäbe es die evangelische Kirche ja gar nicht, wenn da nicht am Anfang einer initiativ geworden wäre, von den 95 Thesen bis zum »Nein!« in Worms. Die Reformationslieder, ich habe sie erwähnt, atmen aktives Vertrauen; aber nicht sie haben die Frömmigkeit der Gemeinden geprägt, sie sind ihnen kaum bekannt. Fromme Ergebung ins Schicksal schien das richtige zu sein – bis dahin, dass nur wenige hundert Meter neben der Kasseler Gestapo-Zentrale, aus der man manches mal die Schreie der Gefolterten hören konnte, im Gemeindehaus gesungen werden konnte: »Befiehl du deine Wege.« Gibt es ein Gottvertrauen, das in Wahrheit Gotteslästerung ist?

Es gab ja in Deutschland Initiativen gegen den Terror des Staates, nicht nur konspirative wie beim Kreisauer Kreis. Es gab zum Beispiel die Frauen von der Rosenstraße in Berlin, die 1943 Tage und Nächte lang lärmten, bis ihnen Goebbels ihre jüdischen Ehemänner, die dort inhaftiert waren und in die Vernichtungslager im Osten abtransportiert werden sollten, freigab und sogar fünfzig von ihnen aus Auschwitz zurückholen ließ. Aber unsere Kirche leitete dazu nicht an, und in der Theologie war Zivilcourage kein Thema. Wie hatte Schiller gedichtet: »Mut hat auch der Mameluck, Gehorsam ist des Christen Schmuck« – und das angesichts der Bibel, von den Propheten über den Protest der Psalmen bis zu Jesu Gleichnissen vom unverschämten Freund und der unverschämten Witwe, die den ungerechten Richter bedrängt, bis er nachgibt. – Noch eine meiner Giessener Studentinnen meinte, das sei doch ein ungehöriges Betragen.

Eine besonders hübsche Entdeckung machte ich in einem Buch von U. Leupold mit dem harmlosen Titel »Die Liturgischen Gesänge der evangelischen

Kirche im Zeitalter der Aufklärung und der Romantik«, Bärenreiter-Verlag. Im Zuge der Agenden-Reform schreibt Friedrich Wilhelm III., König von Preußen und Bischof der evangelischen Kirche in Preußen, im Jahre 1824, er beabsichtige, in seinen Gemeinden pflichtmäßig Kirchenmusik einzuführen; jede Gemeinde müsse einen Musiker einstellen oder, wenn sie dazu zu arm sei, jedenfalls einen Lehrer, der die Orgel spielen und einen Chor leiten könne, um so, und nun O-Ton des Königs: »die Gemeindemitglieder an den Gottesdienst zu fesseln, den Zusammenhang mit der Kirche zu stärken und so allen revolutionären und gefährlichen Gedanken von vornherein das Wasser abzugraben.« Weiß Gott, das ist gelungen! Bis in die zwanziger Jahre unseres Jahrhunderts hinein blieb Demokratie ein verfemtes Projekt, Demokrat ein Schimpfwort in der Kirche; die Folgen mussten wir erleben.

In den Jahren, in denen wir uns dies klarzumachen begannen, wurde von schulamtlicher Seite das neue Konzept des »problemorientierten Religionsunterrichtes« vorangetrieben. Ich fand mich in vier Richtlinien-Kommissionen – darunter die für die Kollegschule – wieder. Gut gemeint alles, aber gut vorbereitet waren wir nicht. Woher hätten auch die theologisch ausgebildeten Religionslehrerinnen mit einem Mal die Kenntnisse haben sollen, die zur Einsicht in politische und ökonomische Verhältnisse befähigt hätten? Und woher eine gediegene theologische Verarbeitung solcher Einsichten – wenn doch die uns geläufige Universitäts-Theologie nicht einmal die internen Probleme der Kirche, z.B. die theologische Bedeutung der Institution Kirche als solche, die es im Neuen Testament ja nicht gibt, als Aufgabe gesehen hatte? Ich war noch mit am besten dran, weil ich durch die Arbeit beim Politischen Nachtgebet vieles gelernt und anschließend gelesen hatte; z.B. begegnete man der weit besseren Verarbeitung gesellschaftlicher Probleme in der politischen Theologie katholischer Prägung. Für eigenes Unterrichten, gar für Richtlinien-Entwürfe reichte das aber eigentlich nicht. Die richtige Lösung des Problems wäre Team-Teaching gewesen, bei dem Theologen und Politologen gemeinsam hätten Unterricht bestreiten können. Was bedeutete z.B. die elende Harmonie-Versessenheit der Theologen, die an einem Harmonie-Modell der Gesellschaft, unklar gedacht, festhielten – statt zu sehen, dass es objektiv vorhandene Interessengegensätze gibt und dass Methoden entwickelt werden müssen, diese fair zu regeln? Was wussten wir davon?

Nun, ich habe dann problemorientierten Unterricht gegeben, auf Gebieten, auf denen ich mich inzwischen sicherer fühlte und in Rücksprache mit den Freunden. Zu Hilfe konnte einem die Kirchengeschichte kommen, die immer wieder zeigt, wie aus neuen Bewegungen, angefangen vom Urchristentum, aber auch in der Frühzeit der Reformation, Institutionen wurden, unvermeidbar und mit den speziellen Gefahren einer Institution, bei der dann leicht die Tendenz zu deren Selbstbehauptung wichtiger wird als die Sache, für die sie da war. »Meine Aufgabe ist es, den Laden zusammenzuhalten, nichts sonst«, hat mir der Ratsvorsitzende der EKD, Bischof Kruse, einmal auf einen Brief hin geschrieben. Und da ich selbst in die kirchliche Institution involviert war, in Presbyterium und Kreissynodalvorstand, hatte ich Gelegenheit zu beobachten, wie eine solche Institution wieder verflüssigt werden kann, indem der Stadtsuperintendent eine strittige Frage, die zur Zerreißprobe hätte werden können, an Gesprächskreise weitergab, ähnlich den »runden Tischen« der DDR, in denen die verschiedenen Meinungen eine ganze Weile diskutiert werden konnten, ehe es dann zur Abstimmung kam. Sehr viele aber in der kirchlichen Hierarchie haben keine Ahnung weder von einer Theologie noch von einer Dämonologie der Institution; sie wäre dringend zu entwickeln und in die Ausbildung zu integrieren.

Mit Bultmann, den ich in Abständen immer einmal wieder besuchte, konnte man gut über solche Fragen reden; er interessierte sich dafür. Schon in der Studienzeit hatte er an einem unserer Tee-Abende einmal geäußert, mit Blick auf die größere Standfestigkeit vieler Katholiken, es gäbe nicht nur eine persönliche Sittlichkeit, sondern auch eine objektive Sitte, die hilfreich sein könne. Der engstirnige Individualismus, der ihm manchmal nachgesagt wird, war nicht seine Sache; er war offen für alles, wusste freilich gut zu unterscheiden, was sein Sachgebiet war – und was nicht.

offene Fragen

Für mich kristallisierte sich immer stärker heraus, welchen Fragen ich in der didaktischen Forschung nachgehen wollte und musste. Da war einmal die Wirkungsgeschichte von Kirche und Religionsunterricht, speziell die Mentalitätsprägung und deren politische Folgen im Bereich des deutschen Luthertums; die Frage danach also, welche Theologie »unten« lebt, die Gemeindefrömmigkeit prägt, und wie diese Theologie sich zu der messianischen Grundstruktur der Bibel verhält, die mich selbst ja in Kirche und Theologie hineingelockt hatte. Dass dieser Frage, trotz vielen Lesens, nicht einsam am Schreibtisch nachgegangen werden sollte, sondern im ständigen intensiven Austausch mit Lehrern, Pfarrern, Studierenden, war klar: schließlich wollte ich ja nicht nur Bescheid wissen, sondern etwas bewirken. Eine Zeitlang erwog ich, mir noch empirische Forschungsmethoden anzueignen, verwarf dies dann aber, als ich mich in Ergebnisse solcher Forschungen vertiefte; wer hermeneutisch fragt, kann mit diesen meist nicht zufrieden sein – es sei denn, man geriete an einen Meister, wie Pierre Bourdieu. Meine methodische Entscheidung, das – was mir aufgrund von Literaturstudien und reichlichem Basiskontakt symptomatisch erscheint – als Diskussionsbeitrag in die Religionspädagogik einzubringen, habe ich gelegentlich dargelegt, und das Echo zeigte mir, dass sie ganz falsch nicht sein konnte. Ferner ging es und geht es darum, moderne anthropologische Erkenntnisse, seien sie individual- oder sozialpsychologischer Art, theologisch zu durchdringen und nach ihren inhärenten Voraussetzungen zu befragen, – umso weder zeitlos-ahnungslos zu bleiben noch jenen neueren Erkenntnissen blind die Herrschaft zu überlassen. Auch dies muss natürlich im intensiven Kontakt mit der Basis geschehen, zum Beispiel auf zahlreichen Lehrer- und Pfarrertagungen und durch Publikation in Zeitschriften, die von Mitwirkenden gelesen werden. Wer abhebt, kann nichts mehr verändern.

Seit 1972 war ich dann im Bundesland Hessen tätig, als Professorin für Didaktik des Religionsunterrichtes auf dem neugegründeten Lehrstuhl an der Justus-Liebig-Universität in Gießen. Eine ganz andere Schulgeschichte seit dem Krieg, Koedukation längst selbstverständlich, Gesamtschulen beider Typen verbreitet, Religion als Schulfach und als Öffentlichkeitsfaktor weit weniger wichtig; zwei Landeskirchen sehr verschiedener Prägung, in der einen von ihnen war die Ordination auf »Barmen« nicht bekannt. Was war mit den Studierenden?

Ich bat sie, im Orientierungsprojekt der Erstsemester zu notieren, was sie sich als Sinn und Zweck schulischen Religionsunterrichtes vorstellen könnten. Dabei stellten sich stets zwei Gruppen heraus: die eine wollte »Jesus verkündigen«. Die gesamten 18 Jahre über blieb dies ein fester Bestand. Nicht so bei der anderen, da wechselte es: in den ersten Jahren dominierte der Begriff der Kritik – es war auslaufende Studentenbewegungszeit: Bibelkritik, Kirchenkritik, Gesellschaftskritik, Religionskritik wurden genannt. Zehn Jahre später verschwand dieser Begriff vollständig; an seine Stelle trat Atmosphärisches: ein Fach ohne Leistungsdruck, Spiel – Spaß – Freude, eine Stunde, in der man frei war, sich zu unterhalten, über was immer man wollte. Ich nahm mir vor, auf jeden Fall bibel-didaktische und kirchengeschichts-didaktische Themen mit anzubieten; ein gewisser Bestand an Wissen schadet dem Lehrer ja nicht, und schließlich ist es von jeder Thematik her möglich, zu grundlegenden Einsichten und methoden-kritischen Überlegungen vorzudringen. Was mich frappierte, war die weitgehende, fast durchgängige Unkenntnis historisch-kritischer Arbeitsmethoden und Arbeitsergebnisse, und das nach dreizehn Jahren Religionsunterricht. All die uralten Probleme, Evolutionslehre und Schöpfungsbericht im Alten, Entstehung der Evangelien im Neuen Testament waren normalerweise unaufgearbeitet. Man musste in dieser Hinsicht so viel nachholen, dass ich mich manchmal gefragt habe, wo denn der theologische Eros der Religionslehrer sei. Ausnahmen bestätigen natürlich die Regel. Was einen selbst begeistert, das muss man doch als Lehrerin gern weitergeben wollen?

Oder kommt das Erbe Bultmanns an die Studierenden nicht mehr so heran, dass sie sich dafür begeistern können?

Das wäre dann eine Rückfrage an uns, die ersten Adressaten, an die Universität.

»Wo 1000 Blumen blühen« (2000)

Nicht nur die Gefahren, die die Menschen bedrohen, müssen benannt werden. Mindestens ebenso wichtig sind Geschichten die davon erzählen, was gelungen ist und wie es gelungen ist. Sie geben angesichts der großen ungelösten Probleme die notwendige Kraft und den Mut, sich für Veränderungen einzusetzen und die Hoffnung nicht zu verlieren. Marie Veit, emeritierte Theologieprofessorin in Marburg, hat zum Jahreswechsel Geschichten aufgeschrieben, die den Blick auf das lenken, was möglich ist.

Das neue Jahr – was bringt es uns? Was nehmen wir mit, und was erwartet uns? Vor allem ungelöste Aufgaben, große ungelöste Aufgaben: Schutz unserer Umwelt, Schutz und Lebensmöglichkeiten für die Schwächsten, die Kinder vor allem, die jungen Frauen in der Welt, die vielen Alten, die Flüchtlinge. Verzicht auf die Kriege, die Profit bringen sollen, aber auch Ersatzbefriedigungen wie nationalistischen Ruhm, die nur kurzlebige Siege sind und die Hunderttausende das Leben kosten.

Es ist jetzt dreizehn Jahre her, dass der Ökumenische Rat der Kirchen zum Konziliaren Prozess für Gerechtigkeit, Frieden und die Bewahrung der Schöpfung aufgerufen hat; die Aufgaben liegen alle noch vor uns. Vieles wäre möglich, und einiges ist auch erreicht. An der Basis »blühen 1000 Blumen«. Wir sollten sie nicht übersehen, die vielen Initiativen, einige schon viel älter als jener Aufruf, die sich einer oder mehrerer der großen Aufgaben annehmen und sie anpacken – deren Bittbriefe uns fast täglich erreichen und die schon so manchen Erfolg erzielt haben. Natürlich ist es viel zu wenig, aufs Ganze gesehen, aber für ein paar Tausend Lagerkinder im ehemaligen Jugoslawien, die nach Jahren einmal herauskamen und auf einer der schönen Adriainseln Ferien machen konnten – dank der Initiative des Komitees für die Grundrechte und der Spendenbereitschaft einiger Dutzend Bürger –, für sie war es viel, sehr viel. »Ich habe nicht gewusst, dass Frieden so schön ist«, sagte ein Zwölfjähriger.

Ebenso ist es ein Erfolg, dass Tausende früherer Kindersklaven aus der indischen und nepalesischen Teppichindustrie jetzt dank UNICEF und anderer Initiativen zur Schule gehen können. Ein Erfolg auch, dass Blinden in Bangladesch durch eine einfache Operation die Augen geöffnet werden konnten, dank der Andheri-Hilfe in Bonn. Ein Erfolg schließlich, dass Gefangene durch Amnesty international nach Jahren der Qual die Freiheit wieder bekamen – für sie und viele andere ist dieses Wenige viel, sehr viel. Jeder und jede hat von ihnen ist ein einmaliger Mensch.

Wir sollten nicht übersehen: Die Initiativen kommen von unten. Das bedeutet, dass nicht nur jene Menschen Hilfe erfahren haben, für die die Arbeit geschah, sondern auch die sind vorwärtsgekommen, die sie getan haben und tun. Sie haben erfahren und erfahren immer wieder, was Menschen erreichen können, die sich zusammentun und gemeinsam etwas versuchen, was dringend getan werden muss, aber von »oben«, von den Regierungen und Konzernen für nebensächlich gehalten wurde und wird.

In den Jahren des so genannten »Realsozialismus« war viel vom »neuen Menschen« die Rede, der entstehen müsse, wenn die Zukunft für alle besser werden solle. Hier, in diesen Initiativen, kann er/sie ein Stück weit zum neuen Menschen werden. Dieser neue Mensch entsteht ja nicht durch Diktat oder Indoktrination, auch nicht wie von selbst durch neue objektive Gegebenheiten, er muss aus Erfahrung erwachsen: Erfahrung von Anfeindung und Verdächtigungen und deren gemeinsame Verarbeitung, von unablässigem Bemühen, Freunde und Mitstreiter zu finden, von ersten Erfolgen, vom Aufmerksamwerden anderer, die hinzukommen. Man lernt die eigenen Kräfte kennen, die beim bloßen Funktionieren in vorgegebenen Bahnen brachgelegen hatten. Man bekommt mehr Mut, lernt zu reden und zu argumentieren, erfährt die Freuden und Belastungen eigenen Tuns und Auswertens und neuen Planens.

Initiativen sind am erfolgreichsten, wenn sie »von unten« kommen

Ein sehr schönes Beispiel las ich in Envio, einer Zeitschrift aus Nicaragua: Bürgermeister im Süden des Landes, die der sandinistischen Erneuerungsbewegung angehören, hatten kaum Geld, um ihre Städte voranzubringen. Sie kamen gemeinsam auf den Gedanken, die Bürger in den einzelnen Stadtvierteln zusammenzubringen und mit ihnen zu überlegen, was dringend geschehen müsse (Trinkwasserversorgung, Pflastern der Straßen, Einrichtungen von Sportmöglichkeiten für die Jugend!) und was sie selbst in die Hand nehmen könnten. Die Lust am Tun erwachte, gemeinsam wurden Rohre gelegt und Flächen planiert. Nach zwei Jahren waren die Städte nicht wieder zu erkennen. Für das Wenige, was die Bürger nicht selbst schaffen konnten, wofür sie Werkzeuge und Materialien brauchten, konnten die verbliebenen Solidaritätsbewegungen angesprochen werden. Und was das Beste ist: Vor allem von den jungen Bürgern kamen immer mehr Ideen, was noch geschehen müsste. Die sprichwörtliche Gleichgültigkeit so vieler Nicaraguaner war wie weggeblasen von den neuen Erfahrungen.

Das Gegenbild: Noch zu Titos Zeit konnte ich mit einer Gruppe von Freunden nach Slowenien fahren, um die dortige Form des Staatssozialismus kennen zu lernen. Gespräche mit dem Bürgermeister von Maribor und dem Ministerpräsidenten in Ljubljana zeigten mir, wie gut durchdacht das System war, aber, so der Ministerpräsident: »Woran es fehlt, das ist das sozialistische Bewusstsein der Menschen. Sie unterlaufen das System, suchen privaten Vorteil, hintergehen den Staat, anstatt zusammenzuarbeiten und unsere Wirtschaft aufzubauen.« Die Ideale, von oben auferlegt, waren nicht ins Innere der Menschen vorgedrungen, und deshalb waren sie nicht wirksam umzusetzen.

Die bange Frage an uns lautet: Sind die demokratischen Ideale wirklich in den Menschen angekommen? Sind wir von der Sozialpflichtigkeit des Eigentums, unserem Grundgesetz, so überzeugt?

Einige ja: Wir sehen es. Es müssen mehr werden, und es können auch mehr werden. Die Massen, die sich in der Friedensbewegung engagiert haben, die kleineren, aber immer noch beachtlichen Massen, die gegen die Castor-Transporte protestiert haben – ahnungsvoll, wie sich jetzt für alle zeigt – der Zuspruch zu den Weltläden und die hohen Spendenaufkommen für Brot für die Welt zeigen, dass eine weit verbreitete Bereitschaft da ist, für mehr Gerechtigkeit gegenüber den Ländern des Südens einzutreten. Die noch junge Aktion »Clean Clothes Campaign« (»Saubere Kleidung«), die auf den kommerziellen Missbrauch vieler Altkleideraktionen aufmerksam macht, durch deren Export die einheimische Textilindustrie besonders Afrikas zerstört wird, die die katastrophalen Arbeitsbedingungen in den Textilfabriken anprangert, die für den internationalen Markt produzieren, und Alternativen aufzeigt, beweist, dass es weitergeht, wenn wir einmal auf etwas aufmerksam geworden sind.

Wir brauchen einen langen Atem

Was Not tut, ist der lange Atem. Dazu fällte mir eine Passage aus Michael Endes »Momo« ein, in der der Straßenkehrer spricht: »Manchmal hat man eine lange Straße vor sich. Man denkt, die ist so schrecklich lang, das kann man niemals schaffen… Und dann fängt man an, sich zu eilen. Und man eilt sich immer mehr. Jedes Mal, wenn man aufblickt, sieht man, dass es gar nicht weniger wird, was noch vor einem liegt. Und man strengt sich noch mehr an, man kriegt es mit der Angst und zum Schluss ist man ganz außer Puste und kann nicht mehr. Und die Straße liegt immer noch vor einem. So darf man es nicht machen… Man darf nie an die ganze Straße auf einmal denken, verstehst du? Man muss nur an den nächsten Schritt denken, an den nächsten Atemzug, an den nächsten Besenstrich. Und immer wieder nur an den nächsten… Dann macht es Freude, das ist wichtig, dann macht man seine Sache gut. Und so soll es sein… Auf einmal merkt man, dass man Schritt für Schritt die ganze Straße gemacht hat. Man hat gar nicht gemerkt wie, und man ist nicht außer Puste. Das ist wichtig.«

Gibt es schon solche langen Straßen, die hinter uns liegen? Aber ja. Denkt jemand noch an Wackersdorf, wo sich eine ganze Provinz erhob, um die geplante Wiederaufarbeitungsanlage der Atomindustrie zu verhindern? Und an Wyhl, wo ein AKW nicht gebaut werden konnte? An Mülheim-Kärlich, wo der Betrieb verhindert wurde, weil ein Rentner um der Gesundheit seiner Enkel willen geklagt hatte und Mitstreiter fand? Oder an die – anfangs verfemte

– Fraueninitiative »Kauft keine Früchte aus Südafrika«, die dazu beitrug, die Apartheid zu stürzen?

Erzählen, was bereits gelungen ist

Jede und jeder, die sich im Konziliaren Prozess engagieren, kann von großen oder kleinen Erfolgen berichten. Und das müssen wir tun. Nicht nur die Gefahren, die uns bedrohen, müssen benannt werden, samt der Blindheit und Verstocktheit der Mächtigen, die nur an kurzfristige Profite denken. Es muss auch und vor allem weitererzählt werden, was gelungen ist, eine Erzählkultur »von unten«, von denen, die an der Zukunft arbeiten, muss entstehen oder vielmehr weiterentwickelt werden, denn es gibt sie ja schon. In den Mitteilungen, die die Initiativen herausgeben, wird vieles berichtet, was Mut macht. Freilich kommt jedem Interessierten allzu viel Lesestoff ins Haus – der nicht zu bewältigen ist. Aber vielleicht können wir uns ein Gebiet oder eine Initiative heraussuchen, deren Mitteilungen wir lesen und weitererzählen wollen?

Manchmal dringen diese Initiativen, Nichtregierungsorganisationen genannt, sogar bis »oben« durch. Amnesty international hat Beraterstatus bei den Vereinten Nationen; der Chef der Weltbank empfing Umweltschutzorganisationen. Mahatma Gandhis Satz gilt, dass jeder Mensch, also auch »die da oben«, eine Vernunft und ein Gewissen haben, das man ansprechen könnte – auch wenn Gandhis Brief an Hitler zur Kriegsverhinderung ohne Wirkung blieb.

»Die da oben« nicht rechts liegenlassen

Ich plädiere für eine »Seelsorge von unten«. Man hat oft den Eindruck, dass die Entscheidungsträger in Wirtschaft, Staat und Kirche so weit von der Basis, also von den täglichen Erfahrungen der ganz normalen Menschen, entfernt sind, dass ihnen gar nicht deutlich ist, was sie bewirken. Wir müssen uns bemerkbar machen, mit klarer, anschaulich begründeter Kritik, aber auch mit Lob, wenn Verantwortliche in die richtige Richtung agiert haben. Als ich mich bei einem hohen Kirchenamt in einem Brief dafür bedankte, dass er öffentlich sehr deutlich die Ausländerhetze der Politiker kritisiert hatte, antwortete dieser Kirchenobere so erfreut, dass ich ganz beschämt war. Jedenfalls gilt: Wenn wir Lobby sein wollen für die Zukunft aller, für Gerechtigkeit, Frieden und Bewahrung der Schöpfung, dann dürfen wir »die oben« nicht einfach rechts liegen lassen. Und unsere Kritik sowie auch, manchmal, unser Lob müssen öffentlich werden, damit die Lobby immer größer wird.

Und vergessen wir auch das nicht: Technik und Naturwissenschaft, die unsere Welt mit ihren sich überstürzenden Entdeckungen und Erfindungen bedrohen, können auch zur Rettung beitragen. Wer weiß, vielleicht ist ja der künftige Nobelpreisträger schon geboren, oder hat gar schon sein Abitur, der etwas erfindet, um die Ozonschicht wiederherzustellen. Schließlich waren es zwei Forscher, die den großen Atomkrieg verhindert haben, indem sie den »nuklearen Winter« berechneten, der die ganze nördliche Erdhalbkugel heimsuchen und alle dort Lebenden verhungern lassen würde, wenn die Sonne ein halbes Jahrhundert nicht mehr durchdringen könnte, wegen der bis in die Stratosphäre aufgewirbelten Erde und Rußwolken, wenn ganz Europa in Brand gestanden hätte.

Es gibt Lösungen, ganz unerwartete manchmal, Resignation muss nicht sein, und sie darf auch nicht sein. Denn was wir mitbringen ins neue Jahr, das sind vor allem wir selbst, Menschen, die viel mehr können als sie manchmal denken, und die Erfahrungen derer, die schon an der Arbeit sind.

Predigt zu 1. Mose 2, 4 ff (Ohne Datum)

Die Geschichte, die wir da eben gehört haben, ist den meisten von uns seit Kindertagen vertraut. Es ist eine wunderbare Geschichte, wie ich meine, die einen von Neuem völlig gefangen nimmt, wenn man sich tiefer auf sie einlässt. Mir fiel beim Nachdenken darüber einer meiner akademischen Lehrer (Ernst Fuchs) ein, der auf die Frage, warum nur gerade das Christentum die wahre Religion sein solle, zur Antwort gab: »Weil keine andere Religion so schöne Geschichten hat.« Was stimmt, soviel ich mich auskenne. Die Geschichten der Bibel haben alle ganz dicht mit dem Menschen, der Erde, der Welt, der Geschichte zu tun; sie spielen sich nicht in irgendwelchen Über- oder Hinterwelten bei mythischen Drachen und Fabelwesen ab. Aber sie schildern das Leben der Menschen auch nicht einfach so ab, sondern eröffnen, in ihrer einfachen Sprache, immer neue, überraschende Perspektiven. Es weht Zukunft herein, möchte man sagen.

Überlassen wir uns also dieser Geschichte. Was erzählt sie uns? Gott der Herr will Leben schaffen. Die Erde ist da, gewissermaßen erwartungsvoll bereit (sie wird befeuchtet, von einem Nebel, wie Luther übersetzt, von aufsteigendem Grundwasser, wie andere die hebräische Vokabel wiedergeben); es könnte etwas wachsen, aber noch ist nichts da, kein Steppenbusch, kein Kraut auf dem Feld. Da fängt Gott an, und womit fängt er an? Mit dem Menschen. Ausgerechnet. (Die andere Schöpfungsgeschichte, in Kap. 1 der Bibel, erzählt es anders; da kommt der Mensch zuletzt, als krönender Abschluss der Schöpfung. Auch das hat seinen Sinn. Aber heute folgen wir dieser, der noch viel älteren Geschichte.)

Also, mit dem Menschen fängt Gott an. Er hat gefehlt, damit etwas gedeihen sollte auf Erden; »es war kein Mensch da, der das Land bebaute«, heißt es zur Erklärung der noch unbewachsenen Erde am Anfang der Erzählung. Und am Ende des ersten Abschnitts, als dann der Mensch geschaffen und der Garten für ihn gepflanzt worden ist, heißt es, dass dieser Mensch den Garten Gottes bebauen und bewahren sollte.

Gott schafft sich also als erstes den Funktionsträger, der weiterhin auf Erden für das Lebendige sorgen soll. Und dieser Funktionsträger ist – ein Mensch. Er ist selbst ein lebendiges Wesen. Und wie er lebt! Gut zu essen findet er in seinem Garten, das wird ausdrücklich betont; Wasser, die größte Kostbarkeit in jener Zeit, ist so reichlich vorhanden, dass es vom Garten aus in den 4 mächtigen Strömen die ganze Erde tränkt; Gespielen und Hilfskräfte hat er, die folgenden Verse erzählen, wie Gott ihm die Tiere erschafft und sie ihm zuführt; und als dann noch die Frau erscheint, sein »Gegenüber«, da bricht er, wie der hebräische Text erkennen lässt, in »Bräutigamsjubel« aus (so ein Ausleger). Schmausen und Trinken, Arbeit und Spiel und das Glück der erotischen Liebe – alles ist da, er lebt, der Mensch.

Es gibt im Alten, auch im Neuen Testament noch manche Stellen, die das Glück des Lebendigseins beschreiben, die Lilien auf dem Felde in der Bergpredigt, die herrlicher gekleidet sind als Salomo, die Fülle der lebensfrohen Geschöpfe in Psalm 104, die Vögel am Bach, die jungen Löwen, die in der Nacht ihre »Speise suchen von Gott«, die großen Fische, die Gott gemacht hat, damit auch er etwas zum Spielen habe… Immer ist dann auch vom lebendigen Anteil des Menschen die Rede. Das Lebendigsein wird in unserer Geschichte ausdrücklich betont. Es heißt nicht einfach, dass Gott den Menschen machte, sondern es wird beschrieben, wie er ihm erst aus Erde seine Gestalt formt (die Alten wussten, dass der Körper nach dem Tode zu Erde zerfällt, und so bestand er für sie auch aus Erde), und wie er ihm dann den »Odem des Lebens« in die Nase blies; »und so wurde der Mensch ein lebendiges Wesen«. So fing die Schöpfung an.

Wir stellen es uns ja heute ganz anders vor: Das Leben auf der Erde, die Bewegungen der Himmelskörper, das ganze erstaunliche All: in Gang gehalten durch ein System von Regeln und Gesetzen, die ineinander greifen wie die Einzelteile einer kunstvoll gebauten riesigen Maschine. Alles funktioniert, berechenbar vieles davon, weil es so gut ineinander greift: die Wärme, das Licht und die leichte Radioaktivität, die von der Sonne her zu uns kommt, lässt die Pflanzen wachsen, das Wasser der Ozeane verdunsten, erzeugt Wolken, die sich wieder abregnen und so die Pflanzen tränken; vor dem allzu vielen Sonnenlicht schützt die Ozonschicht – usw.

Alles funktioniert wie von selbst, und das Entbehrlichste von allem scheint der Mensch zu sein. Im Gegenteil, er stört. Es würde alles sehr viel glatter, sehr viel reibungsloser laufen, wenn der Mensch nicht eingriffe. Wir können uns heute gut vorstellen, dass die außermenschliche Natur, wenn sie nur reden könnte, den Menschen verwünschen, wegwünschen würde. Der Mensch wird für das Ganze nicht gebraucht.

In unserer Geschichte ist es gerade umgekehrt. Der Mensch, der da zuerst geschaffen wird, ist offenbar des Wichtigste von allem. Und er hat eines vor allen anderen lebendigen Wesen voraus: er ist gewissermaßen noch lebendiger als sie, denn er kann wählen, was er tun will. Der Baum der Erkenntnis des Guten und Bösen steht dafür. Wo menschliches Leben ist, da sind auch Entscheidungen. Freilich ist keineswegs gesagt, das zeigt der Fortgang in der Bibel, dass diese Entscheidungen immer zum Guten ausfallen.

Die trockene Bemerkung eines Kölner Schulkindes fiel mir wieder ein: »Als der Mensch erst mal da war, da war es aber für Gott mit der Ruhe vorbei.« Und sie erläuterte: »Der Mensch kann ihm ja alles durcheinander machen.« Ja, allerdings, das kann er, wir wissen es heute noch besser als jenes Kind vor etwa 30 Jahren. Eine Maschine täte das nicht. Eine Maschine, gut konstruiert und gut gepflegt, die funktioniert eben. Reibungslos. Was lebendig ist, das kann auch stören. Wo Leben ist, da ist auch Unruhe. Da läuft nicht alles glatt. Unser Leben ist heute sehr stark beherrscht vom Ideal des reibungslosen Funktionierens.

Psychiater berichten, dass ihre Patienten genau an diesem Ideal kranken: sie verlangen von sich selbst, dass sie wie eine blanke, geruchlose und gut geölte Maschine funktionieren, unterdrücken das Lebendige in sich selbst, ihre Sehnsucht nach Liebe, ihre Trauer, ihre Wünsche, ihre Angst, und werden darüber krank. Auch von anderen verlangen wir das »Funktionieren« nur zu leicht. Ich denke an die Kinderfeindlichkeit, die unserer Gesellschaft nachgesagt wird und die sich zum Beispiel darin zeigt, dass Eltern mit kleinen Kindern Mühe haben, eine Mietwohnung zu finden – die Kinder könnten ja »stören«. Natürlich tun sie das. Eltern kleiner Kinder wissen gut, dass es »mit der Ruhe vorbei ist«, wenn erst einmal ein Kind da ist. Es macht sich bemerkbar, es schreit, wenn ihm etwas nicht passt; ist es ein bisschen größer, treibt sein Forschungsdrang es dazu, alles entdecken zu wollen, wobei es sich selbst und manches andere beständig in Gefahr bringt; kann es schon selbst etwas bauen oder malen, so will es Interesse dafür, ständig kommt es einem in die Quere im Ablauf der Alltagsarbeit ....

Für uns, mit unserem Ideal des reibungslosen Funktionierens, wird der lebendige Mensch zur größten Störung. Manchmal denke ich, dass hier eines der größten Glaubenshindernisse heute liegt. Glaubenshindernisse kommen nicht aus dem Verstand; der Glaube kann mit sehr vielen Zweifeln oder ungelösten Fragen dennoch leben. Aber wenn die Grundorientierung des Lebens Gott zuwiderläuft, dann wird Glauben unmöglich.

Psychologen sagen uns, dass sich eine Vorliebe für das Nicht-Lebendige, Blanke, Glatte, Maschinelle bei uns ausbreitet. Sie nennen es »Nekrophilie«, Liebe zum Toten, »Das Auto ist des Deutschen liebstes Kind«, titelte eine Zeitschrift. Gewiss, das Auto, gut gepflegt und sachgemäß behandelt, macht sich nicht störend bemerkbar. Menschen stören: weil sie Interesse beanspruchen, Zuwendung, Aufmerksamkeit; weil sie Hilfe brauchen vielleicht im Großen wie im Kleinen, weil sie sich aussprechen wollen, weil sie einem zuschauen, einfach: weil sie da sind.

Der biblische Gott – lässt sich stören. Er ist beileibe kein in sich ruhendes, selig unstörbares ewiges Sein, wie es in der Philosophie z.T. gesehen worden ist. (Vielleicht war das eine Widerspiegelung des menschlichen Wunsches, ungestört zu bleiben?) Der biblische Gott hat das Leben gern. Denken wir daran, wie die biblischen Menschen beten! Abraham, als er hört, dass die schuldigen Städte Sodom und Gomorrha zerstört werden sollen, wirft sich dazwischen (1.Mose 18) und sucht Gott zu überreden, dass er das nur ja nicht tue. Er sagt nicht, was ihm dabei am Herzen liegt: es ist das Leben seines Pflegesohnes Lot, der dort lebt, für den er nicht direkt zu bitten wagt, weil er ja nicht weiß, ob Lot nicht auch schuldig geworden ist. So fleht er Gott an, die Städte zu verschonen, wenn 50 Gerechte in ihnen gefunden werden sollten, und als ihm das gewährt wird, handelt er herunter, auf 45, 40, 30 – bis auf 10 Gerechte. Er packt Gott an seiner Ehre (»du bist doch Richter der Welt, du kannst doch nicht Gerechte mit den Ungerechten umbringen«), er schmeichelt sich ein (»ich weiß ja, dass ich nur Erde und Asche bin«), alles, alles versucht er, um den, den er lieb hat, zu retten. – Und Gott gefällt das. Er lässt sich bestürmen, gibt immer wieder nach, und als dann Sodom und Gomorrha doch zerstört werden, denkt er an Abraham und rettet ihm Lot.

So geht es auch mit der Kanaanäischen Frau, die Jesus gegenüber keine Ruhe gibt, weil sie ihr Kind gerettet haben will. Sie fällt ihm lästig, schreit ihm nach, wirft sich vor ihn und lässt ihn nicht weitergehen, fällt ihm schlagfertig ins Wort; und Jesus? Er sagt am Ende nicht: »O Weib, du bist aber unverschämt«, sondern: »O Weib, dein Glaube ist groß. Dir geschehe wie du gebeten hast.«

Die Gleichnisse, in denen Jesus beten lehrt, sind von derselben Art. Die bittende Witwe, die den ungerechten Richter bestürmt, bis er nicht mehr aus und ein weiß und ihr, obwohl sie nichts hat, ihn zu bestechen, zu ihrem Recht verhilft, »damit sie nicht noch kommt und mich verrückt macht«, die ist ein Vorbild des Betens, laut Jesus! Das Gleichnis ist ein Aufruf, Gott zu stören, keine Ruhe zu geben; das Gebet hat Verheißung. Denn die Liebe zum Leben, die Liebe zu lebendigen Menschen, das ist Geist von Gottes eigenem Geist, davon lässt er gerne sich stören.

Wir werden lernen müssen, das glatte Funktionieren auf den Teil unseres Lebens zu beschränken, wo es hingehört. (Maschinen, die unsere Arbeit erleichtern, die sollen freilich reibungslos laufen.) Im Übrigen müssen wir dem Götzen dieses Funktionierens Widerstand entgegen setzen, uns zum Leben bekehren, störbar werden. Ich glaube, dass wirkliche Bekehrungen, bewusst und immer wieder, dazu nötig sind. Wenn unser Kind in der Schule nicht »funktioniert«, d.h. schlechte Noten bringt z. B., dann ist zuallererst das Kind wichtig. Hat es Angst? Braucht es verständnisvolle Hilfe? Ist es innerlich mit etwas anderem beschäftigt, kann es z.Zt. nicht so? Der Mensch, der dem Schöpfer das Wichtigste ist, muss es auch für uns werden. Wollen wir die Gegenwart Gottes des Schöpfers heute erfahren, dann müssen wir uns zum Menschen bekehren. Gott lässt es sich nicht bieten, dass wir den lebendigen Menschen beiseiteschieben, in uns und bei anderen. Er entzieht sich uns dann. Er wartet – auf unsere Liebe zum Leben.

Religiöser Sozialismus und die Bibel – heute (Ohne Datum)

Dieser Artikel bezieht sich auf die religiöse und kirchliche Situation hier in unserem Land, in unseren großen Kirchen. Er bezieht sich also nicht auf die faszinierenden Ansätze neuen theologischen Denkens in der Dritten Welt, insbesondere in Lateinamerika und Südafrika, nicht auf die dort gemachten Entdeckungen in Bibel und Credo; er blendet diese zwar nicht absichtlich aus, aber er geht davon aus, dass wir unsere befreienden Entdeckungen selbst machen müssen. Wir sind in einer anderen Situation als die Armen der Basisgemeinden dort, in jeder Beziehung, ökonomisch, politisch, kulturell und eben auch: religiös. Wie ist unsere Situation zu skizzieren?

Das allererste ist: wir hungern nicht. Zwar gibt es auch bei uns eine neue Armut, in wachsendem Maße; es gibt den Abbau sozialer Sicherungen, steigende Mieten und für manche (vor allem für vielköpfige, also kinderreiche Familien und für alte Menschen) nicht mehr genug zum Essen und zum Heizen. Aber ganz überwiegend ist das Bild unseres Landes noch nicht vom Mangel am Nötigsten bestimmt. Im Gegenteil. Und dieses »im Gegenteil« bezieht sich gerade auf die den Kirchen verbundenen Schichten des kleinen und mittleren Bürgertums.

Diesen ist bisher erst zum Teil, zum kleinen Teil, bewusst, dass der Wohlstand unseres Landes mit der krassen Not in der Dritten Welt ursächlich zusammenhängt. Die Bereitschaft zu spenden, karitativ zu helfen (vor allem eben auf dem indirekten Weg der Geldspende) ist nicht schlecht entwickelt. Wenig bekannt aber ist noch, auf welche Weise Neokolonialismus und Imperialismus die Verarmung der Dritten Welt direkt bewirken, auch: worauf die viel beredete Schuldenkrise eigentlich beruht. Es ist hier nicht der Ort, dies näher zu entfalten; hier ist nur festzuhalten: dass paternalistische Hilfe nicht genügt, dass vielmehr eine andere Weltwirtschaftsordnung her müsste, um dem Elend von der Wurzel her abzuhelfen, das ist noch wenig bekannt.

Diejenigen, die sich auf diesem Gebiet einen Durchblick erarbeitet haben (trotz der eher verschleiernden Funktion unserer Medien), geraten in eine höchst zwiespältige Situation, gerade als Christen. Wir können nämlich nichts daran ändern, dass wir die Nutznießer anderer, die Ausbeuter ganzer Völker sind, indirekt mitschuldig am Sterben der täglich 40.000 verhungernden Kinder. Wohl können wir abgeben, teilen, aufklären, unterstützen; aber es ist wenig, was wir bewirken, und aus der Gesamtwirkung unseres Wirtschaftssystems können wir nicht aussteigen. »Sünde«, die Sünde der Ausbeutung, erweist sich als überindividuell, als strukturell bedingt; wir sind in ihr gefangen. Religiös betrachtet sind wir so in einer Ausgangssituation, die von der der Armen in den Basisgemeinden der Dritten Welt vollkommen verschieden, ja ihr entgegengesetzt ist.

Was sollen wir tun? Indem wir danach fragen, drängt sich das Problem auf, warum eine Welt, in der die weißen christlichen Nationen dominieren, überhaupt in eine solche Entwicklung geraten konnte. War nicht Jesus der Freund der Armen? Wurde er nicht bei ihnen geboren, nahm nicht ihre Partei? Und auch im Alten Testament ist Jahwe der Anwalt der Unterdrückten; Gesetze wie das des Halljahres zeigen, dass nicht nur an karitative Hilfe gedacht war, sondern dass die gesamtwirtschaftliche Einrichtung »gerecht« sein sollte: niemand sollte den anderen das wichtigste Produktionsmittel, den Ackerboden nämlich, wegnehmen, auch nicht wegkaufen können und damit ungerechte Herrschafts- und Abhängigkeitsverhältnisse etablieren. Die Propheten klagen den Willen Jahwes ein:

> *»Weh denen, die ein Haus zum andern bringen*
> *und einen Acker an den andern rücken,*
> *bis kein Raum mehr da ist*
> *und sie allein das Land besitzen!« (Jes. 5,8)*

Die großen Kirchen aber, wir wissen es, sind seit Jahrhunderten, besonders krass zur Zeit des Frühkapitalismus, auf der anderen Seite der Barrikade gewesen. Selbst die Pflicht zur karitativen Liebe musste erst wieder neu entdeckt werden, wie der Kampf Wicherns oder Bodelschwinghs eben hierum zeigt. Die Pflicht der Christen, politisch-ökonomisch auf der Seite der Entrechteten zu stehen, war so vollständig vergessen, dass die Forderung danach als geradezu unchristlich erschien. Und dabei wurde die Bibel doch gepredigt und gelesen!

Im religiösen Fundamentalismus, der in evangelikalen Kreisen zurzeit neu und rücksichtslos sein Haupt erhebt, wird besonders deutlich, auf welche Weise die Bibel neutralisiert, um ihre Wirkung gebracht worden ist, welche Mechanismen, welche Denkschablonen wirksam waren und sind, um einen anderen Gott, einen anderen Jesus zu etablieren als den der Bibel selbst: einen Gott, einen Jesus, der bestehende Machtverhältnisse legitimiert, den Reichen ein gutes Gewissen macht und den Armen ihren Anspruch auf Gerechtigkeit austreibt. Der Fundamentalismus hat diese Denkschablonen nicht erfunden, sondern sie nur vergröbert, wofür man ihm fast noch danken muss. Denn so werden sie umso erkennbarer, und unsere Aufgabe, die Bibel von diesen Schablonen zu befreien, wird umso deutlicher.

Befreiung der Bibel, Befreiung der Theologie – das stellt sich als dringliche Aufgabe des religiösen Sozialismus in unseren Breiten heraus. Nimmt man sie in Angriff, so zeigt sich bald, dass das Christentum der Bibel in diesen unseren Breiten tatsächlich eine unbekannte, eine höchst anstößige und Ärgernis erregende Angelegenheit ist (im Gegensatz zum gezähmten, um seine Angriffskraft gebrachten »Christentum« unserer Tradition). Es ist tatsächlich wiederzuentdecken, mitsamt der Freude, der Hoffnung und der Kreativität, die es entbindet ....

Ich nenne einige Beispiele und lade zugleich ein, weitere Entdeckungen zu machen. Sollte es uns begegnen, dass uns dabei ein wahrer Zorn erfasst über all die Entstellungen und Überfremdungen, ja die Verdrehungen ins Gegenteil, die uns geschehen sind, dann wäre das wohl kein schlechtes Zeichen.

Als erstes möchte ich mich dem Schicksalsglauben zuwenden, der unsere traditionelle Frömmigkeit prägt. Was geschieht, ist Gottes Wille, und der ist hinzunehmen; so wird hier gedacht. »Letzten Endes kommt doch alles so, wie es kommen soll«; oder: »Es hat eben nicht anders sein sollen«, »Wer weiß, wozu es gut ist« – und wie die Alltagsfloskeln alle heißen, in denen in neutralisierter Form, meist ohne dass der Name Gottes genannt wird, die Ansicht zum Ausdruck kommt, dass man am »Schicksal« nun mal nichts ändern könne. In frömmeren Kreisen spricht man von »Gottergebenheit« und hält diese für ein zentrales Phänomen des Glaubens. Dabei kommt der Begriff in der ganzen Bibel nicht vor, ebenso wenig wie der des Schicksals. Und doch meint man ihn an zentraler Stelle zu finden, im Vaterunser nämlich, in der dritten Bitte. Wie diese in der traditionellen Frömmigkeit aufgefasst wird, hat mir vor Jahren mein Fahrlehrer demonstriert: wir hielten an einer Ampel hinter einem Fiat, und er meinte: »Ist ein guter Name für ein Auto, wo doch so viele Unfälle passieren!« Als ich ihn verständnislos ansah, erläuterte er: »Ich habe auch mal ein bisschen Latein gelernt, fiat voluntas tua…«

Immer wieder ist mir diese Deutung der Bitte begegnet. Zwei Schülerdiskussionen darüber habe ich so zusammengefasst[1]: Was die Bitte ausdrückt, ist die Bereitschaft des Betenden, sich ohne Murren in sein Schicksal zu ergeben. »Gott« lenkt ja die Schicksale, er lenkt auch die Geschichte; bricht ein Krieg herein oder ein privates Unheil, so hat es keinen Sinn sich dagegen aufzulehnen. Denn »Gott« ist stärker, und er ist auch gut. Er sorgt dafür, dass letzten Endes alles zum Guten ausgeht; die, die davongekommen sind, können ein dankbares Lied davon singen. »Wie im Himmel so auf Erden«, das heißt wohl: wie im Kosmos im Ganzen. »Gott« hält ihn wunderbar im Gleichgewicht; dass einzelne dabei zugrunde gehen (vielleicht in großer Zahl), darf man nicht überschätzen, denn was ist schon der einzelne gegen das Universum. Der Mensch sollte also seine Kleinheit, seine Unwichtigkeit erkennen und seine individuellen Glücksansprüche aufgeben, wenn »Gott« sie ihm nicht erfüllt. Eine Möglichkeit verbleibt ihm ja, nämlich seine Gesinnung durch Bescheidung so umzuwandeln, dass ihm der Verzicht nicht mehr allzu sehr schmerzt. Gerade darum betet er doch wohl.

Das soll Bibel sein! Das das Vaterunser! Die Schülerinnen waren davon überzeugt. In Wahrheit ist es gut stoisch. Epiktet, den man allerdings schon früh für einen Christen gehalten hat, der er nicht war, schrieb im 2. Jahrhundert ganz entsprechend: »Von den Dingen hat Gott die einen in unsere Macht gegeben, die anderen nicht: in unsere Macht … den Gebrauch der Vorstellungen. Denn wenn wir diese recht gebrauchen, so bedeutet das für uns Freimut,

---

1 In: Klaus Wegenast (Hg.), Theologie und Unterricht. Festgabe für Hans Stock. Gütersloh 1969.

Gemütsruhe und Beständigkeit; es bedeutet auch Recht, Gesetz, Selbstbeherrschung, überhaupt jede Tugend. Alles andere hat Gott nicht in unsere Macht gegeben. Daher müssen auch wir … die Dinge, die nicht in unserer Macht stehen, dem Kosmos anheimstellen, und mag er nun die Kinder, die Heimat, den Körper oder sonst etwas von uns fordern, dies ihm freudig überlassen«. Der Gott, von dem er spricht, ist nicht Jahwe….

Wie ist denn die Vaterunser-Bitte in Wirklichkeit zu verstehen, und wie ist die Haltung biblischer Menschen zu dem, was bei uns »Schicksal« genannt wird?

Seit 100 Jahren weiß die neutestamentliche Wissenschaft, dass es sich beim Vaterunser um ein eschatologisch orientiertes Gebet handelt. »Dein Reich komme« will die Verwandlung der Welt; dasselbe eschatologische Drängen spricht aus der dritten Bitte: dass der Wille Gottes endlich, wie jetzt schon im Himmel, auch auf Erden zum Durchbruch kommen möge. Die Sehnsucht, das dem »Marana tha!« verwandte Rufen nach der Zukunft Gottes, das ist die Stimme Jesu, die die Christenheit kaum mehr kennt. Es ist genau das Gegenteil des Sich-abfindens, das Epiktet empfiehlt!

Erinnern wir uns von hier aus, wie biblische Menschen sich drohenden »Schicksalen« gegenüber verhalten: Abrahams zähes, listenreiches, unnachgiebiges Feilschen mit Jahwe, um Sodom und Gomorrah (um damit seinen Pflegesohn Lot) zu retten (1. Mose 18,20ff); Moses Widerspruch gegen Gott, der Israel (nach der Geschichte mit dem goldenen Kalb) vernichten will (2.Mose 32,9ff); jenes für uns so unerhörte »Da reute es den Herrn« (2. Mose 32,14; Amos 7, 3u.6), gesprochen, nachdem ein Mensch sich gegen angesagtes Unheil aufgelehnt hatte; im Neuen Testament das kanaanäische Weib, das Jesus nicht in Ruhe lässt, bis er ihre Bitte für ihr Kind erfüllt (Matth. 15,21ff), oder die Gleichnisse vom bittenden Freund und der bittenden Witwe (Luk. 11,5ff und 18,1ff), in denen Jesus lehrt, unnachgiebig zu bitten, bis man erhört ist. Hier zeigt sich, wie die Liebe zum Leben, die Liebe zum anderen Menschen, die Liebe zu den betrogenen Massen des Volkes sich gerade nicht abfindet und nicht abfinden soll. Der Gott der Bibel freut sich am entschlossenen Aufstand der Liebe.

Aber es ist nicht dieses Gottesbild, das unsere Mentalität und damit auch unser politisches Optieren geprägt hat; leider nicht. Die Arbeiterbewegung, die den Kampf um Gerechtigkeit begann, fand die Kirchen nicht an ihrer Seite – und kehrte sich von ihnen ab. Die verbleibenden Christen lernten weiterhin die stoische Tradition...

Aber was sagt uns das heute? Ist dann das Gottesbild Abrahams und der übrigen Zeugen des Aufstands der Liebe nicht zu naiv?

Natürlich sind wir nicht zu einem linken Fundamentalismus aufgefordert. Die Geschichten der Bibel sind Ur-Bilder des Glaubens (womit nicht Archetypen gemeint sind, denn sie stammen ja nicht aus unserer »Natur«, sondern aus der Offenbarung, geschichtlich = kontingent); sie sind nicht mechanische Gebrauchsanweisungen. Der Aufstand der Beter, die »Schicksal« wenden, beschreibt keinen Automatismus. Das wird übrigens in der Bibel selbst schon deutlich. Paulus betete um Errettung von dem »Satansengel, der ihn mit Fäusten schlug«, womit nach gängiger Exegese eine Anfallskrankheit gemeint ist, die ihn in seiner Missionsarbeit behinderte; sein Wunsch wurde nicht erfüllt:

»Und der Herr hat zu mir gesagt:
Lass dir an meiner Gnade genug sein,
denn meine Kraft ist in den Schwachen mächtig« (2. Kor. 12,9).

Kein Automatismus; aber auch keine Schicksalsergebung. Paulus stellt einen Zusammenhang her, in dem er seine Krankheit (er sagt »Schwachheit«) begreift:

»Damit ich mich nicht überhebe
der hohen Offenbarungen wegen,
ist mir gegeben ein Pfahl ins Fleisch,
nämlich des Satans Engel,
der mich mit Fäusten schlage,
damit ich mich nicht überhebe« (ebd., v.7)

Für seine Sache, der er sich verschrieben hat, (»Christus eine Gestalt gewinnen lassen« auf Erden, so kann er sagen, im Galaterbrief), für diese Sache könnte die »Überhebung«, Personenkult um Paulus wegen seiner Visionen, gefährlicher sein als es die Krankheit ist. Er »ergibt« sich nicht, er steckt nicht zurück; er versteht.

Ganz ähnlich steht es mit dem Gebet Jesu in Gethsemane. Es wird mir immer unbegreiflicher, wie diese Szene jemals dazu hat missbraucht werden können, Menschen zum Sichabfinden mit ihrem »Schicksal« zu bewegen. Es tritt doch, vor allem bei Matthäus (26, 36-46), so eindeutig hervor, dass hier etwas ganz anderes ansteht: Ein betender Mensch sucht seinen Weg. Was er wissen will, ist, ob das Ziel, für das er lebt, erreicht werden kann, ohne dass er »den Kelch trinkt«. Es wäre ihm viel lieber. Aber er will wissen, ob es »möglich« ist. (Die Theologie des Matthäus, in deren Rahmen dies gedacht ist, steht hier nicht zur Debatte). Als ihm klar ist, dass es nicht möglich ist, geht er »dem Verräter entgegen«.

Beide Menschen, Paulus und Jesus, geben gerade nicht auf. Ihre Aktivität angesichts ihres Leidens besteht nicht im Verdrängen (was ein Sich-abfinden ja letztlich ist), sondern im Einbau in ihre eigenste Sache. Eli, der Priester im Alten Testament, ja, der gibt auf. Als er hört, dass er und seine Söhne zu Tode kommen sollen (Strafe Gottes), antwortet er: »Es ist der Herr; er tue, was ihm gefällt« (1.Sam. 3,18). Er bittet nicht für sich, aber auch nicht für seine Söhne; da ist kein Aufstand der Liebe. Der scheinbar fromme Satz ist gerade kein Satz des Glaubens. Und das Unheil nimmt seinen Lauf.

Offensichtlich wird da, wo Glaube lebendig ist, die wichtigste Zeitdimension die der Zukunft. Es steht etwas aus; das Reich Gottes hat zwar begonnen, seine Brückenköpfe gibt es in der Welt, aber es ist noch nicht ganz und für alle da. Schicksalsglaube kennt keine wirkliche Zukunft, stellt auch keine wirkliche Aufgabe; es gibt weder Hoffnung noch Ziel. Da der Mensch so nicht leben kann, haben uns Pseudoziele vorgegaukelt werden müssen (Großdeutschland, der »Endsieg« etc.), damit wir »Schicksale« auf uns nähmen. Davon wird sogleich noch zu handeln sein.

Zuvor aber ist zu fragen, ob es eine Möglichkeit gibt, das bisher Gesagte auch in atheistischer Sprache auszudrücken. Dies scheint mir nötig weil das Wort »Gott« so missbraucht ist, dass Leute, die nicht Insider von Theologie und Kirche sind, es fast unvermeidlich missverstehen müssen. Was leistet, fragen wir so unzünftig wie möglich, was leistet der biblische Gottesbegriff?

Ich denke, vor allem dies: dass nichts innerweltlich Vorhandenes absolut gesetzt werden darf. Es gibt keine Theorie, die immer und abschließend richtig wäre, erst recht keinen Führer, keine Partei, kein kirchliches Lehramt, die immer recht hätten, auch kein Buch, unter Einschluss der Bibel. Es bleibt eine »offene Stelle«, durch die der Ruf der Zukunft uns erreichen kann. Wir verfügen nicht über das Ganze, auch nicht in der Theorie; wir sind nicht »drüber«, wir sind »drin«. Das biblische Bild dafür ist: wir sind auf einem Weg, der an der nächsten Wendung die unerwartetsten Ausblicke bieten kann; und dieser Weg führt zu einem Ziel. In der ungeniert theistischen Sprache der Bibel (sie hatte noch nicht so viele Missbrauchsjahrhunderte hinter sich) heißt dieses Ziel: das Reich Gottes. Nennen wir es in heutiger Sprache: eine Gesellschaft, in der nicht länger das Brot der einen von den Geschäftsentscheidungen der anderen abhängig ist, in der Solidarität an die Stelle der Konkurrenz getreten ist, in der darum Mensch und Natur Schutz, Lebensraum und Lebensfreude finden.

Ist das alles? höre ich uns fragen. Ist denn das Reich Gottes in der Bibel nur dies, die neue Gesellschaft? Hat es nicht mit Ewigkeit zu tun? Was finden wir, beim Blick ins Neue Testament, zur Antwort?

Da ist allerdings die Rede vom ewigen Leben, besonders im Johannesevangelium, wo es das »Reich Gottes« fast ersetzt; doch stehen in der Nikodemus-Rede (Kap.3) beide Begriffe nebeneinander. Auch bei Paulus gibt es beide. Es scheint, als ob das »Reich Gottes« den Akzent mehr auf das Neue für alle, das »ewige Leben« mehr auf die Verwandlung des Einzelnen setzte. Auf die verschiedenen Denktraditionen, aus denen die beiden Begriffe stammen, kann hier nicht eingegangen werden. Dafür muss in unserem Zusammenhang umso deutlicher gesagt werden: Keiner der beiden Begriffe hat etwas zu tun mit dem ganz unbiblischen Begriff des »Jenseits«, der sich in unserer Frömmigkeitstradition eingenistet hat. Der biblische Glaube ist keine Jenseitsreligion!

»Jenseits« soll besagen: jenseits des Todes; und der ungeheuerliche Satz, den man in diesem Zusammenhang zu hören bekommen kann, lautet: »Das eigentliche Leben kommt erst nach dem Tod«. Aber in der Bibel liegt der Akzent auf der wirklichen Menschenwelt und ihrer Zukunft. Dass das Reich Gottes »komme«, zu uns, hierher, das beten wir im Vaterunser. Es ist das Gegenteil von dem, was wir schon im Kindergebet einatmen: »...dass ich in den Himmel komm.« Nicht »weg hier, hier taugt nichts«, sondern »das hier muss verwandelt, befreit werden, endlich und endgültig«, das ist biblischer Impetus. Und das »ewige Leben«, gerade das Johannesevangelium sagt es, beginnt hier:

> *»Wer mein Wort hört*
> *und glaubt dem, der mich gesandt hat,*
> *der hat das ewige Leben*
> *und kommt nicht in das Gericht,*
> *sondern er ist vom Tode zum Leben hindurchgedrungen« (5,24).*

Ganz entsprechend der 1. Johannesbrief:

> *»Wir wissen, dass wir aus dem Tode*
> *in das Leben gekommen sind;*
> *denn wir lieben die Brüder« (3,14).*

So kann übrigens auch vom Reich Gottes (bzw. seines Sohnes) geredet werden:

> *»Sagt Dank mit Freuden dem Vater,*
> *....der uns errettet hat von der Macht der Finsternis*
> *und hat uns versetzt in das Reich seines lieben Sohnes.«*
> *(Kol.1,12f)*

Das Reich Gottes kommt, ist in seinen Brückenköpfen schon da; und das ewige Leben ist ein Leben neuer Qualität (die Liebe, d.h. die geschwisterliche Solidarität, gehört dazu, s. 1. Joh. 3,14), ausgezeichnet nicht durch endlose Dauer (»ewig« heißt nicht »zeitlos«, sondern »zum neuen Äon gehörig«), sondern durch die neue Perspektive, die es gewonnen hat. Dass der Tod es nicht zerstören kann, hat nichts damit zu tun, dass es nicht gegenwärtig wäre.

Manchmal denke ich, dass die Ersetzung des Reiches Gottes, des ewigen Lebens durch das »Jenseits« die ungeheuerlichste Verdrehung ist, die dem Christentum überhaupt angetan werden konnte. Sie ist natürlich sehr geeignet, den Christen das Interesse am Diesseits und damit an seiner Veränderung auszutreiben, wenn doch »erst nach dem Tod das Eigentliche kommt...«. Dies ist nicht Stoa, wie wir es beim Schicksalsglauben sahen; dies ist Gnosis in Reinkultur, die bekanntlich mit Verhöhnung und Abwertung des irdischen Lebens einherging, Verächterin alles »Materiellen«. Die frühe Kirche setzte ihr, bewusst und sehr betont, ihren Schöpfungsglauben entgegen: »Schöpfer Himmels und der Erden.« In der Tat, der Jenseitsfan wirft Gott seine Schöpfung gewissermaßen vor die Füße; sie taugt nichts, es ist hoffnungslos mit ihr, sie muss durch etwas Besseres abgelöst werden. Die bei politischen Debatten manchmal zu hörende Behauptung, man könne doch »aus der Erde kein Paradies machen«, lebt auch von dieser Verachtung der irdischen Realität (in der sich die so Redenden allerdings meist ganz gut eingerichtet haben). Die Folge ist, dass man sich nicht einmal bemüht, diese Realität so zu verändern, dass sie wenigstens etwas weniger Hölle für zwei Drittel der Menschheit würde...

Die Kirche ist dem Einfluss der Gnosis keineswegs ganz entgangen. Die Erblast der Jenseitsorientierung hängt ihr ebenso an wie die der Abwertung des Körpers und der Verteufelung der Sexualität. Den Kampf der alten Kirche gegen die Irrlehre der Gnosis müssen wir wiederaufnehmen, indem wir das »Jenseits« wieder durch das ersetzen, was gemeint war: die Zukunft Gottes für uns, das kommende Reich, das ewige Leben, das hier beginnt.

Wir haben noch zu fragen, wieso es überhaupt gelingen konnte, Weltverachtung und Jenseitsvertröstung in der Kirche zu etablieren. (Ganz gelang es nie). Sie haben viele verschiedene, darunter schlimmste, Auswirkungen gehabt. Woher z.B. der Frauenhass, der sich in der weltgeschichtlich einmaligen Ermordung von ca. 7 Millionen »Hexen« entlud? Woher die Unterdrückung der Kinder, wie sie keine andere Kultur zu kennen scheint, woher der rücksichtslose Umgang mit der Natur, den es so auch nur in der Christentumsgeschichte gibt? Seine Herleitung aus der Gnosis ist versucht worden; aber warum kam er im Christentum durch?

Mir scheint, ein »Nein« zur Welt, zu ihrem Ist-Zustand nämlich, gehört zum Glauben – ein »Nein«, das Zukunft will, eine andere, bessere Zukunft und darum politisch an die Arbeit geht. Dies kann für die jeweils Herrschenden, die am Ist-Zustand verdienen, nur äußerst unwillkommen sein. Musste deshalb aus der Zukunft das »Jenseits« gemacht werden? Für ein »Jenseits« kann man nichts tun, kann es weder entwerfen noch gestalten; man kann höchstens auf den Gedanken verfallen, man müsse sich selbst dafür präparieren, und damit in einer für die Herrschenden höchst angenehmen Weise die Welt »sich selbst überlassen« (in Wirklichkeit ihnen, den Herrschenden).

Schicksalsglaube und Jenseitsreligion sind nicht die einzigen Verfremdungen biblischen Glaubens bei uns. Hinzu kommt eine bemerkenswerte negative Meinung vom Menschen; ich bin geneigt, sie geradezu als Misanthropie zu bezeichnen. In meiner Schulerfahrung begegnete mir eine 10. Gymnasialklasse, die allen Ernstes die Ansicht vertrat, der Hauptunterschied zwischen Christen und Marxisten bestehe darin, dass die letzteren dem Menschen zu viel zutrauten. »Die meinen, man könnte die Welt besser machen; aber wir wissen, dass das nicht geht. Der Mensch ist viel zu schlecht dazu«. »Der Mensch ist gut«, sang demgegenüber, klar bewusst von der Kirche sich abgrenzend, die alte Arbeiterbewegung. Sie hatte sehr wohl verstanden, dass kein Einsatz und keine Veränderung zu erwarten sei, wenn die durch die Religion eingepflanzte Grundüberzeugung von der Verderbtheit des Menschen nicht durch ein neues Zutrauen zur gemeinsamen Fähigkeit derer unten, Neues zu erzwingen, abgelöst würde.

In der Bibel wird dem Menschen bekanntlich sehr viel zugetraut. Der Schöpfer überlässt ihm seine Welt, in der er wirken soll an seiner Statt (als »Bild Gottes«, d.h. Zeichen der Herrschaft Gottes über die Erde in der ältesten Schöpfungserzählung ist das »Bauen und Bewahren« des Garten Gottes ausdrücklich genannt). Durch Menschen tut Jahwe seinen Willen kund, obwohl sie selbst sich oft zunächst nicht für dazu fähig halten; Mose wehrt sich zwei Kapitel lang (2. Mose 3u.4) dagegen, zum Pharao geschickt zu werden und der befreiende Führer Israels zu werden; Jeremia will nicht Prophet werden, sagt, er sei zu jung (Jer. 1,4ff); der große Elia verliert Selbstvertrauen und Mut, als er scheitert, und wird, gestärkt, aufs Neue gesandt (1. Kön.19); Petrus schrickt vor Jesus zurück, »ich bin ein sündiger Mensch«, und wird im gleichen Augenblick zum Jünger und »Menschenfischer« berufen (Luk. 5,1ff); Jesus vertraut den Jüngern seine Sache an (Matth. 10,5ff; 28, 18-20) und verheißt ihnen, dass sie größere Taten vollbringen werden als er selbst (Joh. 14,12).

Offensichtlich sind die biblischen Menschen in den Augen Gottes weder zu schwach noch zu schlecht, um die Sache Gottes in der Welt voranzubringen.

Freilich sind sie Sünder. Aber das heißt erstens nicht, dass sie »schlecht« wären (ist der hochdisziplinierte Pharisäer Saulus vor seiner Bekehrung etwa kein Sünder?), und zweitens ist ihr Sünder-sein durchaus nicht ständiges Thema, so als wäre es das einzige Interessierende an ihnen. Wie selten spricht Jesus von Sünde! Sein Thema ist das kommende Reich Gottes. Redet er von Sünde, dann zuallermeist mit dem Satz: »Dir sind deine Sünden vergeben«.

Sünde wird gewissermaßen »rückblickend« gesehen, nachdem schon verstanden ist, dass Gott vergibt. So ist sie das Thema des Paulus. Seine Bekehrung lässt ihn blitzartig verstehen, dass er autark sein wollte vor Gott und Menschen, in Wahrheit aber aus der Zuwendung Gottes (und dann der Menschen) leben kann. Er führt uns dann auch vor, was es bedeutet, mit vergebener konkreter Schuld zu leben:

> *»Ich bin nicht wert, ein Apostel zu heißen,*
> *weil ich die Gemeinde Gottes verfolgt habe.*
> *Aber von Gottes Gnade bin ich, was ich bin«. (1. Kor.15, 9f).*

Ein bekehrter Contra spricht. Da ihm vergeben ist, braucht er nichts vertuschen; er spricht offen, und als Hilfe für andere, vom Vergangen. Ist er »zu schlecht«, um in der Welt etwas zu bewirken? Hat er etwa nichts bewirkt?

Oder darf man so gar nicht fragen? Darf man sich mit Paulus nicht vergleichen? Bei eben denselben Christen, die von der Schlechtigkeit des Menschen (und ihrer selbst) durchdrungen scheinen, beobachtet man eine seltsame Neigung, Ausnahmemenschen zu glorifizieren. Der Gipfel war natürlich die gottähnliche Verehrung Hitlers, auf den es bekanntlich regelrechte Choräle gab. Und sollte man es für möglich halten, dass ein ganzes nicht unintelligentes Volk sich weismachen ließ, der Führer hat »immer recht«? Ihr (langes) Vorspiel hatte diese Verehrung in der der Fürsten. Ich habe in meiner Kindheit in den zwanziger Jahren noch eine Kaiser- (-anbetung, hätte ich fast gesagt) -glorifizierung erlebt, die keineswegs nur eine Eigentümlichkeit meines deutschnationalen Elternhauses war; bei Ruth Rehmann z.B., in ihren Erinnerungen[2], las ich Szenen, die mir sehr vertraut schienen. Und heute? Erst in jüngster Zeit, nachdem Skandale »oben« sich häufen, scheint die Neigung abzuflauen, der »Obrigkeit« nur gute Absichten zuzutrauen.

Wie kam es denn, bei der allgemeinen Überzeugung der Christen, dass »der Mensch« schlecht sei, dass »die oben« gottähnlich schienen? Waren sie keine Menschen?

---

2 Ruth Rehmann, Der Mann auf der Kanzel. Fragen an einen Vater. München Wien 1981. Dort z.B. Kap. 5.

Vielleicht ist es schlicht so, dass kein Mensch es aushielte, einfach nur »armer, elender, sündiger Mensch« zu sein. Wer sich selbst so ansehen gelernt hat (wir werden noch sehen, wie es erreicht wurde), der braucht zweierlei: erstens die Ausnahmemenschen, zu denen er aufsehen, mit denen er sich identifizieren und so die eigenen Elendigkeit vergessen kann. Er wird dann auch zu jedem Opfer für die Strahlenden oben bereit sein; sehr nützlich für die Kriege der Herrschenden. Und zweitens braucht er Feindbilder. Die Aggressionen, die sich in dem anstauen, der sich selbst entfremdet wurde, wollen einen Ausweg. In der Erstellung von Feindbildern waren leider gerade die Kirchen groß. Wie lange ist das her? Ich zitiere ein Kirchenlied aus der offiziellen Kriegsagende für die evangelische Kirche der altpreußischen Union 1914; dort heißt es:

Nun lasst die Glocken von Turm zu Turm
durchs Land frohlocken im Jubelsturm!
Des Flammenstoßes Geleucht facht an!
Der Herr hat Großes an uns getan:
Ehre sei Gott in der Höhe!

Es zog vom Westen der Unhold aus,
sein Reich zu festen in Blut und Graus;
mit allen Mächten der Höll' im Bund,
die Welt zu knechten, das schwur sein Mund.
Furchtbar dräute der Erbfeind.

Vom Rhein gefahren kam fromm und stark
mit Deutschlands Scharen der Held der Mark;
die Banner flogen, und über ihm
in Wolken zogen die Cherubim.
Ehre sei Gott in der Höhe!

Da hub die Wage des Weltgerichts
am letzten Tage der Herr des Lichts
und warf den Drachen vom güldnen Stuhl

mit Donnerkrachen hinab zum Pfuhl.
Ehre sei Gott in der Höhe!

Nun bebt vor Gottes und Deutschlands Schwert
die Stadt des Spottes, der Blutschuld Herd.
Ihr Blendwerk lodert, wie schnell, zu Staub
und heimgefordert wird all ihr Raub.
Nimmermehr dräut uns der Erbfeind!

Drum lasst die Glocken von Turm zu Turm … etc.[3]

Sollte man nicht meinen, man befinde sich im Machtbereich Khomeinis? Aber es ist die evangelische Kirche, noch in diesem Jahrhundert. Das Telegramm an Hitler, das eben diese Kirche am Tag des Überfalls auf die Sowjetunion absandte und in dem »Führer« gratuliert wurde, dass er jetzt den »Pestherd« austilgen wolle, setzt diese Linie fort. Der Antisemitismus kirchlichen Ursprungs, hat noch im vorigen Jahr dazu geführt, dass in einem konservativ-kirchlichen Dorf Hessens einem jüdischen Arzt ein neu gekauftes Haus angezündet wurde; der Hass auf Sinti und Roma, das Misstrauen gegen Ausländer, gegen alles, was »anders« ist: er ist im Kirchenvolk noch gut verankert.

Wer sich selbst nicht für wert halten kann, braucht Feindbilder, an denen er sich abreagieren kann. Toleranz, Achtung vor der Menschenwürde anderer, setzt voraus, dass man sich selber achten kann. Wo ist die biblische Hochschätzung des Menschen geblieben? Auf welche Weise konnte sie uns ausgetrieben werden?

Eine wichtige Rolle spielte sicher die traditionelle Erziehung. Ich sehe zwei Hauptübel in ihr realisiert: einmal die Anwendung von Gewalt in der Behandlung der Kinder, und zum zweiten die Unterdrückung der Sexualität.

Der Wahn, dass man den Kindern das Böse von klein an ausprügeln müsse, tritt einem erschreckend entgegen, sowie man sich näher mit älteren Erziehungsmethoden in Schule und Elternhaus beschäftigt. Es ist viel darüber geschrieben worden, sodass ich mich hier auf die Anführung eines einzigen

3 Agende für Kriegszeiten. Hg. Von Karl Arper und Alfred Zillessen. Göttingen 1914.

Beispiels beschränken will: das Kopfteil eines Ehebettes aus dem 18.Jahrhundert war bemalt mit Darstellungen guter und schlechter Kindererziehung; die gute bestand nur, buchstäblich nur aus Prügelszenen. Niemand leitete Kinder zu etwas an, erklärte ihnen etwas oder spielte mit ihnen; es ging einzig darum, durch Rutenhiebe auf die nackten Körperchen kleiner Kinder den Teufel aus ihnen zu vertreiben (der in Person als Fliehender, zu sehen war). Als Endziel erschienen brave Kinder, die mit erhobenen gefalteten Händen respektvoll zu einer Erziehungsperson aufsahen, die stolz geschwellt ob dieses Resultates, die Rute als ihr Emblem über sie reckte...

»Wenn sie, ohne Lärm zu machen, still sind bei den Siebensachen«, dann sind, laut Struwwelpeter, die Kinder gut. Initiativehemmung nennt man das Verbrechen, das hier geschieht und gewohnheitsmäßig generationenlang geschehen ist. Bei Jugendlichen und Erwachsenen entspricht dem die Erzeugung neurotischer Schuldgefühle auf Grund der sich meldenden Sexualität. Welch abstruse Formen die Sexualfeindschaft in der Vergangenheit annehmen konnte, auch darüber ist viel geschrieben worden; es braucht hier nicht weiter ausgeführt zu werden. Sicher ist aber eins: packt man den Menschen in seiner Entwicklung bei Initiative, Kreativität und Sexualität, dann zerstört man sein Selbstwertgefühl gründlich; man tastet den Kern der Persönlichkeit an, dem die Entwicklung nurmehr partiell, nurmehr krüppelhaft gelingt. Und so bekommt man den braven Bürger, der sich im Rahmen seiner Zuständigkeiten hält, sich darüber hinaus wenig Gedanken erlaubt und »Ruhe für die erste Bürgerpflicht« hält. Seine Aggressionen kanalisiert man in Feindbilder, und der Kreis schließt sich – siehe oben.

Man sieht: ein realitätsgerechtes Bild von sich selbst, vom anderen, speziell dem anderen Geschlecht, von den eigenen Kindern und von den Herrschenden zu gewinnen, das war und ist gerade in den kirchenverbundenen Schichten (in der Arbeiterbewegung sah es anders aus) nicht leicht. Hier sind freilich inzwischen eine Menge Befreiungsschritte geschehen, auf sexuellem wie auf politischem Gebiet. Leider haben sie meist eher von Bibel und Glauben weggeführt, während da, wo das »C« noch hochgehalten wird, häufig auch die alten misanthropischen Vorurteile samt Obrigkeitshörigkeit noch herrschen.

Für den, dem an der Bibel wenig liegt, mag dies gleichgültig sein; uns schmerzt es. Denn die Wiederentdeckung, die Befreiung dieses Buches ist nicht nur für uns wichtig, aus nostalgischen Gründen gar; es ist, so scheint mir, wirklich unersetzlich. Dazu noch ein paar Bemerkungen.

Befreiungsschritte, die weder mit Sozialismus noch mit der Bibel etwas im Sinn haben, pflegen ganz einfach liberal zu sein. Hauptsache, ich sprenge meine Fesseln und kann ein authentischeres Leben führen als zuvor; wer es außer mir auch schafft, dem sei es gern gegönnt. Diese Grundeinstellung scheint mir gut kapitalistisch; man hilft sich selbst voran, mögen die anderen sehen, wo sie bleiben. So kommt es zu einer »Elite« derer, die stark genug waren oder günstige Bedingungen (vor allem auch ökonomischer Art) vorfanden, um sich mehr Freiheit für ihr Leben zu verschaffen. Zeigt sich, dass ihre Errungenschaften nicht für alle möglich sind, so werden sie sie morgen als Privilegien verteidigen. Für das Ganze ist wenig gewonnen; Privilegien gab es für die, die es »geschafft« hatten, schon immer.

Biblisch aber ist nicht die Elite, sondern die Ekklesia: die Gruppe derer, die »herausgerufen« sind aus den alten Verhältnissen, die für das kommende Reich Gottes arbeiten und seine Strukturen in ihrer Gruppe schon vorweg zu verwirklichen suchen. So tritt die erste Gemeinde an: sie teilten ihren Besitz, und das erste Amt, das sie schufen, war das des »Diakons«, der darauf zu achten hatte, dass alle, auch die wenig bekannten griechisch sprechenden Witwen verstorbener Einheimischer, in den Genuss der geteilten Lebensmittel kamen. Ekklesia ist Vorhut für alle, oder, mit jenem anderen dem Militär entwundenen Begriff, Brückenkopf des Reiches Gottes in der Gegenwart. Es geht nicht darum, dass die »Besten« sich zu irgendetwas aufschwingen, sondern dass Modelle entwickelt werden, die Befreiung für alle vorbereiten.

Auch Sozialismus denkt nicht »Elite«, sondern Avantgarde. Hier ist eine nahe Verbindung zum biblisch verstandenen Christentum schon da. Es geht um alle.

Bibel und Glaube aber halten die Stelle offen, von der ich oben sprach. Christen haben weder eine fertige Lehre zur Hand (nur jeweils eine Arbeitshypothese für »jetzt«), noch glauben sie, den Reichtum der zu sich selbst kommenden Schöpfung vorwegnehmen zu können. Sie sind die Menschen, die sich immer wieder überraschen lassen müssen von den größeren Möglichkeiten Gottes – sind aber deshalb keine achselzuckenden Relativisten. Die Richtung ist klar, die Liebe will Befreiung für alle, und sie lässt sich selbst durch die anderen befreien. Welche Umwege noch gegangen werden müssen bis zum Ziel, das weiß sie nicht. Sie verlässt sich auf den Ruf Christi, der immer wieder zu vernehmen sein wird.

Quellen der Texte

Gebet und Engagement.
In: Der evangelische Erzieher 24 (1972). S. 461-466.

Die vermauerte Gnade.
In: Bühler, Karl-Werner (Hrsg.): Vernunft ist weiblicher Natur. München 1972. S. 40-51.

Hermeneutische Aufgaben des kirchengeschichtlichen Unterrichts.
In: Jendorff, Bernhard/Schmalenberg, Gerhard (Hrsg.): Tradition und Gegenwart. Ernst Schering zum 60. Geburtstag gewidmet. Frankfurt am Main 1974. S. 235-245.

Die Gottesfrage in einer nachtheistischen Zeit.
In: Schönberger Hefte 6 (1976), H. 1, S. 3-8. (Erschien auch in: Estudos Teologicos. Sao Lepoldo 1980, H. 1.)

Kann »Moralität« ein Lernziel sein? Überlegungen zum Religionsunterricht in der Marktgesellschaft.
In: Junge Kirche. 38. Jg. (1977). S. 419-427. Auch in: Dautzenberg, Gerhard/ Schering, Ernst Albrecht/Schmalenberg, Gerhard/ Stolte, Manfred (Hrsg.): Theologie und Menschenbild. Frankfurt am Main/Bern /Las Vegas 1978. S. 103-114.

Zur Situation des evangelischen Religionsunterrichts in der Bundesrepublik Deutschland.
In: Arnoldshainer Protokolle o.Jg (1978). Nr.5, o.S.

Wer ist das Subjekt der Theologie?
In: Junge Kirche. 39. Jg. 1978. S. 306-308.

Theologie der Befreiung – Befreiung der Theologie.
In: Neue Wege 0. Jg. 1981. H. 7/8. S. 198-207.

Meditation über Elia.
In: Schönberger Hefte 12 (1982), H. 2. S. 6-8.

Perspektiven eines emanzipatorischen Religionsunterrichts.
In: Junge Kirche. 43. Jg. 1982. S. 258-262. Zuerst veröffentlicht in der Gießener Studentenzeitschrift »Denkzettel«.

Gottvertrauen und Selbstvertrauen.
Vortrag beim Jahresfest des Kreisverbandes Bonn der Ev. Frauenhilfe im Rheinland 1982. Unveröffentlicht.

So kehrt um von euren bösen Wegen – Warum wollt Ihr sterben.
In: Christen für die Abrüstung 3/83. S. 36-39.

Das »Proprium« evangelischer Theologie als didaktisch-methodisches Problem.
In: Jendorff, Bernhard/Schmalenberg, Gerhard (Hrsg.): Anwalt des Menschen. Gießen 1983. S. 335-351.

Unterricht im Dienste des Friedens. Lernbereich Religion.
In: Reich, Brigitte/Weber, Norbert (Hrsg.): Unterricht im Dienste des Friedens. Bedingungen und Möglichkeiten einzelner Unterrichtsfächer zur Friedenserziehung in der Sekundarstufe I. Düsseldorf 1984. S. 271-288.

Leistungsdruck, »Leistung« und Gnade.
In: Dautzenberg, Gerhard/ Schmalenberg, Gerhard/Stock, Konrad (Hrsg.): Rechtfertigung. Ringvorlesung des Fachbereichs Religionswissenschaften im Lutherjahr 1983. Gießen 1984. S. 105-118.

Angst und Gottesfurcht. Meditation beim Kongress der »Christen für die Abrüstung« am 5. Oktober 1984 in Hamburg.
In: Junge Kirche. 45. Jg. 1984. S. 658-661.

Alltagserfahrungen von Jugendlichen, theologisch interpretiert.
In: Biehl, Peter u.a. (Hrsg.): Jahrbuch der Religionspädagogik. Band 1, 1984. Neukirchen-Vluyn 1985. S. 3-28.

Umkehr.
In: Junge Kirche. 47. Jg. 1986. S. 594-598.

Die Schwachheit Gottes.
In: Neue Wege 2/1986. S. 33-36.

Welche Theologie lebt »unten«?
In: Junge Kirche. 46. Jg. 1985. S. 254-258. Auch unter leicht veränderten Titeln in: Thesen zur Frage: Welche Theologie lebt »unten«? In: Neue Wege 2/1986. S. 36- 39; auch in: M. Veit, Theologie muss von unten kommen. Wuppertal 1991. S. 13-19.

Widerstand, Selbstfindung und die Rolle der Religion in der Erziehung.
In: Claussen, Regina/Schwarz, Siegfried (Hrsg.): Vom Widerstand lernen. Bonn 1986. S. 199-207.

»Verbalismus« im protestantischen Gottesdienst.
In: Radius 2/1987. S. 19-30.

Herzen aus Stein.
In: Junge Kirche. 50 Jg. 1989. S. 498-500.

Hildegard von Bingen.
In: Schottroff, Luise/Thiele, Johannes (Hrsg.): Gotteslehrerinnen. Stuttgart 1989. S. 59-68.

Kirchentags-Predigt über Matthäus 6, 12a.
Berlin 1989. Unveröffentlicht.

Chancen und Grenzen der Volkskirche. Vortrag zum Reformationsfest am 31. 10. 1990 in der Evangelischen Spitalkirche in Biberach an der Riß.
In: M. Veit, Vom Charme Gottes reden. Hrsg. v. Else Grell. Biberach|Riss 2002. S. 27-34.

Das Bild der Bibel ist eigentlich der Weg ... Mir wurde klar, dass das schon falsch ist mit der »festen Burg«.
In: Religion heute 0. Jg. (1991). H. 6. S. 104-107.

Zur Planung eines schülerorientierten Biblischen Unterrichts.
In: Biehl, Peter u.a. (Hrsg.): Jahrbuch der Religionspädagogik. Band 7. Neukirchen-Vluyn 1991. S. 103-119.

Der Sozialismus ist tot? Es lebe der Sozialismus.
In: N. Sommer (Hrsg.), Der Traum aber bleibt. Berlin 1992. S. 393-399.

Der Religionsunterricht und die Frage nach der Wahrheit.
Abschiedsvorlesung 1990. Vollständig in: Profile. Evangelische Jugend Rheinland und Westfalen (1992). Nr.2-3. S. 13-18 (Dokumentation eines Vortrags von PTI und Amt für Jugendarbeit der EKiR im März 1992.) und in M. Veit, Vom Charme Gottes reden. AaO. S. 69-79. Teilabdruck in: EvKomm 9/1990. S. 544-552 unter dem Titel: Die Liebe schafft den Menschen neu. Die Frage nach der Wahrheit im Religionsunterricht.

Theologische und religionspädagogische Aspekte der »Menschenwürde« im Wirkungsbereich des deutschen Luthertums.
In: Jendorff, Bernhard/Schmalenberg, Gerhard (Hrsg.): Politik – Religion – Menschenwürde. Gießen 1993. S. 403-413.

Glaubenshindernisse in der Marktgesellschaft.
In: Mertin, Jörg/Neuhaus, Dietrich/Weinrich, Michael (Hrsg.): Mit unserer Macht ist nichts getan. Festschrift für Dieter Schellong. Frankfurt 1993. S. 399-406.

Statt Gleichgültigkeit: Mut zur Verantwortung.
Vortrag am 7. März 1993 in Minden/Westfalen. Unveröffentlicht.

Ihre Religion – meine Theologie. Die ›Religion‹ unserer Schüler – wie erkennen wir sie?
In: entwurf o. Jg. (1995). H. 1. S. 3-7.

Mitspielen lernen im Spiel der Religion.
In: Deuser, Hermann/Schmalenberg, Gerhard (Hrsg.): Christlicher Glaube und religiöse Bildung. Festschrift für Friedel Kriechbaum zum 60. Geburtstag. Gießen 1995. S. 351-362.

Wie hab‹ ich's mit den Parteien.
Unveröffentlicht 1995. Später abgedruckt in: M. Veit, Vom Charme Gottes reden. AaO. S. 54 f.

Ich bin und bleibe Trümmerfrau.
In: F. Deppe (Hrsg.), Antifaschismus. Heilbronn 1996. S. 611-613.

Noch einmal von vorn anfangen…? Von Bultmann zur Didaktik des RU – ein persönlicher Weg.
In: forum religion 2/1998. S. 29-36. Unter dem leicht anderen Titel »Von Bultmann zur Didaktik des Religionsunterrichtes – eine Testamentsvollstreckung« auch erschienen in: M. Veit, Vom Charme Gottes reden. AaO. S. 80-94.

»Wo 1000 Blumen blühen«.
In: Junge Kirche. 61. Jg. 2000. S. 676-680.

Predigt über 1. Mose 2, 4 ff.
Unveröffentlicht o.J.

Religiöser Sozialismus und die Bibel heute.
Unveröffentlicht o. J.

Gottfried Orth

Gottes und der Menschen Genossin

Marie Veit – Bibelwissenschaftlerin, Religionspädagogin, Sozialistin

Eine Werk-Biographie
Mit einem Geleitwort von Fulbert Steffensky

Marie Veit (1921–2004) war 25 Jahre Lehrerin vor allem für Evangelische Religion an einem Mädchen-Gymnasium in Köln, 18 Jahre Professorin für Didaktik des Evangelischen Religionsunterrichtes an der Universität Gießen, Mitbegründerin des Politischen Nachtgebetes in Köln und der deutschen und niederländischen Sektion der Christen für den Sozialismus. Lebenslang war Marie Veit engagiert in christlichen Gruppen und Initiativen und in ihrer evangelischen Kirchengemeinde und der rheinischen Landeskirche sowie in unterschiedlichen linken Parteien. Ökumene und der Einsatz für eine sozialistische Alternative waren ihr ein Herzensanliegen.

Das Buch *Gottes und der Menschen Genossin* schildert Stationen ihrer Biographie, bietet eine komplette Werkbiographie und schließt mit Kapiteln zu Grundzügen der Theologie Marie Veits und einem biographischen Porträt. Am Beispiel einer auf Versöhnung bedachten streitbaren Theologin und Religionspädagogin wird so auch ein Stück Zeit- und Theologiegeschichte des 20. Jahrhunderts deutlich.

Das Geleitwort hat Fulbert Steffensky geschrieben, ein Mitstreiter und Mitglied des Freundeskreises von Marie Veit.

Edition ITP-Kompass Bd. 35.1, Münster 2021
314 Seiten, 19,80€

Edition ITP-Kompass

Bücher zur Befreiungstheologie aus dem Institut für Theologie und Politik

Alle Veröffentlichungen unter www.itpol.de
Bestellungen an: buecher@itpol.de oder Institut für Theologie und Politik (ITP), Friedrich-Ebert-Str. 7, 48153 Münster.

Kuno Füssel/Michael Ramminger (Hg.)
Kapitalismus: Kult einer tödlichen Verschuldung
Walter Benjamins prophetisches Erbe

Als Startschuss für unseren diesjährigen inhaltlichen Schwerpunkt zu Walter Benjamins Fragment „Kapitalismus als Religion" (verfasst 1921 vor hundert Jahren), haben wir nun einen internationalen Sammelband herausgegeben. Benjamins Fragment gelangte seitdem nicht nur zu einer großen Berühmtheit, sondern gewann auch an Aktualität immer mehr dazu. Die hier anlässlich dieses Jubiläums versammelten Beiträge versuchen, den von Walter Benjamin mit seinem Text durch das komplexe Universum der kapitalistischen Moderne geöffneten Bahnen zu folgen. Die internationalen AutorInnen verknüpfen Benjamins Thesen mit befreiungstheologischen Perspektiven und stellen davon ausgehend die Frage nach einer möglichen Form der Vergesellschaftung jenseits des Kapitalismus.

Edition ITP-Kompass Bd. 34, Münster 2021
364 Seiten, 22,80 €

Arbeitskreis Religionslehrer_innen im ITP

Künstliche Intelligenz oder kritische Vernunft

Wie Denken und Lernen durch die Digitalisierung grundlegend verändert werden

Die Digitalisierung von Bildungsprozessen ist in vollem Gange. Und sie erscheint notwendiger denn je. Aber das bedeutet nicht, dass man sich dieser Digitalisierung ausliefern muss. Schon gar nicht, wenn Bildung ihren emanzipatorischen Kern nicht aufgeben will. Für den neoliberalen globalen Kapitalismus scheint das digitale Subjekt als Idealvorstellung am Horizont auf. Für eine befreiende Pädagogik darf das nicht so sein. Was ist zu tun und was müssen wir vor allem verstehen, wenn wir uns diesen Prozessen nicht widerstandslos unterwerfen wollen?

Edition ITP-Kompass Bd. 31, Münster 2020
148 Seiten, 13,00 €

Institut für Theologie und Politik (Hg.)

Hoffnung praktisch werden lassen

Befreiungstheologische Interventionen

Christliche Existenz bedeutet, Hoffnung praktisch werden zu lassen. Eine solche Theologie reflektiert nicht nur die christlichen Begriffe, sondern sie formuliert eine konkrete Hoffnung sowie den Grund dieser Hoffnung in eine Situation hinein, die von Leiden, Kämpfen und Widersprüchen geprägt ist.
Mit Beiträgen von Norbert Arntz, Fernando Castillo, Nancy Cardoso Pereira, Kuno Füssel, Franz Hinkelammert, Barbara Imholz, Michael Ramminger, Jon Sobrino, Paulo Suess, Elsa Tamez u.a.,

Edition ITP-Kompass Bd. 30, Münster 2020
Hardcover, 348 Seiten, 27,00 €

Institut für Theologie und Politik

Das Institut für Theologie und Politik (ITP) ist unabhängig, aber parteilich. Befreiungstheologie ist unser Ansatzpunkt, um Gesellschaft zu begreifen, Herrschaftsverhältnisse in Frage zu stellen und solidarische Alternativen zu entwickeln. Seit 1993 ist der Träger des ITP ein als gemeinnützig und wissenschaftlich anerkannter Förderverein.

Das ITP ist ein Multiplikator befreiungstheologischer Theorie und Praxis unter aktuellen globalen gesellschaftlichen Bedingungen und Schnittstelle zwischen Kirche und Sozialen Bewegungen.

Es geht darum, neue Machtverhältnisse zu schaffen, und zwar von unten her. Ein Wandel der Verhältnisse geschieht aber nicht von allein, sondern braucht Reflexion, Organisation, Beratung und Begleitung.

Wir wollen uns gemeinsam mit allen auf den Weg zu einer anderen Kirche und Gesellschaft machen, die dem Reich Gottes näher kommt, als das, was heute als alternativlos gilt.

Das ITP wird getragen von einem gemeinnützigen Förderverein. Dies bringt inhaltliche Unabhängigkeit, aber auch ökonomische Unsicherheit mit sich. Arbeit wird vor allem durch ehrenamtliches Engagement der MitarbeiterInnen geleistet. Finanziert wird das ITP vor allen Dingen durch Spenden.

Weitere Informationen unter www.itpol.de